谢维扬 著

中国早期国家

（增订版）

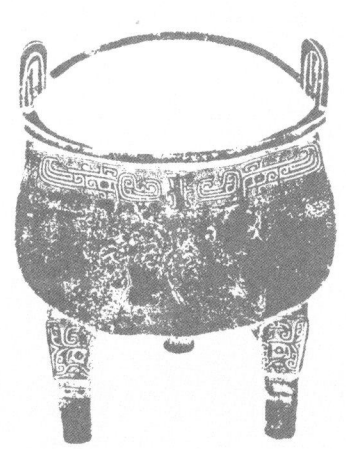

上海古籍出版社

图书在版编目(CIP)数据

中国早期国家 / 谢维扬著. -- 增订版. -- 上海：上海古籍出版社, 2024.11. -- ISBN 978-7-5732-1419-5

Ⅰ.D691.2

中国国家版本馆CIP数据核字第2024L846P3号

中国早期国家（增订版）

谢维扬 著

上海古籍出版社出版发行

（上海市闵行区号景路159弄1-5号A座5F 邮政编码201101）

（1）网址：www.guji.com.cn
（2）E-mail：guji1@guji.com.cn
（3）易文网网址：www.ewen.co

山东韵杰文化科技有限公司印刷

开本 710×1000 1/16 印张 31.75 插页 2 字数 472,000

2024年11月第1版 2024年11月第1次印刷

ISBN 978-7-5732-1419-5

K·3745 定价：138.00元

如有质量问题，请与承印公司联系

序

华东师范大学谢维扬教授新著《中国早期国家》一书，即将由浙江人民出版社印行。这部书无论在理论研究还是在具体研究方面，都有很多创新，理所当然会得到学术界的广泛注意和欢迎。

如本书绪论所介绍的，国家与文明的起源和形成，在世界上早就是热门的研究课题。随着恩格斯的《家庭、私有制与国家的起源》传入中国，自20年代末以来，我们的学术界曾长期反复讨论这一课题。大家熟悉的郭沫若的《中国古代社会研究》，即以补充恩格斯的著作为目的。有关争论和探讨，几十年间持续不衰。

60年代后期，西方又出现研究国家起源形成问题的热潮。我在1991年小文《中国古代文明的起源》里作过一些叙述，如1968年丹尼尔的《最初的文明》，1975年塞维斯的《国家与文明的起源》，1978年穆瑞编的《文明的起源》和柯恩、塞维斯编的《国家的起源》等，都体现了这一潮流。本书特别谈到的克烈逊、斯卡尔尼克编的《早期国家》一书，也出版于1978年。

类似的热潮在国内也出现了。刺激这个潮流的一种重要因素，是70年代以来田野考古的种种重大发现。中国考古学的进展，也引起全世界的注意。美国哈佛大学张光直教授主编的《古代中国文明丛书》，第一种即张氏所著《商代文明》，是在1980年出版的。

中国考古学的新发现，许多涉及新石器时代末期到青铜器时代，这正是研究国家与文明起源着眼的时期。新的发现和研究，开拓了人们的视野，启迪着大家的思想。于是有关中国国家起源形成的作品越来越多，探讨正在逐步深入。现在我们需要的，是总结前人成果，展望今后方向的系统著作。谢维扬教授的这部《中国早期国家》，于此当之无愧。

谢维扬教授1984年在吉林大学获得博士学位，论文《周代家庭形态》对于古代家庭血缘关系作了深入精到的研究,出版后甚博赞誉。他还有《论华夏族的形成》、《中国国家形成过程中的酋邦》、《酋邦:过渡性与非过渡性》等一系列论著,为系统研究中国早期国家确立了深厚的基础。

在本书绪论中,谢维扬教授指出,"不少西方学者和少数国内学者根据较旧的资料,倾向于把中国的商朝看作是中国最早的国家。这个看法可以说是过时的。目前研究的主流是关注在商朝之前的某个年代上",包括公元前三千纪下半叶以前的一些年代。这个意见,我完全赞同。近年大量的考古工作和文献研究,不约而同地倾向把中国国家形成的时间上推。尽管目前还没有取得定论,但其趋势是明确无疑的。与此相关的论证,读者很容易在本书内找到。

本书以"早期国家"标题,是很有理论意义的。如书中所说:"'早期国家'这个概念在我国史学界目前使用得还不是很多,可以说还是一个比较新的提法。而在国际学术界,近二三十年来,在研究人类早期政治组织问题时,'早期国家'已经成为一个被普遍使用的概念。"现在大家都认识到,国家的兴起是一个相当长久的过程。国家的萌芽形态,以及其早期面貌,必然和后世人们习惯理解的国家有很大的,甚至是带有根本性质的差异。为了凸显这种差异,对萌芽形态的国家、早期阶段的国家,赋以特殊的名称,借示区别,或许是必要的。不过不能由此导致一种误解,以为真正的国家只能在早期国家之后算起。

谢维扬教授强调"早期国家研究在当代已经是一门跨历史学、人类学与考古学等学科的学问"。他的这部《中国早期国家》,处处体现着这样的特点。由于作者博闻卓识,书中剥笋抽茧般的细密论述,将我们引入一个宏阔的学术世界。应该说,有了《中国早期国家》,这方面课题的探索就跨进了新的阶段。我们希望本书的出版,会激起学术界的热烈讨论。

李学勤

一九九五年五月十六日

于沪上旅中

目　　录

序 / 李学勤　1

绪论　1

一、早期国家研究在历史学、人类学和考古学中的地位　4

二、我国学者研究的成果与问题　9

三、国外学者研究概况　15

四、早期国家研究的主要任务　20

第一章　理论　26

一、定义问题：什么是早期国家？　29

二、早期国家形成原因及相关因素问题　40

　　人口增长和人口压力　42

　　地域　43

　　生产的进步　44

　　战争　46

　　社会分层和阶级分化　49

　　政治发明　51

三、模式：早期国家形态及进程的类型问题　52

　　氏族模式　55

酋邦模式　58

四、早期国家演进的阶段性问题　61

第二章　方法　68

一、如何看待文献关于传说时期的记载？　69

二、考古资料对于具体历史事件和事实的指称问题　81

三、人类学与民族学资料的运用问题　87

四、历史上不同时期早期国家的纵向比较问题　91

第三章　对部落联盟模式的讨论　96

一、部落联盟的主要特征　97

　　部落联盟没有最高首脑　100

　　部落联盟会议的议事原则是全体一致通过　102

　　参加联盟的各部落保持各自的独立，相互间地位平等　103

　　部落联盟的二权制和三权制特征　104

二、部落联盟是普遍的吗？　107

三、部落联盟与早期国家形成的相关性　115

　　社会组织　116

　　政治机构　122

　　推动国家形成的主要步骤　126

　　政治活动的主要特征：民主政治的起源　132

第四章　酋邦　137

一、前国家时期个人权力发展的不同类型　141

二、酋邦制度下的社会分层现象　153

三、作为征服结果的部落联合体　*161*

四、酋邦与人类专制主义政治的发生　*170*

五、酋邦向国家社会的过渡性与非过渡性特征　*178*

第五章　中国古代的酋邦　*189*

一、文献所反映的古代中国酋邦（上）——黄、炎时期　*192*

　　黄、炎时期古代人群的分布　*192*

　　黄、炎时期的部落联合体的性质　*201*

二、文献所反映的古代中国酋邦（下）——尧、舜、禹时期　*207*

　　尧、舜、禹与他们的部落联合体　*207*

　　尧、舜、禹部落联合体的性质　*212*

三、考古资料中所反映的古代酋邦　*221*

　　良渚文化　*223*

　　　反山墓地　*223*

　　　福泉山墓地　*228*

　　　瑶山祭坛遗址　*230*

　　红山文化　*236*

　　　牛河梁"女神庙"与积石冢群遗址　*237*

　　　东山嘴建筑群址　*241*

　　陶寺类型龙山文化　*244*

第六章　中国早期国家的发生：夏朝　*252*

一、中原酋邦向国家的转化：夏朝国家的建立和巩固　*253*

二、夏朝国家的考古学证据　*264*

　　二里头文化与夏朝国家的关系　*266*

夏朝国家活动的考古学遗存　277

考古学中的夏朝国家制度和社会状况　279

 宫殿遗址　279

 居住址和墓葬遗迹　284

 青铜器　288

三、夏朝国家政治的主要特征　292

 国土结构　292

 官僚机构　297

 军队　300

 意识形态　301

第七章　中国早期国家的典型期：商朝和周朝　306

一、商、周国家的建立　308

二、中央王朝与地方的关系　323

 商朝　323

 周朝　332

三、官僚机构的精致化　347

 商朝　347

 周朝　354

第八章　中国早期国家的转型期：春秋和战国　369

一、周朝国家的结束和秦王朝的建立　370

二、早期国家转型期的主要政治发展　374

三、专制主义：中国古代国家制度的稳定特征　379

第九章　中国中原周边地区的国家进程 *382*

一、先秦时期中原周边地区的国家进程　*385*

　　殖民模式　*385*

　　土著自动模式　*389*

　　浅层控制模式　*400*

二、中国国家进程的多元化：少数民族国家的发展　*407*

三、多民族统一国家模式的成熟　*414*

参考书目 *420*

后记 *427*

英文目录 *430*

附录一　中国国家起源研究中的几个问题 *434*

一、国际学术界关于酋邦分布问题研究的情况及这一问题的学术意义　*434*

二、古希腊、罗马国家形成问题与中国国家起源研究的关系　*437*

三、古希腊、罗马国家形成问题研究的现状　*439*

四、怎样准确理解和概括国外人类学成果的真实意义　*443*

五、为推进中国国家起源研究需重点探讨的理论问题　*447*

附录二　中国早期国家研究中一些概念意义的理解问题 *450*

一、早期国家　*450*

二、"成熟国家"　*451*

三、前国家复杂政治制度与"酋邦"　*452*

四、在特定地域内建立合法统治的传统　*454*

五、国家制度发展的历史性影响 455

附录三　国家起源研究中历史性事实对考古学证据意义形成的影响 457

一、模式与个案：历史性事实的作用 457

二、物化证据标准衡量：不确定的原因 460

三、具关键作用的历史性事实：完整结论的支点 464

附录四　中原王朝政治的形成对中国早期历史进程的影响 468

一、中原王朝国家制度形成的巨大历史性影响 469

二、中原王朝国家国土结构的大地域控制特征 471

三、中原王朝对周边地区国家化进程的影响 473

四、中国古代文献传统对中原王朝国家制度发展的作用 474

附录五　酋邦与国家接近的程度及对国家起源研究的影响 476

一、酋邦是最接近国家的前国家组织还需怀疑吗？ 477

二、"分层社会"与酋邦的关系所透露的两者与国家接近的程度 480

三、夏威夷个案的启示：对酋邦与国家特征观察的不确定性 486

四、塞维斯理论的正当性：国家与酋邦区分的关键在于看"政府"？ 490

编后记 495

绪　　论

在历史学著作中,关于一个民族或一个地区中最早的国家的形成与发展的阐述,有许多并不是真正专门化的。尤其在对人类早期的一些国家的论述中,这种情况比较明显。而事实上,关于人类早期政治组织的研究,无论在一般原理或个案的问题上,都越来越形成一个具有一些十分专门化的规范的研究领域。在这项研究中,那种依靠少量零星资料和凭借单一的方法来作出推断的时代已经过去。人们越来越认识到,至少对某些个案来说,涉及早期国家形成与发展问题的研究是非常复杂的。正如一位研究史前国家问题的美国学者哈斯所说:"由于这一领域开始试图解决各种复杂问题,它正在经历着分娩前日益加剧的痛苦。"[①]这种情况实际上意味着,在目前要推进关于人类早期政治组织(包括国家)的研究,一种综合性的、深入的和比较专门化的探讨是必须的。这一点,不仅对历史学家来说是如此,而且对同样高度关心人类早期政治组织发展问题的考古学家和人类学家来说也是如此。

本书的工作就是在这样一种考虑下着手进行的。它有两个主要目标:一是对关于人类早期国家的一般理论和早期国家研究的方法问题进行讨论;二是就中国国家起源和中国早期国家最初的发展问题提出分析。鉴于前面提到的关于人类早期国家的研究本身所具有的复杂性,本书显然不可能对所有有关问题都提出肯定的意见,但是我会对一些重要的问题提出某些观点。而我认为,本书的工作如果还有其意义的话,那么这种意义也许主要并不是在于我所提出的一些观点(虽然对这些观点中的有一些,至少目前我本人还是比较看重的)。我所希望的本书可能具有的更为重要的意义是,读者也许

[①]〔美〕乔纳森·哈斯:《史前国家的演进》,求实出版社,1988年,第2页。

会从本书的工作中对关于中国早期国家的研究所具有的丰富的内涵以及它所要求的极为复杂的方法有一种深刻的认识。这种认识对于促使中国早期国家研究在更为专门化的水平上取得进展是有益的。

"早期国家"这个概念在我国史学界目前使用得还不是很多，可以说还是一个比较新的提法。而在国际学术界，近二三十年来，在研究人类早期政治组织问题时，"早期国家"已经成为一个被普遍使用的概念。国际学术界使用这个概念，导致对人类早期政治组织的研究出现一些新的考虑。首先，国际学术界把早期国家看作是人类政治组织的一种类型，它可以指在人类历史的较早时期中出现的一些最初形成的国家，也可以指在历史上出现较晚，但在形成的机制和形态上与人类最早的那些国家有相似之处的各个国家社会。这样，借助于"早期国家"这个概念，人们便可以对在历史上不同时期中出现的一些相似的国家进程和国家社会作类型学的研究。这种研究对于丰富人们关于早期国家的特征的认识起了很大的作用。其次，"早期国家"这个概念不仅在讨论国家起源的问题时被使用，而且它往往要求研究本身伸展到国家社会形成后最初的发展问题上。因此，早期国家研究在定义上就比单纯地提国家起源研究更能够体现一种关于人类早期政治组织研究的完整的构思，从而增加这种研究的深度和对历史的说明力。事实上，当人们在与成熟的国家社会的对比中概括出早期国家这一形态时，他们必然会对一些民族或地区历史上的一整个时期的发展得出许多有趣的认识。总之，"早期国家"概念的提出和使用，可以说标志着关于人类早期政治组织研究的一种新水平，同时也反映了这一研究的专门化程度的提高。很显然，对国内学者来说，吸收"早期国家"这个概念是合理的，也是有益的。从本书中读者可以看到，尽管就目前的研究状况而言，"早期国家"这个概念还是有一些比较重要的方面仍在讨论之中，但就是这些讨论本身也反映了关于人类早期政治研究的深化。我认为国内的研究完全可以参加这方面的讨论，并且很可能会对此有独特的贡献。

中国是世界上少数几个在人类历史的早期就产生了国家的地区之一；虽然中国之出现国家还不是世界上最早的。按目前一般的认识，人类最早形成国家是在西亚和北非，时间为公元前四千纪下半叶。这时在这两个地区相继产生国家：西亚在美索不达米亚（两河流域）南部产生苏美尔国家，北非在尼罗河下游产生埃及国家。根据对考古学年代的测定,两者最早形成的时间都可上溯到公元前3500年;①而许多世界史学者认为苏美尔国家产生的年代还要比埃及国家早一些,亦即在公元前3700年。②这两个地区最初形成的国家都是一些小国,也有人称之为"城市国家",如苏美尔国家中的乌鲁克、捷姆迭特·那色、拉格什和埃及国家中的涅伽达、希拉康坡里等。这可以算作人类进入国家社会的第一波。接下来,第二波便要晚至大约一千年后的公元前三千纪下半叶至公元前二千纪初。在这一时期中,在南亚的印度河流域、南欧的地中海地区,还有东亚的中国,也都产生了国家。印度河流域最早的国家是在位于今巴基斯坦境内的摩亨佐·达罗和哈拉巴等地,也是一些小国,年代大约在公元前2300至前1750年。③地中海地区最早的国家是在爱琴海地区的克里特岛,年代大约在公元前2000至前1700年。④至于中国,其最早的国家产生的年代目前还在研究中,也是本书将要讨论的问题之一。在学者们提出的各种看法中,一种较早的估计所认定的年代正是在我们所说的第二波之中。本书认为这个估计是可取的。不少西方学者和少数国内学者根据较旧的资料,倾向于把中国的商朝(约公元前16至前11世纪)看作是中国最早的国家。这个看法可以说是过时的。目前研究的主流是关注在商朝之前的某个年代上,其中包括一些比我们所说的第二波更早的年代。从这里可以看出,关于中国早期国家的研究同关于世界上其他几个最早产生国家的地区的研究相比,在一些基本问题上的空白点似乎要更多一些。这从一个侧面说明中国早期国家研究在人类早期政治组织研究中是有其独特吸引力的课题,当然也是十分艰巨的课题。

早期国家研究在当代已经是一门跨历史学、人类学与考古学等学科的学问。中外学者在这些方面曾经做出大量值得重视的工作。而在这些工作的基础上,我们对于这项研究所面临的任务会有一些新的想法。在这篇绪论

---

① 《世界上古史纲》编写组:《世界上古史纲》,上册,人民出版社,1979年,第128、249页。
② 〔美〕斯塔夫里阿诺斯:《全球通史》,上海社会科学院出版社,1988年,第11页;〔美〕赖特:《关于国家起源的新探索》,《民族学译文集》(一),中央民族学院出版社,1987年,第114页。
③ 《世界上古史纲》,上册,第346页。
④ 《世界上古史纲》,下册,人民出版社,1981年,第46页。

中，我想就上面提到的这些问题谈一些看法。

一、早期国家研究在历史学、人类学和考古学中的地位

在人类早期发展中，国家的产生是最令人感兴趣、也是最需要深入研究的现象之一。这首先是对历史学而言。从历史学的角度看，一个民族或一个地区中国家的产生毫无疑问是这一民族或地区历史上的重大事件。这已经决定了历史学将重视对国家产生问题的研究。除此而外，历史学之重视早期国家问题，还因为国家的产生及其最初的发展至少同说明下列问题有重要的关系：

（1）各民族历史的早期发展情况是有一些重要差异的。就进入国家社会这一点来说，在不同民族和地区中情况就可能很不一样。有些民族和地区有着相对独立而完整的早期国家进程，但也有不少民族和地区是在邻近民族或地区的国家进程的影响下进入国家社会的。如果我们把早期国家看作是"最早的、真正原始类型的国家"，[①]那么这种早期国家进程在世界历史范围内就不是普遍的现象。因此早期国家研究对于说明人类历史中的差异性问题有重要意义。而历史学本来就是对各民族或地区历史的个性特征有特殊关注的学科。

（2）对任何在历史上发生过早期国家进程的民族和地区来说，国家的产生都在它们的历史中产生极其深远的影响。把国家的产生说成是这些社会发展中的一个"里程碑"，是毫不过分的。国家的产生意味着有关的社会开始进入一个可容纳较多人口和资源、在幅员上可有极大扩张的阶段，也意味着社会的分层及相继而来的阶级区分现象可以有充分的发展，而这一点将为社会财富的急剧增加、文化的精致化和文明程度的大幅度提高创造条件，此外还意味着政治史在社会发展中开始扮演前所未有的重要角色，作为国家代表的大小王公贵族和官僚之流的活动，国家与外部社会间的疆域政治关系，

[①]〔苏〕哈赞诺夫：《关于早期国家研究的一些理论问题》，《古代世界城邦问题译文集》，时事出版社，1985年，第268页。

对社会起到了越来越大的、举足轻重的作用。所有这些,同国家产生前人类所拥有的相对简单的生存方式有很大的区别。可以说,在国家产生前后,各有关社会的历史的内容发生了一种非常明显的转变。而对有关社会的历史的这种转折是怎样发生的这一点作出解释,无疑是同对早期国家的研究联系在一起的。在这方面,国家的产生及其最初的发展在一定意义上可以被解释为人类获得某种相对复杂的生存方式的原因。

(3) 就某个民族或地区的具体历史而言,它们从国家形成时期的各项发展中直接或间接地获取了许多"遗产"。例如历史上各国家社会的疆域就是一项与早期"遗产"有直接关系的因素。在大多数有关的个案中,早期国家时期的地域状况都会在以后的有关国家的疆域政治和疆域地理中产生这样或那样的后果。政府形式也是如此。早期国家的政治机构形式一般都会对有关民族或地区后来的政治机构形式产生直接的、有时甚至是决定性的影响。甚至社会结构也是这样。早期国家时期,社会分层或阶级分化是国家赖以存在的基础之一,而以后在很长时期内,有关社会的社会结构概念都会受早期国家时期开始被意识形态化了的社会结构概念的支配和制约。总之,对早期国家的研究也是解释以后许多历史现象的来源的一个基础。

(4) 一些最早的早期国家进程在世界历史的总进程中占有重要的地位。这里特别是指前面提到的在人类进入国家的第一波和第二波中形成的一些国家。这些国家的出现,事实上对其周围地区(这种周围地区有时是十分广袤的)进入国家社会起到了重要的作用,并在实际上导致了世界史上几大早期文明圈的形成。这在一定意义上塑造了其后数千年世界历史的总面貌。从另一方面说,最早的早期国家本身所体现的不同的模式,对世界各文明圈在文化上的差异也产生深远的影响。在这一点上尤其值得指出的是中国模式。它同两河流域及地中海地区早期国家模式的区别是这些早期国家模式之间最大的区别。这对以后的世界历史和文化的发展形成人们常说的东西方对比有着莫大的意义,也就是说人类的早期国家进程关系到世界史中各地区关系的基本格局的形成。对那些较晚形成早期国家的地区,如撒哈拉以南非洲、中美洲和南美洲来说,问题也是这样。它们形成国家较晚,这在很大程度上决定了世界其他地区与这些地区接触以后的相互关系的性质。从全球历史的高度看,这种关系的发生导致了世界史的新时期。可见,在世界史研究中,早期国家问题有其特殊重要的意义。可以说,一些民族或地区中的早期国家进程,其意义远远超过本民族或本地区历史的范围。应当指出,中国早期国家进程是属于这类早期国家进程中十分突出的一例。

　　早期国家研究对于历史学中的上述重要课题所具有的很强的说明力,在许多情况下还只是理论上的。就是说,这一研究究竟能够对有关的历史问题解释到什么程度,还取决于它本身所达到的成就。从这个意义上说,历史学家对于这项研究的关心,应当促使他们为此付出相应的努力。

　　同早期国家研究关系密切的另一个领域是人类学。对我国许多历史学者来说,人类学还是比较陌生的一门学科。现代人类学(这里主要指的是文化人类学)以研究人类行为的一般规律为其特点。同历史学相比,虽然人类学也涉及人类在历史上的各种行为表现,但它同时还关注对当代人类行为的调查与研究,从而对不同时期和不同地区的人们的相似或有差异的行为作出分类,提出体现某种规律性的解释模型。早期国家问题,作为与人类政治行为相关的领域,因此也在人类学的视野中。一个世纪前美国人类学家摩尔根对人类政治组织问题所作的研究是人类学在这方面努力的一个为我国读者所熟知的代表。在他之后,人类学不断在这方面做出新的贡献,其重要性之大,以至在当代早期国家研究的阵容中,人类学家占据的位置与历史学家不相上下。人类学在早期国家问题上的特殊贡献主要表现在以下几个方面:

　　(1)为这项研究补充了当代的实证资料。在历史学视野中,早期国家都是在较远历史时代的,其中许多实例是在人类有史时期的开端。人类学则从对于当代人类状况的调查中发现了一些出现很晚,因而能被近代学者或一般报告人观察到的实例。如在 E. R. 塞尔维斯的一部著作中,在"原始国家"标题下列举了祖鲁(Zulu)、阿珊蒂(Ashanti)这两个在西方殖民主义到达非洲时被观察到的非洲早期国家实例。① 在1978年出版的《早期国家》一书中,由来自6个国家的学者撰写的关于21个分布在世界不同地区的早期国

---

① E. R. Service: "*Profiles in Ethnology*", Harper & Row, Publishers, New York, 1971, PP. 293—314; 366—386.

家个案的论文中,约有10个个案是属于近代以来被观察到的。它们是安柯列(Ankole)、夏威夷、约鲁巴(Yoruba)、沃尔特(Voltaic)、塔希提、库巴(Kuba)、卡察里(Kachari)、季玛(Jimma)、印加和阿兹特克。①这大大丰富了人们以往仅靠文献记载所获得的关于早期国家的知识。当然,也应当看到,人类学所贡献的许多报道并不是出自训练有素的专业人员之手,而且也有大量的资料缺乏系统性,其往往只是零星地涉及到某地政治组织的情况。此外,这些报道中的大部分还是19世纪,乃至18世纪,或更早的。但是现代人类学在使用这些资料时一般都经过比较严格的鉴别和分析,人类学家把尽可能科学地处理这些资料作为其研究的首要规范。无疑,这部分资料弥补了文献记载和考古资料的不足,几乎使人们得以"直接"地考察人类政治组织的早期状况,因此是十分珍贵的。

(2)提出各种理论解释模型以及假说。一个世纪前摩尔根在《古代社会》中所做的工作,实际上就是提出了一项有关人类政治社会演进的假说。摩尔根的许多结论后来没有被所有的人类学家所坚持,但提出各种假说和理论模型一直是人类学家工作的重点和特点之一,在早期国家问题上也是如此。人类学家的这些工作对早期国家研究的发展意义十分重大。这一点只要看一下摩尔根学说在我国学者的早期国家研究中有着多么巨大的影响就可以知道了。可以说,迄今在早期国家研究中所涉及的各种理论模型差不多都是由人类学家提出的。问题在于,人类学的理论抱负与它所拥有的资料之间几乎始终是存在矛盾的。许多理论在新资料出现后往往暴露出它们的缺陷。从这个意义上说,人类学的各种假说中都可能有不可靠的成分。虽然这样,人类学的理论工作在早期国家研究中仍然是极具活力的。人类学所达到的独特的理论智慧,对于理解早期国家这样的课题仍有不可替代的作用。因为许多问题如果局限于观察一国或一个地区的史实,将会很难产生与这类史实有关的许多构想。很显然,人类学的理论智慧正是得益于它对世界所有地区有关事实的广泛观察。

(3)逐渐形成了一系列有效的方法。在这里最值得一提的是人类学从

---

① H. J. M. Claessen & P. Skalnik, ed., *The Early State*, Monton Publisher, Hague, 1978, P. 534.

人类行为中存在着共通的机制这一点出发，对不同地区、不同时代早期国家实例所做的分类和比较研究，这对历史学采取一种较为开阔的眼界来解决特定民族或地区的早期国家问题极富启发性。此外，比如人类学对于人类行为区分出类型的方法在早期国家研究中也常被采用。恩格斯在《家庭、私有制和国家的起源》中曾提出国家产生的三种途径，亦即早期国家进程的三种类型。这实际上也是人类学方法的一个体现。

由于人类学把早期国家问题作为它的一个重要课题，早期国家研究本身已在很大程度上带有人类学的性质。对一项个案研究来说，研究者固然可能根据其专业的性质选择基本上运用历史学方法来处理它，但要完全拒绝人类学的概念和方法，在今天显然是不现实的。

现在我们再来看看考古学。作为一项旨在通过对地下出土的物质遗存的系统研究来补充（有时是修正）文献所记载的史实的科学，考古学同样也把它的目光关注在包括早期国家在内的远古时期的历史现象上。从某种意义上可以说，自近代考古学诞生至今的150年中，考古学最重要的成就之一就是发现了包括一些最早的早期国家在内的一系列早期国家遗迹。在人类进入国家社会的第一波和第二波中出现的苏美尔国家、埃及国家、印度河流域国家和克里特国家，都基本上是通过考古发掘认定的。对中国早期国家的最后认定也将在很大程度上取决于考古学的进展，包括可能有的新发现和专业研究。对考古学来说，早期国家问题是它最能显示其方法上相对于文献学的优势的领域之一。因为，国家的形成在很多个案中都要追溯到史前时期，而在史前问题上，除了传说资料外，考古学便"成了撰写早期历史的主要依据"。[①]有趣的是，这一点反过来也使早期国家研究成为考古学自身发展的动力之一。中国考古学的发展便是一个例子。1959年以来逐渐展开的对于夏代国家遗址的大规模调查和探讨，对我国新石器时代考古和早期青铜器时代考古的促进作用是有目共睹的。在这方面，我们可以看到一个非常可喜的事实，即我国考古学界对早期国家问题的兴趣特别高，投入的力量也特别巨大。考古学界对我国早期国家研究已经作出了极为重要的贡献。考古学与早期国

---

① 〔英〕丹尼尔：《考古学一百五十年》，文物出版社，1987年，第5页。

家研究的紧密结合不仅是考古学家的事,也应当成为历史学家的规范。

同早期国家研究有关的学科,还可以举出诸如政治学、社会学、法学等等。它们都有一些概念与早期国家问题相联系。但与早期国家研究关系最密切的学科似乎还是历史学、人类学和考古学。一个课题同这么多学科相关,说明它有很高的认识价值。这一点毫不足怪。人类生活在国家社会中已有大约6 000年历史,人们当然希望了解这种生活方式是如何开始的。唯其如此,人们对今天仍生活在其中的国家制度才会有更深的认识。

二、我国学者研究的成果与问题

我在前面已经提到,"早期国家"这个概念在国内学者中尚未被普遍使用。这从一个侧面反映出早期国家研究在我国尚未被作为一个比较专门化的研究领域确立起来。我国学者关于早期国家的研究主要是以讨论中国国家起源为课题,有关的学科是中国史中的先秦史和考古学中的新石器考古与商周考古。虽然这样,我国历史学家和考古学家对人类学成果仍有所吸收。因此在总的面貌上,国内学者对早期国家的研究与国际学术界的工作是相似的,只是其论题涉及的面还比较小,同时在理论模型的建构上远不如国外学者那样活跃。

就中国国家起源问题的研究而言,国内学者的工作同国际同行相比是比较有分量的。例如,前面提到的《早期国家》一书是70年代末国际学术界在早期国家研究上的一本代表作。书中讨论中国个案的论文由前捷克斯洛伐克学者波柯拉(T. Pokora)撰写。从该文内容看,国际学者对中国早期国家进程的认识尚嫌空泛,讨论的问题不如国内学者具体,并且没有提出重要的肯定的结论。相比之下,国内学者的工作以在资料运用上的熟练和细致见长,并且对新资料的引用相当快,此外,所讨论的问题也比较具体,在许多问题上有明确的(尽管还存在分歧)观点。这些工作在许多方面都带有中国历史学的特色。

但是,国内对中国国家起源问题的研究,其历史相对并不很长。在20世纪上半叶,这项研究可以说还相当沉寂。只有少量论文在讨论中国社会发展史时附带地涉及到国家问题。1928—1929年，郭沫若发表《中国古代社会研究》，把商代定为"氏族社会的末期"，[1]暗含着中国进入国家社会是从周代开始的结论（后来郭氏改变了这个看法）。这是中国学者首次用近代社会进化理论对古代中国社会发展的阶段性问题提出见解，也是首次对中国早期政治组织的演化问题提出见解。但郭氏的研究还不是严格意义上的关于中国早期国家的研究。在我国，专门研究中国国家起源问题的论文在五六十年代开始出现。如戴裔煊的《古代东方中央集权国家的建立与水利灌溉的关系》（1955年），吴恩裕的《中国国家起源的问题》（1956年），徐喜辰的《关于中国国家形成问题》（1960年），石兴邦的《我国奴隶制国家形成前夕的社会经济形态》（1964年）等。[2]它们标志着早期国家研究在我国真正开始形成规模。但总的说来，一直到70年代以前，专门讨论中国国家起源问题的论文还不是很多。至70年代以后，随着考古上涉及中国早期文明发展的资料不断被发现，尤其是由于1974年河南偃师二里头宫殿遗址发掘简报的发表，中国国家起源问题越来越引人注目，有关论文的数量显著增多。如佟柱臣的《从二里头类型文化试谈中国的国家起源问题》（1975年），李民、文兵的《从偃师二里头文化遗址看中国古代国家的形成和发展》（1975年），金景芳师的《关于中国原始社会向奴隶社会过渡问题的讨论》（1978年），赵希鼎的《夏代是中国国家的起源》（1979年）等，[3]以及大量讨论夏文化、夏史、古史分期问题和中国新石器时代晚期文化的论文（其中包括对1977年发现的登封告城遗址的报道和讨论以及对大汶口文化性质的讨论）。在这一时期的论文中，与中国国家起源有关的各个问题大体上都已提了出来，并作了深入的讨论和辩论，成就是重要的。就对中国国家产生的年代的估计而言，这一时期工作的主流是与夏代相联系的。

80年代以后，中国国家起源问题的研究出现空前热烈的局面，在研究的

---

[1] 郭沫若：《中国古代社会研究》，人民出版社，1977年，第216页。
[2] 分别见《中山大学学报》1955年第2期；《新建设》1956年第7期；《吉林师范大学学报》1960年第2期；《历史教学》1964年第5期。
[3] 分别见《文物》1975年第6期；《郑州大学学报》1975年第4期；《吉林大学学报》1978年第5—6期；《开封师范学院学报》1979年第1期。

深度上超过了70年代。在这一时期的研究中,以下几个特点是值得注意的:(1)在发现和整理有关的考古资料方面继续做出可观的工作。其中比较重要的有关于晋南二里头文化遗址的报告和研究,关于夏文化分布区域及夏商时期中原的邻境文化的研究,关于淮阳龙山文化古城等一批古代城址的报告和研究,关于汤都的讨论,关于山西襄汾陶寺遗址的报告和研究,关于偃师商城的报告和研究等。(2)以探索中国古代文明发生为线索,把对中国国家形成年代的估计提前。这在70年代后期大汶口文化中的陶文发现后曾由唐兰做过较有影响的工作。[①]80年代则以田昌五为代表提出即使在中原地区,最早的"奴隶制部落王国"也出现在5 000年前的传说时期,早于夏代。[②]虽然这种看法迄今尚未有更多的学者赞同,但它有值得注意的地方。(3)注意到在中原的周边地区较早发生形成国家的因素的可能性问题。这主要是在发现江南的良渚文化和辽西的红山文化中所包含的某些可能与复杂政治制度有关的内涵后出现的一种动向,由此而提出了关于中国国家起源的一些新的理论问题,其意义极为重大。(4)开始涉及中国早期国家进程的特征问题。在这方面研究的一个特点是争议甚多。所争议的问题包括中国早期国家(夏、商、周)是一种以中央集权的和专制的权力为特征的较大的国家呢,还是由众多如同世界其他地区许多早期国家那样的城邦国家或称"方国"组成的联盟?这种争论表明,研究者已注意到中国与世界其他地区早期国家进程可能有的模式上的不同。与此相联系,50年代以来为学者们长期引用的部落联盟模式对于中国个案的适用性问题开始受到质疑。包括本书作者在内的部分学者正在以酋邦理论来解释中国早期国家进程。[③]这实际上是对中国早期国家进程在世界同类进程中的位置予以重新排队的一种尝试。以上提到的这些探讨都超出了单纯讨论国家起源问题的范围,是国内早期国家研究向更加专门化方向发展的表现。(5)一些学者开始介绍当代国际早期国家研究的成果和方法。这很可能会导致国内的这类研究越来越普遍地同国际学术界的

---

① 唐兰:《再论大汶口文化的性质和大汶口陶器文字》,《光明日报》1978年2月23日。
② 田昌五:《中国奴隶制的特点和发展阶段问题》,《人文杂志》增刊,1982年。
③ 参见谢维扬:《中国国家形成过程中的酋邦》,《华东师范大学学报》1987年第5期。

工作相衔接,应该说,这对于我国早期国家研究的发展是十分有益的。

80年代以来发表的关于中国早期国家问题的论文甚多,不胜枚举。其中可以提出来引起注意的,有洪家义的《中国国家的形成及其特点》(1980年)、林志纯的《孔孟书中所反映的古代中国城市国家制度》(1980年)、赵世超的《夏代奴隶制国家形成标志复议》(1981年)、田昌五的《中国奴隶制的特点和发展阶段问题》(1982年)、姚政的《试论夏代国家的形成》(1982年)、王震中的《中原地区国家形成的道路》(1983年)、杨升南的《卜辞所见诸侯对商王朝的臣属关系》(1983年)、吕绍纲的《中国古代不存在城邦制度》(1983年)、林沄的《关于中国早期国家形成的几个问题》(1986年)、宋瑞芝的《对外防御和对外征服在从氏族到国家产生中的作用》(1987年)、谢维扬的《中国国家形成过程中的酋邦》(1987年),以及90年代发表的叶文宪的《中国国家形成之路》(1990年)、谢维扬的《酋邦:过渡性与非过渡性》(1992年)等。①此外,美籍学者张光直的《从夏商周三代考古论三代关系与中国古代国家的形成》(1983年)、杜正胜的《夏代考古及其国家发展的探索》(1991年)也是这一时期中的重要论文。②所有这些论文从一个侧面反映出我国的早期国家研究的最新成果。

但是,从总体上说,我国的早期国家研究还不是很成熟的。在我国的早期国家研究中还存在一些值得注意的问题。

首先,在一定程度上,许多国内学者的研究在理论语言上呈现"老化"的现象。国际学术界近二三十年来在早期国家理论的研究中有许多重要成果,其中有些是积极的,但在国内工作中对此反映得还很少,即便是与之争辩也很少看到。国内大多数学者所熟悉的和较多引用的还是摩尔根在一百年前提出的理论和他所报道的事实。摩尔根的理论得到过马克思和恩格斯的高

---

① 分别见《南京大学学报》1980年第3期;《历史研究》1980年第3期;《河南师范大学学报》1981年第1期;《人文杂志》增刊,1982年;同上;《中国史研究》1983年第4期;《甲骨文与商殷史》,上海古籍出版社,1983年;《中国史研究》1984年第3期;《吉林大学学报》1986年第6期;《湖北大学学报》1987年第3期;《华东师范大学学报》1987年第5期;《华东师范大学学报》1990年第6期;《学术月刊》1992年第2期。

② 张光直:《中国青铜时代》,三联书店,1983年,第27—56页;《考古》1991年第1期。

度肯定,其中有些内容成为马克思主义关于早期国家的思想的重要来源。但是,由于历史条件的限制,摩尔根对有关资料的搜集不可能做到十分全面,在对资料的处理上也有一些失误。这必然为他的理论模型带来不可避免的缺陷。从科学发展的规律说,随着整整一个世纪中新鲜资料的不断涌现,以及对有关资料的理解的不断调整,摩尔根的模型被一些新的模型所补充和修正,这应该是不可奇怪的。因此,没有理由拒绝讨论摩尔根之后在早期国家理论中出现的各种新的构思,至少应当在辨别的基础上科学地吸收这些构思中合理的成分。对摩尔根的工作,也应当结合一百年来出现的新资料,对其得失作出恰如其分的清理。这对于我国早期国家研究的进一步发展是十分重要的。

值得指出的是,我国的一些民族学家近年来已经开始在这方面做了一些有益的工作。1988年童恩正发表《摩尔根的模式与中国的原始社会史研究》一文,在国内首次全面分析了摩尔根学说的成就与失误。他指出,摩尔根学说长期以来在我国民族学的"各个方面都打下了深深的烙印",以至"有的研究者在开展民族调查之前,就预先确定了'母系'、'父系'、'部落联盟'、'家长奴隶制'等最终的结论,调查的目的不过是用一点新的资料再一次证明这种模式的正确,而不是从实际出发提出新的问题"。[①] 这实际上也是在我国早期国家研究中可以看到的一种弊病。童恩正提到的"部落联盟"这个概念,恰恰是在中国早期国家研究中被许多学者奉为圭臬的,在运用时几乎不加分辨。我在1987年撰文指出,部落联盟理论对于中国早期国家进程并不适用,而摩尔根本人也从未认为部落联盟制度是各民族中普遍存在的现象。[②] 对摩尔根理论模型的不加分辨地应用,不仅导致对中国事实的曲解,而且也使该理论模型本身的含义模糊不清。这一点,应当引起国内学者的深思。

我国早期国家研究的另一个重要问题是所掌握的资料还不够充分。总的来说,我国学者对世界各地区早期国家个案的了解还很有限。我们所熟悉的主要是摩尔根和马克思、恩格斯所提到过的古希腊、罗马和德意志国家等

---

① 童恩正:《文化人类学》,上海人民出版社,1989年,第315—354页。
② 参见谢维扬:《中国国家形成过程中的酋邦》,《华东师范大学学报》1987年第5期。

个案。这在今天看来显然是不够的。另一方面，对于同中国历史上各时期早期国家个案的比较也还很薄弱。比如在蒙古和后金等少数民族国家的形成与中原地区早期国家的形成之间是有许多可比较的相似点的，但是这方面的工作目前还没有真正系统地展开。我在这里提出这个问题，并不是说在讨论中国早期国家问题时必须用很多篇幅去论述其他地区以及中国历史上各个时期中的有关个案；这当然应当根据每次研究的具体计划来确定。但是，作为研究的基础，对于世界各地区和不同历史时期中早期国家个案的了解与比较研究，无疑是当代早期国家研究专门化的一个标志。离开这一点，将对早期国家研究中的一些较新的、重要的概念产生隔膜。例如"酋邦"这个概念在现代早期国家研究中被证明是有很强说明力的，但是国内学者大多数对此还比较陌生，其原因之一就是对许多个案缺乏了解。因此我感到拓宽研究者的视野，对我国早期国家研究的进一步发展已是当务之急。按照本书最初的设想，将有专门的章节讨论国际学术界报道过的一些重要的个案，以及中国历史上不同时期中的重要个案。这对于读者理解中国早期国家研究所涉及的种种问题是十分重要和有益的。遗憾的是因为篇幅关系不能将这些章节纳入本书中。但是我将在许多地方提到我在这方面的一些想法，同时有些个案在一些章节中也已经比较详细地谈到了。

上面提到的两个问题都同历史学、人类学和考古学有关。在我国，从事早期国家研究的主要是历史学家和考古学家，因此，在研究时是否充分注意到人类学的有关成果，这对我国早期国家研究的进展尤其重要。

最后我还想谈一个中国早期国家研究投入的方向问题。在国内的研究中，对于中国最早的早期国家产生的年代问题投注了较多的注意力。有些学者甚至试图使对这一年代的估计精确到某一个王即位的时刻，由此还引发出一些争论。实际上，早期国家的形成是一个较长的、渐进的过程。在编年史的要求中，用某个具体的时刻作为早期国家形成的标志，这是合乎规范的，但并不意味着寻找这样的标志性的时刻是确定早期国家形成年代的最重要的内容。况且，在有些个案中，正如有些学者提出的，要确定某个早期国家诞生的精确年代是十分困难的，有时几乎是不可能的。因此，我认为，从方法上说，不应该对划分国家与前国家时期采取简单化的做法，这可以使我们对早期国家研究中更具实质性意义的问题给予更多的关注。在我国的研究中，至少在目前，过多地纠缠在中国最早的国家诞生的精确年代的问题上，很可能会白白耗费研究者的精力。当然，对中国早期国家产生的年代问题还是需要研究的，问题在于应当从实际出发来追求一个恰当的精度，同时应当认识到，在早期国家研究中，对许多问题的解释比确定一个标志性的时刻更具有历史的说明力。

三、国外学者研究概况

由于资料的限制，我在这里还不能做到对国际学术界（主要是西方）早期国家研究的情况作全面的介绍。因此对本节的内容将来还可以有许多补充。

从广义上说，西方对国家理论的研究可以追溯到修昔底德、亚里士多德和柏拉图时代。[①]当然，在同样的意义上，中国先秦时期的儒家和法家，乃至墨家、道家等学派的学说也未尝不可以说包含着某种国家理论。中西方古代思想家对国家问题的思考有一个共同的特点，就是它们基本上都没有实证研究的基础，只能说是一些一般政治理论的一部分。因此，从专业的角度看，这部分遗产同现代早期国家研究是属于两个范畴。不过，既然都涉及到国家问题，二者之间毕竟是有联系的。追溯古希腊思想家关于国家的理论对于早期国家研究的主要意义是，现代关于国家起源的两大基本理论，即所谓"冲突论"和"融合论"（详见第二章），在古希腊思想家的作品中都可以找到渊源。在这方面，中国的情形也是一样的。有人就认为儒家和法家这两个对立学派的国家思想就是中国古代关于国家起源的两种不同理论的代表。

近代西方关注国家问题的主要学者是霍布斯（T. Hobbes, 1588—1679年）、洛克（J. Locke, 1632—1704年）、休谟（D. Hume, 1711—1776年）、卢梭（J. Rousseau, 1712—1778年）、维科（G. Vico, 1668—1744年）、孟德斯鸠（C. L. S. Montesquieu, 1689—1755年）等。他们几乎全都是17和18世纪著名的哲学家或政治哲学家。按其理论的基本倾向，现代学者也从他们之中区分出

---

① 参见哈斯：《史前国家的演进》，第5—7页。

"冲突论"和"融合论"两大派。这反映出在19世纪以前，西方的国家研究大体上仍停留在哲理性阶段，所关注的主要问题是国家形成的社会原因。因此，虽然上述思想家的工作比古希腊时代要更专门和更细致一些，但还不能说是真正专业性的早期国家研究。

19世纪是西方近代早期国家研究粗具规模的时代。在这一时期中首先值得提到的是两位有重要贡献的先锋人物，即摩尔根（L. H. Morgan）和梅因（H. S. Maine）。摩尔根在国家问题方面的代表作就是著名的《古代社会》（1877年）。梅因的代表作是《古代法》（1861年），比《古代社会》早十多年。一般认为摩尔根在一些问题上是吸取了梅因的成果的。这是两部完全专门化的著作，分别主要运用了人类学和历史学的方法。他们两人的工作，尤其是摩尔根的工作，在20世纪以前在学术界是最有影响的。马克思和恩格斯根据摩尔根等人的研究对国家形成问题所写的一些著作也在这一时期早期国家研究中占有极重要的地位。根据哈斯的评述，[①]在这一时期中还可以提到的学者有斯宾塞（H. Spencer）和奥斯汀（J. Austin）；前者对国家演进理论作了重要研究，后者讨论了前国家时期的习惯法与国家社会的成文法之间的区别，以及古代人们服从君主法律或命令的原因等问题。这两人也都不是专业历史学家和人类学家，他们是从社会学和法学的角度对近代国家理论的发展作出贡献的。其中斯宾塞在其社会进化理论中对国家或政府的发展问题所提出的见解一直被认为是重要的。他的研究扩大了关于人类早期政治组织研究的视野，还提供了一些新的方法。在这一时期中可以提到的还有孔德（A. Comte，1798—1857年）和杜尔克姆（E. Durkheim，1858—1917年，一译涂尔干）。

19世纪在早期国家研究方面的一项重要进展是，一些人类学家和旅行家在对当代原始社会及简单政治社会的调查方面发表了一系列珍贵的报告。其中有许多至今仍被引用。如勃温（T. J. Bowen）所写的1849—1856年在非洲的游记，容克尔（W. Junker）所写的1882—1886年在非洲的游记，佛伯斯（F. E. Forbes）于1851年写的关于达荷美与达荷美人的报告，斯派克（J. H.

---

① 哈斯：《史前国家的演进》，第43—47、22—23页。

Speke)于1893年写的关于非洲腹地的报告,埃利斯(W. Ellis)于1831年写的关于波利尼西亚人的报告,等等。顺带提一下,现在被引用的资料中还包括一些18世纪的报告,如勃德里古兹(M. Bodriguez)于1774年写的关于塔希提的一份报告,威尔逊(J. Wilson)于1799年写的在南太平洋的游记等。在整个19世纪或更早一些,随着西方对非洲、大洋洲和亚洲各地的渗入,这类报告和游记可以说层出不穷。它们在提供当代可观察的人类政治组织发展中的一些简单形式的资料方面是功不可没的,尽管其各自的可靠性程度参差不齐。同时它们所体现的实地考察方法也为近代人类学方法的建立奠定了基础。

进入20世纪,关于早期国家的专业研究开始空前蓬勃地发展,无论在理论上或资料上都提高到一个全新的水平。在理论方面,西方人类学在这一时期中对摩尔根以来的进化论派学说普遍加以反思,在新资料的基础上提出新的理论模型。首先可以提到的是奥本海默(F. Oppenheimer)和古姆普劳威茨(Gumplowicz),前者的《国家》(1909年)等作品因其独特的理论解释长期引起研究者的注意。其次应当提到罗维(R. H. Lowie),其《初民社会》(1920年)和《国家起源》(1927年)等著作集中体现了他的批判学派的立场,在学术史上具有重要意义。蔡尔德(V. Childe)也是一位有影响的早期文明理论学者。其《文明的诞生》(1952年)等书对国家的产生作了有深度的研究,至今仍有影响。在这一时期,个案研究的方法开始成熟起来,出现了大量高质量的研究报告,同19世纪的不太严谨的报告相比,它们已完全纳入了科学研究的规范。如伊文斯—普里恰德(E. Evans-Pritchard)对于赞德国家的系列研究就是一个范例,它们至今仍是赞德国家研究不可缺少的参考。他和福特斯(M. Fortes)合作的《非洲政治制度》(1940年)成为一部名著。许多在现代早期国家研究中具有重要地位的个案研究主要都是在这一时期中起步的。如对约鲁巴的研究,较早的文献有阿季撒夫(A. Ajisafe)于1924年写的关于约鲁巴人法律与习俗的专著;对夏威夷的研究,有白克维斯(M. Beckwith)于1932年写的关于夏威夷酋长等级的报告;关于印加,有柯契霍夫(P. Kirchhoff)于1949年写的关于安第斯民族政治组织的研究等。对这一时期,还应提到魏特夫(K. Wittfogel)的一部有影响的作品《东方专制主义》(1957

年),这本书带有政治上的色彩,但在一定范围内曾经受到注意。此外还可提到的有萨姆纳、凯特、莫霍特、韦斯特曼、特恩瓦尔特、图尔德等人。尤其是斯蒂沃德(Steward)在《关于文化进化的理论》(1955年)一书中提出的人类从狩猎和采集水平发展到国家水平的进化序列很引人注目。可以说,20世纪上半叶是国际学术界对早期国家研究全面深入铺开的时期,成就非常可观。

当前最新水平的早期国家研究基本上是从20世纪六七十年代起形成的,它代表了这一研究的成熟阶段。这一时期的成果大体可从两个方面来看。第一,对世界各地早期国家个案的研究继续深入,有较大的成果。不仅50年代以前研究过的一些个案在研究的深度上有了长足的进展,还对一些过去研究不够的个案作了开拓性的研究。比如关于阿兹特克国家的研究,大量和主要的工作都是在六七十年代完成的。关于埃及国家,六七十年代的研究也比过去有了新的发展。而关于季玛国家、卡察里国家、库巴国家等,几乎全部主要工作是在六七十年代进行的。第二是在理论的研究上,这一时期的成果层出不穷。其代表人物有弗里德(M. Fried)、塞尔维斯(E. Service)、科塔克(C. Kottak)、卡内罗(R. Carneiro)、柯恩(R. Cohen)、克烈逊(H. Claessen)、斯卡尔尼克(P. Skalnik)、戈德曼(I. Goldman)、哈里斯(M. Harris)、怀特(L. White)等。这批学者的工作不仅占有资料全面,而且表现出一种十分专门化的水平,在理论上则带有综合的倾向,早期工作中的那种推测的、片面的和偏激的成分大大减少,科学性明显增加。这反映了现代研究的成熟性。其中特别值得一提的是塞尔维斯和弗里德的工作。他们分别提出了两个相似的解释人类政治组织演进的阶段和类型的模型,影响非常之大,迄今仍被学术界广泛引用。塞尔维斯的代表作《原始社会组织》(1971年)和《国家与文明的起源》(1975年)在现代早期国家研究中享有非常高的地位。同样,弗里德的代表作《政治社会的进化》(1967年)和《论社会分层和国家的进化》(1960年)也是现代早期国家研究中无人能忽视的成果。其他一些学者的代表作分别有卡内罗的《国家起源理论》(1970年)、柯恩的《政治制度》(1970年)、柯恩与塞尔维斯合作的《国家的起源:政治进化人类学》(1978年)、克烈逊的《政治人类学》(1974年)、斯卡尔尼克的《沃尔特地区早期国家发展的原因》(1973年)、克雷德尔的《国家的形成》(1968年)、科塔克的《非洲国家起源和进化中生态环境的多样性》(1972年)、怀特的《文化的进化》(1959年，他还以重新整理摩尔根的学说并提出新进化论理论而引起注意)等。在70年代后期和80年代前期，在克烈逊和斯卡尔尼克等人的组织下，国际学术界着手进行了较大规模的合作研究，其成果就是先后于1978年和1981年在海牙出版的《早期国家》与《国家研究》二书，其作者阵容包括当代国际上一些重要的早期国家研究者，如柯恩、克雷德尔、哈赞诺夫(Khazanov)、凡希纳(Vansina)等。在《早期国家》中，除卷首和卷末的8篇理论性文章外，收入了关于世界上不同历史时期的21个早期国家个案的专论(这些国家是吴哥、安柯列、阿克苏姆、阿兹特克、中国、埃及、法国、夏威夷、伊别里利、印加、季玛、卡察里、库巴、孔雀王朝、蒙古、挪威、斯基泰、塔希提、沃尔特、约鲁巴和赞德)，是一部体现现代早期国家研究总体水平和主要成果的代表性著作。在这本书的作者中包括一些来自东欧和亚洲国家的学者，如前捷克斯洛伐克的波柯拉、坎德尔特(J. Kandert)，苏联的哈赞诺夫、柯恰柯娃(N. Kochakova)，印度的塞耐维拉特尼(S. Seneviratene)等。

总起来看，西方的早期国家研究开展比较早，专门化规范形成也较早。西方的研究在两个方向上的成就是应该看到的。一、它一贯致力于开拓研究资料的广泛来源。如果说18和19世纪的一些报告与西方殖民活动有关，那么20世纪以后在亚洲、非洲、大洋洲和美洲的众多个案调查与研究则主要是出于学术上的动机。正因为不断拥有新的资料，西方的研究在对新问题的探索上总是保持很大的活力，并越来越具有深度。二、它在理论上的开掘也相当活跃。理论不停地随着新资料的出现而修正、重组，使研究本身极富思想性。在西方早期国家研究中，形形色色的理论模型之间既有区别，又有联系。很难说一种新的模型的出现就是对原有模型的全盘否定，同时新的模型本身也经常由人们争论。这表明对西方学者来说，理论并不是用来解释事实的现成工具，相反，理论将依据事实不断地完善，而促使理论在事实的基础上逐渐完善化，正是研究者的主要任务之一。西方研究中的这些特点是一种长处，值得我们借鉴。

但是，我们也可以指出西方研究中的一些弱点，有些还是严重的弱点。即以对理论的开掘来说，迄今西方学术界在早期国家理论的一些重要的基本问题上仍然没有获得十分肯定和明确的结论。对这一点我们应有清醒的认识。许多由西方学者提出的理论模型还停留在假说阶段，结论既不确定，空白点也很多。这反映西方学者在早期国家理论的建设上还有相当一段路要走。这正好表明中国学者在这方面是可以有自己独到的贡献的。其次,在有些重要的早期国家个案的研究上,国际学术界的工作还比较薄弱。比如在《早期国家》这本代表性的著作中,就缺少对苏美尔和克里特这样的人类最早的国家的研究。对南亚次大陆研究的视野也没有深入印度河文明刚刚开始形成时期。对于中国,《早期国家》中的有关论述,在资料的拥有上还比较陈旧,并且基本上没有反映中国学者在中国国家起源研究上的成果。国际学术界的工作无疑是我们今天研究的重要基础之一,对之不闻不问或视而不见,肯定是无益的。同时中国学者也完全有条件使自己的工作在国际早期国家研究的进一步发展中占据越来越重要的地位。

四、早期国家研究的主要任务

本书是以中国早期国家为主要研究对象的,因此本书在一定意义上可以看作是一项个案研究。但是鉴于我国学者对国际学术界在早期国家研究中的成果(包括理论的和个案的)讨论得还不很多,而了解这些对我国早期国家研究的发展有重要意义,因此我不想使本书的内容仅仅局限在回答与中国远古历史有关的一些特殊问题上而成为一项纯粹的中国史研究。我的很大一部分兴趣将在于结合对中国个案的研究回答一般早期国家研究所提出的一些重要问题。从这个意义上说,本书又不完全是个案性的。我感到对本书计划的这种安排可能比较切合国内早期国家研究的某些现实状况,也可能会引起较多读者的兴趣。

我们前面提到的克烈逊和斯卡尔尼克二人在收入《早期国家》中的《早期国家:理论与假说》一文中曾提出早期国家研究所要回答的四个基本问题,它们是:

Ⅰ.早期国家的一般特征是什么?

Ⅱ.早期国家最起码的定义是什么?

Ⅲ.能够区分出早期国家的几种类型?以及它们相互区别的特征

是什么？把它们区分成初始的、典型的和转变的三个类型是否有益？

Ⅳ. 国家形成的过程最可能是什么？在多大程度上这一过程与前面提到的两大对立的理论派别相吻合？①

从这几个问题中人们也许会感到早期国家研究目前所面临的任务可以说是相当严峻的。因为这几个问题，尤其是前两个问题，从一定意义上说，差不多就是早期国家研究，尤其是个案研究的基础或出发点。而现在的情况是，就总体来说，这些问题恰恰是早期国家研究目前需要解决的。这说明早期国家研究在操作上的一种特殊境遇，即必须在缺乏关于一些基本概念的公认的和现成的定义及相应规范的条件下着手研究。当然，包括我国学者在内的许多学者迄今提出的众多理论模型都对上述问题有这样或那样的回答，但显然我们不会未经讨论就把这些模型现成地拿来作为我们工作的基础。从这里可以看出两点：一、个案研究始终是至关重要的，离开对个案的深入分析，我们将对任何理论模型无从判断；二、在目前，关于早期国家的任何一项个案研究，都可能同回答早期国家研究的一些基本问题有关。换言之，早期国家研究在许多计划中都可以是具有"根本性"意义的。

至于克烈逊和斯卡尔尼克所提出的上述四个问题，对明确早期国家研究的主要任务来说，有一定的概括性；不过从操作的角度说，其中似乎还有一些重要的缺漏。克氏和斯氏的思路似乎有一种跳跃性，因此对于一项具体的研究来说，上述四个问题显然不等于就是研究的实际任务。此外，克氏和斯氏的概括中没有提到历史学上的目标，而在许多研究中历史学上的考虑对研究者来说也是举足轻重的。

克氏和斯氏在上述论文中还对各种早期国家学说所涉及的问题作了概括。在结尾部分又根据书中关于21项个案的论述对这些问题作了回答。这些问题是：

1. 如何评论在国家的进化中社会阶级的存在与作用？
2. 能否认为全部或部分的早期国家具有亚细亚生产方式的特征？

---

① H. Claessen & P. Skalnik, ed., *The Early State*, P.23.

3. 征服在早期国家兴起和进一步发展中的作用是什么(假定征服者或被征服者都还没有国家组织)?

4. 在早期国家进化中战争与其他类型的外部冲突起了什么作用?

5. 人口增长和/或人口压力对早期国家的成长有什么影响?

6. 贸易和市场的发展与早期国家的出现有什么关系?

7. 早期国家解决内部冲突的方法是什么?

8. 城市及城市生活的兴起与早期国家的发展有什么联系?①

很显然,这八个问题是上述四个基本问题的展开,尤其是对第Ⅳ个问题的进一步展开。从克氏和斯氏的概括来看,它们实际上代表了国际学术界在早期国家问题上提出其主要成果的一些方面。其中有些问题,我国学术界长期以来事实上已经接触到,并且有很深入的研究,由此可以说明,国内的研究在一些方面已经有了同国际学术界相衔接的良好基础。这对我们理解克氏和斯氏关于早期国家研究的任务的概括是有帮助的。

总的来说,从克氏和斯氏的概括中可以看出,一般早期国家研究,其任务带有很强的理论性,可以说是直接同建立某种早期国家理论的努力相联系的。这一点对我国学者应有所启发。就是说,在早期国家研究中,对理论的兴趣绝不是可有可无的,这关系到研究者能否进入这项研究的主流中去。此外,克氏和斯氏的概括也告诉我们当前早期国家研究所面临的理论焦点是什么。我们可以对此归纳出两点。一、早期国家的定义;这涉及到早期国家的特征,同时包括对早期国家的分类。二、早期国家形成和生存的机制;在这方面,国内迄今讨论较多的是与阶级、战争和城市等有关的问题,对贸易和市场的问题国内也有过一些研究,对人口问题则涉及不多,而对征服的问题则是在近年的研究中才开始有人提出来讨论。目前在所有这些问题上都存在争议。毫无疑问,一项有针对性的研究应当在这些问题上提出自己的分析。读者会看到,本书在这方面花了相当的篇幅。而这种讨论对于国内早期国家研究的发展是需要的。

---

① H. Claessen & P. Skalnik, ed., *The Early State*, PP. 23—24.

绪　论

现在我们来看一下中国早期国家研究在个案研究范围内有哪些特殊的要求呢？或者说，在个案研究范围内，有哪些问题是中国早期国家研究所特别需要回答的呢？我想可以有以下几点：

一、中国前国家时期政治组织发展的状况。这不仅仅是指中原地区，也包括中原周边有资料可供研究的地区。国内学者对这个问题的研究比较多，并且有过一些影响较大、长期以来似乎已被看成是"结论"的提法。但正是在这个问题上，有一些带根本性的问题需要讨论。这部分研究的主要依据，一是对有关文献资料的意义的再分析；二是对地下出土的考古资料（尤其是一些新资料）的全面运用。这里当然不可避免地要涉及到对某些理论模型的讨论，因此这个问题本身的理论性是很强的。在对周边前国家社会的讨论中，将涉及一些其性质迄今尚在讨论中的重要史前文化遗址，如良渚文化和红山文化遗址等。关于这些遗址的讨论，很可能会使我们对中国前国家社会的性质有重要的、新的了解。对这个问题的研究，无疑将显示中国早期国家进程的特点，尤其是在同世界其他地区早期国家进程的比较中。相应地，也有机会就中国早期国家进程在人类政治组织演进的总进程中的地位和分类特征作出分析。

二、中国最早的早期国家形成的年代问题。前面说过，试图为这一年代确定一个精确的时间，在理论上是有问题的。但这绝不是说，在一定的时间尺度内，对中国早期国家形成的年代作出判断是不可能和无意义的。在历史学的要求上，这项工作显然总是有吸引力的。本书在这方面工作的重点是如何合理地解释关于中国早期国家形成年代的某种判断。对学术界已经提出的各种观点也将予以讨论。本书对问题本身将提出一个明确的结论，但在方法上将力图避免过去的有些说法（尽管在结论上同本书十分接近或相同）所带有的比较机械的和简单化的倾向。

三、中国早期国家进程中的不平衡性问题。在中国早期国家总的进程中，一个基本的事实是中原地区的发展最终明显地领先于其他地区。当然，由于这个事实非常重要，因此必须对其作出论证。同时也有必要进一步解释造成这种情况的原因。这个问题在理论上的意义也是十分明显的，因为它涉及到早期国家进程就全人类来说究竟是否具有普遍性的问题。如果有，原因是什么？如果没有，原因又是什么？在讨论这些问题的过程中，还会对促成早期国家进程的因素有更深入的了解。关于中国早期国家进程中的不平衡性问题,是由中国个案的一些特殊的特征决定的,因此,就本书的工作而言,这一研究实际上将对国际学术界对与早期国家进程有关的各种因素的看法提出某种补充。中国个案的特殊的特征包括:(1)关于中国中原和周边地区的早期联系的资料比较丰富和明确。比如对于商代,考古资料表明在当时中原文化圈的覆盖面已达到了周边很深入的地区。因此有理由提出中原与周边在政治进化上的早期联系问题。(2)关于中原的政治发展,有较多的文献资料可供参考。尽管这些资料的可靠程度不一,但在总体上对中原政治发展中的一些重要特征有较明确的反映。而从本书的论述中读者会看到,中国早期国家进程中的一个十分突出的因素正是属于政治发展方面的。由此可以看出,中国个案对于一般早期国家研究很可能会有其独特的贡献。

四、中原早期国家最初的和随后的发展情况。这方面可供参考的过去的研究成果很多,但也可以看出学者们解释的方法很不相同。目前需要的是在这个问题上做出比较系统的考察。本书稍后几个章节的安排实际上体现了我在研究方法上的这样一种考虑。从某种意义上说,这个问题首先同解释中原早期国家产生的年代问题有关。这就使它在历史学上具有断代的意义。其次,我希望能根据较可靠的资料对中原早期国家发展的整个进程划分出一些大的阶段。在这方面也许用得着克烈逊和斯卡尔尼克关于早期国家三种类型的概念,但根据中国的情况,我的分段会有一些不同,为此我也将对克氏和斯氏的理论进行一些讨论。克氏和斯氏的类型学理论是以对早期国家的政治、经济和意识形态状况的阶段性特征的研究为基础的,在这个问题上的讨论无论从个案的角度还是从理论的角度说都是很有意义的。

五、对中原早期国家的结构和功能的分析。在对早期国家的认识中,各早期国家的具体形态及其运转方式是最使人感到兴趣的一部分内容,也是对整个早期国家理论有重要影响的一部分内容。在《早期国家》一书的结论部分,克氏和斯氏分别就书中的21个个案对早期国家的结构和功能问题做过总结性论述。虽然他们都提到了中国,但如同该书对于中国的所有论述一样,他们的评论还很不充分。应该说,由于资料显然不足,复原中原早期国家的结构和了解其功能特征的工作会遇到很大困难;也许对于许多细节问题我们永远也无法再弄清其真相。但是,就目前对有关史料研究的水平而言,关于中原早期国家的结构和功能,我们已经可以得出一些关键性的认识,其无论在广度和深度上都将超过《早期国家》一书所谈到的。对这项工作,应该说中国学者是负有特殊责任的。中国学者不仅能为了解早期国家的结构和功能提供一个重要的个案,而且能依据这个个案对于克氏和斯氏的概括进行有益的讨论。

六、中原早期国家的地域状况。从历史学的要求来看,早期国家的地域特征同确定一个个案在历史上的真实性有关。另一方面,地域的特征实际上还反映了一个具体的早期国家的政治控制力以及实施控制的方式。一些关于早期国家的类型学的判断都是建立在对早期国家的地域特征的研究基础上的。目前在关于中原早期国家的地域特征的问题上,有一些重要的细节问题尚在争议中。在这方面,对有关资料的解释妥当与否无疑是至关重要的,而与此同时,是否意识到疆域地理与政治组织形式之间有内在的联系也是很关键的。在本书中,我将在回顾迄今学术界关于中原早期国家地域特征的研究的基础上对有关问题提出一些分析。

七、对中国历史上不同时期出现的一些早期国家的比较研究。在本书中,这种比较方法主要是用于对中原早期国家进程进行解释。当然,其本身对于了解早期国家进程在不同地区和不同历史时期的不同表现也是很有意义的。在这方面同样有一些非常重要的理论问题可以提出。对中国学者来说,进行这方面的比较似乎有特别优越的条件。因为在中国历史上,可供比较的个案相当丰富,而且对其中有些个案,一些断代史学者已经有过相当深入的研究。但迄今为止,在中国早期国家研究中,对这方面问题的讨论还没有十分有机地开展起来。在本书中,我提出了一些初步的分析。我希望这会引起人们对于在早期国家研究中运用纵向的比较方法的重视。

总起来说,中国早期国家研究所面临的任务是十分艰巨的。它既涉及到一些基础性的理论问题,也涉及到许多非常具体的细节性的问题。这充分反映出中国早期国家研究就总体来说还处在某种起步阶段。正因为这样,这项研究不仅在中国古代史研究中将继续是一个有较大吸引力的课题,而且对于整个早期国家研究来说,它也将越来越显示出它的重要性。

第一章

理　　论

在有关中国早期历史的所有课题中,早期国家问题同理论的关系是特别突出的。这并不奇怪。这里有两个因素。第一,当然是早期国家问题本身具有重要的理论意义。第二,从方法上说,由于中国早期国家研究是以距今十分遥远的历史时期为对象的,相对地在史料上不如对较晚时期历史的研究那样丰富,因此在进行这项研究时有许多重要的问题将更多地需要借助理论的思考来加以说明。从某种意义上说,理论上的讨论对于中国早期国家研究是一项带有基础性的工作。如果我们考虑到中国早期国家研究的现状,对这一点就会有更深的体认。目前在国内学者的研究中存在的许多分歧的意见,都同理论上的不同思考有关。其中有一些重要的分歧意见,甚至主要是在理论上的。如果我们不首先对理论的问题作一番清理,我们将很难从对以往的研究的评估中得出对于推进这项研究的发展有益的明确的看法。正因为这样,我觉得在本书的开首来谈谈与中国早期国家问题有关的主要理论问题是合适的。

谈到中国早期国家研究中的理论问题,有一个事实是首先应该注意到的。这就是我已经提到的,对中国学者来说,在研究中国早期国家问题时,最熟悉的理论还是摩尔根在一百多年前所创立的学说,并且不少学者对这一学说采取了全面接受的态度。这对我国学术界的影响是双重的。一方面,摩尔根的学说从整体来看对于人类早期政治组织发展做了十分出色的研究。摩尔根以北美易洛魁印第安人的氏族为蓝本发现了人类在前国家时期社会制度的基本特征即氏族制度,这是他的《古代社会》的最重要的贡献。对此恩格斯给予很高评价。[①]现代人类学认为这一发现是完全真实的。如福特斯和伊文斯—普

---

① 恩格斯:《家庭、私有制和国家的起源》,人民出版社,1972年,第80页。

利恰德在《非洲政治制度》一书中就指出过:"'氏族组织'的存在表明没有国家秩序照样能够存在。"①摩尔根关于物质生产的发展引起人类社会形态演化的观点,对于探索人类政治组织演变的原因,也提供了一把合用的钥匙。这个方法曾被恩格斯誉为"重新发现了40年前马克思所发现的唯物主义史观"。②摩尔根还提出了国家社会与氏族社会的本质区别是前者是"以地域和财产为基础的",而后者则以"氏族所有的成员之间存在着血缘关系"为基础的论断。③这个看法明显受到梅因《古代法》的影响,对于辨别国家社会与前国家社会是极其有用的。总之,摩尔根的学说确实为原始社会和人类早期政治组织研究提供了从某些方面说是非常重要的理论武器。他的学说的许多重要内容后来被马克思主义国家学说所吸收。所以,摩尔根学说对我国学术界的影响,从总体上说,反映了马克思主义在我国原始社会和人类早期政治组织研究中的指导作用。应该说,这对于我国学者在中国早期国家研究中获得一系列积极的成果是有重要意义的。

但是,另一方面,摩尔根国家学说毕竟是有缺陷的,有些还是重要的缺陷。对此,我们处在距摩尔根一百多年后的今天是应当清醒地看到的。在这里我简要提两点。第一,摩尔根对原始社会状况的描述有不够确切的地方。在摩尔根笔下,人类原始社会是一片"平等、自由、博爱"的景象,它们几乎是一种"无差别、无矛盾的和谐的境界"。④这同一百年来人类学所观察到的大量个案所显示的事实并不相符。事实上,等级、特权、物质资料占有的不均、不同集团乃至个人之间政治影响力和权力的不平等,在前国家社会的许多实例中都明显地存在着。而在原始社会亦即前国家社会时期,以不平等为基础的政治组织形式也已经被大量观察到。当然,这些政治组织形式还不是国家,但同摩尔根所描述的以平等为基础的"原始的政治方式"⑤的机制是根本不相同的。摩尔根对原始社会的相对简单化的描述使他忽略了原始

---

① 转引自〔英〕莫里斯·布洛克:《马克思主义与人类学》,华夏出版社,1988年,第90页。
② 恩格斯:《家庭、私有制和国家的起源》,第3页。
③ 摩尔根:《古代社会》,下册,商务印书馆,1977年,第335、290—291页。
④ 童恩正:《文化人类学》,第336页。
⑤ 摩尔根:《古代社会》,上册,商务印书馆,1977年,第218页。

社会政治形式中的很大一部分事实,也使他把"氏族制度"夸大为原始社会唯一可能的制度。而一些现代人类学家的研究证明,至少对相当一部分人类社会来说,在氏族社会与国家社会之间还横亘着一个有独特特征的阶段,这就是酋邦。酋邦属于前国家时期,但它的主要特征与典型氏族社会的政治组织形式相去甚远(关于酋邦,本书将在第四章中详细讨论)。这个重大事实是摩尔根完全没有注意到的。第二,摩尔根对"部落联盟"作为人类早期政治组织发展中的一种现象的意义把握得并不十分准确,至少表述得并不十分明确。应该肯定,他注意到了这种现象的民族性,也就是说,他并不认为这一现象是普遍性的。① 但是在实际上,他在考察人类史前时期超出部落范围的政治关系形式时,只注意到了部落联盟。这导致他在《古代社会》一书中,几乎用部落联盟模式解释了他涉及到的所有具有超部落关系内容的个案。然而,从现代人类学的眼光来看,所谓"部落联盟"是非常不具代表性的。摩尔根运用他的理论对许多个案的解释也被证明是缺乏依据的。我国学者受摩尔根这一方法的影响特别大,后果也特别严重(对此本书将在第三章中详细讨论)。

摩尔根学说中的缺陷主要是由于时代的关系,他未能观察到现代人类学所掌握的许多重要个案所致。因此我们对摩尔根本人是无可苛求的。但是如果不明了摩尔根学说中存在的这些缺陷,反而一味地对之加以照搬,这显然对于今天的研究是不利的。而这正是在我国学者的工作中可以看到的一种值得注意的情况。我认为,在中国早期国家研究中,我国学者在理论问题方面应当有这样的态度,即一方面坚持吸收摩尔根学说中被证明是合理的内容,同时应注意研究摩尔根之后早期国家理论的所有新的发展。

现代早期国家理论涉及的内容很多。我在这里集中谈四个问题,即:一、早期国家定义问题;二、早期国家形成原因及相关因素问题;三、早期国家形态及进程的类型问题;四、早期国家演进的阶段性问题。

---

① 如摩尔根说:"在美洲大陆的各个不同地区,还有其他一些人口众多的部落,其处境正好与易洛魁人相同,但是,并没有组成联盟。"摩尔根:《古代社会》,上册,第124页。

一、定义问题：什么是早期国家？

克烈逊和斯卡尔尼克在谈到现代早期国家研究所面临的"障碍"即困难时，首先指出的一条就是："根本不存在为整个学术界所公认的国家定义。"[1] 他们解释说：

> 几乎每位学者都会提出他（她）自己的国家定义，这些定义不可避免地会同已有定义有细微的差别，虽然其中有些由于有相似的方法而可以被认为是组成了一些"学派"。因此要达到一种综合事实上是不可能的。[2]

这个说法在总体上是对的。国家定义问题确实是早期国家研究遇到的第一个难题。因为，很简单，如果没有一个明确的关于国家的定义，如何来分别国家与前国家社会呢？又如何阐述国家的形成等等问题呢？一切都谈不到了。

但是，对于克氏和斯氏的上述评论，我们必须补充两点意见。第一，没有公认的定义不等于在对国家下定义方面学术界没有任何比较一致的理解。正如两位美国社会学家和政治学家豪（J. A. Hall）和伊肯贝利（G. J. Ikenberry）指出的："对于如何定义国家，在社会科学家中存在着许多一致的见解。"[3] 当然，他们也指出："没有一个定义是完美的。"[4] 因此，对于早期国家研究来说，尽管没有一个公认的国家定义确实可以说是一种"障碍"，但是学者们仍然有为开展这项研究所必需的一些起码的认识上的共同基础。在这些基础上，早期国家研究仍然是可操作的。同时还可以说，尽管没有一个定义是完美的，但仍然有一些定义是比较合理的。而对于某种定义的选择，实际上反映了研究者在理论上的思考，因此这种选择本身对于早期国家研究是有益的。克氏和斯氏的评论的一个意义在于提醒人们注意到如下的事实：由于不存在公认的国家定义，因此对任何已有的国家定义的运用都应有必要的讨论。

---

[1] H. J. M. Claessen & P. Skalnik, ed., "*The Early State*", P. 3.
[2] 同上，P. 3.
[3] J. A. Hall & G. J. Ikenberry: "*The State*", University of Minnnesota Press, 1989, P. 1.
[4] 同上，P. 2.

第二，克氏和斯氏在这里所指的国家定义显然是从早期国家研究的操作需要这一角度上提出的，因为他们已经指出了缺乏这类定义是进行早期国家研究时所面临的"障碍"。从这个意义上说，他们的说法反映了比较专门化的研究的要求。而我认为他们显然没有提到在一些一般的关于国家的思想中包含有某些被公认的内容。虽然在所谓一般的关于国家的思想同早期国家研究的专门化的要求之间有一定的距离，但由于它们同样涉及到国家问题，所以在对早期国家的专门化的研究中是不应当完全不注意到这些一般的关于国家的思想的。事实上，关于早期国家的专门化研究在其形成的过程中已经从一般的关于国家的思想中吸收了许多建设性的成果。我们就先从这个问题谈起。

谈到一般的关于国家的思想，应该说比较重要的是一些近代思想家的言论中所包含的资料。由于篇幅关系，本书在这方面显然不可能一一地涉略，为此我想主要来谈谈恩格斯的有关言论。因为在一定意义上，恩格斯的这些言论包含了迄今为大多数早期国家研究者所接受的由一般的关于国家的思想所提供的主要内容。在这里我之所以不再过多地引用马克思的言论，是因为在所有基本看法上马克思同恩格斯是一致的。

在一些西方学者看来，恩格斯关于国家的思想是属于所谓"冲突论"派别的。[1]这在指出恩格斯国家思想的一个主要特征上是可以接受的，那就是恩格斯认为国家是阶级矛盾不可调和的产物，或者说是阶级冲突的产物。

在《家庭、私有制和国家的起源》一书中，恩格斯说：

> 国家是社会在一定发展阶段上的产物；国家是表示：这个社会陷入了不可解决的自我矛盾，分裂为不可调和的对立面而又无力摆脱这些对立面。[2]

他还更明确地说：

> ……国家是从控制阶级对立的需要中产生的，同时又是在这些阶级的冲突中产生的，所以，它照例是最强大、在经济上占统治地位的阶级的国家，这个阶级借助于国家而在政治上也成为占统治地位的阶级，因而

---

[1] 哈斯：《史前国家的演进》，第20—22页。
[2] 恩格斯：《家庭、私有制和国家的起源》，第167页。

获得了镇压和剥削被压迫阶级的新手段。①

在另一处,恩格斯还说:

> 实际上,国家无非是一个阶级镇压另一个阶级的机器……②

恩格斯的这个思想在列宁的论述中也得到多次明确的表述。如列宁说:

> 国家是阶级矛盾不可调和的产物和表现。在阶级矛盾客观上达到不能调和的地方、时候和程度,便产生国家。反过来说,国家的存在表明阶级矛盾的不可调和。③

> 国家是维护一个阶级对另一个阶级的统治的机器。④

恩格斯和列宁这些论述的要点是:(1)国家表明阶级矛盾的存在和尖锐化;(2)国家是统治阶级压迫和剥削被统治阶级的工具。这两点作为一个整体,是马克思主义国家学说的重要内容。而这两点内容本身,在一些资产阶级学者中也并非绝对地被排斥。比如对于第一点,黑格尔在其国家思想中就有类似的表述。他说:"在一个现实的国家和一个现实的政府成立以前,必须先有阶级区别的发生,必须贫富两阶级成为极端悬殊,一大部分的人民已经不能再用他们原来惯常的方式来满足他们人生的需要。"⑤黑格尔是否认国家是阶级统治的工具亦即上述恩格斯和列宁思想中的第二点内容的,⑥但对第一点很显然他是承认了。至于第二点,从一些现代非马克思主义人类学家的言论中我们可以看出,他们也未能提出明确的反对意见。英国学者布洛克(M. Bloch)的《马克思主义与人类学》是一部对马克思主义人类学思想颇有批评的著作,但是他说:"恩格斯和马克思认为国家是统治阶级维护自身地位的工具。按照这种理论,国家就是随着阶级的出现而产生的。这是一个极其

---

① 恩格斯:《家庭、私有制和国家的起源》,第169页。
②《马克思恩格斯选集》,第2卷,人民出版社,1972年,第336页。
③《列宁选集》,第3卷,人民出版社,1962年,第175页。
④《列宁选集》,第4卷,人民出版社,1972年,第48页。
⑤ 黑格尔:《历史哲学》,三联书店,1956年,第129—130页。
⑥ 见侯鸿勋:《论黑格尔的历史哲学》,上海人民出版社,1982年,第116页。

大胆的理论,但是依目前的历史学知识和人类学知识之水平,还不可能作出判断马克思、恩格斯的这一理论究竟是像他们论述原始群婚制那样显然错了呢,还是像他们论述氏族组织那样大体上是对的。"①经过一百多年来人类学和历史学发展的检验,尚不能说恩格斯和马克思关于国家是统治阶级维护自身地位的工具的思想是错误的,这充分表明了马、恩的这一思想能够被人类学和历史学接受的程度。值得一提的是,布洛克的评论同时针对了我所归纳的恩格斯思想中的第一点内容。因此布洛克的评论实际上反映出恩格斯关于国家思想的主要内容在相当程度上是被"公认"的。

但是,完全把恩格斯的国家思想归纳为"冲突论"却是不够准确的。因为在恩格斯的国家思想中实际上还包含着被一些西方学者称为"融合论"的成分。什么是融合论呢?简单地说,就是认为国家是一个调节社会各部分关系的机构,具有对社会进行管理的职能。关于融合论的含义可以看萨姆纳和凯勒的一个较为简明的表述:"政府的基本职能就是作为社会协调的保障,在其权力范围内维持和平和秩序。"②而这种思想在恩格斯的论述中同样可以看到。

恩格斯说:

> 社会产生着它所不能缺少的某些共同职能。被指定去执行这种职能的人,就形成社会内部分工的新部分。这样他们就获得了和授权给他们的人相对立的特殊利益,他们在对这些人的关系上成为独立的人,于是就出现了国家。③

在这里,恩格斯显然暗示了处在国家机构中的人对于大众有一种压迫和剥削的关系,这就是冲突论的思想,但他同时也指出了国家本身是负有社会"共同职能"的,这指的就是管理和协调全社会的职能。在另一处,恩格斯说:

> 在社会发展某个很早的阶段,产生了这样的一种需要:把每天重复着的生产、分配和交换产品的行为用一个共同规则概括起来,设法使个

---

① 布洛克:《马克思主义与人类学》,第90页。
② 转引自哈斯:《史前国家的演进》,第51页。
③《马克思恩格斯选集》,第4卷,第482页。

人服从生产和交换的一般条件。这个规则首先表现为习惯,后来便成了法律。随着法律的产生,就必然产生出以维护法律为职责的机关——公共权力,即国家。①

这就更明确地从管理和协调社会运作的角度来描述国家的本质。这可以说同融合论没有太大的区别。

融合论思想在非马克思主义学者中比冲突论思想更易于获得赞同。但只有一部分(或许是少数)学者是单纯的融合论者,即完全否定冲突论思想的合理性。大多数所谓融合论者只不过是把关于管理和协调的思想置于关于冲突的思想之上而已。这是融合论学说同马克思主义国家学说的主要区别。由此可以看出,恩格斯国家思想中的融合论的成分是在更大程度上被"公认"的。

在现代人类学和历史学的一般论述中,区分冲突论与融合论的方法是被许多学者接受的。例如在克氏和斯氏的论述中我们也看到了这样的区分。他们指出"恩格斯和弗里德所持的观点可以归入第一类(指冲突论)",并且在这一派中还归入了戈德曼、斯图尔德、魏特夫、奥本海默、卡尔奈罗等人。同时又以罗维和塞尔维斯为第二类(指融合论)的代表。②有趣的是,在哈斯的分类中,奥本海默是属于融合论的。③可见对于冲突论和融合论的区分并不是绝对的。正如克氏和斯氏承认的,就各学派而言,"这两种思想是并非绝对地互相排斥的"。④例如,他们指出,持融合论观点的学者也"并不否认诸如不平等和剥削等因素的存在"。⑤这就是说在融合论学者的观点中也有冲突论的内容。这表明,关于一般的国家思想中冲突论与融合论观点的分辨,对于在学术史上区分出学派的意义是相对的。这样做的主要意义毋宁说是指出了在一般的关于国家的思想中存在的两条比较基本的被"公认"的原理。在这个意义上,恩格斯的思想显然可以被认为是较好地表述了这两条原理的

---

① 《马克思恩格斯选集》,第2卷,第538—539页。
② H. J. M. Claessen & P. Skalnik, ed., "The Early State", PP. 16—17.
③ 哈斯:《史前国家的演进》,第49页。
④ H. J. M. Claessen & P. Skalnik, ed., "The Early State", P. 16.
⑤ 同上,P. 17.

一个代表。

但是,应该看到,一般的关于国家的思想的上述原理,在对国家进行描述时,主要还是从功能角度出发的,而缺少结构上的内容。因此这些思想严格地说并没有构成对国家的完整的定义。从早期国家研究的操作的角度说,仅有这些原理,还不能帮助人们去判断历史上的某个形态是不是国家。这方面的进一步的工作具有较强的专业性,因而主要是由专业的人类学家和历史学家来做的。不过我们会看到,一般的关于国家的思想对于专业人员制定国家定义(这里主要是指早期国家定义)是有重要意义的。

早期国家的定义的第一个要求是要把早期国家同一般国家区别开来。在这里,某个国家产生时间的早晚不是实质性的。在绝对年代上,苏美尔国家的产生比阿兹特克国家的产生要早几乎五千年。但它们都可以被认为是早期国家。在这里实质性的问题是早期国家是直接从前国家社会演变而来的。历史上有许多国家也出现在较早的时代,但是反而并不在早期国家研究中占有重要地位,因为这些国家往往是当地国家制度发育了很长时期之后的产物,因而与早期国家形态有很大不同。总之,在学术上有必要从所有国家中区分出一种在发生上同原始社会有连续性关系的类型。而在研究中,往往特别地把这种类型的国家称为"早期国家"。国际学术界对早期国家的理解正是如此。如哈赞诺夫说:"早期国家是指最早的、真正原始类型的国家,是原始社会解体后的直接继承者。"[1] 他还指出,"早期国家标志着人类历史发展的新阶段,它构成了这个或那个地区中国家发展的或长或短的链条中的第一环。在这一点上我们可以认为早期国家不仅与现代国家不同,也与古代的国家(如古希腊和罗马的古典国家)不同,后者标志着国家发展的下一个更高的阶段"。[2]

在这里不要误解为早期国家只是指它最初产生的阶段。任何早期国家在它产生后,直到它因各种原因转型之前,由于其具有形态上的相对稳定的一些特征,可以被认为是处在早期国家的不同发展阶段上。因此,比如说,当我们把中国的商朝和周朝都看作是早期国家时,绝不是说这两个朝代也都是

---

[1] H. J. M. Claessen & P. Skalnik, ed., *"The Early State"*, P. 77.
[2] 同上,P. 77.

刚刚从原始社会转化而来的,而是说由它们的特征看,它们还处在一个从更早时刻开始的早期国家进程的发展中,并且还未达到国家形态的转型。

对于早期国家的定义的结构性内容的考虑,主要是针对早期国家与前国家社会的区别的。从现代学者的研究来看,这里主要包含以下几点内容:

(1) 早期国家拥有一个中央集权的最高政治权力中心,或者称之为统治者或统治集团。这一点,在许多现代学者关于早期国家定义中都是被首先指明的。如克氏和斯氏在提出他们的早期国家定义时,第一句话就是:"早期国家是一个中央集权化的社会—政治组织……"① 在马·哈里斯的定义中,首先指出的也是:"国家在政治上是中央集权的社会,它的统治集团有权……"② 在柯恩对早期国家的定义中,关于中央集权的权力的内容也占重要地位。他的定义是:"国家是以中央集权化的官僚体系和由中央权威对臣服的社会分支实施的武力统治为特征的一个能被指定的政体制度种类。"③ 他的另一个相似的表述是:"早期国家是一个中央集权化和按等级制组织起来的政治制度,其中中央权威控制了社会强制性武力的绝大部分。"④ 他特别指出,在考虑人类政治进化时,"权威的结构是政治行为及其组织的高度决定性的特征"。⑤ 也就是说中央集权化的权力结构是早期国家所有特征中最重要的。

关于所谓"中央集权"(centralized)的最一般的表现,基辛(R. M. Keesing)对乌干达牛若人(Nyoro)中政治制度的描述可资参考:"在这个制度的顶端是一位国王,他继承传统的比托人王朝。国王形式上统治整个社会和土地,他既具政治权威又具神圣性。……国王授权给头目管理各地方。"⑥ 很显然,这里所说的"中央集权"同我国学者在描述秦统一后的中国封建政治制度时所用的"中央集权"概念是不同的。它的实质只是指出一种社会最高权力中心的存在,而不涉及中央与地方权力的关系问题。本书为方便起

---

① H. J. M. Claessen & P. Skalnik, ed., "The Early State", P. 640.
② 哈里斯:《文化人类学》,东方出版社,1988年,第239页。
③ H. J. M. Claessen & P. Skalnik, ed., "The Early State", P. 69.
④ 同上,P. 36.
⑤ 同上,P. 69.
⑥ 基辛:《当代文化人类学》,(台)巨流图书公司,1980年,第525页。

见,若非特别指出,也将在这个意义上使用"中央集权"一词。

指出早期国家拥有中央权力这一点,是特别针对典型原始社会即所谓氏族或部落社会以及发展程度更低的社会的。在这些阶段上的人类政治组织,在现代人类学中,一般认为有群队(band)和部落两种类型或阶段。这一分类较早由塞尔维斯系统地提出,后来为人类学家广泛引用。其中部落类型或阶段相当于摩尔根所说的氏族社会。所有这些较低阶段上的人类政治组织的权力状况与国家形成鲜明对照。哈维兰称处于这些阶段上的人类社会的政治制度为"分散的政治制度"。[①]这个说法很确切。因为在这些阶段上的政治制度的主要特征就是缺少集中的权力。群队是人类政治组织中最简单的一种形式。它们的规模很小,一般处在狩猎—采集经济生活中,通常"由一些在狩猎中勇敢的、成功的、具有安抚超自然力量能力,并受人公认、让其他成员羡慕的老年男人领导"。这种领导职能"丝毫不具有强制权力",领导人"无权惩罚别的群队成员",除了"有优先权给自己选择开火地点"外,"没有别的报酬和职责","群队成员个人自己安排自己的活动",总之,这种领导权完全是"非正规性的"。[②]所以对群队而言,也可以说还没有出现任何真正的政治权力。部落的规模要大于群队,有的规模可以达到很大(如东非努埃尔部落有大约20万人)。氏族制度是部落社会的基本制度。关于氏族制度,从摩尔根的书中可以了解很多。在这种氏族制度下,没有正规的领导人和正规的政治权力机构。摩尔根在谈到易洛魁人的部落时说,"有些部落中虽有大首领,其权威之低乃至不如我们概念中的一个行政长官";而权威比大首领更高的部落会议却"并不经常召开";至于部落间的经常联系,由一些"由巫师和酋长组成的代表团"来负责,但这只有在部落"期望"接待这样一个代表团时才能实现。[③]可见易洛魁人中的权力机构是非常不正规的。现代人类学也对此提供了大量实例。哈维兰总结说:"正如在群队中一样,部落中的政治组织也是非正规的、暂时性的";"部落中间的领导人员也是不正规的"。[④]他举例

[①] 〔美〕威廉·哈维兰:《当代人类学》,上海人民出版社,1987年,第467页。
[②] 同上,第469页。
[③] 摩尔根:《古代社会》,上册,第115页。
[④] 哈维兰:《当代人类学》,第470页。

说:"在纳瓦霍印第安人当中,个人并不认为政府是固定和极强有力的东西,领导权也不授予一个中央政权。"①因而,对典型原始社会而言,国家所有的中央权力是一项完全陌生的、新的因素。这就是说,中央集权的权力作为早期国家定义的一个内容,在操作上可以将早期国家与典型原始社会区分开来。

(2) 早期国家拥有与其中央权力的实施相适应的行政管理和政治机构,包括官署(亦称官僚系统)、军队、监狱等等。这一点在恩格斯的论述中已经提到。恩格斯说,国家与"旧的氏族组织"的"第二个不同点"就是"公共权力的设立",而掌握公共权力的是"官吏",构成公共权力的有"监狱和各种强制机关"。②恩格斯在这里所指的实际上就是以官署和监狱等为代表的国家行政和政治机构。很显然这与他国家思想中的融合论内容有关。现代人类学和历史学对国家特征的描述也包含这个内容。哈里斯说:"成熟的国家有几级政府;政府是行政科层(又译官僚)组织,它协调村落的军事、经济、法律和仪式等活动。"③柯恩则指出,在早期国家中,"〔社会的〕亚单位通过它们与由一个国家统治者或君主制首领任命并对其负责的官员的关系进入等级制,而这些官员维持着国家制度的行政结构"。④辨别一个社会是否有正式的行政和政治机构存在的标志之一是税收。恩格斯曾指出:"为了维持这种公共权力,就需要公民缴纳费用——捐税。捐税是以前的氏族社会完全没有的。"⑤从这段话中也可以看出在典型原始社会中不存在官署和其他公共权力机关。因此这些机构的存在与否成为区分早期国家社会与前国家社会的又一标志。

(3) 早期国家所处的社会是社会分层(social stratification)高度发展的社会。"社会分层"是现代人类学用来描述社会分化状况的一个概念,相当于我们所熟悉的"阶级分化"这个提法。它与"阶级分化"的细微差别在于它还不肯定社会分化已导致真正的阶级的产生。很显然,早期国家定义中的这部分内容与关于国家的一般思想中的冲突论概念是相关的。但在现代早期

---

① 哈维兰:《当代人类学》,第470页。
② 恩格斯:《家庭、私有制和国家的起源》,第168—169页。
③ 哈里斯:《文化人类学》,第239页。
④ H. J. M. Claessen & P. Skalnik, ed., "The Early State", P. 36.
⑤ 恩格斯:《家庭、私有制和国家的起源》,第169页。

国家研究中,根据不同个案的具体情况,对有关社会中社会分化的程度的估计有一些细微的量的不同。在有的现代定义中,同时承认分层与阶级同国家的肯定的关系。如克氏和斯氏说:"在早期国家中,社会关系规则是在一个复杂的、分层的社会中,其至少可分成两个阶层或正在产生的阶级——即统治阶级和被统治阶级。"① 但也有人,如哈赞诺夫,强调"在早期国家里阶级形式还没有最后形成,阶级结构还没有稳定"。② 不过对于分层的高度发展,哈赞诺夫也是明确肯定的:"社会阶层的众多性和在纵的与横的方面的不稳定性"是早期国家社会结构的"两大特征"。③ 所谓社会阶层的"纵的与横的方面的不稳定性"就是指社会分层还没有发展到导致真正的阶级产生的程度。对于典型原始社会来说,分层现象还没有发生。上文提到塞尔维斯对人类早期政治组织中群队和部落这两个阶段的划分,弗里德从社会角度也有一个与塞尔维斯相似的划分,在现代人类学中亦被广泛引用。在他的分类中,与群队相应的社会被称作"非等级的、未分层的社会"(non-ranked and non-stratified society),而与部落相应的社会则被称为"等级的社会"(ranked society)。④ 在这两个术语中,"等级"(rank)一词亦可译为"身份",指的是典型原始社会生活中与经济地位及政治权力无关的某些身份等级(如在年龄级组、性别会社中的身份等等),与阶级社会中的具有经济、政治内容的等级(hierachy)是不同的概念。可见典型原始社会中分层现象的阙如,是现代人类学的一个共识。事实上这一点在摩尔根和恩格斯时代就已观察到了。早期国家定义中包含这方面的内容是合乎逻辑的。

(4)早期国家有针对某个固定地域实行统治的概念。用简洁的语言在一定意义上也可以说,早期国家具有领土观念。许多现代学者对此是明确肯定的。如童恩正指出:"国家……有明确的疆界。"⑤ 伊札尔也表示:"对一个具

---

① H. J. M. Claessen & P. Skalnik, ed., "*The Early State*", P. 640.
② 同上,P. 85.
③ 同上,P. 85.
④ 见 Robert Wenke: "*Patterns in Prehistory: The Origin of Complex Societies*", Oxford University Press New York, 1980.
⑤ 童恩正:《文化人类学》,第225页。

体的国家的定义必定是与一片领土以及占据着这片领土的人口这两个方面有关的。"①这个问题在《早期国家》一书作者的视野中似乎是被忽略了。在克氏和斯氏的早期国家定义中就没有关于领土的内容。但是这一条对于区别早期国家与临近早期国家的原始社会后期形态的一种政治组织形式即酋邦有特别重要的意义。酋邦在塞尔维斯的分类表中占据部落与国家之间的一个位置,是原始社会政治组织发展上最接近国家的一个阶段或类型。前面所说的早期国家的三个与典型原始社会相区别的特征,在酋邦类型或阶段中都在一定程度上已经可以观察到。因此弗里德把这个阶段或类型称作"分层社会"。②关于酋邦的问题后面还要讨论,在此只指出一点,即在领土观念上,酋邦总的说来还不如国家那样明确。当然,前国家社会,包括酋邦在内,并不是完全没有与特定地域相联系的概念。摩尔根就曾指出过"各个部落的领土疆界划分明确"的现象。③区别在于,前国家社会政治组织与特定地域的联系不如国家固定,相对来说,迁徙的机制比国家明显。更重要的是,它们缺乏对领土的明确意识。梅因曾以日耳曼人与所占领的土地的关系为例指出,日耳曼人"当然都是他们所占领着的土地的主人,其中有几种人并以他们自己的名字作为土地的地理名称;但是他们并不根据土地占有的事实而主张任何权利,并且在实际上甚至对于占有的事实也并不认为有任何特别的重要性"。④这里有一个可供鉴别的细节,即当一个部落所在的地域内同时也存在其他集团的人们时,部落并不因此认为对这些人有管理权。而对国家来说,只要是在它领土内生活的人,都是它有权管辖的。领土因素对制定早期国家定义来说应该是一项有很深内涵的内容。

(5)早期国家有支持其合法统治地位的国家意识形态。克氏和斯氏提到了这一点:国家的诸种特征"由共同的意识形态(以互惠为原则)使之合法化"。⑤关于"互惠原则"我们以后再讨论,这里要注意的是他们把国家意识

---

① 亚·库珀等编:《社会科学百科全书》,上海译文出版社,1989年,第756页。
② 见R. Wenke: "*Patterns in Prehistory*".
③ 摩尔根:《古代社会》,上册,第129页。
④ 梅因:《古代法》,商务印书馆,1989年,第59页。
⑤ H. J. M. Claessen & P. Skalnik, ed., "*The Early State*", P. 640.

形态作为国家定义的一部分。这对于区分国家与酋邦这两个类型或阶段也有重要意义。克氏和斯氏就此强调说:"我们认为,质变或新特征的发展是在于合法权力在明显的形式中的发展。"① 所谓"合法权力在明显的形式中的发展",指的就是由一种公开的、对大众有巨大影响力的国家意识形态所支持的国家权力的合法化过程。这个过程在酋邦时期还是不明显的,而对国家来说却是不可缺少的。

综上所述,我们看到,在一般的关于国家的思想中所包含的某些被"公认"的原理和对于早期国家研究的专门化要求的考虑的基础上,一个较合适的早期国家定义至少应该指出早期国家所具有的如下特征:(1)从原始社会直接演化而来,或可以被看作是这一演化发生后的最初一些阶段;(2)中央集权的最高权力中心;(3)行政和政治管理机构;(4)社会分层或阶级分化;(5)领土观念;(6)国家意识形态。当然,作为一个完整的早期国家定义,还应当对早期国家与成熟的国家之间的区别作出规定。对此在本章的第四节中将有讨论。我认为这样的定义集中了早期国家研究迄今所取得的主要成果,同时也是可操作的。

二、早期国家形成原因及相关因素问题

在人类历史上,早期国家是由于哪些原因而形成的呢?这是学者们长期以来争论不已的一个问题。这种争执在很大程度上同这个或那个学者或学派各自强调被认为是早期国家形成原因的某一种或某一类因素有关。同时,某些学者或学派试图制定一种普遍适用的早期国家形成原因表,也是时常引起争论的一个因素。所谓冲突论和融合论,是被一些学者用来概括一般的国家思想中的不同倾向的一种提法,在这两种思想倾向的分歧中,包含关于国家形成原因的不同看法。但事实上,就现代研究而言,我们很难用这两种倾向来解释在早期国家形成原因上的不同意见。对这个问题需要有更细致的专门化的方法来说明。

---

① H. J. M. Claessen & P. Skalnik, ed., *The Early State*, P. 640.

迄今学者们在对国家形成原因的研究中,已经揭示出早期人类社会生活中可能与国家形成有关的许多因素。这本身应该说是有价值的。这些因素是什么呢?柯恩对此有一个概括:

> 国家结构的出现迄今在理论上被认为是由人口压力、长途贸易、地域、战争、征服、防御、内部争端或由更稳固的中央控制形式所得到的利益所引起的。①

不过他同时还强调说:

> 无论在理论或资料上的进一步检验表明,这些因素中的任何一项单独的因素对于国家形成都不是充分的,甚至不是其构成的前提。②

他表示赞同赖特和约翰逊的意见,认为:

> 这个过程是一个系统的过程。③

也就是说,国家的产生是上述各种因素按各个个案的具体条件而以不同的方式综合起作用的结果。这可以说在一定程度上是现代早期国家研究关于国家形成原因的倾向性意见的一个代表。

应该指出,虽然柯恩的概括在原则上是正确的,但他显然还遗漏了一些因素;这些因素也是学者们在谈论早期国家形成原因时提到过的。例如,克氏和斯氏提出过阶级和阶级冲突问题。柯恩提出的"内部争端"同阶级的问题有一定关系,但他的表述不够明确。克氏和斯氏在其归纳中提到阶级因素的同时,也提到"主要内部冲突",④可见他们对阶级问题的考虑与柯恩是有区别的。克氏和斯氏还提到城市化和生产的进步等因素。⑤

现在我们来逐条地看一下上面提到的这些因素同早期国家形成之间可

---

① H. J. M. Claessen & P. Skalnik, ed., *The Early State*, PP. 69—70.
② 同上,PP. 69—70.
③ 同上,PP. 69—70.
④ 同上,P. 644.
⑤ 同上,P. 625.

能有什么样的关系。同时我还将提出一个在以往的研究中还没有充分注意到的因素。

人口增长和人口压力

柯恩说,除战争之外,"人口压力或人口密度的增长最为广泛地被指出是国家形成特征的一种因素了"。[1]由于考古学上的大量发现,现在可以肯定地了解到这样一点:取代了狩猎—采集经济社会的早期农业经济社会所处的新石器时代是在人口方面出现急剧增长,从而使人口形势与国家的形成发生关系的时代。这在许多个案中同新石器时代开始出现的定居生活方式有很大关系。因为定居一方面使死亡率下降,另一方面又使生育率的上升获得比游动生活时更高的保障。哈里斯曾推算出在新石器时代以前每年增长的人口与新石器时代开始以后每年增长的人口之比是1∶125。[2]这一增长趋势一直持续发展到国家形成的前夕。正如哈里斯所说:"所有这些(产生早期国家的)地区在国家之前都面对人口急剧增长的形势。"他举例说:"在公元前8000年到前4000年期间,中东的人口增加了40倍。卡尔·巴策尔估计埃及人口在公元前4000年至前3000年期间翻了一番。威廉·桑德斯估计,在墨西哥早期形成国家的过程中,其高原区域的人口增长了3倍到4倍。他对秘鲁、中国和印度河谷也做了类似的估计。"[3]那么,人口增长及随之而来的人口压力对于国家的形成究竟有什么样的作用呢?

至少有这样几点是可以考虑的。首先,增长了的人口使人类生活的社区规模扩大,人们相互间的行为也随之复杂化,从而从一个方面促使人类社会产生较复杂的政治组织。克氏和斯氏说:"人口增长和/或人口压力的总的作用是在于它们对更复杂的政治组织的发展的影响。"[4]在这里,重要的不仅是部落自身的扩大和不断的复制。这是人口增长首先会带来的一个自然的后果,但如果仅仅是这样,就不会导致新政治形式的出现。重要的事实还包括

---

[1] H. J. M. Claessen & P. Skalnik, ed., "*The Early State*", P. 39.
[2] 同上,P. 40.
[3] 哈里斯:《文化的起源》,华夏出版社,1988年,第74页。
[4] H. J. M. Claessen & P. Skalnik, ed., "*The Early State*", P. 644.

在一个有限地区内人口压力的存在将导致不同血缘渊源的人们在同一地区内混居,从而发生某种相互关系。在这个基础上将可能逐渐形成与部落社会中的血缘团体性质不同的人们共同体。酋邦便是人类在较大规模上打破血缘界限组成的一种新型政治联合体,它距国家比距部落还要接近。而人口增长或人口压力显然对于酋邦的出现是重要的条件。其次,较高的人口密度使某种中央权力的存在有了物质基础。在这一点上人口的作用是通过生产表现出来的。在较高的人口密度的基础上,生产的进步将使社会剩余产品的总量增多,社会因此而有能力支持一个需要较多消费的政治权力中心的存在。可以说,一定的人口密度是国家出现的先决条件。最后,人口增长和人口压力使资源的分配出现紧张。这对社会分层的发展起了重要作用。而社会分层与国家制度的形成有直接的关系。

从上述分析来看,人口对国家形成的作用似乎是通过其他因素如生产、社会分层等等最终表现出来的。而且由于人口与生产之间的关系是一个复杂的问题(人口的增长既导致了又依赖于生产的增长),因此就是在人口对于复杂政治组织产生的作用中,也可以说包含了生产方面的内容。

地域

人类早期生活的地域或者说地理环境肯定同其政治组织的发展有某种联系。伦斯基(Lenski)说,在前殖民主义非洲的38个国家个案中,92%的国家不是在雨林地区中。他认为这是因为雨林环境限制了中央政府在其统治范围内调动人民和物质的能力。[①]但从这一说法中也可以看出,即使是雨林环境,对于国家的产生也不是绝对不可克服的障碍。柯恩说:"当必要时这种障碍便被技术克服了。"[②]因而地域和地理环境因素与国家产生的关系,尽管在一些个案中是显而易见的,但同时也是不那么确定的。

从环境与食物生产之间的关系来看,问题也是这样。的确,良好的地理环境肯定对食物生产的发展是有利的。但是,正如海顿(Hayden)等指出的,

---

[①] H. J. M. Claessen & P. Skalnik, ed., "*The Early State*", P. 38.
[②] 同上,P. 38.

由于对历史上某个地区的潜在的食物生长力和技术均几乎不可能计算出来或加以准确估计，同时对任何地区来说资源环境都是随时间在变化着的，因而，要精确测定某个地区在环境上的优劣就十分困难。① 所以，在对比不同地域中早期国家产生的可能性时，环境因素是很少有可操作性的。换言之，很难从环境角度提出明确的结论。

柯恩对地域问题的思考偏重于从"纯地域"方面着眼。他说："不管土壤类型及气候如何（除了极高纬度地区），处在一个国家形成的地区中看来是发展出这种特征的首要因素。在这个意义上，纯地域因素，而不是环境的物理状况，是重要的先决条件。"② 这个思路，对于解释从与其他先在国家接触中获得向早期国家发展的动因的所谓"次生国家"（secondary states）的产生是有用的；但它对于解释"原生国家"（pristine states）的产生仍然无能为力。③ 所以，即使是纯地域问题，其在国家形成中的真正作用仍有未能了解的一面。不过柯恩对于地域因素在国家制度传播中的作用的看法还是值得肯定的。用这个理论可以对国家制度在一个特定地区内逐步扩张的种种不同情况作出适当解释。

总的来看，地域因素对于国家产生（尤其是原生国家的产生）的解释功能是有限的，但在研究国家制度的分布时有一定的说明力。

生产的进步

所有进入国家阶段的社会的生产力水平都比部落社会要高得多。这一点的标志就是社会剩余产品的总量增加了。许多人类学和考古学资料显示，在早期国家时期，宫殿、庙宇、祭坛、大型墓葬、大型住宅群体、广场、街道、地下排水系统等各种大型公共建筑已大量出现，其中有的规模还很大。事实上，这类大型建筑或某些大型建筑雏型，在接近国家的形成的社会中就已经

---

① H. J. M. Claessen & P. Skalnik, ed., "*The Early State*", P. 38.
② 同上，P. 39.
③ 这两个术语由弗里德提出。pristine states 指在不受外部先在国家影响的情况下发展起来的国家，而 secondary states 指在外部先在国家的影响下出现的国家。参见哈里斯：《文化的起源》，第63页。

可以看到了。这些建筑无疑只有当社会剩余产品的总量达到可观的程度时才可能出现。在部落社会中,这类建筑一般是看不到的。因此可以肯定,当社会逼近国家形成时,它的生产力水平有很大的提高。

关于在人类社会向国家过渡时生产力水平的提高与技术的关系问题,有些学者持审慎的态度。如柯恩说:"农业和手工业生产的基本工具在国家形成以前及国家形成后短时期内都没有系统的改进。"他认为对生产力水平的提高起重要作用的是专业化水平的提高。① 对此,首先可以指出的是,生产工具的改进尽管是一项相当缓慢的进程,但在国家产生前后的一个足够大的时间跨度内,在一定程度上还是可以观察到的。如中国考古学家在分析公元前2800年前后分布在中国黄河中游地区的龙山文化前期(庙底沟二期文化)的内涵时,认为这一时期比起较早的仰韶文化来,"生产工具有了改进",不仅"磨制石器已较增多,并使用了一些新工具",如"挖土工具的木耒是这一时期的新创造"。② 而到商代,青铜农具已开始在生产中使用,尽管还很不普遍。③ 不过,柯恩的提法在指出工具的改进对于国家产生前后生产力水平的提高只有很有限的作用这一点上还是客观的。中国古代一直到夏、商时期,乃至西周和东周前期,主要的农业生产工具就仍然是石器、骨器和蚌器。④ 这似乎表明柯恩的判断是对的,即在国家产生前后生产力水平的提高中,组织的因素(包括专业化)可能起了更大的作用。

由此可以看到,生产的进步在这一时期与人类在组织方面的发展有重要关系。在许多个案中,生产的发展意味着"头人"的作用在加强。"他们使其亲属更加辛勤地劳动。"⑤ 这种在生产中的组织作用的加强,逐渐使"头人"与亲属间的关系产生新的因素,并进而产生一些新的规范。例如,渐渐地,"耕作农田和利用资源已不是个人的权利,而是分配的任务。生产食物者不再是

---

① H. J. M. Claessen & P. Skalnik, ed., *"The Early State"*, P. 61.
② 中国社会科学院考古研究所:《新中国的考古发现和研究》,文物出版社,1984年,第70页。
③ 北京大学历史系考古教研室商周组:《商周考古》,文物出版社,1979年,第38页。
④ 同上,第19—20、39、167页。
⑤ 哈里斯:《文化人类学》,第228页。

酋长的追随者,而是农民"。①哈里斯认为这种趋势的最后结果就是"再分配者不再是酋长,而是国王",②也就是形成了国家。这是生产的进步与国家的形成之间关系的第一个方面。

生产的发展与国家产生之间关系的第二个方面,是随着产品的绝对数量的增加,作为再分配者的各种首领的权力也急剧增长。生产物的再分配是在部落社会中就普遍存在的现象,但那时再分配活动所遵循的是互惠的原则,即首领并不从中获取私利。同时,在部落社会的较小规模的再分配活动中,首领的任务也并不很复杂。但当生产发展到一定程度后,这种局面便有较大的改变。再分配活动发展出较为复杂的形式和程序,首领与人民间的互惠关系被许多中间因素所削弱,甚至在有的地方逐渐被抛弃,首领开始在再分配活动中获益,同时复杂的再分配网也使一个较为庞大的公共机构成为必要。这些都在国家权力的产生和国家机构的形成中起了重要作用。从这个意义上说,没有一定规模的生产,任何社会都不会凭空"发明"出国家制度来。

生产的进步与国家形成之间关系的第三个方面是前面已提到的,剩余产品的大幅度增长为国家权力中心和国家机构的消费提供了物质基础。在人类早期社会,由国家权力带来的庞大政治性消费是社会的沉重负担。事实上古代生产的很大一部分是用于这种消费的。由此可以看出国家的产生对于生产的进步的依赖性。

总之,生产的进步与国家形成之间有着明显的相关性。这里说"相关性",是因为二者之间可能有互动的关系。从有些方面来看,生产的进步是国家产生的条件,而从另一些方面来看,生产的进步反过来又是由国家进程推动的。同时,单一的生产因素也不能解释整个国家进程。因此,简单地说生产的进步是国家产生的"最终原因"似乎也不是十分确切的说法。

战争

这里所说的战争指的是原始社会中部落或部落联合体之间发生的各种战

---

① 哈里斯:《文化人类学》,第239页。
② 同上,第239页。

斗。在典型的原始社会中,战争并不一定具有功利的目的。相当多的战斗是由道义的原因——如复仇——引起的。战争的规模大多不是很大,持续时间不长,战术简单。许多战争按现代标准衡量几乎同游戏或运动差不多。而且有相当一部分战争是不流血的。所有这些在人类学报告中可以大量读到。但是在原始社会后期,尤其是酋邦形态下,战争无论在目的、手段和规模上都有了很大变化。功利的目的,包括对土地和财物的占有、对人力的俘获和对人口的吞并,逐渐变得重要起来。随之而来战争的残酷性也增加了。战争本身对于战斗力组织的要求越来越高。战术也由简单变为复杂。可以看出,战争的这种变化与人口有很大关系,同时也与社会结构的变化有一定的关系,因为战争目的的变化表明建立在社会分层基础上的新的社会关系有了新的功利的内容。

早在19世纪,斯宾塞就提出,战争所要求的组织能力、它的等级制和中央统帅机制最终从军事方面扩展到社会。① 这是对战争在国家进程中的作用的一个概括的说明,至今仍为许多人类学家和历史学家所赞同。有些人类学和历史学的个案比较明显地反映了这一点。如柯恩举出了蒙古国家的兴起和美国田纳西州切罗基人(cherokee)中央集权政治的出现这两个例子。②

如果我们更具体地来看这个问题,那么战争对于国家制度形成的促进作用可以有以下三个方面的表现。

(1)战争技术的发展对人类政治组织的复杂化起了催化的作用。哈里斯曾就此举出了一个例子。在所罗门群岛的布干维尔岛上的西瓦伊人中,"大人物"(称为"穆米")们"相互打仗,成为仇敌,结果是首批欧洲航海者到达岛上时那里已有了政治组织"。③ 这在相当程度上是指由于战争的需要,穆米们对人民的管理复杂化了。比如他们要用一些特殊的手段来使自己的战士处于组织良好、士气高昂的状态,包括对战士福利的照管等等。而在穆米们自己所在的社区内,战争也要求他们实行一些"使区域内部'社会团结一致'"的措施。④ 这也会使社区的管理体制中出现新的因素。总之,战争在不

---

① H. J. M. Claessen & P. Skalnik, ed., "The Early State", P. 45.
② 同上,P. 45.
③ 哈里斯:《文化人类学》,第232页。
④ 同上,第232页。

知不觉地改变社会运作的机制,其中包括引起复杂政治概念的发展。

(2)战争组织对人类政治组织的复杂化有示范的作用。斯宾塞指出的主要就是这样一点。战争所带来的人类在军事上所实现的复杂组织形式逐渐被移植到社会事务中。其中最重要的就是军事权力机制逐渐被负有社会管理职能的首领们所效法,这对集中的社会权力的出现起了极大的促进作用。这里当然还包括对军事领导人的服从与效忠这种关系的扩张。奥特本(Otterbein)指出"成功的战争要求高度的服从,即对首领的顺从",而"这种服从在非中央集权化的社会的军事组织中是广泛存在的"。[1]由此看出,集中的权力首先是在军事领域中产生,但最后却伸展到了全社会。正是在这个意义上,恩格斯指出,在古罗马,"有一种制度促进了王权的产生,这就是扈从队制度"。[2]扈从队是一种战争团体,他们对军事首领的效忠成为后来形成的王权即国家权力的基础的雏形。战争组织的发展对于人类掌握较高的行政管理技术也有明显的作用。

(3)战争的后果在促使政治组织向国家形成转变上也有重要作用。这里主要是指那种导致征服的战争。关于征服,许多学者将其列为与战争平行的一个因素。我认为把征服看作是战争的一个类型也没有什么不方便。征服的结果要求治理被征服的人民和地区,这时往往在政治上产生出典型原始社会中所没有的新方法和机制,比如"打败的村落就被迫纳税和献贡"。[3]这些显然是通往国家制度的。另外,征服还有一个非常重要的后果,即导致控制较大地域和较多人口的政治实体的出现。这对人类历史上一些较大的早期国家的形成是有决定性意义的。

关于战争是否可以被看作是国家进程发生的原因和必要条件这一点,在学术界还有许多争论。因为毕竟不是所有地区的战争都导致国家的产生,反之,在有些早期国家进程中,战争的作用并不很明显。但至少对相当一部分个案来说,战争对国家的形成是起了相当重要作用的。

---

[1] H. J. M. Claessen & P. Skalnik, ed., "*The Early State*", P. 45.
[2] 恩格斯:《家庭、私有制和国家的起源》,第142页。
[3] 哈里斯:《文化人类学》,第240页。

社会分层和阶级分化

在这个问题上,恩格斯的有关论述可以认为是一个正确的说明,其要点是:"控制阶级对立的需要"刺激了国家的产生。[1]这是为什么呢?

首先,由于社会分层的发展以及阶级对立的出现和发展,社会上一部分人企图成为社会的统治的阶层或阶级。社会分层是原始社会后期普遍出现的现象。原始社会的典型结构面对这种现象束手无策,只有听任一部分人越来越富,而另一部分人越来越穷,并且贫富的分化越来越具有世代相传的性质。社会分层的存在是以一部分人攫取另一部分人的劳动成果为前提的。这需要一种机制来保障资源向特定的一部分人流动。这实质上便是面对社会分化的存在而出现的一种旨在控制这种局面的反应。这种机制包括直接生产者向政治权贵的"自愿"的贡献以及他们在社会政治实体消费中承担的责任等等。而为了使这种机制固定化,享有大部分资源的人就必须真正成为统治的阶级,那种保障资源流动方式的机制也在国家体制的名义下合法化。这样做的结果就是恩格斯指出的:国家"照例是最强大、在经济上占统治地位的阶级的国家"。[2]现代人类学家也普遍认为,在国家进程中产生的最初的阶级就是统治阶级与被统治阶级。就是说,一部分人企图不仅占有另一部分人的劳动,而且还通过统治这部分人来保证这种占有,这是国家产生前后社会分层与阶级分化现象的主要内容。

社会分层和阶级分化的另一社会作用是促使社会上的富裕阶层或阶级日益脱离一般人民。原先在互惠原则下的简单再分配是分配者与被分配者间直接接触的活动,这在根本上是因为在简单再分配中不包含冲突的因素。这时,部落酋长和"平民"一样参加劳动,"酋长的亲属关系总是冲淡高等级必备的抽象条件和礼节"。[3]在社会分层高度发展乃至出现阶级分化的条件下,再分配的程序复杂化了,并具有了冲突的因素。"给中央仓库提供粮食,已

---

[1] 恩格斯:《家庭、私有制和国家的起源》,第169页。
[2] 同上,第169页。
[3] 哈里斯:《文化人类学》,第237页。

不是个人的自愿行动,而是征税"。①这意味着首领与人民之间的亲密关系已经蜕化,分配者在日益同被分配者疏远,最终成为脱离人民的一群掌握公共权力的人。这种脱离人民的公共权力的存在便是国家的一个特征。

在社会分层和阶级分化的基础上,早期国家才有保证自身生存与运转的物质条件。在较低发展程度的社会中,平等的原则使社会上没有任何人或集团能够享用比其他人更多的物质财富。这时,要由社会来供养一个非生产性的机构是不可想象的。但在社会分层的条件下,这一点就可以做到了。因为在一个由少数人组成的集团范围内,较多财富的集中已经是可能的了,而社会对此只能容忍。于是新形成的国家机构便大肆搜括民财民力,以此来建设一个对古代社会来说是极为庞大的"上层建筑"。根据约·贝蒂的研究,在乌干达的布尼奥罗王国,最高统治者"穆卡马"不仅供养一个"与众不同的贵族阶级",还供养一个庞大的宫廷,包括官员和各种服务人员,除此而外,他还对"为国家利益特别是在军事上有过特殊贡献的人给予赏赐"。②在中国早期国家时期,情况也几乎是同样的。在这里必须看到,早期国家机器所依赖的物质基础不仅来自社会生产力总量的提高,同时也得益于社会分层与阶级分化的发展。

社会分层和阶级分化带来的又一个后果是以维护社会生产与政治秩序面貌出现的公共暴力机关的加强。在典型原始社会,对违背公共行为准则的人的处理或惩罚是由共同体本身来实施的。很少有监禁,而以要求赔偿、道歉作为主要的惩罚方式,其中最轻的惩罚不过是让当事人遭受部落成员的嘲笑和责骂,而且所有惩罚都是由部落会议来决定和实施的。③典型部落社会一般没有专门的惩治机关。④但是随着社会分层的发展,社会生活和政治秩序上的全社会一致的观念不复存在了,对犯规行为的惩治落到某些专门的机构身上,如监狱、司法机关及拥有司法权力的官员,以及军队(当其对内使用

---

① 哈里斯:《文化人类学》,第239页。
② 同上,第243页。
③ 〔美〕罗维:《初民社会》,商务印书馆,1987年,第490页。
④ 罗维曾报道说,在非洲的一些部落社会中,"到处都有常设的法庭,有规规矩矩的诉讼法"。但他又说,"在寻常情形之下,诉讼由酋长会议来审讯"。看来他的报道有点含混不清。见罗维:《初民社会》,第504、506页。

时）。它们成为形成中的国家机器的一部分。这些机构的职能越来越根据社会分层的现实而倾向于贯彻统治阶级的意志，这无疑将有助于巩固国家本身，并且反过来使社会分层和阶级分化系统化。正是在这个意义上，国家变成了镇压被统治阶级的工具。

同战争和生产的进步等因素一样，社会分层与阶级分化同国家进程之间的关系也是互动的。并且它们单独地也不构成促使国家形成的原因。但可以说，在所有早期国家进程中，社会分层和阶级分化都是一个非常重要的因素。

政治发明

这里指的是某些早期社会在政治发展中所采取的一些独特的做法。国家的形成毫无疑问是人类政治智慧的产物。对所有早期国家的形成来说，最直接的、历史性的原因应该存在于有关人群的政治性的行为中。没有相应的政治上的创造，任何其他因素都不可能最终使一个民族走上国家制度的道路。而这种政治上的创造或者说发明，并不是所有民族都能够独立做到的。因此，政治发明对于解释为什么有些地区产生了早期国家，而有些地区则始终未能进入国家进程或并非独立地进入这一进程，有着特殊的说明力。从人类文化发展的角度看，许多比较简单的文化因素（如陶器）在许多地区都有重复的发明。而越是高级的文化因素，重复发明的可能性和概率越是小。国家政治是一种非常高级的文化因素，历史证明，它在世界各地区的重复发明是非常少的。大量的早期国家是某个地区内国家政治文化传播的结果。因此对于那些独立进入早期国家进程的世界上少数几个个案来说，独特的政治发明毫无疑问是导致这些早期国家进程发生的最重要的和最具历史性的原因之一。关于这个问题，以往的早期国家研究似乎还很少有深入的讨论，而如果忽视对这方面的研究，对早期国家进程发生原因的解释将不可能真正具有说服力。我相信，早期国家进程既然是一些真实的、历史性的事件，引起这些事件的原因中也必然包括一些非常历史性的因素。从这个意义上说，对早期国家形成原因的探讨，归根结蒂离不开对有关民族的具体历史的分析，也就是离不开历史学的方法。

以上讨论了与早期国家形成有关的一些主要的因素。还有一些因素，虽然也有学者认为是与早期国家形成有关的，但理由似乎还不充足。比如贸易和市场问题,柯恩和克氏与斯氏都提出过它们与国家的形成在很多个案中都没有明显的关系。柯恩表示,如果前国家政治实体不是在发达的贸易通道的要冲位置上,长途贸易对国家的兴起就只有很少或甚至没有作用;不过他同时也认为地方贸易按定义是与国家的建立密切相关的。① 克氏和斯氏则认为贸易的重要作用是在早期国家较晚的发展阶段上才表现出来的。② 这里的关键问题是在多数早期国家个案中,没有关于贸易明显增长的事实。比如赖特和约翰逊在对两河流域的地区间贸易的量作了仔细调查后认为,一直到国家建立以后很久,这种贸易都没有量的增长。③ 所以,贸易因素在国家进程中的地位问题还有待于进一步研究。关于城市化问题也是这样。许多国内学者对于城市的出现与国家形成的关系都倾向于持肯定态度。甚至有些学者提出以城堡或城墙的出现作为国家形成的标志。但是这种方法有一些明显的缺陷。正如克氏和斯氏指出的,"许多早期国家是在没有城镇或城市的情况下出现的"。④ 这就使城市化问题也同贸易一样不构成国家形成的必要条件,更不要说充足条件了。我认为在贸易和城市化问题上,柯恩与克氏和斯氏的上述看法基本上是合理的。

早期国家形成的原因及相关因素问题无疑是十分复杂的。这不仅因为所涉及的因素很多,而且在所涉及的因素之间还存在着错综复杂的关系,同时没有任何一项孤立的因素能单独地成为国家形成的原因。而在每个个案中,这些因素起作用的情况又是很不相同的。在这一点上,克氏和斯氏的下述概括是十分正确的:"每一个具体的国家都是在一系列特殊条件下出现的,这就是为什么不同的早期国家相互之间有如此大的差异的原因。"⑤

三、模式:早期国家形态及进程的类型问题

这是在早期国家研究中很早就被注意到的一个问题。恩格斯提出的"国

---

① H. J. M. Claessen & P. Skalnik, ed., "*The Early State*", PP. 44—45.
② 同上,P. 644.
③ 同上,P. 44.
④ 同上,P44.
⑤ 同上,P. 645.

家在氏族制度的废墟上兴起的三种主要形式",①实质上就是对早期国家类型或模式进行概括的一种尝试。当然,恩格斯的分类在今天看来有可以补充的地方。不同早期国家模式的存在,同与早期国家形成相关的各种因素发生作用的方式和具体情况不同有关。在这个问题上,简单地以一项单一的因素来进行解释显然是不够的。例如,有时单纯的地域因素(在这里主要是指地貌)对于解释地中海地区与中国的早期国家进程与形态的不同来说就不会导致令人满意的结论。因为在一些大的地貌特征上,地中海地区与中国没有根本的不同。比如两者都有海岸线和向内陆伸展的广袤的地带,等等。因此,很难说这两个地区之间政治进程的差异同地貌条件有什么决定性的联系。在两河流域与中国的对比上,问题也是这样。这两个地区的早期国家的形态和进程也有较大的差异,但它们都发育在拥有大河流域的区域。总之,在解释世界各地早期国家进程与形态的不同模式时,也同在个案研究中解释某个早期国家进程一样,必须考虑多种因素的综合的和互动的作用。

尽管造成早期国家形态与进程的不同模式的原因十分复杂,但是在研究中还是可以依据不同的主要指标区分出一些模式,并由此得出一些不同的模式组合。比如依据经济生活的方式和战争技术的特点,可以区分出农业型和游牧型的早期国家模式。后者在欧亚内大陆有许多个案,有的学者——如江上波夫——称之为"骑马民族国家"。②而江上波夫认为,骑马文化对欧亚内大陆民族的国家的形成是一个"决定性的条件"。③但显然在区分出农业型和游牧型早期国家这两种模式后,仍不能说已经把早期国家类型问题全部解决了。因为比如说,在农业型国家中,希腊和中国就不一样。而在游牧型国家中,兴起于兴安岭以东地区的鲜卑和乌桓同匈奴和突厥也有很大不同。④在这里,分类的意义取决于研究的目的。从这个意义说,地域因素在明确的研究目的范围内,有时也被用作一种指标来区分出某种早期国家模式。比如,按照地域的空间指数,可以区分出这样两种早期国家模式:一种是在有限

---

① 恩格斯:《家庭、私有制和国家的起源》,第167页。
② 〔日〕江上波夫:《骑马民族国家》,光明日报出版社,1988年。
③ 同上,第9页。
④ 同上,第69页。

生存空间内发育的国家,一种则是在从理论上说是非限制的空间内发展的。这对这些早期国家的形态在一定意义上是有影响的。卡内罗认为最初的国家总是在河谷中、海岸上、山谷里和诸如此类的"受限制的环境中"出现的。[1]对这些地区来说,"最初之所以出现国家,原因之一可能是人口集中在一种受到限制的居住环境中",因为这时由于周围环境的艰苦,人们"宁愿忍受他们在当地政治上的从属地位,而不愿意迁到一个他们必须改变全部生活方式的地方去"。[2]很显然,这种类型的国家在控制人口外逃方面不需要花太多的气力。然而哈里斯援引麦克尼林等提出的证据指出,也还有另一些早期国家"源出非限制的环境中",在这些国家中,旨在阻止人民外逃的国家职能无疑会加强。[3]这种分类在研究早期国家控制人民的不同方式的原因时应该说有一定的价值,但其说明力似乎仍然是有限的。

在所有不同的分类中,依据早期国家结构上的特征所作的分类也许是最重要的,也是学者们最关注的。因为这种分类直接涉及早期国家的本质性的特征。在历史学中这种分类的说明力也是比较强的。我在本书中所说的早期国家模式指的就是按这种分类方法所得出的一些早期国家类型的组合。

就世界范围内的早期国家个案而言,究竟是否存在模式的问题呢?所有的研究表明:是存在的。但同时必须看到,虽然人们已经知道一些不同的早期国家模式,但远不能说所有的模式都观察到了。就是对已观察到的模式,也不能说所有个案的情况已完全清楚。关于早期国家模式的问题在《早期国家》一书中没有被特别论及,很大一部分原因恐怕就在于此。就是说,对一项完整的模式的研究来说,目前也许还不具备足够的条件。所以,迄今在早期国家模式问题上提出的各种意见还只是进一步研究的基础。我在这里提出的一些看法当然也是带有探讨性的。

从早期国家发生和发展的进程的角度来看,可以认为有两种模式是客观地存在着的。第一种模式是指早期国家直接从氏族社会中演化出来的那些个案;这可以称为"氏族模式"。第二种则是指早期国家是从氏族社会解体

---

[1] 哈里斯:《文化人类学》,第240页。
[2] 同上,第239页。
[3] 同上,第239页。

后出现的酋邦社会中演化出来的那些个案；这可以称为"酋邦模式"。这两种不同的模式所涉及的早期国家在其结构特征上也有一些重要的不同。因此这两种模式实质上是关于有关国家的结构的。

氏族模式

关于氏族模式，主要的例证，也许可以说就是恩格斯着重论述过的地中海地区的两个著名的早期国家——雅典和罗马。

雅典是阿提卡半岛统一国家的名称。这个地区在公元前二千纪后期曾处在迈锡尼国家的统治下，但它的内部社会结构仍然长期处在氏族的阶段。在进入英雄时代（又称王政时代和荷马时代）后，其氏族制度开始发生一些变化而进入晚期。提秀斯是雅典的第十代王，他促成了阿提卡部落的联合。但他的活动看来仍保持许多氏族制度的传统，因此他被古代阿提卡史家认为是"民主制"的创立者。①这里的"民主制"指的只是氏族固有的一些传统。关于提秀斯活动的性质，有些世界史学家认为它们不过是创立了阿提卡部落间的联盟，而雅典城邦国家的产生应以公元前682年执政官的产生为标志。②但恩格斯认为在提秀斯时，他已使雅典人在政治组织上比美洲土著民族的部落联盟"前进了一步"。③这表明恩格斯实际上把提秀斯以后的雅典看成是"刚刚萌芽的国家"。④这两种估计之间有较大的距离，对此还需要进一步的研究。我们感兴趣的是阿提卡的社会权力结构在整个王政时期的状况。在这方面重要的事实是，阿提卡的所谓"王"——称为"巴赛勒斯"——并不是社会权力的最高或唯一的中心，因为同时还存在着部落或部落联盟的"议事会和人民大会"。⑤正因为这样，修昔底德指出，巴赛勒斯只有"有限的权限"。⑥总之在王政时期，正如恩格斯概括的那样，"巴赛勒斯并未握有后世所谓的统

---

① 《世界上古史纲》，下册，第136—137页。
② 同上，第136页。
③ 恩格斯：《家庭、私有制和国家的起源》，第107页。
④ 同上，第108页。
⑤ 马克思：《摩尔根〈古代社会〉一书摘要》，人民出版社，1965年，第180页。
⑥ 〔古希腊〕修昔底德：《伯罗奔尼撒战争史》，转引自《家庭、私有制和国家的起源》，第105页。

治权力"。①所以阿提卡地区的早期国家进程的直接基础,恰恰是古老的氏族—部落制度本身。恩格斯说,在雅典,"国家是直接地和主要地从氏族社会本身内部发展起来的阶级对立中产生的";雅典国家"是直接从氏族社会产生的"。②这些结论是符合事实的。

关于罗马早期国家产生的基础,情况与雅典大抵相仿。罗马早期历史上也有一个实质上是处在氏族—部落时期的王政时代。这时罗马的"王"——"勒克斯",相当于雅典的巴赛勒斯。对于罗马部落社会而言,勒克斯"同样也是军事首长、最高祭司和某些法庭的审判长",但"他不掌握民政方面的权力,也决没有处理公民的生命、自由和财产的权力……他也是可以撤换的"。③因为他"原则上也是由选举产生的"。④关于罗马国家产生的确切时间现在还并不十分肯定,但至少公元前6世纪中叶的罗马第六个王塞尔维乌斯时的改革可以看作是罗马国家产生的一个标志。⑤塞尔维乌斯改革的首要内容是"废除原有的三个氏族部落,代之以按地域原则划分的四个城区部落和一些乡村部落"。⑥恩格斯评论这个改革的意义时说:"以个人血缘关系为基础的古代社会制度已经被破坏了,代之而起的是一个新的、以地区划分和财产差别为基础的真正的国家制度。"⑦所谓"以个人血缘关系为基础的古代社会制度"就是指氏族—部落制度。可见罗马国家产生的直接基础也是典型的氏族—部落社会。这种社会在权力结构上的特点是没有出现拥有社会最高政治权力的个人。这一点同雅典是完全相同的。

但是雅典同罗马的国家进程还是有一些差别的。其中主要的一点是,雅典国家的产生是在阿提卡人原有的部落社会的范围内实现的;而罗马国家在形成过程中则面对着已经居住在罗马地区内的由各种非罗马人组成的平民

---

① 恩格斯:《家庭、私有制和国家的起源》,第105页。
② 同上,第167页。
③ 同上,第125页。
④ 《世界上古史纲》,下册,第225页。
⑤ 参见王阁森:《古代罗马》,《中国大百科全书·外国历史》,中国大百科全书出版社,1990年,第363页。
⑥ 施治生:《塞尔维乌斯·图利乌斯改革》,《中国大百科全书·外国历史》,第813页。
⑦ 恩格斯:《家庭、私有制和国家的起源》,第127页。

所造成的问题。因而恩格斯认为雅典国家的产生"非常纯粹",没有受到任何外来因素的"干涉"。[①]当克利斯提尼在公元前508年采取行动最终结束雅典旧氏族制度时,他面对的主要问题乃是由旧氏族制度的存在带来的氏族贵族与氏族平民之间以及氏族贵族之间的尖锐斗争,而这些基本上都是传统的雅典人内部的事。罗马国家产生的直接动因却更多是在于解决在传统的罗马部落社会成员即罗马人公社成员(populus romanus)与由那些外来的移民或被臣服的臣民组成的"被剥夺了一切公权的平民"之间的矛盾。[②]正如恩格斯所说:"革命的原因在于平民和populus之间的斗争。"[③]这时罗马社会的贵族实质上就是原有的整个"氏族社会"。[④]正是在这个意义上,恩格斯把雅典国家与罗马国家的产生归纳为国家产生的两种"主要形式",但很明显,在国家是直接从氏族社会中演变出来的这一点上,两者并没有不同。在恩格斯的表述中,两者也都属于"国家在氏族制度的废墟上兴起"的形式。

恩格斯还谈到了德意志人(即日耳曼人)国家的形成,认为它们是"国家在氏族制度废墟上兴起"的第三种主要形式。这种形式的主要特点是与日耳曼人对原属于罗马帝国的欧洲大片地区的征服有关。日耳曼人在控制这些地区后,他们原有的氏族和部落"由于征服而蜕变了",[⑤]"氏族制度的机关"转化为"国家机关"。[⑥]日耳曼人原有的社会制度就总体而言也是一种比较典型的氏族—部落制度。在权力结构上,自由民大会是部落主要权力来源。部落或部落联合体的首领(在许多个案中也称为"王")由民众大会选举产生。此外,军事首领也由选举产生。[⑦]塔西佗曾说:"日耳曼人中,小事由酋帅们商议;大事则由全部落议决";人们之所以听从"国王"或酋帅,"倒并非因为他有命令的权力,而是因为他有说服的作用。如果人们不满意他的意见,

---

① 恩格斯:《家庭、私有制和国家的起源》,第117页。
② 同上,第126页。
③ 同上,第126页。
④ 同上,第167页。
⑤ 同上,第149页。
⑥ 同上,第150页。
⑦ 〔美〕斯塔夫里阿诺斯:《全球通史》,第314—315页。

就报之以啧啧的叹息声"。① 这反映了日耳曼人社会权力结构上的氏族和部落传统的特征,即权力并不掌握在一个有特殊地位的人手中。有一点应该指出,在所有日耳曼人中,前国家制度可能是不完全相同的。塔西佗提到过哥托内斯人(Gothones,即后来的哥特人)是"由国王统治,较其他日耳曼部落稍受约束"。② 而绥约内斯人(Suiones)是"被一位唯一的至尊所统治着,这位统治者的权力是无限的,他们无条件地服从他"。③ 虽然有的学者认为像绥约内斯这种日耳曼人部落,其"国王权力之大也并不如塔西佗所述之甚",④但塔西佗的记述是应该予以重视的。在这方面的进一步研究可能会对日耳曼人国家进程的模式问题提出新的结论。当然,尽管这样,从总体上说,日耳曼人的国家进程是属于氏族模式的,这一点应不会有太大的问题。

酋邦模式

相对于氏族模式,酋邦模式的主要特点是,有关社会在进入国家社会前就已经在一定程度上产生了中央集权的权力,亦即社会最高权力在一定形式下被占据社会特殊地位的个人所掌握。用哈维兰的话来说就是:"在这种社会中,政治权力集中于一个人(酋长)身上。"⑤ 这种社会在现代人类学中往往被称为"酋邦"(Chiefdom)。

同典型部落社会的首领相比,酋邦首领的权力要大得多。他"一般是一个实权人物"。⑥ 他"可以在他的共同体中分配土地,可以在成员中征兵役"。⑦ 他还控制社会剩余产品和物资与人力资源,在有些个案中,甚至对人民有生杀予夺之权。⑧ 更重要的是,酋邦首领的权力不受部落成员的制约,人

---

① 〔古罗马〕塔西佗:《阿古利可拉传 日耳曼尼亚志》,商务印书馆,1959年,第60—61页。
② 同上,第77页。
③ 同上,第78页。
④ 同上,第89页,注[179]。
⑤ 哈维兰:《当代人类学》,第476页。
⑥ 同上,第476页。
⑦ 同上,第476页。
⑧ 同上,第477页。

们相信他的统治权力是"神灵赐给"的。①总之,酋邦社会的权力结构同国家已十分相像,只是还不如国家权力那样正规罢了。而事实上,在这些社会的国家进程中,国家权力正是直接从酋长即酋邦首领的权力演变而来的。

酋邦政治体制的存在,是20世纪以来人类学的重要发现之一。特别是自从塞尔维斯和弗里德从人类政治组织演进的角度确定这种体制的重要地位后,关于酋邦的概念广泛地出现在有关的人类学和历史学著作中。我认为应该肯定这是一个有明确的科学规定性的概念。

从一个单一的社会来看,酋邦制度可以被看成是比典型部落社会更高的一个社会发展阶段。这不仅是指它的权力结构更逼近于国家,就是在社会分层和等级制的发展等方面,它也比典型部落社会更为复杂。而在酋邦与典型部落制度之间的连续性也是比较明显的。其中最重要的一点是,在酋邦制度下,氏族—部落制度依然存在,只不过它们在社会权力结构中的地位与作用已不同于典型部落社会时期。说酋邦制度是从典型部落社会中演变而来,这大约不会有什么问题。但是从世界范围看,酋邦并不是所有典型部落社会发展的必然结果。在雅典、罗马、日耳曼人的政治组织演进中,就没有关于酋邦存在的充足的证据(只有上面提到的少数日耳曼人部落可能与酋邦制度有某种关系,但有关资料尚不充分)。从这个意义上说,酋邦制度又应当被看作是人类政治组织发展中的一种类型。

在现代人类学视野中,酋邦类型的原始社会在世界各地区的分布十分广泛,因此这一类型有很大的普遍性。特别是在亚洲、非洲、美洲和大洋洲,不同历史时期的酋邦个案被大量发现。在塞尔维斯的《民族学概要》中提到的努特卡(Nootka)、特罗布里恩德(Trobriand)、塔希提(Tahitian)和卡林加(Kalinga)等个案是其中有代表性的几个。在我国历史上,酋邦类型的原始社会个案应当说是相当丰富的。童恩正曾提出:"我国秦汉时代南方少数民族如南越、夜郎、滇、僑、昆明等所建立的'国家',其社会性质全属此类"。②他还认为《史记》、《汉书》中所记述的许多少数民族中的各种"邑君"、"邑

---

① 哈维兰:《当代人类学》,第477页。
② 童恩正:《文化人类学》,第223页。

长"、"王"、"侯"等等"实际上就是大大小小的酋邦的邦主"。①童氏的这些看法是可以接受的。

  酋邦类型的原始社会向国家社会的过渡不是一个普通性的问题,许多这种类型的社会事实上长期停留在酋邦阶段。对此本书后面将有专门的讨论。在这里我想指出的是,由酋邦过渡到国家这种模式是真实存在的。我们可以举非洲祖鲁(Zulu)国家的产生为例。根据塞尔维斯的意见,祖鲁国家的形成以1816至1828年间祖鲁人军事酋长恰卡(Shaka)通过征服开始统治今天被称为祖鲁兰(Zululand)和纳塔尔(Natal)的一块广大的地区为标志。②在恰卡以前,祖鲁不过是臣服于姆特特瓦(Mtetwa)酋邦的一个小亲属集团。恰卡在1816年他父亲死后由姆特特瓦酋邦首领丁吉斯瓦约(Dingiswayo)扶助继任了祖鲁部落酋长。这时恰卡已有一支归他个人指挥的军队。1817年,丁吉斯瓦约在与恩德万德维(Ndwandwe)酋邦的战争中身亡,恰卡遂率祖鲁部落打败了恩德万德维人。恰卡还顺势吞并和控制了姆特特瓦,并着手在政治上巩固其统治。1819年他再次与恩德万德维人交战并摧毁了这个酋邦后,终于控制了整个祖鲁兰。在此过程中恰卡吞并了100多个与他敌对的或曾协同他作战的部落。在对社会组织进行了一些重要的改革之后,祖鲁终于演变为国家,直到1837年祖鲁国家开始受到布尔人的入侵。这是一个酋邦社会向国家过渡的比较典型的例子。从中可以看出,酋邦向国家的演化同雅典和罗马的早期国家进程的总的面貌确实很不相同。这里的一个重要因素是二者在进入国家前社会的权力结构并不相同。

  由于早期国家进程的面貌不同,分别由氏族模式和酋邦模式产生的国家在政治传统上也形成较大的不同。总的来说,由氏族模式形成的国家,至少在其最初的发展上,倾向于形成一种民主型的政治运行机制。比如雅典和罗马国家的最初形态都是民主共和国。而对于酋邦模式来说,它所产生的国家在最初的发展上则相反,比较倾向于形成专制型的政治运行机制。这一点只要比较一下恩格斯指出的在雅典国家早期"没有总揽执行权力的最高官员"

---

① 童恩正:《文化人类学》,第223页。
② E. R. Service: "*Profiles in Ethnology*", P. 290.

的情况与祖鲁国家形成后恰卡本身成为一个"暴君"①的情况就很清楚了。这个问题对解释世界不同古代国家的不同形态是特别重要的。

以上简要阐述了关于早期国家进程中的氏族模式和酋邦模式的一些看法。应该指出,区分出这样两种模式并不意味着属于同一模式的各个个案的情况是完全相同的。模式的研究不能代替个案的研究。同时,在这两种模式之间还可能有某种中间形态,这也是应当看到的。不过,我认为在对早期国家的研究中区分出上述两种模式是非常有意义的,它具有很高的理论上的说明力。尤其是对我国学者来说,这种区分将有助于廓清在对中国早期国家同世界其他地区的早期国家进行比较时发生的某些混淆。本书在以后的论述中将会对这类问题进行讨论。

四、早期国家演进的阶段性问题

早期国家按其定义来说,似乎应当是指刚刚从原始社会脱胎而来的国家。但实际上,早期国家在形成之后,在相当长的时间内还会保持一些相当稳定的特征。因此在现代早期国家研究中,早期国家这个概念的准确含义是指在脱离前国家社会后一段特定时期内保持着相对稳定的特征的国家形态。如果一个早期国家进程持续发展下去,那么它最终会过渡到成熟的国家形态。

怎样区分早期国家与其后的成熟的国家这两种形态呢?

这一问题目前只是在理论上得到一些研究,并且还没有比较公认的结论。正如哈赞诺夫所说:"如果说确定早期国家的开端比较容易的话,……那么早期国家结束的界限就很难确定了。"②

但是早期国家研究者对于早期国家进程的阶段性问题所提出的一些理论假说还是富有启发性的。在这些假说中,早期国家演进上的较晚的阶段被认为包含着促使早期国家向成熟的国家转变的一些因素,因此对于判定成熟

---

① E. R. Service: "*Profiles in Ethnology*", P. 296.
② H. J. M. Claessen & P. Skalnik, ed., "*The Early State*", PP. 77—78.

的国家出现的时机是有帮助的。从这个意义上说,对早期国家演进的阶段性问题的思考,是同确定早期国家形态向下一阶段的形态转变的标志联系在一起的。

目前能够看到的有关早期国家演进的阶段性问题的最完整和明确的假说是由克氏和斯氏提出的。他们提出了早期国家的三种"类型",实际上就是三个阶段。这三个阶段是:初始的阶段、典型的阶段和转变的阶段。[1]

他们首先阐述了区分这三个阶段的标志问题。他们为此提出六个方面的标志:

(1) 贸易和市场发展的程度;

(2) 重要职务的继承方式;

(3) 土地私有制的出现;

(4) 对官员进行报偿的方法;

(5) 司法制度发展的程度;

(6) 税收制度发展的程度。[2]

这六个标志是他们在对21个早期国家个案归纳后得出的,涉及古代社会经济与政治发展的一些主要特征。总的来说,从这六个方面来衡量早期国家演进的阶段性问题,是有一定说服力的。但是其中还有一些问题需要解释。

按照这六个方面的标志,克氏和斯氏分别对早期国家演进的三个阶段各自的特征作了概括性的描述。这部分内容对于评论克氏和斯氏的假说很重要,因此我想比较完整地来引述它们。根据他们的描述:

(1) 在初始阶段:

贸易和市场只有很有限的(地方的)重要性;

高级职务的继承完全是世袭的;

土地私有制有所发现,但只是一些例外,而公社所有制或占有制是占统治地位的;

官员只收受赏赐(通常是实物);

---

[1] H. J. M. Claessen & P. Skalnik, ed., "*The Early State*", P. 640.
[2] 同上,PP. 640—641.

司法制度尚未出现法律和刑罚的法典化,也没有专职的正式法官;

税收绝大部分是由自愿贡献的礼品和偶尔实行的为国家服务的劳役所组成,而且都不很经常或被精确地规定。

(2)在典型阶段:

贸易和市场在超地方的水平上发展;

世袭作为继承原则被任命所平衡;

土地私有制仍很有限,同时国家所有制却逐渐重要起来;

除了受赏赐外,领取报酬的官员出现了,或者同一个官员这两种报偿都获得;

开始出现法律和刑罚的法典化,同时除"总管"的官员外,有了正式的法官;

经常性的税收开始实行,包括实物和劳役,由政府官员组织的一些大的工程是依靠强制性劳动进行的。

(3)在转变阶段:

贸易和市场具有很大的重要性;

对官员的任命成为主要方式;

土地私有制在贵族和平民中都越来越重要;

领取报酬的官员占大多数,国家机构逐渐成为相对独立的政治力量;

法律和刑罚的法典化完成了,司法管理的更大部分掌握在正式法官手中;

税收发展成确切规定的制度,并拥有保证其正常运转的复杂机构。①

以上这份关于早期国家三个发展阶段的特征的一览表,显示了人类在进入早期国家阶段后,各项制度从简单到复杂、从不正规和不太正规到正规化的演变过程,总的说来它反映了相当一部分个案的实际情况,在理论上有一定的意义。但是正因为这张表试图概括最一般的规律,所以在运用到一些具体的个案中时,应该注意到会出现一些问题。

首先,在衡量一个具体的早期国家进程中的某个阶段时,克氏和斯氏所

---

① H. J. M. Claessen & P. Skalnik, ed., *The Early State*, P. 641.

提到的六项特征是否会完全像这张表中显示的那样呢？从一些资料来看，情况可能是比较复杂的。比如在中国，在早期国家形成的初始阶段，税收就可能已经不是由"自愿"贡奉的礼品构成的，而是表现为一种更经常性的制度，同时也没有证据说明国家指派的劳役只是"偶尔"实行的。中国古代法典的形成也可能出现在早期国家的较早阶段。而在约鲁巴城市国家，"政治、行政、司法和治安的权力合为一体"，"一切法律程序均以习惯法的规定和标准为基础"，[①]也就是还没有出现法典化。这些在克氏和斯氏的表中是属于早期国家初始阶段的特征，但他们却把约鲁巴城邦列为典型期早期国家。[②]这些说明在实际研究时，克氏和斯氏的表还需要随时作一些必要的调整。

其次，有些特征由于资料的原因，对许多个案来说，事实上很难做出确切的判断。因此这份特征表在操作上有时会有较大的障碍。例如贸易和市场的问题，对中国早期国家较早阶段来说，就很难在初始的和典型的两种类型间作出区别，因为有关的资料其实是很少的。只有在晚期阶段，才有较多的资料说明贸易和市场发展的较详细的情况。在这种情况下，就某些具体的个案来说，对克氏和斯氏这张特征表的适用性就比较难以评论。

此外，还应该指出，克氏和斯氏的这张表还有一个缺陷，即他们似乎还忽略了一些应当提到的特征。比如城市化问题，虽然在早期国家形成中可能不总是重要的因素，但在克氏和斯氏本人的分析中，至少在一些个案中，其在早期国家较晚的阶段上是有"重要作用"的。[③]而它对于区分中国早期国家演进的阶段也可能是重要的。但在上面的表中并没有列入。还有一些因素，如国家的稳定性与结构上的发展，在个案研究中也可以作为区分阶段的依据，而克氏和斯氏的表中也没有提到这些。读者以后会看到，在对中国早期国家进程阶段性的分析中，我们会考虑到这方面的情况。

总之，上述克氏和斯氏提出的早期国家三个阶段的特征表在总体上应该说是一种有价值的理论性的概括，只是在个案研究时还应根据具体的资料作

[①] 中国世界古代史学会编：《古代世界城邦问题译文集》，时事出版社，1985年，第351—352页。
[②] H. J. M. Claessen & P. Skalnik, ed., "*The Early State*", P. 642.
[③] 同上，P. 644.

出切合每个个案实际情况的解释。因为就每个个案所表现的阶段性问题而言,所有结论都必须切合有关民族和地区的具体的历史。

在讨论早期国家演进的阶段性问题时,将涉及到一个重要的理论问题,即所谓亚细亚生产方式问题。近年来国内史学界对此有过热烈的讨论。我在这里不准备对这一讨论作全面的回顾,只是从与早期国家演进的阶段性问题有关的角度简要地谈一下这个问题的确切含义。

有些国内学者倾向于把亚细亚生产方式解释为"泛指一切地方同一的社会经济形态"的一个概念。[1]这个看法在指出亚细亚生产方式不仅同亚洲有联系这一点上是有道理的,因为马克思确实提到过在亚洲以外存在的亚细亚生产方式的表现,其中包括俄国,甚至"欧洲各地的亚细亚的"生产方式等。[2]现代学者对具有亚细亚生产方式特征的社会的个案研究,也证明这种社会形态不只是出现在亚洲。但是,从另一方面说,又不可否认,亚细亚生产方式这个概念的提出就是为了在一定意义上同欧洲和西方历史上的某些社会形态相区别。因此在马克思的论述中,把亚细亚生产方式仅看作是在世界上某一部分地区的历史上出现的一种社会经济形态的态度是十分明确的。马克思从未说过亚细亚生产方式是世界范围内普遍的现象。相反,比如在《资本主义生产以前的各种形式》一文中,当马克思阐述了亚细亚生产方式的基本特征后,接着便说道:"因此,在东方专制制度下……"[3]明确表明了这种生产方式的地区性特征。从这个意义上说,某些西方学者指出亚细亚生产方式的提出,是马克思对于在典型的欧洲式的社会形态演进图式之外还有一些不同的演进图式的意识的反映,是有道理的。[4]

现代早期国家研究者也注意到马克思关于亚细亚生产方式的概念。在这方面他们更多是关注这个概念所描绘的社会政治与经济形态在早期国家演进阶段中所处的地位。如克氏和斯氏首先这样来表述亚细亚生产方式的特征:

---

[1]《世界上古史纲》,下册,第288页。
[2]《马克思恩格斯全集》,第32卷,第43页。
[3] 同上,第46卷,第472—473页。
[4] 参见布洛克:《马克思主义与人类学》,第40—41页。

整个社会存在着一种基本的两分,其一端是拥有政治、经济和意识形态权力的国家,另一端是被一个唯一的高高在上的国家制度所包围的农业或游牧(村落)共同体。然而除了缴税和服役的义务外,村落是自由地按其自身的方式生活的。在这种生产方式盛行的地方,土地私有制是明显不存在的。向平民的征税在很大程度上是建立在他们对神圣统治者的效忠上,并由残存的互惠原则证明是合理的。①

不难看出,这个表述同马克思对亚细亚生产方式的描述基本一致(这也证明了马克思关于亚细亚生产方式的思想是有实证基础的)。克氏和斯氏接着提出:

　　这种生产方式看来一般是处在早期国家的社会政治环境下,特别是在初始的和典型的早期国家中。②

他们认为,早期国家的"转变阶段"则"表现了超出亚细亚生产方式特征的特征,涉及到成熟的阶级社会的发展,例如说封建社会"。③可见他们实际上把亚细亚生产方式看作是关于早期国家初始的和典型的阶段的概念。

很显然,当克氏和斯氏作出上述论断时,他们忽略了亚细亚生产方式本身是一个具有地区性特征的现象。这同他们对早期国家模式问题缺乏关注是有关的。但他们对亚细亚生产方式所适用的早期国家演进的阶段的说明还是很有价值的。只是在具体结论上似乎还可以有一些补充。在这里可以指出,在国内的讨论中,有些学者认为马克思是以亚细亚生产方式来指原始社会中的公社所有制的。④这个说法引起较大争议。我在这里不想过多参与到这项争论中去,只想指出一点,即恩格斯曾明确说过:

　　在亚细亚古代和古典古代,阶级压迫的主要形式是奴隶制。⑤

---

① H. J. M. Claessen & P. Skalnik, ed., *The Early State*, P. 643.
② 同上,P. 643.
③ 同上,P. 643.
④ 《世界上古史纲》,下册,第301页。
⑤ 《马克思恩格斯全集》,第21卷,第287页。

由此来看,亚细亚生产方式肯定涉及到国家社会的一些阶段,在这一点上克氏和斯氏的观点同马克思和恩格斯是吻合的。不过,我也想指出,过分拘泥于亚细亚生产方式究竟是指原始社会制度还是指阶级社会即国家社会制度的争论也许是不必要的和非实质性的。因为,如果亚细亚生产方式是同国家演进的某种模式有关的,那么很显然,它即使涉及到国家形成以后的形态,也应该在有关社会的前国家时期中有其发生的渊源。在这个意义上,认为在亚细亚生产方式的全部含义中也包括对人类原始社会发展中某种模式的概括,似乎也不是不合理的。在这里可以注意到童恩正的一个讲法。他在谈到亚洲、非洲和南美洲的具有酋邦形态的原始社会个案时,指出它们实际上就是亚细亚生产方式的表现,并认为它们"有可能是由原始社会到奴隶制国家之间的过渡形态",但这种形态是"不同于古希腊罗马为代表的奴隶社会的"。[①]这个看法的引人注目之处是它点出了亚细亚生产方式同酋邦模式的关系。这一判断是非常精彩的。事实上,在以酋邦模式发展起来的国家社会的早期阶段往往呈现出亚细亚生产方式的特征。这些特征也就是克氏和斯氏所概括过的。童恩正并没有提到当有关社会进入国家阶段后,酋邦时期的亚细亚生产方式的特征是否还继续保持和发展下去。在这一点上,我认为把童氏的判断与克氏和斯氏的论断衔接起来是合理的。

总起来说,从早期国家研究的角度说,亚细亚生产方式实际上是对人类政治组织演进的一种模式的概括。这种模式大体上相当于我们所说的酋邦模式。它最初是在一些个案的相当于原始社会晚期的发展中显示出作用,然后又影响到这些个案在早期国家初始的和典型的阶段的发展。因此,对于某个社会所具有的亚细亚生产方式的特征的判断,不仅对于认识这个社会的国家进程的模式问题会有帮助,而且对于确定这个社会的国家演进的阶段性问题也有重要意义。这就是亚细亚生产方式问题在早期国家研究中的意义。

[①] 童恩正:《文化人类学》,第223页。

第二章

方　　法

　　从一定意义上说，对人类早期状况的研究，是历史研究中引起人们最多遗憾的一个领域。因为在这个领域内，许多重要问题很难最终得出明确结论。这在根本上是由于能说明人类早期状况的绝大部分资料今天已不可复得了。而当问题涉及到人类早期政治组织发展的情况时，这种遗憾就更其突出。因为，关于人类早期的经济、技术、宗教、文化等方面的状况，毕竟从地下出土的考古资料中人们还多少能获得一些直观的证据，诸如生产工具、建筑、雕塑、绘画、文字、日用器皿、交通工具，乃至衣着材料等等。但所有这些，对于人类早期政治组织情况，能直接告诉我们的东西就非常有限了。政治组织不是一种物质，它是一种关系，而地下出土的物质遗存并不能直接显示这些关系。因此除非有确凿的关于这种关系的原始记录保存下来，否则我们今天就只能更多地依靠合理的推论来研究这个课题。在这里，方法问题就显得特别重要。

　　在我国，在早期国家研究中发生的许多有争议的问题，都同方法有关。如果没有一个关于方法问题的共识，在研究中要逐步缩小这些分歧是很困难的。而要推进这项研究，方法问题就显得更为重要。国际学术界对早期国家研究的进展当然同它采用了一些有效的方法有关。然而并不是所有这些方法都是对于中国适用的。同时，国际学者的研究也没有涉及与中国个案有关的所有主要的方法问题。因此，中国学者在推进中国早期国家研究时，还必须自己来解决由中国个案带来的重要的方法上的问题。在这方面，中国学者的工作甚至对纠正国外学者对于中国个案的某些误解也是有益的。

　　在本书中，之所以专门以一章的篇幅来讨论方法问题，正是因为方法问题对于中国早期国家研究来说太重要了。读过这一章后，读者也许对以后各

第二章 方　法

章所论述的问题将更易于理解和接受。当然,有关的方法问题应该有很多,但我认为以下四个问题也许是更重要的,它们是:一、如何看待文献关于传说时期的记载?二、考古资料对于具体历史事件和事实的指称问题;三、人类学与民族学资料的运用问题;四、历史上不同时期早期国家的纵向比较问题。

一、如何看待文献关于传说时期的记载?

中国早期国家最初发生的时间问题是本书将要研究的一个课题,在这里我先不去具体地进行讨论。我想指出的是,研究这个问题以及整个中国早期国家问题将涉及到中国古代的所谓传说时期。

关于中国古代传说时期的具体时间范围,从它的上限说可以推溯到很远。按古代的一种传说系统的说法,中国历史的开端可以追溯到所谓的"三皇"时期。三皇是什么呢?对此古代文献中有不同的说法,而大体上可分为两类。其中有一类说法没有指出三皇的具体人名,只说三皇是所谓天皇、地皇、泰皇(《史记·秦始皇本纪》),或天皇、地皇、人皇(《史记·补三皇本纪》引《河图》、《三五历》)。还有另一类说法则给出了一些具体的人名。如《尚书大传》以三皇为燧人、伏羲、神农;《白虎通》以三皇为伏羲、神农、祝融;《春秋纬·运斗枢》、《元命苞》以三皇为伏羲、女娲、神农(《风俗通义·皇霸篇》、《文选》注引);《礼纬·含文嘉》以三皇为燧人、伏羲、神农(同上);《帝王世纪》以三皇为伏羲、神农、黄帝,等等。就所提到的人名来说,伏羲和神农是各种说法中共有的。这是一个值得注意的现象。以上这些说法,除少数是唐人和晋人的说法外,几乎都出自汉人。就是说,关于三皇的说法其起源可能是比较晚的。不过在先秦时期的文献中,《周礼》已提到过外史"掌三皇五帝之书"(《周礼·春官》),只是它没有说三皇具体指的是什么。这似乎表明三皇说至少在战国时期已出现。关于三皇时期距今的年代,《列子·杨朱》中有一个说法:"但伏羲以来三十余万岁。"按今天的历史学知识来推算,这似乎相当于旧石器时期的早期。当然《列子》的说法肯定没有什么可靠的依据,只不过指明伏羲所在的时期是在人类历史的初始期,距今十分遥远罢了。

据徐旭生的研究,涉及伏羲和神农等人名的三皇传说所体现的远古传说系统的出现，同《周易·系辞传》中提到的关于伏羲的说法有很大关系。[①]与这一远古传说系统相并列，在出现于西汉中叶以后的《春秋纬·命历序》这部书中还提出了另一个结构更为庞大的远古传说系统。它把古代历史从鲁哀公十四年（公元前481年）向前推衍了276万年。这276万年又被分为十纪，每一个纪中有若干相继出现作为时代代表的氏。这些氏的名称实际上很早就已失传了，宋代的罗泌在《路史》中曾试图复原它们。从罗泌的复原来看，它们大多是在第一种远古传说系统中所不见的。如第七纪——循蜚纪中的钜灵氏、句彊氏、谯明氏、涿光氏、钩阵氏、黄神氏、狙神氏、犁灵氏、大騩氏等，第八纪——因提纪中的辰放氏、蜀山氏、豗傀氏、浑沌氏、东户氏、皇覃氏、启统氏、吉夷氏、几蘧氏等。但也有一些与第一种系统中的某些人名重合。如第九纪——禅通纪中的轩辕氏、祝融氏、伏羲氏、神农氏，这些都是在第一种远古传说系统中可以看到的。罗泌的复原其实是不可靠的。[②]不过可以相信《命历序》传说系统确有它独自的一套氏名组合，而与三皇说不同。《命历序》的本文已亡佚，只是后世不少书都引用过它。还有一些典籍所开列的一些远古传说人物的世次，似乎也是受《命历序》传说系统的影响，但对这些传说人物属于什么"纪"已语焉不详了。其中也涉及到第一种传说系统中的一些人名，如共工氏（其同轩辕氏、祝融氏一样是属于三皇系统的传说中较晚时代的人物）等（《汉书·古今人表》）。这说明《命历序》系统与三皇系统的远古传说可能有着某种共同的渊源关系，但在某个时刻二者开始分化了。从战国时期典籍的记述来看，当时关于三皇系统和《命历序》系统所涉及的人名的记载在相当大程度上还是零散的，有一些后来被纳入了三皇系统或《命历序》系统，有些则超出了这两种传统系统的范围。比如《庄子·人间世》提到的几蘧，后来被《命历序》综合进因提纪（根据罗泌的说法）。而《庄子·大宗师》中提到的堪坏、冯夷、肩吾等则在《命历序》和三皇说中都没有他们的位置。这些零散的记载可能原是古代流传的关于中国最早时期的传说的组成部分，而到战国至汉代时，它们分别在三皇说和《命历序》系统被综合化了。

---

① 徐旭生：《中国古史的传说时代》，文物出版社，1985年，第220页。
② 同上，第252页。以上关于《命历序》传说系统的介绍，参见该书第242—253页。

上述三皇系统或《命历序》系统所涉及的以及战国典籍中零星记载的关于中国最古时期的传说,其历史的可靠性自然是很低的。因为这类记载在总体上并不是历史性的。其中有一些看得出是来自于古代的某些神话。如由罗泌归入《命历序》循蜚纪中的句彊氏,在《山海经·海外北经》中表现出是北方神(作禺疆),《庄子·大宗师》中也说过:"禺强(通疆)得之,立乎北极。"泰逢氏则可能是《山海经》提到的河南孟津县境内的和山的"吉神"。①徐旭生认为在最初的起源上,这种神名也许来自于一些地名或氏族名。②而这些地名或氏族名的形成都不一定是在人类的初始期。还有一些则是从古代的山名变来的。如被罗泌归入循蜚纪的大騩氏、弇兹氏,都可能来自《山海经》记载过的山名。③只有少数氏在战国传说中是被当作人名的,但时代并不清楚。如冉相氏(循蜚纪)是在《庄子·则阳篇》中提到过的,但没有说他是什么时代的人。虽然上述氏名的配置是出自罗泌的重组,不过这种重组似乎反映了《命历序》传说系统的一种构思。正如徐旭生所说:"罗泌的工作对于以前作综合工作的人有代表性:他们所用的方法同罗泌的大约也差不多。"④因此从罗泌的方法中可以看出《命历序》的传说内容基本上不是历史性的记载。

关于三皇说的历史价值,也差不多。文献中最早提到伏羲的除了《易·系辞传》外就是《庄子·人间世》、《大宗师》二篇。而《庄子》的行文却是把伏羲同堪坏、冯夷等神话人物相提并论,而与有人格属性的黄帝、颛顼、彭祖的传说隔开。在三皇系统中,正如《系辞传》所表述的那样,伏羲(作庖牺氏)是在神农氏之前的。而神农氏在《庄子·盗跖篇》中同有巢氏(以及《韩非子·五蠹》中的燧人氏)一样,实际上是对人类文化进步中的一个阶段的人格化的称呼。神农可能还有某种神话的来源,如在《吕氏春秋·季夏纪》中把神农作为"主稼穑的神祇"。⑤神农已是非人格的一种时代或神祇的名称,伏羲还要在他之前,他的人格属性就更渺茫了。女娲在较早的文献中只见于

---

① 徐旭生:《中国古史的传说时代》,第250页。
② 同上,第249页。
③ 同上,第250页。
④ 同上,第231页。
⑤ 同上,第226页。

《楚辞·天问》、《山海经·大荒西经》、《礼记·明堂位》,而且都没有提到什么历史事迹。在较后的文献如《淮南子》中,女娲就成了"整理天地的神"。①在有些少数民族(如苗族)的传说中,女娲同伏羲是兄妹兼夫妻,为人类在洪水后的初祖。②总之,三皇说也不能认真地当作历史来看待。至于三皇系统中还涉及到的燧人,显然同神农作为一个时代的名称一样也是非人格的概念。只有祝融、黄帝另当别论,但这是在三皇系统以外的问题,留待下面讨论。

三皇系统和《命历序》系统所代表的关于中国最古时期的传说不仅历史价值较低,而且从其本意来看,距离古代中国进入国家社会的时期也非常遥远。所以在研究中国早期国家时,这部分传说基本上可以置之不论。

与中国早期国家研究有密切关系的中国古代传说是关于所谓的"五帝"时期的。什么是五帝呢?对此古人也有一些不同的说法。其中主要有三种。其一见于《世本》、《大戴礼记》和《史记·五帝本纪》,以五帝为黄帝、颛顼、帝喾、唐尧、虞舜。其二,见于《礼记·月令》,谓五帝为太皞(伏羲)、炎帝(神农)、黄帝、少皞、颛顼。这一说中太皞与伏羲、炎帝与神农的攀连应该说是综合的结果,在较早的文献中太皞与伏羲、炎帝与神农并无关系。③其三就更晚一些,见于晋朝皇甫谧的《帝王世纪》和实际出于晋代的《尚书序》,谓五帝为少皞、颛顼、高辛(帝喾)、唐尧、虞舜。在这一说中,高辛与帝喾的攀连也是综合的结果,是不可靠的。④

以上三说中,后二说把属于东夷集团的太皞、少皞与属于华夏集团的炎帝、黄帝、颛顼、高辛、唐尧、虞舜牵合在一起(关于古代传说中这些代表人物的集团组合问题请参看第五章),似乎在系统性上有失谨严。而第一种说法在这方面却无混淆,因此更值得重视。泷川资言因此曾说:关于五帝的其他各种说法"皆不如太史公之说为可征耳"。⑤不过就反映的时代而言,三种说法因所涉及的人名有雷同,所以意义应该是相似或相近的。

---

① 徐旭生:《中国古史的传说时代》,第236页。
② 同上,第237页。
③ 同上,第221页。
④ 同上,第89页。
⑤ 〔日〕泷川资言:《史记会注考证·五帝本纪》,上海古籍出版社,1986年。

第二章 方　法

五帝时期的相对年代，可以从古代典籍中推论出其大概。五帝中最晚的是唐尧、虞舜，从《尚书·尧典》中可以知道，他们是与禹同时代的人物。因此大体上是在相当于传说中夏朝建立的前夕这一时期。这说明尧、舜是同中国早期国家形成有敏感关系的人物。五帝中最早的人物黄帝（依上述第一种说法），由《大戴礼记·帝系篇》记述了他与尧和舜之间的世系关系，亦即黄帝是尧的五世祖，是舜的九世祖。这个记述当然不可能是准确的，同时可以看出有相当的综合的成分。但大体上反映出，据古代典籍记载，黄帝是距尧、舜大约十代人左右时间的人物。以30年为一代，那么黄帝比尧舜大约要早300年。如果我们再把文献可能失记的代数估计在内，[①]黄帝距尧舜就可能有500年到1 000年的时间。这样，如果把夏朝的建立估计在公元前2100年左右（详第六章），那么黄帝时代距今最早可能达到将近5 000年，最少也可能有4 500年左右。由于从黄帝到尧舜这一整个时代同文献记载的夏朝的建立是直接衔接的，并且用考古年代来衡量，距今五千至四千年间正好是中原地区新石器时代的中、后期，是处在进入文明期之前的一个时期，因此从中国早期国家研究的角度来看，无疑地，这个时代是可能有重要表现的时代，非常值得早期国家研究者的注意。

古代典籍关于这一时代的传说的记载非常丰富。这些大量的记载有这样三个特点：一、记载这类传说的典籍有许多是先秦时期的。就是说这些传说的来源非常早（这一点可以同关于三皇和《命历序》传说系统的记载相比较）。尤其值得一提的是，有些传说在地下出土的商周时期的文字资料中，包括金文和竹简中，得到印证。如黄帝这个名称，可以在东周时期的铜器（陈侯因𧺄敦）上看到。[②]1988年湖北荆门市包山出土的二号楚墓中，发现一批竹简，其中有关于楚王室先祖老僮、祝融的内容。[③]而这与文献关于楚国先祖世系的记载是相吻合的。老僮、祝融都是五帝时期传说中的人物。二、这类传说在先秦典籍中的记载非常广泛，相同的人物及相近的事迹在不同文献中均

[①] 裴骃《史记·五帝本纪》索隐说：“炎、黄二帝虽则相承，如《帝王代纪》，中间凡隔八帝、五百余年。”这里的确切情况已很难知道，但可以看出古代传说中对年代和世代漏记的情况是存在的。
[②] 马承源主编：《商周青铜器铭文选（四）》，文物出版社，1990年，第561页。
[③] 参见李学勤：《论包山简中一楚先祖名》，《文物》1988年第8期。

73

有记录,说明这些传说在先秦知识界中的流传有十分深厚的基础,而不可能是哪一个学派有意编造的结果。这对我们判断这些传说的来源有重要意义。实际上,先秦时期众多文献中关于五帝时期传说的记载很可能来自民间的口述史学。司马迁在《史记·五帝本纪》中说:"余尝西至空桐(今甘肃平凉县西)、北过涿鹿(今河北涿鹿县)、东渐于海、南浮江淮矣。至长老皆往往称黄帝、尧、舜之处,风教固殊焉。"这虽然说的是西汉时期的情况,但由此可推想到关于五帝时期的传说在民间的流传一定是十分久远的。这种流传很可能为先秦知识界提供了描述这一时期历史的素材。三、先秦关于五帝时期传说的记载具有较强的历史性。就是说,就其内容而言,它们构成了有关这一时期历史的某些片断的记录。当然,不容否认,在这些传说中也还掺杂着某些属于神话的成分,但它们绝不是纯粹的神话,而是历史与某些神话内容的混合。这种情形并不奇怪。在许多史前文化中,对于史前历史人物和事迹的描述都不免带有一些超自然理解的色彩,这正好表明这些描述同产生这些描述的时代是相适应的。虽然对历史研究来说,透过这些描述所蒙上的某种超自然理解的色彩而分析出其中的历史性内容,也许是一项艰巨的工作,但这些描述在历史研究中的重要价值是不可忽视的。以后我们会看到,关于五帝时期的传说,对研究中国早期国家的进程是一宗极为重要的资料。

然而,现在我们首先要面对的一个问题就是:在研究中国早期国家问题时,使用这部分资料是否允许呢?或者说,这样做是否合乎科学研究的一般规范的要求呢?以及,我们在什么程度上可以把这部分传说作为研究中国早期国家问题的史料来运用呢?于20世纪二三十年代在我国史学界中出现的疑古学派(以顾颉刚、钱玄同等为代表),其工作的要点实际上就是对古史研究中的上述问题提出严厉的和认真的质疑。疑古学派在以近代科学方法整理和解释中国古代,尤其是先秦时期的文献和学术史方面是有重要贡献的。但是,在涉及中国早期历史的问题上,对于这个学派所提出的许多具体结论,经过数十年来历史学家们的艰苦工作,今天已普遍有了新的看法。比如对于当时疑古派学者竭力否定的中国历史上夏朝的存在,目前史学界中明确否定的人已经很少了。但是这个学派所提出的关于古代传说资料运用上的方法问题的种种质疑,迄今在理论上仍然有待于澄清。对于中国早期国家研究来

第二章 方　法

说,这实际上是从方法的角度为整个研究奠定基础。

我认为,我们今天在处理传说时期(主要是五帝时期)的资料时,可以有以下一些基本的认识:

一、那种认为关于五帝时期的传说是来源于春秋战国时期知识界的编造的说法是没有根据的。这是对于这部分传说资料来源问题的一个非常重要的认识。按疑古学派的看法,包括五帝时期在内的中国传说时期的资料,是在历史上"层累地造成的",即:"时代愈后,传说的古史期愈长。"[①]这是疑古学派的一个非常著名的论点。它实际上暗含了关于较早时期的传说是由后代人编造出来的结论。这个观点在表面上似乎贯穿了一种对待史料的合乎现代史学规范的要求,但实际上它本身是非常不严谨的。首先,必须强调指出的是,虽然疑古学派指出了某些属于较早时期的传说人物——如黄帝、尧、舜等,是出现在形成于较晚时期(主要指春秋战国时期)的文献中的这一现象,但是,他们从未提出过任何关于这些传说是由某部文献或某个古代学者编造出来的直接证据。正因为这样,有两种可能性是他们无法排除的。一种可能性是,有些属于较早时期的传说人物之所以只出现在形成于较晚时期的文献中,乃是因为在我们看到的一些较早的文献中,由于在内容上没有需要而没有提到他们。而有些较晚的文献之所以提到了他们,正是因为内容上有了需要,同时也是因为这些传说本来就已存在的缘故。另一种可能性是,在较早时期的文献中原先有一些是记载了较早时期的传说人物的,但是这部分文献由于种种原因湮灭了。疑古派的逻辑是把许多可能的情况中的一种当成了唯一的事实(而且并没有真正的证据),这在方法上的不严密是显而易见的。

事实上,上面所讲的一些较早的传说人物由于内容上的原因而被一些较早的文献失记,以及某些记载了较早的传说的早期文献被湮灭的可能性比疑古派所主张的后代文献造伪的可能性大得多。因为,从较早的文献的记载来看,并没有任何能够说明在某个场合下应当提到某个或某些较早的传说人物而没有提到他们的例子。在疑古派的所有论证中都没有举出这方面的证据。这就是说,由于内容的原因而失记的可能性是很大的。至于早期文献的

---

① 顾颉刚编:《古史辨》,上海古籍出版社,1982年,第1册,第60页。

湮灭，这更是应充分估计到的事实。举例说，《左传·昭公十二年》提到过楚灵王说左史倚相"能读《三坟》、《五典》、《八索》、《九丘》"。这些文献现在都看不到了。你能肯定在这些文献中没有关于较早的传说人物的记载吗？在《左传·襄公四年》中提到了《虞人之箴》和《夏训》这两篇文献，并说它们都讲到过后羿的事迹，而对《虞人之箴》还特别指明了是周初的作品。①但在《诗经》和今文《尚书》中都没有提到过羿。这就是由于文献湮灭而致使在现存的早期文献中未能看到某些较早的传说的绝好例证。如果因为《诗经》、《尚书》中没有提到羿，便武断地认为关于羿的传说是春秋时候才出现的，这岂非学术上的一宗冤案吗！上面提到的《夏训》和《虞人之箴》其实是《尚书》逸篇中的两篇。而据对先秦16种主要典籍的统计，它们对《尚书》书序百篇以外的逸篇的称引总计达40次，涉及32篇篇名（《夏训》、《虞人之箴》即在其中），如果把对一些没有篇名的《尚书》逸文的称引计算在内，那么这类称引共达163次，在增加的83次称引中，所涉及的篇名有一些也可能是在书序百篇之外的。此外，先秦有3种文献称引古文《尚书》8次，涉及篇名4篇；有9种文献称引书序百篇中属于今、古文《尚书》之外的45篇中的7篇，达49次，这些被称引的文献也是今天所看不到的。②可见仅就《尚书》而言，先秦以来湮灭的情况就是相当突出的。怎么能简单地仅仅根据今天见到的《尚书》文本就推断在原始《尚书》中是否存在关于某项传说的记录呢？疑古派的结论从根本上说是依靠一种默证法得出的，"这种方法就是因某书或今存某时代之书无某史事之称述，遂断定某时代无此观念"。③对默证法的缺陷，张荫麟、徐旭生都有明确评论，④应该认为是正确的。

二、先秦时期关于五帝时期传说的广泛记载有很深厚的流传基础，应该被认为是具有古代口述史学的渊源的。关于五帝时期的传说在先秦典籍中有广泛的记载，这一点是有目共睹的，毋需一一称引。在此我想指出，这些传

---

① 《左传·襄公四年》说："昔周辛甲之为大史也，命百官，官箴王阙。于《虞人之箴》曰：……"辛甲，原为商朝大臣，后投奔周朝，是为周初之人。
② 参见刘起釪：《尚书学史》，中华书局，1989年，第23—49页。
③ 徐旭生：《中国古史的传说时代》，第23页。
④ 顾颉刚编：《古史辨》，第2册，第271—272页。

说的总体框架,或者说母体,看来比现在所能看到的文献对于它们的记载还要早。比如,黄帝,虽然《尚书》和《诗经》中均未提到他,但战国时期的齐国铜器陈侯因𫭟敦在追述齐国王室祖先时确实提到了他(已见前引)。在这篇铭文中,黄帝被说成是齐国王室的"高祖"。①齐国王室的祖先是以前陈国的公族,妫姓,舜后,舜则为有虞氏祖先。《国语·鲁语上》说有虞氏"宗舜",并"禘黄帝"。陈侯因𫭟敦所记述的齐国王室与黄帝的世系关系正好与《鲁语》的记载相吻合。陈侯因𫭟敦这段记载证明了当古代诸侯依据他们所持有的系谱来追溯其祖先时,确实是涉及了文献记载的某些传说人物。这有力地说明了这些传说是有深厚基础的。包山竹简对楚国王室祖先祝融和老僮的追溯(已见前引)也同文献的记载有惊人的一致性,而包山竹简的记述显然也有来自楚国所持有的系谱的依据。它的意义同陈侯因𫭟敦一样,也表明古代关于五帝时期的传说不仅仅是通过文献制作这一途径出现的,它们早已根植在古代人们的日常观念中,包括古代统治者关于其家族系谱的观念中。不管文献是怎样记载有关五帝时期的传说的,这些传说在先秦政治、宗教和日常生活中都已存在很久了。那么,这些传说在最初的起源上是如何发生的呢?我认为这同远古时期口述史学的存在与发展有密切关系。当人们还未掌握用文献记录历史的方法之前,他们也要用某种方式来记录和传授自己的历史。这种未见诸文字的历史记录,从许多民族早期的情况来看,最主要的形式就是口述史学。像陈侯因𫭟敦和包山竹简所包含的涉及传说人物的内容,在其最初的起源上应该就是从口述史学中获取的。事实上文献对于传说的记载也应是从这个起源上发生的。总之,有理由认为,关于五帝时期的传说,作为远古口述史学的结晶,是一种自然的和自发的关于古代历史知识的流传的结果。在一定意义上,它可以被认为是一种原始形态的史学的表现。

三、作为一种具有口述史学渊源的资料,关于五帝时期的传说可以作为研究这段历史的参考性的依据。我们可以肯定一点,即在对远古历史的研究中,口述史学的价值并不亚于由文献记载的史料。对此,一个现代的研究者应当有足够的认识。一位非洲史学者哈姆帕特·巴在谈到在非洲史研究中

---

① 《商周青铜器铭文选(四)》,第561页。

如何看待口头传说的价值时说道："认为事实的书面记载比代代相传的口头证据更真实,这种臆断毫无根据。"①就是说,就可靠性而言,口述史学与书面记载的史学并没有根本的不同。即使在由于某些原因而使得记录与事实本身之间产生一定距离方面,书面历史与口述历史也是一样可能存在着问题的。如果我们说在历史研究中离不开对古代文献记载的运用的话,那么对于来自口述史学的资料采取一概排斥的态度就是自相矛盾的。巴还谈到在非洲,对于传说的传授是有相当高的真实性要求的。他说,在非洲,负责传授口述历史的人被尊为"博学之士"或"知识制作者",他们"必须比其他人更尊重事实",因为对于他们,说谎不仅是道德上的污点,而且违背礼仪禁令,因而不能完成自己的任务;如果他们"被证明是说谎人,人们就永远不会再向他请教,他的作用便立即消失"。②这对我们理解中国古代传说的传授机制是有启发的。由此看到,在远古时代,传说的传授绝不是纯属个人性质的行为,而是受社会精神生活的规范的制约,而且几乎可以肯定是由一些能够体现这个规范、具有良好训练的专门人员从事的。因此,口述史学尽管也同书面史学一样存在有关真实性的问题,但在总体上它也同书面史学一样具有一种严肃性。从这个意义上说,关于五帝时期的传说在整体上也是严肃的。关于口述史学的可信性程度,还有一个重要因素可资判断。即古代人在传授历史时表现出来的非凡的记忆力。巴说:"在世界各民族中,不会书写的人的记忆力最发达。"③他指出,对非洲而言,这种记忆上的"特点本身就是传说真实性的保证"。④这一点可以很好回答关于古代人不靠文字能否准确地传授历史和传说中的细节的问题。由此我们也可以对关于五帝时期的传说中的许多细节性内容是否可信有恰当的判断。从中国古代关于五帝时期传说的记载的全部内容来看,其中有许多细节问题是复杂的,有待于进行整理。但应该看到,由不同文献所记录的这些传说在总体框架上还是相当一致的,正如徐旭生所

---

① J.基-泽博编:《非洲通史》,中国对外翻译出版公司,1984年,第1卷,第121页。
② 同上,第126—127页。
③ 同上,第146页。
④ 同上,第147页。

说:"相同的地方实在更多。"①这无疑说明中国古代传说在传授中的真实性程度是相当高的。这正好体现了口述史学的特点。

从国际史学界关于人类早期历史研究的一般规范来看,口述史学资料的运用已经是全部历史学手段中不可忽视的一个方面。正如另一位非洲史学者旺西纳所说:"传说已证明它具有不可取代的价值。现在不再有必要去说服人们相信传说是了解情况的有用资料了。每个史学家都懂得这一点。"②事实上,在世界史研究中,许多国家的早期历史的研究都同对传说乃至神话资料的运用有关。在希腊早期历史中,关于提秀斯的资料主要来自于传说,而他的有些事迹甚至是神话性的。③但他却被大多数希腊史著作看作是历史人物,在希腊历史中占有重要地位。此外,口述史学在现代考古学的发展上也有其重要地位。"在非洲有无数事例说明,口头传说指导了考古发掘,同时还解释了有文字记载的编年史";比如对加纳王国一处遗址的发掘,"当地的传说和文字记载"就"也有一份功劳"。④既然希腊史和非洲史的研究中给予了传说应有的地位,那么,在中国早期历史研究中为什么就不能以积极和认真的态度来对待源自于口述史学的大量传说资料呢?很显然,在中国早期国家研究中运用关于五帝时期的传说资料——当然应在必要的分析的基础上,不仅是历史学研究的一般规范所允许的,而且是必需的,因为它们有"不可取代的价值"。

四、关于五帝时期的传说在整体上有相当的可信性,对于研究传说时期历史有重要价值;同时在许多细节性内容上也有重要参考价值,但在运用时应根据资料的内容进行必要的考辨。这里所说的"在整体上有相当的可信性",是指这些传说所涉及的一些主要人物及其相互关系的主要内容以及一些重要事件的存在是可信的。这构成了这些传说的总体框架。正是这个总体框架成为我们判定古代传说可信性程度的主要依据。在这方面我们应当注意到,先秦时期的众多不同性质和时代的文献从不同角度所作的记述,以大体上一致的描述组成了这个总体框架。旺西纳说:"如果说传说提供的情

---

① 徐旭生:《中国古史的传说时代》,第24页。
②《非洲通史》,第120页。
③ 徐旭生:《中国古史的传说时代》,第25页,注①。
④《非洲通史》,第58页。

况能够从其他独立的传说或其他资料中得到证实,这则传说的精确度就大大提高了。"① 从这个观点看问题,先秦时期不同文献对相同传说人物或事件的记载在一定意义上可以被看作是对这些传说人物与事件的真实性的互证。

关于传说中细节性内容的运用要更复杂一些。在中国早期国家研究中,许多这种细节性内容是很重要的。比如关于古代共同体的分布、组合及相互关系的内容等等。在这里应当特别指出的是,这些传说中关于当时社会的运作机制的内容是尤其宝贵,也是更为可信的。因为对于这种机制,在古代文献形成的时代是不可能逆推出来的;这些文献的作者显然不可能具备这方面的能力,而只能是依据某种经传授得来的知识。因此,这些传说中关于这些机制的背景性的内容在很大程度上是保存了远古时期的某些真实情况的。这对我们了解传说时期的社会情况有极大的帮助。本书在讨论中国前国家时期社会制度时,便根据对传说资料的这种特征的了解,在尽可能不歪曲有关资料的性质的基础上,有分析地运用了这部分资料。

但是,对于完成一项科学的研究来说,仍然需要随时考虑到记载这些传说的有关文献的成书时代和不同文献记载的异同等问题,并作出必要的考证。徐旭生在谈到这个问题时提出了对待不同时代文献时所应采取的一些原则。他认为,金文、今文《尚书》中的《甘誓》《商书》《周书》、《周易》的卦爻辞、《诗经》、《左传》、《国语》及"其他的先秦的著作"属于最为可信的"第一等"(《山海经》根据内容也可列入"第一等");《尚书》中的三篇(《尧典》、《皋陶谟》、《禹贡》)、《大戴礼记》中的两篇(《五帝德》、《帝系》),以及西汉人著作中保存的传说资料为"第二等";更晚的综合性文献,如《世经》(在《汉书·律历志》中)等,为"第三等";此外,"谯周(有《古史考》)、皇甫谧(有《帝王世系》)、郦道元(有《水经注》)书中所载有关材料也备参考";而"《水经注》以后各书所载的古事即当一笔勾销以免惑乱视听。"② 他还提出了一种方法上的原理:"如果没有特别可靠的理由,不能拿应作参考的资料非议第二、三等的资料;更重要的是:如果没有特别可靠的理由,绝不能用第

---

① 《非洲通史》,第116页。
② 徐旭生:《中国古史的传说时代》,第33页。

二、三等的资料非议第一等的资料。"①应该说,徐氏上述意见基本上是可取的。但这里想补充一点,即对《尧典》的信任度似乎还可以再增加一点。在今存先秦典籍中,《尧典》被引用达14次之多,尤其是《左传》、《国语》都引用过它,对此,刘起釪认为是证明了"《尧典》素材当《国语》、《左传》时已存在,一些主要文句已写出,但尚未最后写定,如后来流行之稿"。②因此,简要地说来,尽管今本《尧典》的最后成书可能要晚到战国时期,③但它的许多内容,尤其是一些背景性内容,应当是形成较早的,在这一点上,它同"第一等"的文献应有相类似的地位。而确认这一点,对于解释中国早期国家进程有十分重要的意义。

中国是世界上为数不多的保存有关于早期历史的丰富传说资料的国家之一。而且中国先秦时期的文献中关于这些传说的记载也是最学理化的。大多数这类记载,抛去时代和文化背景所带给它们的某些不可避免的神秘色彩(但并非所有这类记载均带有这种色彩),都还是十分严肃的。应该说,能够有这样大宗的和严肃的传说资料以供运用,是中国早期国家研究的一个有利条件。当然,在这个问题上保持谨慎、周密的态度也是特别重要的。

二、考古资料对于具体历史事件和事实的指称问题

在中国早期国家研究中,考古资料的重要性也同传说资料一样是十分突出的。具体地说,在中国早期国家研究中,考古资料将帮助我们了解以下问题。

(一)获取早期国家存在的证据。一般说来,物质遗存对于国家存在的证明都不可能是直接的。但某些类型的考古资料在判断国家形态的存在方面却有较大的参考意义。这是因为,"要在考古学上证明集中化了的经济、宗教、军事系统的存在并没有困难",④而"集中化了的经济、宗教、军事系统的存在"与国家显然是有某种联系的。因此,针对某些具有特定内涵的考古遗存,

---

① 徐旭生:《中国古史的传说时代》,第33页。
② 刘起釪:《尚书学史》,第15页。
③ 徐旭生:《中国古史的传说时代》,第30页。
④ 哈斯:《史前国家的演进》,第145页。

人们可以推断它们所代表的社会可能是进入了国家阶段的。这个工作,我国考古学界已开展了很长时期并取得丰硕的成果。自50年代以来在河南省西部发现的偃师二里头遗址就是一处被认为最有可能是属于中国最早的国家的遗址。这是考古学对于中国早期国家研究的重要贡献。它直接关系到解决中原地区早期国家形成的时间和地域问题,同时也为深入了解中原在进入国家阶段时的社会发展状况提供了可靠资料。

(二)了解前国家社会的经济、政治和意识形态状况。对前国家社会的了解是阐述中国早期国家进程不可缺少的一个环节。而对于这方面的问题,考古发现能提供大量资料。我国新石器时代考古是中国考古学中取得最丰硕成果的分支之一,对研究中国前国家社会有极大的帮助。尤其是近年来在新石器时代考古中,对于中原和周边地区某些包含复杂内涵的遗址的新发现与研究,更是对于研究中国前国家社会有非常大的推动。

(三)探索中国早期国家进程中各地区所起的不同作用及相互间的关系问题。中国新石器时代考古和商周考古揭示了中国各地在早期政治组织发展上的不平衡状况,对于解释中国早期国家进程的具体途径是有重要启示的。与此相联系,还涉及到对中国早期国家形成时期古代人们共同体的分布及相互关系的了解,这也是引起人们很大兴趣的一个问题。

(四)展示中国早期国家发展中的阶段性特征。考古学所获取的资料,可以说是解决这个问题的最有力的证据之一。由于有关物质遗存本身内涵上的不同,人们比较容易辨别出不同时期的国家社会的不同发展程度。

总之,考古学几乎同中国早期国家研究中的每个重大课题都有密切关系。然而,虽然如此,如果在运用考古学资料时存在方法上的问题,也可能会导致错误的结论。这是我们必须注意到的。在这里,最具实质性的问题就是:考古学资料究竟在什么程度上能够指称某个具体的历史事件或历史事实?这是一个对于早期国家研究在科学性上的表现有关键意义的问题。我想结合中国早期国家研究谈以下几点意见:

(1)考古资料与文献资料的结合问题。

在研究中国早期国家问题时,毫无疑问,文献资料是不能不加以利用的。许多有关的重大事件和事实的基本线索都必须依据文献资料来获取。其中包括传说资料。考古资料有时同文献资料是吻合的,并不矛盾。这时,考古资料显然加强了文献资料的分量。比如甲骨文对商朝世系的证实就使文献记载的商史增强了其可信性。但有时考古资料有相当的独立性,而在文献中却缺乏相应的记载,这时考古资料能从自己的角度补充文献记载的不足。如商代甲骨文对商史内容的大量补充就是一例。西周早期甲骨文和西周铜器对于西周历史也有许多非常重要的补充。

还有一种情况是特别需要注意的,即当考古学资料本身的意义从考古学方法出发还难以确定时,有关的文献记载往往能作为重要的依据帮助确定它们的意义。在对中国最早的早期国家的存在的确认上,这一点就十分重要。考古学一般把一些大型公共建筑,如宫殿、宗庙等等,看作是古代社会某种集中的权力存在的表现。正如哈斯所说:"一般来说,在首领与民众的权力关系中,权力程度可以由前者直接指挥及后者实施的公共劳动工程中反映出来。这种大规模的工程完全与维持生计无关,这就成了史前社会行使权力程度的最清楚的实物证据。"①因此,就考古学自身的方法说,大型公共建筑对于判断集中的社会权力的出现可以认为是一个重要的标志。这是考古学中经常使用的,可以成为考古学资料指称历史事实的一条通则。然而问题是在于:什么样的工程所表现的权力程度是同国家相联系的呢?这在考古学中是很难提出一个一般性的量化的标志来的。特别是当考古学资料本身的内涵还不够典型时,要对于它们的性质作出确切的判断就更有困难。用哈斯的话来说:"也许,要在考古学的意义上确定史前的首领对其民众实施权力的分量是不可能的。"②哈斯所谓的"权力的分量"是指"被支配者服从掌权者命令的可能",③实质上也就是对社会权力本身的性质的一种判断。这就涉及到一种权力是不是国家性质的问题。而这一点仅凭考古发现本身是难以确定的。这时,对每个个案的性质事实上必须结合一些参照性的证据来加以分析。在中国早期国家研究中就遇到这样的问题。

---

① 哈斯:《史前国家的演进》,第147—148页。
② 同上,第148页。
③ 同上,第148页。

比如，目前在河南偃师的二里头、浙江余杭的反山和瑶山（属良渚文化）、辽宁喀左的东山嘴和凌源、建平间的牛河梁（属红山文化）等地都发现了古代大型公共建筑遗址。①从这些遗址自身内涵的对比上看，偃师二里头的大型公共建筑的规模比良渚和红山文化的上述遗址所显示的要大一些，而且有了宫殿，这在良渚和红山遗址中是缺少的。但是仅从考古学角度来判断，这些差别的意义并不明确。考古学本身只能显示权力程度的大或小，却难以说明权力本身的性质，也就是在多大的权力程度上某个遗址已经具有了属于国家社会的性质，或者还停留在前国家社会中。这样，我们除了可以指出这些遗址间在权力程度上的差别外，还必须依靠文献资料的有关内容来帮助确定这些遗址各自的性质。正是沿着这个方法，我们借助于文献关于夏朝国家的记载，可以得出偃师二里头是具有国家性质的遗存的倾向性意见，而对良渚文化和红山文化中上述遗址的性质的估计却要低一些。从这个例子可以看出，考古学对于它所拥有的某些资料的解释，在一定程度上也是通过对包括文献在内的其他资料的研究，由一种综合的分析最终建立起来的。尤其在个案研究中，考古学方法本身应该在历史的研究中具体化。那种认为考古学具备判断其所有资料的性质的独立标准的看法是不切实际的。

（2）对考古学中某些单项物质遗存的标志性的估价问题。

在我国历史学界，在判断中国早期国家最初形成的时间和地域的问题上，有一些考古学发现中的单项物质遗存较受重视，如文字、铜器、城墙等等。有些学者似乎倾向于以这些单项物质遗存的出现来推论国家的存在。还有一些学者热衷于讨论哪些单项的物质遗存可以作为国家形成的"标志"。这是在用考古资料来指称历史事实方面的又一个值得注意的问题。

从世界历史的角度看，在许多个案中，文字、铜器、城墙等等的确是同国家的出现有某种联系。但，这并不是普遍的。我们已经提到，克氏和斯氏曾指出"许多早期国家形成时根本没有城镇或城市"。②此外，有一些早期文明也是"在没有文字的情况下发展起来的"。③因此依靠单项物质遗存来判断

---

① 这几处遗址报告的出处请参见第五章。
② H. S. M. Claessen & P. Skalnik, ed., *The Early State*, P. 644.
③ 斯塔夫里阿诺斯：《全球通史》，第106页。

早期国家的存在是十分危险的,很容易导致错误的结论。

在这个问题上,关键的一点是要看在发现这些单项物质遗存的同时,有没有其他能够表明国家特征的更多的材料。如果只有一些单项的物质遗存证据,在下结论时就需要特别小心。因为就确认国家制度来说,症结还在于发现关于社会集中权力的性质的综合证据。

单项的物质遗存对判断国家的存在之所以具有不确定性,是因为一些作为文明因素的物质标志,实际上在国家产生以前就已经出现了。文明的产生与国家的出现并不完全是一个同步的过程。在这方面,就中国早期国家研究而言,城墙就是一个例子。在偃师二里头,迄今还未发现相当于文献所记载的夏朝建立时期的城墙。而在比它早的一些新石器时代遗址中,却发现了许多接近于城墙的原始城堡,如在河南的登封王城岗、淮阳平粮台、安阳后冈、山东的章丘城子崖、寿光边线王等地。①怎样看待这个现象,需要作比较全面的思考。如果说城墙或城堡是同文明的出现有关的一种因素,那么可以说各地新石器时代城堡的发现表明中国早期文明是几乎在相同的时期中在许多地点先后发生的。但这种文明发生的过程仍然可以被理解为是在前国家时期内的事。因为作为一项文化因素,城墙在国家形成以前并不是绝对不可能出现的。而在这些地区,除城墙外,还缺乏其他有关国家存在的综合性证据。反过来,在二里头虽然没有发现城墙,但有更多的综合性证据(参见本书第五章)表明了它与国家的联系。

由此可见,在早期国家研究中,尤其在个案研究中,将某些单项的考古资料作为所谓"标志"的做法并不稳妥。哈斯说:"应避免把孤立现象诸如纪念性建筑、文字或城市与国家这样的复杂的政治组织相提并论。"②这无疑是正确的。在这里,根据不同个案的具体历史情况进行相应的分析是唯一可行的方法。

(3)关于考古学文化与古代人群或政治实体的关系的辨认问题。

近年来,随着考古学和古文字学的发展,把某种考古学文化同文献记载的某个古代人群或政治实体相联系的做法在许多学者中被广泛使用。这对

---

① 参见李玉洁:《中国先秦史学会第四届年会综述》,《先秦史研究动态》1989年第2、3期合刊。
② 哈斯:《史前国家的演进》,第193页。

于复原中国远古时期历史的许多细节有重要意义。对中国早期国家研究来说,这类工作也有助于描述中国早期国家进程的具体途径。

但是这里同样存在着考古学资料对历史事实的指称问题。考古学文化就其本意来说,根本上是根据对器物等物质遗存的分类得出的。从器型学角度说,考古学文化的分类有其严格的和科学的标准,形成一个基本上是独立的解释体系。然而在考古学文化与古代人群或政治实体的关系问题上,情况就比较复杂了。在一定程度上,某个考古学文化是可以代表历史上某个人群或政治实体活动的特征的。但这并不是绝对的。就人群而言,不同人群使用相同形态的物质文化的情况是存在的,同样,同一支人群使用不同形态的物质文化的情况也是存在的。正因为这样,考古学文化的分类显然并不完全等同于人群的划分。它同时还可能同地域的和时代的因素有复杂的关系。另一方面,人群本身也是一个含有不同层次意义的概念,它可以指民族,也可以指部落,或部落联合体,也可以只是指一种纯粹地方性的人群。考古学文化的分类当然也有许多不同的层次。而对于不同层次的考古学文化与不同层次的人群概念之间究竟有什么规律性的联系这一点,考古学本身并没有给出明确的回答,事实上似乎也不可能一般地解决这个问题。最后,文化因素的流动也有很复杂的原因。它有可能是人群本身迁徙或政治实体扩张的结果,也有可能是文化因素自身传播的表现。这些仅从考古学文化分类的角度也是不能明确回答的。在所有这些方面作简单化的判断,无疑对解释中国早期国家进程是有不利影响的。

例如,在中国早期国家发展中,夏朝、商朝、周朝之间的关系是很引人注目的一个问题。自20世纪30年代以来就有一些历史学家提出这是三个不同民族的国家先后更迭的过程。许多考古学家从考古学文化分类的角度支持这种看法。也就是说,认为夏、商、周三支考古文化(夏文化尚在确认中)代表了三个不同的民族。在这里应当确认,考古学中对夏文化、商文化和周文化的分类是有专业根据的。但是,第一,考古上这三支文化的分化与历史上夏、商、周三支人群的划分其关系究竟如何呢?这是很值得研究的问题。我认为这个问题是十分复杂的。第二,考古学上这三支文化分类的层次是否达到了民族性的差异的水平呢?我在一篇论文中曾讨论过这个问题,结论是这三支考古文化的分化与民族性无关。①张光直也曾提出过考古学中夏商周文化的"区别能不能证明三代的民族是不同的'民族'"这个问题,认为"夏商周三代文化在物质上的表现,其基本特点是一致的","纵然不是同一民族,至少是同一类的民族"。②张氏的这个看法同我的结论实际上是一致的,至少是相近的。所以,尽管考古学区分出夏、商、周三种文化,但并没有任何证据把夏商周三代国家看成是不同民族的国家,这一点关系到对中国早期国家发展的一些重要特征的理解。

总之,在以某个考古学文化或文化期来指称文献记载的某个人群或政治实体时,必须避免做简单化的比附,一般地应当有直接的也就是文字的证据;在没有直接证据的情况下,所得出的结论只能认为是推测性的。

三、人类学与民族学资料的运用问题

一般认为人类学的形成可追溯到19世纪中叶。③在这以后的一百多年中,对史前社会以及史前社会向有史社会过渡的研究始终是人类学的主要传统。在我国,人类学在三四十年代曾有过一些发展。自50年代以来,作为同人类学相接近的学科,民族学成为我国调查和研究少数民族原始社会及其演变情况的主要学科。按照西方学术界的分类,民族学实际上是与人类学有相同课题的一个学科。在欧洲比较多地使用民族学这一名称,而在美国则更多地使用人类学这一名称(准确地说,在美国,与民族学最接近的学科是文化人类学)。此外,民族志也是对原始社会研究特别关注的一门学科,它与民族学可以说是相辅相成的:民族学更注重理论的研究,而民族志则以搜集和整理资料为主要任务。在我国,民族学实际上包含了民族志的内容,而我国民族学的主要方法是从马克思主义的人类学方法中汲取的。近年来,在民族学发展的基础上,人类学作为一门学科也开始在我国重新建立起来。

---

① 谢维扬:《华夏族形成问题初论》,《研究生论文选集(中国古代史)》,江苏古籍出版社,1984年。
② 张光直:《中国青铜时代·二集》,三联书店,1990年,第37—38页。
③ 布洛克:《马克思主义与人类学》,第1页。

由于人类学和民族学都以原始社会及其演变为主要研究对象,因此它们的成果对于早期国家研究是重要的,这一点在绪论中已有所论及。

人类学和民族学方法的一个重要特点是从对不同人类社会的观察中抽取某些解释性的概念,以及对不同人类社会中相接近的现象作比较研究。这个方法无疑使人们对人类早期社会的了解空前地丰富起来,并有可能在个案研究中借助人类学与民族学提供的知识对有关问题作出深入的解释。但同时也必须看到,人类学和民族学研究主要不是历史性的研究,因此一般地对与个案有关的历史性因素涉及得比较少,而且不做特别的解释,所以即使在与原始社会有关的历史研究中,人类学与民族学的结论也不能完全代替个案研究本身所得出的结论。相反,在个案的历史研究中所揭示的某些现象,倒可能为人类学和民族学的某些思考提出某种补充或修正。从这个意义上说,关于某个具体的原始社会的状况及其演变情况的正确认识,应该是来自人类学、民族学与历史学方法的统一。

在中国早期国家研究中,当运用人类学和民族学资料及有关结论时,如何使历史学方法与人类学、民族学方法统一起来就显得十分重要。在这方面有以下几个值得注意的问题。

首先是人类学和民族学理论模型的适用问题。关于前国家社会中政治组织的发展和国家的形成问题,人类学和民族学都形成了一些用于解释的理论模型。这些模型应当为早期国家研究者所借鉴。但是,必须看到,人类学和民族学在这方面提出的理论模型不是唯一的,而是在不同时期由不同学派提出了许多不同的模型。比如摩尔根的部落联盟理论就可以看作是关于早期政治组织发展的一种理论模型,而现代人类学根据对世界各地区酋邦的观察得出的酋邦理论则可以说是另一种有关早期政治组织演进的理论模型。这些不同的理论模型在一定的研究范围内都是有其价值的。而在个案研究中,究竟适用哪一种理论模型,在根本上将依据对有关个案的具体历史情况的分析。简单地套用任何一种理论模型都是不恰当的。

比如,对中国学术界来说,如何对待摩尔根的部落联盟理论就是一个值得深入思考的问题。我们已经谈到过,摩尔根学说本身的成就与其在整体上的价值是无可否认的,问题是中国的资料是否适用于这一学说中关于部落联

第二章 方　法

盟的理论。在这里,我认为坚持从中国事实出发是至关重要的。读者会看到,本书在解释中国早期政治组织发展和国家的形成时,较多地吸收了酋邦理论的内容。这并不是由于酋邦理论是一种较新的理论,而根本上是因为酋邦理论对于中国的事实较为适用。

其次,还应注意根据中国实际对现有人类学理论模型作出适当的补充和修正的问题。我们说某一种人类学理论模型对中国个案是比较适用的,并不意味着这一理论模型的全部细节都切合中国实际。我们仍然有必要从中国实际出发去获得具体的结论。比如早期国家社会(在达到转变阶段以前)再分配活动中的"互惠原则"问题,就同人类学中酋邦理论的有关内容有密切关系,一些国际早期国家研究者在酋邦理论基础上对之予以强调,甚至把这一点写入早期国家定义中。[①]但在中国早期国家发展中情况可能不同。真实情况反倒是,中国不仅在形成国家社会以后,就是在前国家时期的某些阶段,关于再分配活动的互惠概念也是不太明显的。在这方面,中国个案将对人类学某些理论模型有所修正或补充。再比如,国际早期国家研究对于酋邦向国家社会过渡的不同可能性问题还很少涉及,人类学同样也几乎没有涉及这个问题。这在一定程度上反映了人类学比较注重对"静态"事实的研究的特点,而这是注重于"动态"情况研究的历史学所不能满足的。就中国个案来说,研究酋邦向国家过渡的可能性问题对解释古代中国某些地区整个政治进程有重要意义。这方面的研究也是对人类学理论模型的一种补充。总之,人类学理论是对已观察到的一些事实的概括和解释,而每项个案研究总是可能提出一些它们特有的问题,这时无疑应使理论服从事实,而不是相反。

最后,在对我国民族学资料的运用上也有值得注意的问题。我国民族学在对少数民族中的一些原始社会及其演变情况的调查与研究方面有着极其丰硕的成果,它们对研究中国早期国家问题是非常宝贵的。但是我们又必须看到以下几个问题。一是我国民族学在获取和解释有关资料时,在很大程度上受到摩尔根学说的影响,而对人类学其他理论模型所提出的问题注意不多。其结果是,我国民族学资料本身带有明显的倾向性。这在一定意义上影

---

① H. J. M. Claessen & P. Skalnik, ed., *"The Early State"*, P. 640.

响了这些资料的客观性。比如对于少数民族原始社会后期政治组织状况的报道,一般都贯穿了摩尔根部落联盟理论的思路。而实际上,许多少数民族原始社会后期的政治发展并不一定是部落联盟式的。这就使我们在使用这部分报道时需要注意把事实与解释区分开来。第二,我国有许多少数民族在历史上曾同汉族或别的少数民族的国家体制发生过某种关系,有的少数民族甚至曾经加入过以别的民族为统治民族的国家社会。这对它们自身的政治组织发展显然是有影响的。因此,当我国民族学对少数民族地区社会政治状况进行调查时就应看到,这些民族的政治发展的历史背景是各不相同的。在引用这些民族的资料时应当注意到这种复杂的情况。第三,在说明民族学资料所具有的意义时要注意对有关民族的总的发展阶段的估计。我国有不少少数民族直到实行民主改革前在政治发展上仍处于前国家时期,其中有一些同产生国家进程的阶段还有较大的距离,可以说基本上还属于典型部落社会。关于这些民族的资料对了解人类在政治发展的早期阶段上的特征有借鉴意义。另有一些少数民族在被调查时其社会已相当分化,并出现了某种集中的权力,关于这些民族的资料对说明人类进入国家进程的情况就有直接的意义。但是在引用这些资料时应考虑到有关社会被观察到的事实在历史上长期延续的情况,并注意它们是否确实与"原生的"国家进程有关。在这方面要避免把接近国家形态的个案一律理解为国家的前身。因为这样做可能会掩盖一个重要事实,即在中国,不仅典型部落社会很可能同国家进程还没有明显的联系,而且有许多看来已发育为酋邦的前国家社会是始终停留在原来的阶段而不向国家社会过渡的(在没有外部条件刺激的情况下)。总之,在理解某些民族学资料时,应尽量从其原来所有的意义出发,而避免从某些先入为主的结论出发。只有这样,才能使这些民族学资料帮助我们获得关于人类早期政治组织发展的有价值的一些新的认识。

人类学和民族学资料是通过对大量具体的人类社会的观察获得的。从本质上说,它们本身也具有个案的性质。所以,不能认为只要是人类学和民族学提供的事实就一定具有普遍性。这是一个误解。这就要求我们在引用来自人类学和民族学的资料时,对这些资料在多大程度上具有典型性有清楚的了解,并在必要时给以说明。单纯地引用一则人类学或民族学资料,其说明力是有限的,有时还可能造成失误。同时,人类学和民族学资料大多是对近代以来观察到的人类社会状况的报道。在一定意义上,当代(包括近代)原始社会和发展程度较低的社会的情况可以作为了解古代原始社会和发展程度较低的社会的"活化石"。然而,正如童恩正指出的,"当代的原始民族,与当代任何其他民族一样,已经经历了几千年发展的历史,其间的沧桑变幻即使最富有联想力的人也难以推测"。①因此不能简单地认为人类学和民族学资料所揭示的事实就是古代的事实。在一项历史性的个案研究中,最直接的证据还是来自反映古代情况的有关文献和考古资料。这是早期国家研究在对待人类学与民族学资料时的最基本的态度。

四、历史上不同时期早期国家的纵向比较问题

本书的主旨是研究与中国早期国家最初的发生和发展有关的问题。因此就本书涉及的历史时期而言,中国先秦时期是我们关注的重点。但是在本书的讨论中,有时也将视野延伸到先秦以后的一些历史时期。这是因为中国在历史上,几乎所有主要时期,都在不同程度上、以不同形式出现过一些早期国家进程。援引这些早期国家进程的资料对于深入探讨中国最早的早期国家进程是有帮助的。这种对不同历史时期类似事实的比较研究,可以称为一种纵向的比较研究,有时也被称为"逆行的方法"。②

我国先秦时期的文献关于人类早期政治组织状况的记载总的来说数量比较少,记述也比较简略,在一些重要问题上能充分说明问题的材料更显得不够充足。而且,正如我们已经谈到的,许多先秦文献的记载还存在着可信性问题。相比之下,先秦以后的历史文献的情况要好得多。首先,它们对于不同时期中存在的一些尚处于早期政治发展阶段上的民族或人群的情况的记载,无论在数量和质量上都比先秦时期有很大的提高。在这些记载中比较重要的如《史记》中的《南越列传》、《东越列传》、《朝鲜列传》、《西南夷列

---

① 童恩正:《文化人类学》,第326页。
② 〔波兰〕耶日·托波尔斯基:《历史学方法论》,华夏出版社,1990年,第467页。

传》,《汉书》中的《匈奴传》、《西南夷两粤朝鲜传》、《西域传》,《后汉书》中的《东夷列传》、《南蛮西南夷列传》、《西羌传》、《西域传》、《南匈奴列传》、《乌桓鲜卑列传》等,以及后世许多正史和杂史中类似的内容。这些,是古代学者对于不同时期少数民族状况调查和观察的记录,从某种意义上可以说是古代的人类学或民族志资料,是极其珍贵的。其次,这些记载本身的著作年代和作者比较清楚,记载本身的含义也比较明确,而且比先秦时期的记载更为详尽。这使得依据这些资料来研究不同历史时期中一些发展程度较低的民族或人群的状况有良好的条件。第三,有些在历史上建立过国家的少数民族,其建国的过程在一些正史、杂史和野史中有直接的记录和描写。如辽朝、金朝、蒙古国家和后金国家的建立在史书中都有比较详细的记录。这对于人们从比较近的距离上考察早期国家的形成有极为重要的参考价值。值得一提的是,对于这部分资料,断代史学者做过大量深入的研究,其成果为我们利用这些资料提供了方便。总之,一旦把研究的视野伸展到中国历史的各个不同时期,我们对人类早期政治发展,包括早期国家的知识将大大丰富起来。

从历史上不同时期的少数民族政治组织状况的记载中,我们主要可以了解到的问题有:

(1) 前国家时期人类政治组织的特征。各代史书在这方面所提供的材料特别丰富和生动,对先秦时期的资料是极大的补充。比如,在《后汉书·西羌传》中,提到在西羌族中,"不立君臣,无相长一,强则分种为酋豪,弱则为人附落,更相抄暴,以力为雄"。这则非常珍贵的史料反映了中国历史上这一时期某些人群中前国家时期政治组织状况的一些重要特征:1. 没有正式的政治组织,各共同体间没有正式的从属关系;2. 尽管这样,有些实力较强的共同体仍占据"酋豪"的地位,并使别的共同体成为它们的"附落";3. 各共同体间常有争斗。这无疑表明古代中国一些民族的前国家社会与典型的部落社会有较大的不同,其政治发展也有较大的不同。中国先秦时期一些主要民族,如建立了夏朝国家的华夏族的前国家社会与西羌族前国家社会的状况是相似的。正是在这个意义上,我认为对中国古代而言,原始社会政治发展的主要形式是我们已经谈到过的酋邦模式。

(2) 前国家时期社会权力演变的过程。这类材料在各代史书中记载亦相当丰富和具体。仍以《后汉书·西羌传》为例。其记述了无弋爱剑（秦厉公时人，当公元前476—前443年前后）成为羌人首领的过程："诸羌见爱剑被（秦人）焚不死，怪其神，共畏事之，推以为豪"；"爱剑教之田畜，遂见敬信，庐落种人依之者日益众。……其后世世为豪。"这说明，在古西羌人中有一种把某个具有特殊能力的个人推为所有共同体公认的首领的做法，并且使这个首领的位置为特定家族所世袭。这实际上反映出在某些前国家社会中，集中于个人的权力已经产生了。类似的事实在古代史书中还可以看到很多。由于有这些材料，我们可以看到，关于世袭的权力只有在国家社会中才开始出现的传统认识是需要修正的。

（3）早期国家形成过程的具体内容和特征。这从文献对一些少数民族国家建立的记载中可以得到许多直接的证据。其中有一些是基本上属于"原生的"早期国家类型的。例如，从《辽史》和《新五代史》中可以了解契丹族所建立的辽朝国家形成的过程，从《元史》、《圣武亲征录》、《史集》等元史著作中可以了解蒙古国家建立的过程。前面说过，这些史书的记载基本上可以看作是当代史作品，故不仅内容丰富，而且有较高的可信性。比如，从《辽史》中可以看到，在耶律阿保机建立大契丹以前，他的家族已经总揽了契丹酋邦的军政大权。阿保机自立为酋邦的可汗后，又陆续建立"宿卫军"、"腹心部"、"惕隐"（处理贵族内部事务）等机构，为他在同酋邦旧贵族的权力斗争中取胜奠定了基础。而在同旧贵族反叛势力的斗争中，阿保机还一再举行仪式，重申他的可汗地位的合法性。[①]整个过程非常具体地表现了在早期国家形成过程中酋邦权力是怎样向国家权力转化的。关于蒙古国家的形成也是这样。《元史》等书详细记述了铁木真在建立大蒙古国之前所进行的一系列征服蒙古地区各个部落或部落联合体的战争的过程，使我们了解到征服和兼并在酋邦类型的前国家社会向国家的转化过程中的巨大作用。[②]这对于我们解释中国中原地区最早的早期国家的发生特别有启发性。

那么，对历史上不同时期早期国家个案作纵向比较的理由是什么呢？首

---

① 参见江应樑主编：《中国民族史》，民族出版社，1990年，中册，第313—315页。
② 参见韩儒林主编：《元朝史》，人民出版社，1990年，上册，第64—82页。

先,从一般的历史学方法论角度说,纵向比较方法是历史学各种方法中的一种。它的本质是从某类历史现象在较晚时期的表现来推断或印证较早时期的事实。这种方法在一定条件下是合理的。①其次,在中国最早的早期国家进程与历史上不同时期的早期国家进程之间,有一些基本特征从文献的记载中可以看出是相似或相同的。比如《后汉书》记载的古西羌人在前国家时期的政治组织状况与权力结构的演变过程,如果同先秦文献关于五帝时期人们共同体的记载对照,可以看出,五帝时期人们共同体的政治组织状况与权力结构变化同古西羌人有十分相似乃至一致的特征。《后汉书》所说的古西羌人"更相抄暴、以力为雄"的情况在五帝时期传说中就是明显存在的。而把有特殊能力的人推为全体西羌人的"豪"的做法,也同五帝时期占据最高权力地位的个人(帝)的存在有极大的相似性。因此,《后汉书》这类记载对合理解释五帝时期传说资料的含义非常有帮助。在历代关于一些少数民族国家建立过程的记载中,也包含了一些与中国最早的早期国家进程相似和一致的内容。上文已经提到,契丹、女真、蒙古和后金国家的产生过程具有如下特征:酋邦首领的权力直接向国家权力转化,征服和兼并在国家形成中起到重要作用,国家建立者为巩固自己权力的合法性与分离势力展开流血斗争,等等。这些,在中国最早的早期国家进程中都有反映。这说明在中国历代早期国家进程之间存在着可比性。这就是得以对这些个案进行纵向比较的特定条件。

事实上,中国最早的早期国家进程与历代早期国家个案是属于同一种早期国家进程模式的。这也就是我所说的酋邦模式。这是中国早期国家研究在理论上所能获得的最重要的结论之一。它能帮助我们对人类早期国家进程的整个面貌有更深入的认识。同时对现代早期国家研究来说,对中国个案的全面研究,无疑在早期国家进程的模式问题上为已有的一些假说提供了宝贵的例证。而这是同关于中国古代早期国家个案的纵向的比较分不开的。

当然,在就中国早期国家问题作纵向比较时,有一个问题还是必须注意的。即被我们用作比较对象的有些少数民族国家在其形成和发展过程中受到汉族国家体制的影响。而受外部先在国家的影响而发生的早期国家进程

---

① 〔波兰〕耶日·托波尔斯基:《历史学方法论》,第468页。

（即"次生的"早期国家进程）与"原生的"即独立的早期国家进程在一些重要方面是有区别的。从这个观点看问题，首先应当看到，中国古代的早期国家个案中有一些是明显地属于"次生"类型的。如十六国时期的一些少数民族国家就属于这种类型。其中，比如说，建立了刘汉政权的匈奴屠各人，在其建立国家之前很久（西汉时），就已逐渐纳入了汉族国家的体制中，而刘汉国家政权的建立也完全是作为汉族国家（西晋）内部政治动乱的结果而实现的。刘汉建立后，部落统治仍然是它的"主要的统治方式"，[①]因此就刘汉的性质来说，它显然还没有达到成熟的国家的阶段，而属于早期国家范畴。而在它的形成过程中，汉族先在国家有决定性的影响，所以与"原生的"早期国家进程不可同日而语。对这部分早期国家进程，一般地，就不能简单地拿来同中国最早的早期国家进程相比；至少在有些方面是不能相比的。但是也有一些少数民族国家在其形成过程中，至少在最初的一些阶段上，受汉族先在国家的影响比较小，特别是其国家的形成基本上是在这些民族的内部关系变化的基础上发生的。前面提到的契丹、女真、蒙古和后金国家的形成基本上属于这种类型。对于这种类型的早期国家，就可以在更全面的研究中同中国最早的早期国家进程进行比较，并取得积极的结果。不过即使这样，由于这些国家产生时毕竟在其周围已经存在着成熟的汉族国家或其他民族国家，并且相互间也有着某种联系，所以严格地说它们仍然属于非独立的早期国家进程。只是在这些进程中还保存着"原生的"类型的许多基本特征，所以在操作上，我们可以在一定意义上把它们当作"原生的"类型的个案来对待。

我认为，在中国早期国家研究中，对中国历史上少数民族国家进程的研究应该成为一个可能有重大理论突破的专门的领域。在一定意义上，忽略这个领域中的工作，中国早期国家研究将不是完整的。我相信我国学者将会在对这个领域的进一步开拓中取得重要成果。本书在论述有关问题时对先秦以后少数民族国家的情况作了一些比较分析，这是我在中国早期国家研究中涉及古代少数民族国家研究领域的一种尝试。我希望这一做法会引起早期国家研究者对这一领域的重视。

---

① 江应樑主编：《中国民族史》，上册，第331页。

第三章

对部落联盟模式的讨论

在具体进入关于中国早期国家问题的讨论之前,我想有必要首先涉及两个偏重于理论性的问题,即关于部落联盟和酋邦的问题。这是因为,对本书的工作来说,这两个问题是具有全局性影响的一个基础。本章先讨论部落联盟问题。

就本书来说,部落联盟问题之所以重要,是由于我国学者在中国早期国家研究中长期采用了摩尔根关于部落联盟的理论。这个倾向只是从80年代起才开始在少数学者的工作中得到扭转。1983年张光直的《从夏商周三代考古论三代关系与中国古代国家的形成》一文在国内发表。[1]这是国内看到的第一篇不采用部落联盟概念来解释中国早期国家进程的有影响的论文。但该文的观点当时在国内早期国家研究中没有得到应有的反应。1987年我发表《中国国家形成过程中的酋邦》一文,[2]首次比较详细和系统地对部落联盟理论在中国早期国家研究中的适用性问题作了分析。随后,特别是进入90年代以来,采用非部落联盟的概念解释中国早期国家进程的论著开始多起来。[3]但就整个学术界的情况来说,部落联盟理论依然是一种被广泛采用的理论。虽然在《中国国家形成过程中的酋邦》一文中,我已经比较集中地提出了在部落联盟理论运用上的主要问题,但由于篇幅的限制,该文的论述还很不充分。在本章中,我的论述将尽可能补充该文所缺漏的部分。

在摩尔根的著作中,部落联盟是在典型氏族—部落制度下出现的一种较

---

[1] 见张光直:《中国青铜时代》,第27—56页。
[2] 载《华东师范大学学报》1987年第5期。
[3] 如叶文宪:《略论良渚酋邦》,《历史教学问题》1988年第1期;杜正胜:《夏代考古及其国家发展的探索》,《考古》1991年第1期;江应梁主编:《中国民族史》。

高级的人类早期政治组织形式。也就是说,部落联盟理论从根本上说是关于典型氏族社会的理论。在摩尔根的学说中,对于部落联盟与国家之间的关系并没有明确地提到过。但是他在解释古希腊和罗马国家的产生时,运用了部落联盟理论。在他的著作中,通过部落联盟而形成国家,是他唯一谈到过的人类早期国家形成的方式。他没有提到任何其他形式的国家形成问题。正是在他的这一论述方式影响下,我国学者形成了把由部落联盟到国家这种演变方式看作是人类早期国家形成的唯一途径的观念。这实际上使早期国家进程的部落联盟模式变成了人类早期国家进程的普遍模式。在这一点上,很显然,我国学者的观点同摩尔根本人的观点并不完全吻合。而在我国学者关于中国早期国家形成问题的研究中,最大的问题就是把部落联盟模式普遍化。实际上,部落联盟模式只是人类早期国家进程的一种模式,也就是我在绪论中提到过的氏族模式,它远不是普遍性的。

我国学者在运用部落联盟模式上出现的偏差,同我国许多学者对摩尔根部落联盟学说的了解不够深入和全面有关。因此,就目前的研究来说,仔细分析摩尔根这一学说的内容仍然是非常必要的。

一、部落联盟的主要特征

"部落联盟"(confederacy of tribe)是摩尔根对北美一些部落联合体的称呼。他也用这个概念来称呼古希腊和罗马在国家产生前的部落联合体。除了部落联盟,摩尔根没有说到过其他任何形式的部落联合体。

从发生上看,摩尔根非常清楚地指出,部落联盟是部落间的一种"自然"的结合。这是部落联盟的第一个重要的特征。摩尔根解释说,部落联盟的前身是部落间的一种同盟,并起因于相互保护的需要:

> 凡属有亲属关系和领土毗邻的部落,极其自然地会有一种结成联盟以便于相互保卫的倾向。这种组织起初只是一种同盟,经过实际经验认识到联合起来的优越性以后,就会逐渐凝结为一个联合的整体。①

---

① 摩尔根:《古代社会》,上册,第120页。

他还说:

> 一个部落一旦分化为几个部落之后,这几个部落各自独占一块领土而其领土互相邻接,于是它们便以同宗氏族为基础,以方言接近为基础,重新结合成更高一级的组织,这就是联盟。①

摩尔根以易洛魁部落联盟的产生为例说明了这一点。②他说,当易洛魁人在纽约州中部定居后,已经分成三个不同部落,即摩霍克部、鄂农达加部和塞内卡部。后来又形成了鄂奈达部和卡尤加部。在以后的很长时间内,这些部落"互相协助共同对付敌人,从而体验到联合的原则对于攻守二者均有很大的好处"。③正是在这种长期互相保护的关系的基础上,易洛魁人的五个部落终于结成了一种比较固定的联盟关系。这大约是公元1400—1450年间的事。这个联盟后来有很大的发展,占据的地域十分广大。在17世纪下半叶(这时他们被殖民者发现已有半个多世纪),他们的"领土范围"已经包括纽约州、宾夕法尼亚州和俄亥俄州的大部分地区,以及安大略湖北岸一部分加拿大地方。

联盟的产生是一个正式的事件。摩尔根说,据易洛魁人自己声称,他们的联盟"是由五个部落的巫师和酋长召开一次会议组成的"。④会议地点在鄂农达加部的地域上。主持会议的是一个传说人物——哈-约-温特-哈,也称夏瓦塔。他由一个巫师作代言人,叫达-加-诺-韦-达,这个人也可能是联盟的实际创始人。而夏瓦塔则在后来的传说中被蒙上了神话色彩。无论怎样,这次会议在易洛魁人中是一直被当作联盟诞生的日子来隆重纪念的。在这次"会议结束以前已将联盟组成,并立即从事活动"。⑤

从摩尔根的上述介绍中可以看出,联盟在发生上有这样三个特点:一是

---

① 摩尔根:《古代社会》,上册,第121页。
② 本章关于易洛魁部落联盟的介绍均据摩尔根《古代社会》一书第120—148页,除直接引语外,不一一注明出处。
③ 摩尔根:《古代社会》,上册,第123页。
④ 同上,第124页。
⑤ 同上,第124页。

完全是和平和自愿的,联盟形成的具体方式是举行一次会议而不是其他;二是联盟的产生起因于有关部落间的长期互相保护的关系;三是参加联盟的部落都是有亲属关系的部落,或者说相互间有共同的血缘渊源。这三个特点在与其他形式的部落联合体作对比时是重要的。其中,第二点的特殊意义在于联盟体昔日的同盟关系变成了一种"永久性的组织"。[①]这显然是部落间关系的一个飞跃,是超部落政治组织的萌芽。至于第三点,就易洛魁人来说,在其整个联盟史上都是非常强调的。当易洛魁联盟后来吸收一些别的部落加入联盟时,虽然"特许他们的首领以平等资格出席联盟大会",但这些新加入的部落的首领不能成为联盟的首领,因此"并不算在统治集团之内"。[②]

易洛魁人的部落联盟的内部结构据说从开始创立时就形成了固定的格式,直到被殖民者发现时,虽已"经历了许多代",但"其内部组织几乎没有任何改变"。[③]这就是说,这个联盟几乎在200年时间内始终奉行着一种不变的行事原则。从这里可以看出部落联盟确实是一种相当稳定的组织形式,它在自身结构上发生变革的倾向是非常微弱的。这也是部落联盟特征中值得注意的一点。这对于我们讨论部落联盟与国家的关系有重要意义。

那么,易洛魁人部落联盟在结构上的特点是什么呢?摩尔根对此有十分详尽的描述,并归纳为十条,为了完整地了解它们,有必要移录于兹:

(一)联盟是五个部落的联合组织,由同宗氏族组成,在一个建立于平等基础上的政府的领导下;凡属地方自治有关事宜,各部落均保留独立处理之权。

(二)联盟设立一个首领全权大会,参加会议的首领名额有固定的限制,其级别与权威一律平等,此会议掌握有关联盟一切事宜的最高权力。

(三)设置50名首领,各授以终身的名号,这50名首领分配在各个部落的某些氏族中;这些氏族有补缺之权,即每逢出缺时,由本氏族在

---

① 摩尔根:《古代社会》,上册,第124页。
② 同上,第125页。
③ 同上,第125页。

自己的成员中选人补任之；本氏族如有正当理由亦有权罢免其本族之首领；但对这些首领的正式授职权利则属于首领全权大会。

（四）联盟的首领也就是他们各自所属部落的首领，他们同各部落的酋帅一道分别组成各部落会议，凡专属某部落之一切事宜则由该部落会议全权处理之。

（五）每一项公共法令必须得到联盟会议的一致通过始为有效。

（六）首领全权大会是按部落为单位投票的，因而每一部落都可以对其他部落投反对的一票。

（七）每一部落会议都有权召集全权大会；但全权大会无自行召集之权。

（八）任何人都可以在全权大会上发表演说来讨论公共问题；但决定权属于大会。

（九）联盟无最高行政长官或正式首脑。

（十）他们体验到有必要设置最高军事统帅，为此设立双职，使两个统帅可以互相节制。这两名最高军事酋长的权力是平等的。[①]

以下从人类早期政治权力形成的角度着重对这十条特征中的一些内容作一点分析。

部落联盟没有最高首脑

这一点，摩尔根在第九条特征中以明确的语言指出了。他还以鄂农达加部落的酋长托-多-达-霍权力地位的变化来说明这一点。作为鄂农达加部的"一位最著名、最有势力的酋长"，托-多-达-霍之"赞同成立联盟的计划被视为一种崇高的功勋，因为成立联盟以后，他的权力即将降低"。[②]有些殖民者由于看到托-多-达-霍及其继任人在易洛魁首领中具有"最煊赫"的名声，因而称之为"易洛魁人之王"；[③]但这完全是误解。摩尔根指出，"这位首领在大

---

① 摩尔根：《古代社会》，上册，第125—126页。
② 同上，第140页。
③ 同上，第140页。

会上和他的同僚平起平坐。联盟根本没有最高行政长官"。[①]

摩尔根指出,整个易洛魁部落联盟的最高权力是掌握在由50名出自各部落的首领组成的"首领全权大会"手中。这50名联盟的首领同时也是他们各自所属部落的首领,而他们的级别与权威一律平等(见第二、三、四条)。很显然,对部落联盟来说,最高权力是一种集体的、而不是属于任何个人的权力。实际上,这种权力结构是易洛魁人所处的典型氏族制度所必然产生的结构。因为就是在部落和氏族中,也同样没有专属于任何个人的最高权力。就氏族而言,在易洛魁人中,其酋长——包括首领(sachem,管理平时事务,也译酋长)和酋帅(chief,为军事领袖,也译首领)——是由选举产生的,氏族对其有罢免之权。[②]这就是说,氏族酋长的权力从根本上是来自于氏族本身。而"酋长在氏族内部的权力,是父亲般的、纯粹道德性质的;他手里没有强制的手段"。[③]这更表明氏族的酋长与其说拥有个人的权力,不如说他们只是承担了某种为公众服务的义务。因此,氏族酋长所掌握的权力可以说是微乎其微的。至于部落,就印第安人的一般情况而言,其最高权力是属于由各氏族酋长所组成的部落会议,正如摩尔根所说:"这个会议是这种社会制度的固定特征,它掌握了全部落的最高权威。"[④]只有在某些印第安部落中,才有一位地位高出于其他同僚之上的酋长被公认为"大首领"。[⑤]这主要是因为在部落会议不召开时,需要有一个人来及时处理某些问题。而大首领的权力也是十分有限的,"其权威之低乃至不如我们概念中的一个行政长官"。[⑥]而且这种职位也并不普遍。在易洛魁人中就是没有大首领的。印第安人中氏族和部落权力结构上的这些特征,表明了他们还没有产生有关个人权力的概念。摩尔根对此总结说:"印第安人部落的政治知识水平还不足以产生设立最高行政长官的观念。"[⑦]在这种情形下,易洛魁部落联盟没有最高首脑,是完全合乎他

---

① 摩尔根:《古代社会》,上册,第140页。
② 同上,第69页。
③ 恩格斯:《家庭、私有制和国家的起源》,第83页。
④ 摩尔根:《古代社会》,上册,第113页。
⑤ 同上,第115页。
⑥ 同上,第115页。
⑦ 同上,第115页。

们的政治逻辑的。对这一点应当充分地注意到。

部落联盟会议的议事原则是全体一致通过

这是部落联盟在运作上的一个重要特征,摩尔根在第五条特征中清楚地谈到了这一点。在另一处,摩尔根也明确地指出了:在易洛魁联盟全权大会上,"所有的公共问题必须得到全体首领的一致同意才能决定,每一项公共法令也只有得到全体首领的一致同意才能生效。这是联盟的一项基本法则"。[1] 与这条法则相应地存在的一个事实是,易洛魁人"完全不知道会议活动中少数服从多数的原则"。[2] 在易洛魁人召开联盟会议时,首领们以部落为单位进行表决,因此每个部落的首领必须代表一个统一的意见。这就要求他们在参加表决前,先将自己的意见与本部落的其他首领协商以取得一致。先是在小组内(每个部落的首领分成若干小组),然后是在小组之间取得统一,所以在部落内也是采取一致同意的方法来做出决定的。易洛魁人就是在这种一致同意的原则下来决定任何重大事务的。能说明这一点的一个绝好例子是,在美国革命初起之时,易洛魁人就是由于他们在会议上未能获得一致同意的决议,所以"未能共同向我们的联邦政府宣战",只好"决定每一个部落可自行参战并由自身负责,或者保持中立"。[3]

按照摩尔根的解释,采取全体一致通过的办法来作出决定,可以使"各部落的平等与独立得到承认,并得以保持"。[4] 这就是说,参加联盟的每一个部落,由于拥有了对最后决定的否决权,它们在联盟中的地位就都是不可忽视的,而它们对联盟事务的发言权在效力上也是同等的。这深刻反映了联盟组织原则上的平等性的因素。这种因素在联盟的特征中是本质性的。

全体一致通过的原则有着深厚的部落传统的根基。从上面的介绍中可以看到,任何个人的意见,如果不获得本部落其他首领的同意,甚至不可能在联盟大会上提出。这说明,在部落范围内,一致同意的原则也是存在的。所

---

[1] 摩尔根:《古代社会》,上册,第135页。
[2] 同上,第135页。
[3] 同上,第147页,注⑨。
[4] 同上,第136页。

以,联盟会议的议事方式实际上是部落议事方式的延伸。关于易洛魁人部落中议事的方式,摩尔根也作了具体的描述:"一般的习惯是,任何人如想对某个公共问题发表意见都可以自由地到(部落)酋长会议上来发表演说……不过,决议之权操在会议手中。在易洛魁人中,通过决议需要一致同意,这是一个基本规律。"[1]这同联盟会议的程序没有什么不同。因此联盟的一致通过的议事方式,不是人为的政治技术的产物,而是典型氏族制度所天然具有的一种传统的体现。

从权力结构的角度说,联盟采取一致通过的方式来议决公共事务,显然将有效地遏制个人权力的增长。因为在这种原则下,个人的意见只有变成集体的意见才是有效的。摩尔根说,在易洛魁人中,"如果有某一位首领刚愎自用或不可理喻,那么,(部落)就会以压倒优势的感情对他施加影响,这是他很难抗拒的"。[2]这很生动地表现了违背集体意志的个人意愿将怎样被集体所改变。在这种情形下,当然,任何形式的个人专有的权力是不可想象的。这正好体现了典型氏族社会在权力结构上的主要特征,即任何权力都是集体性质的。这同上述部落联盟没有最高首脑的精神是一致的。

参加联盟的各部落保持各自的独立,相互间地位平等

部落联盟的形成,并不改变参加联盟的各部落自身的结构,它们与联盟的关系也不是从属关系。联盟只是各部落的一种联合。各部落除了服从在一致同意的基础上通过的联盟决议外(这种决议当然也正是各部落自身的意见),没有任何其他的对于联盟的义务。因此,虽然参加了联盟,各部落仍然是"各自独立的"。[3]

摩尔根说,联盟大会的主要任务可以分为三种。一种是讨论宣战、媾和、派遣和接纳使节、同其他部落缔结条约、处理被征服部落的事务以及公共福利等。第二种是推举首领,为他们举行授职仪式。第三种是举办公共宗教节日的典礼。这些事务同部落自身的内部事务都没有直接关系。部落内部事

---

[1] 摩尔根:《古代社会》,上册,第114页。
[2] 同上,第136页。
[3] 同上,第129页。

务仍照常进行。因此,每个部落"既未由于参加联盟而削减其力量,也没有因此而受到损害。每一个部落在与自身相适应的范围内是富有生命力的"。①这一点对我们理解部落联盟所适应的社会在政治上的复杂程度有重要意义,即:虽然"联盟所造成的氏族社会比之单个部落的氏族社会要复杂得多,但它仍然清清楚楚地是一个氏族社会"。②换言之,从政治复杂程度上来衡量,部落联盟社会仍然是一种较简单和分散的社会,也就是典型氏族社会。那种复杂的政治从属关系和再分配制度在这个社会中都还没有建立起来。

与参加联盟的各部落的独立地位相应的,是它们相互关系上的平等性。在这里可以特别注意到的是第二条特征中描述的各部落首领"级别和权威一律平等"这一现象。摩尔根说,在表面上,也就是在参加联盟大会的首领名额上,有些部落可以有较多的机会,如鄂农达加部可以有14名首领参加大会,而塞内卡部只有8名。但会议是以部落为单位来投票表决的,因此"在这种情况下,也并不予前者以更多的权力"。③所以归根结蒂,各部落在联盟中的地位还是非常平等的。这种平等性当然也是典型氏族社会的传统。摩尔根指出,拥有共同的氏族是联盟的基础,在此基础上,各部落都认为相互间是"兄弟姐妹",是"从同一祖先传下来的子孙"。④这无疑在维系各部落间的平等关系上起了决定性的作用。总之,联盟中的平等观念,反映出这时还没有产生一个部落享有相对于其他部落的特权的概念。只有一种例外,即对于联盟外的部落,联盟是可能实施某些特权的,如强制其纳贡等等。在易洛魁人中,摩霍克部落就是专门负责接受被征服部落的"贡品"的。但在联盟内没有这种情况。当然,对联盟外部落实施的强制性措施,作为社会关系中的一种形式,对联盟自身的发展有潜在的影响,虽然这已经是属于另外一个问题了。

部落联盟的二权制和三权制特征

这个问题在摩尔根归纳的十条特征中有部分反映,比较完整的阐述则是

---

① 摩尔根:《古代社会》,上册,第129页。
② 同上,第131页。
③ 同上,第130页。
④ 同上,第130页。

在他对易洛魁联盟的整个介绍中。

摩尔根把人类早期政治组织的演进划分为三个阶段。首先是部落时期，这时社会由单个部落组成。摩尔根认为部落社会的政治组织是以权力集中在部落会议手中为其特征的。部落会议是部落的唯一权力中心。故他把这个阶段称为"一权政府"的阶段，"'一权'者即指（部落）会议而言"。①这些描述对于典型氏族社会是适用的。第二个阶段是在部落联盟出现以后出现的。这时，在联盟的部落首领全权大会（或称酋长会议）之外，出现了最高军事统帅的职位，成为与前者平行的一个权力点。这见于摩尔根归纳的第十条特征。酋长会议与最高军事统帅在职能上有分工，前者"执掌内政"，而后者"执掌军务"。②这种情况在古希腊、罗马的部落联盟中也可以看到。最高军事统帅这一职位的性质很值得注意。因为，摩尔根指出，"最高军事统帅的职位就是最高行政长官、国王、皇帝和总统等职务的萌芽"。③就是说，这个职位是典型氏族社会中最具有向个人权力发展的倾向的一种政治因素，它的演变将引起氏族社会权力结构的深刻变化。但是在典型氏族社会中，联盟中的这个职位还不能算是个人性质的权力。因为归根结蒂，在它与酋长会议之间，还是前者要服从后者。在古希腊，部落联盟的军事统帅巴赛勒斯在行使职务时就必须向酋长会议"负责"。④联盟的最高权力看来仍然属于酋长会议。更何况，军事统帅职位往往同时授予两个以上的人。在摩尔根归纳的第十条特征中就提到了易洛魁人中的这种设置。这个阶段被称为"二权制"阶段。第三阶段是部落联盟的高级阶段。按摩尔根的看法，只有古希腊人和古罗马人曾经达到这个阶段。这一时期的特点是在酋长会议和军事统帅之外，出现了第三个权力点——人民大会。在古希腊（即"荷马时代的希腊"），人民大会称为"阿哥腊"，⑤而在古罗马（即"罗木卢斯时代的意大利"）则称

---

① 摩尔根：《古代社会》，上册，第116页。
② 同上，第116页。
③ 同上，第116页。
④ 同上，第250页。
⑤ 同上，第245页。

为"库里亚大会"。①人民大会的权力表现在,由酋长会议拟定的一切"公务措施方案"都必须"提交人民大会听候批准或批驳,人民大会具有最后决定权"。②同时一切行政长官和高级公职(包括最高军事统帅)都在酋长会议提名后"由这个大会选举"和"授权"。③摩尔根说,设立人民大会的目的,一是"保护个人权利",二是"借以抵制酋长会议和军事统帅的僭越行为"。④以后,在古希腊和古罗马早期国家形成时,酋长会议与人民大会分别以元老院和公民大会或人民大会的名义延续下来,最高军事统帅则为执政官所代替,并保存了联盟时期的权力关系原则。尤其是执政官职务,虽然其职权范围较原先有所扩大,但古希腊和罗马都采取由多人同时担任这种职务的方法来防止专权,同时坚持任期制和选举产生的原则。这些显然是受到部落联盟时期权力结构原则影响的结果。

由上述可以看出,部落联盟从开始产生时起就不是只有一个权力中心,而是有两个或三个权力中心。其中只有一个是同个人有关的,而且它还受到另外一个或两个集体性质的权力中心的制约,同时它本身也总是被分配在两个以上的个人身上。这个现象非常突出地表明了部落联盟中个人权力的发展是非常有限的。就整个典型氏族社会权力演变的过程而言,个人性质的权力的形成是在集体性质的权力之后。而后一种权力则体现了典型氏族社会传统,因此即使产生了某种必需的具有个人倾向的权力,其影响也始终不会超过社会所固有的集体性质的权力。

总的来说,在部落联盟的发生和结构上的特征中贯彻了两条最基本的原则:部落间的平等和个人性质的权力的微弱。个人性质的权力的微弱,说明部落联盟的权力概念还没有脱离典型氏族社会的传统。从这个意义上说,部落联盟的政治技术还是在比较低的、简单的水平上。部落间平等的原则则是对典型氏族社会的规模扩大后出现的情况的一种反应。这种反应之所以采用平等的方式,看来是同有关人群的具体历史有关的。这从部落联盟形成的

---

① 摩尔根:《古代社会》,下册,第307页。
② 同上,第245页。
③ 同上,第314页。
④ 同上,第313页。

具体过程中可以看出来,比如易洛魁人在鄂农达加部落举行的那次历史性会议就对他们的部落联盟的形成起了重要作用。因此,部落联盟可以说是氏族社会传统与有关社会具体历史相结合的产物。这对我们判断部落联盟在人类早期政治组织演化中的地位是一个重要的认识基础。

二、部落联盟是普遍的吗?

当我们了解了部落联盟的各个主要特征后,有一个很重要的问题便随之产生了:这种形式的部落联合体在人类早期政治组织的发展中是普遍现象吗?是否还有其他形式的部落联合体存在呢?这是决定部落联盟理论在早期国家研究中的地位的极为关键的一点。对我国学者来说,这个问题也是导致对摩尔根学说采取真正科学的态度的关键。

我们已经提到,在摩尔根的论述中,就有关表述的本意来看,他对部落联盟的普遍性问题是有某种保留的。他首先指出了,在美洲印第安人中,部落联盟就不是普遍发生的。他说:

> 在美洲大陆的各个不同地区,还有其他一些人口众多的部落,其处境正好与易洛魁人相同,但是,并没有组成联盟。[1]
>
> 大部分土著都生活在独立的部落中,这个事实说明在氏族制度下政治观念发展的迟缓与困难。其中只有一小部分人达到了他们所知道的最高阶段,那就是:操同一语言中各种方言的一些部落组成了一个联盟。[2]

对于北美南部和中、南美洲地区,他关于部落联盟存在的情况的估计实际上并不肯定:

> 墨西哥其他地区以及中美、南美的村居印第安人大概也极其普遍地

---

[1] 摩尔根:《古代社会》,上册,第124页。
[2] 同上,第102页。

组成联盟(着重号为引者所加)。①

他把部落联盟的形成归因于两个条件。一是相应的社会发展程度和某种地理环境。例如,他认为"村居印第安人"具有组成部落联盟的合适的条件:

> 村居印第安人完成(组成部落联盟)这样的事业是最容易的,因为他们的村落相邻,地域狭小。②

但在"低级野蛮社会"中,部落联盟便难以形成:

> 处于低级野蛮社会的部落完成这样的事业则仅偶尔见到,易洛魁人是其突出的例子。③

二是卓越的政治才能和智慧。他说:

> 无论哪一支人组成了联盟,这件事本身即可证明他们具有高度的智力。④
>
> 易洛魁人部落能够完成这项事业,足证他们有着优秀的才能。而且,联盟既是美洲土著所达到的最高组织阶段,所以,只可能指望在最聪明的部落中才会有这种组织。⑤

对这后一点条件,摩尔根是特别予以强调的。他说:

> (易洛魁人组成部落联盟)这个行动将垂光于史册,以纪念他们发展氏族制度的天才。由此可以看出,人类在处于低级野蛮社会时,尽管条件很差,却能在政治艺术方面完成多么伟大的成就,这一点也应永不忘怀。⑥

可见,在摩尔根看来,部落联盟的形成,从其历史性的原因来说,主要还

---

① 摩尔根:《古代社会》,上册,第102页。
② 同上,第121页。
③ 同上,第121页。
④ 同上,第121页。
⑤ 同上,第124页。
⑥ 同上,第125页。

是取决于有关社会"政治艺术"的发展。并且在与其他因素的比较上,政治艺术的作用也是更为重要的。因为,他承认,即使在"低级野蛮社会"阶段,部落联盟也可能因为有关社会在政治上的特殊才智而得以形成,例如易洛魁人。当他指出那些"处境正好与易洛魁人相同"的部落没有组成联盟这一事实时,这一点就更突出了。这实际上是说,部落间关系的发展在实践中是不一定要走联盟这条路的。这里的关键在于有关社会的政治技术上的动因不同。从历史学的角度说,也就是有关社会的具体的历史不同。

虽然摩尔根看出了部落联盟的形成是有条件的和历史性的,然而他并没有意识到有任何其他形式的部落联合体存在的可能性。他关于部落联合体的唯一理解就是部落联盟。这就影响到他对许多个案的解释。

在《古代社会》中,就北美和中美印第安人来说,摩尔根一共提到六个部落联盟类型的部落联合体个案。这就是:易洛魁联盟、克利克联盟、渥太华联盟、达科他联盟、摩基联盟和阿兹特克联盟。①在这几个个案中,只有易洛魁联盟的情况是完全清楚的,摩尔根的解释也被现代人类学所接受。例如在乔治·穆达克的《我们当代的原始民族》一书中,关于易洛魁部落联盟的介绍基本上是同摩尔根一致的。②关于阿兹特克"联盟",在《古代社会》中也有十分详尽的报道,但他的解释却同现代人类学和历史学的解释有很大距离。关于这一点我放在后面谈。这里先来看看其他四个个案的情况。

克利克"联盟"。在《古代社会》中,摩尔根只提到克利克"联盟""包括六个部落,即:克利克部、希彻特部、俞奇部、亚拉巴马部、库萨梯部、纳彻部"。③同时还简略地提到"他们已经用政治性的制度来代替社会性的制度"。④我们知道,"政治性的制度"在摩尔根的术语体系中,是指与国家相联系的制度。比如他说:"要形成国家就需要以一个政治社会来代替氏族社会。"⑤他还具体谈到了由氏族—胞族—部落—部落联盟构成的"组织体系的

---

① 摩尔根:《古代社会》,上册,第121页。
② 参见〔美〕乔治·穆达克(一译默多克或莫多克):《我们当代的原始民族》,四川省民族研究所,1980年,第187—206页。
③ 摩尔根:《古代社会》,上册,第157页。
④ 同上,第158页。
⑤ 同上,第272页。

结果形成了一种氏族社会,它与政治社会或国家有所区别"。①而"社会性的制度"则是指氏族制度。比如在一处他提到了作为"国家的基础"的"城邑"是"一种政治制度的单元,而氏族是一种社会制度的单元"。②他还说,美洲土著的"组织是社会性的而非政治性的"。③这实际上就是说美洲土著还停留在氏族制度中。因此,从他对克利克"联盟"的描述来看,克利克人的部落联合体似乎不一定是部落联盟类型的。因为部落联盟很显然应该仍属于"社会性的制度"。

达科他"联盟"。摩尔根对这个"联盟"的结构几乎没有作任何有说服力的介绍。相反,他提到的事实却同他的结论似乎不相吻合。首先,他明确指出了达科他的氏族制度在他调查时已处在"解体"的过程中。④这同易洛魁人的情况是不同的。其次,他引用卡佛的话描述了达科他酋长的职权,而这种职权似乎也同易洛魁人中酋长的职权不很相同。卡佛说:除军事酋长外,"另有一位酋长因具有世袭权而占据优越地位,他更直接地掌管他们的内政。这位酋长可更适当地称之为首领;一切的契券和条约都必须经过他的同意,由他在契券和条约加盖本部落或本族类的印记"。⑤这里看到的几乎是一种具有很强的个人性质的权力,并且没有提到酋长会议。这同易洛魁部落联盟中权力结构的状况明显存在着重要的差别。因此,摩尔根关于达科他"联盟"的性质的简略介绍看来是值得进一步研究的。

渥太华"联盟"。摩尔根对此只提到这是一种"联盟",未作任何其他说明。

摩基"联盟"。在谈到这个"联盟"时,摩尔根承认他"对他们的生活方式和内部组织都知道得很少。从来没有进行过系统的调查"。⑥因此他对这个"联盟"的结构未作任何进一步的介绍。像渥太华和摩基这两个个案,虽

---

① 摩尔根:《古代社会》,上册,第65页。
② 同上,第117页。
③ 同上,第212页。
④ 同上,第152页。
⑤ 同上,第152—153页。
⑥ 同上,第173页。

然摩尔根把它们看作是部落联盟的例子，但从他的著作中还看不到能说明这一点的根据。

现在来看**阿兹特克"联盟"**。

阿兹特克人属于居住在墨西哥西北部的那瓦人（Nahuas）的一支。公元12世纪末进入墨西哥中央峡谷，先后臣服于同属那瓦人的阿古化人（Acolhuas）和台般勒克人（Tepanecs）。1325年，他们定居于特斯科科湖畔，并在湖中一个岛上建立了特诺奇蒂特兰城（Tenochitlan）。这时，他们已经有了最高的酋长，称为特诺奇（Tenoch）。①1375年或1376年，②他们有了第一个国王。但在这以后他们仍从属于台般勒克人达50年之久。1428年在第四任国王依兹可脱（Itzcoatl）率领下，战胜台般勒克人而获得独立，并与特斯科科人（Tezcucos）和特拉科潘人（Tlacopan）两个部落结成同盟。随后就向周围地区进行了一系列征服战争。1440—1469年在位的国王蒙特苏马（Montezuma）被称为"蒙特苏马大帝"。阿兹特克的疆域在蒙特苏马二世在位时（1502—1520年）达到鼎盛，即东抵墨西哥湾，西达太平洋，南部扩大到危地马拉。1518年，西班牙人开始侵入阿兹特克，经过激烈战斗后，阿兹特克人于1521年投降。③

现代人类学和历史学著作，对阿兹特克人所建立的庞大政治体制的性质，几乎一致认为就是国家。如塞尔维斯在《民族学概论》中提出，阿兹特克是具有"中美洲文明的根本实质"的最著名的国家之一。④库尔兹（D. V. Kurtz）也把阿兹特克作为早期国家的一个个案来研究，并且说，当阿兹特克人在1375年左右产生他们的第一个国王时，他们就"进入了早期国家的一个阶段"。⑤而在阿兹特克独立之后，他们"在92年多时间里生气勃勃地从事以国家和帝国为目的的事业"，直到他们的"国家在1512年被西班牙人所推

---

① H. J. M. Claessen & P. Skalnik, ed., *"The Early State"*, P. 171.
② 按*"The Early State"*一书说是1375年左右，按穆达克说是1376年。
③ 以上参见穆达克：《我们当代的原始民族》，第228—229页；《中国大百科全书·外国历史》，第34—35页。
④ E. R. Service: *"Profiles in Ethnology"*, P. 315.
⑤ H. J. M. Claessen & P. Skalnik, ed., *"The Early State"*, P. 171.

翻"。①在穆达克的著作中,阿兹特克同样被明确地称为国家,或"松弛的帝国",并且说它已接近了"欧洲人观念中的绝对君主政体"。②可见,从现代人类学和历史学的观点来看,摩尔根对阿兹特克政治组织性质的判断是错误的。虽然他认为早期的西班牙观察家对阿兹特克社会制度的看法,即把阿兹特克看成是一个国家,是"凭幻觉虚构出来的",③但随着研究的深入,早期观察者的基本看法反而由现代学者证明是合理的。

摩尔根对阿兹特克政治组织性质的误解,很可能来自他对阿兹特克与特斯科科(又译特兹库坎)人和特拉科潘人之间结盟的性质的错误判断。他认为这种结盟是部落联盟性质的。而实际上,正如穆达克指出的,这"仅仅是一种军事联盟。联盟中的各族仍各有其法律和政府,并且能单独进行征服和接受附庸"。④因此,军事结盟关系的存在并不影响阿兹特克自身国家制度的存在。摩尔根在一处承认,"看来阿兹特克联盟并没有一个由三部落主要酋长组成的联盟大会"。⑤这实际上正是这三个部落间的结盟本来就不是部落联盟的证据。但摩尔根由于先有了结论,对这一事实只是表示"必须等待以后解决"。⑥

从阿兹特克内部的政治结构看,它的许多特征都是同部落联盟大相径庭的。阿兹特克有国王(或译皇帝),称为塔加第克里(Tlacatecutli),意思是"元首",而这个职位是在国王的家族中世袭的(一般传给前任国王的弟弟或侄子)。国王的职权"除了在战场上指挥军队以外,他还有权收集贡献,监督驻在各附庸城市中的收税官",有时他"可以行使一种类似军事法庭的权力",此外还有接待使节、在宴会上招待他们以及其他贵族等。⑦这种非常明显和突出的个人性质的权力,在部落联盟中是绝对不存在的(我们还记得在

---

① H. J. M. Claessen & P. Skalnik, ed., *The Early State*, P. 171.
② 穆达克:《我们当代的原始民族》,第237—239页。
③ 《古代社会》,上册,第189页。
④ 穆达克:《我们当代的原始民族》,第238页。
⑤ 摩尔根:《古代社会》,上册,第205页。
⑥ 同上,第205页。
⑦ 穆达克:《我们当代的原始民族》,第239页。

部落联盟中是没有最高首脑的)。阿兹特克政治体制中存在的发达的官僚机构也是部落联盟所不可能具有的。这种官僚机构建立在阿兹特克社会非常发展的阶级分化的基础上。库尔兹说,"贵族占据着国家官僚体制中的职位。这个官僚体制遍布整个帝国并深入到地方层次上。它管理国内外的政策,征收税赋,维护帝国的秩序"。① 穆达克也说,阿兹特克贵族阶级"作为军事领袖和国家官吏,他们从被征服的地区缴纳的丰富的贡物中分享到很大一部分"。② 他强调,所有的国家官吏"都配有一定的财产以供终身享用"。③ 这些非常明显是属于国家制度下的现象,而用部落联盟概念是无法解释的。

摩尔根关于阿兹特克"联盟"的一些基本特征的论述也显得十分勉强、无力。比如关于酋长会议的存在,他并没有提出任何证据,却说"我们可以预先推知阿兹特克人有酋长会议,因为根据印第安人的社会组织体系来看,这是不可缺少的机构"。④ 这显然是不能令人信服的。实际上,阿兹特克在国王底下有一个四人大臣会议,⑤ 摩尔根也提到了这个会议。⑥ 但是这个会议同酋长会议是完全不同的,这四个人并不是部落的代表,而他们本人都是王位的候选人,因此显然都是国王的家族成员。摩尔根试图把这个会议说成是酋长会议,但他也承认原始资料对他的结论不利。⑦

总之,摩尔根把阿兹特克政治社会作为部落联盟的一个个案是一个明显的失误,是没有任何根据的。不仅阿兹特克自身或它与其他两个部落的结盟不是什么部落联盟,而且阿兹特克国家的产生也同部落联盟没有关系。摩尔根由于过分执着于部落联盟是部落联合体的唯一形式这个想法,错过了发现其他形式的部落联合体和人类早期政治进程的机会。

从以上分析中可以看出,在摩尔根列举的印第安人中的六个部落联盟个案中,只有易洛魁一案是真正可以成立的,其他几个个案,有的是明显的误

---

① H. J. M. Claessen & P. Skalnik, ed., "*The Early State*", P. 173.
② 穆达克:《我们当代的原始民族》,第237页。
③ 同上,第239页。
④ 摩尔根:《古代社会》,上册,第202页。
⑤ H. J. M. Claessen & P. Skalnik, ed., "*The Early State*", P. 173.
⑥ 摩尔根:《古代社会》,上册,第203页。
⑦ 同上,第204页。

认(阿兹特克),有的非常有可能属于其他类型的部落联合体(克利克、达科他),有的则情况不明(渥太华、摩基)。在这样的个案研究基础上,显然,既不能得出部落联盟是普遍存在的这一结论,也不能得出部落联盟是人类早期政治组织发展中部落联合体的唯一形式的结论。对于前一点,摩尔根应该说是有所意识的(已见前述),但对于后一点,他却显然并未意识到。因此他之所以承认部落联盟并不是普遍的现象,只是因为他看到了部落间的联合是有条件的,许多部落并没有达到相互间联合这一步是由于不具备合适的条件和需要。而问题的更关键的一面则在于,即使在有条件达成联合的部落中,它们的政治组织形式也可能是不相同的。其中有一些(看来实际只是少数)是采取了部落联盟的形式,而也有许多是采取了别的形式。这是我们对部落联盟模式的适用性和普遍性问题的一个非常重要的认识。

现代人类学和历史学在这个问题上的最重要的贡献,就是在大量个案研究的基础上,揭示了人类早期政治发展中部落联合体的非部落联盟形式的存在。在非部落联盟形式的部落联合体中,最具普遍性的一种形式就是酋邦。同部落联盟相比,酋邦的分布要广泛得多。如果说在摩尔根的著作中,我们只确切地看到易洛魁、古希腊和古罗马这三个属于部落联盟性质的个案,同时在恩格斯的研究中,我们还看到在日耳曼人中存在的一些部落联盟性质的个案的话,那么,现代人类学和历史学所提供的关于酋邦的个案则要多得多。正如童恩正正确指出的:酋邦"在亚洲、非洲和南美"(还可加上大洋洲)"似乎有很大的普遍性"。[①]因此,有一个现象不是不应当引起注意的,即:在现代人类学的许多著作中,尤其是综述性的作品中,几乎不涉及部落联盟问题,却普遍地谈到了酋邦。在塞尔维斯提出的人类政治组织的一般分类中,酋邦更是被提高到人类政治组织的五种主要形式(群队、部落、酋邦、国家、帝国)之一的地位。在这里,塞尔维斯没有提到部落联盟,这看来不是出于疏忽,而是因为这种形式在人类整个政治组织发展中不具代表性的缘故。从现代人类学的这种态势看,我们确实应当想到,在摩尔根之后100多年的今天,面对人类学和历史学揭示的大量有说服力的事实,再坚持摩尔根的那种把所有

[①] 童恩正:《文化人类学》,第223页。

部落联合体都看成是部落联盟的简单化的做法,是不是可以说是对于科学的发展失去了应有的意识和敏感性?摩尔根的失误,很大程度上是受制于当时他所能看到的材料本身的不全面和不深入,也与他在逻辑上的某些简单化推理有关。今天我们可以接触比摩尔根时代丰富得多的材料,并且在逻辑上也可以有更严密的和合理的操作,那么,固守摩尔根的某些有明显失误的方法就是不适宜和不必要的。正因为这样,虽然摩尔根关于部落联盟的研究是人类学史上的一项有价值的成果,然而我们在从事有关中国个案的研究时,首先必须考虑到他的理论对于中国个案的适用性问题。而在这一点上,现代人类学和历史学关于部落联盟在发生的机会和发生的机理上都不具有普遍性的认识,对于我们反省传统的以部落联盟理论来解释中国早期国家进程的做法,应该是极具启发意义的。

对中国早期国家研究来说,误用摩尔根的部落联盟理论是最大的问题,它在我国学者长时期的研究中造成的后果就是使大量的工作建立在过于简单化的分析的基础上,而一旦我们对这些基础作深入的检验,便发现它们是十分脆弱的。现在是真正从中国的实际情况出发选择和建立合理的理论解释模型的时候了。

三、部落联盟与早期国家形成的相关性

对于部落联盟理论在早期国家研究中的适用性问题,不仅应当从部落联盟模式的普遍性问题的角度来加以思考,而且还可以进一步从部落联盟与国家形成的关系上作出某些判断。在国家形成上的部落联盟模式是存在的。对这一点应予肯定。而由部落联盟到国家这一进程是有着它们固有的特点的。了解这方面的情况,有助于在个案研究中作更深入的比较,以确定有关个案在国家形成方式上与部落联盟模式的关系。

在摩尔根对部落联盟的研究中占最大比重的易洛魁个案,完全是属于前国家时期的。易洛魁人没有形成过国家。阿兹特克个案在摩尔根著作中被误认为是部落联盟;他坚持否认阿兹特克是国家。因此,就阿兹特克人而言,他也没有涉及部落联盟与国家的关系问题。真正与国家的形成联系起来讨

论的,在摩尔根著作中,只有古希腊和古罗马两个个案。他的这两项工作,在恩格斯的《家庭、私有制和国家的起源》一书中得到了继续。同时,恩格斯还补充了关于日耳曼人的国家的形成与部落联盟的关系的研究。这些,就是我们讨论部落联盟与国家形成关系的主要参考资料。

所谓部落联盟与国家形成的关系问题,主要是指:(1)在社会组织方面,部落联盟为国家提供了怎样的基础,以及国家是怎样改变这些基础以适应自己的存在的?(2)部落联盟为国家政治机构的形成提供什么条件,并且在多大程度上对国家政治机构的面貌产生影响?(3)推动部落联盟向国家转化的主要步骤是什么,以及在由部落联盟向国家转化过程中内部与外部作用的关系怎样?(4)由部落联盟转化而来的国家的政治活动在主要特征上同部落联盟活动的方式有什么联系,或者说,部落联盟对由它转化而成的国家的政治活动带来什么样的基本面貌?

社会组织

我们知道,典型氏族社会在社会组织上的主要特征就是:它们的主要社会组织——氏族、胞族、部落,都是一些血缘组织。它们的成员相互间都是亲属。当然,有时氏族和部落也收养一些外来的人员,但一旦将这些人收养进来,氏族和部落就把他们也视为亲属。"收养外人不仅赐以氏族成员的权利,而且还赐以本部落的部籍";"从此以后,在一切方面都要按亲人来对待这个被收养的人,好比这个人生来就是自己的亲人一样"。① 在组成部落联盟之后,典型氏族社会仍然是以血缘关系为基础形成的社会。

摩尔根对这一点有十分清楚的说明。他说:"联盟制度的团结原则,并不仅仅是由相互保卫结成同盟这样一种利益中产生出来的,而更有其根深蒂固的基础存在于血缘关系的纽带之中。"② 正是在这个意义上,他强调说:"部落联盟所造成的氏族社会比之单个部落的氏族社会要复杂得多,但它仍然清清楚楚地是一个氏族社会。"③ 这里所说的"氏族社会"指的就是以血缘关系为

---

① 摩尔根:《古代社会》,上册,第78页。
② 同上,第130页。
③ 同上,第131页。

基础建立起来的社会。

部落联盟的血缘关系基础可以从它的各个部落拥有一些共同的氏族这个现象中看出。比如在易洛魁人中，"有三个氏族在五个部落中都存在，那就是：狼氏、熊氏和龟氏；这三个氏族和另外三个氏族，在三个部落中也都存在"。①造成这一现象的历史原因是，"由于一个母部落分成五个部落，其结果便造成狼氏族现在也分化为五支，而分属于五个部落。熊氏和龟氏的情况也是这样"。②在部落联盟中，共同氏族的关系是辨认成员间血缘关系的有效手段。"当他们见面的时候，首先要问的是双方的氏族名称，其次就是该氏族的首领们的直接世系；经过这种讯问之后，他们通常可按照他们所特有的亲属制度辨认出彼此有何种亲属关系。"③"在一个易洛魁人的观念中，与自己同氏族的成员，无论其属于哪一个部落，都像亲兄弟般地是一个确凿无疑的亲属。在不同部落中，属于共同氏族的成员们彼此之间存在的这种越部的亲属关系迄今仍保持着，为大家所公认，其效力与过去完全一样。"④

在典型氏族社会中，人们的居住方式同各个层次的血缘组织的存在相一致。属于某个血缘组织的成员总是按不同层次居住在同一地域上。在这方面最典型的例子是尼日利亚北部的蒂夫人（Tiv）的世系群与地域的关系。蒂夫人是一个很大的部落，据1950年统计约有80万人，而每一个小世系群约有200—1 000人。每个小世系群都占有固定的地域，这块地域又同与其邻近的同辈的小世系群的地域相连，二者构成中世系群的地域。与此相似，中世系群的地域又同与其同辈的世系群的地域相连，构成大世系群的地域。大世系群的地域相互间也是毗邻的，它们再结合起来构成蒂夫人的全部地域。⑤蒂夫人的亲属组织属于典型的分支世系（segmetary）类型，他们的世系群在血缘关系上相当于氏族，但层次较多。现代人类学用这个例子来说明典型氏族制度下亲属组织与居住方式之间存在着对应的关系。这一点在典型氏族社

---

① 摩尔根：《古代社会》，上册，第130页。
② 同上，第130—131页。
③ 同上，第130页。
④ 同上，第131页。
⑤ 童恩正：《文化人类学》，第220页。

会中是普遍的。这方面一般情况的主要表现就是同一部落的人居住在同一地域上。摩尔根在谈到印第安部落的特征时,指出了部落"具有一块领土",而这块领土"包括他们实际居住的地域"。①在另一处他也说到印第安人部落"各有其分据的领土"。②总之,在典型氏族社会中,人们"是按氏族、胞族、部落而分地区聚居的"。③只有在一个部落的人口压力增长到一定程度后,才会出现"人口逐渐外流的现象",其后果是在新的定居点又形成一个"新部落",而这些新部落也有它们独自的"居域"。④恩格斯对同一部落的人拥有共同的、独自的居住地域这一点十分重视,他指出,典型氏族社会("旧的氏族公社")是"以氏族成员与一定地区的联系为前提的"。⑤这句话的实际含义就是氏族成员在居住上是按照部落的划分分布在各自的地域中的。在典型氏族制度下,同一氏族的成员因为分属于不同部落而可能不是居住在同一地域内,但同一部落的成员则一定是居住在同一地域内的。这种情形在部落联盟形成以后依然没有改变。正如摩尔根所说:"组织联盟的条件是各个不同领土范围内的独立部落。"⑥就是说,虽然部落间结成了联盟,但人们的居住方式仍保持按部落划分的原则。这就是部落联盟在社会组织上的属于典型氏族社会的特征。

　　从部落联盟中演化出来的国家面对的就是这样的社会组织基础。但是,要在这样的基础上真正建立起国家制度,就必须改变这个基础。摩尔根非常明确地提到了,能否改变典型氏族社会在居住方式上以部落成员聚居为特征的基础是部落联盟自身能否向更高级的政治组织演化的重要条件。他把这种改变称为"合并"。他说:"联盟是趋向于民族(在这里,"民族"一词是指拥有国家的人们共同体——引者)形成过程中的一个阶段……这个过程的最后一个阶段是合并阶段。"⑦那么,什么是合并呢?摩尔根的意思就是指不同的

---

① 摩尔根:《古代社会》,上册,第109页。
② 同上,第102页。
③ 同上,第267页。
④ 同上,第103页。
⑤ 恩格斯:《家庭、私有制和国家的起源》,第168页。
⑥ 摩尔根:《古代社会》,上册,第102页。
⑦ 同上,第132页。

"部落杂居于同一地域","它们彼此之间的地域界线"也归于"消失";"部落的名称和组织仍如以往一样富有生命力,但独立领土的基础已不复存在"。①实际上,合并就是指不同血缘团体的人们在相同的地域上混居。摩尔根说:"在氏族社会中,合并过程的产生晚于联盟;但这是一个必须经历的、极关紧要的进步阶段,通过这个阶段才可能最后形成民族、国家和政治社会。"②

正因为合并过程是比部落联盟更高一级的社会组织阶段,所以"在易洛魁部落中没有出现合并过程",③并且"在美洲任何地方",也"从未见到过若干部落合并成为一个民族的例子"。④但是在古希腊和罗马却出现了这个过程。摩尔根提到了"阿提卡的雅典四个部落的合并、斯巴达的多利安人三个部落的合并、罗马的拉丁人和萨宾人三个部落的合并",并认为这些合并导致了"民族兴起",⑤亦即国家的形成。古希腊和罗马的部落间合并的过程,在恩格斯著作中也有论述。

造成合并的原因主要有两个。一是部落原有的所有成员聚居在同一地域内的居住方式发生了改变。这同古希腊、罗马的典型氏族社会在其高级阶段上个人与土地的关系发生变化(私有制成分的增加)是有关的。摩尔根说:"由于个人与土地的关系时常改变(指土地占有人有权将土地转让给氏族以外的人——引者),由于氏族成员在氏族以外的地区添置产业,这样一来,要使一个氏族的人继续聚居在一起当然越来越不可能了。"⑥这种改变同以往部落由于人口压力而迁出一部分人口的机制和作用不一样,因为是同社会经济形式有深刻联系的,所以就不是个别的现象。恩格斯在谈到希腊人的情况时也提到了这一点。他肯定了在雅典国家形成过程中"个人的土地所有制"的出现,也提到了雅典人把土地"卖给本氏族以外的人"的情况。他把这种情况同"在全部阿提卡境内,特别是雅典城本身,各氏族和胞族的成员相互杂

---

① 摩尔根:《古代社会》,上册,第132页。
② 同上,第132页。
③ 同上,第132页。
④ 同上,第101页。
⑤ 同上,第102页。
⑥ 同上,第267页。

居,已经一代比一代厉害"的情况相联系。除土地关系的变化外,部落本身这时也"动乱不安",导致"人民不可避免地迁徙流动",从而"丧失了与原氏族的关系",①也是古希腊部落聚居方式遭到破坏的重要原因。

二是外来人口的增加。这同古希腊、罗马时代的一些大规模的移民运动有关。在希腊,摩尔根指出,早在李库尔古斯的时代,即有"相当多的侨民从地中海诸岛以及从地中海东岸的爱奥尼亚诸城市迁入希腊,这就增加了不属于任何氏族的人口"。②对希腊原有的部落和氏族而言,他们是"异邦人",并由于他们的大多数不能加入希腊原有的社会组织,而形成一个具有"危及社会安全的不满情绪"的"阶级"。③这些人及其后裔不属于任何氏族,所以部落联盟管不到他们。而"这些不包括在(希腊原有的)胞族和氏族内的人口趋向于愈来愈多"。④这对传统的部落聚居的体制构成重大威胁。怎样处置这些外来移民,成为古希腊在社会组织方式上面临的重大问题。

正是在这种形势下,雅典从提秀斯至梭伦时代,采取了一系列立法措施,使社会组织适应新变化了的情况。在提秀斯时代,建立了一个"中央管理机关",使"以前由各部落独立处理的一部分事务,被宣布为共同的事务,而移交给设在雅典的总议事管辖",这样便导致"凌驾于各个部落和氏族的法权习惯之上的一般的雅典民族法"的产生,在这个一般的雅典民族法之下,"只要是雅典的公民,即使在非自己部落的地区,也取得了确定的权利和新的法律保护"。⑤"这是后来容许不属于全阿提卡任何部落并且始终都完全处于雅典氏族制度以外的人也成为公民的第一步。"⑥恩格斯说,这表明"相邻的各部落的单纯的联盟,已经由这些部落融合为统一的民族(Volk)所代替了"。⑦这实际上是说,由此开始了国家形成的过程。而提秀斯立法的实质也就是摩

---

① 恩格斯:《家庭、私有制和国家的起源》,第110—111页。
② 摩尔根:《古代社会》,上册,第265页。
③ 同上,第266页。
④ 同上,第265页。
⑤ 恩格斯:《家庭、私有制和国家的起源》,第107页。
⑥ 同上,第108页。
⑦ 同上,第107页。

尔根所说的合并。

按照摩尔根的看法，由提秀斯开始的合并过程，是在克里斯提尼时代"彻底解决"的。①克里斯提尼也通过立法，把阿提卡划分为100个自治的乡区（亦称"德莫"），每个公民根据居住地在各自的乡区中注籍并登记财产。每10个乡区组成一个乡部（亦称"部落"或"地区部落"），而整个雅典联邦或称雅典国家就由10个乡部组成。②实际上，据现代希腊史研究，克里斯提尼是把雅典分为城区、沿海和内地三大地区，它们又再分为10个部分，称为"三一区"，每个大区中各抽一个三一区组成地区部落，三一区下分若干乡区。③这同摩尔根所描述的情况在表明新的社会组织打破了旧的部落关系这一点上是一致的。在这样的以地域关系为基础的社会组织基础上，雅典形成了相应的国家机构。摩尔根总结说："雅典人就这样创立了以地域和财产为基础的第二个伟大的政治方式。他们以地域结合的体系代替了由人身结合的迭进体系。"④所谓"第二个伟大的政治方式"指的就是国家；它代替了第一个伟大的政治方式——部落联盟。

恩格斯在评论克里斯提尼改革时说："克里斯提尼的新制度撇开了以氏族和胞族为基础的四个旧部落。代替它们的是一种全新的组织，这种组织是以已经用诺克拉里试验过的只依居住地区来划分公民的办法为基础的。有决定意义的已不是血族团体的族籍，而只是经常居住的地区了；现在要加以划分的，不是人民，而是地区了；居民在政治上已变为地区的简单附属物了。"⑤在这时，原有的血族团体已"下降为私人性质的团体和宗教会社"。⑥这就是部落联盟在向国家演化时社会组织方面所发生的变化，其实质就是"撇开"原有的部落、氏族组织，重新以地区概念将人民组织在新型的地域性社会组织中。这一变化在恩格斯总结的国家的主要特征中占有重要

---

① 摩尔根：《古代社会》，上册，第268页。
② 同上，第269—270页。
③ 廖学盛：《克利斯提尼改革》，《中国大百科全书·外国历史》，第494页。
④ 摩尔根：《古代社会》，上册，第270页。
⑤ 恩格斯：《家庭、私有制和国家的起源》，第114—115页。
⑥ 同上，第114—115页。

地位:"国家和旧的氏族组织不同的地方,第一点就是它按地区来划分它的国民。……这种按照居住地组织国民的办法,是一切国家共同的。"①

政治机构

由部落联盟转化而来的国家,其政治机构继承了部落联盟政治机构上的一些主要遗产。这是这类国家在政治方面同联盟体制的一项重要联系。也可以说,联盟的体制在政治形式方面决定了由它转化而来的国家机器的基本构成。

我们已经知道,在古希腊、罗马的部落联盟时期,已经出现了三权制的政治形式,就是联盟的最高权力掌握在酋长会议、人民大会和最高军事统帅这三个权力点中。在进入国家阶段后,在雅典和罗马,这种三权制的政治权力形式都分别被改造成了国家机关,构成了由部落联盟转化而来的早期国家在政治上的一个特点。

在雅典,酋长会议(称为"布列")是国家时期元老院的"前身和范本"。②酋长会议具有悠久的历史,而且有很深厚的社会基础。在梭伦时期(公元前594—前593年),为了适应正在形成的国家政治的需要,把酋长会议改成了由400人组成的元老院,但这时元老院成员还是从希腊原有的四个部落中选出的。③而到克里斯提尼时代(公元前509—前508年),这种四部落制已被打破,而代之以十部落(乡部)制,④而十部落制,如我们看到的,已不是血缘性而是地域性的组织了。在这个基础上成立的元老院,当然已不代表过去的部落,而是代表各个地域性组织了。这是国家进程对元老院使命的一种改变。这时的元老院已成为国家的政治机构,其职责是"起草并完成公务法案以提交给民众表决并掌握财政大权"。⑤

昔日部落联盟的人民大会——阿哥腊,也"以公民大会的形式保留下

---

① 恩格斯:《家庭、私有制和国家的起源》,第168页。
② 摩尔根:《古代社会》,上册,第245页。
③ 同上,第263页。
④ 《世界上古史纲》,下册,第144页。
⑤ 摩尔根:《古代社会》,上册,第262页。

来"。①但性质有了重要改变。一是"所有的自由民,即使不属于任何氏族和部落,现在也成为公民和人民大会的成员"。②这是在梭伦时代就已出现的变化。这表明人民大会本身也在适应正在形成中的国家的基础。二是在人民大会中出现了体现阶级区分的因素。虽然这时人民大会成员不论其社会地位如何,"对于一切文武官职的选举都有投票权,也有权力向这些官员提出质问",但处于底层的阶级的成员却没有当选高级官职的被选举权。③这也是在梭伦时代就已存在的情况,而直到克里斯提尼时代(这时他创立了500人会议作为新的公民大会),"日佣级仍排在选官之外,而双牛级到公元前5世纪中叶才有资格当选高级官吏"。④这反映了作为新形成的国家的一个机构,人民大会也正在适应变化中的社会分层状况,一开始它不得不将不同阶级和等级的人都包括进来,但予以其不同的地位,然后又逐渐在这种阶级分化的社会基础上建立新的政治权利概念,并促使人们按阶级身份而不是血缘身份参加到国家生活中来。同联盟时期相比,国家时期的人民大会的地位"更加突出了"。⑤

雅典在形成国家制度后,联盟时代的最高军事统帅巴赛勒斯的职能被三位最高执政官所取代。他们分别成为国家事务、宗教和司法三个部门的长官,在他们下面还有六位次级执政官以及法官和审判员团体。⑥执政官仍同联盟时代一样不是国家的"最高行政长官";"在这个制度下没有最高行政长官,这是它的突出的特征之一"。⑦最近似于最高行政长官的职位反而是元老院的主席,但任期只有一天,由抽签产生。⑧而国家的真正实权和命运仍掌握在人民大会手中。⑨这些,同联盟时代的政治运作机制是接近的。

---

① 摩尔根:《古代社会》,上册,第273页。
② 同上,第264页。
③ 同上,第264页。
④《世界上古史纲》,下册,第144页。
⑤ 摩尔根:《古代社会》,上册,第262页。
⑥ 同上,第273页。
⑦ 同上,第273页。
⑧ 同上,第273页。
⑨ 同上,第273页。

罗马国家的政治机构也同雅典一样,在形式上继承了联盟的许多遗产。它的元老院的历史很长,摩尔根说它在罗木卢斯时代(公元前8世纪中叶)就开始设立了,而它的前身也是部落时期的酋长会议。① 在罗木卢斯时代,元老院有100名成员,他们的后裔成为贵族。② 罗马国家形成后,元老院转化为由贵族控制的国家机构。但这时它的基础也顺应罗马社会的变化而有所变动,即平民也有了成为元老院成员的机会,只是贵族元老与平民元老在地位和权利上都是有区别的。③

　　库里亚大会曾是罗马部落联盟的人民大会形式。在塞尔维乌斯时代(约公元前576—前533年),成立了百人团(又译森图里亚或百人队)大会"作为新的民众大会来代替氏族制度下的库里亚大会,并将后者的实权转交给前者"。④ 百人团大会也适应了阶级分化的新形势。塞尔维乌斯仿效梭伦,把人民按财产分为五个阶级,每一个阶级又分为若干百人团,每一个百人团则在百人团大会中有一票之权。不同的阶级所拥有的百人团数目是不同的。如第一阶级(最富有的阶级)就拥有80个百人团,而第二阶级至第五阶级都只有20到30个百人团,由五个阶级之外的人构成的第六阶级只有1个百人团。⑤ 这鲜明地反映出第一阶级对国家权力的控制,因为它占据了百人团大会中的多数票(加上分配给骑士的18个百人团,共有98票)。⑥ 百人团大会拥有最高的立法权,"它制定或否决元老院所提出的法令,任何议案未经它的裁决不得成为法令;它可以根据元老院的建议取缔现行法令,如果它决定这么办的话"。⑦ 百人团大会还有权"根据元老院的提名选举文武官吏";"根据元老院的意见对外宣战";同时它本身还是全国最高法庭,"凡牵涉人命的案件均可向它上诉"。⑧ 可见,百人团大会掌握了罗马国家机构的最高权力。

---

① 摩尔根:《古代社会》,下册,第311页。
② 同上,第311页。
③《世界上古史纲》,下册,第229页。
④ 摩尔根:《古代社会》,下册,第329页。
⑤ 同上,第330页。
⑥ 同上,第330页。
⑦ 同上,第331页。
⑧ 同上,第331页。

同雅典一样，罗马国家形成后，原先的最高军事统帅勒克斯的职能被执政官所取代。勒克斯的职位在原先就不是世袭的(尽管"勒克斯"一词经常被译作"王")，它"大概是由其前任推荐，先由库里亚大会选出，然后在第二次大会上正式就职的"。①它的职权"仅限于军事方面"。②当勒克斯一职被废除后，代替它的是设立了两个权力平等的执政官。③这显然是为了防止个人专权的出现。这样一来，罗马就同雅典一样也没有最高行政长官。执政官的职权比联盟时期的勒克斯有所扩大。他"有权召集百人团大会"(当执政官不在时，"便由大法官代行")。④这表明执政官已不单纯是军事首领，而是在行政上也有重要职能。但执政官仍然由选举产生。并且，执政官的最高命令权实际上是由百人团大会授予的。⑤除了执政官以外，罗马还有许多由选举产生的各级官吏。⑥

从以上介绍中可以充分地看出，在部落联盟向国家转化时，联盟原有的机构是早期国家机构的蓝本和基础。部落联盟在一定程度上塑造了由它转化而来的国家机器的基本面貌。

在国家机构形成方面，我们还可以注意到这样一个问题，即：在雅典和罗马的早期国家政治体制的建设中存在着十分明显的相似性。事实上，在这两个过程之间是有着学习的关系的。罗马是学习雅典的。摩尔根曾明确指出过这一点。比如，他认为罗木卢斯的继任者努玛把人民按技术和职业分为"八个阶级"的做法，就是仿效提秀斯的。⑦塞尔维乌斯的立法运动，也"显然是仿效梭伦的立法"；"塞尔维乌斯无疑熟知梭伦的政治方式，他仿效梭伦"。⑧因此，与其把雅典和罗马早期国家在政治机构建设上的相似性看作是两个独立的进程之间的关系，不如看作是同一个政治技术在相邻地区内的扩布。这

---

① 恩格斯：《家庭、私有制和国家的起源》，第125页。
② 摩尔根：《古代社会》，下册，第298页，注㉚。
③ 同上，第315页。
④ 同上，第331页。
⑤ 同上，第336页。
⑥ 《世界上古史纲》，下册，第225页。
⑦ 摩尔根：《古代社会》，下册，第328页。
⑧ 同上，第329页。

对我们理解古希腊、罗马的国家制度模式的形成有重要意义。就是说,这种模式根本上是古希腊(雅典)政治进程的产物。它在罗马国家进程中的再现,在很大程度上不过是古希腊政治技术被移植到罗马历史中的结果。古希腊和罗马的国家制度模式在世界范围内是相当独特的。正如有的学者所说,"在古典世界(希腊、罗马)之外是找不到任何类似者的"。[①]之所以会这样,我认为,是因为像古希腊和罗马那样从部落联盟的机构中发展出早期国家的政治机构的过程,从根本上说是由古希腊、罗马的具体的和独特的历史所造成的。换句话说,这种过程得以发生,是同古希腊、罗马早期历史中一些重要人物的具体活动分不开的。当然,这些活动又与古代希腊和罗马的社会的和文化的背景分不开。古希腊、罗马早期国家同部落联盟制度的渊源关系,构成了一种十分典型的由部落联盟演变为国家的早期国家进程模式。然而,正因为这种模式的实现需要独特的历史背景,因此它在世界历史范围内除了它的原型——古希腊、罗马之外,只在因后来罗马国家的发展而直接受到罗马国家制度影响的欧洲一些地区中可以看到,但这些比较晚起的个案严格说来已不属于"原生的"早期国家进程。

推动国家形成的主要步骤

从古希腊和罗马的早期国家进程中,我们可以看到,几乎所有的发展都是社会内部因素起作用的结果。其中主要有两点:一是居民成分及居住方式的变化;二是居民中阶级分化的发展。这两点都是来自社会内部的引起社会组织改变和国家机构建立的能动因素。而就国家的形成来说,主要的步骤是立法性的。也就是说,是通过一次次的立法行动,或者也可以称作政治或行政"改革",来一步步建立起国家的整个结构的。在这两个个案中,与外部政治实体的冲突以及对武力的使用都几乎不占任何地位。这是由部落联盟向国家转化的早期国家形成模式的又一值得注意的特点。

关于在古希腊和罗马国家形成过程中,立法活动的主要的和重要的推

[①] 〔苏〕Ю. B. 安德列耶夫:《古希腊罗马城邦和东方城市国家》,《古代世界城邦问题译文集》,第70页。

动作用，只要对希腊和罗马早期历史稍作回顾，就不会有什么怀疑。在雅典，提秀斯是最先对雅典国家的形成作出贡献的立法者。摩尔根说他是"企图推翻氏族组织而建立一种新体制"的开创者。①提秀斯的第一个重要行动是使阿提卡各部落"合并成为一个氏族，以雅典为其政府所在地，这使他们有了更高级的组织形式"。②这个行动的具体内容是"说服"所有阿提卡人"同雅典联合起来"。③很显然，联合过程也就是合并过程，而这个过程是立法性的，不是暴力性的。提秀斯的另一个行动是把雅典人民，不论其氏族关系如何，划分为三个阶级，即士族（亦译氏族贵族）、农民和工匠（亦译手工业者）。恩格斯评论说："它表明，由一定家庭的成员担任氏族公职的习惯，已经变为这些家庭担任公职的无可争辩的权利；这些拥有财富而本来就有势力的家庭，已经开始在自己的氏族之外联合成一种独特的特权阶级；而刚刚萌芽的国家，也就使这种霸占行为神圣化。其次，它表明，农民和手工业者之间的分工已经如此牢固，以致以前氏族和部落的划分在社会意义方面已不是最重要的"。④这是使雅典社会向国家演进的又一次重要的立法行动。提秀斯的立法，基本上奠定了使雅典社会组织适应国家制度的基础。

在提秀斯之后，约从公元前683年起，雅典形成了由九名执政官掌管国家事务的格局。这九名执政官中有三名"有特殊的头衔"：命年执政官、执政巴赛勒斯和波勒玛赫⑤（亦分别译作首席执政官、王者执政官和军事执政官⑥），另外还有六名称为瑟斯摩瑟台（亦译司法执政官）。在这些执政官中，并没有一名是最高行政长官。在雅典历史上，执政官一职可能在公元前776年就已出现，以代替当时被废除的巴赛勒斯。最初它们是终身制，而且可能是在氏族内世袭的，但至公元前711年，其任期被规定为10年，并由选举产

---

① 摩尔根：《古代社会》，上册，第258页。
② 同上，第259页。
③ 同上，第258页。
④ 恩格斯：《家庭、私有制和国家的起源》，第108页。
⑤ 格罗特：《希腊史》，转引自《古代社会》，上册，第274—275页，注③。
⑥ 《世界上古史纲》，下册，第138页。

生；至公元前683年，该职位又定为每年一选，人员增至九人。① 这些执政官分别掌管国家的行政、军事、司法和宗教等事务。这个格局一直持续到雅典"自由民主政治结束之日止"。② 公元前683年的变革无疑是又一次重要的立法行动，它对雅典国家机构的完善起了重要作用。

公元前621年，司法执政官德拉古修订以严峻著称的法典，并创设上诉法院，使雅典国家在法律制度的建设上迈出重要的一步。公元前594—前593年，梭伦作为首席执政官，被授予"立法全权"。③ 他采取一系列立法行动来进一步改革雅典的政治生活，并完善雅典的国家制度。他的改革中与国家制度的建设有关的内容有：按财产而不是按出身将人民分为四等（即五百斗级、骑士级、双牛级、日佣级④），并规定这些等级所拥有的不同政治权利，如第一、二等级的公民可以担任高级官吏，而第四级的公民不能担任官职等；设立400人议事会和民众法庭，作为最高行政和司法机关，扩大公民大会权力；制定新的较温和的法典以取代德拉古法典，等等。梭伦立法使雅典国家与社会组织之间的关系更协调，奠定了雅典国家体制的基本原则，那就是议事会（元老院）、公民大会和执政官共同掌握国家权力的原则。

雅典国家制度前期建设的集大成者是克里斯提尼。他同样通过立法形式来进一步完善和改革希腊早期国家制度。他在社会组织改造方面实行乡区和三一区制度的改革已见上述。在政治上，他设立了500人议事会以代替梭伦的400人议事会，由各地区部落每年选50人参加。他还加强了公民大会和民众法庭的活动。克里斯提尼立法进一步巩固了雅典国家体制运转的基本原则，是雅典国家发展的最重要的阶段之一。在他之前，发生过庇西特拉图父子的僭主政治。这个僭主政治为雅典民主政治的发生"铺好了道路"。⑤ 而克里斯提尼的改革（公元前509—前508年）则被看成是雅典"民主政治的开端"。⑥

---

① 摩尔根：《古代社会》，上册，第260页。
② 格罗特：《希腊史》，转引自《古代社会》，上册，第274—275页，注③。
③ 《世界上古史纲》，下册，第140页。
④ 同上，第141页。
⑤ 同上，第144页。
⑥ 同上，第144页。

在古代罗马早期国家的形成中，同样可以看到一系列立法活动构成了这一进程的一个个里程碑。首先，可以提到罗木卢斯，他奠定了部落联盟的主要机构的框架，包括元老院、人民大会（库里亚大会）和军事首长（勒克斯）。①这些都是后来罗马早期国家机构的蓝本。在罗木卢斯之后，我们已经提到过，努玛实施过同提秀斯的措施相仿的一些改革，如把人民按职业分成"八个阶级"等。这无疑是对罗马社会内部条件的一种适应。对罗马早期国家制度的建立有着直接贡献的立法活动则是塞尔维乌斯的改革。他的改革措施最重要的有三点：一是废除原有的三个氏族部落，代之以按地域原则划分的四个城区部落和一些乡村部落。②这同克里斯提尼对雅典部落的改造有相同的意义。二是按财产多寡把公民分成五个等级，并在这个基础上建立罗马的政治机构。三是设立百人团大会，作为罗马政治制度中的一个最高权力机构。塞尔维乌斯的改革，使罗马建立起"一个新的、以地区划分和财产差别为基础的真正的国家制度"。③在罗马早期历史上，外部势力的侵入是存在的。这是罗马早期历史与雅典历史的一个不同。塞尔维乌斯就是由伊达拉里亚侵入者组成的塔克文王朝的第二任统治者。④但是罗马早期历史上的这种入侵并不是对一个政治实体的吞并。伊达拉里亚人的入侵并没有立即改变罗马社会自身的发展进程。塞尔维乌斯的改革是对罗马社会自身演变的一种反应。尤其是在他对罗马国家制度的创立中，并没有来自对外部的扩张的作用。而在塔克文王朝被推翻，从而结束了伊达拉里亚人的统治后，罗马国家在共和国形式下的继续发展，就更主要是在内部条件的作用下发生的了。罗马直到公元前4世纪中叶，才走向对外扩张的道路。⑤这时它的国家形成的进程已经完成了。

综上所述，对雅典和罗马早期国家而言，导致国家形成的主要因素是来自于社会内部，推动国家制度建立的主要步骤是立法性的，对外部的征服和

---

① 摩尔根：《古代社会》，下册，第311—315页。
② 施治生：《塞尔维乌斯·图利乌斯改革》，《中国大百科全书·外国历史》，第813页。
③ 恩格斯：《家庭、私有制和国家的起源》，第127页。
④ 《世界上古史纲》，下册，第225页。
⑤ 同上，第235页。

吞并在国家形成中不起作用。由部落联盟转化而来的国家形成模式的这一特征有助于我们将这种模式同其他模式区分开来。

在指出部落联盟模式在推动国家形成的主要步骤上的如上特征时,我们还需要讨论一下与日耳曼人国家形成有关的一些问题。因为,在日耳曼人国家的形成中,外部因素和对武力的使用都扮演了重要角色。正如恩格斯所说,在日耳曼人中,"国家是作为征服外国广大领土的直接后果而产生的"。[①]这种以征服和吞并为重要推动因素的国家进程,显然同雅典和罗马那种以内部立法为主要推动因素的国家进程在面貌上有很大的不同。在第一章中,我曾指出,日耳曼人国家形成的基础,至少有很大一部分个案是属于氏族模式的,就是说,许多日耳曼人国家是从典型氏族社会中演化而来。那么,日耳曼人的国家进程能否作为说明部落联盟模式的国家进程的特征的实例呢?如果能的话,那么部落联盟模式的国家进程以内部因素和立法活动为主要推动力的特点是不是还成立呢?

对此,我想指出两点。第一,关于日耳曼人中部落联盟存在的情况事实上并不十分清楚。恩格斯曾说,在日耳曼人中,"部落联盟从凯撒时代起就组成了"。[②]但他没有进一步说明在哪些日耳曼民族中存在过部落联盟,也没有对他所说的日耳曼人中的部落联盟的形态作更详细的介绍。而我们现在至少可以证明,在一部分建立了国家的日耳曼人的前国家时期,是没有部落联盟的。比如法兰克人,在他们形成国家以前,是"并不统一"的,他们"分为若干不同的部落,各个部落都是独立的,各有自己的国王(首领)"。[③]这种情况在日耳曼人中并不罕见。斯塔夫里阿诺斯说"对罗马人来说,值得庆幸的是这些(日耳曼)部落的统一意识非常薄弱",[④]就表明了这一点。克洛维作为法兰克人中萨利克部落的军事首领,是通过对其他部落的征服来实现法兰克人的统一的。"他设计杀害了利普利安法兰克人和法兰克其他部落的首领,甚至将自己的亲属也残杀殆尽";"正是在其他部落首领和自己亲属的血泊上,

---

[①] 恩格斯:《家庭、私有制和国家的起源》,第167页。
[②] 同上,第142页。
[③] 沈炼之主编:《法国通史简编》,人民出版社,1990年,第40页。
[④]《全球通史》,第314页。

克洛维完成了法兰克人各部落的统一,完成了由军事首领向国王权力的转变。"①例如,都尔教会主教格雷戈里在其《法兰克人史》中就曾提到过克洛维杀害了作为他的亲族的拉格纳卡尔、里卡尔和里格诺梅尔,使"三个人的国土和财富都归他所有",并且说:"他还让人杀死了许多其他的国王,也杀死了一些他疑心会篡夺他的国家的近支亲属,他以这种方式把他的统治扩展到高卢全境。"②法兰克人在形成国家时的这种状况,显然同雅典和罗马国家的形成十分不同,在这里看不出有部落联盟这种部落联合体形式在起作用。因此,对于日耳曼人的早期国家进程,究竟在多大程度上能够把它们归入部落联盟模式,还是一个有待研究的问题。至少对法兰克国家这样的个案来说,部落联盟模式看来是不适用的。这样,日耳曼人国家进程中表现出来的征服和吞并的特征,就不能一般地认为是对由古希腊、罗马国家进程所表现的在部落联盟向国家转化的模式中内部因素和立法活动是推动国家制度形成的主要步骤这一特征的反证。

第二,日耳曼人国家的形成是发生在公元5世纪的事。如在高卢,法兰克国家形成于公元486年,西哥特国家形成于公元419年,勃艮第国家形成于公元457年或443年、430年。③这时,高卢处于罗马帝国统治之下已有将近五个世纪。而日耳曼人在建立自己的国家之前就同罗马帝国有过长时期的接触,包括日耳曼人对高卢的反复入侵和逐渐在高卢地方的大量定居。这本身就同对武力的使用分不开,并且具有明显的扩张的内容。而在这样的历史背景下,罗马国家体制和高卢社会自身的状况,对日耳曼人的国家进程不会没有影响。首先,日耳曼人在建立自己的国家时,并不排除与罗马帝国发生政治上的联系。如克洛维就曾接受过东罗马帝国皇帝的敕书,"受任执政官职务"。④而更重要的是,罗马帝国和高卢原住民的利益与日耳曼人政治进程之间也不会没有冲突,这种冲突将迫使日耳曼人在发展自己的政治制度时不得不用较多的精力处理这些来自外部因素的问题,并尽力消化这些因素,这

---

① 《法国通史简编》,第40页。
② 〔法兰克〕格雷戈里:《法兰克人史》,商务印书馆,1983年,第101页。
③ 《法国通史简编》,第35页。
④ 格雷戈里:《法兰克人史》,第97页。

也会引起对武力的使用等等。因此，即使有些日耳曼民族在前国家时期形成过部落联盟（这一点还需要加以论证），它们在建立国家时也必然会有一些与雅典和罗马早期国家进程不同的表现。对日耳曼人的国家进程的解释，必须考虑到欧洲在受罗马帝国统治后出现的种种政治的、经济的、社会的状况以及这段时期的具体的历史，然后作出综合的判断。可以说，日耳曼人的早期国家进程是属于"次生"类型的，这意味着这些进程与作为"原生"类型的早期国家进程的雅典和罗马国家进程应该有所不同。在雅典和罗马早期国家进程中，来自社会内部因素的推动和立法行动对国家制度的建立起了主要作用。根据雅典与罗马的历史得出的这一结论，是可以成立的。

关于日耳曼人国家进程的研究，尤其是关于这些进程的最初阶段的研究，是早期国家研究中十分令人感兴趣的一个课题。本书固然无意对此作进一步的展开。我只想指出一点，即从我们的方法来看，日耳曼人国家进程所适用的模式问题恐怕是比较复杂的。当我们说日耳曼人国家形成的基础在总体上是典型氏族社会时，并不排除有别的可能。更不用说对日耳曼人国家进程来说，还有许多由它们的"次生"的性质所带来的问题。所有这些将有待于欧洲史学者的进一步研究。

政治活动的主要特征：民主政治的起源

由部落联盟转化而来的国家，在其政治活动的方式上形成了一种在人类政治史上有重要意义的模式，那就是所谓民主政治的模式。恩格斯曾直接称雅典国家为"民主共和国"。[①] 而罗马，在建立帝国以前，基本的政治运作方式是同雅典一致的。雅典和罗马国家的民主政治模式被认为是近代以来人类关于民主的观念的渊源。

"民主"这个词，在起源上，就是古希腊人用来形容自己国家的政治制度的一个词。[②] 从古典作家的用法来看，这个词的基本含义是指国家的权力来源于人民，以及给予人民以最高的权力。这个词的词根（demo）是来自表示

---

① 恩格斯：《家庭、私有制和国家的起源》，第117页。
② 〔英〕亚·库珀等主编：《社会科学百科全书》，第169页。

雅典人民最基层的组织——乡区的名称"德莫"(demos)。亚里士多德在评论梭伦改革时,把以下三项措施称为"最具民主特色的",即:禁止以人身为担保的借贷;任何人有替被害人要求赔偿的权利;有向陪审法庭申诉的权利。①这三条在当时雅典的条件下,都同保障人民的权力有关。尤其对于第三点,亚里士多德说:"这一点据说便是群众力量的主要基础,因为人民有了投票权利,就成为政府的主宰了。"②他还说,指责梭伦改革的人"甚至认为梭伦有意把法律弄得含糊,以便使人民有最高权力作出判决"。③可见,亚里士多德之所以把这三条措施称作"最具有民主特色的",根本上是因为它们关系到保证人民对政府有作为"最高权力"的"主宰"作用。对克里斯提尼改革,亚里士多德举出了其中"比梭伦宪法要民主得多"的一些内容,包括:以十部落制代替原先的四部落制,"以便让更多数的人可以参加到政府中来";把议事会由400人改为500人;实行三一区制度,等等。④这些都涉及到政府对人民的组织,并在这些组织的基础上让人民"参加到政府中来"。因此,在亚里士多德的表述中,民主意味着保障人民的权力。按照这个标准,他认为自梭伦以来的雅典国家政治是民主的,并认为克里斯提尼改革后的雅典比梭伦时代"更为民主"。⑤不难理解,保证雅典国家政治的民主性质的,是以公民大会、元老院和执政官为主要框架的国家政治结构。在这一点上,罗马同雅典没有根本的不同。从这个意义上说,在亚里士多德的标准上,罗马早期国家,至少在其最初的阶段,也是民主的。

雅典和罗马民主政治的一个重要特点是排除个人专权。从早期国家研究的角度看,这是一个足以把雅典和罗马早期国家同其他类型的早期国家区分开来的显著标志。

在雅典和罗马都没有最高行政长官这个职务。雅典有九个执政官,其中三个是政治性的,六个是司法性的。罗马则有两个拥有同等权力的执政官。

---

① 亚里士多德:《雅典政制》,三联书店,1957年,第12页。
② 同上,第12页。
③ 同上,第12页。
④ 同上,第25—26页。译文有少量改动。
⑤ 同上,第45页。

所有这些执政官在民主政治时期都由选举产生，而且实行任期制。在雅典和罗马，执政官都不掌握国家最高权力。在雅典，公民大会是最高权力机关。在罗马，则往往由元老院拥有实际的最高权力。因此，就民主的程度来说，罗马要逊于雅典。摩尔根把罗马国家权力结构中的元老院权力的高涨看作是"反对民主制度"的一种因素，但他仍然称这种制度是"半贵族政治、半民主政治"。① 这显然是因为在罗马仍然没有个人专权。同时毕竟还存在着公民大会这个使人民拥有一定政治权力的机构，并且后来还产生了反映平民意志的平民部落会议或人民部落会议。②

从罗马设置两个有同等权力的执政官的做法中，可以看出罗马国家对于个人专权的出现是有意识地予以防止的。罗马政治机构中最具有个人权力色彩的官职是在特殊和紧急情况下设立的独裁官，他实际上是从两名执政官中产生的，由元老院任命而不是由选举产生，同时集军队统帅与民政权于一身，任何人都不可否决他的决定。但是这种职位是临时性的，一旦特殊情况结束，独裁官的权力即告终止。一般他的任期不得超过半年。只是在罗马帝国形成前夕，独裁官的权力才急剧膨胀起来，成为后来帝国权力的前身。

在雅典，也有用于防止个人专权的一些措施。如克里斯提尼时代公民大会实行的"贝壳放逐法"，规定对于危害公民自由和现存制度的人要予以放逐，而这个法律就也被用来驱逐任何"威势太大的人"。③ 雅典在梭伦以后，出现著名的庇西特拉图僭主政治。虽然"僭主"是一个同个人权力有关的概念，但僭主政治并不是同民主政治对立的。庇西特拉图僭主政治就没有改变梭伦确立的"雅典宪法"，它"大体上是梭伦政策的继续执行"。④ 而且由于僭主政治大多是倾向于利用平民力量来反对旧贵族的，因此它们反而对雅典民主政治的发展是有贡献的。⑤

雅典和罗马政治活动中的这些民主的特征，很显然来自于在部落联盟时

---

① 摩尔根：《古代社会》，下册，第336页。
②《世界上古史纲》，下册，第229页。
③ 亚里士多德：《雅典政制》，第27页。
④《世界上古史纲》，下册，第143—144页。
⑤ 同上，第143—144页。

期已经形成的政治传统。这两个早期国家的政治活动概念同部落联盟的活动方式有直接的联系。正是在这个意义上,摩尔根一再强调雅典和罗马在部落联盟时期的政治制度的民主性质。对阿提卡部落联盟,他说:"如果对这种政府形式需要下一个更加专门的定义,那么,用军事民主制来表达它至少具有合理的正确性。"① "军事民主制"这个用来描述部落联盟政治活动特征的术语,后来被马克思和恩格斯采用了。对于罗马部落联盟,摩尔根则明确表示:"它所依据的制度基本上是民主的。"② 既然"民主"原来是对古希腊国家制度的一种形容,摩尔根在这里反复使用这个词,显然是肯定了部落联盟时期的民主同古希腊、罗马国家的民主之间的联系。当他谈到罗马共和时代民主的表现时,他明确表达了这个思想:"他们(指共和时期的罗马人——引者)的社会制度所具有的民主特征表现在很多方面,这些特征都是从氏族组织承袭下来的。"③

但是,另一方面,雅典和罗马国家的民主政治,比起部落联盟时期的军事民主制又要复杂得多。在国家时期,无论是雅典和罗马,所有政治活动已建立在阶级分化的社会基础上。这时,军事民主制时期的真正的全体人民一律平等的情形已不复存在。在罗马,由于以元老院为代表的贵族权力的扩张,所谓全体公民在政治上的权力一律平等的局面显然是不存在的。因此罗马的民主政治常被称为"贵族共和制"。这在指出罗马国家的实际权力更多地掌握在贵族阶级手中这一点上是确切的。虽然在罗马国家,平民也有属于他们的一部分政治权力。就是在雅典,在不同的阶级和阶层之间,政治权力也并不真正平等。尽管古典作家一再赞美雅典政治作为一种民主政治,表现为"政权是在全体公民手中","每个人在法律上都是平等的","任何人,只要他能够对国家有所贡献,绝对不会因为贫穷而在政治上湮没无用",④但实际情况却与此有所不同。首先,在雅典,奴隶和异邦人(被保护民)是没有政治权

---

① 摩尔根:《古代社会》,上册,第249页。
② 同上,第249页。
③ 摩尔根:《古代社会》,下册,第294页。
④ 古希腊修昔底德引伯利克里在阵亡将士葬礼上的演说词,转引自《世界上古史纲》,下册,第177页。

力的。①其次，就是雅典公民中，也存在与阶级划分相联系的政治权利上的差异。这是与军事民主制时期不同的一种复杂的情况。可以说，雅典和罗马国家的民主，都只是在一部分居民中实行的民主，而且就是在这部分居民中，上层阶级所享有的民主也要比一般的阶级所享有的民主充分。这是由雅典和罗马早期国家的阶级实质所决定的。但是，虽然这样，从早期国家研究的角度看，雅典和罗马国家的政治活动方式仍然构成了一种民主的模式，其最重要的两个特点是没有个人专权和存在着一整套相互制约的政治权力机构，包括在一定程度上反映人民意愿的人民大会或公民大会，以及体现统治阶级集体意志的元老院等。这种模式的形成则是同雅典和罗马国家起源于部落联盟这种前国家政治组织有关的。以后我们会看到，在其他模式的早期国家进程中发展起来的国家，在其政治运作上就没有民主的内容。

总的来说，由部落联盟转化而来的国家，由于其起源上的特定情形，形成了在社会组织、政治机构、推动国家形成的主要步骤以及政治运作方式上的一系列特点。这是在关于部落联盟模式的理解中有重要意义的一部分内容。由此我们可以辨别有关个案与部落联盟模式有怎样的关系。对中国早期国家研究来说，这将成为我们要着重讨论的一个问题。

---

① 《世界上古史纲》，下册，第177页。

第四章

酋　邦

酋邦是现代人类学关于人类社会与文化分类的一个概念，同时它实际上也含有关于人类早期政治组织演进的阶段性的内涵。

最早系统地将酋邦概念纳入关于人类社会和政治组织分类理论中的学者是塞尔维斯。他在这方面的著作发表于1962年，发表后对国际人类学界在人类社会与文化分类理论上的研究影响甚大。在塞尔维斯的这项著作发表之后不久，弗里德也提出了一个与塞尔维斯类似的分类理论。除了对各个社会类型或阶段采取了与塞尔维斯不同的名称外，其整个分类的框架与塞尔维斯的分类几乎是一致的，当然其中也包括了与塞尔维斯的"酋邦"相当的类型或阶段。弗里德的理论与塞尔维斯的理论相互补充，成为现代人类学中关于人类社会和政治组织分类的最有影响的一种学说，同时也可以说他们的理论不断得到现代人类学观察的支持。

我在前面已经简略地提到过，塞尔维斯和弗里德都把人类在截至国家产生时期的各种社会分成四种主要类型。从总的特征上看，他们两人的这种分类可以一一对应起来：

塞尔维斯	弗里德
群队	无等级和无分层社会
部落	等级社会
酋邦	分层社会
国家	国家

在现代人类学著作和其他有关著作中，塞尔维斯采用的分类名称被引用得更

多一些。本书也将主要采用塞尔维斯的分类名称。①

在塞尔维斯分类表中出现的"群队",在人类学史上,相对地来说是一个比较新的概念。在摩尔根时代,这种类型的人类社会还未被仔细地区分出来,也没有得到应有的研究。现代人类学则广泛注意到这种在人类社会组织发展中属于最早阶段的社会形态的存在。按照现代人类学的描述,当人类在进入农业生产经济以前,亦即在以从事采集和渔猎为主要生存方式的阶段上,其社会组织普遍地表现为群队这种形式。群队的规模很小,一般只有几十人,其中较大的可达到150人左右(也有少数群队人数还要多一些,如南美的巴塔哥尼亚人的群队可达到400—500人,但这种较大的群队是十分罕见的)。②群队在社会组成原则上的一个重要特点是它们不一定是血缘性的团体。霍贝尔(E. A. Hoebel)指出,群队是"基于地域的社会群体"。③因此,在群队社会中还没有氏族组织。这是自摩尔根在人类早期社会组织中发现氏族制度的普遍存在以来,人类学关于人类初期社会组织的一个非常重要的新的认识。

群队社会是一种平等的社会。"没有一个人可以要求比其他任何人更多的物质资源"。④所有采集或狩猎得来的食品或用品为群队全体成员共享。群队没有正式的、固定的领导者,重大事务,如营地的迁徙和狩猎活动的安排等,由所有成员或部分最有影响的成员集会民主协议而决定。⑤在许多群队社会中,老人起着一些指导作用,但他们"没有政治权力"。⑥群队中所谓

---

① 在1971年出版的《文化进化论》(华夏出版社,1991年)一书中,塞尔维斯曾提出"把部落和群队这两个概念都取消掉,以有利于制定一个单一的类型——平均主义的社会"(第163页)的意见。但该书未对此作进一步论证。在同年出版的另一部著作,即《民族学概论》中,塞氏仍完整地以他的"群队——部落——酋邦——国家"四段分类概念处理全书的资料。因此,显然不能认为塞氏从根本上改变了他关于前国家时期人类政治组织演化的四段分类概念的构想。而现代人类学自70年代以来的发展也并没有导致对群队和部落这两个概念的根本否定。
② 童恩正:《文化人类学》,第217页。
③ 转引自芮逸夫主编:《云五社会科学大辞典·人类学》,台湾商务印书馆,1976年,第241页。
④ R. J. Wenke: "*Patterns in Prehistory: The Origins of Complex Societies*".
⑤ 童恩正:《文化人类学》,第218页。
⑥ R. J. Wenke: "*Patterns in Prehistory: The Origins of Complex Societies*".

的头人"不过是同辈人中间最有威信的人而已",①而他们同样"没有正式权力"。②一个人成为头人,主要依靠他的能力和品德。在大多数群队中头人的职位是不世袭的。现代人类学倾向于认为群队是人类"最古老的政治组织形式"。③对于完整地了解人类政治组织的发展历程,群队是不可忽略的一个环节。因为它告诉我们两点:一、作为人们了解最多的一种原始社会制度,氏族制度也是一种历史地产生的制度,并且在理论上也是具有民族性的,这可以解释为什么世界上有些地区直至现代仍发现有停留在群队阶段的小型社会。二、虽然在群队时期根本谈不上有个人性质的权力,但是,即使在这种最简单的社会组织中,由某些个人担负某种特别的责任的现象也是存在的。从发展的角度看,在不同的条件和历史轨迹中,这种非常古老的现象对不同社会中政治观念的发展的影响可能是不太相同的。从这个意义上说,某些社会在较晚时期出现明显个人性质的权力,可能是同人类社会从一开始就自然地产生的某些个人性质的责任的存在有关的。因此,个人性质的权力这个现象是有很深的根基的。

相对于群队来说,部落社会是人类学很早就已注意到并有大量研究的一种社会组织类型。就人类学的理解而言,它实际上相当于我国学者所熟悉的典型氏族社会。哈维兰说:"在许多部落社会中,政治权力的组织单位和活动中心是氏族。"④因此关于部落社会的许多特征,我们可以从摩尔根关于北美印第安人以及古希腊、罗马人中的氏族和部落的描述中看到。

在大多数部落社会中,农业和畜牧业生产成为主要的经济生活方式。这是部落社会与群队社会的主要不同之一。与此相关联,部落社会的规模也普遍比群队大,它们一般地依靠氏族等血缘组织将较小的社会单位组合成一个较大的社会,即部落。在一定的条件下,有些部落之间会建立起进一步的联合关系,但这种联合并不是普遍的,同时,必须注意到,在不同条件下部落间联合的方式和性质也是很不相同的。在人类学分类中,正式的部落联合体属

---

① 哈里斯:《文化人类学》,第205页。
② 同上,第204页。
③ 哈维兰:《当代人类学》,第468页。
④ 同上,第471页。

于比部落社会更高一级的社会组织。

在政治技术的发展上,部落同群队一样,仍然没有正规的政治组织的领导人。而且也不存在个人性质的权力。部落和氏族的首领是一些"在年纪、正直和智慧方面受人尊敬的男人",他们"没有任何控制权,也不能对向他求助的人强加任何决定"。①在部落内,往往有一种由氏族首领组成的议事会之类的机构,它们体现了在决定部落事务时集体权力的主导作用。在这种情况下,人类学把部落制度形容为"有秩序的无政府状态"。②人类学家还普遍强调部落社会的平等的特征。"在他们的社会中没有主人和仆人,大家一律平等",人们"不会顺从任何有损于他利益的权威,也不认为应受任何人的控制"。③在部落社会中,至少在其典型的阶段,社会分层现象是不发展的。

从政治组织发展的角度来看,群队和部落社会在没有集中的政治权力这一点上是共同的。因此人类学把这两种社会类型中的政治结构都称为"分散的政治制度"。④而由摩尔根报道的少量部落联盟个案,在权力结构上同部落社会的原则是一致的,因此显然也属于一种分散的政治制度。到目前为止,我国学者所接受的有关前国家时期的人类政治组织的概念基本上都是关于这种分散的政治制度类型的,更确切地说,主要是关于部落社会类型的(包括与部落社会实行相同的权力结构原则的部落联合体类型——部落联盟)。事实上,在我国学者的研究中,部落社会和部落联盟是长期以来几乎唯一被注意到的前国家时期社会类型。这同我国学者长期接触和使用一些较早时期的人类学资料与理论有关。然而,这种非常单一的观察角度,从现代人类学的观点来看,显然已远远不够了。因为现代人类学已观察到了另一种前国家时期的政治组织类型,并作了大量有说服力的研究,那就是酋邦。

在塞尔维斯的分类中,酋邦是属于前国家时期的。但在政治权力的结

---

① 哈维兰:《当代人类学》,第470页。
② 伊文斯-普里恰德:《努埃尔人:一个尼洛特氏族的生活方式和政治制度》,转引自哈里斯:《文化人类学》,第209页。
③ 同上,第209页。
④ 哈维兰:《当代人类学》,第467页。

构上，它却可以同国家归入同一种范畴，即人类学家所称的"集中的政治制度"。①这种类型的前国家政治制度，对我国学者来说还是相当陌生的。它的主要特征我们将在本章中予以讨论。在这里可以指出一点，即：这种长期未被中国学者注意到的前国家时期社会类型，在中国早期国家研究中可能占有重要的位置。这是因为，对中国前国家时期的社会状况而言，酋邦可能是比部落社会或部落联盟更贴切的一种概括。如果这一点能成立，那么对中国早期国家进程的整个理解也会有很大的不同。所以，酋邦问题在中国早期国家研究中的意义可以说是举足轻重的。这就是我们必须专门辟出一章来讨论这个问题的原因。

有一点是需要说明的，即由于无法看到现代人类学有关酋邦的所有主要资料和论著，因此我在讨论有些问题时需要加上我个人的一些判断，对这些内容当然应由我自己来负责。但就本章所涉及的问题而言，我还是尽可能反映了现代人类学研究的状况。同时我也在许多问题上提出我自己的看法。

一、前国家时期个人权力发展的不同类型

我在论述部落联盟的特征时，曾明确指出过，在部落联盟的政治权力结构中不存在个人性质的权力。这实际上是部落社会的（也就是典型氏族社会的）普遍特征。而究其来源，可以说，在群队时期，人类社会的权力结构就普遍呈现出这种状况。

为了对人类历史上个人性质的权力的发生有确切的了解，我们还需对群队和部落社会的特征作深一步的探讨。

群队社会实际上是一种没有任何正式的组织概念的社会。穆达克在谈到北极爱斯基摩人（Polar Eskimos）的社会组织状况时说："唯一的大于家庭的社会单位是村庄，这是一种临时的变动的团体。在这里没有氏族组织，没有年龄等级或秘密结社。人为的社会区划根本不存在。"②在用铜爱斯基摩人

---

① 哈维兰：《当代人类学》，第467页。译文有改动。
② 穆达克：《我们当代的原始民族》，第136页。

（Copper Eskimos）中，情况也相仿。塞尔维斯说：

> 在不同的社区间没有如同联合起一个部落或组成一个联盟那样的正式的联系。在不同社区的某些成员间可能有个人的友谊，有时还有婚姻和亲属关系，但这些都不受任何手段或规则的支配。①

爱斯基摩人社会组织上的这种状况就是群队缺乏正规的社会组织的一个反映。

在群队中，个人的特别作用还是存在的。这一点我们可以从前面提到的群队中存在着首领这一现象中看出。从一种意义上说，群队中首领的存在并不等于说群队已经有了个人性质的权力。这可以从几个方面来说明。

首先，群队中重大的事务都是由集体决定的。哈维兰说："决定通常是由该群队的全体成员一致作出的，因而不需要正规的履行制度。如要从事一次狩猎远征，或开始一个仪式庆典，要等群队年老的成年男性开会之后才能作出决定。"②这种集体性质的权力在群队权力结构中处于最高地位，在这种情形下，个人性质的权力无疑是被抑制的。

其次，虽然有首领存在，但首领的地位是很不稳固的。他必须依靠他的能力和德行来保持他的位置。在群队社会中，所谓首领或头人"只是平等的人中间的领头人，他之所以有个人权威是因为他有能力"；"当他不能很好地领导人们，不能作出正确决定时，成员们将会去追随别人"。③还有一种情况也会导致首领或头人的位置的丧失。即："如果这个头人离开一块领土到别的地方去生活，那他就不再是头人了，群队中的其他成员会代替他的位置。"④

第三，群队的首领或头人不具有对他人的强制性权力。哈维兰说："群队成员个人自己安排自己的活动，群队头人不是法官，他也无权惩罚别的群队成员。做错事的人由公众意见来审判和调整，这通常是由群队成员中间的闲话表达出来的。"⑤哈里斯则说：群队的头人"不能强迫别人服从。他没有足

---

① E. R. Service: "*Profiles in Ethnology*", PP. 75—76.
② 哈维兰：《当代人类学》，第468页。
③ 同上，第469页。
④ 同上，第469页。
⑤ 同上，第469页。

够的力量那样做。当他下了命令,如果别人不服从,他也无法对反抗者进行肉体的惩罚"。① 他引用一份关于南部非洲(博茨瓦纳和纳米比亚西侧)昆人的报告说:"群队首领只能用说服的方法,决不能把自己的意志强加在别人头上。"② 列维-斯特劳斯也曾就巴西的南比夸拉印第安人的情况指出过:"首领没有权利强迫别人服从他。"③

第四,群队的首领或头人没有任何特权。他们同群队所有"普通成员"一样"制造工具、搭窝棚、携带私人物品旅行、猎取自己的食物"。④ "头人不仅应当是努力工作的模范,而且还应当是为人慷慨大方的模范";"头人的职务可能是个吃力不讨好的职务"。⑤

由于群队首领或头人具有上述特征,因此他们的职位被认为是"非正规的"。⑥ 换言之,还不是真正个人性质的权力。

但从另一种意义上说,群队中首领或头人位置的存在,毕竟同个人在共同体中的特殊作用有关。这种个人的特殊作用尽管同个人性质的权力不是一回事,但在一定条件下,前者便有可能向后者转化。这是在考察人类历史上个人性质的权力的产生时最耐人寻味和最微妙的问题。

比如在昆人中,头人被称为"克骚",意即"所有者","他是该群队理论上的领土所有权中的焦点。这个头人实际上并不拥有这块土地或资源,但他象征性地成为群队成员对这块土地或资源的权利之化身"。⑦ 在群队条件下,头人只能是特定土地和资源的"象征性"的所有者;而一旦这个"象征性"的地位转变成实质性的,它所表现的个人的特殊作用也就变成了真正的个人性质的权力了。这对我们理解人类政治生活中个人性质的权力的发生是很重要的线索。

部落社会同样是没有个人性质的权力的社会。部落社会的议事程序在

---

① 哈里斯:《文化人类学》,第203页。
② 里查德·李:《昆人:一个寻找粮草的社会的男人、女人和工作》,转引自哈里斯:《文化人类学》,第204页。
③ 克劳德·列维-斯特劳斯:《苦闷的热带》,转引自哈里斯:《文化人类学》,第206页。
④ 童恩正:《文化人类学》,第218页。
⑤ 哈里斯:《文化人类学》,第206页。
⑥ 哈维兰:《当代人类学》,第469页。
⑦ 同上,第469页。

基本原则上同群队没有什么两样。正如童恩正指出的,在"非正式的领导模式"方面,部落社会同群队社会是"相似的"。[①]部落社会在这方面的主要特征,我在前面已经提到过了,兹不赘述。

现在我们感兴趣的是部落社会中个人的特殊作用的发展。

由于部落社会的规模比群队社会是显著地扩大了,其经济基础也从采集、狩猎转变为园耕农业,其社会生活的内容也就更为复杂。在这种情况下,尽管体现个人在社会中的特殊作用的首领或头人的存在仍然不是一种个人性质的权力的反映,但是,它在许多方面却使这些特殊的位置更有可能导致个人性质的权力的发生。首先,在部落社会中,部落和氏族首领在社会产品的再分配中的作用增强了。在群队社会中,互惠交换是生产品分配的主要方式。这种交换的典型做法是将群队成员狩猎或采集来的所有获得品"都放在一起共同享用",并且"整个营的人——居民和客人——都从总的食物中平分得一份。每一家的晚餐都是由其他各家送来的一份食物集合而成的"。[②]哈里斯总结这种互惠交换的特点时指出以下三点:

(1)不要对方立即报答;(2)不计较对方回报的服务或产品的价值;(3)公开表明不计较所欠的差额,也就是说收支不必要平衡。[③]

我们还可以加上一点并非不重要的特征:互惠交换不经过中间环节,就是说,没有专门负责分配的人。

但是在部落社会中,一种再分配的交换开始替代简单的互惠交换:

进行再分配的交换时,几个人的劳动产品都集中放在一个地方,按类型整理,清点数目,然后发给生产者,也发给非生产者。如果大量货物同时拿到同一地方并按一定的份额平分,那是需要做大量组织工作的,作为再分配者的个人通常实现这样的协调。[④]

---

① 童恩正:《文化人类学》,第218页。
② 里查德·李:《昆布须曼人的衣食》,转引自哈里斯:《文化人类学》,第89页。
③ 哈里斯:《文化人类学》,第91页。
④ 同上,第97页。

以再分配交换与互惠交换相比较,前者显然比后者多出了一个中间环节——再分配者。这种再分配者通常就是部落社会中的首领们。正如哈里斯所说:"头人常起强化生产和再分配的作用。"①

部落社会的再分配活动,在操作时经常通过一种集中—赠与的方式来进行。在人类学报告中,此类例子很多。比如在美国西部草原的喀罗人(Crows)中,酋长"是能慷慨施与旁人食物的,所以回到营地的猎人经常将肉留在他的皮帐里以供此用"。②这种使生产品先集中在某一个有影响的人手中,然后他再通过赠与的形式将产品分配出去的做法实质上就是一种再分配交换。

许多部落社会中都有"赠财宴"这种习俗,就是部落中的有些人通过举办实质上是向众人分配产品的宴会来显示他们个人的特殊作用,以谋求某种首领的位置。所罗门群岛的西瓦伊人中对"大人物"(称为"穆米")的位置的追求就是通过这种途径实现的。哈里斯说,西瓦伊人中的青年为了获得"穆米"的称号,使其亲属和追随者"更加辛勤地劳动和节制消费",然后通过举办显示个人作用的宴会把"多余的农产品""分给出去";而通过举办这些赠财宴,"忠于"这些穆米并"愿为他工作的人"会更多。③可见,赠财宴实际上表现了特殊的个人在再分配交换中的作用的增大。总之,随着部落社会的形成,个人的特殊作用具有了经济的含义。产品在一定形式上首先集中于某些个人手中再行分配的机制的形成,使个人的特殊作用对社会生活的影响更深刻了。

还有两个因素使部落社会中个人的特殊作用有了新的含义。一是,从西瓦伊人的例子中可以看到,首领们使部落中的一部分人,即他们的亲属和追随者,同他们自身之间有了更密切的政治利益关系。他们在谋求首领位置时,首先依靠这些人的帮助。这是后来某些部落中的首领们逐渐谋求发展自己的政治势力的做法的萌芽。二是在部落社会中首领位置的继承上,候选人的范围开始逐渐缩小,即逐渐变成并不是每个候选人都有成为首领的可能。这实际上是使个人的特殊作用向固定的个人特殊位置转化的过程的一个步

---

① 哈里斯:《文化人类学》,第228页。
② 穆达克:《我们当代的原始民族》,第184页。
③ 哈里斯:《文化人类学》,第228—229页。

骤。这种情况在关于部落社会的许多报告都可以看到。

所有这些都表明,在部落社会中已经存在着个人性质的权力发生的一些基础。而且在有些部落社会中,这种权力的萌芽实际已经在以往部落首领或大人物的特殊作用的基础上出现了。哈维兰提到,在美拉尼西亚大部分地方的部落社会中存在着一种称为"大人"的领导人,"这种大人对他部落的福利不甚关心,但对自己个人的获利却极自私、狡猾,计算精明。他的权力是私人的;他既不来办公,也不是大家选举的,他的地位的获得是因为他做了一些事使自己的声望高于其他成员,并且吸引了一帮忠心的追随者"。[①]他还提到,这种大人在自己的追随者中获得了"政治支持",并且在政治、法律、经济和社会领域中都拥有权力。[②]这种大人,其表现已与典型部落社会中的首领的一般表现有所不同。这可以说反映了部落社会中权力机制的一种可能的变化。当然,在大部分部落社会中,真正个人性质的权力还不能说已经形成。

酋邦社会同部落社会以及群队社会在权力结构上的一个最大的不同,就是在酋邦社会中,已经出现了个人性质的权力。这种权力是同酋邦社会中的居于最高政治地位的酋长联系在一起的;同时整个酋邦社会的权力结构呈现为一种金字塔形,即有一个人拥有整个社会的最高权力。人类学对酋邦社会的权力结构作了大量描述,现在我们从这些描述中归纳出有关酋邦社会中个人性质的权力的如下几点特征:

(1)在酋邦类型的社会中,酋长具有真正的实权。这在人类学家们的描述中是十分明确的。如哈维兰说:

> 与群队与世系群(指氏族类型的血缘社会——引者)的头人不同,(酋邦的)酋长一般是实权人物,他的权力在一切事务中,在任何时候都足以把他的共同体团结在一起。[③]

[①] 哈维兰:《当代人类学》,第474页。
[②] 同上,第474页。
[③] 同上,第476页。

塞尔维斯也指出,在菲律宾的卡林加人(Kalingas)中,酋长"是最有权力的人"。①

从哈维兰的措辞中可以看出,拥有实权的酋长,是在酋邦形态下才开始出现的。这一点说明了个人的特殊作用最终转化成个人性质的权力,在人类早期政治形成的演化中是同酋邦的出现联系在一起的。

酋长的实权表现在许多方面。他可以"根据经济水平管理他的人民的生产活动"。②在对经济生活的管理中,最典型的做法就是酋长控制社会产品的再分配和对劳动力的支配。这显然是从部落社会中首领在再分配交换中的特殊作用演变而来,但它比起部落社会中首领在这方面的特殊作用来要更带有强制性,而且有固定的规则。哈维兰说:"酋长控制剩余产品,也许甚至控制共同体中的劳动力。因而,酋长会向农民要求一定限额的农产品,分配给社会。同样地,他也可以征募劳役来建设灌溉工程、宫殿和庙宇。"③童恩正也指出:"邦主(即酋长——引者)的职能之一是掌管社会产品的再分配。人民的剩余产品或甚至一部分必需产品先由邦主征集起来,然后再按社会等级重新分配";邦主有"调配社会劳动力"的权力。④在有些酋邦社会中,酋长的经济实权还体现在"一个酋长可以在他的共同体中分配土地"这一事实上。⑤对劳役的征募,事实上也是从部落社会的再分配机制中演变来的,只是在这时,这种征募也已经没有互惠的基础了。与此相应,酋长已有权征兵役,而且由人民自己承担一切开支,⑥这也是酋长实权的一个重要表现。

酋长实权的另一个确切无疑的表现,是他们对共同体成员人身具有处置权。这是酋邦社会中出现的一个全新的现象。哈维兰说:"酋长对他的臣民有生死之权,他也可以抢走他们的财物。"⑦伦斯基描述了南美洲的一支印第

---

① E. R. Service: "*Profiles in Ethnology*", P. 282.
② 哈维兰:《当代人类学》,第476页。
③ 同上,第476页。
④ 童恩正:《文化人类学》,第223页。
⑤ 哈维兰:《当代人类学》,第476页。
⑥ 童恩正:《文化人类学》,第223页。
⑦ 哈维兰:《当代人类学》,第477页。

安人——鲍雷人中酋长的"巨大的权力"的一些细节,指出他们"甚至能够做出死刑判决"。①他还提到在北美哈西奈印第安人中,"卡迪"(村落酋长)及其属下的官员在责令民众"干这干那"时,常常"恐吓民众,宣称说,如果人们不服从命令就要受到鞭打或其他方式的惩罚";他们"用棍棒抽打所有的懒人,打这些人的腿和肚子"。②这种以武力为基础驱使人民从事某种活动的情形,在典型部落社会中是闻所未闻的,因为在典型部落社会中,首领们绝对不可能强制人们服从他们的意志。

(2)酋邦制度下的酋长拥有听从他们旨意的各种官员,组成一个较正式的政治机构。伦斯基在谈到酋邦类型的社会时说:

> 在许多这样的社会中设置了一种由部下组成的幕僚机构,其主要职责是,协助首领或酋长,并遵照其命令行事。③

哈维兰也说:

> 在酋长社会中,有一种公认的官僚机构,它由控制着酋长领地中较大区域和较小区域的主要和次要官员组成。④

童恩正则说:

> 酋邦社会有一固定的核心政治机构,以管理范围明确的区域之内一切经济、社会和宗教的活动。这个政治机构可以有很多人参加,但其最高层却是一个独裁的邦主。⑤

由一个听命于一个最高权力者的专门的政治机构来管理社会,这种情形在典型部落社会中是完全不可能存在的。在部落社会中,部落人员之承担各种特别的职能,不仅是非正式的,而且相互间没有个人之间的统辖关系。而酋邦

---

① 〔美〕格·伦斯基:《权力与特权:社会分层的理论》,浙江人民出版社,1988年,第153页。
② 同上,第152页。
③ 同上,第149页。
④ 哈维兰:《当代人类学》,第476页。
⑤ 童恩正:《文化人类学》,第222页。

实际上已经形成了金字塔式的权力结构，其顶峰是最高酋长，酋长之下则是一大群分成不同层次的官员，而这些官员中的许多人都是贵族，并且是属于这些酋邦的大大小小的社区的首领，他们在自己的社区中也是拥有与最高酋长相同性质的权力的人物。

哈西奈印第安人的情形可以作为酋邦的这种情形的一个典型的例证。伦斯基引述弗赖·卡萨那斯的报告说：

> 在每个部落（村庄）中，都有一个卡迪（caddi），他像是统治和指挥村民的一个地方长官。……每个卡迪都统治着他的部落所占据的地区（不管这个村落的大小如何）。如果这个部落大，就有一些被称作卡纳哈斯（canahas）的官员。有7—8个这种官员协助卡迪进行统治。如果这个部落不大，就只有3—4个卡纳哈斯。他们的职责是减轻卡迪的工作，并且传布卡迪的命令。……这些卡纳哈斯依次又有自己的部下，人们称作查亚（chaya）。这些人执行卡纳哈斯令其完成的任何任务。他们的下面还有其他官员，被称作塔梅斯（tammas）。塔梅斯是直接执行命令的官员。①

而在所有的卡迪之上，

> 还有另外一种官员，通称齐内西（Xinesi）。卡萨那斯把这种官员描述为"类似统治他们的小国王"。②

在这里，不仅个人性质的权力已赫然存在，而且这种个人权力已由于组织了一个庞大的权力网而得到加强，实际上控制了整个社会，从而形成一种建立在个人权力基础上的真正的政治实力集团。正如伦斯基所说，幕僚机构的存在"增强了首领的权威并且多多少少减少了他对说服的依赖"。③

（3）酋长及其所属的官员拥有特权。许多人类学报告指出，酋邦形态下的酋长是享有实质性的特权的。比如在美拉尼西亚的特罗布里恩德岛人

---

① 〔美〕格·伦斯基：《权力与特权：社会分层的理论》，第151—152页。
② 同上，第152页。
③ 同上，第149页。

(Trobriand Islanders)中,"酋长的房子比其他人的大,而且装饰得漂亮,通常建造在仓库区的中央一圈上"。① 而在南美洲的马纳西印第安人中,"酋长们有一个由部下组成的幕僚机构来执行他们的命令,并且住在由他们的臣民建造的宏大的住宅中。他们还拥有两大片田地,由臣民耕作,供他们享用。他们还得到村民收获的最上等的产品,并且分享每次渔猎的所得"。② 在有些酋邦社会中,酋长的特权的一部分是接受下级的贡纳。哈维兰说:酋长周围的贵族"都向酋长奉献某种贡品,他们转过来又向下级贵族征收贡品,下级贵族又向一般人征收贡品"。③ 结果是,酋长的最高特权是以对平民的索取为基础的。从这里可以看出,在部落社会的再分配中尚存在的那种互惠的原则,在酋邦社会中已经被关于酋长和贵族的特权的概念所取代了。

酋长的另一种特权是精神性的,但并非不重要。那就是他必须受到共同体成员的尊敬,以此来证明他的权力地位。这种由对权势者的尊敬构成的态度体系的目的是造成并维持一种政治秩序,并且是同酋邦社会由部落社会中承继来的等级制度(system of rank)联系在一起的,但赋予了传统的等级(rank)以权力的内容,从而使它们开始转化成体现人们之间不平等关系的作为一种复杂社会制度因素的新的等级制(hierachy)。

比如,在特罗布里恩德岛人中,"具有某一等级的人,其头部总是保持在比低等级的人的头部高的位置上。例如,当平民出现时,酋长须坐在高台上,而当酋长站立时,平民要对他弯腰"。④ 在波利尼西亚的塔希提人中,对酋长和高等级的人的尊敬和畏惧被夸张到神秘的地步。塞尔维斯描写道:

> 最高等级阿里依(Ari'i)是如此神圣,以至他用过的任何东西都成为禁忌的对象,而他触摸过的任何食物对低等级的人来说是有致命的毒性的。在有些波利尼西亚岛上,解决这个问题的办法是使最高酋长几乎完全保持不动。他出行坐轿、沐浴和进食由一个侍从服侍,而在西波利

---

① E. R. Service: "*Profiles in Ethnology*", P. 232.
② 艾·梅特劳:《玻利维亚东部和西马托格罗索的土著部落》,转引自《权力与特权:社会分层的理论》,第152页。
③ 哈维兰:《当代人类学》,第477页。
④ E. R. Service: "*Profiles in Ethnology*", P. 238.

尼西亚他甚至不许当众说话——由一个酋长发言人（通常是他的弟弟）来代表他发言。还有一个常见的习俗是最高酋长使用一套对平民禁用的古典语汇来发言。①

在个人装饰上，酋长也具有特殊的表现。"只有酋长才能佩戴某种贝壳饰物，以此作为身居高位的象征"。②

以上种种对酋长地位的精神性夸张手段，无疑使得个人性质的权力对社会具有了一种威慑作用。马林诺夫斯基曾说当特罗布里恩德岛的一个村民听到有一位酋长马上要来时，竟"立刻从阳台上跳下来，快得就好像被一阵风刮下来似的"。③

关于酋邦社会中酋长的特权，伦斯基也有肯定的观点。他的以下一段论述是很有概括性的：

> 在大多数简单园耕社会（相当于我们说的酋邦社会——引者）中，首领的特权就大多了。他们常常穿戴专供他们使用的特殊标志或服装。此外，他们像马纳西人的酋长那样，常常受到特别的尊敬，他们的臣民只能以非常合乎礼仪的方式来称谓他们。年轻人在他们面前不准坐下。或者像阿查瓦卡人酋长那样，臣民在他面前只能低声说话。在许多方面，简单园耕社会的酋长们都享有专门的特权。例如，希瓦罗人的酋长们有优先挑选女俘的权利，奇基托人的酋长们被准予有多个妻子，博罗罗人酋长们被分给更大、更便于耕作的田园基地。这些酋长们一般都被免除体力劳动，并且得到由他们的臣民供应的物质必需品。在某些情况下，他们得到相当于税收的利益，分享别人的一份劳动品。④

很显然，酋邦社会中的酋长已不是部落中平等的一员，而是高居于部落其他成员之上的人物了。

---

① E. R. Service: "*Profiles in Ethnology*", P. 262.
② 哈里斯：《文化人类学》，第234页。
③ 马林诺夫斯基：《西太平洋的淘金者》，转引自哈里斯：《文化人类学》。
④ 〔美〕格·伦斯基：《权力与特权：社会分层的理论》，第166页。

（4）酋长的地位逐渐成为"永久性"的。在许多部落社会中，首领的地位是靠个人的才能和德行争取得来的，并且还要靠才能和德行来保持这些地位。无论在氏族或部落中，无条件地世袭首领位置的现象是十分罕见的。以氏族首领而言，"虽说这个职位是在氏族内传袭的，它却是从本氏族男性成员中选举出来的"。①在理论上和实践上，"凡是本氏族的男性成员都具有同等的被选资格"。②而就部落而言，摩尔根曾指出，"在墨西哥以北的各部落中，首领和酋长的职位普遍都由选举产生"。③特别是酋帅（chief）这种职位，摩尔根明确指出，它是"不世袭的，因为这种职位是用以酬劳个人功勋的，本人一死，职位亦随之而废"。④甚至部落联盟的首领也是经过"推举"才能就任的。⑤但是在酋邦社会中，世袭的机制开始出现了。哈里斯说："特罗布里恩德岛人的酋长和西瓦伊人的穆米不同，他们继承职位（指世袭——引者），而且只有在打了败仗时才会失去职位。……酋长的职位是在最大、最富有的亚氏族（指家族——引者）中世袭的。"⑥哈西奈人中的情况更为典型。伦斯基说："当他们的一个酋长在他的儿子或嗣子成年以前死亡时，其子仍被承认为酋长。在他弱冠期间，其他官员组成参议会并且代替他进行统治，然而当他达到成人年龄时就让位给他。在此情况下，个人的才能无足轻重，而出身决定一切。这种人不必证明他具有作为臣民首领的卓越才能——他们早在这种才能可能得到任何表现以前就得到承认了。"⑦童恩正对这种现象的概括是："邦主的职位是永久性的。"⑧可见，在酋邦社会中，酋长不单单是体现了个人的特殊作用，也不仅仅只是拥有了个人性质的权力，而且他们本身就成为这种权力的象征和法定的保存者。在某种意义上，与其说他们作为首领是社会权力结构的一个环节，不如说整个社会权力结构是以他们为中心、为了他

---

① 摩尔根：《古代社会》，上册，第70页。
② 同上，第71页。
③ 同上，第111页。
④ 同上，第70页。
⑤ 同上，第71页。
⑥ 哈里斯：《文化人类学》，第234页。
⑦ 〔美〕格·伦斯基：《权力与特权：社会分层的理论》，第157页。
⑧ 童恩正：《文化人类学》，第223页。

们的目的而存在的。

总之,同部落社会和群队社会的没有个人性质的权力的状况相比,酋邦是存在着明显的个人性质的权力的。在前国家时期的不同类型的社会中,酋邦是唯一具有这种特征的社会。而从人类学报告来看,具有酋邦的这一特征的社会在世界许多地区都存在过。把这种类型的社会从典型部落社会中区分出来,尤其是把它同在典型部落社会的基础上发展起来的部落联盟社会相区别,有助于认识人类社会政治组织和政治权力发展的真实过程。应该说,个人性质的权力的出现和发展是使不同民族与地区的早期政治进程呈现不同面貌的一个非常重要的因素。在以后的论述中我们可以看到,这是造成世界几个主要的早期文明在政治发展上呈现出差异性的历史原因之一。

二、酋邦制度下的社会分层现象

酋邦社会同典型部落社会除了在权力结构上有重要不同外,酋邦社会中分层现象的突出也是它们之间的一个重要差别。弗里德因此把酋邦类型的社会称为"分层的社会"。

许多酋邦社会都是等级社会(ranked society)。[①]分等级现象在部落社会中已经存在。但是,我们已经指出过,因为部落社会中人与人之间的关系根本上是平等的,所以部落社会中的等级(rank)并不表示拥有它们的人们在社会地位上有严重的和根本的差异。它们更多是关系到人们在社会交往中的礼仪规则。随着社会生活的日益复杂化,有些部落社会中的等级(rank)也开始具有表明经济和政治上的不同权利与义务的性质。但等级本身仍然是个人性质的,还没有达到使社会划分为不同阶层的地步。比如在美国西北海岸的印第安人的一些部落社会中,"个人在面对群体中的其他人时,总是具有特殊的阶等(rank)和地位","每个人都有自己的属性,而有异于他人";"这些阶等就如

---

① 在国内,rank这个词有时译作"阶等"、"级序"等,在本书中我们仍采用"等级"这个译名,而对ranked译作"等级的"或"分等级的"。在确切的含义上,rank这个词与hierarchy这个词是有重要区别的。hierarchy更多地与政治权力或相关人们之间的某种统辖关系相联系,因此它总是指一种分等级的权力制度。而rank与权力等级无关。

同个人的头衔一样,尤其是在一个人的传统名字可被用来当作他独特地位的一种总括称呼时,这一点就显得特别得清楚"。①因此在许多部落社会中,等级表现在个人的名称上,形成十分复杂的一套体系。德鲁克尔(Drucker)说:"这种名字和阶等的结合是如此的强固,以致于若想获得某些特殊地位,不论是社会、政治或仪式性的地位,都得先获得(或授予)某种名称。克瓦求特尔人(Kwakiutls)的命名制度已经达到最复杂的境地,他们区分节日用名、夸富宴(即赠财宴——引者)用名,以及秘密社会组织运作的用名等。因此由一个人的名字就可以知道他的地位,以及他在经济和仪礼上的权利义务。"②

但是在酋邦社会中,等级不再是纯粹的个人性质的概念,而成为一种社会的概念。一个等级不再是只同一个个人相联系,而是也代表了一群有相同社会地位的人。这时,等级的概念便更接近于阶层了。③

塞尔维斯以特罗布里恩德岛人为例指出:"个人、整个村落和氏族全部按不同的声望分成为等级。"④就特罗布里恩德岛社会而言,"整个岛分成四个拥有不同声望级别的氏族。这些氏族又分成若干亚氏族或世系集团,这些亚氏族和世系集团相互之间又都分成等级"。⑤这就造成了"有些村落拥有许多出自显贵氏族的成员,而另一些村落可能主要是由低等级的氏族的成员构成的"情况。⑥塞尔维斯说,这种情况往往使个人的等级状况变得复杂起来,因为"来自不同村落的两个人可能在他们各自的村落中是属于相同的较高等级的,但他们相互之间却不平等,因为他们各自所属的氏族或世系集团是不平等的"。⑦结果,"当两个陌生人相遇时,他们必须根据他们各自的等级建立起

---

① 〔美〕基辛:《当代文化人类学》,第505—506页。译文有改动。
② 同上,第506页。译文有改动。
③ 这是就一般和典型的情况而言。在有些酋邦社会中,等级仍然是个人性质的。如在努特卡人中,"没有两个人的等级是完全相等的"(E. R. Service: "*Profiles in Ethnology*", P. 215)。但努特卡人中社会分层的现象却很发展。详下文。这说明在努特卡人社会中,等级已成为一种比较形式化的范畴。
④ E. R. Service: "*Profiles in Ethnology*", P. 238.
⑤ 同上,P. 238.
⑥ 同上,P. 238.
⑦ 同上,P. 238.

相互间交往的合适的礼节。而首先要解决的问题是,他们是属于哪一个氏族的,以及由此而来的他们各自在亚氏族和村落中的地位"。①

酋邦社会中等级的存在同酋邦社会中分层现象的发展有很大关系。这可以从几个方面来看。

首先,从特罗布里恩德岛的情况来看,不同等级的村落之间出现了政治和经济权利的不平等。塞尔维斯说:"有些较大的村落,其等级亦较高;因此似乎在村落之间有一种类似封建的关系。尤其由于以下的事实,这个印象就更深了:低等的,或从属的村落要向该地区内领头的村落纳贡。"②当然,这种情况由于是在前国家时期中,因此不像真正的封建关系那样赤裸裸。"这种贡纳似乎不是在武力和征服的强迫下付出的,而更像是对一种亲属关系义务的付出。"③具体地说,就是领头的村落的首领从每一个从属的村落中娶一位妻子(通常是这些村落首领的姐妹或女儿),然后根据妻方家庭须供养女婿的习俗,领头的首领便从这些村落中"获得数量可观的食物"。④尽管这些领头的首领最终还要通过"赠财宴"等形式将获得的财物再分配出去,但塞尔维斯指出,多妻制的特权毕竟是这些酋长"地位和权力的基础"。⑤

在塔希提人中,社会等级的分层的意义表现在家庭之间的关系上。塞尔维斯描述道:"等级的再分化表现为从顶端到底层的连续不断的各个级别,但一般是把这个社会描写成由三个基本级别组成的。在一些大区内的最高世系集团的酋长的近亲家庭称作'阿里依'(Ari'i),较低的世系集团的首领及其家庭属于一个中间集团,称为'拉阿梯拉'(Ra'atira)。剩下的人口便被归入'玛那胡奈'(Manahune)等级。"⑥同特罗布里恩德岛人一样,在塔希提人中,社会分层现象也被蒙上了亲属关系的外衣。但是,虽然这样,塞尔维斯明确表示:"塔希提的社会等级同时包含了经济的、政治的和宗教的权力——一

---

① E. R. Service: "*Profiles in Ethnology*", P. 238.
② 同上,P. 239.
③ 同上,P. 239.
④ 同上,P. 239.
⑤ 同上,P. 239.
⑥ 同上,P. 259.

句话,包含了一种神权政治的原则。"①这就是说,等级不同,政治、经济、宗教的地位也不同,而且这种不同不仅仅是同个别的个人相关联的,而是涉及到不同的人群。这就有了社会分层的含义。

其次,酋邦社会中社会分层的最重要的表现是酋长的特权的加强。而这也是在酋邦社会中的等级的概念中获得发展的。关于酋长的特权前文已有论述。在这里我们可以进一步来看一看这种特权与等级同分层现象的关系。塞尔维斯在谈到北美努特卡人的情况时说:"身份(指等级——引者)权利和特权也表现在经济形式上。不同级别的酋长有不同数量的领土,在这些领土上他们的作为就像是管理他们的低等级的亲属的行政官员。那些使用领土上的资源的人通过交付某种贡纳而承认这种地位。……酋长按照严格的复杂的习俗获得许多经济产品,但还有大量物品更随意地送给酋长,如果在贡献者的生活必需品之外还有剩余的话。"②从这里可以看出,酋长等级的存在使得在酋邦社会中担当再分配者责任的人选固定化了。这种趋势进一步发展下去,将造成酋长等级与一般等级之间在经济和政治权利上的明显裂痕,从而出现统治阶层与被统治阶层之间的对立。

在菲律宾的卡林加人中,一种以酋长等级为顶端的等级制度便完全成为社会分层的等价物。塞尔维斯描写道:卡林加人中的地区酋长——称为"潘加特"(pangat)——"作为最有权力的人,数量很少,但他们是在社会分层的顶端。在他们之下是'卡当延'(Kadangyan),即亲属集团的富有的贵族领导人。中等或一般集团称为'巴克囊'(baknang),而贫穷的人称为'卡布斯'(Kapus)"。③在这里,等级的划分之具有社会分层的意义是非常明显的。正如塞尔维斯所说:"在最高等级与最低等级之间的差别是明显的。这可以从以下事实中看出,即许多卡布斯是完全没有财产的,而必须寻找佃农的工作来做;与此同时,一些富有的人却有足够的土地让佃农来耕作,并对半分成。"④在这些富有的人中间当然包括酋长们。

---

① E. R. Service: *Profiles in Ethnology*, P. 259.
② 同上,P. 216.
③ 同上,PP. 282—283.
④ 同上,PP. 282—283.

第四章 酋 邦

关于酋长的经济特权,塞尔维斯强调了其与再分配活动的关系,即酋长获得的大部分物品将来还会在再分配中分发出去。① 但实际上,酋长本人毕竟是获利的,正如哈里斯所说:"酋长的生活比平民好;他们和(部落社会的)大人物不一样,不是'啃骨头,吃陈饼'",他们"即便暂时不能慷慨地给手下人分发东西,却也能继承他们的职位并保持下来"。② 伦斯基也说:酋长作为中间人"因为进行再分配而得到财物。如果存在可观的剩余产品,这一中间人的作用就为某个人提供了他对社会的生活进行过分控制的极好机会。如果存在可观的剩余产品,酋长就能够领回其中一些为自己使用"。③

酋邦社会中分层的这种情形表明了社会分层发生和发展的一种模式,即分层是与社会中个人性质的权力的发展同步的。这里关键的因素不是私有财产观念的一般的作用,因为对低等级的个人来说,私有观念本身并不能使他们在社会分层中进入较高的阶层。等级作为一种具有传统的约束力,而现在又成为一种权力的标志的因素,有力地制约着人们在社会分层中的地位。在这种机制下便出现了最有权力的人总是最富的这种现象。在财富与权力之间,权力似乎成了第一性的,而财富是权力的派生物。这可以说是酋邦社会的一个特征。在这个意义上,酋邦社会的社会分层的最基本的格局便是权力者与普通成员之间的差异。这对由酋邦转化而来的早期国家中的阶级结构的形成有着非常深刻的影响。

第三,随着等级所具有的社会分层的意义的强化,不同等级的人们之间的隔阂增加了。这种隔阂表现在许多方面,而其结果是使社会显得越来越不均衡,也就是社会成员间的分化越来越明显,以至人们相互间的行为方式开始受一种新的、不平等的规范约束。比如,在特罗布里恩德岛人中,"一个人不应同比他更低社会等级的人通婚",并且也"不可以与来自不同政治区域的人通婚"。④ 这显然表明等级在酋邦社会中越来越具有封闭的性质;等级越来越像是一种阶层的划分。

---

① E. R. Service: *"Profiles in Ethnology"*, P. 217.
② 哈里斯:《文化人类学》,第233页。
③〔美〕格·伦斯基:《权力与特权:社会分层的理论》,第167页。
④ E. R. Service: *"Profiles in Ethnology"*, P. 243.

在塔希提人中,"低等级的人不能同高等级的人一同进食","而在某些波利尼西亚岛屿上,甚至观看高等级的人进食也是不被允许的"。① 在这种习俗中固然可能会有某种宗教的意义,但社会的意义也许是更本质的。

在努特卡人中,"赠财宴"被用来强化人们的等级身份的差异。塞尔维斯说:"赠财宴的最鲜明的社会特征就是它被用来显示和证明等级。参加赠财宴的每一个人都占据(并且按照继承权拥有)一个特定的位子,而所有位子相互间都是按照与占有者的等级身份地位相称的秩序安排的。"②

在等级越来越具有分层意义的情况下,某些等级之间的人们的关系已经具有了确定的权利和义务的内容,虽然表面上他们好像还是相互间具有亲属关系的人。比如在卡林加人中,塞尔维斯指出:"主人与佃农之间的关系是封建式的;一个佃农必须帮助主人报复对于他的伤害,帮助他应付紧急事件,等等,而主人也被期望帮助佃农进行报复,以及在生病和有其他事故时帮助他。这是一种富有的主人与贫穷的农奴间的关系,但这种关系却被说成是一种亲属关系,并且通常两人之间实际上也是有某种亲属关系的。"③ 从这个描述中可以看出,在酋邦社会中,阶级分化的萌芽已经出现了。当然,作为一种阶级分化的雏形,这里的人与人之间的权利义务关系还是在酋邦社会的等级概念的框架内出现的。

总之,酋邦社会中社会分层的发展同等级的存在是有着某种关系的。但是从根本上说,酋邦社会中的社会分层现象却不仅仅是等级发展的结果,而应该还有其深刻的社会经济与政治的原因。因此,在许多酋邦社会中,社会分层的结构并不总是同这些社会中的等级的结构相一致的。作为一种阶级区分的前兆,社会分层常常突破等级的秩序,使得同一等级的人也可能在社会分层中处于不同的地位,而不同等级的人却可能处于同一社会分层的地位中。在中国民主改革前的凉山彝族社会中,这种情况就很明显。凉山彝族中存在着五个等级,按社会地位的高低依次是:兹莫(汉语称"土司"、"土目")、诺合(汉语称"黑彝")、曲诺(汉语称"白彝")、阿加和呷西。一般认

---

① E. R. Service: "*Profiles in Ethnology*", P. 262.
② 同上,P. 217.
③ 同上,P. 283.

为,兹莫和诺合属于"统治阶级",并且是占有阿加和呷西的奴隶主,而曲诺是"自食其力的隶属民或一般劳动生产者",阿加和呷西则是奴隶,前者有家庭,从事生产,后者为单身,为主子从事家务和田间劳动。① 但是,在凉山彝族社会中仍然可以观察到阶级与等级"错动"的现象。② 据1956年民主改革时的统计,全部兹莫和绝大多数诺合,以及少数曲诺和个别阿加,构成占凉山总户数5%左右的"奴隶主阶级";全部呷西和绝大多数阿加及少数曲诺,构成占凉山总户数40%左右的"奴隶阶级";绝大多数曲诺和少数阿加及极少数诺合,构成占凉山总户数55%的一般劳动者。③ 周自强指出:"部分等级内部的贫富差别和阶级分化早就存在。"④ 以诺合而言,周自强曾举出一个名叫吴奇给兹的富户的例子:"他占有呷西十八人,阿加三十至四十户,曲诺八十至一百户;占有耕牛二三百条,绵羊一百四十至一百六十只,猪十五六只;每年收入粮食二百五十多石;存有银子一千锭。"⑤ 而与此同时,周自强指出,"也有极少数贫穷到不占有娃子(指阿加和呷西——引者),不得不去家门或过去的娃子家中寄食、佣工的诺(合)"。⑥ 曲诺的情况也是这样。周自强举例说,"有一户(曲诺)占有呷西七人、阿加三户";还有一户"甚至占有三十户阿加(赤黑),两个呷西和一百架牛的土地";"而不少曲诺(邪沙)则几乎一无所有,靠租地、借债过日子"。⑦ 甚至在一般处于奴隶地位的阿加中,也有一些人在社会分层中属于较高的阶层。例如,"据民主改革时的划分,瓦吉木乡的九百一十个阿加中有奴隶主十七人,占百分之二;阿尔乡的三百三十户阿加中有十一户奴隶主,占百分之三"。⑧ 凉山彝族社会的性质,从历史上某些文献的记载来看,约在唐代时已呈现出酋邦的特征(关于这一点我在本章下一节中将讨论到)。凉山彝族社会从未进入国家阶段。凉山的例子清楚地说

---

① 李绍明:《凉山彝族奴隶制》,《中国大百科全书·民族》,第247页。
② 周自强:《凉山彝族奴隶制研究》,上海人民出版社,1983年,第39—61页。
③《中国大百科全书·民族》,第247页。
④ 周自强:《凉山彝族奴隶制研究》,第43页。
⑤ 同上,第45页。
⑥ 同上,第46页。
⑦ 同上,第48页。
⑧ 同上,第51页。

明，酋邦社会中贫富差别和阶层分化现象不完全能用等级的存在与发展来解释。不过酋邦社会中等级与分层之间的关系至少说明，在社会分层发展的早期，等级可能是起了重要作用的。但是随着社会生活的日益复杂化，社会分层越来越突破等级的框架，成为反映人们社会地位和生活状况的一种比等级更真实和深刻的概念。不过，在大多数酋邦社会中，社会分层现象的存在仍然在相当程度上以等级的形式表现出来。这种情况甚至延续到某些酋邦社会演进到国家社会之后，成为一些早期国家在阶级结构上的一种特点。在这一点上，列宁的如下论断是确切的：

> 在奴隶社会和封建社会中，阶级的差别也是用居民的等级划分而固定下来的，同时还为各个阶级确定了在国家中的特殊法律地位。所以，奴隶社会和封建社会（以及农奴制社会）的阶级同时也是一些特别的等级。①

在这里，列宁所说的"奴隶社会"和"封建社会"指的都是国家社会。

酋邦社会中社会分层现象的出现和发展，使得这些社会成为一种具有明显的不平等现象的社会。这种不平等，涉及到政治、经济、宗教等各个领域。在这里尤其值得得注意的是"以财产为基础"的不平等的出现和发展。②因为这实际上表明酋邦社会已接近于产生真正的阶级。伦斯基引述雷伊（Reay）的报告提到新几内亚库马人中存在的这种情况：

> 在这个部落内部存在着财产和地位方面的明显差别。在一个氏族中有87名男子，他们都达到了结婚的年龄。其中，有1人占有4个妻子，5人各有3个妻子，12人各有2个妻子，50人各有1个妻子，19人未婚，这是一个非常真实的分层体系的基础。在这里甚至还有一个用于表示那些由于本人无吸引力，而没有希望成婚的男人的、耻辱的专门名称。他们被通称为"流浪人"（在雷伊研究的氏族中有5个"流浪人"），并且被当作无赖加以对待，不准参加库马人生活中的主要事件——典礼和舞会。③

---

① 《列宁全集》，第6卷，第93页附注。
② 〔美〕格·伦斯基：《权力与特权：社会分层的理论》，第153页。
③ 同上，第153页。

库马人的这个例子绝不仅仅是关于婚姻状况的;伦斯基指出,在库马人中,"妻子是财产当中至关重要的形式,因为她们是唯一能够从事生产的财产"。①

由于分层具有这种经济的内容,它对社会的改变是深刻的。典型部落社会中的均等的现象不复存在,人们在分层的状态中逐渐成为具有不同利益的社会集团。很显然,这种社会基础为真正政治性质的权力结构的出现铺平了道路。在这个意义上,建立在社会分层基础上的酋邦社会比典型部落社会更接近于向国家社会的过渡。在这里较为重要的一项主要的未知因素就是有关社会在政治上的发展了。

三、作为征服结果的部落联合体

在人类学的分类中,酋邦属于具有个人性质的权力的前国家社会。相对于典型部落社会的集体性质的权力而言,个人性质的权力也可以说是一种集中的权力。因此,在一定意义上,酋邦社会也可以被定义为人类在前国家时期中出现的具有集中的政治权力的社会类型。

但这是就酋邦社会的权力结构的基本原则和特征而言的。在实际上,各个酋邦社会的个案所表现出来的权力集中的程度和具体方式是很不相同的。在有些酋邦类型的社会中,权力的集中只存在于某种层次的共同体或社区范围内。比如我国凉山彝族社会的政治制度就表现出这样的特点。李绍明曾简要地描述了它在1956年民主改革前的情况:

> 凉山彝族奴隶社会,没有统一的政权组织,诺合家支的统治实际上起着政权组织的作用。家,彝语称"措加",是氏族组织的蜕变。家之下分为许多支,彝语称"此杰"。支以下是以父系个体小家庭为单位的诺合户,彝语称"措布"。家支就包括一个家以下的各支、各户这一血缘团体。中华人民共和国成立前,整个凉山由近百个诺合家支分割统治。各家支间无隶属关系。各个家支分别有自己的区域和自然产生的领袖人

---

① 〔美〕格·伦斯基:《权力与特权:社会分层的理论》,第153页。

>物——家支头人。头人根据习惯法,主持家支会议,处理内外事务。家支的职能,对内是加强对奴隶和隶属民的统治,镇压群众的反抗;对外是进行"冤家械斗",掠夺财产和奴隶。整个诺合家支的男性成员就是一支随时可以动员起来的武装力量,并以此为骨干,组织所属等级成员的武装,为奴隶主专政所用。①

从这个描述来看,凉山彝族社会中的政治权力似乎是比较分散的。就家支头人的情况来看,他们的权力也似乎并不具有明显的个人性质。吴恒说:

>黑彝家支内部没有常设的统治机构,也没有专职管理人员,但每个家支都有数目不等的头人,彝语称为"苏易"和"德古"。他们是通过选举产生或任命的,因为他们精通习惯法,善于权衡阶级关系和家支势力的消长,能在日常生活中排解纠纷,维护黑彝的统治利益,所以他们被黑彝奴隶主拥戴出来。……不论"德古"和"苏易",如果排解纠纷一旦显出不公允,就会失去威望,也会失去头人的地位。头人没有固定的薪俸,也没有高踞于一般家支成员之上的特权,他们的地位也不世袭。……家支除头人外,还有家支议事会。议事会分为"吉尔吉铁"和"蒙格"两种。凡是几个家支头人的小型议事会,或邀请有关家支成员商讨一般性问题的会议,称为"吉尔吉铁";家支全体成员大会称"蒙格"。"蒙格"由黑彝家支中有威望的头人主持,与会者都可以发表意见。当发生争执时,头人与老人的意见往往起决定性作用。凡经会议决定的事项,家支成员都得遵守。②

这个情况,同一般部落和氏族社会中的政治运作没有很大不同。因此,在家支(氏族)水平上,凉山彝族社会似乎还没有形成真正个人性质的权力。但是,从历史上看,凉山彝族社会的政治制度要比在50年代观察到的上述情况复杂。林耀华指出,在唐代时,在"今大渡河以南、金沙江以北、安宁河流域(亦即今凉山彝族自治州所在地区——引者),分布有号称'勿邓'、'两林'、

---

① 李绍明:《凉山彝族奴隶制》,《中国大百科全书·民族》,第248页。
② 吴恒:《凉山彝族家支制度》,《中国大百科全书·民族》,第246页。

'丰琶'的三个主要以彝族先民为主的大部落,史书以其在'南诏'之东,统称之为'东蛮'"。①他说:

> 这些大部落的组织形式是:每百家或二百家构成一个小部落,小部落之上有大部落。部落的酋长称为"鬼主"。小部落有"小鬼主",大部落有"大鬼主"。"勿邓"、"两林"、"丰琶"这些大部落,为了抵御来自吐蕃、南诏的军事进攻,还联合起来,结成部落联盟,并共推"两林"这个实力最为强大的"大鬼主"为部落联盟的"都大鬼主"。虽然"都大鬼主"是由民主选举形式产生,但在其职权上说,已具有宗教祭司、军事首领和部落酋长三位一体的内容。这就是说,这时东蛮部落联盟的总首领,不仅管宗教,管军事,同时也管民政,已兼"兹"、"莫"、"毕"三种职权于一身。他不仅在军事上,而且在政治上也有了比较强大的实力,已有胜兵数万人……具体历史表明,当时东蛮已是一个依存于唐、南诏、吐蕃之间,有一定的政治、经济、军事实力的地方性政治统一体。唐皇朝为了抗拒吐蕃、南诏奴隶主势力的侵扰,为了拉拢东蛮作为自己的屏障和外援,还册封"勿邓"、"两林"、"丰琶"三个大鬼主为"郡王"。这说明至迟到了唐代,东蛮三个大部落的首领已不是军事民主制下的军事首领或部落酋长,而已经演变为阶级社会的"君王"了。②

林耀华把勿邓、两林、丰琶三个彝族部落的联合看成是"部落联盟",从他引证的这个联合体的"都大鬼主"集宗教、军事与民政的权力于一身的情况来看,似乎并不是很准确。因为像"都大鬼主"拥有的这种权力在部落联盟类型的部落联合体中是不存在的。应该说,古代凉山彝族的这种部落联合体更像是一种酋邦,它具有在联合体层次上的集中的,也就是个人性质的权力。正是在这个意义上,林耀华强调东蛮是一种"地方性政治统一体",以及东蛮的三大部落的首领"已不是军事民主制下的军事首领或部落酋长"。指出这一点是很重要的。这实际上表明了东蛮部落联合体与部落联盟的不同。凉

---

① 林耀华主编:《原始社会史》,中华书局,1984年,第464页。
② 同上,第464—465页。

山彝族历史上出现的这种酋邦类型的政治组织和权力结构,由于复杂的历史原因,在凉山地区没有保存下来。现代民族学观察到的凉山彝族社会,已不存在部落和部落联合体层次上的明显的权力机制。对这一演变过程的研究可以成为一个专门的课题。而从对凉山彝族社会在古代和近代的政治组织状况的了解中,我们已经看到这样一种类型的酋邦政治体制的存在,即它的集中的权力主要体现在部落和部落联合体的层次上,同时它的基层的社会组织(氏族或家支)在权力结构上仍然是分散的。当然,除此之外,我们还可以看到酋邦的其他一些类型。

在不同类型的酋邦组织中,我们最感兴趣的无疑是那些最终与有关社会的早期国家进程相关的个案,而对这类个案而言,在部落联合体层次上出现集中的权力,是一个重要的特征。正是这一特征与有关社会出现早期国家进程有着深刻的联系。

卡内罗在谈到早期国家形成的一种途径时提到,国家出现的一个前提是一定范围内的社区的合并。哈斯把他的观点概括为:

> 当一个有限地区里所有的社区逐步从属于单一的政体时,国家就出现了。①

就这一概括本身的含义而言,它对于国家形成的部落联盟模式也是适用的;关于这一点我们在讨论部落联盟模式时已着重提到了。而卡内罗的论述实际上是针对酋邦模式来说的。因此他还着重提到了军事征服在促成单一政体形成中的作用。哈斯先引述了卡内罗的这段话:

> ……最后,整个有限的谷地就统一在单一的旗帜下,政治单位比以前的小部落酋长制(指酋邦——引者)更为强大,组织机构更为庞大,组织形式更为高级,这样的政治单位就是国家。②

然后,他总结说:

---

① 哈斯:《史前国家的演进》,第118页。
② 同上,第118页。

第四章 酋　邦

　　从这些阐述中可以看出,卡内罗的国家概念就是指在军事强权统治下一定人口的联合。①

很显然,在哈斯的理解中,卡内罗所说的有限地区内所有社区的合并,具体就是指在酋邦基础上实现的小政治单位的统一,而在这个过程中,征服或对武力的使用起着很大的作用。

事实上,征服在酋邦自身的形成中就是一个起重要作用的因素。酋邦之所以具有集中形式的权力,同它自身形成过程中的这个特点是分不开的。在这一点上,酋邦作为一种部落联合体形式,与部落联盟是有很大不同的。后者是部落间自愿结盟的结果,而酋邦则不是,它是势力较大的部落或社区对势力相对弱小的部落或社区进行吞并或征服的结果。这种发生上的不同,使这两种部落联合体的权力概念完全不同。

从现有人类学资料看,还不能说酋邦在促使自身形成中实行的吞并或征服必定是军事性质的。关于这方面的细节目前还没有完整的报道。但是许多酋邦个案所显示的有关社会中各社区间的关系却表明,在这些酋邦形成的过程中,某种形式的吞并或征服是存在的,其中包括军事形式的吞并和征服。

塞尔维斯在谈到特罗布里恩德岛的情况时说:"战争看来在以往是偶尔有所发生的,并且可能曾导致社会分化为不同等级的村落和区域。"②所谓"社会分化为不同等级的村落和区域",就是指在一种集中的权力结构中的社区的联合,在这种联合中各社区的地位不相平等。塞尔维斯这段话的意义在于指出了战争与这种集中的社区联合之间的关系。这种战争,当然实际上就是征服。

在波利尼西亚的社会群岛和夏威夷也有类似的情况。塞尔维斯说,在欧洲人到来之前,在这些地区,"由一些协同的地区和海上力量卷入其中的大规模的战争有时在整个岛屿集团间发生,并且经常建立起贡纳关系,从而使得战败者处于较低的政治和经济地位上"。③他特别指出:在夏威夷,"这种类

---

① 哈斯:《史前国家的演进》,第118页。
② E. R. Service: "*Profiles in Ethnology*", P. 239.
③ 同上,PP. 262—263.

165

型的永久的征服导致某种分层的社会的产生,因为征服集团的世系集团成了对于被征服者的世系集团占优势的一方"。①在上一节中,我们已经看到酋邦社会中各社区间贡纳关系存在的某些事实和社会分层现象的存在。而从塞尔维斯的这段论述来看,这些贡纳关系和分层现象的发生都可能同有关社会历史上的某些征服战争有关。

事实上,在前国家时期,不同部落之间出现相互征服的关系是普遍的。这种征服可能通过军事形式,也可能通过其他的威慑作用,但其结果是一样的,就是在不同的社区或部落之间产生一种递等关系,某种形式的中央权力就是在这种情况下最初形成的。这种现象是如此普遍,以至对结成部落联盟的部落来说,虽然在联盟内各部落之间的关系是平等的和自愿联合的,但它们与联盟外部落的关系,也不乏征服的内容。摩尔根就指出过:"易洛魁联盟曾征服过其他部落并使之处于臣属地位,例如对特拉华部就是这样。"②易洛魁部落联盟的对外征服的规模看来还是不小的,穆达克曾提到过这方面的事实。他说,17世纪,易洛魁人由于有了火器,"很快就战胜和征服了他们的邻居,即哈农人、刘杰斯人、爱维斯人、爱底诺达克人和达勒瓦人,并接着将他们的征服扩展到南方和西方。到1700年左右,他们曾经征服了从新英格兰到密歇根湖,从阿特瓦河到田纳西之间的所有的部落,并且建立了墨西哥以北从未有过的强大的印第安王国"。③当然穆达克这里所说的"王国"只是一个借词,并不意味着易洛魁人的征服已导致真正的国家的产生。易洛魁人的例子说明,对邻近部落的征服,是前国家时期部落间在建立平等和自愿的联盟之外发生紧密关系的另一种更为普遍的形式。这种形式导致部落间的臣属关系,如果这种关系持久下来并成为社会政治制度的基础,那么就可能出现酋邦式的集中的社会权力结构。

从早期国家研究的角度来说,酋邦在促使自身形成过程中存在的征服机制的最令人感兴趣的部分,是只要条件允许,这种征服将导致酋邦社会不断

---

① E. R. Service: "*Profiles in Ethnology*", PP. 262—263.
② 摩尔根:《古代社会》,上册,第143页。
③ 穆达克:《我们当代的原始民族》,第205页。

扩张，政治制度也越趋复杂化，最终导致国家的产生。

从人类学报告来看，正如前面已经提到的，酋邦社会的集中的权力在不同个案中可能表现在不同的共同体层次上。其中包括一些只在较小的社区层次上存在着集中的权力的酋邦类型。被塞尔维斯作为酋邦社会个案提出的努特卡人的社会，就是属于这种类型的酋邦的一个例子。塞尔维斯说，在努特卡人中"没有使他们全体联合起来的社会和政治的结合"。[①]但从另一方面说，他们也没有落入部落联盟的模式。在一定的共同体层次上，他们的政治组织的机制仍然是酋邦类型的。而对这种类型的酋邦个案来说，很可能通过征服而达成联合并对外扩张的过程还没有开始。塞尔维斯说，"奇怪的是，没有任何记录表明西北海岸（努特卡人居住区——引者）有导致胜利者对于战败者实行宗主权的征服或任何形式的贡纳关系的存在"。[②]关于造成这种情况的原因，塞尔维斯认为可能是"由于社会集团相互间被地理障碍分隔到如此地步，以至永久的征服太困难了"。[③]塞尔维斯的这个解释有一定的参考意义。

但是对那些后来发展出国家制度来的酋邦个案来说，征服仍然是整个过程中不可忽视和最明显的因素，并且可以合理地把这种因素看作是酋邦自身形成过程中征服作用的延伸。

比如在阿兹特克国家的形成过程中，就贯穿了一系列的征服。当阿兹特克部落刚刚到达墨西哥山谷时，他们本身就是臣服于阿古化人和台般勒克人的。这段历史可以被解释为在墨西哥山谷地区曾经存在过一些以不同部落间的臣属关系为特征的酋邦，而阿兹特克人对其他部落的臣服，应该是某种征服的结果。而当阿兹特克人获得独立并与特兹科科人和特拉科潘人结成同盟后，就对周围地区进行了一系列征服战争，为庞大的阿兹特克国家的疆域奠定了基础。阿兹特克国家形成的确切年代严格地说应该划定在这一时期内，而不是一个十分具体的时间。因此，阿兹特克的一系列征服既可看作是阿兹特克国家进程中的事，也可以看作是阿兹特克酋邦本身扩张的过程。

---

① E. R. Service: "*Profiles in Ethnology*", P. 209.
② 同上，P. 225.
③ 同上，P. 225.

穆达克在谈到阿兹特克人征服的后果时说,阿兹特克人"从被征服地区缴纳……丰富的贡物","被征服地区的大块的土地分赏给有功的贵族";他还说这种情况是使阿兹特克社会出现"贫富不均的现象"的一个原因。①很显然,这意味着征服是伴随着酋邦自身的发展而发生的。

南美印加国家的形成也可以作为观察酋邦征服机制的一个例子。印加人最初是居住在库斯科及周围地区的一个小部落。大约在公元1100年时,他们的首领兴齐罗加"征服了若干小部落,奠定了以后帝国的基础"。②而以后,"继他而起的酋长,又以进一步的征服巩固了他们在这一地区的统治,并向南方扩张,直至将整个的喀喀盆地都置于他们的控制之下"。③现代印加史研究的一般结论认为,印加国家是在第十一代王卡帕克(公元1493—1525年在位)时建立的。④而在这之前印加人还进行了一些重要的征服。如14世纪时在第七代王维拉可嘉时对阿普利马克盆地的禅加同盟的征服。⑤因此,印加国家十分明显地是作为印加酋邦实行的一系列征服策略的结果而形成的。

从阿兹特克和印加这两个通过征服而形成了早期国家的例子中,我们可以看出这样一个问题,即酋邦社会越是向较高的程度发展,也就是越接近于国家的水平,征服就显得越有重要的作用。在较低的发展水平上,许多酋邦社会也许不那么热衷于征服,而且如果有征服,其形式也可能是比较温和的,发生的几率也比较小。这时候酋邦社会呈现一种停滞的状态,并且带有某种分散的因素。但即便如此,这种社会的政治运作方式与典型部落社会还是不同的。而在某些特定的条件下,某些酋邦社会的向外扩张的倾向便发展起来,随之这些社会的政治权力机制的集中化与专业化程度也越来越高。这是这种类型的社会向国家过渡的主要形式。正如伦斯基所说,征服是这些社会"发展和扩大的重要因素"。⑥

---

① 穆达克:《我们当代的原始民族》,第237页。
② 同上,第260页。
③ 同上,第260页。
④ 罗荣渠:《印加文明》,《中国大百科全书·外国历史》,第1088页。
⑤ 穆达克:《我们当代的原始民族》,第260页。
⑥〔美〕格·伦斯基:《权力与特权:社会分层的理论》,第174页。

第四章 酋 邦

由于征服在酋邦社会自身的形成中起着重要的作用,因此许多酋邦社会,尤其是在其较发展的形态上,其成员的血缘成分往往是不同质的。就是说,酋邦社会往往包括许多血缘渊源不同的成员。这在部落联合体的层次上,与部落联盟就有本质的不同。部落联盟因为仍然是亲属部落的联合,因此其成员的成分还是比较单一的,相互间有共同的血缘渊源可寻。但在酋邦社会中,这种单一的血缘纽带往往随着被征服和吞并的社区的加入而被突破。伦斯基曾谈到征服和吞并所造成的社会不同质的情况。他说:

> 当异族被先进园耕社会(在这种社会中有可能最初形成国家——引者)征服和吞并后,这些民族并非一定会丧失自身的同一性,并非一定会被消灭。相反,它们往往作为独特的子单位而存在于主体社会中。……在这样的社会中,一个新近被征服的群体,或要求归附(一种并非罕见的做法)的一个群体,有可能仅仅变成另一个氏族或次级群体,常常保留它自己的内部组织。这一情况显然已发生在中非东部的阿赞德族部落和南罗得西亚(今津巴布韦——引者)的恩德贝勒族部落中。在其他许多非洲社会中,据报道,氏族或其他次级群体集中在某些地区。这一情况有力地表明,在帝国(指早期国家——引者)建立的时代以前,它们就是自治的地方群体。[①]

实际情况比伦斯基所说的可能还要复杂一些。因为除了上面说的这种被征服和吞并的群体在主体社会中保持一定的独立性的情况外,还有一些这类群体将被主体社会同化(这一点伦斯基在别处实际上也谈到了,比如他说到过在印加人征服下许多民族"在文化上和政治上迅速地被同化"的事实),[②] 而作为不同血缘渊源的成员,它们向主体社会注入了不同质的成分。总之,酋邦社会同部落联盟对比的一个显著特点是,它可以是血缘上不同质的社会。在这一点上,它比部落联盟更逼近于产生国家,因为国家正是在超血缘的范围上治理一个地区内的居民的。而使酋邦具有这种超血缘性质的基础的一

---

① 〔美〕格·伦斯基:《权力与特权:社会分层的理论》,第175页。
② 同上,第174页。

个重要因素,就是酋邦的征服和吞并的机制。

酋邦和由酋邦转化而来的早期国家的形成与发展同征服与吞并之间的关系,构成了国家形成的酋邦模式的一个主要特征。拿它同部落联盟模式相比较,可以看到,后者以社会内部的发展为主要内容,外部因素的影响是居次要地位的,同时对武力的使用不明显;而前者则以社会本身向外部的扩张为主要动因,与外部因素的关系在社会向国家过渡中起主要作用,同时往往伴随着对武力的使用。在人类学中,对于国家形成的酋邦模式,已经提供了一些有说服力的个案。阿兹特克和印加国家的形成就是两个合适的例子。本书前面提到的祖鲁国家的形成也属于这一模式。其他,如东非的约鲁巴(Yoruba)国家也是"通过军事扩张的过程建立起来的"。[①]夏威夷早期国家的形成似乎更复杂一些。在夏威夷,作为国家形成的基础的是夏威夷群岛上一些长期相互竞争的酋邦。在这一时期,岛际战争一直十分频繁。1738年五个这种酋邦的最高酋长达成一个许诺岛际和平的条约。但这以后,实际上仍有战争发生。1780年,卡麦哈麦哈(Kamehameha)征服大部分岛屿,导致1810年夏威夷王国的产生,不过从1787年开始为统一夏威夷而进行的战争却是非常激烈的。[②]在夏威夷国家的形成中,虽然出现过酋邦间的和平条约,但它却未能替代征服战争的作用,同时这种条约实际上也属于对外部因素的一种反应。因此夏威夷国家的形成根本上还是体现了酋邦模式的特征。事实上,在人类学观察中,大多数发生在非典型部落社会基础上的早期国家进程都具有进行过征服和吞并的特点,这对我们解释中国早期国家进程有十分重要的启发。我们以后会看到,正是在这一点上,中国早期国家的形成更接近于酋邦模式,而不是部落联盟模式。

四、酋邦与人类专制主义政治的发生

专制主义政治是人类历史上曾长期存在的现象。大多数专制主义政治

---

① 〔美〕格·伦斯基:《权力与特权:社会分层的理论》,第174页。
② 参见"The Early State", PP. 270—271;李毅夫等:《夏威夷人》,《中国大百科全书·民族》,第477页。

都具有君主制的形式。它的主要特征就是"一个人对其他人实施无限的专制的统治"。①伦斯基在谈到"非洲专制主义"时也说到君主专制的特征就是"每个国主或独立的最高首领享有绝对的权力,至少在理论上是如此"。②从这里已经可以看出,专制主义政治同个人性质的政治权力的发展有很大关系。

在上一章中,我提出了,由部落联盟转化而来的早期国家,至少在其最初的发展上,是具有民主的形式的。这当然同部落联盟本身不具有个人性质的权力有很大的关系。因此历史上少数几个可以用部落联盟模式来解释的早期国家个案,事实上可用来解释人类在进入有史时期后民主政治形式的起源。

酋邦在这方面同部落联盟形成鲜明的对比。酋邦是具有明确的个人性质的政治权力色彩的社会,当它们向国家转化后,在政治上便继承了个人统治这份遗产,并从中发展出人类最早的专制主义政治形式。这是我们在研究不同类型的早期国家在政治上的发展的特征时应当特别注意到的一个问题。它对合理解释有关国家和民族的历史具有重要意义。

专制主义和君主制的因素存在于前国家社会中,这是人类学普遍注意到的事实。里佛斯(W. H. R. Rivers)在谈到前国家时期(他称为"部落"时期)的政权时,指出,这些政权的"第一种方式"就是"权威是由一二人掌管的,这就是酋长制或君王制(即君主制,译名不同——引者)"。③里佛斯这一说法的意义在于他把酋长制同君主制联系起来,说明君主制的萌芽在前国家时期已经出现了。在另一处,他更明确地说到:

> 君王的神圣之权,以及君王制的重要性,在以前曾有过长时期的存在,这种特性,现在仍成为美拉尼西亚和波利尼西亚,或非洲和美洲的许多部分的酋长制的重要原素。④

---

① 〔美〕E. 博登海默:《法理学—法哲学及其方法》,华夏出版社,1987年,第222页。
② 〔美〕格·伦斯基:《权力与特权:社会分层的理论》,第184页。
③ 〔英〕W. H. R. 里佛斯:《社会的组织》,商务印书馆,1990年,第137页。
④ 同上,第141页。

他所说的"以前"和美拉尼西亚、波利尼西亚以及非洲和美洲的许多地方的"酋长制",指的也是前国家时期,或者包括前国家时期。莫多克也谈到:

> 几乎可以说,专制政治结构的观念模式已经渗透在撒哈拉大沙漠以南的非洲所有地区,它作为传统的口头文化的一部分而代代相传。①

在他说的"撒哈拉大沙漠以南的非洲所有地区"中,当然也包括许多处于前国家时期的社会。因此很显然,按人类学的理解,前国家时期的某些政治组织为后来君主制和专制政治的产生奠定了基础。在严格的定义上,君主制并不等于专制政治。但是在人类早期政治发展中,君主制与专制政治是非常普遍地联系在一起的。从这个意义上说,里佛斯的论断同样涉及到人类专制政治的起源问题。而在这个问题上,酋邦类型的前国家社会的政治组织是最值得注意的。

酋邦虽然还不是国家,但在有些个案中,酋长的权力已发展到接近绝对的程度。在这里我们可以举祖鲁酋邦为例。里佛斯曾指出,对这个酋邦而言,"酋长的权力几乎是没有限制的"。②由祖鲁酋邦演变而来的祖鲁国家在其初期的政治运作中表现出来的专制统治的特征,在人类学中是非常有名的。而这一专制统治的特点是频繁和过分地采用暴力手段。哈斯说:"祖鲁国家一经形成,随之而来的发展表现为:在最早的两个统治者的操纵下,大批地残杀民众和四处制造恐怖。民众只要有一点犯罪嫌疑,就要被公开处死,并且其罪行经常是随意加上的。"③这使我们想到博登海默(E. Bodenheimer)说的:"如果该人的权力是以完全专制与任意的方式行使的,那么我们所面临的就是纯粹的专制政体现象。"④

哈斯提到的祖鲁国家的两个最早的暴君就是祖鲁国家的创始人恰卡和他的继任人、也是他的兄弟丁冈(Dingane),后来他们都因过分残暴而被暗杀,但在第三个王穆盘德(Mpande)统治时期,专制政治形式并没有改变。哈

---

① 转引自〔美〕格·伦斯基:《权力与特权:社会分层的理论》,第184页。
② 〔英〕W. H. R. 里佛斯:《社会的组织》,第140页。
③ 哈斯:《史前国家的演进》,第101页。
④ 〔美〕E. 博登海默:《法理学—法哲学及其方法》,第222页。

斯引用沃尔特的话说,穆盘德"曾断然对纳塔尔地方事务长官阿费勒勒·雪卜斯冬君主宣称'对祖鲁人唯一的统治办法就是杀'"。①穆盘德的残暴程度比起恰卡和丁冈来虽有所减轻,但"穆盘德的统治也说明了暴力威胁同暴力的有限使用相结合是如何成为其统治地位长期稳定的有效的因素的"。②值得注意的是,祖鲁国家的专制政治不仅是针对一般百姓的,而且也针对统治阶层内部。沃尔特说:"在谢卡(即恰卡)开创的专制制度中,作为具有中等权力的人——父亲、长者、头人、酋长、首领——均失去了他们的自治权,尽管他们仍受到尊重,但谢卡则成为更令人畏惧的中心人物。"③哈斯指出这"的确证明了祖鲁首批统治者使用暴力是出于政治的目的,是针对下属首领们的"。④可见,祖鲁国家的专制政治的本质就是确立一个人的无限制的统治权力。

祖鲁国家初期的这种极端专制主义的政治形式显然是同作为其前身的祖鲁酋邦的专制主义政治特征有关的。塞尔维斯曾提到当恰卡还是"臣服于丁吉斯瓦约"的祖鲁酋邦的首领时,他已经建立起"对他的祖鲁的权力和地方特权"并且"有了一支由他自己指挥的军队";恰卡从丁吉斯瓦约那里"学到了"组织人民的"有效的新原则",依靠这种原则丁吉斯瓦约曾"巩固了他对他自己的人民的政治权威"。⑤可见,在祖鲁国家产生以前,无论恰卡或丁吉斯瓦约都已经是具有某种专制类型的权力的酋邦首领了。祖鲁国家的例子告诉我们,酋邦社会所具有的专制政治的因素,对于由它们转化而来的国家的政治形式会有怎样的影响。这同在国家形成的部落联盟模式下出现的早期国家的政治形式显然是有着巨大的差异的。

从发生学的角度说,酋邦社会中专制主义政治的因素同我们说到过的酋邦社会的三个重要特征有关。首先是酋邦社会中个人性质的权力的存在与发展。这使这些社会缺少权力的相互制约的概念。应该承认,在历史实践中,真正纯粹的绝对权力的例子是很少见的。就是在专制主义政治条件下,

---

① 哈斯:《史前国家的演进》,第103页。
② 同上,第103页。
③ 哈斯:《史前国家的演进》,第102页。
④ 同上,第102页。
⑤ E. R. Service: "*Profiles in Ethnology*", P. 294.

最高权力也会受到某些因素的制约。正如博登海默所说:

> 历史上记载的大多数专制主义形式,没有表现出上述(指博氏在上文所引的一些例子——引者)纯粹专制统治的一些极端特征。因为一些根深蒂固的团体或阶级习惯一般都受到专制君主的尊重,而且私人间的财产关系与家庭关系通常不会被扰乱。再者,一个被授予无限权力的政府,可以通过宣布至少阐明了政府政策的基本目的的政治意识形态而为其行为提供某种方向。①

这种情况在前国家时期也是存在的。然而,虽然专制的权力也会在一定程度上受到某些因素的制约,但专制权力本身却仍然表现出使个人性质的权力高出于其他政治力量之上的本质。大多数酋邦社会都有这种特征。比如里佛斯谈到,在北美的纳切兹人(Natchez)中,"曾经把许多权威集中在酋长的手中,其中包括生杀之权;但是在这里,统治者的权力也是被一个议会和次要的村长的活动所限制的"。②在这里,我们一方面看到的是酋长权力在一定程度上受到限制的情形;另一方面看到的则是酋长所拥有的集中的和极端的权力本身。在同典型部落社会的对比中,后一点是更重要的。因为像纳切兹人那样容忍个人性质的权力发展到如此极端的地步的情形,在典型部落社会中是看不到的。这显然属于酋邦社会的新的发展。所谓酋邦的专制因素正是指这个事实。正如伦斯基所说:"(酋长拥有的)大部分权利代表了酋长权威的新的要素。作为结果,人们在这些社会中发现了真正的专制政治的最初痕迹。"(着重号为引者所加)。③伦斯基还举出新几内亚东北海岸部落的情况作为"初期专制政治的最明显的证据之一"(着重号为引者所加)。④他转述霍洛宾的描述说:"有几个首领据说变得趾高气扬,活像其民众的主子似的。"⑤这种情况很显然是关于这些社会中个人性质的权力的发展的。因此,当我们

---

① [美] E. 博登海默:《法理学—法哲学及其方法》,第222页。
② [英] W. H. R. 里佛斯:《社会的组织》,第140页。
③ [美] 格·伦斯基:《权力与特权:社会分层的理论》,第166页。
④ 同上,第166页。
⑤ 同上,第166页。

第四章 酋邦

判断一个前国家社会(同时也包括国家社会)是否具有专制的特征时,主要要观察的是这个社会是否存在居于最高地位的个人性质的权力,而不是这个权力本身还可能受到的某种程度的制约。正如伦斯基所说:"非洲专制政治的一个显著特点是,国王、最高酋长和其他高级官员可望是豁达大度的。"①就是说,尽管专制权力本身可能会接受某些制约,因而显得比较"温和",但专制权力还是专制权力。

伦斯基谈到"导致专制统治发端的"一个因素是"某些社会用以处理再分配的方法",这指的是在酋邦社会中酋长作为再分配活动的中间人所获得的对社会生活"进行过分控制的极好机会"的情况。②这一点我在第二节中谈到酋邦社会的分层情况时也已提到过。这个分析是深刻的。但从另一方面说,再分配活动中酋长的作用导致他权力的增长仍然取决于有关社会中关于个人性质的权力的概念的存在。这就涉及到文化上的原因。因此整个问题看来还是十分复杂的。

促使酋邦社会出现专制政治因素的第二个因素同前面谈到的酋邦发展中的征服的特征有关。里佛斯说:

> 至于从一种自然的统治的团体行动转变到个人的权威,乃是几种民族彼此接触和混合的结果。而且是受了另一种文化中的更进取的人们的影响,因他们给以种种物质上的和心智上的特性,而且是被视为较优秀的民族;他们是能利用有力的团体情绪,把那共产性的或民主性的社会变成了个人主义的和独裁性的社会。③

这段话的意思就是在前国家时期的人群的接触中,如果一个人群谋求对其他人群的优势,就可能导致专制政治的发生。这实际上指的就是酋邦社会发展中所表现出来的征服和吞并的特征所带来的后果。伦斯基也肯定了这一点。他说:

---

① 〔美〕格·伦斯基:《权力与特权:社会分层的理论》,第192页。
② 同上,第167页。
③ 〔英〕W. H. R. 里佛斯:《社会的组织》,第146—147页。

> 在多数情况下,为这个制度(指专制政治制度——引者)提供进一步的稳定的另一个因素,是征服和领土扩张主义的政策。①

这在一定程度上表明,至少对较发展的酋邦社会而言,由于它们与征服几乎密不可分,因此具有专制政治的特征也几乎是不可避免的。

酋邦社会中社会分层的发展也是使得这些社会具有专制政治倾向的一个因素。这首先是指社会分层使得最高权力者有机会"将一部分公共财产用于实现个人目的",②从而增强他的权力。其次,最高统治者也利用社会分层现象来扶植忠于他和维护他的权力的集团。伦斯基对此有如下的描述:

> 如果一部分被侵吞的剩余产品用来为全体从属官吏和随从提供舒适的生活(他们表面上为公共利益行事,但实际上是照他的命令去做),这样,导致对这种侵吞的最终的重大威胁也被消除了。通过建立一个在新制度下享有既得利益的人的组织,就准备了压制可能出现的批评的手段。尤其是如果酋长或国王自己能够随意任命并免除这些人的职务,就更是如此。③

伦斯基在这里主要是针对已经形成了专制国家的社会来说的,但从他的措辞中也可以看出,他实际上认为这种现象在酋邦时期就已经开始出现了(因此他提到了"酋长")。就国家社会来说,以非洲为例,社会分层的一般局面可以认为是存在着三个"主要的阶级",即"在这种政治制度的顶端,有极少数享有权力和特权的人,他们凭着王室的恩惠,完全靠别人生产的剩余产品过日子。在他们下面,有一个由稍多的、虽然数量仍旧很少的官吏和各种专家组成的阶级……最后,处于底层的,是绝大多数的平民百姓,他们负责生产那两个有特权的阶级赖以生存的剩余产品"。④这种社会构成同酋邦社会分层的格局有许多相像的地方。比如在塔希提人中就有三个类似的分层级别(见

---

① 〔美〕格·伦斯基:《权力与特权:社会分层的理论》,第195页。
② 同上,第194页。
③ 同上,第194页。
④ 同上,第199—200页。

第二节)。而这种阶级分化或社会分层的结构都是与专制政治的实行相适应的。因为,接近于最高统治者的两个较高的阶层或阶级已成为最高统治者实行专制政策的"帮凶",而处于底层的民众则几乎对政治没有什么影响。"普通人民缺乏必要的组织,而无法推翻国王和他的随从"。①在这里缺少一个有政治权利的公民阶层或阶级的概念。

酋邦所具有的专制政治的特征,实际上表明了它已经具备了中央集权政治的某些性质。这也是酋邦同部落联盟和一般部落社会的一个重要不同。同部落社会的民主的政治形式相联系的,是它们的政治权力的分散性、均质性。而酋邦的政治权力却呈现出宝塔型的结构,并最终集中到一个人的身上。在人类学分类中,酋邦的这种权力结构无疑是属于"中央集权"(centralized)类型的。

塞尔维斯在谈到酋邦社会中个人权力的发展时说:

> 中央集权领导的提高包括担任酋长职位的个人的威望的提高。②

他还说:

> 中央集权化的管理使一个(酋邦)社会具有比部落所能拥有的更大的军事实力。③

在另一处他又说到:

> 使得酋邦从部落中产生出来的统治中心以及专业化活动的兴起,看来是同作为经济交换方式的再分配密切相关的。④

所谓"统治中心"(governing center)就是指酋邦中存在的中央集权化的最高权力点。当然,酋邦的中央集权化的程度与国家相比还是比较低的,同时还有某些不够形式化的成分,但它们的中央集权化倾向在同典型部落社会的对

---

① 〔美〕格·伦斯基:《权力与特权:社会分层的理论》,第194页。
② E. R. Service: *"Profiles in Ethnology"*, P. 496.
③ 同上,P. 497.
④ 同上,P. 496.

比中还是十分明显的。福特斯(M. Fotes)曾把南撒哈拉地区的政治制度分为两种基本类型。第一种(他称之为A组)指的是"拥有中央集权的权威、行政机关和司法机构(简而言之,拥有一个政府)的那些社会";第二种(B组)则指的是不具有上述特征的"部落"。①根据酋邦的特征,它至少可以作为A组与B组之间的一种类型,或者作为A组中较不发展的类型。典型的A组类型,实际上指的就是国家。

关于酋邦政治体制的专制主义特征问题,在中国早期国家研究中有特殊的意义。因为,多年来,尤其是近年来,关于中国最早的国家是不是属于专制主义类型的问题,在国内学术界一直引起研究者的争议。这项争议的意义是不言而喻的,它关系到对与中国古代历史和世界早期历史有关的一些重要问题的深入的解释。我感到对于人类专制主义政治起源的探讨,会有助于合理地解决这些问题。在这里可以指出一点,那种认为中国早期国家具有民主性特征的论点,是同有些学者坚持中国早期国家是由部落联盟转化而来的立场有关。而正是在这一点上,整个问题需要慎重研究。就是说,如果证明中国早期国家的产生体现的不是部落联盟模式,而是酋邦模式,那么,认为中国早期国家属于民主类型的论点就会显得比较脆弱了。因为正如我前面谈到的,问题的关键不在于举出一些表明中国早期国家的最高权力受到某种制约的例子(这在专制政治条件下也是可能的),而是在于判定这种最高权力的性质,比如它是不是个人性质的。在这方面,关于这种权力的来源的研究就显得很有必要。关于中国早期国家形成的模式问题的研究在这一点上将有重要的说明力。由此也可以看出酋邦问题在整个中国早期国家研究中是有特殊意义的。

五、酋邦向国家社会的过渡性与非过渡性特征

本章开头已经提到,在现代人类学中,酋邦既是一个关于人类社会与文化的类型的概念,又是一个关于人类社会演进的阶段性的概念。作为一种类

---

① 转引自〔美〕格·伦斯基《权力与特权:社会分层的理论》,第183页。

型概念,酋邦的意义在于使人们看到在典型部落社会之外存在的又一种普遍存在的前国家社会形式。而作为一种社会演进的阶段性概念,酋邦无疑将在关于人类政治组织发展的整个解释中占据应有的位置。换言之,在解释人类早期国家的产生时,针对合适的个案,人们将会考虑到酋邦的作用。

把酋邦作为人类社会尤其是在政治组织方面的演进的一个阶段的思想,在塞尔维斯的理论中是明确的。他把这一思想追溯到杜克海姆的工作。他说:"酋邦阶段的最显著的特征使杜克海姆如此深感兴趣,以致他从中制定出了一整个进化图式。"① 他自己也十分鲜明地表述了把酋邦看作是人类社会演进的一个阶段的思想。比如,他谈到,同"分枝类型(segmental type)的原始社会"相比,"所有更高级的形式都是有机的",而这种"有机性"的一个表现就是社会内部的"区分性和专业化",它们使得社会的"各部分成为互相依赖的";他接着指出,上述"区分性""存在于所有高级的阶段上",但它"最初成为如此重要,从而具有明显的社会学意义,则是从酋邦的到来开始的";"酋长统治,以及它对互相依赖的部分的活动的管理,是这一新阶段的整合形式"。② 可见,塞尔维斯确实是把酋邦看作是人类早期社会发展上的一个比"分枝类型的原始社会(指典型部落社会——引者)"更高级的阶段。塞尔维斯事实上还进一步认为酋邦社会的前身就是某些部落社会。他说:"我们不能说酋邦最初是如何兴起的,但看来明显的是,考虑到中央集权和专业化的有竞争力的优越性,那些最贴近地达到了这些特征的部落必定是在竞争的环境中被选中的。"③

塞尔维斯把酋邦看成是人类早期社会发展上的一个阶段的思想,对于传统进化理论来说,是一个新的构想。塞尔维斯本人清醒地意识到这一点。他说:"酋邦在别的进化图式中从未被当作一个单独的一般社会类型或阶段区分出来。"④ 在这里,他提到了摩尔根和一些"现代进化论者",如蔡尔德、怀特等人。他认为问题的关键是在传统的进化论图式中,只看到部落社会与国家

---

① E. R. Service: "*Profiles in Ethnology*", P. 496.
② 同上,P. 496.
③ 同上,PP. 497—498.
④ 同上,P. 498.

社会的对比。他说,摩尔根等人:

> 总是把文化进化中的主要区分看作是在原始文化同文明之间的,也就是,用摩尔根的术语来说,是在社会性的社会(Sociatas)(即亲属关系社会)同政治性的社会(Civitas)(政治或国家社会)之间的。①

而酋邦社会却不能简单地归入这两种社会中的任何一种。因为,在摩尔根等人的描述中,社会性的社会,即原始社会,比如我们所说的部落和群队,被设想成在本质上是"家庭式的、平等的,没有阶级,实行地方自治,以及缺乏私有财产、企业家、市场、经济阶级和政府",而政治性的社会刚好在这些方面都"正相反对"。②然而,酋邦的特征却居于这二者之间。

> 如果社会性的社会和政治性的社会是两个主要的社会类型,那么我们在这里称之为酋邦的社会属于哪一种呢?酋邦是家庭式的,但却不平等;它们具有中央管理和权威,但却没有政府;它们有对物资和生产的不平等的控制,但却没有私有财产、企业家或市场;它们标志出社会分层和等级,但却没有真正的社会经济阶级。它们是不是部分地属于原始社会和部分地不属于原始社会呢?它们是否在一定意义上是介于社会性的社会与政治性的社会之间的过渡呢?③

很显然,塞尔维斯认为,对于传统进化论的图式来说,酋邦是一个难以归类的范畴。

对于由酋邦带来的这个在传统进化论中没有被处理过的新问题,塞尔维斯的解决包含以下三层意思:一、不确认酋邦社会究竟算不算"原始社会"(接传统进化论的分类方法),或者只提出酋邦社会只是"部分地"是或不是"原始社会"的问题;二、提出酋邦在一定意义上是"原始社会"与国家社会之间的过渡的问题(以上两点在上面所引的一段话中有明确表述);三、对于

---

① E. R. Service: "*Profiles in Ethnology*", P. 498.
② 同上,P. 498.
③ 同上,P. 498.

酋邦，由于"它们是如此数量众多并广泛分布"，因此"有必要按其自身的特征把它们定义为一个特定的社会阶段"。①在这三点中，后两点涉及到酋邦与国家的关系问题，这对于讨论酋邦在人类早期政治组织演进中的作用与地位问题是尤其重要的。它们一方面指出了酋邦社会向国家社会过渡的可能性（我们称之为过渡性特征），另一方面又指出了酋邦社会作为"一个特定的社会阶段"的自身的稳定性（我们称之为非过渡性特征）。在塞尔维斯看来，只有全面地看到酋邦与国家关系上的这两方面的表现，才有可能对酋邦在国家形成中的作用和地位问题有正确理解。这个思想是深刻的。

酋邦作为一个向国家社会过渡的阶段，这从许多人类学个案中可以得到证明。比如我们已经讨论过的祖鲁国家、阿兹特克国家、印加国家等等的形成，都同作为这些早期国家前身的一些酋邦的发展有关。在南撒哈拉地区中广泛分布的具有相似的专制政治特征的早期国家和酋邦社会的存在，实际上也表明了在这一地区中酋邦社会与国家形成之间的关系。正因为许多国家是从酋邦发展而来，因此在这些国家的早期发展中还保存着许多与酋邦社会相同或相似的特征。正如塞尔维斯所说：

> 一个原始国家（按即早期国家——引者）可能保留酋邦阶段的某些因素。②

按塞尔维斯的看法，早期国家与酋邦的主要不同是在于：一、早期国家"是依靠包括武力垄断在内的一种特别的机制来整合的"；二、在早期国家中，"社会分割为一些政治—经济阶级"。③这实际上是说，早期国家比起酋邦来，一方面政治统治更正规化、形式化、专业化，并更多地以对武力的垄断为基础，另一方面社会分层现象已发展成为明确的阶级区分。在这里似乎还应该补充一点，那就是生产力的提高。伦斯基说，当酋邦向国家转化时，"经济上的剩余产品的数量已足够大，以至于可以支持必要的军事机构和政治机

---

① E. R. Service: "*Profiles in Ethnology*", P. 498.
② 同上, P. 498.
③ 同上, PP. 498—499.

构,支持实现这种努力所需要的费用"。①当然,生产力的提高这个指标在具体的研究中是往往难以确切地比较的。

而就是在这些使国家与酋邦区分开来的方面,也可以看到酋邦与国家社会之间的连续性。比如,在政治上,酋邦社会中个人性质的权力的发展和专制政治特征的出现,同国家的以武力垄断为基础的政治控制以及正规的国家机构的产生之间,就有明显的联系。国家社会中的阶级区分更加毫无疑问地可以看作是酋邦社会中社会分层发展的结果。至于经济运作的方式,酋邦社会同国家社会之间也有某种基本的相似性,即酋邦社会中也已经有了居于再分配活动中心,并且有了在一定程度上消费社会大量财富的政治中心。因此许多人类学家都表示酋邦是与国家非常接近的一种形态。只要有某些特别条件出现,酋邦就会向国家过渡。

但是,在肯定酋邦向国家社会的过渡性特征时,有两个问题是需要澄清的。第一,如果把酋邦看作是唯一可能向国家转化的前国家社会形态,那是不全面的。因为很简单,在上一章中我们已经讨论过,在人类历史上,向国家转化的部落联盟模式毕竟也存在过,尽管有关的个案是较少的。在塞尔维斯的理论中,对部落联盟模式完全没有给以注意,这看来是他的一个缺陷。而如果我们完全漠视这种模式的存在,也会在解释某些早期国家的历史时遇到困难,甚至引发某些误解。这当然是必须避免的。第二,指出酋邦具有向国家社会的过渡性特征,不等于说酋邦社会本身肯定是一个,或仅仅是一个向国家社会转化的过渡性阶段。在这一点上,塞尔维斯指出酋邦应被定义为一个"特定的社会阶段",应该说是具有特别重要意义的。因为,作为一个"特定的社会阶段",酋邦与国家的关系就有两种可能,一是可能向国家转化,二是可能不向国家转化。对于酋邦与国家关系的全面估计,应该包括对这两种可能性的认识。

表明酋邦向国家社会的非过渡性特征的主要事实是在许多个案中表现出来的酋邦社会的突出的稳定性。在这些个案中,酋邦社会一直在它们已有的形态上存在着,直到被近代观察者所发现。一些人类学家已经注意到这个

---

① 〔美〕格·伦斯基:《权力与特权:社会分层的理论》,第174页。

第四章 酋　邦

事实。比如，伦斯基说：

> 为什么一些先进园耕社会出现了福特斯和莫多克所描述的那种中央集权的政府，而其他先进园耕社会却没有呢？①

在伦斯基的分类中，"先进园耕社会"是指发生酋邦社会向国家的转化的社会发展阶段；他的提问表明，并不是所有的酋邦在这个阶段上都向国家转化的，而是有不少酋邦社会一直停留在这个水平上。被塞尔维斯作为有代表性的例子提出的努特卡人、特罗布里恩德岛人、塔希提人和卡林加人这四个个案，也可以看作是表明酋邦稳定地存在的例证。因为这四个个案都没有发生向国家的转化，直到被西方观察家发现时，它们仍然处在前国家时期，并且没有表明它们会很快发生巨大变化的明显迹象。中国的一些少数民族在民主改革前的社会组织状况也接近于酋邦形态，而这些处于前国家时期的社会在历史上已延续了极其漫长的年代。在更广泛的观察中，我还可以举出中国的两支远古时期的新石器时代文化——良渚文化和红山文化所代表的酋邦社会在发展上的特点。它们存在于距今5 000年前后，而它们都没有最终转化为国家。考古资料表明，这两支文化所代表的酋邦社会后来不是向别处迁徙了，就是被其他发展程度更高的政治文化吞灭了（关于这两支考古文化的讨论详见第五章）。这也表明，对酋邦社会来说，最终发生向国家转化的只是其中的一部分，或许还是一小部分，而许多酋邦社会并不发生这种转化。

酋邦社会之所以具有这种自身的稳定性，首先同它们在政治技术上拥有了对一个较复杂的社会实行较为长久的控制的能力有关。酋邦社会实现了对不同血缘渊源的居民的组合和管理，这使得它们可以长久地在比较大的容量内适应人类在较高水平上实现政治联合的需求。酋邦本身所具有的中央集权化的权力结构也使得它们不像部落联盟那样仅靠有关部落之间按照相互联合的意愿来维持自身的存在。它们的集权的权力结构本身成了维系酋邦实体并使之长期延续下去的有效手段。正是在这个意义上，塞尔维斯说："酋长统治，以及它对互相依赖的部分的管理，是这一新阶段的整合形

---

① 〔美〕格·伦斯基：《权力与特权：社会分层的理论》，第188页。

式。"①其次,酋邦本身对于复杂社会因素的适应,也使它们获得较强的生存能力。酋邦能够容纳非常发展的社会分层现象,并把它变成自身存在的基础。它也能容纳反映较高生产力水平的劳动的专业化和较复杂的再分配活动的存在,并使这些东西都成为对酋邦的存在有利的因素。因此,社会发展中的复杂因素非但不会使酋邦制度削弱,相反,毋宁说它们正好被酋邦制度所吸收,从而产生出相应的特征。从某种意义上可以说,人类在原始状态下所达到的各项发展,都是酋邦制度所能够消化的。而对于部落联盟来说,情况则不是这样。人类在原始社会晚期的一些发展(如社会分层现象的加剧以及由此而来的社会不平等现象,不同血缘渊源的居民的混居等)对于部落联盟是一种破坏性的因素。这就解释了为什么许多人类社会能够在酋邦形态下在原始状态中停留很长时间。

那么,有哪些因素是促使酋邦社会打破自身的稳定性而向国家社会过渡的呢?现代人类学对此没有得出公认的结论,但也提出了不少假说。首先可以提到的一种假说,是试图以环境因素来加以解释。伦斯基是持这种方法的学者之一。他说,在对中央集权政府的产生的解释中,"环境大概是一个更富有成果的变量,而可以采用的证据支持我们的看法"。②他用统计来表示,在非洲"没有一个国家位于交通阻碍更为严重的内部地区(指热带雨林中心——引者)"。③但是,这种解释似乎还只是从否定的方面排除了不可能或不太可能发生酋邦向国家过渡的情况,而没有从正面肯定地指出在什么样的环境中将发生这种过渡。他的假说的缺陷也就在于没有进一步指出,对于可能发生酋邦向国家过渡的地区来说,是什么因素使某些社会成功地形成了国家,而有些社会却停留在前国家时期。看来,正如我在第一章中讨论过的那样,对于解释特定地区中国家形成的原因来说,环境不是一个很有说服力的因素。

技术水平(它在一定意义上反映了生产力水平),也被有些学者用来解释某些酋邦社会向国家过渡的原因。在伦斯基的假说中也包含了这个观点。

---

① E. R. Service: "*Profiles in Ethnology*", P. 496.
② 〔美〕格·伦斯基:《权力与特权:社会分层的理论》,第188页。
③ 同上,第189页。

第四章 酋 邦

他说:"在非洲园耕社会的政治发展的差异中重要得多的一个因素似乎是技术水平。"①但是这个问题,我在第一章中也提到了,也是具有很大的不确定性成分的。因为生产力水平或技术水平同国家的形成很可能是一对互为因果的因素。伦斯基实际上也意识到这一点,他说:技术水平"大概处于与政治发展水平的交互关系中……虽然技术进步毫无问题地促进政治进步,然而对一些领域来说,逆命题也是正确的"。②这就说明,用生产力水平或技术水平来解释酋邦向国家的过渡,也会使问题复杂化,并可能遇到很大困难。

还有一种观点,是穆达克提出的,倾向于从有关社会中的某种个人因素上寻找答案。他认为:

> 决定性的因素可能在于是否存在一个具有必要的想象力、进取心、力量、运气和家庭关系的个人。③

穆达克的这个提法是非常值得重视的。伦斯基在评论穆达克的这个看法时,认为它在一定意义上是可以成立的,但仍没有最终解决问题。他说道:"虽然人们不能怀疑,这是一个因素;然而似乎这不可能是主要因素。……人们难以相信,在不够发达的制度始终未被取而代之的那些地区,从未出现过一个具有必要特性的人。"④从一般的逻辑角度说,伦斯基的质疑未尝没有道理。然而,从历史本身所具有的真实的多样性的角度来看,伦斯基的推断恰恰忽视了,能够在一些重要历史时刻采取非凡行动的个人也许确实不是随处可见的。从这个意义上说,穆达克的观点有它深刻的一面,是很富有启发性的。事实上,既然像环境、生产力水平等这类背景性因素对于解释酋邦向国家过渡的问题有很大的不确定性,那么,对于一些特异性的因素,包括个人性质的因素的考虑就是必要的和合理的。

穆达克的方法的本质是要求人们在这个问题上关注历史性的和政治性的因素。因此,也许我们可以对整个问题有一种比穆达克的提法更贴近这个

---

① 〔美〕格·伦斯基:《权力与特权:社会分层的理论》,第189页。
② 同上,第190页。
③ 转引自〔美〕格·伦斯基:《权力与特权:社会分层的理论》,第188页。
④ 同上,第188页。

本质的表述。那就是：在导致某些酋邦社会突破自身的稳定性而向国家过渡的各种因素中，有关社会在政治技术领域内的发展，或者说这些社会在政治智慧上的特别表现，很可能是最为关键的。我在第一章中曾说到，一种复杂的和高级的政治技术，以及由这种技术所体现出来的较高的政治智慧，在历史上独立地重复发生的机会是很少的；即使有重复的发生，不同机体所表现出来的具体形式也会有很大的差异。这就是说，在这个领域中，将可以发现解释人类社会发展上的差异性的因素。因此，考虑政治技术及政治智慧在酋邦向国家过渡中的作用问题，同穆达克的思路在寻找某些酋邦社会发展中的特异性的因素方面是一致的。政治智慧在人类政治组织发展中的重要作用，在部落联盟的发生和发展中就是一个不容忽视的因素。摩尔根对此就有过明确的表述。他说：

> 无论哪一支人组成了联盟，这件事本身即可证明他们具有高度的智力。[1]

他还说：

> 易洛魁人部落能够完成这次事业，足证他们有着优秀的才能。而且，联盟既然是美洲土著所达到的最高组织阶段，所以，只可能指望在最聪明的部落中才会有这种组织。[2]

他又说：

> 他们（指易洛魁人——引者）现在仍庆祝联盟，视为印第安人的智慧的一件杰作。实际也是如此；这个行动将垂光于史册，以纪念他们发展氏族制度的天才。由此可以看出，人类在处于低级野蛮社会时，尽管条件很差，却能在政治艺术方面完成多么伟大的成就，这一点也应永不忘怀。[3]

---

[1] 摩尔根：《古代社会》，上册，第121页。
[2] 同上，第124页。
[3] 同上，第125页。

第四章 酋 邦

不难理解,从酋邦制度中发展出真正的国家制度,同样需要"高度的智力"和"政治艺术方面"的杰出表现。而在这方面,显然,对于不同的酋邦社会的政治领袖来说,情况会有些差异。这不能不说是造成有些酋邦最终向国家过渡,而有些酋邦社会却长久地停留在前国家时期的一个非常重要的(当然不是唯一的)原因。

那么,促使酋邦向国家转化的政治技术究竟指的是什么呢?一般地说来,任何一个早期国家的形成,都离不开在政治上采取的以下一些措施:

(1)建立必要的国家机构,包括官署和军队等等;

(2)对社区按政治概念进行重组,以减少自然的血缘关系对社会组织的影响;

(3)确立国土或领土观念,使国家统治建立在地域而不是人群的基础上。

对于由酋邦转化而来的国家来说,在这几方面的政治创造当然也是必需的。不过,对于酋邦来说,这些政治创造的基本内容并不是完全陌生的。在许多酋邦社会中,我们可以看到在这些方面的一些最初的发展,虽然它们的水平是比较低的,而且缺乏形式化或者说还不够正规。因此,仅从这几个方面的发展,还不能解释促使酋邦向国家转化的真正关键的政治技术是什么。我认为,在酋邦向国家的转化中,还有如下一些政治步骤是至关重要的:

(4)确立一个作为国家的首脑和代表的最高统治者的正式身份;

(5)为国家本身制定一个旨在表明其对于有关地域的统治的合法性的正式名称;

(6)创立维护由最高统治者地位和国家的名称来标志的国家统治的合法性的意识形态,其主要内容使人们相信这样一种国家统治是他们应该接受的;

(7)设立某种制度或机构,使被纳入国家社会的社区(包括被征服和被吞并的社区)的代表在国家政治运作中采取合作的态度(虽然对于有些这样的社区可能并不给予起码的政治地位);

(8)在有些个案中,政治权力的世俗化也是促使国家制度产生的一个步骤,其意义在于使酋邦进一步摆脱传统的政治规范,突出政治权力的主导地位。

应该说，在不同的个案中，不同民族在由酋邦向国家转化时政治上会有一些不同的创造。但以上归纳的第(4)至第(8)条显示了一个总的方向。其核心是创造一种新的关于国家制度的正式的概念，并使人们接受它。在具体的历史中，围绕国家统治的合法性问题所发生的政治事件也许是最能体现酋邦首领们在创造国家制度时所具有的这种政治意图的。在由部落联盟转化为国家的个案中，例如在古希腊和罗马，国家本身的合法性问题并不十分引人注目。这同部落联盟的最高机构原先就已经在一种比较民主的程序中被联盟的成员所接受有关。而酋邦统治在本质上就是缺少这种基础的。当它们转化为真正的国家制度时，它们就不得不通过政治上的一些创造为其统治建立合法性的基础，并维护之。这种创造十有八九将涉及到对一个最高统治者的合法地位的确立，而在许多个案中，则涉及到一个王朝的建立。

总之，就酋邦与国家的关系来说，酋邦向国家社会的过渡性与非过渡性特征对于特定历史的解释来说是同等重要的。当涉及到这里所表现出来的某种不平衡性时，一些特异性的因素，如不同地区和人群在政治技术和政治智慧上的不同表现，就特别值得注意了。酋邦向国家的过渡终归是一种历史性的过程，对其原因的解释是离不开历史性的说明的。

酋邦作为人类社会与文化的一个分类和阶段性概念，在人类学中被详细研究并发展出相应的理论，还是近几十年来的事。我们当然应当吸收国外学者的这方面研究的积极成果，但同时也要看到他们的工作也还存在着某些缺环。从对中国有关史料的分析出发，我国学者对合理地运用酋邦概念来解释中国早期国家进程将会引起应有的重视。这里的一个关键在于当对中国资料进行分析时，应注意完善我们已知的理论。我感到这是一个我国早期国家研究可以有自己独特的贡献的领域。

第五章

中国古代的酋邦

从这一章起，我们将正式进入关于中国早期国家进程的讨论。而我们首先需要讨论的是中国前国家时期社会组织和政治组织状况问题。

前国家时期，指的是某一地区在国家产生以前存在的一段在社会发展的主要特征上同国家的产生有某种联系的时期。只要我们对某一地区的国家的产生抱有兴趣，那么，对这一地区前国家时期的考察就是必要的。对有关地区前国家时期的确定，可以通过不同的方法。如果某一地区国家产生的时代是可以单独确定的，如一些人类学资料所显示的那样，那么可以比较容易地找到这一地区的前国家时期。因为这一地区中国家产生的年代本身就指示了前国家时期的位置。但是在中国个案中，国家产生的时代本身还需要经过研究确定，这样上述方法就不适用了。然而人们还是可以通过对有关时期的资料的分析来辨认某一地区的前国家时期。比如在中国个案中，从文献的角度说，由于我们发现有关"五帝"时期的资料表现出在政治和社会组织的发展上同国家的产生有联系，因而我们就有理由把这一时期看作是中国的前国家时期。很显然，这种从独立的分析中得出的关于某一地区中前国家时期的判断，将有助于我们对该地区整个早期国家进程的研究。

中国的"五帝"时期，毫无疑问是属于传说时代。把古代关于这一时期的记载视为信史，固然是一种流于简单化和过时的方法。但是，如果由于这一时期的资料带有传说的性质而完全否认它们具有任何史料价值，并完全不予利用，这实际上也是一种过分的反应。我在第二章中已经谈到过，传说同对于史实的编造是性质不同的两回事。在一个真实的历史背景下产生出来的传说很可能具有口述史学的来源，而对口述史学资料的运用即使在现代历史科学的规范中也被认为是合理的。就中国早期国家研究而言，离开对传说资料的分析和利用,将很难对中国国家的起源及其最初的发展问题作出深入的判断。因为,许多证据表明,中国国家形成的关键时期正是在传说时期中。商代作为已经由地下出土的资料证实的朝代,代表了中国古代较早出现的国家。但很显然,它不是中国最早的国家。有些学者,特别是有些西方学者,对于中国古代国家问题最早只谈到商代,对商代以前置而不论。这实际上等于舍弃了对于中国国家起源问题的研究。对于一项完整的和深入的中国早期国家研究来说,这显然是不能满足的。因此,在中国早期国家研究中,接触和处理传说时期资料,几乎是无可避免的事。关键在于如何在运用的方法上力求有较高的科学性。

那么,怎样做到在对传说资料的运用上有较高的科学性呢?对此,一些原则性的意见我在第二章中已经说到了。鉴于传说资料在本章的讨论中占有重要地位,我想还可以就本章在利用这些资料时遵循的一些准则作一些说明。总的来说,无疑地,在使用这些资料时,应充分考虑到它们的可信性问题。对这个问题,我的基本估计是:一、对于在较晚时期出现的一些经过综合化处理的文献(如《大戴礼记·帝系篇》)所记载的关于古代传说人物之间的世系关系的内容持审慎态度,即除非有较早时期文献和其他资料的印证,不轻易地以它们作为立论的根据。同样,对于古人关于所谓"五帝"系统的各种说法,由于它们也有可能是综合化处理的产物,因此也应持审慎态度。我们只能认为所谓"五帝"时期代表了中国前国家时期各种人群并处的一种状态,而"五帝"之间的沿革关系则很可能并不完全如各种"五帝"说所披露的那样;我们现在能看到的"五帝"说(包括《史记》的说法)的起源目前还不清楚。与此相应,对《尚书·尧典》中涉及的各个传说人物之间关系的某些内容,也须持某种保留的态度。比如说,当《尧典》提到某些传说人物之间有一种联合的关系时,它所涉及的一些具体的关于传说人物的人名的细节也许是可以讨论的,虽然这种联合关系本身作为一种背景情况是值得重视的。总之,对于文献(尤其是较晚的一些文献)所记载的关于传说人物之间关系的细节性的问题的处理,最好有一定的考证,否则应以存疑为妥。二、尽管如此,文献(尤其是先秦时期的文献)所反映的传说时期的存在却可以认为是真实的。这有三层意思。即:(1)一些传说人物(如黄帝、炎帝、尧、舜等等)的存在，就其作为古代的一个历史时期的反映而言，是真实的，他们所代表的人群的存在也是真实的；(2)他们的某些活动(如相互间的联合、战争等等)的存在也是真实的；(3)这些人物或其所代表的人群所活动的地域的存在也是真实的。我们之所以能有这样的估计，主要是因为有理由认为文献关于传说的这些内容的记载在发生上有其口述史学的渊源；它们在流传过程中会有某些失实之处，但在提出某项事实的存在方面，则不同于编造。这一点，就连疑古派学者也是不予否认的。如顾颉刚在谈到禹起于戎族时，曾引用了汉代文献，他解释说："此因皆汉之文，其可信程度甚低下，然任何一传说，皆非无因而来，禹与戎族之关系必有可资探讨者。"(着重号为引者所加)①那么，对于先秦时期文献所记载的某些传说资料，就更有理由认为是"非无因而来"了。在这里，有一个总的估计，即古代传说的大部分，至少相当一部分，是具有传说形式的历史，而不是一般的"故事"。这是我们在对中国早期国家问题进行研究时，能够在合乎历史学科学方法的规范的要求上利用这些传说资料的根本依据。三、传说资料关于"五帝"时期传说人物活动方式的描述，明显不同于文献对后世国家制度下人们活动方式的描述，这有力地证明了传说的这些描述有独立的来源，而这些描述对我们了解前国家时期人们活动的方式有特别重要的参考价值。也可以说，传说资料中的背景性内容较之细节性内容更具可信性。这一点，实际上在疑古派学者的方法中也有体现。比如，正是依靠这一方法，顾颉刚、童书业在《诗经·鲁颂·閟宫》中看出了"禹也是一个'俾民稼穑'的国王"。②这说明对传说中背景性内容的引用是被公认为合理的。

在对中国前国家时期的研究中，考古资料是非常重要的资料来源。这里主要指的是我国新石器时代考古资料。我国新石器时代考古，就其时间跨度而言，在中原地区已经同文明时代相衔接。考古学界探索中国最早国家的工作很大一部分投入在对中原地区新石器时代考古文化的研究上。另一方面，周边地区的新石器时代考古近年来所取得的一些成果，也为揭示各有关地区

---

① 顾颉刚：《九州之戎与戎禹》；吕思勉、童书业编：《古史辨》第七册(下)，上海古籍出版社，1982年，第133页。
② 顾颉刚、童书业：《鲧禹的传说》，《古史辨》第七册(下)，第158页。

前国家时期社会面貌提供极为重要和宝贵的资料。考古学中的这些进展,与对文献的研究相结合,为研究中国前国家时期社会开辟了新的前景。在本章中,对考古学在这方面的成果的意义的讨论亦占有相当大的比重。

由于我们多次提到的,我国学者长期以来倾向于用部落联盟模式来解释中国前国家时期,因此本章将很自然地就这一问题提出分析。但本章的主要意图,是尽可能深入地展示中国前国家时期社会的状况,以及这一时期社会在政治组织方面的主要发展。

一、文献所反映的古代中国酋邦(上)
——黄、炎时期

我们已经知道,在中国古代传说资料中,所谓"五帝"时期的资料同中国国家的产生有密切关系。对"五帝"时期的资料,可以大体上分出两个时期。其一是与文献记载的夏朝较接近的时期;其二是距夏朝较远的时期。距离夏朝较远的时期,可以用关于黄帝和炎帝的传说来代表,不妨称之为"黄、炎时期"。由于记载的传说性质,这一时期的确切起讫时间,我们实际上是不知道的。但可以相对地确认它比接近于夏朝的时期要早。这两个时期之间的分界线应划在哪里也很难以确定,不过这一点对于研究不很重要。为了便于处理,我们把"五帝"时期中没有材料表明是接近于夏朝建立的传说资料大体上都归入黄、炎时期。这样做的实际意义是表明,黄、炎时期出现的传说人物或人群,在历史上都可能是相互间有过接触的。

黄、炎时期古代人群的分布

传说所反映的黄、炎时期人群的分布情况十分复杂。徐旭生在其发表于40年代的《中国古史的传说时代》这部著作中,提出了关于我国古代"部族"的三集团说,在国内古史学界有很大影响。他的这个说法,同蒙文通在稍早时发表的《古史甄微》(1933年)[①]中所提出的对传说时期人群的分布的看法在整

---

① 蒙文通:《古史甄微》,商务印书馆,1933年。

体上是相近的。可以认为这是两项通过独立研究得出相近似结果的工作。

徐旭生所区分出的传说时期人群的三大集团分别是华夏集团、东夷集团和苗蛮集团。这大体上分别相当于蒙文通所说的"河洛民族"、"海岱民族"和"江汉民族"。

按徐旭生的看法,华夏集团"是三集团中最重要的集团"。①徐旭生认为这个集团包括两个"大亚族",②即黄帝系和炎帝系。根据《国语·晋语四》的记载,这两个大亚族分别为姬姓和姜姓。《国语·晋语四》还提到黄帝和炎帝原先是同出于少典氏的,而与少典氏通婚的对方是有蟜氏。这个集团之所以能够被称为"华夏集团",显然是因为黄、炎的后裔后来成为华夏族国家的主体民族。徐旭生认为黄、炎这两支人群的最初的居住地都在今陕西,后来逐渐向东迁徙和扩张,一直到达华北的东部。③

在黄、炎时期的华夏集团中,有几个传说人物及其所代表的人群的归属问题比较复杂。其一是颛顼,又称高阳氏。从《国语·鲁语上》记载的春秋时期华夏族国家的祀典来看,颛顼是属于黄帝系的,应属华夏集团。但是另有一些记载表明,它同东夷集团似乎也有一定的关系。如《山海经·大荒东经》说"少昊(属东夷集团)孺帝颛顼于此",意思是颛顼曾在少昊集团中生活过。④当然这也许不过只是反映了这两个集团间的一种接触或交往。其二是共工氏。徐旭生认为他属于华夏集团,因为共工氏是姜姓,"与炎帝本属同族"。⑤蒙文通则认为共工氏属南方的江汉民族。从《国语·鲁语上》说"共工氏之伯九有也"(按九有即九州,《礼记·祭法》有:"共工氏之霸九州也。")来看,共工氏活动的主要地区是在中原,但也可能伸展到湖北省境内。⑥徐旭生根据对地名"共"的考证,认为共工氏的"旧地在今辉县境内",⑦这比

---

① 徐旭生:《中国古史的传说时代》,第40页。
② 同上,第40页。
③ 同上,第44页。
④ 同上,第75、86页。
⑤ 同上,第121页。
⑥ 《左传·昭公四年》:"四岳、三涂、阳城、大室、荆山、中南,九州之险也。"其中荆山在湖北省中西部。
⑦ 徐旭生:《中国古史的传说时代》,第48页。

九州的地望要偏东一些,不过仍属中原地区。因此,将共工氏在整体上划入华夏集团,其理由比划入南方集团似乎要充足一些,不过它与南方集团仍可能有某种关系。其三是祝融。徐、蒙均以其属于南方集团(苗蛮集团或江汉民族),但徐旭生强调指出祝融"原来属于华夏集团,在禹完全征服三苗以后,才到南方去"。① 这就是说,在黄、炎时期,祝融还是华夏集团的一分子。徐旭生的这一见解是可以接受的。因为正如他指出的,《左传》曾记载"祝融之虚"在今河南新郑;②而《国语·郑语》记载祝融的后裔所分化出的"八姓"(己、董、彭、秃、妘、曹、斟、芈),主要活动地区也"多半在河南、江苏、山东、河北的平原"。③ 不过祝融后来同南方集团的关系也是值得注意的。最后是关于炎帝。与徐旭生不同,蒙文通把炎帝归于南方集团。关于这个问题,徐旭生强调姜姓的古代人群大都分布在北方,④同时南方的三苗并不是姜姓。⑤ 他认为把炎帝当作江汉民族成员是因为将炎帝同神农、柱(烈山氏之子)牵为一人的缘故,而实际上炎帝与神农肯定不是一人,⑥烈山氏则不仅与炎帝的关系不明,而且它本身属何集团亦不清楚。⑦因此把炎帝归为南方集团证据是不足的。不过南方集团与以炎帝为代表的姜姓人群间也有某种关系,比如《左传·昭公九年》曾提到南方的"允姓之奸"迁到北方,"使姜姓的首长管理生业"。⑧ 关于华夏集团与南方集团的关系,有待于进一步的研究。

　　华夏集团的后裔中有一些在接近夏朝建立的传说中扮演重要角色。如尧、舜、禹等等。由这个集团的后裔建立的一些历史非常悠久的政治实体中包括由姬姓、姜姓和由黄帝之子分化出的"十二姓"(姬、酉、祁、己、滕、箴、任、荀、僖、姞、儇、依,《国语·晋语四》)所建立的许多小国,如虞、虢、焦、滑、扬、魏、芮、荀、贾、耿、骊戎、鲜虞、申、吕、许等等。同时,夏朝(姒姓)和周

---

① 徐旭生:《中国古史的传说时代》,第121页。
② 《左传·昭公十七年》:"郑,祝融之虚也。"此郑指今河南新郑。
③ 徐旭生:《中国古史的传说时代》,第105页。
④ 同上,第122页。
⑤ 同上,第123页。
⑥ 《史记·封禅书》有:"神农封泰山,禅云云;炎帝封泰山,禅云云。"知神农与炎帝是两人。
⑦ 徐旭生:《中国古史的传说时代》,第124页。
⑧ 同上,第123页。

朝（姬姓）也是由华夏集团后裔建立的。商朝（子姓），《国语·鲁语上》记载为舜的后裔，根据这个记载，它也可以被认为是由华夏集团后裔建立的。当然商朝的起源问题比较复杂，学术界有许多争议。不过从语言和文化上的证据说，把商朝看作是华夏集团后裔建立的国家，还是比较自然的结论。

徐旭生分出的第二个大的集团是东夷集团。其主要代表人物或人群有太皞（一作太昊）、少皞（一作少昊）和蚩尤。太皞的遗虚在今河南淮阳；①少皞的遗虚在今山东曲阜。②从这两支人群来看，所谓东夷集团是指在华东北部的人群集团。把蚩尤归入东夷集团，也是徐旭生的创见，蒙文通则归入南方民族。徐旭生的主要理由是《逸周书·尝麦篇》中说道："昔天之初，□作二后：……命蚩尤于宇少昊，以临四方……"认为这是说，"蚩尤既居于少昊之地，那他的部落应该是在山东的西南部"。③此外徐旭生还指出"在汉代关于蚩尤的传说全在今山东的西部，太皞后人封国的区域"。④与此有关的是关于九黎的考辨。东汉时的学者普遍说蚩尤是九黎的首领。九黎的所在，徐旭生认为是"山东、河北、河南三省接界处"，⑤而不可能是在南方。徐旭生还根据唐兰的意见引《盐铁论·结和篇》中说的"黄帝战涿鹿，杀两暞（按：暞通皞，即太皞与少皞）、蚩尤而为帝"，证明蚩尤与两暞属于"同一战线"，⑥因而属于同一集团。徐的论证有一定的理由。

东夷集团中两个时代较晚的人物，在夏朝建立前后有一些重要的活动。一个是皋陶，偃姓，与少皞的嬴姓或为一音之转，徐旭生认为实际是"同一民族"。⑦另一个是后羿，《左传》和《山海经》都称其为"夷"。⑧东夷集团后来所建的政治实体有徐、莒、葛、费、杜、黄、江、郯、钟离（终黎氏）、英、六、蓼等，

---

① 《左传·昭公十七年》以太皞之虚在陈，即今河南淮阳。
② 《左传·定公四年》："因商、奄之民，命以伯禽，而封于少皞之虚。"伯禽所封在曲阜。
③ 徐旭生：《中国古史的传说时代》，第50页。
④ 同上，第51页。
⑤ 同上，第52页。
⑥ 同上，第53页。
⑦ 同上，第54页。
⑧ 《左传·襄公四年》引《虞箴》："在帝夷羿……"《山海经·海内西经》："赤水之际，非仁羿莫能上冈之岩。"仁，通夷。

在春秋以后历史上起过重要作用的秦、赵也是由东夷集团的后裔西行后建立的。

徐旭生分出的苗蛮集团,在地域上是"以湖北、湖南、江西等地为中心,迤北到河南西部熊耳、外方、伏牛诸山脉间"。①其最活跃的人群为三苗氏,又称苗民。三苗的地域,据《战国策·魏策一》记,是在湖南、江西的北部,鄱阳湖与洞庭湖之间。②三苗在接近夏朝建立的传说中与华夏集团有过激烈的冲突。除三苗外,徐旭生归入苗蛮集团的还有一个叫做驩兜的人物或人群。这支人群在接近夏朝建立的传说中也有活动。徐旭生将其归入南方集团,主要根据是《山海经》认为驩头国(按即驩兜)是南方国家,故载于《海外南经》中,还提到驩头是苗民的先祖。③另一个与苗蛮集团有很深关系的人物,即梼杌,曾领导过三苗氏。但徐旭生认为他本身并不属于苗蛮集团,而应属于华夏集团,只是他领导三苗氏时作战勇敢,成了三苗氏的"英雄"。④祝融,也是一个原不属于苗蛮集团但后来同苗蛮集团有重要关系的传说人物。祝融出自颛顼,在古代文献的记载中是比较一致的。"祝融"是一个称号,是从"火正"这一职官生发出来的,而最先任"祝融"的传说人物的名字是叫做犁⑤(一作黎⑥)或重黎⑦。 祝融的后裔主要分布在北方,但也有一些,如楚、蛮芈、夔、郐等,成为苗蛮集团的成员,祝融也因此在苗蛮集团中有很大名声。但据徐旭生的意见,这样的分化是接近于夏朝建立时才开始发生的事。

徐旭生、蒙文通所提出的中国传说时期人群的三集团说大体上描绘出了

---

① 徐旭生:《中国古史的传说时代》,第57页。
②《战国策·魏策一》:"三苗之居:左彭蠡之波,右有洞庭之水;文山在其南,而衡山在其北。"其中说到的衡山不是今日的衡山。
③《山海经·大荒北经》:"驩头生苗民。"
④ 徐旭生:《中国古史的传说时代》,第61页。
⑤《左传·昭公二十九年》:"颛顼氏有子曰犁,为祝融。"
⑥《国语·楚语》:"颛顼受之……命火正黎司地以属民。"
⑦《史记·楚世家》:"重黎为帝喾高辛氏火正,甚有功,能光融天下,帝喾命曰'祝融'。"又,《史记·太史公自序》说司马氏出自重黎。但《史记·历书》却沿用《国语·楚语》的说法,认为重与黎是两个人,并以重为南正。徐旭生引《左传·昭公二十九年》提到的"少昊氏有四叔:曰重……使重为句芒",认为重是属于少昊氏族的,但与南正重可能是一人。说见《中国古史的传说时代》,第62页。

在黄、炎时期我国古代人群的分布及相互关系。但是应该看到在这种三集团说中也还存在着一些缺点。第一,它主要根据文献中关于这一时期传说的记载来加以分析和综合,基本上没有结合考古资料(主要是新石器时代考古资料)。这在当时显然是由于有关的考古资料还没有被发现的缘故。而我们今天考虑这一时期人群的分布及相互关系,则应当同考古资料反映的情况结合起来。第二,在对资料的解释上也还有个别比较粗糙的地方。比如徐旭生说梼杌和祝融都是原属于华夏集团的,后来"跑"到苗蛮集团中任了首领,因而在苗蛮集团中有很大影响。这个解释似乎显得浅了一些。因为这里很可能反映了古代人群间征服与被征服的关系,梼杌和祝融之所以能成为苗蛮集团的首领,同这种征服也许不无关系。第三,个别的结论在考证上尚未可定谳。比如,对共工活动地域的考定,徐旭生根据的是对地名"共"的考证。但他自己也承认了"叫做共的水有三个,叫做共的国也有两个",并说"这分处四省的五个地方,全有为共工氏旧居的可能性"。①他最后的结论是共工的旧地在今河南辉县境内。实际上,即使共工活动地区遍于华北东部,辉县也不一定同共工有关。因为在古地名的演变上,我们现在还不知道古代人名与地名之间的关系的规律。像少皞旧居的名称就同少皞的名字无关。故共工旧居与"共工"这个名字之间也不必有关系。然而,尽管三集团说还有一些缺陷,但它在总体框架上还是很有价值的,是对传说资料的一次清理,为后来的学者分析古代传说时期人群的分布及相互关系奠定了基础。三集团说在方法上也有特别值得肯定之处。首先,它把古代传说人物看作是古代人群的代表,这就使古代传说资料具有了人类学的含义,成为研究传说时期人类社会组织及其相互关系状况的可贵资料。其次,它看出了古代人群间结合成集团的事实,尽管还没有对这些集团的性质作更进一步的分析,但对肯定传说时期不同层次的人群组合的存在是有积极意义的。

50年代以后,我国学者对传说时期人群的分布做了一些新的探索。他们继承了徐旭生等人的主要方法,并同对考古资料的研究结合起来,得出了一些新的结论。由田昌五提出的四集团说就是其中较有代表性的一种。他分

---

① 徐旭生:《中国古史的传说时代》,第47—48页。

出的四个集团分别是古夷人集团、古羌人集团,古苗蛮集团和古戎狄集团。①其中,古夷人集团和古苗蛮集团分别相当于徐旭生分出的东夷集团和苗蛮集团,古羌人集团与古戎狄集团从其组成来说似乎是将徐旭生所说的华夏集团一分为二,因为田说归入古羌人集团的炎帝、共工等,和归入古戎狄集团的黄帝、唐尧、夏后氏等,在徐说中正好都属于华夏集团。田说没有从传说资料本身举出把古羌人集团同古戎狄集团区分开来的理由,特别是田说没有重视《国语·晋语四》等表明的黄帝与炎帝的同源关系,因此把黄、炎分作两个集团,这在田说中是缺乏论证的。但从另一方面可以看出田说的这种划分是希望同有关考古文化的区分联系起来。具体地说,田认为古羌人集团同仰韶文化有关,而古戎狄集团同红山文化有关。②从这个角度来看,田说本身还不够严密。因为无论从地域上或是从文化内涵上,都很难说被他归入古戎狄集团的黄帝、唐尧及夏后氏等同主要分布在辽河流域的红山文化有直接的关系。在对古代传说人物的具体划分上,田说与徐说也存在一些重要的不同。比如,田昌五将颛顼归入古夷人集团,而徐说是将其归入华夏集团的。帝喾,在徐说中被确认为周人的祖先,③因此是属于华夏集团的,但田说则也将其归入古夷人集团。对田说将帝喾与高辛氏等同起来的说法,④徐旭生也早已表示了不赞成。⑤对于诸如此类与徐说不同的划分,田说似乎也还缺乏必要的论证。然而,总的来看,除了上述某些细节上的分歧以及田说将黄、炎分成两个集团这个考虑之外,田说与徐说和蒙说的构思还是相当一致的。应该说,这证明徐旭生和蒙文通的研究在很大程度上可以作为我们考虑传说时期人群分布及相互关系的一个基础。

作为一种关于传说时期人群分布及相互关系的新的假说,田说所表现出的同考古资料相结合的努力是值得重视的,是对徐说和蒙说的重要补充。田说几乎涉及了迄今发现的我国新石器时代的各主要考古文化,并把它们同传

---

① 田昌五:《古代社会断代新论》,人民出版社,1982年,第36—52页。
② 同上,第54—55页。
③ 徐旭生:《中国古史的传说时代》,第92页。
④ 田昌五:《古代社会断代新论》,第41页。
⑤ 徐旭生:《中国古史的传说时代》,第89页。

说中的古代人群联系起来。除了上面说到的以仰韶文化同古羌人相联系、以红山文化同古戎狄相联系外,田说还提出青莲岗文化和大汶口文化以及良渚文化、山东龙山文化属于古夷人;① 屈家岭文化属于古苗蛮;② 以及江南印纹陶文化属于古越人、大溪文化属于古巴蜀人、东北吉长地区的古文化属于古肃慎人等。③ 类似田昌五的这种分类方法,在近年我国考古学界的工作中可以看到很多,而且划分越来越细。比如,邹衡提出过"河北龙山文化涧沟型至少应该包括伯益之族或其所属部落在内";④ "夏家店上、下层文化所属古族有可能都是包括了肃慎在内";⑤ 而共工氏也可以"和河北龙山文化联系起来"⑥ 等。邹衡所论及的古代传说人物和人群属于比黄、炎较晚的时期,但也反映出在考古学界,从传说资料中为考古文化寻找族属依据已成为一种颇受重视的方法。这一趋势表明越来越多的学者相信古代传说关于人群分布及相互关系的记载有真实的背景,也说明,由于考古文化分类与传说中人群的分布及其组合之间的关系十分复杂,单纯从文献出发对传说中古代人群的分布及其组合所作的结论很可能会遇到考古学证据上的困难。邹衡曾从考古学角度批评徐旭生和蒙文通的三集团说:"结合考古资料来看,这样的三分法至少同夏、商、周的实际情况不完全相合,其中出入最大的是华夏集团。……如果按三分法,则把整个冀州甚至整个雍州都划归华夏(或河洛)地域。这样不仅把居于晋、陕、陇的鬼方、燕京之戎、土方、舌方、羌族、诸戎族和居于长城内外的肃慎、燕亳等等通通归入华夏族,而且把夏、商、周的起源也混成了一团。"⑦ 在这段评论中,明显存在着对徐说和蒙说的一些误解。因为在徐说和蒙说中,所涉及的传说时期人群分组情况主要是就较早时期亦即我所说的黄、炎时期而言的,不等于说华夏或河洛集团在以后的时期中没有新的分化,同时徐、蒙说中国北方大部分地域与华夏或河洛集团有关,也不意味着这一地域

---

① 田昌五:《古代社会断代新论》,第53页。
② 同上,第54页。
③ 同上,第55页。
④ 邹衡:《夏商周考古学论文集》,文物出版社,1980年,第262页。
⑤ 同上,第267页。
⑥ 同上,第292页。
⑦ 同上,第293页。

中只有华夏或河洛集团存在。不过从邹衡的议论中也可以看出,三集团说毕竟没有解决有关传说时期人群分布及组合的所有问题,更没有解决传说与考古文化间的关系问题。所有这些还有待于今后进一步的研究。

对于我们研究中国前国家时期社会和政治组织状况来说,自徐旭生、蒙文通等以来开展的关于传说时期人群分布及组合情况的研究,至少在以下几点上可以作为探讨这一问题的基础:

(1)在传说的黄、炎时期,中国境内存在着许多小的人群,它们有可能是一些部落和氏族,其中比较活跃和比较重要的分布在三个较大的地域内,即:陕西、山西、河北和河南的西部地区;山东、河北和河南的东部、安徽、江苏地区;湖北、湖南、江西和河南的南部地区。当然,这不等于说当时所有人群只分布在这三个区域内,或这三个区域内只分布由传说所反映出的那些人群。

(2)在这三个地区中的某些古代人群之间有较密切的关系,包括血缘渊源联系。

(3)在三个地区间的人群之间也有某种接触。

(4)在三个地区中某些人群相互间可能已组合成一些联合体。

这就是我们从对传说资料的研究中可以得出的有关黄、炎时期人群分布及相互关系的几个基本判断。它们对我们研究中国前国家时期的社会状况是非常有用的。而这几点基本认识,同我国新石器时代考古所揭示的与古代人群分布及相互关系的事实并不冲突。

至于以考古资料来支持关于这一时期人群分布及相互关系的细节性判断的问题,从目前的条件来说,我认为大多数还处于假说的阶段。这有两方面的原因。一是现在还不清楚传说中的人群在物质文化上的表现同考古学文化的分类究竟是什么关系。也就是说,我们还无法确定什么层次上的考古学文化分类对应于什么层次上的古代人群。因此像田昌五那样以仰韶文化同古羌人相联系的方法,至多只能说是一种推测。而实际上很有可能仰韶文化并不仅仅与传说中的一支人群有关。二是传说中关于古代人群分布的记载是零散、片断的,有许多还是很不明确的。因此要系统地把传说中的古代人群同考古学文化挂起钩来,在资料的占有和分析上就有很大困难。但是对研究中国前国家时期社会与政治组织状况来说,我国新石器时代考古研究的首要意义是肯定了传说时期各种人群的存在是一个事实,并且肯定了传说关于这一时期人类社会状况的描述在基本面貌上是真实的(参看本章以下的论述)。这是中国前国家时期研究从考古学方面得到的最重要的支持。

黄、炎时期的部落联合体的性质

传说记载的黄、炎时期的古代人群究竟是一些什么样的人群呢?应该如何判断其性质?

首先,我们可以看到在这些人群中氏族存在的一些迹象。《国语·晋语四》关于黄帝和炎帝来历的一段记述比较明确地披露了黄帝和炎帝最初作为两个氏族存在的情况:

> 昔少典氏娶于有蟜氏,生黄帝、炎帝。黄帝以姬水成;炎帝以姜水成。成而异德,故黄帝为姬,炎帝为姜。

在这里,黄帝和炎帝很显然代表了两个各自有自己的姓——姬和姜——的人群。而中国古代的姓,在其起源上是同氏族有关的。这可以从《国语·晋语四》接下去说到的一段话中看出来:

> 异姓则异德,异德则异类。异类虽近,男女相及,以生民也。……是故娶妻避其同姓,畏乱灾也。

所谓"类",在这里指的是某种共同体,"德"指的是这种共同体的成员资格,姓是这种资格的标记。"娶妻避其同姓",是说禁止具有同一共同体成员资格的人通婚,也就是禁止在同一共同体内部通婚。从人类学资料中可以知道,这样的共同体不是别的,正是氏族。因为在人类早期社会组织中,正是氏族这种共同体实行严格的外婚制。从这里可以看出姓与氏族的关系。《国语·晋语四》实际上告诉我们黄帝和炎帝在其出现的初期是代表了两个具有不同姓的氏族,而且它们是最早获得姬姓或姜姓的两个氏族。

除了黄帝的姬姓、炎帝的姜姓外,从黄、炎时期传说中可以看到的还有风姓、嬴姓等。风姓是东夷集团太皞的姓,见于《左传·僖公二十一年》:"任、宿、须句、颛臾,风姓也。实司太皞与有济之祀。"风姓最早的来源目前所知的就是太皞。嬴姓是少皞的姓。见《说文·女部》："嬴,少皞氏之姓。"此说又见《路史·后纪七》注引谯周《古史考》。虽然也有较晚的资料说少皞为己姓,但少皞为嬴姓说要更可信一些。① 少皞也是目前所知最早拥有嬴姓的人群。同姬、姜二姓一样,太皞与少皞的风姓和嬴姓也表明了它们最初也是从两个氏族发展而来的。

在传说时期,不同的氏族之间可以有一定的血缘联系或沿继关系。比如黄帝和炎帝,当它们最初作为两个氏族形成时,是同出于一个少典氏的,而这个少典氏应当也是一个氏族的名称。这就使黄帝与炎帝,或由他们代表的姬姓与姜姓氏族成为亲属氏族。这为这两支人群的结盟关系奠定了基础。在《国语·晋语四》中记载了黄帝之"子"分为十二姓的故事:

> 黄帝之子二十五人……其同生而异姓者,四母之子别为十二姓。凡黄帝之子,二十五宗,其得姓者十四人为十二姓:姬、酉、祁、己、滕、葴、任、荀、僖、姞、儇、依是也。

这些新分出的姓自然同姬姓有沿继关系,相互间都可视为亲属氏族。姓的沿继现象实际上反映了氏族本身的分化。当一个氏族的人口不断增长或随居住地域的迁徙长期分居于不同地点时,原先的一个氏族就可能分化为几个不同的新氏族。这在人类学资料中是可以得到印证的。正如摩尔根所说:"一个氏族的人员不断增加,随之这些成员异地而居,于是发生了分离,脱离出去的一部分人便采用了一个新的氏族名称。"② 传说中关于姓的分化,在黄、炎时期还有祝融之后分为八姓一例。据《国语·郑语》记载,祝融之后所分出的八姓是己、董、彭、秃、妘、曹、斟、芈。在《世本》中,也提到祝融之后的陆终有六子,即昆吾、惠连、籛铿、求言、安和季连,他们分别为己、斯、彭、妘、曹、芈诸姓。③ 其中,斯姓即斟姓,董、秃二姓可能出自陆终兄弟,或出自另一个祝融。④ 祝融之后分为八姓,是古代氏族又一次较典型的大规模的分化。从这里可以

---

① 参见拙著:《周代家庭形态》,中国社会科学出版社,1990年,第127—128页。
② 摩尔根:《古代社会》,上册,第89页。
③ 茆泮林:《世本》辑本。
④ 参见拙著:《周代家庭形态》,第129页。

看出,己、董、彭、秃、妘、曹、斟、芈各姓与祝融自身的祖先颛顼及黄帝都有血缘的沿继关系。不过这些记载中或许有后人综合化的成分在内亦未可知。

在有氏族的地方,总可以看到部落的存在。在人类学资料中,氏族制度是作为部落社会的一个显著特征出现的。在中国传说时期,关于部落存在的明确记述虽然不多,但还是可以看出一些迹象来。在《晋语四》中说到"少典氏娶于有蟜氏,生黄帝、炎帝",就可理解为黄帝和炎帝是从由少典氏和有蟜氏两个氏族组成的一个部落中分化出来的。这个部落就是通常所说的两合部落,即一个部落是由两个互相通婚的氏族组成的。而《晋语四》说到的"凡黄帝之子,二十五宗",这里的"宗"很可能就是指部落,因为二十五宗只拥有十二姓,很显然每个宗内都可能包括一些不同的姓,这样才能使部落内实现通婚和繁衍(在中国古代同姓是不通婚的)。因此这时的"宗"是一种复合的组织,也就是部落。由于黄帝之子二十五宗可以看出是部落,则黄帝本身也可以代表一个部落。这种以同一名称表示不同类型的人群的方法在传说资料中是常见的。

从《晋语四》的记载中还可以看出,在黄、炎时期,氏族和部落实行的是父系世系制度。因为《晋语四》说到在黄帝的二十五子中,"四母之子别为十二姓",这就是从父系本位出发来描述黄帝的氏族和部落的。《晋语四》说黄帝之子中的青阳和夷鼓分别为"方雷氏"和"彤鱼氏"的"甥"。按中国古代亲属称谓的用法,"姊妹之子曰甥"(《国语》韦昭注)。这也是从父系本位出发的记法。在不分化的条件下,姓也沿着父系世系传递,黄帝之子中有一个继承姬姓就是一个证明。

在黄、炎时期,除了氏族和部落外,也已经可以看到部落联合体的存在。首先,像黄帝、炎帝这样的名称,在传说资料的某些表述中,已经不是仅仅指一个氏族或部落,而是指一种具有一定规模的部落联合体。在《史记·五帝本纪》中说到黄帝"抚万民,度四方,教熊、罴、貔、貅、䝙、虎,以与炎帝战于阪泉之野"。这里提到的六种野兽的名称,实际上最可能是指与黄帝部落组成联合体的一些部落;黄帝部落是它们的代表或盟主。部落联合体的规模有时可以达到很大。从《史记》的记载来看,黄帝同炎帝之间有过一次战争。起因是炎帝"欲侵陵诸侯",实际上就是炎帝部落联合体要扩张它的势力,使更多的部落或部落联合体依附于它。这时黄帝在阪泉的一场战斗中打败了炎帝。此事亦见于《左传·僖公二十五年》,应该是有所本的。而黄帝用来同炎帝抗衡的,可以相信也应该是较大的部落联合体,并且在它的作战目的中,还包括把炎帝原先控制的众多部落纳入自己的势力范围中。可见黄、炎时期一些较大的部落联合体已经出现了。

由于形成了一些较大的部落联合体,在不同地域的人群集团之间也发生了接触与争端。这在典籍中记载很多。如《逸周书·尝麦篇》说:

> 昔天之初,□作二后:乃设建典,命赤帝(按即炎帝)分正二卿,命蚩尤于宇少昊,以临四方,司□□上天未成之庆。蚩尤乃逐帝,争于涿鹿之河(一作阿),九隅无遗。赤帝大慑,乃说于黄帝,执蚩尤,杀之于中翼,以甲兵释怒。……乃命少昊清司马鸟师,以正五帝之官,故名曰质。天用大成,至于今不乱。

这里谈到这样几件事。一、炎帝与蚩尤分别代表两个不同的部落联合体,而由于蚩尤是在少昊的地域上,应属于东夷集团,故炎帝和蚩尤又分别属于两个大的地域集团。二、这两个部落联合体之间原先相互间有一定的关系,即共同作为"天之初"的"二后"。这可能表明这两个部落联合体是处在一个更大的联合体中的。三、这两个分属于不同地域集团的部落联合体间发生过战争,而炎帝得到了同属一个地域集团即华夏集团的黄帝的帮助。四、战争结局是蚩尤战败,黄帝选任了一个叫"清"的人去"绥靖蚩尤原来领导的人民"。①也就是华夏集团兼并了东夷集团控制的一部分地域和人群。这是一个不同地域集团间接触和相互争夺控制权的例子。这次战争在《盐铁论·结合篇》中是这样被提到的:"黄帝战涿鹿,杀两曎(曎通皞,指太皞与少皞)②而为帝。"这就更明确地表明这次战争涉及到对控制权的争夺;"帝"在这里实际上是指一种统治权。

黄帝同蚩尤的这次战争在古代神话中也有反映。《山海经·大荒北经》

---

① 徐旭生:《中国古史的传说时代》,第50页。
② 同上,第53页。

说:"蚩尤作兵伐黄帝,黄帝乃令应龙攻之冀州之野。应龙畜水。蚩尤请风伯、雨师从,大风雨。黄帝乃下天女曰魃,雨止,遂杀蚩尤。"徐旭生说风伯很可能是指风姓的太皞族,[①]这似乎证明蚩尤是依靠东夷集团作战的。这则带神话色彩的故事同《逸周书》所记载的炎、黄同蚩尤间的战争看来是一件事,说明这场战争在古代人们记忆中印象是很深的。

在讨论黄、炎时期的这些部落联合体的性质时,我们首先会注意到在这些联合体中,各组成单位之间的不平等的关系。在《尝麦篇》中,炎帝和蚩尤都被称作"后"。"后"在中国古代是作为对最高统治者的一种称呼的。《说文·后部》:"后,继体君也。……《易》曰:'后以施令告四方。'"段玉裁《说文解字注》说:"《释诂》、《毛传》皆曰'后,君也。'"黄、炎时期也许还不能说有真正的君主出现,那么《尝麦篇》所说的"后"实际上表明炎帝和蚩尤都是各自部落联合体中居于最高权力地位上的显赫部落和部落首领。《尝麦篇》也确实说到了炎帝和蚩尤都是"临四方"的人物,意即他们对广大地域有统治权。炎帝和蚩尤不仅在自己的部落联合体内处于至高无上的位置,而且还争取扩大自己的控制范围。这应该是他们之间发生战争的原因之一。因此当黄帝战胜了东夷集团后,就成为了"帝"。在这里,帝同后一样是表示一种最高的权力。

正因为在当时的部落联合体中,各组成部落间的地位是不平等的,所以在联合体内时常会发生各部落争夺联合体最高统治权的斗争,并由此引发战争。传说中华夏集团内为争夺最高统治权而发生的几次大的战争是很好的例子。一次就是前面已提到的黄帝与炎帝之间的战争。这次战争的背景,从《史记·五帝本纪》的记述可以看出,最初有可能是黄帝在部落联合体中占有某种优势,他可以"习用干戈,以征不享",使"诸侯咸来宾从"。这时炎帝可能也已发展为相当大的势力,以致"欲侵陵诸侯"。但是部落联合体内各组成部落的大多数是依附黄帝的:"诸侯咸归轩辕(指黄帝)。"结果,黄帝对炎帝发动战争,并"三战然后得志",最终获胜。这个胜利无疑巩固了黄帝对部落联合体的统治权。

[①] 徐旭生:《中国古史的传说时代》,第96页。

另有两次著名的战争发生的时间看来要晚一些。一场战争的双方是作为黄帝后裔的颛顼和作为炎帝后裔的共工,另一场则分别是共工和高辛氏。颛顼与共工的战争,记录在《淮南子·天文训》中,它提道:"昔者共工与颛顼争为帝。"此外《兵略训》也说道:"颛顼尝与共工争矣。……共工为水害,故颛顼诛之。"《淮南子》非常明确地提到了战争的目的是"争为帝",也就是争夺对部落联合体的统治权。共工与高辛氏的战争记录在《淮南子·原道训》中:"昔共工……与高辛氏争为帝。"高辛氏,在较晚的文献,如《大戴礼记·五帝德》中,以其为帝喾的氏号,此说尚无明确证据。①但高辛氏与华夏集团关系密切,尤其是与颛顼关系密切。如《国语·郑语》说黎为高辛氏火正,而《楚语》则说黎也是颛顼的火正,黎本身又是属于华夏集团的。②因此高辛氏属于华夏集团的可能性很大。那么共工与高辛氏的战争,很可能也是华夏部落联合体内为争夺最高权力的一次斗争。

从黄、炎时期部落联合体内存在着各组成部落间的不平等地位和联合体最高权力这两项特征看,这些部落联合体很显然是属于酋邦类型的。作为酋邦,这些部落联合体的最显著的特征是不存在平等结盟的基础,相反,所有部落事实上都依附和服从一个具有最高权力的部落的统治,这个最高权力部落的首领成为联合体即酋邦的最高首脑——帝或后。这表明,在这些酋邦性质的部落联合体中,个人性质的权力已经存在了。这或许是这些酋邦在传说中总是以一个人名为标志的一个原因。所有这些,同部落联盟类型的部落联合体是明显不同的。可以说,在所有有关传说中都没有任何证据能够表现黄、炎时期存在着以平等结盟为基础形成的部落联盟。要之,从中国传说时期的较早时期起,中国境内已经存在着一些分布在不同地域中的酋邦。在它们各自内部发生的为争夺最高权力的斗争,表明它们的组成与结构都还不十分稳定。而在它们相互之间也存在着为扩张势力和争夺更大控制权的斗争,这使得这些酋邦所代表的人群之间发生频繁的接触与交往,乃至相互渗透。这对于各地域集团内部和外部关系的发展与演变将产生很大影响。

---

① 参见徐旭生:《中国古史的传说时代》,第89页。
② 同上,第89—90页,注③。

二、文献所反映的古代中国酋邦（下）
——尧、舜、禹时期

中国传说时期中较之黄、炎时期更晚近的一个时期，可以用关于尧、舜、禹的传说来代表，故可称为"尧、舜、禹时期"。这个时期已逼近夏朝的建立。它的上限同样不能确切地知道，但它的下限是在夏朝建立的前夕。禹传说就是夏朝第一个王启的父亲。在文献中，禹因此偶尔与夏相提并论，称为"夏禹"（《国语·郑语》）。这一时期因为同夏朝的建立接近，在对中国国家起源的研究中显得更为重要。我国学者中关于传说时期存在部落联盟的说法，主要就是根据关于这一时期的传说提出的。由于关于这一时期传说的讨论将接触到我国学术界在中国早期国家进程问题上的一些主要争议，因此，这些讨论所具的重要意义是不言而喻的。

尧、舜、禹与他们的部落联合体

在《史记·五帝本纪》中，尧被说成是帝喾的次子，名放勋，而帝喾是黄帝的曾孙。这个说法当依据战国末年行世的《帝系》中的记载；这篇文字被收在《大戴礼记》中。由于没有更早的资料的证实，对《帝系》和《五帝本纪》所载的这一世系关系目前还很难判断其真实性。但是尧是黄帝的后裔，这一点大约是可信的。在《国语·鲁语上》所记载的古代对祖先祭祀的祀典中，尧和黄帝都被作为有虞氏的祖先："有虞氏禘黄帝而祖颛顼，郊尧而宗舜。"有虞氏同黄帝的血缘渊源关系，本书已提及，可由战国时的铜器陈侯因㑒敦得到证明。而郊祭，在《鲁语上》所记载的祀典中也都是以与祭祀者有血缘渊源联系的先祖为对象的。如夏后氏所郊的鲧、商人所郊的冥、周人所郊的稷，无一不是他们各自的先祖。因此按《鲁语上》的记法，尧应是有虞氏的先祖。这就表明了尧与黄帝也是有血缘渊源联系的。撇开其中的许多细节不谈，我们可以把尧看作是黄帝后裔所建立的一个部落。

关于尧所活动的地域，在一些较晚的记载中提到的都是中国东部的一些地点。如晋代皇甫谧的《帝王世纪》说："帝尧氏始封于唐，今中山唐县（今河北唐县)是也。"此说实自汉代时已有,《汉书·地理志》中山国唐县条颜师古注引应劭曰:"故唐国也,唐水在西。"这样尧活动的地域就在太行山东麓。在更晚的一些文献中还提到尧曾活动在山东定陶。《元和郡县志》曹州菏泽县条曰:"定陶故城,尧所居也。尧先居唐,后居陶,故曰陶唐氏。"《读史方舆纪要》有相同说法。不过上述这些记载的依据都不清楚。有人认为这表明尧部落有过一次从唐县往南至定陶的迁徙。①但这里的关键问题是应劭等人的这些说法本身是否可靠。

实际上,《左传》曾提到过尧活动的地域,尽管不很明确。《左传·哀公六年》引《夏书》说:"唯彼陶唐,率彼天常,有此冀方。"陶唐是尧的名号,这一点可无问题。②那么冀方在哪里呢?刘起釪根据《国语·晋语四》中记载楚成王称晋国地域为冀州,认为冀州的原始地境应在当时晋国所在的山西南部。③他指出,晋南之所以称冀州,是因为该地有过一个叫冀的小国,见于《左传·僖公二年》。④但是后来冀州所指范围有所扩大。到《禹贡》中,它包括了"今山西大部,略带豫北,还有河北省西边少半部,东北角则触到了渤海岸"。⑤而就原始含义说,冀州还是指晋南。因此《左传》的记载应该是说尧活动的地域在今山西省的南部,而不是在太行山东麓的唐县或山东的定陶。如果说关于尧的地望在东方的记载也有一定根据的话,那可能是说明尧也曾到东方活动过。

从史书中看,尧曾经领导过一个较大的部落联合体。这一点可以从《尚书·尧典》中看出。

今天所见的今文《尚书·尧典》这篇文字的作成年代,现在还不能完全确定。但可以肯定它的出现不会晚于春秋时期。刘起釪统计先秦文献引用《尧典》的有6种,即:《国语》、《左传》、《孟子》、《荀子》、《礼记》、《逸周

---

① 高光晶:《中国国家起源》,河南大学出版社,1989年,第81页。
② 参见徐旭生:《中国古史的传说时代》,第71页。
③ 刘起釪:《由夏族原居地纵论夏文化始于晋南》,《华夏文明》第1集,北京大学出版社,1987年,第23页。
④ 同上,第25页。
⑤ 同上,第22页。

书》,共引用15次,其中《孟子》、《礼记》还引了《尧典》篇名(《礼记》作《帝典》)。① 从内容来看,《尧典》的记载有一些是以比春秋时期更早时期的事实为依据的。如竺可桢在《论以岁差定尚书尧典四仲中星之年代》一文中提出,《尧典》中关于四仲中星的记载是商末周初时天文的记录。而法国人卑奥依据马融对《尧典》四仲中星记载的解释,推断出那是公元前2357年的二分二至的所在点。② 再如胡厚宣在《甲骨文四方风名考》中提出,《尧典》"所谓四方之民与鸟兽者,亦与甲骨文及《山海经》之四方名及风名合",同时《尧典》中提到的"出日"、"入日"、"河宗"、"岳宗"等在甲骨文中也有印证。《尧典》的记载在这些细节上的真实性说明它不可能是像有些学者认为的那样完全由秦汉或战国时人编造的。因此,把《尧典》看作是通过某种途径流传下来的关于传说时期史实的记录,不是不适宜的。在一定的方法上,它可以作为我们研究这一时期的依据。

在《尧典》中,提到尧"克明俊德,以亲九族"。"九族"这个说法,大约是《尧典》在流传过程中有人依后世的概念用进去的,实际上可能是反映了尧联合了众多的部落。这也就是说,在尧领导下存在着一个部落联合体。按《尧典》的描写,这个联合体规模还不小:"九族既睦,平章百姓,百姓昭明,协和万邦。"邦,同国。在这里当然不是指一万个国家,而是指数目很多的部落。从《尧典》的记载看,尧的部落联合体的成员包括驩兜、共工、鲧、舜和四岳等。在这些成员中,我们已经知道,共工和舜是属于华夏集团的。鲧,从《国语·鲁语上》记载的祀典中也可以知道,与黄帝有血缘渊源关系,故亦属于华夏集团。四岳,见《左传·襄公十四年》:"谓我诸戎,是四岳之裔胄也。"杜预注:"四岳,尧时方伯,姜姓也。"《国语·周语下》也说到:"共(工)之从孙四岳佐之。"这是说四岳是从炎帝这一支沿继下来的。可见四岳也属于华夏集团。只有驩兜,按徐旭生的说法,属于苗蛮集团。从上文揭示的各地域集团间长期接触的情况看,尧部落联合体中包括其他地域中的部落并非没有可能。当然《尧典》反映出这个部落联合体的主体还是华夏集团的成员。从尧

---

① 刘起釪:《尚书学史》,中华书局,1989年,第22—23页。
② 见刘朝阳:《从天文历法推测尧典之编成年代》,《燕京学报》第7期,1930年。

部落联合体中有四岳来看，它已经在相当程度上融合了华夏集团内原先黄、炎两支人群的后裔。

舜，在《尧典》中是作为尧的继任人出现的。因此，舜的部落联合体是尧的部落联合体的直接延伸。按《鲁语上》，舜是黄帝的后裔，故这个部落联合体也是以华夏集团成员为主导和主体的。

舜活动的地域自汉代以来多认为也是在山西南部。《史记·五帝本纪》说："舜，冀州之人也。"张守节《正义》谓此冀州指"蒲州河东县"，即今山西永济县。他的看法可能来自《括地志》。他引《括地志》："蒲州河东县雷首山，一名中条山，亦名历山"，而《五帝本纪》有"舜耕历山"。《五帝本纪》此说可能本自《韩非子》、《墨子》等。①但是舜也有活动在东方的记录。《五帝本纪》说他"就时于负夏"。裴骃《集解》引郑玄曰："负夏，卫地。"这个说法可能是依据《孟子》。《孟子·离娄下》说："舜生于诸冯，迁于负夏，卒于鸣条，东夷之人也。"诸冯，在山东菏泽县；负夏也在东方。而鸣条却不是在东方，传统的一个说法正是在山西。因此《孟子》的说法其含义比较复杂。不过舜有时活动在山东一带也不是没有可能，正如王国维推测的：舜"一时或有迁都之事，非定居于西土也"。②只是这同尧曾活动在东方一样，也还是不能确认的事。

在《尚书》中，关于舜在部落联合体中的活动的记录是在《尧典》和《皋陶谟》两篇中。从中可以看到，舜部落联合体的成员有禹、契、弃、皋陶、四岳、垂、殳、斨、伯与、伯益、伯夷、夔、龙等。这些人应当是代表了不同的人群，比如我们熟知的禹、契、弃就是后来称为夏、商、周的三支人群的首领和祖先。在这些人中，禹、契、弃都属于华夏集团，对此本书后面还要谈到。四岳，上文已提到，亦属于华夏集团。皋陶，由于他是偃姓，③与嬴一音之转，故疑与少皡同姓，徐旭生因而认为他属于东夷集团。④清代雷学淇亦认为"皋陶出自少

---

① 参见〔日〕泷川资言：《史记会注考证·五帝本纪》。
② 王国维：《观堂集林》卷十《殷周制度论》。
③ 郑樵：《通志·氏族略》引《世本》。
④ 徐旭生：《中国古史的传说时代》，第54页。

昊"。①伯益,即伯翳,②汉代以后都说是皋陶后裔,③故亦属东夷集团。而垂、殳、斨、夔、龙等属于何集团目前已难考定。对于《尧典》和《皋陶谟》记载的舜部落联合体的这个组成,应估计到其中可能有后世在流传过程中出现的某种综合化处理的成分。因此我们不必相信其中的所有细节。不过《尧典》和《皋陶谟》的记载在整体上不是出于虚构。《论语·颜渊》有:"舜有天下,选于众,举皋陶。"表明皋陶确是在舜部落联合体中。总之,在舜主持下存在着一个部落联合体,这一点还是可以相信的。这正是我们从这两篇文献中主要要了解的内容。

《五帝本纪》说,舜在继承尧的职位领导这个部落联合体后,一直在这个位置上待了39年,直到去世。而在这之前,他在这个联合体中被尧任用亦有20年。《尧典》和《大戴礼记·五帝德》有类似说法,而略有不同。这似乎说明尧部落联合体在由舜领导之后,仍保持相当的稳定性。

禹是尧、舜部落联合体的最后一任首领继任人。对此文献的记载没有很大分歧。禹活动的地域,涉及两个相邻的地区。一个是晋南,一个是豫西。《史记·封禅书》张守节《正义》引《世本》说:"夏禹都阳城,避商均也。又都平阳,或在安邑,或在晋阳。"即提到了这两个地区。其中,阳城,由于在考古上发现了河南省登封县告成镇出土的战国时期陶豆及汉代筒瓦上有"阳城"字样,④已经可以证明古代关于阳城在颍川的说法⑤是正确的。平阳,在今山西临汾县西。安邑,在今山西夏县西北。这两处都在晋南。邹衡认为这两个地点都不可能是禹的都城,因为在这两地不是没有发现"夏文化"遗址,就是所发现的"夏文化"遗址规模太小。⑥但是邹衡同时又肯定了晋西南为夏墟所在地的可能。他指出:"解放以来在临汾、翼城、襄汾、绛县、曲沃、侯马等地,都发现了夏文化遗址……看来,这里属于夏墟的范围是不会有什么疑

---

① 雷学淇:《世本校辑》。
② 参见拙著:《周代家庭形态》,第153页,注⑯。
③ 见郑玄:《诗谱》;高诱:《吕氏春秋注》。
④ 河南省博物馆登封工作站高成:《春秋战国时期古阳城遗址的发掘》,《光明日报》1978年1月27日。
⑤ 见《太平御览》卷三十九"嵩山"下引韦昭注;赵岐:《孟子注》。
⑥《夏商周考古学论文集》,第237页。

问了。"①这个意见,同徐旭生的见解是一致的。②这就是说,晋南仍然是夏人活动的大本营之一。那么禹在这里活动仍然是有可能的。现在对禹在山西和河南的活动孰先孰后,还不太清楚。刘起釪近年力主夏人西起晋南,然后东进豫境。③这个看法还可以讨论。但至少晋南是夏人较早活动地区这一点可以确认下来。从禹在舜部落联合体中的活动以及他继任这个联合体的首领这些事实看,禹较早活动在晋南也是合理的,因为尧、舜的活动中心也都在这一地区。当然,禹也有一些活动是在这一地区之外,如豫西,这也是无须加以否定的。

在禹继任之后,这个部落联合体的基本成员似乎没有根本的变化。如据《史记·夏本纪》,皋陶、益都曾留在联合体中。看起来,禹部落联合体仍然是中原地区最有影响的一个政治实体。皋陶和益之参加这个联合体,说明原先在黄、炎时期形成的几个大的地域集团中的某些人群,相互间已有很大的融合。禹联合体同尧、舜联合体一样,不是单一地属于哪个地域集团,唯华夏集团乃是其组成的主体而已。因此可以推断,在当时除尧、舜、禹联合体之外,一定还有以其他地域集团成员为主体的其他一些部落联合体存在。事实上,同尧作战的三苗也许就是这类联合体的一个例子。然而像三苗这类联合体后来却没有发生向国家的转化,这使得关于它们的传说在文献中留下很少,以致我们讨论这一时期的部落联合体,主要还得依据关于尧、舜、禹联合体的记载。

尧、舜、禹部落联合体的性质

这是本章想要着重讨论的一个问题。在谈到黄、炎时期传说时,我曾讨论过相似的问题。但黄、炎时期传说中有关的资料比较少,因此对于了解中国前国家时期社会和政治组织状况及类型问题来说,尧、舜、禹部落联合体是我们考察的主要对象。

我们首先可以注意到,尧、舜、禹部落联合体在组成和活动方式上同部落

---

① 《夏商周考古学论文集》,第236页。
② 徐旭生:《1959年夏豫西调查"夏墟"的初步报告》,《考古》1959年第11期。
③ 刘起釪:《由夏族原居地纵论夏文化始于晋南》,《华夏文明》第1集,第31页。

联盟有明显的不同。这可以从三方面来看。

（1）部落联盟是没有最高首领的,而尧、舜、禹部落联合体却有最高首领。

我们在讨论部落联盟的基本特征时,已非常明确地了解到,部落联盟是没有最高行政长官的。这同它们没有个人性质的权力有关。但尧、舜、禹部落联合体却同黄、炎时期部落联合体一样,在拥有最高首领职位这一点上是十分明显和突出的。

在《史记·五帝本纪》中,尧、舜、禹都被称为"帝"。在《尧典》中,对尧和舜也都称之为"帝"。这同黄、炎部落联合体的最高首领被称为"帝"一样,表明这些传说人物在部落联合体中占有特殊的、至高无上的位置。这种位置在联合体中只属于极个别人,他们享有只属于他们的某些权力。其中包括,例如,对于联合体官员的任命权。关于这一点,在帝颛顼时期,就有他命重为"南正",命黎为"火正"的记录(《国语·楚语》)。在尧、舜、禹时期,《尧典》记载了尧命羲和与羲仲管理历法与授时,命鲧治水;舜命弃为"后稷",命契为"司徒",命禹作"司空",命皋陶为"士"、命垂、殳、斨、伯与为"共工",命益为"虞",命伯夷为"秩宗",命夔为"典乐"以及命龙为"纳言"的事情。《尧典》在记述这些人的任职时,对其中许多人使用了"命"这个词,表明尧、舜对这些人而言确实是上级。《尧典》未提及禹对下级官员的任用情况,不过禹既为舜的继任人,他也一定是对下级官员有任命权的。其实,尧、舜、禹对下级发布"命"的权力不止涉及到对官员的任用。《尧典》记舜在任命龙时说:"命汝作'纳言',夙夜出纳朕命。"就是说,让龙代他发布命令和汇报下属意见。这后一个"命"指的是广泛地指导联合体事务的命令。这是舜具有联合体最高首领地位的又一个反映。

尧、舜、禹部落联合体最高首领的权力还表现在这些首领对参加联合体的各部落首领有处置权这一点上。这也是在部落联盟中完全看不到的。如舜曾对共工、驩兜、三苗、鲧实行过流、放、窜、殛的处罚。《尧典》说:"(舜)流共工于幽州,放驩兜于崇山,窜三苗于三危,殛鲧于羽山。"类似记载亦见于《孟子·万章上》。此事同《左传》记载的舜流四凶的传说应有一定关系。《左传·文公十八年》说:"昔帝鸿氏有不才子……天下之民谓之浑敦";"少皥氏有不才子……天下之民谓之穷奇";"颛顼氏有不才子……天下之民谓之梼杌";"缙云氏有不才子……天下之民以比三凶,谓之饕餮";"舜臣尧,宾于四门,流四凶族:浑敦、穷奇、梼杌、饕餮,投诸四裔,以御螭魅"。这是说,舜处置了浑敦等四个凶人,而这四个凶人实际上有可能是舜部落联合体中不听命的四个部落的首领。这个传说与《尧典》所记可能原是一件事,但后来分化了。①现在我们可以不去管舜处置的是什么人,总之舜对部落联合体成员有处置权这一点是可以想见的。还有一个传说提到禹对联合体成员的惩治。《国语·鲁语下》:"昔禹致群神于会稽之山,防风氏后至,禹杀而戮之。"这里的防风氏应是禹部落联合体的一个成员。

事实上,舜流四凶除了反映舜对联合体成员有惩治权外,还可能反映联合体内部对最高权力的争夺,和各组成部落对联合体权力结构的不同反应。按《尧典》所记,被舜处置的有共工、驩兜、三苗、鲧。其中共工和鲧属于华夏集团,驩兜、三苗则属于苗蛮集团。舜对他们的惩治都可能具有权力斗争的背景。尤其共工和三苗,是长期同这个联合体最高权力者之间有争斗的人群。如共工曾"与颛顼争为帝",又"与高辛氏争为帝"(《淮南子·天文训》、《原道训》)。他与舜之间也可能有权力争斗,因而遭致流刑。在这里,流可能指驱赶的意思。但是舜对共工的流也许没有完全削弱共工的势力,故禹时又发生"禹伐共工"之事(《荀子·议兵篇》)。《礼记·祭法》说:"共工氏之霸九州也,其子曰后土,能平九州,故祀以为社。"这表明共工氏确曾有过相当的势力,也许正因此使得他自颛顼以来同部落联合体的最高权力者之间一直有冲突,并导致战争。三苗,也被认为是长期不安分的一支人群。由于它与尧、舜、禹部落联合体的最高权力者分别属于不同的地域集团,他们之间的争斗就具有更深刻的原因。从《尚书·吕刑》中可以看到,早在蚩尤亦即黄、炎时期,就有"苗民弗用灵"的事情。灵,据曾运乾《尚书正读》,应通令或命。这似乎表明三苗在当时与蚩尤的部落联合体有一定关系,但三苗并不安于被蚩尤统治的地位。文献中记载对三苗用武的最早事例是尧对三苗的征伐。《吕氏春秋·召类篇》曰"尧战于丹水之浦以服南蛮",指的就是这次战争。此时三苗可能还未完全融入尧部落联合体。然后是舜对三苗的征伐。

---

① 吕思勉谓:"四凶亦必即四罪。"见《先秦史》,太平书局,1968年,第89页。

此事《左传·昭公元年》记为"虞有三苗";《吕氏春秋·召类篇》记为"舜却苗民,更易其俗"。可见舜对三苗的处置是有征服背景的。"虞有三苗",说明舜对三苗的征服是成功的,三苗被纳入舜部落联合体中。但三苗显然没有立即顺服。到禹时,与三苗的战争仍在继续。《墨子·非攻下》说:"昔者三苗大乱……禹亲把天之瑞令以征有苗。……搖矢有苗之祥,苗师大乱,后乃遂几。"这里说"禹亲把天之瑞令",反映出禹居于联合体最高权力位置上。"三苗大乱",意味着三苗对禹的权威的挑战。不管三苗有没有争夺联合体最高权力的意图,他们的叛乱总是对联合体权力结构的威胁。

关于尧、舜、禹部落联合体最高权力位置的传递,在有些传说中有所谓"禅让"的说法。所谓禅让,是指在位的权力者主动将权力移交给下任。如《墨子·尚贤下》说:"昔者舜耕于历山……尧得之于服泽之阳,立为天子,使接天下之政,而治天下之民。"这就是说尧曾将权力禅让给舜。《墨子》中提到的另一次禅让是"禹举益",《尚贤上》:"禹举益于阴方之中,授之政,九州成。"《孟子·万章上》中也较突出地谈到了禅让。按《万章上》的记载,不仅尧至舜的权力转移是禅让的结果,而且舜至禹的权力转移也是禅让的结果,只是禹以后权力的转移走上了世袭的道路。《孟子》的记法大体上为《史记·五帝本纪》和《夏本纪》所采取。关于尧时的禅让,在《尧典》中有比较详细的描述。但是禅让说在战国时就遭到一些学者的质疑和反对。荀子和韩非子都是反对禅让说的。《荀子·正论篇》反驳说:"世俗之为说者曰'尧舜擅让',是不然。天子者,势位至尊,无敌于天下,夫有谁与让矣。……夫曰'尧舜擅让',是虚言也,是浅者之传,陋者之说也。"《韩非子》则对尧舜和舜禹权力转移作相反的解释,《忠孝篇》说"舜自以为贤而不能以戴尧";《说疑篇》则说"舜偪尧,禹偪舜"。《韩非子》的说法同于《竹书纪年》,如《广弘明集》卷十一法琳《对傅奕废佛僧事》引《竹书》说:"舜囚尧于平阳,取之帝位。"[1] 由于文献记载的这些不同,在20年代,顾颉刚就提出了禅让说是墨家从其尚贤说引出的一种对传说的编排,不是历史事实。[2] 现在看来,尧、舜、禹时代的禅让制是否真

---

[1] 方诗铭、王修龄:《古本竹书纪年辑证》,上海古籍出版社,1981年,第63页。
[2] 顾颉刚:《禅让说起于墨家考》,《古史辨》第七册(下)。

实存在过，还有待于进一步研究。但不管这些权力转移是否通过禅让方式实现，这里存在着一个最高权力却是没有疑义的。如果是禅让，不过是权力者将权力主动转让出去；如果不是禅让，则显然是由权力争夺支配着转移的结果。这也正好表明，尧、舜、禹时代的部落联合体同由50名地位完全平等的部落首领共同行使联盟最高权力的易洛魁人部落联盟是有巨大区别的。

（2）部落联盟会议的议事原则是全体一致通过，尧、舜、禹部落联合体却是由最高首领决断。

从部落联合体的活动方式上看，尧、舜、禹部落联合体与部落联盟的最根本不同是它们奉行不同的议事原则。在尧、舜、禹部落联合体中，像易洛魁人部落联盟那样的全体一致通过的议事原则是不存在的。从《尧典》的记载中可以看出，尧、舜部落联合体在议事时，最后的决定权掌握在联合体的最高权力者手中。

《尧典》记录了尧、舜在决定官员的人选时的做法。我们先来看尧。当他要挑选一名负责治水的官员时，他先向联合体的成员征询意见："汤汤洪水方割，荡荡怀山襄陵，浩浩滔天。下民其咨，有能俾乂？"他询问的对象是四岳，这可能是因为四岳在联合体中有某种特殊的地位。而四岳推荐了鲧。对此，尧认为不妥，因为鲧"咈哉，方命圮族"，就是说鲧常常不安分，而且还危害同族的人。于是四岳又进言说："异哉，试可乃已。"表示他们听到的情况与尧所说的不同，鲧是可以试试的。此时尧终于点头："往！钦哉。"这样就决定了由鲧去治水。可见，尧是最后做出决定的人，四岳只是向尧提供了参考的意见，他们没有表决权，这里也没有任何表决。舜的情况几乎与尧完全相同。他在挑选负责"平水土"的官员时，先提出由禹来担当此任。禹表示自己能力还不够，"让于稷、契暨皋陶"。这可以看作是一种不同意见。但当舜说："俞！汝往哉"之后，由禹负责平水土这件事便最后决定了。《尧典》中记载舜对弃、契等十数人的任命，全都是采取这种由舜一个人说了算的方式，同部落联盟中的全体一致通过的方式大相异趣，而且最重要的是这里根本不存在任何表决的程序。

甚至在决定最高首领继任人这样重大的问题上，议事方式也绝不是建立在平等议决的基础上，而是由现任最高首领最后裁定。在尧向舜的权力移交中,先是由尧向四岳询问"汝能庸命巽朕位",当四岳表示自己不配承当此重任时,尧又指示"明明扬侧陋",即要求从贤明的而暂时地位低下的人中间选拔。这时四岳推荐了舜。尧表示"我其试哉"。然后,经过三年的考验,尧终于说"汝陟帝位"。舜继任尧这件大事就是这样决定的。可见尧部落联合体的最高首领位置虽然不是世袭的,但也不是经表决或选举产生的,而是由前任最高首领所指定。如果说尧至舜的权力转移是一种禅让,那么禅让的实质仍体现了个人性质的权力的决定作用,这里也丝毫没有全体一致通过这种部落联盟式的议事方式的影子。

(3)部落联盟的权力结构中存在着酋长会议和人民大会这些集体性质的权力点,尧、舜、禹部落联合体中则只有联合体最高首领这一个权力点。

在部落联盟类型的前国家社会中,最古老和最原始的权力属于酋长会议。同时,在酋长会议之外,还有自联盟产生后出现的最高军事统帅职位,成为与前者平行的第二个权力点。在高级的部落联盟中,还有第三个权力点,即人民大会。这些我们在讨论部落联盟问题时已有所了解。

尧、舜、禹部落联合体所表现出来的情况是,在部落联合体中唯一的权力点是联合体最高首领。没有发现酋长会议和人民大会存在的证据。

对部落联盟中的酋长会议来说,所有部落首领地位平等和全体一致通过的议事方式是它赖以存在的两大基础,也是联盟平等本质的集中体现。而尧、舜、禹部落联合体中最高首领地位的存在和最高首领决断权的存在,使这两条原则都成为泡影,因此也就从根本上决定了这个联合体的权力结构不同于部落联盟。这里不可能存在酋长会议和人民大会这种集体性质的权力点,有的只是联合体最高首领的个人性质的权力。各组成部落是听命于他的,否则将被认为是"弗用灵(命)",将有可能导致最高权力者与有关部落间的冲突乃至战争。

我国学者中有不少人认为尧、舜、禹"部落联盟"中存在着"酋长会议"或"酋长议事会"。他们的主要理由就是《尧典》中记载了尧、舜向各部落首领商议某些事务的情节。这些情节我在上文都已提到了。但很清楚,《尧典》的这些记载充其量只是表现了尧、舜向各首领咨询的情况,如"询四岳"等等。请注意"询四岳"这三个字,它们非常明白地表明了尧、舜在议事活动中是行为主体,而四岳只不过是被询问的对象。对四岳来说,他们既处在与尧、舜不平等的较低下的地位上,同时也谈不上对议题有任何决定和否决权。这个权力完全在尧、舜手中。这同部落联盟中的酋长会议是有本质不同的。

至于尧、舜、禹时期的"人民大会"的存在,就更没有任何有说服力的证据了。《尧典》中没有任何关于人民大会的记载。金景芳师曾明确指出过这一点。[①]有的学者根据对商周史的研究,认为文献中有关商周时期王室和公室就某些国事"询万民"、"朝国人而问"的记载,乃是传说时期"人民大会"的孑遗的反映。这个问题应当如何来看呢?首先,从方法上说,由商周时期王室与公室朝询"万民"和"国人"的事实来推断传说时期"人民大会"的存在,在逻辑上似乎是一种循环论证。因为传说时期是否有"人民大会"的存在,这是问题所要探求的结论,在这种情况下先认定商周时期的"询万民"或"朝国人"是传说时期"人民大会"的孑遗,这等于把结论当作了前提。当然,最关键的问题还是必须要有关于传说时期"人民大会"存在的直接证据,而正是这种证据恰恰在文献中是不存在的。其次,商周时期"询万民"、"朝国人"的情形与性质同人民大会也有重要的不同。作为部落联盟的一个权力点,人民大会具有对公务措施方案的最后决定权,这是人民大会的根本政治特性。而商周时期的"询万民"和"朝国人"只是君主和诸侯为形成自己的意见从而做出决断而采取的一种咨询方式,有时甚至只是向下属和臣民贯彻自己的决策的一种布政方式(如《尚书·盘庚》就谈到商王盘庚就其迁都的决定向贵族和国民布政的情况)。在商周历史上,从未出现过使"国人"或"万民"成为社会的一个权力点的任何制度。历史上任何君主,即使是非常专制的君主,在做出他们的决策前,也不会绝对排除需要经过某种咨询,而在决策后也完全可能用比较直接的方式向臣民宣布和贯彻这些决策。如果把这些做法都同部落联盟制度中的人民大会相联系,无疑是对历史的过分简单化的比附。

综上所述,可以很清楚地看到,尧、舜、禹部落联合体同部落联盟有着完全不同的基础。它们属于具有个人性质的权力的部落联合体类型,也就是我们所说的酋邦。这同我对黄、炎时期酋邦的分析是一致的。事实上,尧、舜、

---

① 金景芳:《中国奴隶社会史》,上海人民出版社,1983年,第8页。

禹酋邦很可能正是黄、炎酋邦的沿续。

除了具有个人性质的权力这一点，酋邦还有其他一些特征。尧、舜、禹酋邦在这些方面的表现从传说的记载中也可以看到一些。

如从《尧典》中可以看出尧、舜、禹酋邦已具有一套初步形式化的官僚体系。这是部落联盟中所没有的。尧、舜、禹酋邦的官僚体系的形式化程度比起黄、炎时期来，已有较大的进步。这个进步很可能始于颛顼时期。《左传》提到在颛顼以前，各个酋邦或部落的官职都是以带有神秘意义的自然物名称来命名的，如黄帝以云名、炎帝以火名、共工以水名、太皞以龙名、少皞以鸟名等（《左传·昭公十七年》）。这是当时政治事务尚未与宗教事务系统地区分开的反映，说明政治机构本身还没有真正形式化，还包蕴在酋邦或部落的各种事务中。而从颛顼开始，"为民师而命以民事"（《左传·昭公十七年》），各种职官均以世俗的名称来命名，如南正、火正之类（《国语·楚语》）。这使得酋邦政治机构的专门化和形式化程度提高了。这无疑是酋邦政治技术上的一大进步。至尧、舜、禹时期，政治机构的形式化似乎更趋进步。从《尧典》中可以看到舜任命了后稷、司徒、士、共工、虞、秩宗、典乐、纳言等众多属于酋邦机构的官员。这些记载在细节上未可尽信，但可以想见当时政治机构已比较复杂，并有了自己的规范和传统。这对后来中国早期国家政治机构的形式有深远的影响。

在联合体成员的组成上，尧、舜、禹酋邦的特征也是明显的。从上面的讨论中，我们已经看到这些酋邦包括不同地域集团，因而是具有不同血缘渊源的成员。这也是部落联盟所没有的特点。可以理解，尧、舜、禹酋邦在组成上对血缘关系范畴的超越与它们在形成过程中可能发生的对众多部落的征服和吞并是有关的，也正是这一点促使它们在政治上抛却了部落社会中原有的民主和平等的原则，而发展出等级制的和具有专制性质的权力结构。

在社会和生产方面，我国新石器时代考古所揭示的情况，也表明在相当于黄、炎和尧、舜、禹酋邦的时期，较发展的社会分层已经出现了，生产力也有了较高的水平，产品的再分配中的不平等现象已经存在。虽然目前很难确定哪一些考古文化是这些酋邦的遗迹，但我们可以从大致相当的地区和时期中的考古文化中推测这些酋邦的社会和生产状况。其中最值得注意的是分布在黄河中游即陕西东部和山西南部及河南西部的新石器时代晚期的文化,它们与我们推测的黄、炎和尧、舜、禹酋邦在时代和地域上是比较接近的。考古学界的分析是,这一时期的黄河中游文化中,"农业生产水平显然比前一阶段提高了",表现在"劳动收获量的增加",同时,不仅农业"发达",还"推动了家畜饲养业的发展";在社会方面,"已出现了富人和穷人,出现了阶级和阶级斗争"。①这里所说的"阶级和阶级斗争"应该是指一种较发展的社会分层现象。以前人们把这些看作是典型部落社会向阶级社会演变的迹象。现在我们可以认为这些实际上是黄、炎和尧、舜、禹酋邦的特征的表现(关于中国古代酋邦在考古资料中的表现请参看下节)。

黄帝酋邦是我们能了解的中国古代最早的一个具有很强实力的酋邦。它不断凭借其实力对相邻部落和酋邦进行征服与兼并。这不仅扩大了它的政治疆域,而且使它吸收和消化了族源不同的许多居民。《史记·五帝本纪》说:"天下有不顺者,黄帝从而征之。平者去之。披山通道,未尝宁居。东至于海,登丸山及岱宗。西至于空桐,登鸡头。南至于江,登熊、湘。北逐荤粥,合符釜山,而邑于涿鹿之阿。"这段话的细节未必可靠,但它反映了黄帝酋邦不断扩张的势头,这一点也许是可信的。尧、舜、禹酋邦可能是黄帝酋邦的继承者。它们同样控制一片相当广阔的地域。比如禹时,《左传》说他"合诸侯于涂山,执玉帛者万国"(《左传·哀公七年》)。《吕氏春秋·用民篇》也说"当禹之时,天下万国"。当然,禹酋邦的实际控制范围未必如《孟子·公孙丑上》所说"未过千里",但也不会是十分小的。在酋邦最高首领的继任人的选择上,尧、舜、禹酋邦比起黄、炎时期来,似乎建立了更稳定的常规。那种因"争为帝"而发生的战争明显地减少了,代之以前任首领向继任人的和平的权力移交。这个变化表明酋邦制度本身在逐渐巩固并成熟,为其存在创造出体现连续性的合法程序。这为后来从禹酋邦中演变出中国最早的国家奠定了政治技术上的基础。

在中国国家形成的整个过程中,尧、舜、禹酋邦的存在与发展是相当重要的、关键性的一环。它使中国国家的产生具备了必要的条件,同时也决定了中国早期国家形成的模式。当然,最终促使中国最早的国家产生的,还是这

---

① 《新中国的考古发现和研究》,文物出版社,1984年,第81、85页。

个酋邦后期出期的某些历史性的发展。

三、考古资料中所反映的古代酋邦

从考古资料中发现属于古代酋邦实体的遗存，可以说是随着中国早期政治制度研究的发展，中国新石器时代考古将面临的最令人感兴趣的课题之一。没有考古学的支持，依据对文献的分析得出的关于古代酋邦的结论还不能认为是最后确定的。令人欣慰的是，我们已经看到我国新石器考古近年来在这方面陆续取得了一些重要成果。在我国中原和毗邻中原的一些周边地带所发现的一些具有新型内涵的遗址，已经使考古学界在评论这些地区的早期政治组织时引入了一些新的概念。

首先值得一提的是，苏秉琦在分析辽西地区属于红山文化的喀左东山嘴祭坛遗址和位于凌源、建平两县间的牛河梁"女神庙"和积石冢遗址时，提出了"我国早在五千年前，已经产生了植基于公社、又凌驾于公社之上的高一级的社会组织形式"的问题，他把这种"高于氏族部落的、稳定的、独立的政治实体"称为"古国"。①苏的概念有两点是值得注意的。一是对于所谓"古国"，在指称红山文化遗迹时，他还没有明确地表示它们是真正的国家。因此他在这里所说的"古国"实际上是属于前国家范畴的。二是这种"古国"同典型氏族部落社会不同，它对于处于其基层的氏族、部落（即苏所谓"公社"）有"凌驾"和"高于"的关系。很显然，这里暗示了政治权力结构上的等级制和某种专制形式的特征。而这种特征是部落联盟概念所不能容纳的。这说明考古学家受辽西遗址的启发，对国家形成的方式有了与以往习用的部落联盟理论不同的考虑。

太湖流域的良渚文化遗存是引起考古学界对中国早期政治组织问题产生一些新的考虑的另一宗重要的资料。其中具有代表性的遗址有浙江余杭反山墓地、瑶山祭坛遗址、上海青浦福泉山墓地等。考古学家认为这些遗址表明这时的良渚文化社会已相当分化，出现了"一批凌驾于部族一般成员之上的特殊阶层或集团成员"，这些人作为"部族显贵"不仅拥有巨大财富，而

---

① 苏秉琦：《辽西古文化、古城、古国》，《文物》1986年第8期。

且拥有"权力"。①特别是从随葬品中可以看出,"墓主人生前的部属为表示对墓主的臣服而敬献贡奉品"的事实已出现了。②这些说法,同样暗示了一种复杂的、等级的社会权力结构的存在,它与典型部落社会有很大不同,但仍属于前国家时期。这里也包含了对人类早期政治组织状况的某些新的理解。

在中原地区,近年来也获得了一些与良渚和红山文化的上述遗址性质与意义相近的发现。其中特别值得提到的是位于山西南部襄汾县的陶寺遗址。在中原龙山文化遗址中,陶寺遗址是已知规模最大的一处,"非一般氏族聚落可比拟";尤其是庞大的墓葬群,为"前所未有的发现"。③考古学家认为陶寺早期已处于"国家产生的前夜",④或换言之,这时的陶寺"国家雏型"已经产生。⑤陶寺遗址所以给人以这种印象,最主要的一点是它显示了非常发展的社会分层事实,而且显示了"执掌祭祀和军事大权的部落显贵"⑥的最高权力的存在。如果说陶寺遗址所代表的社会还没有最终产生国家,那它也已经发展出非常接近于国家的社会形态。因此陶寺遗址是供我们了解某些前国家社会状况的绝好材料。尤其是陶寺位于中原,同传说中某些人群(如陶唐氏)活动的地域可能是重合的,这对于说明中国前国家时期中酋邦的问题就更有直接的意义。

我国新石器时代考古中的上述发现对于研究中国前国家时期社会和政治组织状况是非常宝贵的资料。它们使我们首次透过实物观察到中国前国家时期的一些复杂政治实体。考古学界对于这些发现的评论,事实上已经意识到这些复杂政治实体的性质可能是超出我国学术界长期以来比较熟悉的关于人类早期政治组织的概念范围的,但是其结论尚不很明确。这里的关键是这些评论还需要同关于人类早期政治组织演进的理论的研究深入地结合起来。而只有对关于人类早期政治组织演进的理论有比较深入的研究,才能

---

① 王明达:《反山良渚文化墓地初论》,《文物》1989年第12期。
② 同上。
③ 高炜:《试论陶寺遗址和陶寺类型龙山文化》,《华夏文明》第1集,第53页。
④ 高炜:《陶寺遗址》,《中国大百科全书·考古学》,第521页。
⑤ 高炜:《试论陶寺遗址和陶寺类型龙山文化》,《华夏文明》第1集,第70页。
⑥ 同上,第69页。

真正确切地揭示上述考古发现的含义。

以下,我想比较详细地介绍上述遗址的内涵和特征,并就它们的意义作一些讨论。

良渚文化

良渚文化是分布在太湖流域的一种新石器文化,南以钱塘江为界,西北至江苏省常州市一带。长江北岸的江苏海安县青墩上层也含有该文化的一些因素。它的前身是崧泽文化。整个良渚文化延续的时代大约为公元前3300—前2200年。

良渚文化的陶器,以夹细砂的灰黑陶和泥质灰胎黑皮陶为主。普遍为轮制。一般器壁较薄,器表以素面磨光的居多,少数刻有精细花纹或镂孔。盛行圈足器和三足器。代表性器型有鱼鳍形或断面呈丁字形足的鼎、竹节形把的豆、贯耳壶、大圈足浅腹盘、宽把带流杯等。尤其是大量精致的玉器,如玉璧、玉琮等,是良渚文化的特征性器物。石器磨制精细,有三角形犁形器、斜柄刀、"耘田器"、半月形刀、镰和阶形有段锛等。①

近年来所发现的对说明人类早期政治演化有重要意义的三处代表性遗址为反山、瑶山和福泉山。

反山墓地

反山遗址发现于1986年。②它位于50年前发现的良渚遗址范围内。良渚遗址实际上是一个大的遗址群,地处浙江余杭的良渚、安溪、长命、北湖四个乡内,占地约24平方公里。反山墓地在遗址群偏西中部。

所谓反山,是一个高4米、东西长90米、南北宽30米的小山包。从反山各地层内的遗物看,这座方圆近3 000平方米的小山包最初是由人工堆筑而成,目的就是为了充作墓地用。

在1986年发掘的反山西部的660平方米范围内,共发现良渚文化墓葬11

---

① 参见吴汝祚:《良渚文化》,《中国大百科全书·考古学》,第271页。
② 浙江省文物考古研究所反山考古队:《浙江余杭反山良渚墓地发掘简报》,《文物》1988年第1期。

座（M12、M14—23）。其中M16、12、17、14与M20、22、23自西而东以"较均等的间距分别列成南北两排"，故整个墓地的排列看来不完全是任意的，"似有一定的总体格局"。①

墓穴除M16为刀形外，其余均为长方形土坑。墓穴一般长约3米、宽约2米，多数墓深1.3米。而浙北地区一般的良渚文化小墓面积仅1平方米余，深约0.1—0.3米。②因此反山的墓葬大多数都可以看作是大墓。因为是大墓，构造上也比较高级。有迹象表明墓穴内"原有棺木作葬具"，并且很可能还有"椁室"。③

反山墓葬给人印象最深的是它们的丰富的随葬品。其中，M20仅玉器就随葬了511单件，170件（组）。M22的玉器随葬也有193单件，60件（组）。随葬品较少的M18也有玉器64单件，39件（组）。在这些玉器中，有几种值得特别注意。

一是玉璧。发掘者认为这种玉器在随葬品中具有"作为财富的象征物"的意义。④其中可分出两种：一种加工比较精细，随葬于墓主人身下，可能是代表墓主人自己的财产；另一种加工粗糙，叠放在墓主人腿脚部，可能是别人奉献于墓主人的"葬玉"。⑤玉璧的数量，多的一墓中可达四五十件（如M20、23）。但也有仅出一二件的。玉璧数量的多寡，可能反映了墓主人生前拥有财富量的差异。

二是玉琮。玉琮是一种外方内圆的粗管状玉器，出土位置在墓主人腰腹部。在良渚文化中，玉琮一般出于大墓中。⑥在反山大墓中，M12出土玉琮6件，M15、19、22不出琮，M21扰土内发现1件，其余各墓出土1至4件。琮是玉器中加工最为精致的品种，"每件每节均镂刻纹饰"。⑦学者们推测它们是当

---

① 《浙江余杭反山良渚墓地发掘简报》。
② 王明达：《反山良渚文化墓地初论》。
③ 《浙江余杭反山良渚墓地发掘简报》。
④ 同上。
⑤ 同上。
⑥ 同上。
⑦ 同上。

时的礼仪"重器"。①因此琮对显示墓主人的身份是重要标志之一。琮多出于大墓似乎也说明了这一点。换句话说,拥有琮的人在社会上应该是居于较高地位的。良渚玉琮具有显示权力的意义,在反山发现以前就有人注意到了。张光直曾就寺墩、草鞋山、福泉山良渚墓葬所出玉琮的意义评论说:"我们很清楚地看到在良渚文化社会中有权力有财富的人物,使用有兽面纹、内圆外方的玉琮,亦即使用贯通天地的法器,作为他们拥有权力的象征。"②这对于反山玉琮也是完全适用的。

反山玉琮的高超加工工艺给人以深刻印象。以M12出的一件在迄今所发现的良渚玉琮中最重的一件M12：98(简报称之为"琮王")为例。它的射径达17.1—17.6厘米,高8.8厘米,孔径只有4.9厘米。做出这样的孔,要有很高的钻凿技术。在这个琮的表面所镌刻的纹饰极为精致。比如,在它的四个正面的直槽内上下各有一个"神人与兽面复合像"(亦有人称之为"神徽")(见图一)。其图案十分复杂,内容丰富,刻划了神人的脸面、眼、鼻、牙、上肢、下肢、

图一　反山甲型玉琮：神人兽面纹饰

资料来源:《文物》1988年第1期

---

① 王明达:《反山良渚文化墓地初论》。
② 张光直:《中国青铜时代·二集》,第76页。

掌、指、所戴的羽冠和帽、兽面的眼（包括眼眶和眼睑）、鼻、嘴、牙，而整个纹饰仅高约3厘米、宽约4厘米，以至"肉眼极难看清所有细部"。①在这些图案中，有的是用阴纹线刻的，有的则是用浅浮雕。显然，这些图案所需要的雕刻技艺是极高超的。而琮王的雕刻技艺在良渚玉琮上可以普遍看到。

琮王在直槽内雕刻有完整的"神徽"，这在良渚玉琮中是"独一无二的"。②它有助于我们了解这种图案的原始含义。过去在良渚玉琮中发现一种十分普遍的特征性纹饰（见图二），与琮王上以转角为中轴向两侧展开的一种简化的"神徽"相同或相似，现在有了琮王上完整的"神徽"为蓝本，这些简化纹饰的含义可以从中得到解释。反山墓地的年代据推测属于良渚中期偏早，距今约5 000—4 800年。③从某种角度说，以玉琮为代表的良渚玉作技

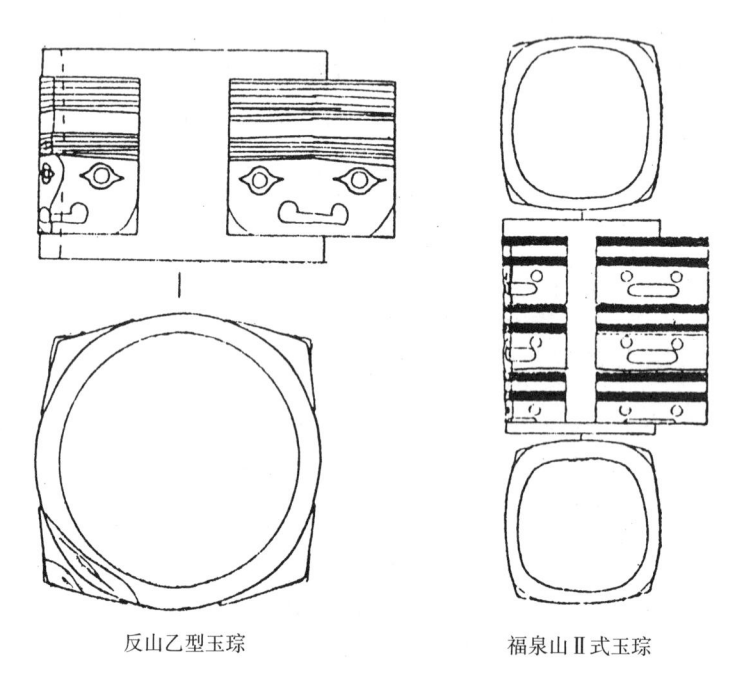

反山乙型玉琮　　　　　　　福泉山Ⅱ式玉琮

图二　简化神人兽面纹饰

资料来源：左：《文物》1988年第1期　右：《文物》1986年第10期

①《浙江余杭反山良渚墓地发掘简报》。
② 同上。
③ 同上。

术超过了同时期中原地区新石器文化的同类技术。这对我们考虑良渚文化社会的社会分工及专业化发展程度有重要意义。

三是玉钺。反山玉钺，因墓内位置明确，又发现了镶嵌在钺柄上的小玉粒，确认了钺上端的玉质冠饰和柄尾的玉质端饰，故可以从成组的遗存中了解其全貌。反山共有5座墓（M12、14、16、17、20）出玉钺，各出一组。这5座墓，除M20是北列墓葬，其余4座都在南列。整个钺的长度（从端饰到冠饰）约70—80厘米。大致可认定钺的柄端握于墓主人左手，钺身在右肩部。在M12所出玉钺上，钺身两面刃部上角均有一浅浮雕"神徽"，图案与琮王上的"神徽"形象相同（见图三）。这是一个极重要的发现。反山玉钺不是实用的武器或工具，从它们以玉质制作并有华丽装饰，又出于反山大墓来看，它们应当是同显示墓主人身份有关的。发掘者称它们是"代表权力的'权杖'之类的东西"。① 杜正胜有相同看法。② 这就是说，玉钺的出现，标志着相应大墓中的人物生前是掌握某种较高的权力的。从人类学和民族学资料的一般表现来看，这种推测是可以成立的。在古汉字的演化史上，"王"字的造字本意就

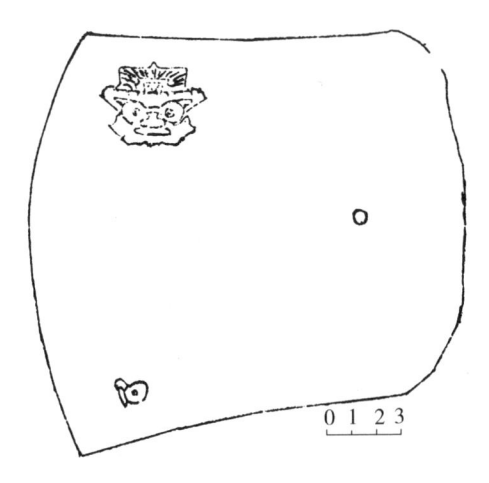

图三　反山玉钺神人兽面纹饰

资料来源：《文物》1988年第1期

---

① 王明达：《反山良渚文化墓地初论》。
② 杜正胜：《夏代考古及其国家发展的探索》，《考古》1991年第1期。

同斧(钺也是斧)有关。①这说明用武器来代表权力在远古民族中是确实存在的。虽然不一定能把反山玉钺确认为权杖，但它们同显示权力的关系则是可以合理地肯定的。由此也可以看出，在"神徽"的构思中也有显示权力的意味。或者说，"神徽"作为玉钺的一个组成部分，同玉钺作为一个整体所显示的权力意义有某种关联。

反山所出的玉器，还有环、璜、镯、带钩、柱状器、冠状饰(见图四)、三叉形冠饰、半圆形冠饰、锥形饰、圆牌形饰、杖端饰、镶插端饰、琮形管、穿缀饰、串挂饰、镶嵌件等20多种。其中，在璜、冠状饰、半圆形冠饰、锥形饰、琮形管、三叉形冠饰等器型上都刻有"神徽"或其简化图案。尤其是Ⅱ式冠状饰，以透雕和阴线细刻相结合的手法，构成"神徽"或神人形象，两面纹饰相同，左右对称，构图巧妙，雕琢精美，是良渚玉器中首次发现的精品。

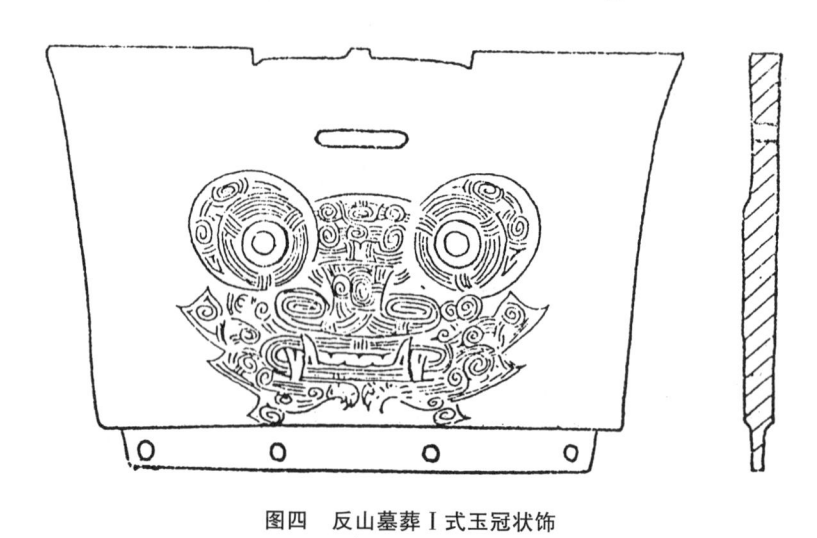

图四　反山墓葬Ⅰ式玉冠状饰
资料来源：《文物》1988年第1期

福泉山墓地

福泉山良渚文化墓地②先后于1982、1983—1984年作过两次发掘，共揭

---

① 林沄：《说"王"》，《考古》1965年第6期。
② 上海市文物保管委员会：《上海青浦福泉山良渚文化墓地》，《文物》1986年第10期。

露面积1 350平方米。发现良渚文化墓地10座。已探明福泉山本身也是一座人工堆筑而成、专为营造墓地而用的土山,而最初的堆筑期是在距今约4 000年的良渚文化后期。

在经过清理的10座墓葬中,有3座位于良渚文化早期文化层内,随葬品也具早期形式,属于早期墓葬,其仍继承崧泽文化葬制,为平地堆土掩埋。7座晚期墓葬中4座有墓坑。这说明像反山大墓那样的葬制在良渚文化中是在后期才发展起来的。

早期墓的随葬品贫乏,1座无随葬品,1座仅1件,1座有5件。至晚期墓中,随葬品丰富起来,如T22M5共随葬石、玉、陶器126件。其中有玉琮2件,玉斧(钺)1件,玉璧2件。这个墓的墓坑为刀形,南北长4.1米,宽0.8—1.4米。规模与反山大墓相仿。T27M2虽未见墓坑痕迹,随葬品却十分丰富,达170件。其中玉器包括斧(4件)、杖首、佩(即反山报告称"冠状饰")、锥形器、璜、管、珠、环、坠、靴形器、项饰、菱形饰等,品种十分繁多。

同反山相比,福泉山的玉斧出得多一些,共8件,斧身都没有图案。这种型制的玉斧反山也发现了数件。它们都是非实用器,应同刻有"神徽"的玉钺有相同的功用。玉璧的数量较反山为少,共出7件。这是一个可注意的区别。玉琮共出6件。没有发现在直槽内雕刻"神徽"的,但普遍在转角两侧以转角为轴线展开雕有"神徽"简化图案。这些玉琮同样有很高的工艺水平。如T22M5:50号琮,"上端有两条凸起平行的横棱,上面刻有九至十二条平行弦纹。琮面上节刻简略兽面纹,眼为重圈,两侧各出一条直线象征眼角。下边以凸面横棱为嘴,在横棱上刻细密的云纹和弧线图案。下节刻精细兽面纹,眼为重圈,外有椭圆形凸面作眼睑,中间以扇面形凸面为鼻,下边以凸面短横纹为嘴。在短横棱上刻细密匀称的云纹、弧线图案"。①发掘者称:"此琮琢玉工艺精湛,线条匀称,图案繁细,堪称良渚文化玉器中的珍品。"②

在福泉山玉器上没有发现完整的"神徽",但简化的"神徽"却仍然可以看到。如在玉琮、玉锥形器上都有这类图案。前面已经提到,这类图案在

---

① 《上海青浦福泉山良渚文化墓地》。
② 同上。

反山发现以前就在许多良渚玉器上被发现,其中包括江苏武进寺墩、吴县草鞋山的玉琮等。①以前只称这种图案为"兽面纹",现在从反山玉琮上的完整"神徽"图案中知道它们实际上是"神徽"的变体或简化形式。在良渚文化分布的广大地区内普遍发现这种颇具同一性的图案,可能有十分复杂的含义。这些图案本身有浓重的宗教和巫术的意味,自然会反映出良渚文化居民对世界的一致的看法。但同时,我们从对反山玉琮和玉钺的分析中已经看出,这些图案的功用同显示当时的权力结构有一定的关系。张光直称这种关系为"王权、巫术与美术的密切联系",并说玉琮是"这种巫术与王权结合的最早的美术象征"。②可以说,就良渚文化晚期而言,"神徽"图案的普遍分布,不啻是良渚文化居民在政治上有较广泛接触的证据,至少,有一种相同或相似的政治体制在这个地区起主导作用。这意味着当时在这个地区很可能有一种比较大的政治实体存在,尽管对其具体的结构我们并不清楚,但可以看出在这种政治实体中个人性质的权力是居于很高地位的。

瑶山祭坛遗址

1987年5月,浙江余杭安溪乡瑶山发现了一处良渚文化祭坛遗址,包括12座良渚文化墓葬。③整个遗址发掘面积588平方米。

祭坛遗址在良渚文化考古中是第一次发现。遗址是在瑶山(海拔35米)山顶的西北部位。平面呈方形,由里外三重组成。最里面一重是一座红土台,略呈方形,东西长约7.6—7.7米,南北宽约5.9—6.2米。第二重为一圈灰色土围沟,宽1.7—2.1米不等,深0.65—0.85米。第三重是分布在灰土沟西、北、南三面的黄褐色斑土筑成的土台,土台上原铺有砾石台面,西、北、南三面土台的宽度分别为5.7米、3.1米、4米。在砾石台西、北边缘各有一条石磡,并相连成直角形,西侧石磡残长11.3米,北侧石磡长10.6米,转角处高0.9米。整个祭坛外围边长约20米,面积约400平方米。

---

① 《1982年江苏常州武进寺墩遗址的发掘》,《考古》1984年第2期;《江苏吴县草鞋山遗址》,《文物资料丛刊》第3辑,1980年。
② 张光直:《中国青铜时代·二集》,第79—80页。
③ 浙江省文物考古研究所:《余杭瑶山良渚文化祭坛遗址发掘简报》,《文物》1988年第1期。

发掘者指出，从上述遗迹显示出规整的布局、整个遗址坐落在无人居住的瑶山顶部以及围沟中的灰色填土等系特意从山外搬运而来等现象看，"这是一项经过精心设计、认真施工，具有特定用途的建筑"。[①]关于其功用，发掘者推测说，由于建坛地点选择在山顶上，"高上加高"，具有"通向上天之意"；而"坛作方形，和传统的'地方'说也许不是偶然的巧合"，因此这座土坛应当是"以祭天礼地为主要用途的祭坛"。[②]这个分析是可以接受的。

这次发现的墓葬集中在祭坛遗址的南半部。全部打破土坛坛体，表明建坛早于埋葬。但从砌于石礎中、覆盖于石礎之上的护坡内和打破护坡土的墓葬中出土的陶鼎、篮纹夹砂陶缸等遗物，却具有同一时期的特征。这说明建坛和埋葬的时间相隔不久，可能是同一代人所为。因而祭坛同墓葬虽然用途不同，却可能相互间有某种联系，是整个遗址有机的组成部分。发掘者认为这种祭坛与墓葬在同一地点重叠的设计同美洲玛雅文化的祭坛上埋有祭师的现象是相似的。从墓葬的布局看，12座墓葬排成南北两列，全都没有超越土坛的范围，其中墓坑较大、随葬品较丰富的几座墓（M2、12、7、11）刚好打破红土台，这些似乎也表明墓葬同祭坛重叠是出于一种有意的安排。

瑶山墓葬均有墓坑，有的还原有葬具。墓坑大小不一，长在2.5—3.7米、宽在0.8—2.15米之间，壁高0.35—1.75米。这与反山大墓大致相仿，但大的要大于反山墓。

从发掘的11座墓中共出随葬品707件（组），此外还有出自被盗掘的M12中后经收集的玉器344件，等等。如此丰富的随葬品，使瑶山遗址同反山、福泉山遗址一样引人注目。

在随葬品中，玉器同样是数量最多的。在全部发掘出土的707件（组）随葬品中，玉器占635件（组）。玉器品种也十分繁多，有琮、钺、冠状饰、三叉形器、锥形饰、牌饰、璜、圆牌饰、镯、带钩、管（珠）串饰等。这些玉器可注意的地方有两点。一是它们的制作工艺同反山、福泉山一样具有很高水平。使用了阴浅刻、浅浮雕、半圆凸雕、镂孔透雕等复杂技法。突出的代表如琮、冠状

[①]《余杭瑶山良渚文化祭坛遗址发掘简报》。
[②] 同上。

饰、三叉形器等,不仅造型完美,而且雕琢的图案复杂、细腻,构图巧妙,制作精湛。这又一次证明良渚文化社会在社会分工和专业化发展上的较高程度。二是在琮、冠状饰、三叉形饰、锥形饰、牌饰、璜等器型上也都雕有神人与兽面合一的图案,也就是反山报告中说的"神徽"。其中,M12∶1号琮、M2∶1号冠状饰、M10∶6号和M7∶26号三叉形器上都有较完整的神人兽面图案。在M7、3、10出土的牌饰上,还刻划了"神人凌驾于兽面"的图像。[①]从这类图案频频出现在良渚大墓的随葬品上可以想象,从宗教或巫术的角度说,它们表现了良渚居民中存在着比较统一的信仰体系。而这些图案的内容表明这些居民不仅崇拜由兽转化的神,也崇拜由人转化的神。换言之,在良渚信仰体系中已经包含了对人间秩序的某种规定。从这个意义上说,这种信仰体系本身就是有社会性内容的,它肯定了某些人在社会上的特殊地位。它们被发现在良渚大墓的随葬品上显然不是偶然的。

关于这一点,有一个事实也很有说明力。在瑶山大墓中,每墓都出一件玉冠状饰。这种器物的用途,据反山报告推测,可能是"巫觋所用的一种法器"。[②]而反山报告和瑶山报告都指出,这种冠状器"器形与神人所戴羽冠形状相似";[③]"整体形态极似神人图像的冠饰"。[④]因此,有理由推测,这种器物其实就是"神徽"图案所描绘的神人所戴羽冠的原型。瑶山报告认为这些玉冠状饰原是镶嵌在"某种神像"上的。[⑤]这一点,因原物已不存而难以证实。而由于这些冠状饰"出土位置均在头骨一侧",[⑥]故有可能它们连同镶嵌它们的物件一起组成了一种头冠。在反山和瑶山大墓中,都是每墓只出一件玉冠状饰,似乎同这种推理是吻合的。如果这一分析成立,那么反山和瑶山大墓的墓主人就正好是"神徽"所描绘的那种被认为是具有神性的、有特殊身份和地位的人。瑶山发掘者认为祭坛上埋葬的"就是巫觋"。[⑦]这可备一说。

---

① 《余杭瑶山良渚文化祭坛遗址发掘简报》。
② 《浙江余杭反山良渚墓地发掘简报》。
③ 同上。
④ 《余杭瑶山良渚文化祭坛遗址发掘简报》。
⑤ 同上。
⑥ 《浙江余杭反山良渚墓地发掘简报》。
⑦ 《余杭瑶山良渚文化祭坛遗址发掘简报》。

这些巫觋的着装或许就是"神徽"描绘的神人的形象。但同时也必须看到,即使这些人具有宗教身份,他们也还同时拥有世俗的地位和权力。因为由他们所占据的良渚大墓毕竟是良渚墓葬中最奢华、等级最高的墓葬,这充分表明良渚文化社会的最高的社会地位和权力是属于这些人的。

毫无疑问,上述三处良渚文化遗址向我们展示了一种较为复杂的前国家社会形态。这种社会形态具有如下一些值得注意的特征:

1. 社会的规模超过简单氏族、部落社会。

这三处遗址,尤其是反山和福泉山遗址,为营造它们所耗费的工程量是十分巨大的。反山与福泉山都是人工堆筑的小山,可以想象需要多大的人力来堆筑它们。瑶山祭坛是建立在山顶上,有些建筑材料要从山外取来,所耗费的人力也超出了一般新石器时期的墓葬。这样大规模的对人力的使用,在古代劳动生产率并不很高的条件下,一定是对应着规模较大的社会单位。也就是说,能抽出这样多的人力来从事这些大型工程的,只能是拥有较多人口和较大地域的一个社会整体。三处遗址出土的大量随葬品,包括大量工艺精湛的玉器,表明当时社会的绝对财富量已经达到极其可观的程度。一个没有相当规模的社会是支撑不了这样奢侈、豪华的墓葬的。在我国一般的新石器时代墓葬中,包括新石器晚期墓葬,很少发现有人工堆筑的、专为墓葬用的小山这种庞大工程存在,随葬品也远不如良渚墓葬这样丰富、精美。比如属于新石器时代晚期的庙底沟二期文化的墓葬中,就"很少有随葬品",在庙底沟遗址的145座墓葬中"只有两座墓各放一件小陶杯"。[①]这同良渚大墓是何等鲜明的对比!这表明良渚文化社会确实超过了一般新石器文化所代表的一般氏族、部落社会的规模。这种社会规模上的差异,不仅仅是量的区别,还有着结构上的原因。

2. 社会分化的程度甚于一般氏族、部落社会。

良渚大墓的极其丰富的随葬品给人的印象是极其深刻的。这种墓葬在良渚文化社会中显然不是大多数人所能享有的,而只能属于少数人。我们已经知道,福泉山墓地中的3座早期墓葬,随葬品都少得可怜,甚或根本没

---

① 石兴邦:《庙底沟遗址》,《中国大百科全书·考古学》,第330页。

有。福泉山墓地表明,良渚文化社会在出现大墓以前,似乎是以小墓为墓葬的主要形式。因此在福泉山墓地早期,社会分化似乎还不很发展,各墓规格比较平均,无特别奢华的大墓。这些同一般氏族、部落社会较均质的社会结构是相适应的。尤其是没有大墓出现,说明社会的财富还没有集中到少数人手里。而到晚期这种情形便出现了。社会向急剧分化的方向大大地发展了。原先氏族、部落社会的均质的结构被打破,代之以一种不均质的基础。正是在这个基础上,表明少数人掌握最大量财富的良渚大墓才得以出现。

3. 出现了掌握社会最高权力的个人。

少数特定的人员被葬在庞大的高台土冢式墓地中或祭坛上,这本身就意味着这些人员可能是社会的高层权力者。对史前时期而言,良渚大墓和祭坛都应当算是大工程,而只有出现了相当集中的权力的社会,才能组织实施这类工程。哈斯说:"在考古材料中,权力程度会比权力基础及手段更清楚地得到反映。……一般说来,在首领与民众的权力关系中,权力程度可以由前者直接指挥及后者实施的公共劳动工程中反映出来。这种大规模的工程完全与维持生计无关,这就成为史前社会中行使权力程度的最清楚的实物证据。"① 对良渚大墓和祭坛来说,它们不仅反映了良渚社会少数人所拥有的权力的程度,而且它们还表现出这个社会中个人性质的权力的存在及其显赫的地位。良渚大墓所出的玉钺是一个典型的物证。在典型部落社会中,掌握军事指挥权的人不拥有任何特殊地位和特权,他们只不过是一些有作战经验的人。而在良渚大墓中,由玉钺象征的权力已不单纯是军事性质的,而是也具有宗教的和世俗政治的性质;不仅如此,同时这种权力已同掌握权力的人的特殊地位与特权联系在一起。这正是玉钺被置于大墓中的原因。这说明良渚社会中高层权力的个人性质是突出的。

4. 在社会高层权力者之间存在着金字塔式的等级结构。

在瑶山祭坛上,M2、12、7、11是南北两列墓葬中墓坑最大、随葬品也最多或较多的几个墓,它们都打破了祭坛的核心——红土台。其中在南列中,M12居中,随葬品为数最多,仅玉琮就达7件,琢有神人兽面纹的琮式管多至

---

① 哈斯:《史前国家的演进》,第147—148页。

38件以上，全部玉器在344件以上，是祭坛上规格最高的墓。发掘者认为，祭坛上的"穴位序列很可能是死者生前在祭祀典礼中的地位和作用的一种反映"；"可以认为，巫觋当时已经组成了包括不同地位的某种集团或阶层"。[①]这在指出瑶山各墓的墓主人之间存在着等级差异这一点上是正确的。而M12尤其值得注意的一点是，它的规格远远超过其他的墓［北列随葬品最多的墓是M11，共出土随葬品96件（组），少于M12］。可见瑶山大墓的各个墓主人中，有个别人生前可能是居于权力结构的最顶端的。这实际上显示了一种自上而下的金字塔形的权力等级。因此良渚社会很可能承认极个别人的最高权力地位。这种属于极个别人，甚至可能只属某一个人的最高权力地位，是良渚社会已发展出个人性质的权力的集中体现。

5. 宗教与世俗权力的结合。

根据目前的判断，良渚大墓中埋葬的是兼有宗教和世俗地位的人。作为具有世俗地位的人，他们占据了良渚社会最好的墓葬，表明他们是世俗秩序中拥有权力并居于社会上层的人物，也就是考古学中所谓的"显贵"；作为具有宗教身份的人，他们又拥有大量浸透浓重宗教气息的随葬品，甚至占据祭坛来充作墓地，这充分显示了他们在精神世界中统制着良渚社会的情形。在表示古代社会的权力的象征物——玉钺上镌刻着反映良渚居民宗教观念的徽号，可以说是良渚社会宗教与世俗权力密切结合的一个浓缩反映。宗教与世俗权力的关系在一定意义上可以表明一个社会的政治技术水平。在人类历史上，原始宗教的产生是在政治权力达到复杂化之前。在典型部落社会中，原始宗教活动大多表现为与政治生活平行的一个领域，并且是完全大众化的。这时还很少有从事宗教活动的专门人员，如专职的祭司、巫觋等。在有些社会中，充当宗教中介人物的是一些业余的宗教活动家，比如萨满和所谓巫医等等。原则上，每个人都具有充当这种人物的机会。随着社会的日益复杂化，宗教中介人物也逐渐专业化了。他们使宗教成为由少数人控制的领域，他们本身也在社会上取得特殊地位。恩伯夫妇指出，在有些社会中，专职

---

① 《余杭瑶山良渚文化祭坛遗址发掘简报》。

的祭司"因其职位而获得某些政治权力"。[①]这种变化的一个后果是使宗教与政治权力开始结合在一起。可见良渚社会中宗教与世俗权力的结合是社会复杂化发展到一定程度的反映。表明良渚社会具有了"高层次的政治整合体",[②]也就是政治组织有了高度的发展。良渚文化社会的这一特征,对于我们了解前国家时期宗教与政治关系的演变具有重要的意义。

综上所述,从反山、瑶山、福泉山三处遗址来看,可以认为,良渚文化社会在这个时期已超过了简单氏族、部落社会的阶段,而表现为一种具有更为复杂的社会和政治结构的社会形态。其最大特点是社会明显地不均质,因此它同部落间均质的联合(如部落联盟)也是不相同的。我认为这种社会形态实际上就是酋邦。它的规模比简单氏族、部落社会要大,社会分层发展,出现了居于最高地位的个人性质的权力和金字塔式的权力等级,在宗教和世俗权力的关系上也呈复杂形式。这些恰恰都是酋邦形态所具有的特征。应该指出,良渚文化中还没有明确的材料表明这个地区在这一时期中已形成了国家。虽然良渚大墓和祭坛遗址都有一些能显示社会分化程度和政治权力程度的大型工程,但它们比起我们以后要谈到的中原地区早期国家的某些宫殿、宗庙遗址来,规模要小得多,也简单得多。良渚社会宗教与政治权力的结合也显示这个社会的政治组织还不够专门化,离真正的国家机构还有一定距离。因此,总的来说,把良渚文化晚期的这些遗址看作是前国家社会的一种形态即酋邦的遗迹是比较合适的。

红山文化

红山文化是中国北方地区的新石器文化,分布于内蒙古自治区东南部、辽宁省西部、河北省北部和吉林省西北部。其以彩陶、"之"字形纹陶、细石器和石耜为基本特征。相对年代与中原仰韶文化大致相当,早于夏家店下层文化。绝对年代大约在距今5 500年左右。

近年来在辽宁省西部发现的两处红山文化遗址,以其特别的内涵,引起

[①]〔美〕C.恩伯、M.恩伯:《文化的变异》,辽宁人民出版社,1988年,第488页。
[②]同上,第489页。

学术界极大关注。它们在显示前国家社会的社会复杂性方面提供了宝贵的资料,对说明中国古代政治组织的演化有重要意义。它们就是位于凌源、建平两县交界处的牛河梁"女神庙"与积石冢群遗址,和位于喀左县的东山嘴建筑群遗址。以下先来看一下它们的内涵。

牛河梁"女神庙"与积石冢群遗址

牛河梁"女神庙"和积石冢群遗址于1983—1986年发掘。① 整个遗址分布面积达1.2平方公里。遗址的年代约在距今5 500—5 000年间。

"女神庙"位于牛河梁主梁北山丘顶,地势较高,处于这一带红山文化分布地点的中心位置。庙由一个多室和一个单室两组建筑物构成。多室建筑物在北,为主体建筑,单室建筑物在南,为附属建筑。两处建筑物在一条中轴线上,相距2.05米(见图五)。

多室建筑南北总长18.4米,东西残存最宽6.9米。结构较复杂,包括一个主室和几个相连的侧室、前后室。残存墙高0.5—0.9米,系由原木为骨架,结扎禾草秸把,再抹以细泥二至三层而成。室底面和壁面经火烧,平面坚实。在主室内出土彩绘泥塑人像的头部、肩、臂、手和乳房,动物像"猪龙"的头、蹄等。此外还有彩绘墙壁面残块、特大型彩陶残片、镂孔豆形器盖、钵、

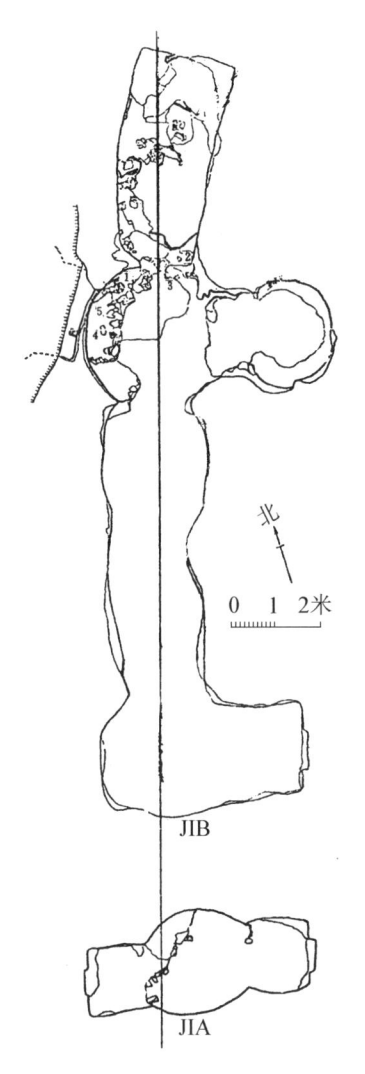

图五 牛河梁"女神庙"总平面图

资料来源:《文物》1986年第8期

---

① 辽宁省文物考古研究所:《辽宁牛河梁红山文化"女神庙"与积石冢群发掘简报》,《文物》1986年第8期。

锥刺纹塔形器残片等。

单室建筑横长6米、最宽2.65米,半地穴式。室壁存深0.89米。室内各部位有经程度不同火烧的土块。可知墙壁建造方法与主室相仿。

在出土物中,泥塑造像是最为引人注目的。其中主要是人物造像。如头部残块J1B∶1,出土于主室西侧西壁下,头存高22.5厘米、脸面宽16.5厘米,相当于真人大小。肩头残块J1B∶5,亦出土于主室,造型优美,泥胎细腻,具有女性特征。乳房残块,长13.5厘米、宽13厘米、峰高4厘米,属少年女性个体。另外,J1B∶2、J1B∶4为两件残件,前者可看出是女性左手,后者形体较大,线条遒劲,有动感。根据这些泥塑人像残块的造型,发掘者推断它们的原型应是一些女神像,这就为判断建筑基址的用途提供了依据,"女神庙"一名即由此而来。

在"女神庙"内也发现了一些陶制祭器。如J1B∶10是一个豆形器盖,造型玲珑,制作精工,"推测为祭祀用器"。[①]J1B∶14为一彩陶镂孔大器残片,报告认为"当属专用祭器"。[②]

积石冢在牛河梁主梁顶南端斜坡上发现4座(Z1—Z4)。其中Z2的主体呈方形,东西长17.5米、南北宽18.7米。冢中央是一座大型石椁墓,墓平顶,似一石砌方台,每边长3.6米。方台四壁系用较规则的石灰岩、花岗岩石块垒砌五至六层。方台中部为椁室,长方形,长2.21米、宽0.85米、高0.5米。室壁用四至六层较规则的石块、石板垒砌。大部随葬品被盗。石椁墓东、北、西三面各有一道石墙,分别距石椁5.9米、7.5米、8米。东墙存长18.7米,北、西两墙分别残长8.7米、13.8米。石椁以南有一碎石分布带。Z1在Z2西侧3.3米,并与之平行。现只残存东南、西北二角。东南角有内外两道石墙。内墙以里堆积大量石块。西北角亦有石墙。据推断,Z1的原地上主体结构平面呈长方"回"形。现东西长26.8米、南北宽19.5米。在内墙外南侧清理出成群排列的小型墓葬15座。这些小型墓多为长方形的石板墓,有的为"凸"字形,墓口长在1.31—1.98米、宽在0.18—0.65米之间,其中有一些是二次葬。随葬品均

---

① 《辽宁牛河梁红山文化"女神庙"与积石冢群发掘简报》。
② 同上。

不多。如M4随葬了3件玉器(其中有2件猪龙形玉饰),M7随葬玉环、璧各2件,M11、14亦随葬玉器3件,M15随葬玉器5件。M6无随葬品。很显然,Z2的石椁墓在规格上要远远超过Z1的小墓,推断其随葬品也应比Z1小墓丰富。Z3在Z2之东,总体布局呈圆形,冢基底面为构成同心圆式的三周石桩。在表层积石中有3具人骨架,埋葬方式与Z1、Z2均不同,无任何随葬品。

在遗址区域内,还发现一些穴坑。如H2,位于"女神庙"和积石冢群间的阳坡松林中。坑内含陶器残片、红烧土块、兽骨等。H3中出一些日用大型陶器,如双耳罐、折肩罐、大钵、碗等。H3还出有小型人头像和人身像。

"女神庙"和积石冢群遗址的出土,其意义是多方面的。在我们的研究中值得特别注意的有如下几点:

一、同反山等良渚遗址一样,"女神庙"的出现,说明当地红山文化居民的公共生活在此时已达到相当规模。在我国,像"女神庙"这样的远古时期大型祭祀遗址,是近年来才首次发现的。它为我们了解有关地区在前国家时期的公共生活方式提供了依据。"女神庙"不是建造在居民生活区内或附近,因此不是同任何一个居民聚居点有特殊关系的。这表明它可能是为一个较大区域内的不同聚居点的居民共同服务的。这意味着当时公共生活的规模可能已超出了单个部落的范围。而作为公共生活的一个领域的宗教,是以整个社区生活的分布为基础的。宗教上的联系往往反映了社区生活中的联系。这样"女神庙"对我们推断当地红山文化居民的社区的规模就有重要意义。联系到下面要讲到的"女神庙"与积石冢遗址所表明的当地红山文化社会的其他特征,我们可以推测,在这个社会中,一种超部落的、较大规模的社区联系已经出现了。

二、"女神庙"中所出泥塑群像的内容,不仅反映了红山文化居民宗教的某些特征,而且显示了其社会秩序中的复杂因素。原报告说:"这些形象有的可能象征当时社会上的权势者,有的或许是受到崇敬的祖先。根据群像之间大小和体态的差别判断,似已形成有中心、有层次的'神统'。"[①]这一分析非常重要。因为从神像间的等级的秩序可以看出当地红山文化社会的人间性

---

① 《辽宁牛河梁红山文化"女神庙"与积石冢群发掘简报》。

的等级秩序的存在。同时，神像所表明的社会等级秩序是一种复杂的社会关系，尤其当其被反映到宗教上时，实际上已成为一种有深厚社会基础的规范。这进一步证明了"女神庙"所对应的社会是具有相当规模的，具有产生复杂社会关系的基础。

三、积石冢群中各墓葬规格的差异，可能反映了当地红山文化社会中人们身份等级上的差别。发掘者说："已发掘的积石冢的中心大墓砌造规整，单人原葬墓随葬品多而精美；反之，二次葬墓室简陋，随葬品或少或无，表示着墓主人之间身份等级的显著差别。"[1]在这里可注意的是Z2的石椁墓。它的规格远远超过一般墓葬，其墓主人同其他墓主人间的身份等级差别应当是比较大的，他很可能是在红山文化社会中居于特殊地位和拥有较大特权的某种人物。这同良渚大墓的意义是相似的。

四、"女神庙"的建筑技术和所出塑像及积石冢随葬品的工艺制作水平显示当地红山文化社会的分工和专业化程度达到较高水平。原报告称："就现有的了解，'女神庙'的建筑设计和技术水平达到了相当高的程度：顶盖、墙体采用木架草筋、内外敷泥、表面压光后或施彩绘，具有承重合理、稳定性强的特点；主体建筑既有中心主室，又向外分出多室，以中轴线左右对称，另配置附属建筑，形成一个有中心、多单元对称而又富于变化的殿堂雏型。"[2]出土的泥塑女神像，"雕塑得极为逼真，有很高的艺术性"。[3]积石冢中M4所出猪龙形玉饰的玉作技术和艺术性也是十分突出的。这样高度的建筑技术和工艺技术，没有相当的社会分工和专业化基础是不可能达到的。而社会分工和专业化程度是社会复杂程度的一个指数，因为一种高度的工艺技术意味着社会上存在着一个脱离日常生活品生产的专业阶层或人群，以及相应的管理阶层，他们都靠普通人的日常生产来供养。因此，从这处红山文化遗址的技术内涵来看，当地的前国家社会已具备了不均质的特征，这同它的分层现象是相统一的。

---

[1]《辽宁牛河梁红山文化"女神庙"与积石冢群发掘简报》。
[2] 同上。
[3] 同上。

显而易见，牛河梁遗址同样为我们提供了一个复杂的前国家社会的例证。它有较大的规模，在社会关系上呈现不均质和等级的特征，存在着少数拥有特别权力和特权的人物，有较高的分工及专业化水平。苏秉琦指出这个社会要"高于"一般的氏族、部落，有"凌驾"在氏族、部落之上的社会组织形式，是非常精辟的。苏氏称这种社会为"古国"，在指出它十分逼近于国家社会这一点上也是十分正确的。而在我们的概念中，牛河梁遗址代表的社会基本上也可以认为是属于酋邦类型的。这里主要考虑到两个因素，一是这个社会比典型部落社会复杂，二是这个社会中个人作用的特别地位。

在这里还应顺便谈到一个问题。苏秉琦针对牛河梁遗址提出"古国"是一种"稳定的、独立的政治实体"。这也就是说，不应当简单地把牛河梁遗址代表的社会仅仅看作是典型部落社会的"蜕变"形态。这是非常深刻的见解。牛河梁遗址前后延续了500年左右。[①]可见它所代表的社会曾有过十分稳定的发展。这正是酋邦社会发展上的稳定性特征的体现。作为酋邦社会，牛河梁遗址所代表的社会完全可能在固有的形态上停留相当长的时期。如果仅仅把牛河梁遗址的表现解释为典型部落社会的一种"蜕变"，可能会忽略人类早期社会政治组织演进上的不同模式的存在。

同在良渚文化中一样，在牛河梁遗址中也没有发现明显地与国家形态有关的遗存。在整个红山文化时期也没有发现这类遗存。这表明这个地区进入国家进程很可能不是独立的。因此在红山文化的固有的发展轨迹上不包括国家这个阶段。这促使我们注意到在我国周边一些地区酋邦形态向国家的非过渡性问题。我认为古代中国各地区国家进程的多样性表现，同酋邦的这一特征是有关的。牛河梁遗址和良渚文化诸遗址都是说明这一点的例证。

东山嘴建筑群址

东山嘴遗址于1979年发现，1982年发掘。[②]发掘面积2 250平方米，占整个遗址的绝大部分。遗址坐落在喀左县城东南约4公里处大凌河西岸的

[①]《辽宁牛河梁红山文化"女神庙"与积石冢群发掘简报》。
[②] 郭大顺等：《辽宁省喀左县东山嘴红山文化建筑群址发掘简报》，《文物》1984年第11期。

一座黄土山梁正中的台地上，长约60米、宽约40米。遗址年代C14测定为4 895±70年（树轮校正为5 485±110年）。

整个遗址为一个完整的建筑基址，依布局可分为中心、两翼和前后两端等部分。中心部分为一座大型方形基址，东西长11.8米、南北宽9.5米，位于遗址北部正中。基址四边有石墙基，由经过加工的规整的石块砌成。其中，如东墙基存高0.46米，共四层四块。可看出使用错缝砌法。基址内有大量石块，并明显地分成三堆。其中又可分辨出有几块立石相聚成组的现象，一般为三四块聚为一组。基址底部分布的遗物有玉璜、陶片、石弹丸、骨料等。没有地面建筑。

在方形基址的两翼分别有两道南北走向、相互对称的石墙基。墙基皆用加工整齐的长条石砌成单行单层，东墙基在方形基址东6米，存长8.4米；西墙基距方形基址西亦6米，存长19米（有间断）。在两翼石墙基外堆有大面积石块，范围直至遗址边缘。在方形基址两侧，东、西两翼石墙基以南，还分别有两个石堆。东侧石堆距方形基址东墙0.5米，形成长11米、宽2米的石带。石堆内原应有石墙基和成组锥状立石。西侧石堆距方形基址西墙基0.2米，也可分辨出锥状石立置成组的状态。两侧石堆应是对应的。

在遗址的前端（南部）有一个石圈形台址，距方形基址15米。正圆形，直径2.5米，周围以石片镶边，向外一边平齐。石圈内铺有一层大小相近的河卵石，系从山下河川中拣选而得。在石圈形台址以南4米，又有三个相连的椭圆形基址，直径在2.9—4.1米之间，为单层石块砌成。边缘以大河卵石砌出两圈，石圈内铺较小石块形成台面。从地层分析，多圆形基址形成早于石圈形台址。

整个遗址下面发现红烧土面多处，明确为房址的1座，位于遗址西侧北部，为西翼石墙基和铺石所叠压。房址为长方形，南北长7.4米，东西揭露部分宽2.5米，半地穴式。有两层草拌泥涂墙壁，经火烧。东墙中部向外凸出，形成一长方形坑。坑内北端置一石斧，非实用器具。

在遗址南部石圈形台址东北侧，发现一具人骨架。无明确墓框，无随葬品，头部和脚部两侧各置有两块不规则石板。胸腹部有泥质红陶和黑陶片，可复原一件泥质陶钵。

遗址内出土的遗物90%为陶器。有钵、盆、瓮、罐、杯、瓶形器、圈足盘、豆、器盖等。此外还发现一些玉器、骨器、蚌器、石饰等（其中有双龙首璜形玉饰、鸮形松石饰件）。特别引人注目的是发现20余件陶塑人像残块。其中有小型孕妇塑像2件，裸体，出于石圈形台址东侧和东北侧黄土层中；大型人物坐像上、下身各一块，出于石圈形台址东南侧黄土层中，当为同一个体。显示塑像原姿态为盘膝正坐，攥拳、握腕，左右手交叉，形象逼真自然，很有动感，符合人体比例，大小约相当真人的1/2。在石圈形台址附近还发现其他有同样姿态的上下身残块，知这种盘腿正坐、双手交于腹部的形象是一种特定的姿态。另有一人体腰部装饰残块，显示当时人的腰饰细节。

在我国考古学史上，像东山嘴建筑群址这样的遗址还是第一次发现。它的含义也比较重要。

这个遗址的性质，从它的选址是在面对河川的山梁梁顶上，整个遗址呈开放性，基址内有成组、成群的立石及铺石，以及有陶塑人像群出土等特征看，应该是同祭祀有关的。正如原报告所说："这显然是当时人们从事包括祭祀在内的社会活动的一个中心场所。"①这个遗址所耗费的工程量相当大。对此俞伟超有很好的说明："对五千年前的红山居民来说，要修建这样一大片祭祀场地，显然要花费巨大的劳动，一个氏族、一个部落，恐怕难以承担。"②这意味着修建这个遗址的远古社会单位是较大的，超过了单个氏族或部落的范围。相应地，作为一个祭祀场所，这个遗址所服务的对象也不会是单个的氏族或部落。俞伟超说："这个山嘴上，除了祭祀遗迹外，并无生活的居住遗址（所发现的房址与祭祀基址不同期，应是祭祀基址建造前的生活遗址——引者）；而在附近的一些地段，也缺乏同时期的生活遗址。这就提供了一个信息，即当时的居民大概要长途跋涉到这里来进行祭祀活动，而这个场所，又大概不是一个氏族—部落所专用的。"③这个分析是合理的。总之，东山嘴遗址代表了一个超部落的、较大的社会单位，在这一点上，它同前面介绍的几个遗

---

① 《辽宁省喀左县东山嘴红山文化建筑群址发掘简报》。
② 俞伟超《座谈东山嘴遗址》，《文物》1984年第11期。
③ 同上。

址的意义是相似的。

有些学者由于看到东山嘴遗址中出有小型孕妇塑像，遂认为这个遗址的祭祀对象是以妇女形象来代表的农神或"地母"。[①]这个看法还有待于证实。从东山嘴陶塑人像来看，一种大型人物坐像要比孕妇像大得多。所出的两件孕妇像，一件高5厘米，一件残高5.8厘米，同相当于真人1/2大小的大型人物坐像比要差得很多。因此更有可能大型人物塑像才是东山嘴祭祀的主要对象。这些大型人物塑像有特定的姿态（盘腿正坐，双手交叉于腹部），反映了一种严谨、刻板的秩序。这种秩序应该在东山嘴遗址所对应的社会中是真实存在的。这些陶塑人像的原型究竟是什么，现在还很难判断。不过它们是否像牛河梁"女神庙"中的泥塑人像一样，有可能也"象征当时社会上的权势者"[②]呢？如果这样，它们便直接反映了东山嘴遗址所代表的社会中拥有特殊权力的人物的存在。即使这些塑像并不直接描写社会上的人物，而是一种宗教性质的偶像，它们也可能表明当时社会生活中已经出现了有特殊权力的人物，宗教偶像则是对这一事实的曲折反映。

东山嘴遗址的主要意义，在于它提供了辽西地区又一个超部落的前国家复杂社会的实例。在这个社会中可能有一种严格的社会秩序和某种具有特别地位与权力的个人存在。如果与同时期的牛河梁红山文化遗址联系起来看，这个社会也可能是属于酋邦类型，而与部落联盟那种均质的社会是不同的。

陶寺类型龙山文化

陶寺类型龙山文化的主要遗址是陶寺遗址，位于山西省襄汾县陶寺村南，全部面积约300万平方米。1978年开始发掘，至1983年已揭露6 000平方米。[③]

陶寺类型龙山文化是晋南庙底沟二期文化的直接继承者，晚期与龙山文

---

① 俞伟超《座谈东山嘴遗址》。
②《辽宁牛河梁红山文化"女神庙"与积石冢群发掘简报》。
③ 中国社会科学院考古研究所山西工作队等：《山西襄汾县陶寺遗址发掘简报》，《考古》1980年第1期；中国社会科学院考古研究所山西工作队等：《1978—1980年山西襄汾陶寺墓地发掘简报》，《考古》1983年第1期；高炜：《试论陶寺遗址和陶寺类型龙山文化》，《华夏文明》第1集。

化三里桥类型在时间上大体平行。据C14测定并经校正，陶寺遗址的年代在公元前2500—前1900年之间，历时五六百年。目前同类遗址在晋南汾河下游和浍河流域已发现70余处。

陶寺遗址是一处聚落遗址，包括居住址、墓地等部分。在居住址中发现许多小型房址，有地面、半地穴式和窑洞三种。房址周围有道路、水井、陶窑和较密集的灰坑。房址内多施用石灰涂抹地面和墙裙。房屋的面积多在10平方米以下。除小型房址外，值得注意的是还发现了夯土碎块和刻画几何纹的白灰墙皮，"从而提供了附近有大型建筑基址的线索"。① 所以陶寺遗址很可能原来是一个包括大型房屋在内的复杂的社区。

墓地是陶寺遗址最引人注意的部分。它分布在居住地的东南，面积达3万平方米以上，使用时间大致与居住地相始终。迄今发现的墓葬有1 000多座。墓制均为长方形土坑竖穴墓，一般都是仰身直肢单人葬，有少量的二次葬、屈肢葬和俯身葬。

从墓葬规格上可分出大、中、小三类墓葬。大型墓葬迄今发现9座，不及墓葬总数的1%，在1982年夏以前已发掘的700余座墓中占1.3%弱。这些大型墓长在3米上下，宽2米多，使用木棺，棺底铺垫朱砂。随葬品众多，可达一二百件。有彩绘陶器、彩绘木器、玉或石制的礼器和装饰品、工具、武器，以及整猪骨架等。墓主人均为男性。有些大墓出有鼍鼓、特磬、陶异型器（疑为土鼓），分为甲种；其他大墓分为乙种。

中型墓约80座，占墓葬总数近10%，在1982年夏以前发掘的700余座墓中占11.4%强。中型墓的墓坑较大型墓略小，使用木棺。可分为四种。甲种墓主为男性，分布在大墓附近，棺内铺撒朱砂。随葬成组陶器（包括彩绘陶器一至二件）、少量彩绘木器及玉、石礼器、装饰品等几件至一二十件不等。常见猪下颌骨几个或数十个。乙种墓主人为女性，对称分布在大墓左右两侧，用彩绘木棺，死者佩戴玉、石镶嵌的头饰和臂饰，随葬彩绘陶瓶。随葬品数量不多，却异常精美。丙种随葬品中不见陶器、木器，但有石钺、石璜、骨笄等，有的有半个至一个猪下颌骨。丁种多数有木棺，随葬骨笄或石璜、石钺、猪下

---

① 高炜：《陶寺遗址》，《中国大百科全书·考古学》，第520页。

颌骨中的一二件。

小型墓约占墓葬总数90%,共610多座。墓坑为长条形,小而狭窄,一般长2米、宽0.5米左右,瘗埋极浅,以致有的骨架被后来的地层破坏殆尽。大多没有木质葬具。2/3(墓地中部)或1/10(墓地北部)的小墓(乙种)没有任何随葬品,少部分有骨笄等小件随葬品一二件。

在墓地的布局上,大型墓和甲、乙种中型墓集中在墓地中部;墓地北部墓葬最为密集,但小墓最多。

在陶寺遗址的出土物中,有大量生产工具,包括石器、骨器、陶器等。石器中以石铲数量最多,其他有斧、锛、凿、刀、镞等。骨器有铲、锥、镞。陶制工具有纺轮等。另外还可以从灰坑壁和墓壁上的痕迹中看出当时已使用木耒。日用器具主要是陶器。陶器以夹砂灰陶和泥质灰陶为主,也有褐陶和黑陶。多饰绳纹,晚期有拍印篮纹,以及少量附加堆纹、方格纹、弦纹、镂孔等。泥质盆、罐、壶、瓶、盘、豆上均施彩绘,形成陶寺文化的一大特色。平底器和袋足器发达。典型器物有连釜灶、夹砂缸、深腹斝、折腹斝、直领肥足鬲、大口罐、篮纹镂孔圈足罐等。

在陶器中,出土于大型墓中的彩绘蟠龙图形的陶盘给人以深刻印象。这些陶盘外壁饰隐浅绳纹,内壁磨光,以红彩或红、白彩绘出蟠龙图案。这种陶盘只出在大型墓中。其他陶器也大多出于大型墓中,仅个别中、小型墓发现陶器。

大型墓出土的彩绘木器(中、小型墓不出),构成陶寺遗址的另一特色。这些木器的胎骨早已朽没,但彩绘颜料层痕迹尚存,经特殊处理后,使器型得以复原。木器种类繁多,有案、几、俎、匣、盘、斗(勺)、豆、仓形器、鼓等。其中木鼓鼓腔呈竖立筒形,高可1米,直径0.5米左右,系用树干挖制而成,外施彩绘。由散落在鼓腔内的鳄鱼骨板可知,原是用鳄鱼皮蒙鼓,当即古代文献中所谓的"鼍鼓"。出土时,木鼓均成对,且与大型石磬(特磬)同出。这种组合在安阳殷墟中亦曾见到,[①]这次发现在陶寺遗址中,具有特别的意义。石磬是打制的,作倨句型,长80—90厘米。

---

① 参见高炜:《试论陶寺遗址和陶寺类型龙山文化》。

玉、石礼器和装饰品有钺、瑗(璧)、琮、梳、笄、项饰、臂饰等,制作都十分精美。玉作技术也达到相当程度,长6—7厘米的玉管也能对钻出规整的透孔。

陶寺遗址中已出现铜器。1983年在一座不大的墓中发现一件铃形小型红铜器。在遗址早期文化层中,曾发现过同样形制的陶器。

陶寺遗址是目前在中原龙山文化中所发现的最大一处遗址。其内涵极为丰富。特别是对于了解中原地区前国家时期的社会与政治状况,它提供了许多极其宝贵的资料。而从我们的观点来看,陶寺遗址揭示的前国家社会状况,同我们所说的酋邦是十分接近的。这就使这个遗址的材料在中国早期国家研究中有非常重要的意义。那么,陶寺遗址究竟有哪些重要的特征呢？我认为至少可注意到以下几点：

1. 社会单位有较大的规模。

这个特征是良渚和红山文化有关遗址也已经显示的。陶寺遗址和陶寺类型龙山文化在这个特征上表现得更为明显。这不仅因为陶寺遗址本身就是一处很大的聚落遗址,仅墓地就占地3万平方米以上,墓葬不少于1 000座,可见陶寺遗址所在地当初应是一个人口密集、具有相当规模的社区。而且是因为,在陶寺遗址附近还发现了其他陶寺类型遗址。如在曲沃、翼城两县交界处的开化遗址(包括翼城县开化村和开化沟)和方城—南石遗址(包括曲沃县方城村、翼城县南石村、古臣村),面积也都在100万平方米以上。这两处遗址之间相距3公里,二者与陶寺遗址的直线距离为20公里。① 由于它们相互毗邻,文化面貌相同,可以想象当初它们很可能是处于同一社会整体中的,这个社会整体单位应是跨部落的,其规模非常可观。不仅如此。开化遗址、方城—南石遗址和陶寺遗址都是坐落在汾、浍之间的崇山(今俗称塔儿山)山麓或附近,而陶寺类型的70多处遗址则分布在以崇山周围一带为中心的广袤地区内。② 整个地区当初有没有可能也是有社区联系的呢？不能说没有这个可能。就是说以崇山为中心的整个地区当初很可能曾属于同一个社会整体。这无疑会使人们对陶寺社会的规模产生极深刻的印象。总之,陶寺

---

① 高炜、高天麟、张岱海：《关于陶寺墓地的几个问题》,《考古》1983年第6期。
② 同上。

遗址和陶寺类型龙山文化显示了中原在前国家时期中一种超部落的、较大的社会单位的存在。这实际上表明在陶寺时期，中原地区社会单位的发展应当已进入部落联合体阶段。这同酋邦的特征是吻合的。

2. 社会分层现象发达。

由于有大量墓葬资料发现，陶寺遗址在这个问题上给出的信息也更为确定。从陶寺遗址墓葬中可以清楚地看到，大型墓和中型墓所占的比重极小，但拥有的随葬品是最多、最好的。小型墓占墓葬总数的近90%，随葬品不仅很少，而且除个别例外，不见陶器，更无大、中型墓中所见的彩绘木器及玉、石礼器之类。在埋葬方式上，大、中型墓均使用木棺，而小型墓大多没有木质葬具。这些，毫无疑问反映了死者生前拥有的社会地位和财富是有巨大差异的，而且这种差异已相当形式化。这显然是社会分层发达的表现。根据地层关系、墓葬排列和随葬器物组合的排比，可以确定有8座大型墓、11座甲种中型墓、一部分乙、丙种中型墓及大量小型墓是属于陶寺早期的。[①] 这表明对陶寺社会来说，社会分层现象的高度发展是在一个相当早的时期就已经存在了。因此与其说社会分层现象是陶寺社会自身"蜕变"的结果，不如说这种现象就是这个社会内在的和稳定的特征之一。陶寺社会中的社会分层可能还包括社区（氏族）间的地位和财富的差异。从陶寺遗址看，大型墓和甲、乙种中型墓集中在墓地中部，而墓地北部小墓最多。发掘者认为墓地的分区与氏族有关。因此墓地中不同分区之间的差异可能反映了陶寺社会中各个氏族之间地位的不同。这意味着氏族间、或部落间的平等原则已不复存在，代之而起的是一部分氏族、部落对另一部分氏族、部落的支配。这很显然是一种与典型部落社会或部落联盟在结构原则上有重要不同的社会。这一点也是与酋邦的特征接近的。

3. 存在拥有特别权力的个人。

在陶寺遗址中，大型墓的表现格外引人注意。除了它们的埋葬规格比较高、随葬品特别丰富以外，在墓位的安排和某些特殊的随葬品上，也显示出它们与众不同的地位。在墓位的安排上，大型墓两侧往往分布有同时期的甲

---

① 高炜等：《关于陶寺墓地的几个问题》。

种中型墓。如M2001、3002、3016两侧都有墓主人为女性的甲种中型墓。这些中型墓也有相当高的埋葬规格和较丰厚的随葬品,死者并佩戴精工镶嵌的头饰、臂饰。发掘者认为这些人应是"大墓墓主的妻、妾"。①这种与妻妾并列安葬的格局在整个墓地中显得很特殊。这应当是与大墓墓主的特权身份相适应的。正如发掘者所说:"在墓位安排上,显贵们的特权得到突出的体现。"②在大墓中,甲种大墓的地位又尤其突出。这也体现在墓位的安排上。在陶寺墓地中,5座随葬鼍鼓、石磬的甲种大墓集中在一片,前后距离各1米左右,③充分显示了它们与其他大墓相比的特殊性。由于甲种大墓数量极少,可以看出在陶寺社会中有极少数人占据了社会的最高地位,这表明他们所拥有的权力在很大程度上是个人性质的。甲种大墓中所出的鼍鼓和特磬,也是墓主人享有特别权力的证明。鼍鼓和特磬在中国古代长期被作为王室或大贵族的权威的象征。④在安阳西北岗商代王陵(M1217)中曾出土过彩绘鼍鼓与石磬的组合,⑤就是一个证明。在陶寺甲种大墓中出土这种组合,应该说是一项非同寻常的发现。它们确切无误地表明陶寺甲种大墓的墓主人生前是拥有某种最高社会权力的人物,在一定意义上,他们相当于后世的王。甲种大墓中出土的彩绘蟠龙图形的陶盘,也可能是标志最高权力的象征物。发掘者说:"彩绘其他绘样的壶、瓶、罐、盆等类祭器,某些中型墓中也可使用,惟龙盘仅发现在几座部落显贵的大型墓中,每墓且只一件,这就证明龙盘的规格很高,蟠龙图像并非一般纹饰,似乎有其特殊的含义。"⑥这个"特殊的含义",从龙盘出土的特殊情况看,应同显示墓主人的特别权力有关。甲种大墓中还出土一种长方形穿孔石刀。据有些学者研究,这种石刀也是一种礼器,用以象征"地域首长"的权威。⑦这又是一件表明甲种大墓墓主人生前拥有特别

---

① 高炜等:《关于陶寺墓地的几个问题》。
② 同上。
③ 同上。
④ 同上。
⑤ 梁思永、高志寻:《侯家庄》,台北,1968年,转引自高炜等:《关于陶寺墓地的几个问题》。
⑥ 高炜等:《关于陶寺墓地的几个问题》。
⑦ 同上。

权力的实物。由以上分析,可以对陶寺社会中已经有极少数拥有社会最高权力的人物存在这一点予以肯定。这些人已从根本上不同于一般的部落或部落联盟首领。他们可以说在很大程度上已成为社会的统治者。这也是酋邦社会所具有的特征。

4.在权力结构上存在金字塔式的等级构造。

陶寺大墓中有甲种墓和乙种墓的分别,这可以看作是陶寺社会最高权力者中间某种金字塔式的等级差别的反映。在大墓以下,中型墓也同小型墓形成较大反差,在规格和随葬品上都比较接近于大型墓。中型墓的墓主人可以看作是在最高权力者支配下掌握部分权力的人们。其中有一些,如M2063、2035、2043的墓主人,他们的墓分布于大型墓两侧,而且他们是男性,所以很可能是大型墓墓主人的"近臣"即高级辅佐之类。乙、丙种中型墓比起甲种中型墓来,在随葬品上要逊色一些,可能是一些掌握更低一级权力的人的墓。陶寺社会就是这样构成了一个由不同等级的权力者组成的权力网,所有这些权力者又组成了这个社会的统治阶层。由此可以清楚地看到陶寺社会的政治组织是相当复杂的,并呈现出金字塔式的等级结构。这绝不是一个均质的部落或部落联盟社会所能有的,而在酋邦社会中这种权力结构却是常见的。

总的来说,陶寺遗址和陶寺类型龙山文化为我们提供了一个中原地区的酋邦类型的前国家社会的实例。陶寺遗址地处中原早期国家发生的关键地区,这使得关于陶寺文化的讨论在中国早期国家研究中具有特别重要的意义,当然会引起中国早期国家研究者的极大兴趣。近年来,已有学者提出陶寺类型文化就是创造了夏朝国家的"夏族先民"的文化。[1]或者说陶寺遗存"很可能就是夏代开国以前夏人的遗存,或谓之'先夏文化'"。[2]这些观点还有待于讨论(详第六章)。也有的学者认为陶寺类型文化是传说时期某个部落或部落联合体的遗存,如可能是"尧、舜时期某一龙部落或豢龙氏部落的遗存",[3]或可能是"陶唐氏的文化遗存之一"。[4]这些提法很显然使陶寺类型

---

[1] 刘起釪:《由夏族原居地纵论夏文化始于晋南》,《华夏文明》第1集,第49页。
[2] 高炜等:《试论陶寺遗址和陶寺类型龙山文化》,《华夏文明》第1集,第62页。
[3] 同上。
[4] 王文清:《陶寺遗址可能是陶唐氏文化遗存》,《华夏文明》第1集,第106页。

文化问题同传说时期的历史发生了关系。除细节外，这种联想在整体上应该说是合理的和允许的。陶寺所在的晋西南，是历史上早期夏人活动的地区之一，也是夏朝的发祥地，这是一个事实（详第六章）。不管陶寺类型文化具体代表了远古的哪一支人群或哪一些人群，它与夏朝国家的建立肯定有重要的联系。从这个意义上说，陶寺遗址和陶寺类型龙山文化所表现出的酋邦社会的特征，是我们解释传说时期人群的社会和政治组织状况，以及研究中国中原地区早期国家形成的具体途径的最有说明力的依据。从陶寺材料看，本章前两节中依据文献对我国传说时期历史的分析在整体上是有根据的。尤其是对于酋邦概念的适用问题，陶寺遗址给出了肯定的回答。

综上所述，我们有选择地介绍了几处可以看作是中国古代酋邦社会实例的考古遗址。它们大大地开扩了我们在前国家社会形态问题上的视野。它们使我们了解到，在中国前国家时期，一种不同于部落联盟的复杂的社会形态是真实存在的。不仅如此，这种形态的前国家社会，在中国古代的分布很可能是极其广泛的。其中有一些，如陶寺类型文化所代表的社会，同中原早期国家进程有比较直接的关系。这部分资料在很大程度上证实了文献中对中国传说时期酋邦的活动的记载的基本内容，证实了中国前国家时期社会和政治组织的主要和普遍的形式是酋邦，因而突出地显示了酋邦在中国早期国家进程中的地位和作用。有一些地区，如辽西和太湖流域，从考古上可以认定它们在前国家时期也产生了酋邦，并且有较高的发展程度，但缺乏关于它们独立地进入国家阶段的资料。这在目前的研究水平上，只能说明酋邦向国家的转化是非常有条件的和非常历史性的。对辽西和太湖流域这两个地区来说，就现有的资料而言，它们是在后来中原国家进程的影响下才走上国家政治的轨道的，而造成这一点的主要原因之一应该同它们各自的具体历史有关，可惜我们现在很难有足够的资料来讨论这方面的问题。但对于后来产生了早期国家的地区来说，关于辽西和太湖流域酋邦的了解，将促使我们寻找导致这些地区最终出现国家进程的特殊的条件和因素，尤其是历史性的条件和因素。

第六章

中国早期国家的发生：夏朝

迄今为止，中原地区是中国境内唯一已知在新石器时代末期发生了国家进程的地区。中原地区的早期国家进程同中原地区酋邦的发展是衔接的，并显示出高于同时期其他地区政治组织发展的水平。这是中原早期历史具有特别重要意义的一个方面。

对于中原早期国家的研究，首先得益于传世文献的记载。具体地说，是得益于传世文献关于夏朝国家的记载。在传世文献的记载中，夏朝历史紧接在传说时期历史之后。但它同传说时期历史不同，在文献中被描写成一个王朝的历史，因而可以被看作是关于国家的历史。在现代学术标准上，传世文献关于夏史的记载具有两重性。一方面，由于众多文献都提到了这段历史，因此很难绝然和轻易地否认这段历史存在的真实性。从这个角度说，学术界有理由把夏史和关于夏朝国家的问题当作严肃的课题来对待。目前中国学术界在这个问题上的基本态度也正是这样。但另一方面，夏朝的存在在考古上还没有被相当于这一时期的文字资料所直接证实，如商史被商代甲骨文所证实那样。这使得关于夏史和夏朝国家的研究在整体上还处在比较艰巨的阶段。就是说，从理论上讲，在对夏史和夏朝国家的研究中，假说的成分可能要多一些。然而，这不等于说，夏史和夏朝国家问题是完全缺乏实证基础的。即使从考古学的标准来看，关于夏史和夏朝国家的问题也已经不能完全看作是虚构的。这里有一个怎样看待考古学证据的问题。拿夏史同商史相比，夏史所欠缺的主要的证据形式是相当于这一时期的文字资料。这是建立可信的夏史所面临的一个难题。但在其他证据形式方面，夏史从考古学中所获得的支持还是大量的。我国考古学中的夏文化研究，在探索夏朝国家的文化遗存和探讨与夏朝国家有关的各个问题上，已经得出了许多有价值的结论，并从考古文化的分布、时代、文化特征等方面提出了有分量的证据。考古学的这些成果应该受到认真对待。总的说来,当代考古学对于文献所记载的夏史在一些基本的或重要的环节上是给予了相当有说服力的证实的(当然也有一些重要的和基本的环节目前还没有得到证实)。这就在很大程度上弥补了夏史研究由于缺乏夏代文字资料的直接证明而产生的不足。总的说来,尽管文献对夏史的记载具有两重性,但夏史和夏朝国家的存在本身可以说已经不成为一个值得认真怀疑的问题。这个事实对于中国早期国家研究的影响是明显的,那就是,这项研究在很大程度上将依赖夏史研究的进展。换言之,在对于中国最早的早期国家的研究中,夏朝国家的问题具有最重要的意义。事实上,夏朝国家不仅对于说明中原地区国家进程是重要的,而且由于中国其他地区在同时期内没有同类进程发生,它在整个中国早期国家研究中的地位也是重要的。

作为中国最早的国家进程,夏朝国家的建立表现出"原生的"早期国家进程的特征。就是说,一、这一进程完全是独立发生的,没有受到先在国家的影响;二、在这一进程中,前国家社会的传统仍在顽固地发挥作用。这些对夏朝国家的结构与功能的特征都产生深刻的影响。夏朝国家在整个中国早期国家进程中的阶段性意义也同它的"原生的"特征有关,因此它的建立不等于中国早期国家进程的结束,而毋宁说是这个进程的发生阶段。这些问题在关于夏朝国家的研究中是必须注意到的。它们使我们在估计夏朝国家的历史地位时,既不会因为它的"原生性"而忽视它作为国家的事实,也不会把这种"原生的"国家过高地看成与成熟的国家没有区别。

本章将首先依据现有资料对夏朝国家建立的过程作一阐述,然后分析夏朝国家在结构和功能上的特征及其阶段性意义。由于夏朝国家的考古学证据问题依然是一个敏感问题,所以我也辟出一定篇幅来对此加以讨论。

一、中原酋邦向国家的转化:夏朝国家的建立和巩固

夏朝,作为在商朝以前存在的一个朝代,在许多较早的文献中都已被明确地提到。如在《尚书》中,《汤誓》、《召诰》、《多士》、《多方》、《立政》等

篇分别提到了"有夏"、"时夏"、"夏氏"、"夏王"、"夏邑",等等。在《诗经》中,《大雅·荡》《商颂·长发》分别提到了"夏后"、"夏桀"。上面这些文献不仅时代比较早,而且比较可靠。因此,夏的存在,从文献记载的角度说,是没有疑问的。在我国古代史学传统中,夏朝的存在从来未被怀疑过。

最早比较具体和系统地阐述夏朝历史的文献是司马迁的《史记》,而主要的是其中《夏本纪》一篇。司马迁的阐述应该是依据了他所能得到的较早的史料。根据司马迁自己申明的史料取舍原则,"五帝"时期的史迹是明显地属于传说性质的,所谓"其文不雅驯"(《史记·五帝本纪》)。但他把夏朝历史同"五帝"时期历史分开记述而单列成一篇,表明他认为夏朝史迹比传说时期历史更具有可信性。

在司马迁的记述中,夏朝是在"五帝"时期中原最重要的酋邦,亦即尧、舜、禹酋邦(以下简称"中原酋邦")的基础上发生的。这一点从各种有关夏朝的文献记载来看是有理由相信的。所以,夏朝国家的产生,实际上就是中原酋邦向国家的转化问题。但是在传统史学中,包括在司马迁的《史记》中,对这里发生的这种转化并没有特别意识到,因此叙述得很平淡(这当然同古代史家不具有关于社会发展阶段的明确概念有关)。如《五帝本纪》对尧至禹的权力递嬗是这样记载的:

> 舜之践帝位,载天子旗。……十七年而崩。……禹亦乃让舜子,如舜让尧子;诸侯归之,然后禹践天子位。

而《夏本纪》对于舜至启的权力递嬗则如此记述:

> 帝舜荐禹于天为嗣。十七年而帝舜崩。……天下诸侯皆去商均而朝禹,禹于是遂即天子位,南面朝天下,国号曰夏后,姓姒氏。……及禹崩,虽授益,益之佐禹日浅,天下未洽。……于是启遂即天子位,是为夏后帝启。

《史记》的这些记述,对酋邦最高权力从尧至舜、从舜至禹、又从禹至启的递嬗使用了完全相同的记法,从中看不出权力递嬗原则有任何重要的变化。然而,事实上,当酋邦最高权力由禹向启传递时,一种新的权力递嬗方式出现了。这其中的变化具有非常重要的意义。

同启的继位相比,舜和禹的继位是两次旧式的继位。这两次继位都不是世袭。按传统文献的记载,舜是尧的女婿。① 当尧将传位时,尧的儿子丹朱因为"不肖,不足授天下"(《五帝本纪》),而被尧排除在继承人范围之外,"卒授舜以天下"(同上)。关于舜的继位,文献的记法各有不同。在《孟子》中,舜的继位是由于"天受之"(《万章上》),就是说舜的作为是符合天意的,故领有"天命"。而"天受之",民亦"受之"。故《孟子》还讲到,舜曾"避尧之子于南河之南",然"天下诸侯朝觐者,不之尧之子而之舜",说明舜的继位亦是"民受之"的结果(同上)。孟子用这个故事来证明"天与贤,则与贤"的道理(同上)。这一点构成了孟子禅让说的核心。《孟子》记述的舜继位的过程可以说是一种体制的、和平的过程。在这个过程中前任酋邦首领的意愿(常被说成是"天意")是决定性的。但在《竹书纪年》中却披露了舜在继位时主动使用暴力的一面。《五帝本纪》正义引《括地志》曰:

《竹书》云:"昔尧德衰,为舜所囚也。"

又曰:

《竹书》云:"舜囚尧,后偃塞丹朱,使不与父相见也。"

《史通·疑古》所引的一条《竹书纪年》则云:

舜放尧于平阳。②

在《广弘明集》卷一一法琳《对傅奕废佛僧事》中也引了类似的一句话:

舜囚尧于平阳,取之帝位。

从这些记载看,舜为了取得酋邦最高统治权,对酋邦前任首领及其后嗣采取了暴力行动。这似乎反映了在尧时,酋邦首领的儿子已经是继位的潜在竞争

---

① 《史记·五帝本纪》:"于是尧乃以二女妻舜。"
② 平阳,在今山西临汾。传说为尧都。

者,所以舜要把他"偃塞"起来。因此世袭的问题,很可能在尧时已有酝酿,但是舜果断地遏制了这种趋势。这似乎表明酋邦首领位置的世袭制成立的条件尚未成熟。

看来《竹书纪年》关于舜继位过程中存在暴力行为的记述是值得重视的。因为在其他一些文献中,还反映了这种暴力实际上还来自另一面,即酋邦其他成员的牵制或争夺,并由此引发战争。《韩非子·外储说右上》说:

> 尧欲传天下于舜,鲧谏曰:"不祥哉!孰以天下而传之匹夫乎!"尧不听,举兵而诛,杀鲧于羽山①之郊。共工又谏曰:"孰以天下而传之匹夫乎!"尧不听,又举兵而诛共工于幽州之都。

鲧因为反对舜继位而被杀一事还见于《吕氏春秋·恃君览·行论》,但略有出入:

> 尧以天下让舜。鲧为诸侯,怒于尧曰:"得天之道者为帝,得地之道者为三公。今我得地之道,而不以我为三公。"以尧为失论。欲得三公。怒甚猛兽,欲以为乱。……召之不来,仿佯于野以患帝。舜于是殛之于羽山,副之以吴刀。②

从这里可以看出:一方面,舜的继位遭到酋邦的某些成员反对(其中可能以鲧和共工为主要代表);另一方面,为使舜的继位得以实现,曾动用了武力,并且按《吕览》的说法,舜亲自主持了这种平息不满的武力行动。可见,舜的继位不是一帆风顺的,他既可能同尧对抗过,也可能同酋邦其他成员对抗过。这是《竹书纪年》等文献提供的关于舜继位过程的另一种描述。

现在很难说《孟子》与《竹书纪年》等文献的记述哪一种更为真实。也许把它们综合起来考虑也是可以的,如此则可从舜的继位中了解中原酋邦在最高权力递嬗上的一般情况。这些情况包括:(1)酋邦最高首领的权力递嬗的方向是不完全确定的。不过事实上这个权力总是由酋邦中比较有实力和

---

① 羽山,今地不详。旧说以为在今江苏徐州,或山东蓬莱。恐不确。
② 此处据陈奇猷《吕氏春秋校释》,学林出版社,1984年,第1389页。

威望的人来继承。世袭的原则还没有确立。(2) 在权力递嬗的过程中,一方面,前任首领的意愿有着举足轻重的作用,并往往是决定性的;另一方面,对抗这种意愿并凭借实力以暴力方式获取继任权的情况也是可能发生的;而无论在哪种情况下,都可能发生酋邦成员间的争夺。所有这些,反映出酋邦权力的递嬗是一个不稳定的过程。这里的根本原因是酋邦还没有为其最高权力的递嬗制造出形式化的合法程序,甚至这个权力本身也还没有被赋予一种形式化的合法性标志。从这个意义上,我们可以看到酋邦的权力结构还处在较低级的水平上,同正规的国家权力制度还有一定的距离。

同舜相比,禹与前任首领(舜)的亲属关系更为疏远。他不是舜的任何近亲。据《孟子》说,禹也是由舜根据天意选为继任人的。而《韩非子·说疑篇》则提到了"禹偪舜"之事。因此禹也可能同舜一样,为获取继任权而与前任首领对抗过。在禹的继位过程中,舜的儿子商均一度也成为一个问题,禹因此也曾"避舜之子于阳城"(《孟子·万章上》),但结果还是禹继任了最高首领职位。世袭的问题仍然不成熟。禹的继任仍然是旧式的。

然而,到启时,他的继位就在一些重要方面表现出与舜、禹的继位的不同。其中最重要和最根本的一点就是它是世袭的。启是中国古代历史上第一个作为酋邦最高首领的儿子而获取这个职位的人。而且自启以后,夏王朝的最高权力的递嬗便建立了在启的直系男性后裔中进行的原则。这同以前这种权力一直是在不同家族人员中间递嬗的情况形成鲜明对比,从而启的继位成为一种新式的继位。我们已经看到,子继的压力在尧、舜时就可能已经存在了,但都未能真正实现。启时实现了这一点。这反映出社会发生了变化,中原酋邦的权力结构也发生了某种变化。

启时所实现的世袭制的实质是中原酋邦的最高权力获得了一种正式的合法性标志。这个标志就是,当最高权力是掌握在一个特定的王室成员手中的时候,人们可以、也才会认为这个最高权力是合法的;反之,人们便可以指责它为非法。这种关于最高权力合法性的观念是过去酋邦权力结构中所缺乏的,是全新的东西。它使社会政治权力秩序更正规化和法统化,因而在理论上也更固定化。在这种情况下,可以说酋邦最高权力开始向国家权力转化。国家权力同酋邦最高权力相比,主要的不同就是前者是正规的、法统化的和固定的,而后者则不太正规,也不太固定,并缺乏法统的形式。国家与酋邦权力的分野在历史上当然不是只通过一个孤立的事件就实现的,而显然会是一个过程。因此很难说启的继位就意味着夏朝国家体制已经建立起来了。但是启的继位肯定是夏朝国家体制形成的一个非常重要的开端。在这个意义上,我们可以把启的继位看作是夏朝国家建立的标志性的事件。

我国学者中有一种意见,认为中国最早的国家从禹开始就已形成了。[①] 这里的关键问题是没有重视禹作为旧式的酋邦首领,他的权力还是不正规的,缺乏形式化的合法性标志。禹的权力的获得与舜没有根本的不同。从社会的发展来说,禹时的社会已相当分化,可以说产生国家的社会条件差不多都已具备了。但国家权力作为一种政治范畴还必须在相应的政治技术发展的基础上才会发生。禹在这方面没有为传统的酋邦政治技术增添重要的、新的东西。这是他和启的主要不同。启使酋邦权力向正规的国家权力演进了一步,赋予了它必需的正规的合法性标志,从而使他自己成为新式的领导人。这是中原早期政治组织演进上具有划时代意义的重大分野。因此,我认为只能把启的执政看作是中国国家权力发生的最早时期。[②]

正因为启的继位是一种新式的继位,在它发生的过程中便有一些十分有趣的曲折。据《孟子·万章上》说,禹曾经仿效舜的做法,以天的名义选中益为继任人,但当禹死后,益主动规避到箕山之阴,意欲将继任权让给"禹之子",就是启。而最后还是启继了位。《夏本纪》说法略同。这再次表明禹是依旧式政治传统行事的。按禹的意愿,启将不可能继位。那么启的继位是如何实现的呢?《孟子》和《史记》都认为这是由于酋邦各成员拥戴启的缘故。所谓"朝觐讼狱者不之益而之启,曰:'吾君之子也。'讴歌者不讴歌益而讴歌启,曰:'吾君之子也'"(《孟子·万章上》)。按照这种说法,启继位就依然是一个和平的、体制的过程。子继的做法似乎并未引起任何麻烦,而被自然地接受了。但在其他一些文献的记载中,却反映了这里有暴力过程。

---

① 如见洪家义:《中国国家的形成及其特点》,《南京大学学报》1980年第3期。
② 关于启作为夏朝国家的第一个君主的问题,金景芳师有过专门的论述。见金景芳:《关于中国原始社会向奴隶社会过渡问题的讨论》,《吉林大学学报》1978年第5—6期。从早期国家研究的角度看,景芳师的看法显然比其他一些看法更为深刻。

如《竹书纪年》说：

> 益干启位，启杀之。①

《韩非子·外储说右下》则说：

> 古者禹死，将传天下于益，启之人因相与攻益而立启。

在《战国策·燕策一》中也有类似记载：

> 禹授益，而以启人为吏。及老，而以启为不足任天下，传之益也。启与支党攻益而夺之天下。是禹名传天下于益，其实令启自取之。

三则材料在细节上互有异同。如《纪年》似乎以禹本来是传位给启的，故云"益干启位"。而《韩非子》和《战国策》都以禹先传位给益；不过《战国策》又以禹传位给益其实是表面上的（"名传"），其实还是要传给启。这些记述上的异同，现已难以判定孰是孰非。然而三则记载在指出启继位时向益动用了武力这一点上是一致的。

启的杀益，应该不是一般的酋邦成员对继任权的争夺，而是代表了新式政治向传统政治的挑战。摩尔根曾对世袭制与暴力的关系有如下推断：

> 世袭制的最初出现最可能是由于暴力才建立起来，而不大可能是由于人民的心甘情愿。②

这个推断可能并不是普遍成立的，但对于说明启在继位时使用暴力的原因看来是适用的。由于他带来的是对于传统的酋邦政治完全陌生的世袭制度，他可能不得不使用武力。因此，相对《孟子》、《史记》的记法，《竹书纪年》等的记述似乎更为可信。《孟子》与《史记》的记述不过是套用了记叙旧式继位时的笔法，对启的继位体现的古代政治发展中的深刻变化无所觉察。

启，在文献的记载中，是历史上第一个被称为"夏后"的人。禹则从未被

---

① 《晋书·束晳传》引。又，《史通·疑古》引《汲冢书》云："益为启所诛。"《杂说》引《竹书纪年》云："后启杀益。"
② 摩尔根：《古代社会》，上册，第141页。

称为"夏后"。范文澜说:"战国以前书,从不称夏禹,只称禹、大禹、帝禹;称启为夏启、夏后启。这种区别,还保存两人时代不同的意义。"①范氏这个说法基本上可以成立。在先秦文献中,只有《国语·郑语》有一处提到"夏禹"。但文献中没有称"夏后禹"的。这显然是因为"夏后"指的是夏朝的君主,而禹并不是夏朝的君主。夏朝的第一个君主是启。

但是在启成为夏朝的第一个君主之后,在一段时期内,夏朝王室主要面临的仍然是为维护其拥有的王权的合法性而斗争的复杂任务。这对于刚刚从酋邦政治中演化出来的夏代王朝政治而言,几乎是无可避免的。

《左传·昭公四年》提道:"夏启有钧台之享。"钧台,据《续汉书·郡国志》,在今河南禹县。这里过去是禹的一个据点。②在启时可能成为新生的夏王朝的一个重镇。所谓"钧台之享",指的是启在钧台举行大会或祭典,号令各方诸侯参加。这件事在《左传》的记叙中,是和商汤的"孟津之誓"等相提并论的,表明它具有显示最高权威的意义。启的这个举动可以看作是他为了巩固夏王朝权力的合法性而采取的步骤之一。也可能如金景芳师所说,这是"通过大会"给君主制以"承认","使之披上合法的外衣"。③

启建立夏王朝之后几乎立刻就遇到了某些势力的激烈反抗。其中最著名的是有扈氏的反抗。有扈氏,亦称扈,其地一说在今郑州以北原阳县或原武县一带。④它可能过去就是中原酋邦的成员之一,禹时与之有过战争。⑤启即位后,"有扈氏不服,启伐之,大战于甘"(《夏本纪》)。甘,据有的学者研究,是在郑州以西的古荥甘之泽和甘水沿岸。⑥《尚书》中的《甘誓》便可能是从这次战争中流传下来而由后人追述的一篇文献,原是启在战争中的一篇动员令。启在《甘誓》中所持的口吻是王者式的:"今予惟恭行天之罚。"他宣

---

① 范文澜:《中国通史简编》(修订本第一编),人民出版社,1953年,第28页。
② 《续汉书·郡国志》豫州颍川郡阳翟条下:"禹所都,有钧台。"
③ 金景芳:《中国奴隶社会史》,第36页。
④ 分别见金景芳:《中国奴隶社会史》,第37页;顾颉刚、刘起釪:《〈尚书·甘誓〉校释译论》,《中国史研究》1979年第1期。
⑤ 参见卞直甫、冯庆余:《甘之战》,《夏史论丛》,齐鲁书社,1985年,第215页。其说据孙诒让:《墨子间诂·明鬼下》;皮锡瑞:《今文尚书考证》。
⑥ 郑杰祥:《"甘"地辨》,《中国史研究》1982年第2期。

布的有扈氏的罪状是"威侮五行,怠弃三正"。"五行",在这里不是如传统诠释认为的那样指由水、火、木、金、土构成的"五行"概念,而有可能是指与五大行星有关的某种天象。由水、火、木、金、土构成的"五行"概念形成较晚,似不应套用到夏代史实中。顾颉刚、刘起釪认为《甘誓》中的"五行"系指五大行星(水星、火星、木星、金星、土星),主要根据是《史记·历书》中有"黄帝考定星历,建立五行",《汉书·艺文志》有"五行之序乱,五星之变作"。①因此"五行"与星象有关。此说可资参考。"三正",据近代学者的研究,似乎应指夏朝的高级官员。如顾颉刚、刘起釪提出"三正"是指夏朝的"大臣、官长"。②于省吾《双剑誃尚书新证》亦认为此处"三正"乃指"三公,亦谓三卿"。较早陈梦家《尚书通论》亦有相同见解。传统的说法,如马融,认为"三正"指建子、建丑、建寅三种历法;郑玄和伪孔传则认为指天、地、人三正道。马融说与事实有矛盾,因三正指建正须是周代方可能的事;郑玄及伪孔传说则无据。所以近代学者的说法似更合理些。总之,"五行"和"三正"在这里都有代表夏朝法统的含义。因为在古人观念中,一定的天象是对地上政权的法统的支持,而高层官僚系统的权威更是一个政权的法统的具体体现。有扈氏显然由于拒不承认夏朝的法统,蔑视其合法性,而遭致启的讨伐。这场战争的结局是"遂灭有扈氏,天下咸朝"(《夏本纪》)。启对有扈氏之战争收到了巩固其合法地位的效果。由此可以看出,很可能在夏朝建立的最初阶段,作为历史上第一个真正的君主的启对原中原酋邦的成员是有一系列征服和收服行动的。《竹书纪年》中说到的"启征西河",③就可能是其中的一次。有扈氏看来只是这些成员中维护酋邦旧式政治传统的势力的一个代表。启建立的新式的国家体制对于有扈氏这些酋邦成员来说是不习惯的,甚至是不能忍受的。这促使他们起来与启对抗。因此甘之战反映了夏朝国家建立初期启所面对的来自酋邦传统的挑战。《淮南子·齐俗》说:"昔者有扈氏为义而亡,知义而不知宜也。"就是说有扈氏灭亡的根本原因是它不能接受启建立

---

① 顾颉刚、刘起釪:《〈尚书·甘誓〉校释译论》。
② 同上。
③ 《北堂书钞》卷一三帝王部引。

的新制度。这清楚地表明,启的继位不是一次平常的权力传递,而是伴随着政治制度方面的深刻变化的。

夏朝王室为巩固自己的权力的合法性所进行的斗争是长期的。据《夏本纪》记载,启死后,其子太康继位。太康时曾"失国"。[①]说明夏朝建立不久,王室的统治就曾一度遇到困难,新生的夏王国在经过启一代的经营后还是比较脆弱的。太康的失国,除了据传他本人"盘于游田,不恤民事"(《尚书·伪孔传》)可能是一个原因之外,还与夏朝同诸夷之间的关系有关。在《竹书纪年》中对夏与诸夷的关系记载很多,表明"对诸夷的统治是夏代的大事"。[②]在现存的古本《竹书纪年》文字中,夏朝最初几次对诸夷用兵是相(太康侄)元年和二年对淮夷、风夷和黄夷的征伐。[③]《竹书纪年》所记相七年"于夷来宾"[④]则是文献所记夏朝最早的一次接纳诸夷归顺的事实。但实际上,夏朝与诸夷的冲突在太康时已很尖锐了。其最明显的表现就是太康时有穷氏首领羿对于夏朝的侵犯。

羿,据《左传·襄公四年》称,在太康时先居于鉏,在今河南省滑县东。[⑤]后迁至穷石。穷石所在不清楚,有人说在晋河南县,即今洛阳市西。[⑥]羿本属于东夷的一支,故《左传·襄公四年》称之为"夷羿"。徐旭生认为羿的有穷氏原先可能就是在名为"穷桑"的山东曲阜。[⑦]在启建立夏朝时,羿可能还没有被并入夏朝的统治范围。而当他迁到穷石后,便"因夏民以代夏政"(《左传·襄公四年》)。这可能是指他对夏朝在其中心地域内的统治的侵犯。也就是说他在夺取夏王室所拥有的权力,成为夏朝控制区内的新的统治者。这是对夏王朝统治的合法性的严重打击。太康的失国,具体地可能就是指这种局面。但这时夏王室还存在。据《夏本纪》,太康死后,由其弟中康继位;

---

① 《尚书序》亦记有此事。
② 李学勤:《古本〈竹书纪年〉与夏代史》,《华夏文明》第1集,第159页。
③ 分别见《太平御览》卷八二皇王部;《后汉书·东夷传》注;《通鉴外纪》卷二引。
④ 《后汉书·东夷传》注引。
⑤ 江永:《春秋地理考实》。
⑥ 《史记·夏本纪》正义引《晋地记》。
⑦ 徐旭生:《中国古史的传说时代》,第55页。

中康死后，又由其子相继位。从太康到相这段历史目前已不太清楚。据《左传·襄公四年》杜预注的解释，似乎在太康、中康在位时，羿就已经取得控制夏王朝的实际权力，而当相继位后，羿更进一步正式取代相的位置，成为国王。但从《竹书纪年》中记有相元年和二年对淮夷、风夷和黄夷用兵以及相七年于夷"来宾"的事实来看，相时尚握有权力，至少在名义上相似乎还是国王。如果这样，那么羿夺取相的权力是在相七年以后。夏朝的统治至此遭到最致命的打击。

然而此时夏朝国家制度毕竟已经有相当的基础。夏王室拥有的合法统治地位仍在起作用，这使它有了复国的机会。在《左传·襄公四年》和《左传·哀公元年》中，有两段很长的文字记述了夏朝复国的过程。先是相在失位后，逃至夏朝属下的斟灌氏和斟郭氏控制的地域避难。此时羿本人却被其手下寒浞（任羿的相）所杀，寒浞自掌政权。为防止夏王室复辟，寒浞命他的儿子浇去讨灭了二斟，夏后相亦被杀。相妻后缗得以逃脱，回到作为她出生地的有仍氏，生下少康。少康在有仍氏长大，担任过有仍氏的牧正。浇又继续命椒追捕少康。少康不得已逃至有虞氏，娶有虞氏女为妻，任有虞氏庖正，以纶地为领地，① "有田一成，有众一旅"，又"能布其德，而兆其谋，以收夏众，抚其官职"（《左传·哀公元年》），积极为复国做准备。夏的一个旧臣靡，初在羿死后逃往有鬲氏，这时便以有鬲氏为据点，聚集二斟的残余力量，与少康联合，起而猛烈反击寒浞。靡以二斟的残余力量攻灭了寒浞。少康则用计剪灭了浇和寒浞的另一个儿子豷。夏王室终于重新夺回了权力，少康继为王。一场发生在夏初、关系新生的夏朝的命运的斗争即以这样的结局告终，其对中国早期历史的影响是深远的。

在夏王室恢复其法统的整个过程中，它所拥有的统治国家的合法性地位起了决定性的作用。斟灌氏、斟郭氏、有仍氏、有鬲氏等对处于困境中的夏王室的支持，归根结蒂是出于对夏王室合法地位的承认与拥戴。这说明国家统治的合法性问题在一定范围内已成为人们选择政治态度时的依据。这是自启以来夏朝社会中各种势力斗争的一个最重要的成果。

---

① 纶在今河南虞城县东南，见阎若璩：《尚书古文疏证》六下。

少康继位后，夏朝政局相对稳定下来。夏朝同诸夷的关系有了改善。《竹书纪年》记载"少康即位，方夷来宾"，①就是一个迹象。以后，在芬（又称槐，少康孙）时，"九夷来御"；②泄（芬孙）时"命畎夷、白夷、赤夷、玄夷、风夷、阳夷"；③发（夏朝末代君主桀之父）时"诸夷宾于王门，诸夷入舞"。④似乎在整个夏代，夏朝同诸夷都保持在十分亲密的关系中。这反映了夏朝国家在一定意义上已经稳固下来。

夏朝的法统一直继续到它被商朝所推翻。这种情形在中国历史上是第一次。在这之前从来没有一个家族维持它对一个政治实体的统治达这么长时间。这标志着由中原酋邦向国家的转化作为一个历史进程已不可逆转。同时这也从一个侧面证明夏代是与传说中的酋邦时期不同的时代。作为历史上第一个真正的朝代，它代表了新式的国家政治。尽管在一些方面它还保留着酋邦时代的传统。

二、夏朝国家的考古学证据

当我们了解了文献关于夏朝国家及其历史的记载后，一个很自然的问题就是：这些记载在多大程度上是可信的呢？而能够回答这一问题的将是考古学，特别是考古学中关于夏朝文化的研究。

中国考古学中的夏文化研究，是"以探索夏王朝时期在夏人活动地域内遗留的物质文化遗存为目标的"一项研究。⑤很显然，按照对夏文化研究的任务的上述表述，这项研究将为夏朝国家的存在寻找到考古学上的证据。具体地说，夏文化研究对于夏朝国家的证明可分为三个层次。第一个层次是确定究竟何种考古学文化是夏文化。这对证明夏朝国家的存在是一个重要的基础。第二个层次，是发现夏朝时期内的夏人活动的一般遗迹，如都邑等。这

---

① 《后汉书·东夷传》注引。
② 同上。
③ 同上。
④ 同上。
⑤ 殷玮璋：《夏文化问题》，《中国大百科全书·考古学》，第573页。

方面的研究将印证文献关于夏史的记载的一些细节。第三个层次，就是发现这些遗迹中能表明国家制度存在的证据。这无疑是对夏朝国家存在的最直接的证明。当然考古学中的夏文化研究不可能证明夏史的所有细节，它的主要贡献将是在一些基本的事实方面证明夏史的存在，并证实它的主要轮廓，此外还可能提供文献失记的某些情况。因此考古学中的夏文化研究在对中国最早的国家——夏朝国家的研究中的作用是重要的。

早在30年代，即在安阳殷墟发现商代遗存后不久，我国学术界就有人提出了夏文化问题。30和40年代时，陆续有学者就夏文化问题提出见解。但当时所提出的结论还是很不准确的。比如有人认为仰韶文化就是夏文化，① 也有人认为龙山文化(指山东龙山文化)是夏文化。② 这些看法在今天已没有什么影响了。这里的一个重要因素是当时对于早商文化还没有取得足够的认识，因此对于夏代文化的判断也就只能是更带有推测性的。50年代以后，中国考古学取得巨大发展。其中50和60年代时郑州二里岗期早商文化的发现，对夏文化的研究起了直接的推动作用。1959年徐旭生发表《1959年夏豫西调查"夏墟"的初步报告》，③ 标志着用现代考古学方法大规模探索夏文化的工作的开始。在50年代的考古发现中对夏文化研究起了最大推动作用的是50年代末开始的对河南偃师二里头遗址的发掘，特别是60年代对二里头遗址中古代宫殿遗址的发现。1974年起发掘的山西夏县东下冯二里头文化遗址亦使夏文化研究获得了重要的资料。70年代末以来，中国考古学界对夏文化问题展开了空前热烈的讨论，提出了一系列有价值的结论或假说，使这项研究日趋成熟。在这些讨论中，50年代以来考古学界在对中原地区进行大规模考古发掘和大范围考古调查、试掘的基础上所得出的关于中原地区自新石器时代至商代以前的考古文化的分布及演变系列的全面认识起了重要作用。尤其是在豫西和晋南这两个地区对河南龙山文化和二里头文化之发掘和研究使关于夏文化问题讨论的水平有了长足的提高。近年来，一些新的考

---

① 徐中舒：《再论小屯与仰韶》，《安阳发掘报告》1931年第3期，五篇，第523页；翦伯赞：《诸夏的分布与鼎鬲文化》，《中国史论集》，文风书局，1947年，第48页。
② 范文澜：《中国通史简编》，新知书店，1947年，第13页。
③《考古》1959年第11期。

古发现,如1983年偃师商城的发现,为讨论增添了新的资料,关于夏文化的研究更趋深入。

二里头文化与夏朝国家的关系

在迄今为止的夏文化研究中,最基本的成果是肯定了夏文化的存在。而只有证明了这一点,关于夏代国家的全部研究才是可信的。

在70和80年代以来对于夏文化的讨论中,考古学界对于何种考古学文化是夏文化提出了一系列见解,并逐渐形成几种主要意见。这些意见是:

(1)认为二里头文化的一、二、三、四期都是夏文化。持这种意见的学者有邹衡[①]、吴汝祚[②]、郑杰祥[③]、许顺湛[④]、佟柱臣[⑤]、陈旭[⑥]、王克林[⑦]等。其中有的学者,如吴汝祚、许顺湛、王克林,认为河南龙山文化晚期和二里头文化都是夏文化。

(2)认为二里头文化的一、二期可能是夏文化,三、四期则进入商文化。持这种意见的代表是殷玮璋[⑧]。

(3)基本上同意第(2)种意见,但认为河南龙山文化的中、晚期也是夏文化,也就是夏文化的早期。持这种意见的学者很多,有安金槐[⑨]、李仰松[⑩]、赵芝荃[⑪]、

[①] 邹衡:《关于探索夏文化的途径》,《河南文博通讯》1979年第1期;《关于探讨夏文化的几个问题》,《文物》1979年第3期;《关于探索夏文化的方法问题》,《河南文博通讯》1980年第2期;《夏商周考古学论文集》。

[②] 吴汝祚:《关于夏文化及其来源的初步探索》,《文物》1978年第9期;《夏文化初论》,《中国史研究》1979年第2期。

[③] 郑杰祥:《二里头文化商榷》,《河南文博通讯》1978年第4期;《商汤都亳考》,《中国史研究》1980年第4期。

[④] 许顺湛:《夏代文化的再探索》,《河南文博通讯》1979年第3期。

[⑤] 佟柱臣:《夏代和夏文化问题》,《河南文博通讯》1979年第2期。

[⑥] 陈旭:《关于夏文化问题的一点认识》,《郑州大学学报》1980年第3期。

[⑦] 王克林:《从龙山文化的建筑技术探索夏文化》,《山西大学学报》1980年第3期。

[⑧] 殷玮璋:《二里头文化探讨》,《考古》1975年第1期。

[⑨] 安金槐:《豫西夏代文化初探》,《中国历史博物馆馆刊》1979年第1期。

[⑩] 李仰松:《从河南龙山文化的几个类型谈夏文化的若干问题》,《中国考古学会第一次年会论文集》,文物出版社,1980年。

[⑪] 赵芝荃:《二里头考古队探索夏文化的回顾与展望》,《河南文博通讯》1978年第3期。

方酉生①、杨育彬②、方孝廉③、孟凡人④等。其中有的学者,如安金槐、李仰松,特别指出河南龙山文化的王湾类型(亦称王湾第三期文化,含煤山类型)是夏文化的早期。

（4）认为二里头文化的一至三期是夏文化,而四期则是商文化,或已进入商积年。孙华⑤、田昌五⑥等持这种意见。

此外,近年来还有学者提出了一种意见,认为陶寺类型龙山文化是夏文化。持这种意见的有高炜⑦、黄石林⑧等。但这种意见对二里头文化的看法则不明确。

从以上归纳可以看到,几乎所有关于夏文化的意见都涉及到二里头文化。只有一种意见提到的是陶寺类型龙山文化。应该说,关于陶寺类型龙山文化的说法是不很成熟的。正如邹衡指出的,把陶寺类型龙山文化说成是夏文化,在年代、分布和社会性质问题上都存在一些困难。⑨我在讨论中原地区酋邦的考古学证据时,已分析了陶寺遗址所代表的社会的酋邦的特征,从中也可以看出把陶寺类型文化说成是古代国家的遗存,还是缺乏依据的。而除了关于陶寺类型的这种意见外,其他四种意见在基本方面是比较接近的。因此可以说,从70年代末以来对于夏文化讨论的情况来看,二里头文化是探索夏文化的最重要的对象。

二里头文化遗存最早于50年代初发现于河南登封的玉村遗址,后由于郑州洛达庙有这种类型文化的遗址发现,曾被称为"洛达庙类型"。当时已了解这是一种与早商文化和河南龙山文化都不同的中原早期文化。1959年二里头遗址发掘后,发现这里的遗存更具典型性,遂将这种类型的遗存命名

---

① 方酉生:《论汤都西亳——兼论探索夏文化的问题》,《河南文博通讯》1979年第1期。
② 杨育彬:《谈谈夏文化的问题》,《河南文博通讯》1980年第4期。
③ 方孝廉:《对探索夏文化的一点看法》,《河南文博通讯》1978年第2期。
④ 孟凡人:《试谈夏文化及其与商文化的关系问题》,《郑州大学学报》1979年第1期。
⑤ 孙华:《关于二里头文化》,《考古》1980年第6期。
⑥ 田昌五:《夏文化探索》,《文物》1981年第5期。
⑦ 高炜:《试论陶寺遗址和陶寺类型龙山文化》。
⑧ 黄石林:《再论夏文化问题——关于陶寺龙山文化的探讨》,《华夏文明》第1集。
⑨ 邹衡:《关于探讨夏文化的条件问题》,《华夏文明》第1集,第176—177页。

为"二里头文化"。此后，它迅速引起人们的重视。迄今二里头文化遗址已发现近百处，分布在河南中、西部的郑州附近和伊、洛、颍、汝诸水流域以及山西南部的汾水下游一带。此外，在河南信阳、湖北黄陂、陕西华县、河北磁县的一些遗址中也发现少量类似的遗存。其中经过发掘和试掘的遗址除二里头遗址外，有河南洛阳东干沟、矬李、东马沟、陕县七里铺、临汝煤山、偃师灰嘴、高崖、渑池鹿寺、郑州洛达庙、上街、淅川下王岗和山西夏县东下冯、翼城感军、永济东马铺头等十余处。

二里头文化在陶器组合上以一种富有特色的器物群为其特征。这些器物包括鼎、折沿深腹罐、侈口圆腹罐、三足盘、深腹盆、平底盆、豆、澄滤器、小口高领瓮，大口缸、盉、斝、爵等。在装饰上，侈口圆腹罐口沿部的花边形装饰和深腹盆等器物口沿下附加的鸡冠形錾，也形成有特色的风格。在分布于晋南（以东下冯遗址为代表）与豫西的二里头文化遗存之间存在着一些地方性的差异，如晋南地区不见三足盘，鼎少鬲多，并有一种三足的蛋形瓮等。根据这些差异，从二里头文化中又分出二里头类型和东下冯类型两个类型。它们各自又都可分为四期。

从地层叠压关系和C14测定的数据看，二里头文化晚于河南龙山文化，而早于二里岗期商文化。这个事实在判断二里头文化与夏代历史的关系时有重要意义。至于二里头文化的来源，目前有的学者认为它主要是在河南龙山文化的基础上发展来的。[①]有人则更明确地认为河南龙山文化的王湾类型就是二里头文化的前身。[②]这个问题的解决还有待于对这两支考古文化的进一步研究。

把二里头文化同夏代历史联系起来，最主要的根据是两条。一是它的分布范围同文献所记载的夏朝国家活动的地域基本上是吻合的。二是它的绝对的和相对的年代都同文献记载夏朝国家的年代大抵符合。

夏朝国家活动的地域，从文献中看，大致可分为两个地区，即豫西地区和晋南地区。此外，在豫东和鲁西地区夏朝国家也曾有过活动。而豫西和晋西南是夏朝国家活动最中心的区域。

[①] 邹衡：《关于探讨夏文化的条件问题》，《华夏文明》第1集，第175页。
[②] 李仰松：《从河南龙山文化的几个类型谈夏文化的若干问题》。

豫西的洛阳周围地区，包括嵩县、临汝、洛宁、宜阳、渑池、伊川、洛阳、孟津、偃师、巩县、登封、禹县等地，在文献中被称为"有夏之居"。①《逸周书·度邑解》说：

  （周武）王曰："自雒汭延于伊汭，居易无固，其有夏之居。我南望过于三涂，我北望过于岳鄙，顾瞻过于有河，宛瞻延于伊雒，无远天室。"

这里的雒汭和伊汭，指的是今洛河入黄河和伊河入洛河处。②三涂，指三涂山，在古代陆浑县南，③即今嵩县境内。岳鄙，可能是指"霍山之南鄙"，④在洛阳地区以北。天室，即大室（《左传·昭公四年》），亦称"泰室之山"，即著名的嵩山，⑤在今登封县北。这几个地方，除岳鄙延伸到晋南外，其余都在豫西洛阳周围地区。

  文献中所记载的夏朝一些君主活动的地域亦同洛阳周围有关。如《左传·昭公四年》提到的"夏启有钧台之享"，杜预注以为钧台即在河南阳翟县，即今禹县。太康，《竹书纪年》说他"居斟寻"，并说"羿亦居之，桀又居之"。⑥关于斟寻的地望，《史记·夏本纪》正义引《括地志》说："故鄩城，在洛州巩县西南五十八里，盖桀所居也。"《史记·张仪列传》正义引《括地志》还说鄩水"源出洛州巩县西南四十里"。《左传·昭公二十五年》提到过鄩地，杜预注以为即晋代的鄩中，其地在"河南巩县西南"。《水经·洛水注》亦提到过这个鄩中，地望是在偃师东北，正与杜预说合。在《史记·夏本纪》中记载太康失国后，"昆弟五人须于洛汭"，可见太康所居确是在洛河入河处，正好与巩县地望合。因此以斟鄩在今巩县是可以成立的。邹衡认为，巩县的稍柴有可能即夏都斟寻之所在。⑦

  夏朝晚期的几个君主的活动有些也在洛阳周围地区。如帝宁（亦作予、

---

① 参见邹衡：《夏商周考古学论文集》，第220页。
② 参见朱右曾：《逸周书集训校释》卷五。
③《吕氏春秋·精谕篇》高诱注。
④ 参见顾颉刚：《史林杂识·初编》，中华书局，1963年，第38页。
⑤《山海经·中山经》郭璞注。
⑥《史记·夏本纪》正义引。
⑦《夏商周考古学论文集》，第227页。

杼,少康子,夏朝第六位君主)"居原"。①原地见《左传·僖公二十五年》。《史记·赵世家》正义引《括地志》说:"故原城在怀州济原县西北二里。"即今河南济源县境内。该地虽在黄河以北,但也属于洛阳周围地区。孔甲(夏朝第十三位君主),《吕氏春秋·音初篇》说他"田于东阳贫山",即今首阳山,②乾隆时《偃师县志》说它在偃师"西北二十八里"。夏后皋(夏朝第十四位君主,孔甲子),《左传·僖公三十二年》提到"殽有二陵焉:其南陵,夏后皋之墓也"。殽,杜预注谓:"在弘农渑池县西。"夏朝末代君主桀的居地之一就是上面说到的斟鄩,在巩县。《战国策·魏策一》中记载了"夏桀之国"的范围,说:

> 吴起对曰:"……夫夏桀之国,左天门之阴,而右天豁之阳,庐睪在其北,伊、洛出其南。"

《史记·孙子吴起列传》转录了这段话,但代之以汉时地名:

> (吴)起对曰:"……夏桀之居,左河、济,右泰华,伊阙在其南,羊肠在其北。"

河、济,指黄河和济水。济水发源自今河南济源县,汉时在今河南武陟县入河(《汉书·地理志》)。济源县在洛阳周围地区内,武陟县在这一地区的东端。《史记》所说的"河、济",应指河、济的交汇处,大约是距武陟不远的地带。据《汉书·地理志》、《水经》,古时济水有黄河以南部分,实际是黄河在荥阳县北分流出来的一条支派,古人目为济水下游。它与黄河交汇的荥阳,亦在洛阳周围地区东端,武陟县南。泰华指华山,伊阙指洛阳的伊河龙门石壁,皆无异议。羊肠,即羊肠坂,其地有数说。一说在汉上党壶关(《汉书·地理志》),今山西长治市东南;一说在山西晋城县南,③还有说在晋阳④、交城⑤的。清《一统志》以为战国时所言羊肠,当指晋城县南。泷川资言《史记会注

---

① 《太平御览》卷八二皇王部引《竹书纪年》。
② 《水经·河水注》引《帝王世纪》。
③ 《史记·魏世家》正义。
④ 《淮南子·墬形训》高诱注。
⑤ 《水经注·汾水》。

考证》以为应在壶关。其实这两地相距不远,都在洛阳周围地区的北部边缘。总之,从《魏策》和《吴起列传》的记录中可以看出,桀时夏朝国家的中心地区仍然是在洛阳周围地区。只是其西部扩展较远,也许达到潼关附近。

山西西南部以涑水和汾河下游为中心的一块地区在文献中则被称为"夏墟"。《左传·定公四年》:"分唐叔……命以《唐诰》,而封于夏墟,启以夏政,疆以戎索。"关于周初的唐地,《左传》杜预注说是在晋阳,即今太原。《汉书·地理志》、《水经·晋水注》说同。但这个说法可能是不正确的。顾炎武指出:"晋之始见《春秋》,其都在翼,今平阳府翼城县也。"[①]他引《括地志》说:"故唐城,在绛州翼城县西二十里。"[②]又引《史记·晋世家》:成王"封叔虞于唐,唐在河、汾之东,方百里"。指出"翼城正在二水之东,而晋阳在汾水之西"。[③]他认为"自霍山以北,皆戎狄之地,自悼公以后始开县邑","唐叔之封,以至侯缗之灭,并在于翼"。[④]顾氏的这个说法是可信的。这是文献中第一个被称为"夏墟"的地方,其地正在晋南。

《史记·吴太伯世家》中有:"周武王克殷……乃封周章弟(虞)仲于周之北,故夏虚。"这个夏虚(墟)在今山西平陆县。[⑤]这是文献所见又一个夏墟,亦在晋西南。

文献中还有几处称为"大夏"的地方,也应是夏朝国家有过活动的地区。所涉及的地点包括今翼城、临汾西、夏县、虞乡、乡宁等,[⑥]都在晋西南。在《左传·昭公元年》中,提到高辛氏"迁实沈于大夏",这个大夏,服虔认为在"汾、浍之间"。[⑦]可能就是指翼城。[⑧]金景芳师认为这则材料表明"大夏"可能是传说时期的旧名,夏朝国家的名称与它占据山西西南部这块地域有关。[⑨]

---

① 顾炎武:《左传杜解补正》。
② 《史记·晋世家》正义引。
③ 顾炎武:《左传杜解补正》。
④ 同上。
⑤ 《史记·吴太伯世家》集解引徐广。
⑥ 参见刘起釪:《由夏族原居地纵论夏文化始于晋南》,《华夏文明》第1集,第28—30页。
⑦ 《史记·郑世家》集解引。
⑧ 刘起釪:《由夏族原居地纵论夏文化始于晋南》,《华夏文明》第1集,第28页。
⑨ 金景芳:《中国奴隶社会史》,第29页。

  关于夏朝君主的活动同晋西南的关系，文献中曾记载启"征西河"，[①]胤甲（夏朝第十二位君主）"居西河"。[②]西河的地望，一说在山西的永济、虞乡、安邑等地，一说在陕西的合阳。[③]而以山西永济等地的可能性为大，[④]其地亦在晋西南。

  夏朝国家的活动除在豫西和晋西南有较多记载外，还曾到达过豫东乃至鲁西。如相曾居于帝丘（《左传·僖公三十一年》）。[⑤]在今河南濮阳县西南。相曾居留过的斟灌，可能在山东观城县。[⑥]《竹书纪年》还说到帝宁"迁于老丘"。[⑦]《嘉庆重修一统志》引《寰宇记》说其地在豫东的陈留县东北。这些显然是属于夏朝国家活动地域的边缘地带。

  传说中作为夏朝王室祖先的鲧和禹的居地，对于了解夏朝国家活动的地域也有一定参考价值。鲧在《国语·周语上》中称为"崇伯"，《周语上》并说"昔夏之兴也，融降于崇山"。因此历来都认为鲧的居地与崇和崇山有关。传统史学对崇的地望有三说。一谓在丰镐之间，[⑧]一谓在秦晋之间，[⑨]一谓在河南的嵩山，今登封县境内。[⑩]近年来有些主张陶寺类型龙山文化是夏文化的学者提出陶寺附近的塔儿山即古崇山。[⑪]这四个地点中，除丰镐外，都在豫西或晋南。而丰镐作为崇的可能性并不大，可不予重视。关于禹的居地，《史记·封禅书》正义引《世本》提到四个地点，即阳城、平阳（今临汾）、安邑（今夏县）、晋阳（今太原）。此外，《汉书·地理志》颍川郡阳翟县条自注还提出一个阳翟（今禹县）。关于阳城的地望历来说法不一，涉及今河南的登封、开

[①]《北堂书钞》卷一三帝王部引《竹书纪年》。
[②]《太平御览》卷八二皇王部引《竹书纪年》。
[③] 参见徐旭生：《1959年夏豫西调查"夏墟"的初步报告》。
[④]《夏商周考古学论文集》，第238页。
[⑤]《太平御览》卷八二皇王部引《竹书纪年》谓帝相"处商丘"，"商"乃"帝"之误。见朱右曾《汲冢纪年存真》卷上。
[⑥] 丁山：《由三代都邑论其民族文化》，《夏文化论文选集》，中州古籍出版社，1985年，第37页。
[⑦]《太平御览》卷八二引。
[⑧]《史记·周本纪》正义。
[⑨]《帝王世纪》。
[⑩]《国语》韦昭注。
[⑪] 高炜：《试论陶寺遗址和陶寺类型龙山文化》。

封、山西的翼城、晋城等地。清代学者,如阎若璩《四书释地》、顾祖禹《读史方舆纪要》等,多主张阳城在登封的告成。70年代在告成镇附近发现春秋战国时期古阳城遗址,对阳城在登封说是有力的证明。但近年来仍有学者主张阳城在山西的翼城。[①]对于禹居平阳、安邑、晋阳的说法,目前有的学者表示不可信,[②]但没有提出有力的反证。总的说来,传说中对禹活动的地域的记载,除太原一说外,几乎也都集中在豫西、晋南地区。这同文献关于夏朝国家活动地域的记载可以说是完全一致的。至于传说中提到的禹的居地不止一处,如果不是出于讹传,这很可能反映了禹时中原酋邦的活动已涉及较大地域,而禹的居地在这个地域内曾多次迁移。

在考古上,二里头文化的分布同上述由文献记载的夏朝国家活动的地域是高度吻合的。就二里头类型的二里头文化来说,它主要即分布在豫西。目前已发现的这种类型的二里头文化遗址所在的地点有:郑州、密县、新郑、鄢陵、扶沟、禹县、登封、巩县、偃师、洛阳、孟津、洛宁、宜阳、伊川、嵩县、临汝、陕县、渑池,此外在商丘、淅川、信阳有少量分布。[③]其中,登封、巩县、偃师、洛阳、孟津、洛宁、宜阳、伊川、嵩县、临汝、渑池都在洛阳周围地区内,郑州、新郑、禹县、鄢陵、陕县、密县在这一地区的边缘。二里头文化的另一个类型,东下冯类型,主要分布是在山西西南部。目前发现的这类遗址所在的地点有:永济、运城、夏县、闻喜、河津、稷山、新绛、襄汾、侯马、曲沃、绛县、翼城、临汾。[④]全部在晋西南,同文献记载夏朝国家活动的地域也是相符的。总之,二里头文化密集分布的地区即豫西和晋南,也是文献记载夏朝国家活动集中的地区。这应该说不是巧合。在判断二里头文化与夏朝国家的关系时,这将成为非常有说服力的古地理学依据。

在这里我想顺便提一下,根据目前所能有的资料和研究结果,我们还难以确切判断夏朝国家最初建立时所在的地点。文献在这方面没有明确的记

---

① 高炜:《试论陶寺遗址和陶寺类型龙山文化》。
② 参见《夏商周考古学论文集》,第237页。
③ 同上。
④ 参见中国社会科学院考古研究所山西工作队:《晋南二里头遗址的调查与试掘》,《考古》1980年第3期。

载。目前有些学者从对二里头文化的研究中提出关于夏文化在豫西和晋西南这两个地区间流动的问题,并提出了关于这种流动的方向的一些假说。其中有的学者认为夏文化是从豫西向晋南流动,有的学者则持相反的看法。这个问题看来还需要深入的研究。而从文献记载来看,就夏朝国家早期活动(例如启的活动)所涉及的地域而言,晋南与豫西都可能在夏朝国家建立时就已同这个国家有了密切的关系。从这个意义上说,了解夏朝国家最早建都的确切地点,对于说明夏朝国家最初活动的整个地域来说,似乎不是最重要的。也许夏代考古的进一步发展能找到夏朝国家最早的都邑是在哪里。

在年代上,二里头文化与夏朝历史的关系也是引人注目的。目前,虽然从文献中还找不到关于夏朝国家存在的确切的绝对年代的记载,但大体上可以认为夏朝是存在于公元前2100年至前1600年之间。这个估计,主要是根据文献关于夏、商积年的记载和现代学者对于周武王克商之年的研究得出的。

关于武王克商之年的研究,涉及的问题很多。包括西周积年、共和以前西周各王在位年数、文献和铜器记载武王克商时天象的年代等。目前史学界得出的结论据说有18种之多,涉及的年份是在公元前1018至前1130年之间,前后相差大约有100多年。①其中公元前1027年一说,是以东周开始的年份——前770年加上《竹书纪年》所记载的西周的积年257年②得出的,比较简明。最近,范毓周在对前人所作研究进行分析的基础上认为这个说法在各种说法中较为可靠。③但严格说来,这个问题也还没有最后解决。商积年,以往的说法也比较多。《竹书纪年》中记载了商朝自盘庚迁殷至商灭亡的年数,为273年。④对整个商朝的积年,文献的说法不一。如《竹书纪年》以为496年。⑤《孟子·尽心下》以为500余年。《左传·宣公三年》以为600年。谯周《古史考》亦以为600年。⑥陈梦家认为600年之说较为合理,但他又说600年之说"只是

---

① 范毓周:《甲骨文月食纪事刻辞考辨》,《甲骨文与殷商史》第2辑,上海古籍出版社,1986年,第328—329页。
②《史记·周本纪》集解引。
③ 范毓周:《甲骨文月食纪事刻辞考辨》,《甲骨文与殷商史》第2辑,第329—330页。
④《史记·殷本纪》正义引。同治金陵书局校刊本等作275年。
⑤《史记·殷本纪》集解引。
⑥ 同上。

举一成数",实际年数"可能少于600",这样,他把商代开始的年份定在公元前1600年(商积年为573年)。①看得出,这个年份也已经不是精确的。现在有的学者采用的商积年达到629年,②这是对商积年的最高估计。夏积年,文献的记载有471年(《竹书纪年》③)和432年(《帝王世纪》④)两种。⑤此外《孟子·尽心下》有"由尧、舜至于汤五百有余岁"之说。陈梦家取三者的盖数500年为夏积年,遂得出夏朝开始是在公元前2100年。⑥但是也还有其他许多算法,因此历来关于夏积年之数提出的结论据说也有12种之多。⑦对此,目前似乎还难以有定论。但夏朝总积年在400—500年之间还是可以相信的。综上所述,对于夏朝绝对年代的估计,目前依据文献记载得出的结论可能会有约100年左右的误差(这主要出在对夏、商积年的估计中)。这个结果虽然还不能说是十分理想的,但在涉及夏朝国家的绝对年代的讨论中仍不失为重要的依据。

二里头文化的绝对年代,据C14测定和树轮校正,现在已知有以下一些数据。在70年代的一次测定中,二里头遗址中早期遗存的年代是公元前1920±115年和公元前1900±130年;四期遗存的年代是公元前1625±130年;另有一个三期遗存年代数据为公元前1450±155年,反比四期晚,"可能是有误差"。⑧80年代又发表了关于二里头遗址的33个数据和东下冯遗址的15个数据。从二里头遗址的数据看,一期遗存的年代在公元前2135至前1545年之间;二期在公元前2645至前1385年之间;三期在公元前2165至前1260年之间;四期在公元前2145至前1355年之间。⑨据分析,二期的公元前2645年和三期的公元前1260年这两个数据,标本本身误差较大,可排除。一

---

① 陈梦家:《殷虚卜辞综述》,中华书局,1988年,第211页。
② 参见邹衡:《关于探讨夏文化的条件问题》,《华夏文明》第1集,第167页。
③《史记·夏本纪》集解引。
④《初学记》卷九引。
⑤《路史》后纪十三注引《竹书纪年》有472年说,《易纬稽览图》有431年说,可分别归入以上两种说法。
⑥《殷虚卜辞综述》,第214页。
⑦《关于探讨夏文化的条件问题》,第167页。
⑧ 夏鼐:《碳-14测定年代和中国史前考古学》,《考古》1977年第4期。
⑨ 仇士华等:《有关所谓"夏文化"的碳十四年代测定的初步报告》,《考古》1983年第10期。

期的年代可以6、8、12、18号四个标本为准,它们的年代是在公元前2115至前1575年之间,测定者认为根据统计观点可认为一期遗存不晚于公元前1900年。17、29、31号三个四期标本,其年代在公元前1965至前1355年之间,测定者认为据此可将四期遗存的年代确定在公元前1500年之前。测定者指出,除有些标本不可靠而应予排除外,其他标本的数据还是"比较集中的,没有超出这个上下限的范围",他们因此得出结论说:"二里头遗址的时代应不早于公元前1900年,不晚于公元前1500年,前后延续300多年或将近400年。"①这个结论,同70年代的几个数据所指示的二里头文化绝对年代的范围基本上是一致的。从以上这些数据来看,二里头文化的绝对年代大体上正好落在文献所记载的夏朝国家存在的年代范围里。

在相对年代上,二里头文化也表现出同夏朝历史有密切关系。关于这个问题,学术界的意见自70年以来实际上是比较有分歧的。其中一个核心问题,是对商朝第一个君主成汤的都城的认定。文献中有关于汤都西亳的记载。如《汉书·地理志》河南郡偃师县条下班固自注:"尸乡,殷汤所都。"一些学者据此认为二里头遗址即是汤都西亳。②相应地,他们认为二里头遗址的三、四期应为早商文化,因为二里头文化的三、四期出现了商文化因素,且遗址中的宫殿基址是出现在三期。这样,二里头文化只有一、二期才能被认为是夏文化。但另有一些学者,首先是邹衡,根据郑州商城的表现,提出郑州商城才是成汤的都城亳。③邹的主要根据是:在文献中有关于郑地称"亳"的记载;郑州所出陶文证明东周时郑州商城名"亳";汤都亳的邻国及其地望与郑州商城的情况吻合;商文化遗址发现的情况亦与成汤都郑亳相合。按照这一看法,二里头文化的一至四期都在商朝以前,都与夏代历史有密切关系。邹的看法也受到一些学者的质疑。④关于汤都的这一争论对断定二里头文化的相对年代是重要的。1983年偃师商城的发现⑤使这一争论有了新的进展。

① 仇士华等:《有关所谓"夏文化"的碳十四年代测定的初步报告》,《考古》1983年第10期。
② 如方酉生:《论汤都西亳——兼论探索夏文化的问题》。
③ 邹衡:《郑州商城即汤都亳说》,《文物》1978年第2期。
④ 如石加:《"郑亳说"再商榷》,《考古》1982年第3期。
⑤ 中国社会科学院考古研究所洛阳汉魏故城工作队:《偃师商城的初步勘探和发掘》,《考古》1984年第6期。

偃师商城坐落在偃师县城关区西侧,从其表现来看,是商代早期的重要都城。由于文献记载了偃师有商汤的都城即西亳,因此把这座商城看作是文献所载的汤都西亳有比较充分的理由,至少是各种结论中比较简明的一种。这个结论否定了二里头遗址是西亳的看法。而对于郑亳说尚可以相容,就是说,有可能汤在灭夏后,先建都于偃师商城,后又在郑州建立新的都城,亦名亳。①但无论怎样,正如邹衡指出的,由于偃师和郑州"这两座商城都晚于二里头遗址","因此,无论哪一说成立,都可以决定二里头文化的年代已不属于早商的范畴,而只能考虑是夏年了。至此,夏年与商年的分界问题可以说已经基本上解决了"。②在这里,最重要的一点是确定了二里头文化三、四期也是在商代以前的。这样,从相对年代上说,二里头文化的全部四期都可确认在夏年范围内。这进一步支持了从绝对年代角度对二里头文化所作的判断。

综上所述,可以得出一个明确的结论,即二里头文化无论在地域上或是在年代上,都同文献记载的夏朝国家活动的基本情况相吻合。在这种情况下,把二里头文化看作就是夏文化,并同夏朝国家联系起来,就绝不是没有根据的,而应该说是比较自然的和合乎逻辑的。不仅二里头文化的一、二期,从大多数讨论者的意见来看,把它们看作夏文化是没有多大问题的;就是三、四期,从二里头文化的相对年代的角度考虑,也可以把它们列入夏年范围。总之,就目前掌握的资料来看,把二里头文化看作是夏朝文化的遗迹,是最有可能成立的结论。发现二里头文化与夏朝的关系,是夏文化研究迄今取得的最重要的,也是比较有说服力的成果。它不仅在考古学上填补了夏文化的空白,同时也从总体上证明了古代文献关于夏朝国家的记载是有真实的背景的。这是考古学对夏史研究的最重要的支持。

夏朝国家活动的考古学遗存

考古学中的夏文化研究在探索夏朝国家遗迹方面的工作,包括对夏朝国家的都邑遗址的调查和研究。在这方面目前有一些初步的成果。这也是对

---

① 孙淼:《夏商史稿》,文物出版社,1987年,第345页。
②《关于探讨夏文化的条件问题》,《华夏文明》第1集,第169—170页。

夏史的证明的一部分。虽然这些成果并不多,而且都还有待于进一步证实,但它们作为夏史存在的可能的证据,其意义还是非常值得重视的。以下是几个已经学者们讨论过的实例。

  钧台 前文已提到过,钧台是文献所记启举行过重要国事活动的地点,应该是在夏初的一个重要都邑之中。其地据文献记载在河南省禹县。目前在禹县吴湾发现有"大范围夏文化(指二里头文化——引者)遗址"。①对这些遗址的发掘可能会发现与钧台有关的夏代都邑的遗迹。

  斟寻 为太康、羿、桀的居地。应是夏代的一个较大的都邑。文献所载地望在河南巩县。而在巩县的稍柴已发现了较大范围的二里头文化遗址,不仅文化遗存分布密集,堆积丰富,而且延续时间很长,同二里头遗址一样可分为四期。②邹衡认为夏都斟寻的具体地点"很有可能就在这一带"。③同时,二里头遗址本身,据邹衡的分析,也可能是桀的都城。④

  昆吾之居 《国语·郑语》说:"昆吾为夏伯。"其居地自然也是夏朝的一个都邑。近年来邹衡提出其地望在今河南新郑的郑韩故城附近。⑤而新郑孟家沟二里头文化和早商文化遗址因有大型铜钺(二里头文化晚期)出土,证明是有贵族或高层官员居住的一处都邑,⑥它与昆吾之居的关系是引人注目的。邹衡还指出密县曲梁二里头文化和早商文化遗址也值得注意。⑦

  胤甲之都 文献记载胤甲居于西河。也就是晋西南永济、虞乡、安邑一带。现在发现的山西夏县东下冯二里头文化遗址,规模宏大(约有25万平方米),而且有石磬、铜范等重礼器和铸铜工具出土。而其地距安邑不远。邹衡推测这个遗址可能与胤甲有关。⑧

  在以上几例中,稍柴、二里头、东下冯是最值得注意的。它们在目前已知

---

① 《夏商周考古学论文集》,第224页。
② 同上,第227页。
③ 同上,第227页。
④ 同上,第229页。
⑤ 同上,第230页。
⑥ 同上,第231页。
⑦ 同上,第231页。
⑧ 同上,第238页。

的二里头文化遗址中最具有夏代都邑的品格。因此关于它们的性质的推测是最有可能成立的。即使它们不是太康、胤甲、桀等人的都邑，它们也应当是夏朝的重要都邑。这在一定意义上显示了夏朝国家的国土结构和政区形式，对于证明夏朝国家的活动有重要价值。

考古学中的夏朝国家制度和社会状况

以上所阐述的夏文化研究对夏朝国家历史的证明基本上是在时空问题范围内。而夏朝国家作为一种政治制度的存在是否可信呢？在这个问题上，夏文化研究迄今取得的成果也给出了基本上是肯定的回答。这主要是指在二里头遗址的三期遗存中发现的夏朝宫殿基址，以及整个二里头文化在房址和墓葬遗迹中所表现出来的较发展的社会分层状况。这些内容同我们讨论过的一些酋邦时期遗存的情况相比，显现出一些新的特征。尤其是宫殿遗址，是同时期考古遗存中最重要的。

宫殿遗址

夏朝宫殿遗址目前已发现的有两座。一号宫殿基址是在1960—1964年的发掘中发现的。[1]1972—1973年继续进行了发掘。[2]宫殿基址位于整个二里头遗址的中部。基址为一大型的夯土台基，整体略呈正方形，仅东北角凹进一块。台基东西长约108米、南北宽约100米。总面积约1万平方米。基本上坐北朝南。台基面已毁掉，下部保存完好。现存台面平整，高于当时地面约0.8米，其边缘部分呈缓坡状，斜面上有质地坚硬的料姜土面或路土层。夯土厚薄不一，最厚处达3米。

台基中部偏北的地方有一块高起部分，呈长方形，东西约36米、南北约25米。这就是殿堂的基座。基座底部铺有三层鹅卵石，用以加固基址。殿堂就立于基座之上。殿堂也呈长方形，东西长30.4米、南北宽11.4米。现存有作为殿堂檐柱洞的大柱洞，直径约为0.4米左右，沿基座四边排列成呈长方形

---

[1] 中国科学院考古研究所洛阳发掘队：《河南偃师二里头遗址发掘简报》，《考古》1965年第5期。
[2] 中国科学院考古研究所二里头工作队：《河南偃师二里头早商宫殿遗址发掘简报》，《考古》1974年第4期。

的一圈，间距约3.8米，南北边各9个，东西边各4个。在檐柱外侧0.6—0.7米的地方还有一圈小柱洞或柱础石。排列的情况往往是两个小柱洞附衬着一个大柱洞。每对小柱洞相距约1.5米，柱洞直径0.18—0.2米。它们应该是支撑殿堂出檐的排檐柱洞。殿堂内部没有发现柱洞或其他建筑痕迹，可能已为后代地层所毁。从檐柱的排列可以看出这是一座面阔八间、进深三间、双开间的建筑。檐柱外侧挑檐柱的存在，说明殿堂的屋顶可能是四坡出檐式，也就是《考工记》所说的"四阿重屋"。由于除少量木柱灰烬和草拌泥土块外，没有发现其他建筑材料，因此推断这座殿堂是以木架为骨，草泥为皮，文献中说的"茅茨土阶"可能就指这种形式的建筑。

殿堂在整个台基上的位置，北距台基边缘约20米，东西距台基边缘各约30米，南距大门约70米。堂前（南面）是一完整宽阔的广庭。

在殿堂四周，沿台基边缘有一圈围墙兼附设建筑。现在看到的是残存在台基北边、西边和南边的三道墙基和其旁边的柱洞。西墙基全长约98米，南墙基残长33.7米，北墙基破坏较严重。墙宽约0.45—0.6米，由夯土筑成。墙体内有一排小柱洞。在西墙基内侧6米处，南北墙基内外侧各3米处，均发现有平行于墙基、成排的柱子洞或柱础石。由此可知当初沿墙当有屋室，这些墙一方面起隔离宫室内外的作用，同时还是殿堂四周的一组屋室建筑的一部分。这种屋室应当是殿堂的附设建筑。发掘者称之为"廊庑"。

在台基南部正中延出部分上面，有一排9个与殿堂遥相对应的柱洞，直径约0.4米，间距约3.8米。延出部分以南的夯土呈缓坡状，上有路土，往南延伸10米以上。这很显然是宫殿的大门。

从以上报道可以看出，一号宫殿基址原是一座结构复杂、规模宏大、有着明显的公共生活功能的建筑。学者们指出，它的建筑格局同后代宫室建筑基本上是一致的。[①]考古学界因此基本上判断它是一座宫殿基址。

二号宫殿基址于1977—1978年发掘。[②]基址亦位于二里头遗址的中部，西南距一号宫殿基址约150米。其规模较一号宫殿基址略小。整个基址呈长方形，东西约57.5—58米、南北72.8米（见图六）。

[①] 北京大学历史系考古教研室商周组：《商周考古》，文物出版社，1979年，第27页。
[②] 中国社会科学院考古研究所二里头队：《河南偃师二里头二号宫殿遗址》，《考古》1983年第3期。

第六章 中国早期国家的发生：夏朝

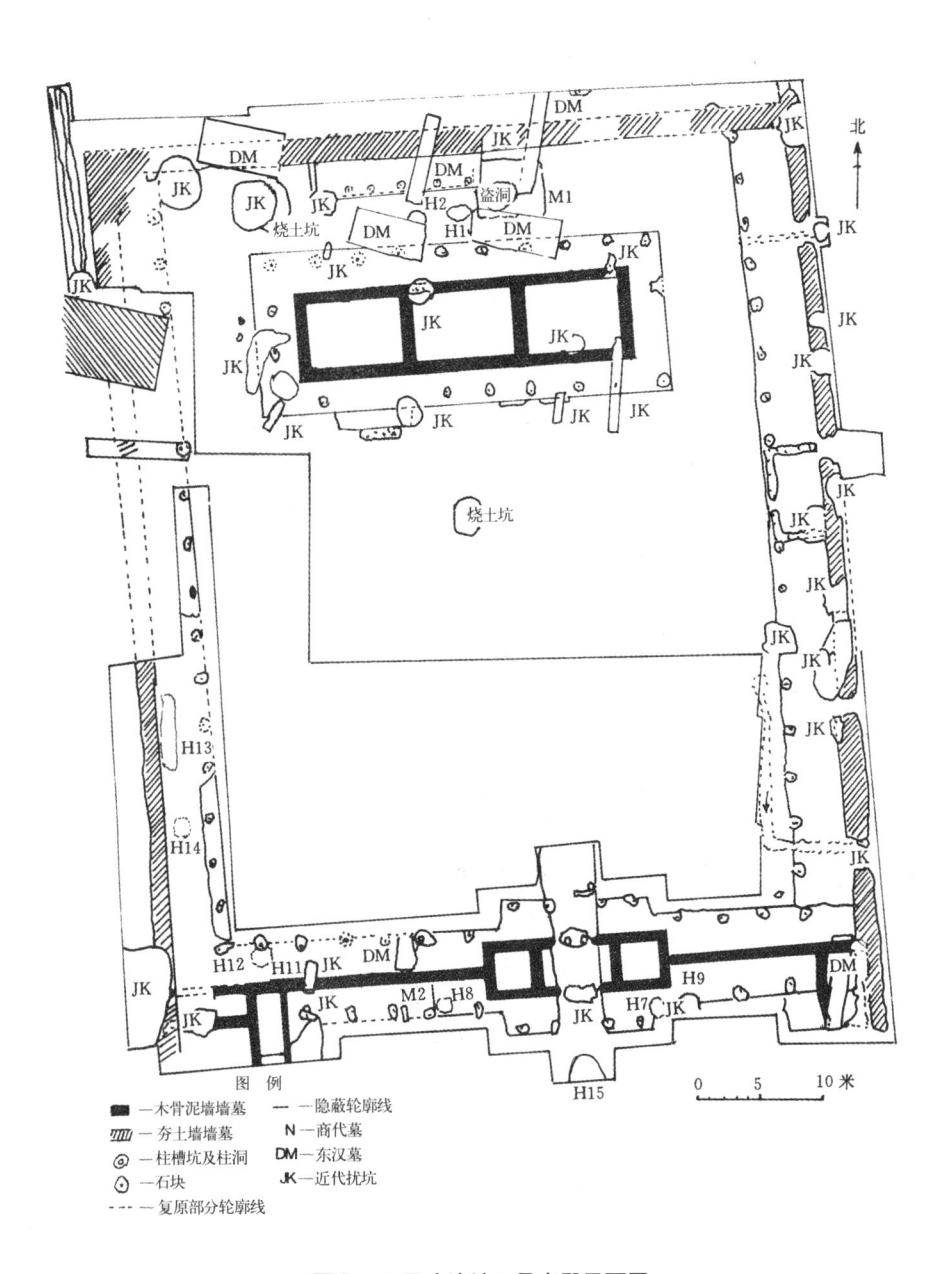

图例
- ■ —木骨泥墙墓
- ▨ —夯土墙墓
- ⊚ —柱槽坑及柱洞
- ○ —石块
- --- —复原部分轮廓线
- — —隐蔽轮廓线
- N —商代墓
- DM —东汉墓
- JK —近代扰坑

图六 二里头遗址二号宫殿平面图

资料来源：《考古》1983年第3期

基址四周是北墙、东墙、东廊、西墙、西廊、南廊和大门。殿堂在基址北部中央,其南至南廊和大门之间是广庭。殿堂与北墙之间有一大墓。整个基址亦为夯土筑成。殿堂的台基高于周围,东西长约33米、南北约12米。台基上四边各有一排柱洞,东西向一排10个,南北向一排4个,柱洞直径0.2米左右,间距约3.5米。柱洞里侧约2米处有一周长方形墙槽,由两道隔墙隔成三室。墙外为回廊。墙东西长约26.5米、南北长约7.1米。东西二室均宽7.7米,中间一室宽8.1米,三间进深在5.5—5.6米间。紧靠台基南面有三处夯土台,高于庭院地面而略低于台基,当为踏步。东墙全长72.8米,有4个缺口,可能为4道门,门宽1.5—2.1米。第一和第四道门有地下水道通过。东廊东依东墙,总长59.5米、宽4.4—4.9米。东廊中部有一小屋。南墙的南北二面是里外廊,各宽3米左右。在墙的东段及西段近端处亦各有一间小屋。南大门为庑式建筑,位于南墙中部偏东。由东西一排三间屋子及前后皆突出于左右复廊的廊子组成。东西二室应为塾,中间一室是大门道。大门里廊往北、外廊往南皆是向下的斜坡,上有路土。西墙破坏严重,但看得出也有廊。西墙之外约0.7米处有一顺西墙的灰沟,可能是本宫殿的排水沟。北墙内侧中段略偏西处有一紧依北墙的短廊,长约13米。庭院南北长59.5米、东西宽45米左右。其东部有两处地下水道。并发现有陶水管。

看得出,二号宫殿基址也是一组有复杂结构和较大规模的宫室建筑。它与一号宫殿基址的年代相同,都属于二里头遗址的三期,因此二者之间可能有组合关系。1960—1964年的发掘中,在一号宫殿基址南面还发现三片小型的夯土基址,面积都在几百平方米,[①]这些基址可能是与一号宫殿和二号宫殿配套的建筑遗迹。可见,在二里头遗址的中部,当初是有着一个具有十分惊人的规模的宫室建筑群。

二里头遗址中部的这个宫室建筑群是迄今发现的中国最早的宫殿建筑群。它的性质应该是比较清楚的。由于二里头遗址可能就是夏朝国家的都邑,现在又在这里发现了宫殿群基址,那么,不仅关于二里头遗址作为夏朝都邑的推测可以进一步被证实,而且这些宫殿基址就是夏朝王室的宫殿遗址这

---

① 《河南偃师二里头遗址发掘简报》。

一点似乎也可以基本确认。这有助于证明夏朝国家是真实存在的。

同良渚文化和红山文化中的大型公共建筑相比,二里头宫殿遗址无论在规模上和建筑水平上,显然都要超出许多。据发掘者估计,仅一号宫殿的夯土台基所用的土方量就在2万立方米以上。①如果加上其他各种建筑用工,建筑一号宫殿所需的劳动日将达到数十万个乃至上百万个。②动用这样大数量的劳动力从事一组宫殿的建筑,这甚至在酋邦社会中也是难以想象的。这意味着要有比酋邦更坚强有力的和持久的社会控制力,更广大的社会控制面和更正规的社会控制手段。如果说良渚文化和红山文化的公共建筑显示了它们各自的社会已经拥有了集中的政治权力,那么二里头宫殿遗址所显示的这种权力无疑要大得多,也高级得多。这种超过了酋邦水平的集中的政治权力正是属于国家制度的。

二里头宫殿基址在形制上同后代(如周代)宫殿建筑有明显的渊源联系。作为夏王朝的宫殿,一号和二号宫殿基址同后代宫室建筑一样,显示了它们拥有举行古代国家重要活动的功能。如举行集会、祭祀、行礼和发布政令等。大型的殿堂、宽阔的庭院、数量众多的附设建筑、成组的宫室群,都同这些功能有关。这对判断它们并非一般的居住址遗迹,而是宫殿遗迹,是重要的依据。有些学者倾向于认为这两处宫殿基址是属于宗庙性质的建筑。③从现有资料看,似乎不必完全排除它们中间有一处是作为宗庙的可能性,但两处基址全都是宗庙的可能性则不大。同时,在二里头遗址的成组宫室基址中,也可能包括有一般的官署或官邸的遗迹。不过一号和二号基址作为王朝宫殿的可能性最大。无论是王朝宫殿,或是宗庙以及官署和官邸,二里头遗址中部的这处宫室建筑群毫无疑问是夏朝国家机构的外部显示。

二里头宫殿遗址的出土对于证明夏朝出现了国家制度是一个极有说服力的证据。因为宫殿的存在,证明了王室和朝臣的存在,而它们正是夏朝国家的核心。由于一号和二号宫殿基址均发现在二里头遗址的三期地层中,因此对于二里头文化的早期也就是夏朝较早的年代来说,目前还缺少表明当时

---

① 《河南偃师二里头早商宫殿遗址发掘简报》。
② 《商周考古》,第28页。
③ 《商周考古》,第27页;《河南偃师二里头二号宫殿遗址》。

已进入国家制度的直接证据。这一点还有待于新的发现。但至少,三期中宫殿的出现,已经说明文献关于夏朝国家的记载绝不是虚妄的。同时,三期出土的这两处宫殿已有很高水平,据此似乎可以推断,在此之前可能有过比三期宫殿更为原始的宫殿,至少在二期是非常可能有的;一期因距夏朝建立不久,如果有宫殿之类建筑的话,它们可能在形式上更为原始。

二里头宫殿遗址的另一个意义是显示了夏朝社会有较高的社会分工水平和专业化程度。现在看到的这两处宫殿在建筑工艺上都远远超过了酋邦时期的大型公共建筑。这说明夏代社会中有更多、更正规的专业技术人员和管理人员存在。因此整个社会的复杂程度也超过了酋邦时期。这也是我们把二里头宫殿遗址代表的社会看作是高于酋邦时期的社会,即国家社会的一个重要依据。

居住址和墓葬遗迹

作为已进入国家时期的夏朝,它在社会结构上应表现出比酋邦形态更为发展的社会分层现象。二里头文化对此有充分的显示,并集中反映在房址和墓葬遗迹中。

二里头文化中的房址,如果把大型宫殿基址算在内,可以分出大型的、中型的和小型的三种。大型房址指的就是我们已经讨论过的大型宫殿基址。它们不是单纯的居住址,已如前述。但从它们身上可以看出,夏朝王室成员,可能还有某些高层官员和贵族,其居住址也应该是有较大规模的。

中型房址,其规模比大型房址要小得多,而且很明显都是居住址。在二里头遗址中,经1960—1964年和1973年[①]两次发掘,共发现26座房址(包括铲探发现),其中保存较完好的都属于这种房址。如1960—1964年发掘的F4,呈东西向长方形,长9米多,残宽3米多,居住面坚硬,铺有薄层料姜土面,并发现了柱洞和柱础石。F9呈南北向长方形,长约10米、宽约5米,居住面坚硬,也有柱洞。其东北角并有瓢形烧灶。1973年发掘的F1,呈长方形,南

[①] 中国科学院考古研究所二里头工作队:《河南偃师二里头遗址三、八区发掘简报》,《考古》1975年第5期。

北长约8.5米、东西宽约4米,房基由夯土筑成。有柱洞和柱础石。F2呈长方形,东西长9.7米、南北宽4.1米。居住面用草拌泥抹成。西、北两面有墙的痕迹,高约0.1米。这座房基可能是半地穴式的。在它东面1.25米处有一段残墙和一块居住面,是另一座房基的西北隅。两座房基紧紧相连,应是同组建筑。F3是一座长廊式建筑,南北长约19米、东西宽约4.5米。地面经过夯打,上抹有草拌泥。有柱洞。北部保存一段西墙残迹。以上几座房基均属于二里头三期或晚期。

从这些实例来看,二里头遗址中的中型房基面积大多在40—50平方米左右,但有的是成组建筑,有的则更大一些,达85平方米以上。大部分是地上建筑。由于这种房基在二里头遗址中出土较多,它们可能是夏朝社会中普通成员(如较富有的平民)的居住址,其中成组的和较大的可能属于某些一般的官员或贵族。

小型房址,同中型房址比较起来,显得十分简陋。它们主要有两种形式。一是半地穴式。如1980年在二里头遗址中发掘的F1,[①]上口东西长3.05米、南北宽2.45米,屋内地面东西长2.9米、南北宽2.15米。上口至居住面深0.94米。屋内东北角有一圆角方形灶坑。居住面中央有一柱洞。屋子西南拐角处有斜坡状门道。这座房址属二里头二期遗存。在郑州上街也发现几座这类房址。[②]如F7,平面呈不规则状,南北长约5.08米、东西宽约2.2米。以坑壁作墙壁。近北壁处有椭圆形火坑。南边进门处有台阶和走廊。另一种是窑洞式。主要发现在晋南。面积一般在4平方米左右。[③]很显然,这些仅够栖身的小型房址是属于社会底层成员使用的,比如贫穷的平民、奴隶等。它们不仅同大型宫殿建筑形成强烈的对比,就是与中型房址相比,也有很大的反差。

二里头文化在居住址上呈现的这种鲜明的等级式差别,是夏朝社会分层现象发达的明证。尤其是在古代,居住址不仅一般地表示了有关人员的日

---

① 中国社会科学院考古研究所二里头队:《1980年秋河南偃师二里头遗址发掘简报》,《考古》1983年第3期。
② 河南省文化局文物工作队:《河南郑州上街商代遗址发掘报告》,《考古》1966年第1期。
③ 东下冯考古队:《山西夏县东下冯遗址东区、中区发掘简报》,《考古》1980年第2期。

常的生活方式，而且同这些人员各自的身份等级和社会地位有明显的关系，因此由居住地的不同所显示的分层现象，对于古代社会来说，是一种更深刻的社会分裂状况的反映。从这个意义上可以认为，夏朝社会可能已形成了阶级。这同夏朝国家制度的建立是密切相关的。

墓葬也是反映夏朝社会分层现象的明确资料。迄今在二里头文化中发现的最大的墓是在二里头遗址二号宫殿的殿堂与北墙之间的一座墓。[①]墓制为长方形竖穴，墓口东西长5.2—5.35米、南北宽4.25米。墓内有生土二层台。墓通深6.1米。墓室东西长1.85米、南北宽1.3米、深0.95—1.7米。墓内填土全为夯筑。可惜的是墓内随葬品大部被盗，仅发现少量朱砂、漆皮及蚌饰片。原应有棺木。这座墓，据发掘者称，规模与商代的殷墟妇好墓相当。它的年代与二号宫殿相同，因此其墓主人很可能是夏朝王室成员。这种墓目前在二里头文化中只发现这一座。

二里头文化中还有一种墓可以算作中型墓，形制较二号宫殿内的大墓为小。如在二里头遗址的1973年的发掘中，在三区F2房基东面不远处发现两座墓。[②]墓制均为长方形竖穴。其中一座保存较好的墓南北长2.9米、东西宽1.77米。墓坑底部铺有朱砂层。朱砂层下有席纹。残留的随葬品有玉柄饰、绿松石、蚌镞、圆陶片、陶盉残片等，其余被盗。另外，1975年在二里头遗址也发掘了一座中型墓（K3）。[③]墓址在一号宫殿基址北约550米处，墓制为长方形竖穴。坑口南北长2.3米、东西宽1.26米、深1.26米。棺穴长1.7米、宽0.74米、深1.44米。坑底亦有朱砂层和席纹。墓中随葬品十分丰富，有铜爵、铜戈、铜戚（钺）、陶盉、圆泡形铜器、石磬、玉钺、玉戈、玉铲形器、绿松石片、骨串珠及贝等。1980年在二里头遗址三区、五区亦发现3座中型墓。[④]其中，ⅢM2南北长2.55米、东西宽1.20米，铺有朱砂层，原应有漆棺。随葬品有铜爵、陶爵、平底陶盆、圆陶片、漆器、绿松石、云母片等。ⅢM4南北长2.15米、

---

① 《河南偃师二里头二号宫殿遗址》。
② 《河南偃师二里头遗址三、八区发掘简报》。
③ 中国科学院考古研究所二里头工作队：《偃师二里头遗址新发现的铜器和玉器》，《考古》1976年第4期。
④ 《1980年秋河南偃师二里头遗址发掘简报》。

东西宽1.3米,有朱砂层,原亦有漆棺。墓被盗,随葬品仅存小口陶罐、涂朱圆陶片等,但在盗坑等处发现的陶盉、爵残片、青铜尖状器及绿松石片、管等200余种,可能原也是随葬品。ⅤM3南北长2.15米、东西宽1.3米,有朱砂层,应有二层台和木棺。从上述中型墓的形制和随葬品来看,它们可能是属于夏朝的一般官员或贵族的。

在二里头墓葬资料中为数最多的是小型墓。这种墓在1960—1964年和1980年对二里头遗址的发掘中均有发现。此外在郑州上街①、洛达庙②、洛阳东干沟③、东马沟④,以及晋南的东下冯⑤等地亦有发现。这些墓亦为长方形竖穴式。墓坑的大小,成人墓多长1.8米、宽0.6米左右,儿童墓长1.3—1.4米。无二层台,墓坑填灰土,多数坑底有朱砂层。⑥都有随葬品,最多的有21件,最少的仅1件。主要是陶器,有的有铜铃、绿松石耳珠、贝等。⑦这类墓葬,比起中型墓来又要明显小许多,而且随葬品也少。它们的主人可能主要是夏朝社会的平民。但也可能包括少数身份较平民高一些的低级贵族。

除了上述三种正常墓葬外,二里头文化中还有一些非正常埋葬遗迹。这种埋葬没有墓坑,没有随葬品,多出现在灰坑和灰层中。如在1960—1964年对二里头遗址的发掘中,就发现了29处这种埋葬。"葬式有蹲坐式、仰身屈肢、俯身屈肢、侧身屈肢、俯身直肢和身首异处等种。"⑧其中,ⅤM205可看出是双手被缚而遭活埋的。ⅣM24"俯身直肢,头向东,左手弯曲压于胸前,右手反折背后,右下肢自髋骨以下已残缺"。⑨"单个的人头骨和零星肢骨也发

---

① 《河南郑州上街商代遗址发掘报告》。
② 河南省文化局文物工作队第一队:《郑州洛达庙商代遗址试掘简报》,《文物参考资料》1957年第10期。
③ 中国科学院考古研究所洛阳发掘队:《1958年洛阳东干沟遗址发掘简报》,《考古》1959年第10期。
④ 洛阳博物馆:《洛阳东马沟二里头类型墓葬》,《考古》1978年第1期。
⑤ 《山西夏县东下冯遗址东区、中区发掘简报》。
⑥ 《1980年秋河南偃师二里头遗址发掘简报》。
⑦ 《河南偃师二里头遗址发掘简报》。
⑧ 同上。
⑨ 同上。

现不少。"①1959年在二里头遗址中还发现一些乱葬坑。②如M112内有人骨架4具，但都残缺不全。这些非正常埋葬很可能同当时对战俘和奴隶的处置有关。

上述二里头文化中墓葬的情况，同居住址情况一样，非常突出地表现出夏朝社会中社会分层现象极为发展的状况。这种分层状况，如果拿来同酋邦时期相比，比如同陶寺类型龙山文化墓葬中的情况相比，可以看到，前者比后者要尖锐得多。不仅二里头文化中大墓同小墓的差别从总体说超过了陶寺遗址中大墓与小墓的差别，而且二里头文化中的非正常埋葬现象是陶寺类型龙山文化中所未见的。至于在居住址上体现出来的人们在日常生活方式上的分裂状况，在陶寺等酋邦时期遗存中也还没有见到。这个事实表明夏朝社会已建立在比酋邦时期更深刻、更广泛的社会分层的基础上。夏朝社会这种尖锐的社会分层或者说阶级分化现象，是夏朝国家制度得以发展起来的重要社会基础。正是在这个基础上，社会产生了比酋邦时期更正规的统治阶层，并有能力维持一个正式的国家。

青铜器

在用考古学资料证实夏朝国家的存在方面，还有一个事实也是值得一提的。那就是在二里头文化中已发现了青铜器。它们属于迄今在中国中原地区发现的最早的青铜器。在二里头遗址中，③出土的青铜器种类有工具，如小刀、钻、锥、凿、锛、鱼钩等（但没有农具）；武器，如镞、戈、钺等；礼器，如爵、铃等，以及一些尚不知用途的青铜器具，如圆形铜器、镶嵌圆铜器等。此外，还出土了制造铜器时用的陶范、坩埚片及铜渣等。这些主要是出在二里头遗址的晚期地层中。在东下冯遗址也发现少量青铜器，有镞、凿等，以及斧范。④

---

① 《河南偃师二里头遗址发掘简报》。
② 中国科学院考古研究所洛阳发掘队：《1959年河南偃师二里头试掘简报》，《考古》1961年第2期。
③ 《偃师二里头遗址新发现的铜器和玉器》；偃师县文化馆：《二里头遗址出土的铜器和玉器》，《考古》1978年第4期。
④ 参见孙淼：《夏商史稿》，第131页。

从两地所出的铜器制作工具来看,这些铜器显然是在当地制作的。特别值得注意的是,这些青铜器中有些需要很高超的制作技艺,如爵的制作就采用了多合范法,戈的制作也很工整。铜爵是二里头文化遗存中的精品,代表了这一时期古代技术的较高水平。它们有的还带有陶爵的特征,有的则较为精巧。其一般器壁较薄、表面较粗糙,腹部偶有简略的连珠纹。流和尾的倾斜度都不大,流多作狭槽形,且较长,个别也有较短的,流和杯口之际多数不设柱,也有设不发达的钉状柱。鋬的弧度比较大,有的以镂空为饰。爵体截面呈橄榄形,都是扁体爵。底皆平,鋬与一足成直线,二足在另一侧。已发现的二里头文化期铜爵包括平底束腰杯式、平底束腰高杯式、平底长颈分段式、平底长颈分段假底式等形制。①二里头文化期的戈有无阑直内式、无阑曲内式两种形制。前者整体长条形,援狭长,内后做法似玉器,分为四条齿状;后者援亦狭长,前锋尖锐,两侧锋刃之末延长下垂成浅度曲内。②铸造这样水平的铜器应有相当长时期的工艺发展基础。正如马承源等就二里头文化期的铜爵所说的:"此期爵的造型一般虽然原始,也有新颖而精巧的,这一情况说明,这种饮器已经历了长时期的发展过程。"③因此,二里头文化的青铜器虽然发现在晚期地层中,但夏代青铜器的发展很可能在二里头文化的早期就已开始了。马承源等并认为,"二里头早期的铸造技术应已达到了相当的水平"。④

在我们已讨论的几个酋邦实例中都没有发现青铜器。只在陶寺遗址中发现过个别红铜制品。中国最早的青铜制品发现在属于马家窑文化的甘肃东乡林家的马家窑期地层中和永登蒋家坪遗址的马厂期地层中,系两把青铜小刀。⑤其年代约在公元前3300—前2050年之间。在晚于马家窑文化的齐家文化(公元前2000年左右)中,发现了有一定规模的冶铜业。如在甘肃的武威皇娘娘台出土有铜刀、凿、锥、钻头、铜渣,永靖大何庄出土有铜匕,秦魏家出土有铜锥、斧、指环、铜饰,广河齐家坪出土有铜斧、刀和镜等,在青海的

---

① 以上据马承源主编:《中国青铜器》,上海古籍出版社,1988年,第172—173页。
② 同上,第45—46页。
③ 同上,第172页。
④ 同上,第3页。
⑤ 严文明:《马家窑文化》,《中国大百科全书·考古学》,第303页。

贵南尕马台出土有铜镜。其中有些是青铜制品。①在中原地区，已发现的最早的青铜器是在河南登封告成镇王城岗遗址出土的一件青铜器残片，因锈蚀严重已看不出器形，其时代属河南龙山文化中晚期，即公元前2000年前后。②在河南临汝煤山遗址内，发现属于煤山二期的坩埚碎片，表明已有冶铜业，其年代早于二里头文化一期。③此外，在河南淮阳平粮台遗址的第三期遗存中发现有一块铜渣，也属于龙山文化晚期。④但是，就经科学发掘而获得的青铜器资料而言，在二里头文化之前，还没有发现青铜容器。⑤而青铜容器的制作显然比一般的小型工具或饰物等要复杂得多。所以，二里头文化中青铜容器的出现标志着中国古代青铜器制作业的一个新的发展高度。这或许不是偶然的。尤其是在二里头遗址同陶寺遗址的对比中，青铜器的制作似乎同社会发展状况之间有某种关系。陶寺遗址所代表的社会是比较典型的酋邦类型的前国家社会，同时它也不是一个青铜器社会。而二里头文化所代表的夏朝社会已进入国家时期，并且也已进入青铜器时代。因此，就这两个在历史上可能有一定关系的社会的比较而言，青铜器，特别是青铜容器的制作，也许从一个侧面反映了较高的社会发展程度与较复杂的政治制度。青铜器，特别是青铜容器出现在夏朝国家的文化中，应当是表明了夏朝社会有更高的社会分工和劳动专业化程度，更有效的劳动组织能力和控制手段，更集中的社会财富再分配制度。这些都同夏朝国家的存在是有关系的。因为所有这些在国家制度下，很显然都要比在酋邦社会中更容易办到。

总起来说，考古学对于夏文化的研究，可以说已经在总体上证实了夏朝历史的存在，也证实了夏朝国家的存在。同时在与同时期其他地区考古遗存

---

① 《新中国的考古发现和研究》，第120页。
② 河南省文物研究所、中国历史博物馆：《登封王城岗遗址的发掘》，《文物》1983年第3期。
③ 中国社会科学院考古研究所河南二队：《河南临汝煤山遗址发掘报告》，《考古学报》1982年第4期。
④ 河南省文物研究所、周口地区文化局文物所：《河南淮阳平粮台龙山文化城址试掘简报》，《文物》1983年第3期。
⑤ 马承源等认为，在《西清古鉴》中著录的一件有伪刻铭文的形似山东龙山文化陶鬶型的铜鬶，是"可信的早期青铜容器资料"。但由于此器非经科学发掘所得，故其时代未可遽定。参见马承源主编：《中国青铜器》，第2—3页。

的比较中,也清楚地表明了夏朝国家是中国历史上的最早的国家。这对中国早期国家研究的意义是不言而喻的。由于文献记载的夏朝历史获得了来自考古学资料的证明(尽管还不是非常充分的),便可以在比较科学的基础上来分析这段历史。从中我们不仅可以看到,中国早期国家进程在公元前2100至前1600年左右出现了一个重大的发展,即在中原的豫西和晋南地区产生了国家,而且可以进一步了解这个国家的许多特征。

当然,在用考古学资料证实夏朝国家和夏史的存在方面,也还有一些有待于进一步探讨的问题。比如夏代的城墙问题就是迄今夏文化研究中还没有最终解决的一个课题。虽然在较早的考古遗存中,特别是在龙山文化遗存中,已有一些远古"城址"被陆续发现并受到早期文明史研究者的重视,如河南淮阳平粮台古"城址"[1]、登封王城岗古"城址"[2]、安阳后岗夯土围墙[3]、山东城子崖古"城址"[4]等;但这些"城址"与中原早期国家进程以及夏朝的关系还不能肯定。就平粮台和城子崖两座古"城址"和安阳后岗夯土围墙遗址而言,它们也许代表了当地的某些较复杂的前国家社会,并且这些社会也可能是酋邦类型的。但它们与中原酋邦有没有或有什么关系,它们有没有参与中原早期国家进程,这些都还不清楚。王城岗古"城址"位于夏朝国家活动的中心地区,很可能与夏朝国家的形成有直接关系,但目前也还不能肯定。上面提到的这几处古"城址"规模都很小。城子崖古"城址"是其中最大的,南北长约450米、东西宽约390米。平粮台古"城址"长、宽各185米。王城岗古"城址"最长的西城的南墙仅长约97.6米,东、西两城各自的面积都不超过1万平方米。安阳后岗的夯土围墙更是只有70多米长。根据这样的规模,这些遗迹能不能判定为古代都邑的城址是需要讨论的。在二里头遗址没有发现城址。因此,在中国早期国家进程中城墙的地位,是考古学和历史学共同面临的一个有待探讨的理论问题。我们期待在这方面会有新的发现。此外,对夏史和夏朝国家研究来说,夏代文字资料的发现也许是更具有决定性的,如果有这类资料出现,

---

[1]《河南淮阳平粮台龙山文化城址试掘简报》。
[2]《登封王城岗遗址的发掘》。
[3] 尹达:《新石器时代》,三联书店,1979年,第54—55页。
[4] "中研院"历史语言研究所:《城子崖》,1934年。

整个夏史研究将会从根本上被肯定。可以相信，考古学中夏文化研究的进一步开展，将为中国早期国家研究提供更多宝贵的资料。

三、夏朝国家政治的主要特征

作为中国最早形成的国家，夏朝国家至少在两个方面是有重要研究价值的。第一，它可能在关于人类早期国家得以形成的原因的问题上提供有价值的资料。这是因为，正如我已经指出过的，夏朝国家的形成是一个过程；就是在夏朝国家建立之后，它在国家制度的逐渐完善方面还走了很长一段路。从对这个过程的分析中，我们可以发现促使人类社会出现国家制度的某些因素的作用。第二，夏朝国家也是我们了解初始期的早期国家特征的绝好例子。在这一点上，夏朝国家比商朝国家更重要。因为很显然，商朝在国家演进的序列上已属于比较晚近的阶段；许多原始的特征在夏朝国家形态中保存得更多。这在很大程度上正是某些试图撇开夏朝国家历史，而只从商代开始谈论中国早期国家问题的学者，对于中国早期国家进程的初始阶段未提出有价值的意见的原因。

要对夏朝国家的所有特征做出有根据的、深入的分析，在目前还是有很大困难的。这当然是因为可依据的资料太少。也许有些方面的资料永远也不会再被发现。这对研究一个距今3 500至4 000年的个案来说是完全正常的。不过我们还是可以在现有资料的基础上得出关于夏朝国家的主要政治特征的一些看法。这方面的分析有助于回答上面提出的两个问题。

国土结构

从人类学资料的一般显示中可以知道，在典型部落社会中，最常见的社区单位就是部落。分散在各部落中的氏族实际上只表现为一种关系，它们并不是一种社区。除了最细小的社会细胞——家庭之外，部落是这些社会的基层社会组织。作为部落，这些社区在理论上、并且很大程度上也在实际上是一些血缘团体。同一部落的人们相互间都是亲属，或至少互认为是亲属，此外，部落中还包括他们的配偶。对这些社会而言，最稳定的和最实在的政治权力是部落的权力。这时如果在部落权力之上还有更高的政治权力,那就是以一些相互间有血缘渊源联系的部落的自愿联合为基础的部落联合体的权力。部落联盟就是这种联合体中比较稳定的一种形式。在发展出酋邦形态的民族中,社区单位的概念发生较大的变化,其最根本的表现就是开始把具有不同血缘渊源的、有时甚至是具有相距较远的族源的部落结合在一起,使它们置于同一个最高权力之下。这是人类冲破血缘关系的范围相互组织起来的第一种有较大规模的政治形式。这个特征我们在分析中原地区酋邦时已经看得很清楚了。但作为社区单位,这时部落本身并没有被打破,它们基本上依然以固有的形式存在着。也就是说,社会的基层组织仍然是血缘性的。这一点从人类学资料中也可以确切地看到。就中国的情况而言,文献在谈到传说时期的人群时,往往把这些人群称作"某某氏"(如颛顼被称为高阳氏、尧被称为陶唐氏、舜被称为有虞氏等),应该正是这种情况的一个反映。

夏朝国家在国土结构上基本上保持了酋邦形态下的这种以部落为基础组成社会的状况。就现有资料看,部落仍然是夏朝国家的一种十分活跃的基层社会组织形式。《史记·夏本纪》曾提到组成夏朝国家社会的一些部落的名称,它说:

> 禹为姒姓,其后分封,用国为姓,故有夏后氏、有扈氏、有男氏、斟寻氏、彤城氏、褒氏、费氏、杞氏、缯氏、辛氏、冥氏、斟戈氏。

这里谈到了许多"氏"。其中,夏后氏无疑是指夏朝的王室,而有扈氏等则是指受夏朝国家权力支配的一些部落。按《夏本纪》的说法,自有扈氏以下的部落都是夏后氏的亲属部落,在夏朝国家建立初始,它们显然是夏朝国家首先想到并实施了控制的社区。正因为这样,当有扈氏起来反抗夏朝国家的统治时,遭到了启的讨伐而至于灭亡。斟寻氏、斟戈(灌)氏是帮助过夏王室的复国的,它们应当同其他许多部落一样在夏朝国家体制下生存下去。

除了《夏本纪》说的这些夏王室的同姓亲属部落外,夏朝国家还控制一些异姓部落。如在夏朝初年复国过程中起过重要作用的有虞氏、有鬲氏、有仍氏等;它们同夏王室之间至少没有较近的亲属关系。这些部落中有一些是原先中原酋邦的成员(如有虞氏),这时随着夏朝国家的建立而成为这个国家的组成部分,但仍保留着原有的部落形式。这类部落在夏朝时数目也应是不少的。它们同样是夏朝国家的基层社会单位。总的来说,夏朝国家的国土结构,仍以由部落组成整个社会的基础为基本特点。这同酋邦形态是十分接近的。

如果说夏朝时作为社会基层单位的部落发生了什么变化,那么这主要是在两个方面。在部落的外部关系上,它们对夏朝国家法统的认同,成为决定它们对外活动方式的一个重要的和基本的因素。换言之,在对外活动时,这些部落首先承认夏王室对它们的控制,并自认为是夏朝国家的一部分,承诺对这个国家的义务。它们的首领往往担任夏朝国家的职务。如春秋时薛国的祖先奚仲,是远在山东滕县的一个部落的首领,在夏朝时便任夏朝的"车正"(《左传·定公元年》)。周人的祖先也曾世代为夏朝的"后稷",直至不窋时才失去这个职务(《国语·周语上》)。它们中有一些还自认为是夏朝的贵族(当然也是被夏朝国家承认的)。如《国语·郑语》说:"昆吾为夏伯矣。"这实际上意味着昆吾对夏朝国家法统的承认,以此换取它被作为夏朝的"伯"。更值得注意的是,这些部落还自认为是包括在夏朝国家的领土范围内的。《逸周书·尝麦解》中有:"皇天思禹,赐以彭寿,思正夏略。"彭寿,是大彭部落的一个首领,这个部落的存在一直延续到商代,其地在今徐州市附近。①徐旭生认为《尝麦解》的意思是说皇天哀怜夏朝王室的祖先禹有大功,于是将彭寿赐给夏朝,而"他能想着整理夏的经界"。②这意味着在夏朝控制下的部落中是有关于夏朝国家的疆域的概念的。这当然是夏朝时新产生的一种概念,它显示出夏朝正在从以往酋邦时期的缺乏明确领土观念的部落联合体向控制一块相对明确和固定的地域,因而具有了一定的领土性质的国家转变。这个转变是深刻的。从这个意义上说,组成夏朝国家的各个部落对于夏朝国家所承担的义务,要比在酋邦时期向酋邦最高权力承担的义务更明确,也更制度化。

不过,作为一个"原生的"早期国家,至少在夏初,夏朝国家对其所属部落的控制实际上还是有限的。部落有迁徙的自由。《左传·定公元年》记载

---

① 徐旭生:《中国古史的传说时代》,第116页。
② 同上,第116页。

第六章 中国早期国家的发生：夏朝

奚仲在任夏朝车正时是居于薛，而奚仲的后裔仲虺即"迁于邳"（今江苏邳县）。甚至可能暂时或永久地脱离夏朝的控制。《国语·周语上》记载周人的祖先不窋，就在夏初动乱时，不再担任夏朝的"后稷"，而"自窜于戎、狄之间"。以后周人与夏朝的关系便不太清楚了。这些情况表明，夏朝离真正的领土国家还有一定的距离。

在内部关系上，夏朝国家控制下的部落本身的结构也更趋于复杂化。这时已可以看到在这些部落中发展出了自身的官署。如少康在有仍氏避难时，曾担任这个部落的牧正，在有虞氏担任它的庖正，说明这两个部落已经有了其自身的官署设置。这些部落内部有自己的土地分配制度，贵族可以有自己的领地。如少康在有虞氏就"有田一成"，并以纶为其领地。作为部落的贵族，像少康这些人，还拥有一定数量的普通民众供其支配。所谓少康在纶时"有众一旅"就是指这种情形。这些成"旅"的"众"，很可能是亦农亦兵的。尤可注意的是，从有仍氏与有虞氏接纳少康到其部落内生存这种做法来看，这些部落对于自身组成上的血缘性要求已不那么严格了。部落自身也开始成为不同血缘的人们的结合体。这就在一个重要的原则问题上开始改变部落本身的性质。恩格斯曾强调国家制度区别于氏族制度的一个特征就是国家是"按地区来划分它的国民"的。①看来这个变化，在中国古代，至少在一开始是通过部落组织自身向非血缘性团体的转变来实现的。这同雅典和罗马国家通过打破传统部落的组成而重新组织地域性社区的做法不太相同。可以想象，当夏朝的这些部落越来越多地接纳来自不同血缘的成员，从而不断削弱它们作为一种血缘团体的色彩时，它们自身作为社会的基层单位就越来越具有了地域性社区的性质。现在很难说夏朝的部落是在什么时候最终转变为地域性社区的，因为在夏朝国家历史上，这一过程看来不像雅典和罗马国家那样是由明确的立法行动促成的。但对夏朝国家来说，这个趋势显然是存在的，只不过其整个进展比雅典和罗马国家模式更为复杂。

在夏朝国家社区性质的演变问题上，文献中关于古代人群的记载上的一个现象很值得注意。那就是文献所记载的传说时期和夏初历史上的许多部

---

① 《家庭、私有制和国家的起源》，第168页。

落的名字,在关于稍后时期的记载中竟然都消失了。如陶唐氏、有虞氏、有穷氏、有仍氏、有鬲氏、斟灌氏、斟寻氏、伯明氏等等,原先都是活跃在传说时期和夏代初期的重要的部落,然而,在对商代和周代历史的记载中,它们几乎全都看不到了。这应该不是偶然的。除了有些部落在历史的进程中确实自行消亡和被消灭或兼并了,如有扈氏那样,对大部分部落而言,这种情况应该有更深刻的体制的原因。《左传·襄公二十四年》记范宣子说:

> 昔匄之祖,自虞以上为陶唐氏,在夏为御龙氏,在商为豕韦氏,在周为唐杜氏,晋主夏盟为范氏,其是之谓乎!

这是范宣子(名匄)追述其家族历史的一段话,极可珍贵。陶唐氏,我们已知是传说时期与尧有关的部落的名称。而御龙氏是陶唐氏部落衰亡后,其后裔中的一些人在夏朝获得的一个新的氏名,《左传·襄公二十九年》说:

> 有陶唐氏既衰,其后有刘累学扰龙于豢龙氏,以事孔甲,能饮食之。夏后嘉之,赐氏曰御龙,以更豕韦之后。……范氏其后也。

这里说到刘累一名,有人说是汉人的作伪,姑不论。[①] 所谓"有陶唐氏既衰",细节虽不清楚,但总是说陶唐氏部落已衰亡了。而由于孔甲的扶持,陶唐氏后人中的一部分又成立了御龙氏。这个御龙氏是否仍是部落性质的,还是已经只是一个家庭组织,现在并不清楚。商代时的豕韦氏亦是如此。而唐杜氏、范氏则可以肯定是家庭组织的名称。范氏作为晋国的主要贵族家族是无可怀疑的。唐杜氏,《左传·襄公二十四年》杜预注、《国语·晋语八》韦昭注皆以为实际上是指唐氏和杜氏,韦昭并指出这是同一个家族先后所用的名称:"豕韦自商之末,改国于唐,周成王灭唐而封弟唐叔虞,迁唐于杜,谓之杜伯。""杜伯为宣王大夫,宣王杀之,其子隰叔去周适晋,生子舆,为晋理官,其孙士会为晋正卿,食邑于范为范氏。"可见唐氏和杜氏是活跃在商朝晚期至西周末期的同一支贵族家族的名称。范宣子的话表明,在夏朝建立以前表示部落的氏,逐渐为表示家族组织的氏所取代。这实际上意味着,在夏朝建立以

[①] 参见徐旭生:《中国古史的传说时代》,第119页。

后的一段时期内（其确切的下限并不清楚），由酋邦时期延续下来的部落开始逐渐分化和蜕变为一些家族组织。最初的家族组织，当其在部落内部生成的时候，当然要小于部落；一个部落的后裔在组成家族组织时，很可能不是形成一个家族氏，而是形成多个家族氏，也就是一个部落很可能会演变为多个家族组织。这种情况可能使得每一个家族组织都不可能袭用原来的部落名称，也许正因为这样，必须出现新的表示各个家族组织的氏。这种新的表示家族的氏一旦出现，旧的表示部落的氏便随着部落本身一起逐渐消亡了。这似乎就是唐杜氏和范氏逐步取代了陶唐氏以及御龙氏和豕韦氏（如果它们还是代表部落的话）的原因。

文献中代表部落的氏逐渐为代表家族的氏所取代的现象，既反映了部落本身的逐渐解体，家族组织逐渐成为社会的重要基础，同时也显然与不同血缘关系的家族在同一地域内的混居有密切关系，这意味着作为国家社会的基层组织的社区单位的性质和构成都根本改变了。就是说，对于一个特定地区来说，旧有的部落已越来越不能作为它的代表了，而将有完全新型的地域性的组织出现。这整个变化看来正是在夏朝建立后的一段时间内开始发生的。这显然说明夏朝国家正从国土结构方面逐渐获得适合于国家制度的基础。

官僚机构

关于夏朝的官僚机构，文献为我们留下的资料很少。在《左传·定公元年》中提到过夏朝的车正，同书的哀公元年提到过有仍氏和有虞氏的牧正和庖正，《国语·周语上》提到过夏朝的后稷。这是我们今天所能看到的仅有的几个意义比较明确的夏朝时候的官名。有仍氏和有虞氏的牧正和庖正还只能算是夏朝地方政治单位中的职官，但推测这类官名在夏朝中央官僚机构中也可能是存在的。此外，《左传·昭公十七年》引《夏书》提到夏朝时候的"瞽"、"啬夫"。《左传·襄公十四年》引《夏书》提到夏朝时候的"遒人"、"官师"、"工"。由于《左传》所引的《夏书》已不是真正的夏代文献，因此它提到的这些夏朝时候的官名，也同《左传》提到的其他夏代官名一样，其真实性还有待证实。在《尚书·甘誓》中，提到了一些关于夏朝职官的集合名词。首先是"六卿"，见于《史记·夏本纪》转录的《甘誓》文字和今所见《尚书》孔传本《甘誓》。这两个文本都说到夏朝刚建立时启"乃召六卿"。但在《墨子·明鬼下》所转录的《禹誓》(按即《甘誓》)文字中"六卿"作"左右六人",同时《史记》和孔传本《甘誓》随后所说的"六事之人",《墨子》本中亦无。陈梦家认为"六卿"之名大约为春秋以后所有,因此《墨子》所据之本应早于《史记》和孔传本。虽然《吕氏春秋·先己篇》在讲到甘之战时也提到过"六卿",但同样可能是在《墨子》所据本之后。①因此《史记》和孔传本中所说的"六卿",作为夏朝官名是可疑的。但就指出在夏王周围有若干居最高层的官员这一点而言,诸本的意思并无抵牾。其次是"三正",亦见于《甘誓》。对此诸本的记法是一致的,都提到"怠弃三正"是有扈氏的罪状之一。关于"三正"的含义,前文已指出,近代学者多以为指夏朝的高层官员。陈梦家为论证这点,举出毛公鼎中"亦惟先正"、《诗经·大雅·云汉》中"群公先正"、《尔雅·释诂》中"正,曰长也"等为证。②陈说是讲得通的。因此"三正"同"左右六人"一样,也应该是指夏朝最高层官员的一个集合名词。但三正和左右六人的具体职官名称已无从知晓。文献中还提到一个称为"牧"的夏朝官名。《左传·宣公三年》:"昔夏之方有德也,远方图物,贡金九牧。"杜预注:"使九州之牧贡金。"九州,同禹时中原酋邦所在的地域有关。《左传·襄公四年》引《虞人之箴》说:"茫茫禹迹,画为九州。"其具体的地望大约就在后来夏朝国家活动的中心地区。这个地区在夏朝时可能被划分为若干个区域,因而有"九州"之名。牧似乎就是这些划出的区域的主官。

从以上列举的关于夏朝职官名称的零星资料中可以得到如下的印象:

一、夏朝在王之下有一个类似后世王朝的朝廷的中央官僚机构。其中的主要官员有三正和左右六人等,而三正也可能是左右六人中居于最高层的三个官员。在遇到重大事务时,王要召见他们。他们具有很高的权力,侵犯他们或蔑视他们被视为反对国家的大罪。这种在众多官员中选定主要和最高层官员的做法,在传说中的酋邦时期资料中还没有见到。这一方面反映了比起酋邦时期来,夏朝国家的官僚机构更复杂、更庞大,国家的高层权力更加集

---

① 陈梦家:《尚书通论》,中华书局,1985年,第180、186页。
② 同上,第182页。

中到少数人手中;另一方面,也表明夏朝中央官僚机构本身的专业化程度在提高。很可能这时在由地方部落首领兼任的中央高层官员之外,已出现了专职的中央机构的高级官员,如后世的某些朝臣那样。夏朝中央高层官员集合的出现还意味着夏朝中央官署的设置已经成形,它们可以说是古代中国国家机器中核心机构形式的雏型。

二、在高层主官之下,夏朝中央官僚机构中还配置了一系列分掌各种专业职能的官员。如后稷(主管农业)等。这些官员有正式的名称,如车正、庖正、牧正之类。这一点比起酋邦时期一些部落首领在酋邦最高权力主持下任职的情况来,也更正规一些。当然这些职能官员也可能有各自的官署。这也是夏朝官僚机构专业化程度提高的反映。在夏朝中央官僚机构内,这种专业官署肯定不止后稷、车正、庖正、牧正这几种,还可能有一些具有更重要职能的官署。

三、在作为夏朝基层社区单位的部落内,也有它们自己的官署。这种官署虽然是属于地方性的权力机构,但在构造和职能上可能是与夏朝中央官僚机构的相应官署相似的。由于这些部落本身置于夏朝国家制度的支配之下,这些地方官僚机构可以看作是整个夏朝国家官僚机器的组成部分。

四、在夏朝中央机构与部落之间,还可能有一层管辖一定数量和一定区域内的部落的官署。这似乎反映出夏朝国家机器已不是简单的两级政府形式,而可能至少有三级政府。另一方面,这还反映出夏朝中央对地方的控制的加强。这种控制也超过了酋邦最高权力对部落的控制。

在夏朝的官僚机构同酋邦时期在酋邦最高权力下设置的一些职能部门之间有某种连续性。例如周人的祖先曾"世后稷,以服事虞、夏"(《国语·周语上》)。说明夏朝的后稷这个职务是从传说时期中沿袭下来的。这表明夏朝的官僚机构,至少在它的较早时期,还带有一定的原始性的成分,其最初的框架也应该是继承原中原酋邦的。从这个意义上可以推测,夏朝官僚机构同后代相比,应当要粗糙一些,无论在权力的集中程度和职能部门的专业化程度上都不如后代。

另外,还有一点也是从以上介绍中可以看到的,即夏朝官僚机构的世俗性质可能已经比较明显。就是说,夏朝国家的世俗性官署与宗教部门之间已经有了一定程度的分离。现在看到的几个职官名称都只同世俗事务有关。这同文献中记载的黄帝时"以云纪"、炎帝时"以火纪"、共工时"以水纪"、太皞时"以龙纪"、少皞时"以鸟纪"(《左传·昭公十七年》)的官署制度相比，与宗教结合的色彩明显减弱了。这可能是中原酋邦自颛顼以来"为民师而命以民事"(同上)的行政观念发展的结果。世俗权力与宗教部门的分离，在促使夏朝国家机构更趋成熟方面，应该起了重要作用。同时，这也成为古代中国政治运作与宗教关系的模式的滥觞，对中国历史和文化发展的影响是极其深远的。

军队

军队是国家的主要特征之一。塞尔维斯说："一个原始的国家与一个酋邦的最大的区别在于，国家是依靠一种包括对武力的垄断在内的特别的机制来整合的。"① 所谓"对武力的垄断"就是指受国家支配的军队作为社会上唯一合法的暴力组织的存在。当然，在从酋邦向国家过渡的过程中，军队的这种地位是逐步形成的。

关于夏朝国家军队状况的记载非常少。《左传·哀公元年》提到的少康在有虞氏时"有众一旅"的情况，可能与当时的军队形式有关。这里所说的"众"可能是一种亦农亦兵的人员，"旅"有可能是一种带有军事性质的编制。少康所拥有的这种军事力量的指挥权属于谁，目前并不清楚。从夏初动乱中许多部落以自己的力量（显然主要是武力）来帮助少康复国的事实看，每个部落都可能有属于它们各自指挥的武装。这些武装在组成上很可能是继承酋邦时期的传统，以整个部落中的有战斗力的人员为基础的。但是夏朝王室看来另有属于它直接指挥的比较正规的军队。《尚书·甘誓》说：

> 左不攻于左，汝不恭命；右不攻于右，汝不恭命；御非其马之正，汝不恭命。用命，赏于祖；弗用命，戮于社。

郑玄注说："左，车左；右，车右。"② 孔颖达疏："历言左、右及御，此三人在一车

---

① E. R. Service: "*Profiles in Ethnology*", P. 498.
② 《史记·夏本纪》集解引。

之上。"这显然是描写车战的。《甘誓》的记述表明启本人在直接指挥作战。而车战本身要求较高的组织水平。这表明启指挥的这支军队可能是比较正规的。

意识形态

夏朝作为刚刚从酋邦形态下转化而来的国家,为其生存和发展获得合法的理由,无疑是它必须解决的重大问题。这就要求夏初统治者除了依据武力对组成新国家的各社区进行控制外,还需要创造一种关于国家制度的意识形态,并借助这种意识形态使被控制的各社区接受关于夏朝国家合法性的观念。很显然,在夏朝建立以前,人们尚不知国家为何物。新生的国家制度与传统的生存方式之间的冲突是不可避免的。在使人们习惯于在新生的国家制度下的生存方式方面,国家意识形态的作用是举足轻重的。夏朝国家的创始人在这方面看来是采取了一些富有创造性的行动,这对夏朝国家历史的发展有重要意义。

首先,夏朝国家名称的出现是值得注意的。在中国历史上,夏朝以前的各个酋邦都没有专门的名称。我们今天只能以这些酋邦的首领的名字或他们所在的部落的名称来称呼这些酋邦。这也许不是偶然的。它表明酋邦作为一种比较原始的政治实体,其法理地位还没有达到形式化的地步。这在实践上的一个后果,是各部落对于酋邦统治的接受与否有较大的选择的自由(如果不是被武力吞并的话)。酋邦因而表现为部落间的不太稳固的联合(同国家相比)。这种情况对于新建立的国家的生存来说,显然是不利的。正如库尔兹所说:

> 地方自治(指部落实体——引者)源泉的存在威胁着早期合并国家的生存和发展。[①]

而早期国家为对付这种威胁,建立关于自己权力的合法性依据,就必须使国家存在的事实形式化。在这方面,在有些民族的政治领袖所采取的各种手段

[①] H. J. M. Claessen & P. Skalnik, ed., "*The Early State*", P. 170.

中，就包括使用一个代表这个国家，而不是任何部落的专门的名称，也就是国名。而国名本身可以说就是一种关于国家的意识形态的体现。夏朝国家与以往酋邦的一个明显的不同，正是在于它拥有了一个比较正式的国名——夏。对于这个国名及其代表的国家实体的接受，也将意味着对夏朝国家合法性的接受。这就对受夏朝国家控制的所有部落构成一种意识形态上的压力。在人类学资料中，早期国家拥有比较正式的国名，并不是普遍的。这反映出不同早期国家在形式化程度上的差别。那些拥有国名的早期国家，其国家制度相对来说要更加健全一些，形式化程度也要更高一些，并且很可能伴随比较长的发展历史。夏朝国家看来便属于这种类型的早期国家。它通过为自己制定一个比较正式的国名，在提高自身的形式化或正规化程度方面迈出了重要的、创造性的一步。这在一定意义上为其长期发展奠定了基础，而且成为古代中国国家制度中的一个传统。

夏朝统治者为使自己的权力合法化，还在宣传上和宗教领域中创立了一些特殊的命题或仪式，突出夏朝国家的法统，以此作为国家意识形态的重要组成部分。《左传·哀公元年》在谈到少康复国一事时说，少康在翦灭塞浞之二子浇、豷后，便"复禹之绩，祀夏配天，不失旧物"。"复禹之绩"，是说恢复了禹的业绩。这种提法反映了夏初统治者的一种宣传，即把夏朝国家说成是禹的遗产。禹是夏朝王室的祖先，突出禹同夏朝国家的关系，无疑是为了证明夏朝王室的合法地位。因为在夏初，人们对中原酋邦的存在仍记忆犹新。当原中原酋邦所控制的部落转入夏朝国家的控制之下后，它们将要求新统治者说明新的体制与原有体制的关系。这时，把作为原中原酋邦首领的禹抬出来说成是新建立的国家的奠基人，显然会有助于说服新国家所要控制的那些部落。由此可以想到，后代文献中出现的对于禹的赞扬，尤其是涉及到禹与夏朝国家的地域之间关系的，恐怕同夏初统治者对禹的这种宣传的影响有关。

"祀夏以配天"，这更明显是指建立特别的宗教仪式来加强夏朝的国家意识形态。这种仪式的细节大概是一方面对夏王室的祖先进行祭祀，其中包括对夏朝前代的王，也可能包括对禹进行祭祀；另一方面，同时对天进行祭祀。这种与祭天同时进行的祭祖仪式，可能是夏初统治者的一个创造，用来表明他们有至高无上的权力，并且赋予这种权力以神秘的来源。在后来周朝的祭祀制度中,"配天"的祭仪是王者独享的。这看起来是夏朝统治者开创的传统。从夏朝统治者的这个做法中还可以看出,在意识形态方面,古代国家为证明其合法性的依据,在形式上是包括某种神秘内容的。具体地说,国家的最高权力,也就是王权,被解释成是来自天意,因而称为"天命"。这不完全是出自一种有意欺骗的动机,它同远古以来中原地区人们的宗教观念有内在的关系。但是将古代原始宗教中的神秘概念同国家权力和王室的合法地位相联系,应该是随着中原早期国家的形成而出现的一种新的发展。在中国古代,从夏朝国家开始的这种做法的一个后果是,关于国家的意识形态的内容侵入到古代宗教中,成为古代宗教的具有最高意义的命题。这种现象甚至影响到整个古代中国的精神世界,使为国家统治的合法性进行辩护的内容充斥在众多的一般性思想、文化作品中。而古代中国的宗教也始终没有摆脱为国家利益服务的地位,除非它们甘冒因与国家不合作而遭致摧残的危险。

以上是据现有资料对夏朝国家政治的一般特征所做的分析。夏朝国家政治在其他方面的特征,比如在财政和法律上的特征,在文献中也有零星的反映,但过于简略。关于财政,目前看到的材料,只有《国语·周语下》中引《夏书》提到的"关石和钧,王府则有"。韦昭注:"关,门关之征也。石,今之斛也。言征赋调钧,则王之府藏常有也。"这似乎是表明夏朝已有赋税制度。此外,战国时候的一则材料则谈到"夏后氏五十而贡……其实皆什一也"(《孟子·滕文公上》)。这似乎是说夏朝时农民要将每年收成中的一部分(1/10?)作为赋税缴出去。但关于这部分收成是缴给谁的,国家怎样从这部分赋税中得益而用作财政收入,《孟子》中完全没有提到。同时《孟子》这段话的可靠性也是历来被有些学者怀疑的。因此从这个记载中实际上还很难对夏朝财政制度有确切的了解。关于法律,《左传·昭公六年》中有一条记载说:"夏有乱政,而作《禹刑》。"表明夏朝已制定了刑法,而且可能是在夏朝的初年。这当然反映出夏朝国家制度的完善。但《禹刑》的细节在《左传》中并未透露。传说皋陶在舜时掌管司法,并定立了一套刑法制度。《尧典》说,皋陶"作士,五刑有服,五服三就,五流有宅,五宅三居。惟明克允"。意思是皋陶制定了一定种类的刑罚,分别适用于不同的案犯。《左传·昭公十五年》引《夏书》说:"'昏、墨、贼、杀',皋陶之刑也。"似乎表明皋陶时,也就是在中原酋邦时期一定的法律制度已出现了。夏朝的刑法应该是酋邦时期原始法律制度的发展。

综上所述,夏朝国家作为初始期的早期国家的特征是明显的。一方面,这个由酋邦转化而来的新政治实体在政治的发展上已基本具备了作为国家的一些主要要素:王权、国土、官僚机构、军队、国家意识形态、财政制度、法律等等。另一方面,它在所有这些要素上又表现出与酋邦制度的某种联系,在许多方面还带有传统的酋邦制度的痕迹。比如在国土结构上,部落作为社区单位的存在,就是夏朝与酋邦社会最接近的方面。当然,就是在与酋邦相接近的领域,夏朝国家也已发生了重要的变化。例如同样是基层的社区单位,夏朝的部落同酋邦时期的部落之间已开始有重要的不同。总之,这是一个典型的正在形成中的国家。这应该就是初始期早期国家自身发展上的特点。

从历史的角度说,夏朝国家在其发展的起点上所具有的条件并不是十分特殊的。作为夏朝国家前身的中原酋邦,是差不多同一时期在中国境内存在的许多酋邦中的一个。它们都是人类在前国家时期中发展起来的较复杂的政治实体。就酋邦形态自身的表现而言,似乎每一个酋邦都离国家只有很小一点距离。因此酋邦社会向国家社会的过渡在一种线性的分析方法中看来,似乎只是一个时间问题。然而,事实上,在中国古代,就迄今所知的资料而言,只有中原酋邦才独立地实现了向国家的转化,建立起真正的王朝。对这个事实,一般地看待是不够的。我认为这里蕴含着涉及人类早期国家发生的历史性的原因的深刻内容。它表明,正如我在第四章中已指出的,酋邦向国家的转化不存在一种普遍的规律。这里的一个重要问题是酋邦需要在政治上有一些特别的发展,而这些发展在很大程度上体现了有关人群的特殊的政治智慧。我在第四章中曾列举了可能导致酋邦向国家转化的政治技术上的一些内容,对于夏朝国家政治特征的上述分析,证明了中国早期国家的形成正是得益于夏朝国家领导人在这些政治技术上的创造性活动。

最后,还应补充说明一点。那就是夏朝国家的较长期的发展,也对夏朝国家的最终形成起了重要作用。夏朝王室的产生对夏朝国家的形成是一个关键因素,它不仅直接意味着比酋邦权力更稳固和更正规的国家权力的出现,而且必然要带来一系列导致国家制度加强的发展。而夏朝王室的生存在夏朝初期曾经历了十分严峻的考验和激烈的斗争。如果夏朝王室被推翻,中国最早的这次早期国家进程有可能中止。这就是说,夏初统治者为确立其权力的合法性地位而采取的各种努力,包括与传统势力间的流血斗争,在夏朝国家的形成与发展中起了非常重要的、历史性的作用。换言之,夏朝国家的形成必须看成是古代中国的具体历史发展的结果。毫无疑问,早期国家的形成有其基本的条件,如一定的经济发展水平、社会分层程度和合适的地理环境等等。但是仅用这些因素是不能真正解释清楚一个具体的早期国家产生的全部原因的。我认为对这个问题的完整的解释必然会涉及到有关社会在政治上的一些特别的发展和一些具体的历史事件。因为归根结蒂,任何早期国家的产生和发展,都不过是人们具体历史活动的产物。

第七章

中国早期国家的典型期：商朝和周朝

在中国早期国家进程中，商朝和周朝（我这里指的是西周和春秋时期）的地位是它们代表了这个进程的典型期。这两个朝代延续时间都很长。商朝延续了大约550年，周朝（计算到春秋末）也大抵有550年。在这一千余年的时间跨度内，商朝和周朝的国家制度无疑是有重要变化的。尤其是周朝国家对于商朝国家来说，在国家制度的复杂性方面有很大发展。但是，虽然如此，这两个朝代在中国早期国家进程的总的尺度内仍然可以看作是一个阶段，即典型期阶段。这主要有两层意思。一是，这两个朝代在国家制度方面都比夏朝成熟许多。在这方面，周朝国家与夏朝国家相比而表现出来的高度的成熟性是最为明显的。而商朝，至少在它的晚期，也表现出相对夏朝国家的较高的成熟性。二是，这两个朝代（周朝在春秋时期以前）都还没有出现由早期国家向更成熟国家转变的情况。它们的诸多特征从一定意义上讲是相对稳定的，同时也是比较接近的。而这种相对稳定的特征同真正成熟的国家相比，又明显地带有某种"原始性"。从这个意义上讲，它们是人类早期国家的典型的表现。由于商朝和周朝在中国早期国家进程的总尺度中占有相同或相似的位置，因此把它们放在一起来论述是有许多方便的。这样不仅可以免去行文中的一些重复，而且也有助于随时对这两个朝代本身进行比较，从而加深我们对中国早期国家典型期的认识。我这样做还有一个理由，就是本书并不是一般的商周史，没有必要逐一地涉及商周史中的所有问题，而是可以把论述的重点放在与中国早期国家的总的发展脉络有关的问题上，从这个角度说，把商周放在一起论述也是合乎逻辑的。春秋时期，在中国早期国家进程中占有特殊的地位。它一方面体现了中国早期国家典型期的许多特征。对这方面的内容我将在这一章中一并论及。但另一方面，春秋时期也开始出现了中国早期国家由典型期向转型期过渡的一些重要的发展。对于这部分内容,我将在下一章中加以论述。至于在历史编年中通常也归入周朝的战国时期,因为在这一时期中国早期国家形态已发生明显的转变,在分类上与战国以前的时期已不属于同一阶段,故对这一时期的讨论整个都放到下一章中去进行。

　　同对夏朝历史的研究相比,对商朝和周朝历史的研究的一个显著特点是它们有较多和较可靠的文献资料作为依据,包括传世文献资料和地下出土的文字资料(如甲骨文、金文等)。但这只是相对于夏朝历史而言的。严格说来,商朝和周朝都还属于史料较少的时期。对一项具体的研究来说,在商史和周史范围内,仍然会时常遇到资料不足的问题。在把商朝和周朝作为早期国家个案加以研究时,情况就是这样。在诸多重要问题上,我们所能掌握的只是一些零星的资料。因此,由于资料的原因,目前对于有关商朝和周朝国家的许多问题,包括一些重要问题,还是难以得出明确结论的。在这方面提出这样或那样的假说是允许的和必须的。但是我们显然要求这类假说不同已有的资料发生矛盾。在关于商周史研究的资料的问题上,传世文献资料与地下出土资料的关系问题是比较敏感的。我感到正确的处理原则是对这两宗资料的重要性予以同等看待。在这两宗资料的内容发生矛盾的情况下,应根据问题的具体情况进行具体分析。在难以得出明确结论的问题上,可以存疑。在这里值得注意的一点是不要轻易地使用"默证法",即因为出土资料中缺少相应的记载,而对传世文献资料所揭示的商周史中的一些现象,特别是重大现象,予以否定。因为文献记载中的某些内容,虽然在出土资料中还未得到印证,但它们却具有明显的重要性。忽视这部分资料,将可能看不到商周时代的某些重要史实。当然,对于文献中这些记载的可靠性的讨论也是重要的。

　　商朝和周朝都是确立了比较集中的中央权力的国家。这种中央权力显然是夏朝以来国家制度发展的一个结果。商朝和周朝在改变夏朝国家制度下存在的那种以部落为基础形成的国土结构方面迈出了很大的一步,使得这两个国家,尤其是周朝,在国土治理上出现了多极结构的局面。在政治技术上,商朝和周朝国家的形式化和专业化的程度是较高的,它们的国家机器已呈现相当完善和完整的形态。商朝和周朝国家社会还都具有鲜明的阶级区分的特征,并在此基础上建立起它们的经济和社会秩序。而在所有这些方面,周朝比起商朝来特征又要明显一些。在古代世界中,商朝和周朝国家是亚洲东部唯一出现过的两个相继发展起来的强大国家。它们在世界历史上的重要地位是不言而喻的。同时,对于整个中国历史的发展来说,这两个国家的相继出现,也具有极其深远的意义。尤其是周朝国家的一些重要制度,在以后中国国家制度的发展中打上了很深的烙印。

本章将对商朝和周朝国家的一些主要特征进行分析。这涉及到这两个国家的中央权力的确立,王朝与地方的关系,官僚制度的精致化,宗教和意识形态的作用,经济和社会秩序等问题。在讨论这些内容之前,还将对商朝和周朝国家的建立过程作一阐述,这同对商周国家特征的分析是有关联的。

一、商、周国家的建立

在传说中,商朝王室的祖先契是中原酋邦的一个成员。《尚书·尧典》提到契曾经是舜时的"司徒"。夏朝国家建立后,商朝王室祖先(以下简称"商人")与夏朝国家的关系并不十分清楚。《诗经·商颂·长发》提到"相土烈烈,海外有截"。这句话的确切含义已很难了解。大约是说相土(契孙)时商人是一个有很强实力的人群,其控制的地域或影响达到"海外"。但这里没有透露这个人群与夏朝是什么关系。在《国语·鲁语上》中提道:"冥勤其官而水死。"这是说冥(相土曾孙)是作为治水的官员而死于任上的。冥应该是商人的一个首领。他当然不会在这个人群中只担任水官。这样,《鲁语》所说的"勤其官",很可能是指冥在夏朝中央机构中任职。《鲁语》的这则记载虽然不很明确,但内容值得重视,它说明至少在夏朝初期,商人有可能是与夏朝有臣属关系的一个人群。而冥以后相当长一段时期内商人的情况,由于文献失载,就很不清楚了。

早期商人活动的地域,目前还是一个有待进一步研究的问题。《尚书序》中提到过商人"自契至于成汤八迁"。说明早期商人并不是活动在一个地点上。关于这八迁所涉及的具体地点,在唐代孔颖达的《尚书正义》中提到过其中的四个(商、砥石、商丘、亳)。清人梁玉绳则提出了全部八迁所涉及的七个地点(砥石、商、商丘、殷、邺、蕃、亳)。①王国维在著名的《说自契至于成汤八迁》一文中也提出了七个地点(蕃、砥石、商、商丘、相土之东都、殷、亳)。②梁、王所新提出的地点中,有两个(殷,邺;王认为邺就是殷)是根据《今本竹书纪年》和《路史》提出的,可靠性并不是很大。此外,蕃这个地点根据的是《世本》,③比起其他几个地点所依据的《左传》、《荀子》来可靠性也要差一些。④因此,我们现在能够比较确切地知道的早期商人活动地点主要有砥石、商、商丘、相土之东都和亳。同时蕃这个地点在探讨早期商人活动地域时也有一定的参考意义。

但是,由王国维等人考定出的商人早期活动的几个地点的具体地望,目前还很难确指。砥石,《荀子·成相》和《世本》都说是昭明(契子)的居地。金景芳师根据《淮南子·墬形训》的说法,认为砥石是在内蒙古昭乌达盟克什克腾旗的白岔山的辽水发源处。⑤而丁山等人则以今河北省境内的泜水和石济水当之。⑥也就是在今河北省石家庄以南、邢台以北一带。邹衡同意丁山的说法,而认为辽西的砥石山之名很可能是由"关内搬去的"。⑦商,据《史记·殷本纪》等为契所居,又据《荀子·成相》为昭明所迁。该地据郑玄认为是在"太华之阳",⑧即今陕西华山以南地区,远在中国西部。近代学者中,王国维提出契、昭明所居的商就是春秋时宋国所在的商丘。⑨对此丁山予以反对,认为商"决非两周时代宋人所居的商丘",而应在漳水流域,即主要在今河北省邯郸、磁县地区,南至河南省的淇河以北。⑩他并指出,甲骨文的"滴"字,就

---

① 梁玉绳:《史记志疑》卷二。
② 王国维:《观堂集林》卷一二,中华书局,1961年。
③《水经注》卷一九引。
④ 王国维在《说自契至于成汤八迁》中也说:"《世本》、《纪年》亦未可尽信。"
⑤ 金景芳:《商文化起源于北方说》,《中华文史论丛》第7辑,上海古籍出版社,1978年。
⑥ 丁山:《商周史料考证》,中华书局,1988年,第17—18页。
⑦《夏商周考古学论文集》,第213页。
⑧ 孔颖达《尚书序》正义引。
⑨ 王国维:《说商》,《观堂集林》卷一二。
⑩《商周史料考证》,第18页。

是漳水的古名。①商丘，据《左传·襄公九年》，是相土所迁之地。今商丘在河南东部。但是也有学者认为这个商丘，与位于河南东部的宋国所在的商丘可能不是一地。②有人认为应是指春秋时卫国所在的帝丘，即今河南省北部的濮阳市；在《左传·僖公三十一年》中提到夏朝的君主相曾居帝丘，而《太平御览》卷八二引《竹书纪年》称相"处商丘"。③相土之东都，见于《左传·定公四年》，王国维认为指的是"泰山下"。④但王的说法有很大的推测性。亳是成汤的居地，已不属于商人早期活动地点，对它的讨论我放到后面来谈。最后是蕃，《世本》说它是契的居地。其地望说法也不一。王国维认为是东汉时的鲁国蕃县，今山东滕县境。此说近人多不采取。丁山认为蕃"应在滱水支流的博水流域"，或者在"今永定河与滱河之间"。⑤邹衡认为蕃可能是在今河北省平山县，战国时称"番吾"，为赵邑。⑥丁、邹二说都关注于河北省境内。虽然以上关于商人早期活动地点的说法都不能视为定论，但从上面提到的文献记载的内容来看，早期商人活动的地点显然主要分布在夏朝中心区域的东面。而根据有些学者的意见，这些地点可能主要是在河北省南部一带，同时也可能伸展到河南的北部甚至东部。这个观点目前有较大影响，是值得重视的。近年来考古学界对先商文化的分布作了研究。其中邹衡提出的一种观点认为先商文化的早期是漳河型文化，其分布的中心地区是"河北省的滹沱河与漳河之间的沿太行山东麓一线，而以漳河中游（指清、浊漳二水合流以后）的邯郸、磁山地区的先商遗址为其代表"。⑦这个结论同邹衡把文献记载的早期商人活动的地点解释为主要在河北省南部一带是一致的。因此从某种意义上说，关于早期商人活动地域的探讨，与对文献记载的解释还是有很大关系。总之，早期商人活动地域的问题还是需要进一步研究的。

---

① 《商周史料考证》，第13页。此外，于省吾《甲骨文字释林》也认为滴就是漳，中华书局，1979年，第421页。但李学勤认为滴指的是沁水，见《殷代地理简论》，科学出版社，1956年，第13页。
② 如《商周史料考证》，第19页。
③ 《夏商史稿》，第257—259页。
④ 《观堂集林》卷一二。
⑤ 《商周史料考证》，第17页。
⑥ 《夏商周考古学论文集》，第212页。
⑦ 同上，第118页。

对于早期商人的活动,我们了解得很少。前面提到,《诗经》中反映了相土时商人的势力很大。据《世本》的记载,相土还可能与使用马作运输工具有关。①冥治水,已如上述。王亥(冥子)可能与发明用牛拉车有关。②王亥时可能与在河北东部易水流域的有易有冲突,王亥被杀。③在《竹书纪年》中还提到上甲微(王亥子)为复仇而伐灭有易。④从这些零星的记载中,我们可以猜测早期商人在社会发展上的一些特征,比如对牛马的使用表明他们有较高的生产力水平,与有易的冲突则表明他们可能同其周围的某些人群处于敌对状态。但更多的情况则已无从了解了。

商人的第十四代首领汤是相当于夏朝末年的人物,这时商人的历史有了重大发展。《国语·周语下》说:"玄王勤商,十有四世而兴。""玄王"指契,"十有四世"就是指汤。汤时商人与夏朝的关系是值得研究的一个问题。我们知道,商人在早期是可能与夏朝有臣属关系的。以后相当长时期内情况不明。而到汤时,据《史记·夏本纪》记载,夏桀曾"召汤而囚之夏台,已而释之"。既然夏王可以召见汤,说明汤时商人对于夏朝来说是一个被控制的地方势力。《史记》这个记载在指出汤时商人对夏朝有臣服关系这一点上还是可以相信的。因为从一些文献的记载来看,在汤时,夏朝作为一个控制众多部落的中央王朝,其地位还是被商人所承认的。《尚书·多方》中有:"乃惟成汤,克以尔多方,简代夏,作民主。"这是说汤取代了夏的位置而成为"民主",也就是控制众多地方部落的最高权力。从这里可以看出,汤在克夏以前是把夏当作"民主"的。《左传·昭公四年》提道:"商汤有景亳之命。"所谓"景亳之命",是指汤宣布其推翻夏朝统治的计划的一个仪式。这里的"命"指接受天命。《墨子·非攻下》也提道:"天乃命汤于镳宫,用受夏之大命。"大命,也就是天命。可见汤时商人的态势乃是致力于从夏朝手中夺取天命。天命,在古代被看作是王朝统治的神秘依据。汤要代替夏朝而拥有天命,当然,他

---

① 《世本·作篇》:"相土作乘马。"
② 同上:"胲作服牛。"
③ 《山海经·大荒东经》;《楚辞·天问》。以有易在易水流域,见王国维:《殷卜辞中所见先公先王考》,《观堂集林》卷九。
④ 《山海经·大荒东经》注引。

是承认夏朝曾享有天命，也就是中央王朝的最高权力的。汤致力于天命的改换的事实，在《尚书·多方》中亦有记载："天惟时求民主，乃大降显休命于成汤，刑殄有夏。"从这些材料中可以看出，商人在汤时对夏朝的关系，是作为夏朝控制下的一个地方势力而与夏朝中央权力处于某种对抗状态中。

商人在汤时迁到了亳。《孟子·滕文公下》："汤居亳，与葛为邻。"《墨子·非命上》："古者，汤封于亳，绝长继短，方地百里。"指的都是商人攻灭夏朝以前的情况。关于这个亳的地望，目前还很难确指。这里有两个问题需要辨别清楚：一是汤在克夏以前所居的地点称作亳，而他在克夏以后建立的都城也叫作亳。有些文献中提到的汤都亳，就也指他在灭夏后所建立的都城。如《逸周书·殷祝解》："汤放桀而复薄（通亳），三千诸侯大会。"《荀子·王霸篇》："汤以亳，武王以鄗，皆百里之地也。"《墨子·非攻下》："汤奉桀众以克有夏，属诸侯于薄。"都属此类。这样就需要辨明汤在克夏前后所居的亳的关系。二是汤在克夏以前所居的亳，是否仅指一个地点，亦需要斟酌。这个问题目前由于资料较少，很难讲清楚，因此也影响到对亳的地望的考定。在传统史学中，对于亳的地望主要提出了三种说法。一是认为在今河南省商丘。此说为皇甫谧首创，其称之为"南亳"。① 二是在今山东省曹县，皇甫谧称之为"北亳"。曹县在汉时为山阳郡薄县，《汉书·地理志》该县下颜师古注引臣瓒说："汤所都。"三是今河南省偃师，皇甫谧视之为"西亳"。此说较早由班固在《汉书·地理志》河南郡偃师县下自注中提出。郑玄亦有相同的说法。② 现在看来，这三个地点中，偃师可能是汤攻灭夏朝以后建都的一个地点，对此我在上一章讨论偃师商城时曾提到过。③ 因此西亳说虽然提出最早，但与汤在灭夏前的居处无涉。而对曹县和商丘作为商人在灭夏以前所到达地点的可能性，学者们的看法有很大分歧，这里有两种态度。一种是在曹县和商丘之中认定一个地点是亳。如王国维曾力主曹县为亳。④ 而现代有些学者如杨伯峻则

---

① 《史记·殷本纪》集解引"皇甫谧云"。
② 《伪古文尚书·胤征》正义引。
③ 偃师在夏朝中心区域，汤克夏前不可能居此。这证明正如前文提到的，汤所居的亳在克夏前后可能是不同的。
④ 《说亳》，《观堂集林》卷一二。

认为亳是商丘。①现在很难决断这两种说法中哪一说更胜。事实上,曹县距商丘不远,这两地几乎可以看作是一个地区。因此曹县说与商丘说的分歧,对于了解商人在克夏以前到达的地域来说,影响不是很大。无论亳是在曹县或是在商丘,都表明商人在这时是到达了河南省东部与山东省交界处的一块地区。从这一点来说,我认为,如果汤到达过这个地区的话,在曹县和商丘都建立过他的据点的可能性是存在的。另一种态度则是对曹县说与商丘说都取否定立场,而主张亳是在另一个地点。比如邹衡提出了亳在郑州的说法。②但邹衡此说在地名学依据上还有相当的困难。③此外,郑州商城从其表现来看,显然是商人在汤灭夏以后建立的都城,与汤灭夏以前所居地点可能还不是一回事。因此,即使郑州是汤都亳,也可能不是汤在灭夏前就到达的地点。近年来有人重申岑仲勉的说法,认为灭夏以前的亳是在河南省濮阳。④这个说法同认为早期商人活动在漳水流域的看法比较契合。但在地名学依据上,此说根据的是对商代晚期卜辞中亳地的考定,因此还缺乏说服力。总之,商灭夏以前汤都亳的地望还是悬而未决的问题。不过就已提出的各种观点来看,这个亳最可能在的地区一是河南省东部延及山东省西南隅,一是河南省北部。这两个地区都接近于夏朝国家中心区域的边缘。这同商人对夏朝中央权力采取的进攻态势应该是有关系的。

商人在克夏以前控制的地域不是很大。《孟子·公孙丑上》说:"汤以七十里。"《荀子·王霸篇》和《墨子·非命上》则说是"百里"。总之,汤时的商人只能算作一个不大的地方性势力。但汤十分注意同其他地方势力的联合。《史记·夏本纪》说"汤修德,诸侯皆归商",指的应就是这种情况。汤之所以能做到对其他地方势力的联合,显然是同商人在汤时相对夏朝中央所具有的自治倾向有关的。在夏朝国土结构下,作为国家的基层社区单位的部落或地方小国,本来就如库尔兹所说的那样,是一些具有自治性质的地方势力。这种自治性质使得这些地方势力可以相对自由地发展自己的实力,还可以在地方势力

---

① 杨伯峻:《春秋左传注》,中华书局,1980年,第1250页。
②《夏商周考古学论文集》,第192—203页。
③ 参见石加:《"郑亳说"再商榷》,《考古》1982年第3期。
④ 孙淼:《夏商史稿》,第291页。

与地方势力之间发展不受夏朝中央权力控制的关系。汤利用了这一点。另外还有一个因素,就是在夏桀时,地方势力对夏朝中央的离心倾向加剧了。从文献记载来看,商人并不是唯一利用地方势力的自治性而与夏朝中央集权对抗的势力。《左传·昭公四年》说:"夏桀为有仍之会,有缗叛之。"有缗,有说在今山东省金乡县。[①]它就是在夏朝末年起而反叛夏朝的一个地方势力。由于有缗参与了夏桀的"仍之会",它显然是对夏朝有臣服关系的。有缗的反叛尽管是失败了,但对夏朝统治的打击很大。《左传·昭公十一年》说:"桀克有缗,以丧其国。"就说明了这一点。这对汤联合更多的地方势力来对抗夏朝中央,显然是有利的。在这种情况下,据《左传·昭公四年》说"商汤有景亳之命",正式宣布了反叛夏朝的立场,同时也正式组织起讨伐夏朝王室的联合力量。这支力量主要由原来臣属于夏朝的地方势力组成。汤在与夏朝王室决战前所作的誓师辞里提道:"今尔有众,汝曰:'我后不恤我众……'"(《尚书·汤誓》)。这里的"我后"指的是夏王,"我众"指汤领导下的各地方势力。

从文献的记载看,汤对夏朝的讨伐经过了许多战役。《孟子·滕文公下》说:汤"十一征而无敌于天下"。这些战役主要是为了扫除维护夏朝统治的地方势力,但有的也可能只是出于扩张汤自身的实力的需求。其中最早的一次可能是对葛的征服。《孟子·梁惠王下》说:"汤一征,自葛始。"据《孟子》说,葛是汤在亳时的邻国,曾同汤有和平的接触(《孟子·滕文公下》)。对葛的征服,可能与开通汤向夏朝中央进军的路线有关。葛,根据《汉书·地理志》陈留郡宁陵县下自注,在今河南省宁陵县。另外还有三次重要的战役,就是对韦、顾和昆吾的征服。《诗经·商颂·长发》说:"韦、顾既伐,昆吾、夏桀。"这三个地方小国都同夏王室有亲密关系,所谓"三国党于桀恶"。[②]故都遭到了汤的讨伐。韦在今河南省滑县[③],顾在今河南省原阳[④],昆吾可能在

[①] 杨伯峻:《春秋左传注》,第401页。
[②] 《诗经·商颂·长发》郑注。
[③] 《后汉书·郡国志》东郡白马县下。
[④] 王国维:《殷墟卜辞中所见地名考》,《观堂集林》卷一。郭沫若认为顾是在今山东省范县(《卜辞通纂》,第7431片释文),但范县距夏朝中心地区较远,从汤进军的路线看,顾在原阳的可能性更大。

今河南省新郑①或许昌②。这些地方都已经更接近于夏朝统治的中心区域。从《诗经·长发》的叙述来看，攻灭昆吾后，汤即直接对夏朝中心地区发动了攻击。这时夏桀的都城是在斟鄩，即在洛阳周围地区内。故《国语·周语上》说："昔伊洛竭而夏亡。"夏桀面对汤的进攻似乎没有抵抗就败逃了。《吕氏春秋·慎大览》中有："未接刃而桀走。"汤追击，在鸣条与夏桀决战（《尚书·汤誓》序）。鸣条可能在今山西夏县一带，③为夏王室的后方。此战夏桀又大败，导致夏朝政权最终被推翻。夏桀本人可能逃奔南巢而死（《国语·鲁语上》）。南巢应距鸣条不远。④

汤在攻灭了夏朝王室之后，便代替夏王室而成为新的"民主"。这意味着他建立了新的朝代，即商朝。这是古代中国继夏朝之后出现的第二个重要的早期国家。这个国家的产生同夏朝国家的形成显然是有重要不同的。夏朝国家的形成表现为一个复杂的前国家政治实体从酋邦形态中转化为国家的过程。而商朝国家的产生，则表现为一个已在国家的政权的更迭。因此，商朝国家的产生更多是反映了中国早期国家本身的运动问题。从商代夏的整个过程中可以看出这一运动有如下特点：一、夏朝国家建立后，一种以控制众多地方势力为特征的国家模式逐渐成为古代中国政治生活中的现实因素。在这个模式下，受控制的地方小国或部落很难成为真正独立的国家，尽管它们各自内部的发展已经同国家制度相衔接。这也就是说，在夏朝国家建立后，由它控制的地域已逐渐成为标志国家主体的不可分割的内容。这在中国历史上造成了一个重要的政治传统，即建立一个真正的、被承认的国家，就必须占据特定的地域，并有相应的中央权力。对中国早期历史来说，夏朝国家的地域及其周围地区和它的中央控制权，就是首先同关于国家主体的观念相联系的。从这里可以看出商人在建立自己国家的过程中必须伐灭夏朝的真正原因，这实际上意味着古代中国政治传统中关于王朝正统的观念的产生。二、王的统治的合法性，除具有来自世袭规则的依据外，至少在夏代末

---

① 见本书第六章第二节。
②《夏商史稿》，第302页。
③《尚书·汤誓序》孔安国传。
④《淮南子·修务训》："乃整兵鸣条，困夏南巢。"

年，人们的观念中又添加了关于王本身德行的条件。就是说，当王的行为不合理时，他可能失去实行统治的合法理由。商汤起而反夏的真正原因可能主要是商人实力的发展导致其自治性的扩张，但夏朝王室本身的政策也应该是促使商人反叛的重要因素。比如，前面提到的夏王室与地方势力间关系的紧张，就显然对商人有严重的刺激。商人在反叛夏朝时，至少在宣传上，就主要是把夏桀的暴行作为推翻他的理由的，这在文献中反映很多。比如像《尚书·多方》中说的"有夏诞厥逸，不肯戚言于民，乃大淫昏，不克终日劝于帝之迪"；桀"厥图帝之命，不克开于民之丽"；"亦惟有夏之民叨懫日钦，劓割夏邑"等等。这些话虽然见之于周代文献，但显然与当初商人的宣传有关。这就形成了古代中国在国家主体范围内更迭政权的一种规范。商朝国家就是第一个按照这种规范建立起来的。这对中国后来的历史也有很大影响。从这一点上也可以看出，商克夏是中国早期国家进程中具有重要意义的事件。

周朝国家的建立，在很大程度上是商朝国家建立的过程的重演。这不是说从商初到周初中国历史的内容没有发生变化。但总的来说，从中国早期国家进程的角度来看，周初同商初确实还处在差不多的阶段上。

作为周朝王室祖先的早期周人，在传说中也是同中原酋邦有密切关系的部落。他们的始祖弃据说在中原酋邦担任过"后稷"；这个职务周人一直担任到夏朝（《国语·周语上》）。从这一点看，周人至少在夏朝的某一段时间内，同夏朝是有过从属关系的。但据《国语·周语上》说，周人在不窋时脱离了夏朝，"自窜于戎、狄之间"。不窋，《史记·周本纪》说是弃之子。《史记》所记载的周王室祖先的世系，自文王以上共十四代，而要跨越整个夏、商两朝，逾一千余年，因此向来被认为是有疑问的。这正如司马贞《史记索隐》所说："若不窋亲弃之子，至文王千余岁，唯十四代，亦不合事情。"《史记》失载了周王室的某些祖先的世次是可以肯定的。问题是不窋的年代是在何时。目前可供参考的只有《国语·周语上》说到的不窋"用失其官"是在"夏之衰"时。这样不窋有可能是夏朝末年的人。但这一点现在还不能肯定。如果不窋的时代是在夏末，那么周人同夏朝就有过比较持久的关系。早期周人同商朝的关系可能也开始得比较早。《左传·昭公二十九年》有："周弃亦为稷，自商以来祀之。"商朝祭祀周人的祖先，说明周人同商人是有密切关系的。早期周人的另一个重要人物是公刘,按《史记》记载的世系,他是弃的曾孙,但有人认为以商周世系为依据逆推,公刘可能是相当于商朝盘庚之前的人。① 根据传统史学的说法,契的居地是在今陕西省武功县,② 称为邰;公刘时则迁到了豳,今陕西省旬邑县。③ 从《诗经·大雅·公刘》的记载看,公刘时周人在豳已建立起一个都邑,并且有较复杂的制度。如这时已有了君("君之宗之"),有了军队("其军三单"),并可能有了赋税制度("彻田为粮")。从《公刘》的记述中还可以体会出公刘时周人的社会是具有相当的自治性质的。这时他们同商朝的关系不很清楚,但可以看得出商朝对其的控制是较弱的。④

早期周人历史的重要转折点是古公亶父即太王时向岐下的迁徙(《诗经·大雅·绵》)。岐下,在今陕西省岐山县和扶风县境内的周原地区。⑤ 这时,周人开始积蓄实力,准备对商朝采取反叛的立场。《诗经·鲁颂·闷宫》说:"后稷之孙,实维大王,居岐之阳,实始翦商。"但是在表面上,周人仍是商朝控制下的一个地方势力。《古本竹书纪年》在谈到古公之子王季时的情况说:"(武乙)三十四年,周王季历来朝。王赐地三十里,玉十珏,马八匹。"⑥"(文丁)四年……周王季命为殷牧师。"⑦ 从王季时的情况推论,太王时的周人似乎也不是一个对于商朝完全独立的小国。在商朝武丁时期卜辞中,有关于商征伐周的记录。⑧ 但武丁时期可能早于太王的时代。因此武丁时期卜辞中所说的"周"有可能是指太王迁岐以前周原的原住民,与我们所说的周人有区别(张光直曾提出过这样的观点)。⑨ 在殷墟第四期(武乙、文丁时)卜辞中则有称"周侯"的辞例,曰:"命周侯今月无祸?"⑩ 这条卜辞表明了周与

---

① 许倬云:《西周史》,(台北)联经出版事业公司,1989年,第33—34页。
② 《史记·周本纪》正义。
③ 泷川资言:《史记会注考证》,第76页。关于豳的地望,有人认为是在今山西绛县,谓豳、邠古今字,邠则得名于汾水。见钱穆:《周初地理考》,《燕京学报》第10期,1939年。此说还有待研究。
④ 许倬云:《西周史》,第34页。
⑤ 陈全方:《早周都城岐邑初探》,《文物》1979年第10期。
⑥ 《太平御览》卷八三引。
⑦ 《后汉书·西羌传》注引。
⑧ 《殷虚卜辞综述》,第292页。
⑨ 张光直:《中国青铜时代》,第98页。
⑩ 《殷墟文字甲编》,436。

商朝的从属关系。而殷墟卜辞第四期与周人的太王时代可能是相当的。这也表明太王、王季时周人对商朝可能有被控制的关系。

太王时代的周人社会,因为《诗经·大雅·绵》中有"古公亶父,陶复陶穴,未有家室"的描述,曾引起一些猜测,以为此时周人似乎尚在比较原始的状态中。但从整个《绵》的记述来看,这种估计似不准确。此时周人已有复杂的官僚制度("乃召司空,乃召司徒"),标志着集中的社会权力的大型公共建筑也出现了,其中包括宗庙和宫殿("作庙翼翼","乃立皋门,皋门有伉;乃立应门,应门将将"),并可能有一定的土地制度和赋税制度("乃疆乃理,乃宣乃亩"),在社会分层方面出现了贵族阶层("俾立室家")。张光直提出《绵》中"陶复陶穴"这句话前面的"古公亶父"或为衍文,因而"陶复陶穴,未有家室"指的是古公迁岐前的情况。① 而我们也可以把《绵》关于古公亶父时"陶复陶穴,未有家室"的记载看作是周人在岐下经营初期的状况。当周人在岐下站稳脚后,"陶复陶穴,未有家室"的情况便不再存在。正因此《绵》也提到了周人"筑室于兹"。

王季时周人的实力已很强大。他们四处出击,与当时的戎狄作战。所谓戎狄,应是指与商朝没有臣属关系的部落或小国。其中有一些在族源上与原中原酋邦部落的后裔相距较远。据《竹书纪年》记载,王季时征伐过的戎狄部落或小国有西落鬼戎、燕京之戎、余无之戎、始呼之戎、翳徒之戎等。② 这些征伐,有的可能与商朝的意图有关,但有些也可能出自周人自身扩张势力的需要。《古本竹书纪年》所载的王季担任商朝的牧师一事,值得重视。它不仅表明王季时周人很受商朝的重视,同时反映出这时周人的势力已不可忽视。正如《诗经·大雅·皇矣》所说:"维此王季……受禄无丧,奄有四方。"可能正是因为周人对商朝已构成潜在的威胁,受商朝重用的王季却突然被商王文丁所杀。③ 这为商周关系增添了新的紧张因素。

王季死后,其子文王继位。据《尚书·无逸》,文王"享国五十年。"而在

---

① 《中国青铜时代》,第85页。
② 《后汉书·西羌传》注引。
③ 《晋书·束皙传》引《竹书纪年》。

他执政的最后七年,他可能受命称了王,与商朝公开对抗。①在称王之前,他就是商朝的西伯(《尚书·西伯戡黎》)。这应该是他继承王季而获得的一个职位。商朝继续命文王为西伯,表明商朝对周人无力直接讨伐,只能采取竭力拉拢的政策。但这时周人显然已确立了克商的战略。这时的文王十分注意联合对商朝有反叛倾向的地方势力。《左传·襄公四年》说:"文王帅殷之叛国以事纣。"《论语·泰伯》也说:文王"三分天下有其二,以服事殷"。从这些记载中可以看出,商朝末年的形势同夏朝末年一样,出现了中央王朝与地方势力间紧张对峙的局面。而文王则成为有反叛倾向的地方势力的领袖。这种形势在当时是很微妙的。周人实际上已经是反抗商朝中央统治的势力的代表,但在形式上它和它的盟友仍臣服于商朝。1977年在陕西省岐山县周原的周人宫殿遗址中出土的甲骨文中,发现了记载在周人都邑中祭祀商王祖先的辞例,即H11∶1:"癸巳,彝文武帝乙宗。贞:王其祁祭成唐。"②"文武帝乙宗"可能是指在周人都邑中为商王帝乙设立的宗庙,或在周人宗庙中为彝祭帝乙设置的特殊位置。③而祁祭成唐(汤)的王看来应是指商王。④唯这项祭祀是在设于周地的宗庙中进行的。无疑,无论是周人在其都邑中祭祀商王祖先(有些学者持这种意见)或商王在周人设立的宗庙内祭祀自己的祖先,都表明了周人对商朝王室的特别的尊崇。应该说,这是周人"臣属于殷商的表现"。⑤这片卜辞很可能就是文王时代的⑥。该遗址中还有一片表明周与商之间关系的卜辞,即H11∶84:"贞,王其峷佑大甲,暨周方伯。"这里的"暨",是告的意思。⑦《粹》1190有"暨孟方伯炎"。孟方在商代晚期与商朝处于敌对关系中。⑧但

---

① 《诗经·大雅·文王有声》有:"文王受命,有此武功。"《尚书·无逸》有:"文王受命惟中身。"
② 《陕西岐山凤雏村发现周初甲骨文》,《文物》1979年第10期。
③ 徐中舒:《周原甲骨初论》,《古文字研究论文集》,1982年;张光直:《中国青铜时代》,第102页。但也有人认为在周原不可能为商王立庙并祭祀商王。见王宇信:《甲骨学通论》,中国社会科学出版社,1989年,第415页。但这种说法对H11∶1这样的甲骨资料出现在周原遗址中未能作出圆满解释。
④ 李学勤:《序〈西周甲骨探论〉》,《西周甲骨探论》,中国社会科学出版社,1984年,序第5页。
⑤ 《中国青铜时代》,第102页。
⑥ 李学勤、王宇信:《周原卜辞选释》,《古文字研究》第4辑,中华书局,1980年。
⑦ 同上。
⑧ 同上。

在H11∶84中还看不出商王是由于什么原因瞢告周方伯于太甲的。①因此，"周方伯"（在此应指周文王②）与商王的关系同商朝晚期与盂方的关系可能是有区别的。这个区别就是周人在形式上依然是臣服于商朝的。这说明此时周人也还在积蓄力量。到文王执政的后期，也就是他受命称王的七年中，周人便针对商朝采取了一系列更直接的动作，继续扩张自己的势力，同时，步步向商朝统治中心逼近。③这时的周人及其盟友可能已同商朝公开决裂。

文王向商朝统治中心的进军，经过了几次重要的战役。首先是对犬戎和密须的征伐。犬戎，《尚书大传》作"犬夷"，《诗经》郑玄注以为"犬夷"即《诗经·大雅·绵》中的"混夷"，可能是中国西北部的一个人群。密须，在今甘肃灵台，④也是西北的一个小国。文王时对它们的征伐大约是为了扫清后方。接着，文王便转师东进。首先是伐耆，亦即黎，在今山西省长治县。⑤文王对黎的征伐，对商朝的震动很大。《尚书·西伯戡黎》记载了商朝廷在闻知文王伐灭黎之后的惊恐状况。然后是对于（一作邘）的征伐。于在今河南沁阳县，⑥已处在商朝的腹地，是商王的田猎区。⑦李学勤指出："周文王伐邘一事是周商势力对比转换的标志，因为邘即沁阳的盂，文王伐此地，可以直驱而至商郊。"⑧最后是伐灭崇。崇，旧说在陕西省的丰镐之间，⑨但近代学者多认为就是在今河南省嵩县一带。⑩这是商朝统治中心的西南防线。至此周人对商朝统治中心已形成钳形攻势。商朝的统治中心，自盘庚以来，就置于今河

---

① 李学勤、王宇信：《周原卜辞选释》，《古文字研究》第4辑。
② 同上。
③ 《尚书大传》说："文王受命，一年断虞芮之讼，二年伐邘，三年伐密须，四年伐犬夷，五年伐耆，六年伐崇，七年而崩。"据《史记·周本纪》，伐犬夷（《周本纪》作犬戎）是在第二年，伐邘在伐耆之后，伐崇之前。
④ 《史记·周本纪》正义引杜预。
⑤ 《史记·周本纪》正义引孔安国。一说黎在陕西临潼的骊山之下，见《中国青铜时代》，第90页。
⑥ 《史记·周本纪》正义引《括地志》。
⑦ 《殷虚卜辞综述》，第259页。
⑧ 李学勤：《殷代地理简论》，第97页。
⑨ 《史记·周本纪》正义。
⑩ 参见金景芳师：《中国奴隶社会史》，第108页。又见许倬云：《西周史》，第85页。

南省安阳及其周围地区,①大约在武乙至帝辛(纣)时,朝歌(今河南省淇县)成为商王的别都。②现在这一地区已整个敞开在雄心勃勃的周人及其盟友面前。

文王时的商王帝辛,同夏桀一样,在文献中被说成是一个很残暴的君主。如《左传·宣公三年》中就有"商纣暴虐"的记法。文献中说,帝辛对他的大臣滥加杀戮。《殷本纪》中记载了他醢鬼侯、脯鄂侯的故事。而这些被他所杀的大臣本身都是地方势力的首领。这无疑是使商朝中央与地方势力间矛盾激化的一个原因。帝辛甚至囚禁过文王(《史记·殷本纪》)。帝辛对王室成员和贵族的迫害,如杀比干、囚箕子、废商容(《史记·殷本纪》),也被说成是帝辛残暴行为的一个表现。在这种情况下,商朝的一些官员和贵族纷纷脱离朝廷出走。如帝辛的庶兄微子(《史记·殷本纪》)、太师疵、少师疆(《史记·周本纪》)、内史向挚(《吕氏春秋·先识览》)等。微子在周武王灭商时降周,成为后来宋国公室的始祖;太师疵等则直接投奔了周人。从文献的这些记叙中可以看出,当周人起而反对商朝的统治时,商王的德行显然成为周人宣传上的主要口实。这同夏朝末年商人推翻夏朝统治时的情形如出一辙。这再次表明,关于国家统治合法性的观念,在中国早期国家发展的过程中,已经融进了关于统治者德行的评价的内容。这一点同关于国家主体的观念相结合,成为古代解释国家政权更迭的理由的主要方式。

文王在他称王后的第七年死去。其子周武王继位。这时周人实际上已完成了对商朝发动最后攻击的全部准备。于是在文王受命的第九年,周武王在盟津(今河南孟县西南)"观兵",也就是集中并检阅军队,据说有"八百诸侯"不期而至(《史记·周本纪》)。紧接着,在文王受命的第十一年,周武王率戎车三百乘,虎贲三千人,甲士四万五千人,并联合庸、蜀、羌、髳、微、卢、彭、濮等地方势力,由孟津渡过黄河,向朝歌西南的商郊牧野进发(《史记·周本纪》)。帝辛在周人咄咄逼人的攻势面前犯了一个重要的战略错误。他这时花费很大的精力去征讨东夷。东夷,即殷墟甲骨文中的人方,其地大约在今河南省东部、山东省南部、江苏省西部和安徽省境内。③商朝对人方的战争

---

① 《史记·殷本纪》正义引《竹书纪年》。
② 《路史·国名纪丁》引《帝王世纪》,又见《史记·周本纪》引《帝王世纪》。
③ 孟世凯:《甲骨学小辞典》,上海辞书出版社,1987年,第8页。

贯穿帝乙、帝辛时代。①帝辛时,人方发动了一次叛乱,《左传·昭公四年》:"商纣为黎之蒐,东夷叛之。"这刺激帝辛对其进行大规模讨伐,但显然分散了帝辛对周人的防范力量,成为商朝覆灭的军事上的直接原因。正如《左传·昭公十一年》所说:"纣克东夷而殒其身。"商周间的决战是在甲子这一天在牧野进行的(《史记·周本纪》,又见利簋)。结果商军惨败,帝辛自焚而死,商朝统治由此而告结束。据《周本纪》的记载,周武王立即在朝歌举行了祭祀仪式,宣布"膺更大命,革殷,受天明命"(《史记·周本纪》),从而宣告了周朝国家的建立。

周朝国家的建立是自夏朝国家建立以来,在维持原有的关于国家主体的观念的情况下发生的第二次政权更迭。周朝继商朝之后,在理论上实现了对自夏朝国家以来作为一个被承认的国家所应占据的地域的控制,虽然它实际控制的区域同理论上作为一个合法国家所应占据的地域并不是完全吻合的。夺取了商朝国家的中央权力这个事实像对商朝一样,是周朝统治者说明其统治的合法性的一个基础。所以,周朝政治家召公把周朝对商朝的取代称为"嗣若功"(继承商的事业,《尚书·召诰》),好像周朝的事业(包括它控制的地域和夺取的中央权力)不过是继续了商朝的事业;这里并没有关于"两个国家"的观念。从这里可以看出,周朝的建立,继商朝之后再次加强了中国古代政治传统中关于王朝正统的观念。这个观念的要点是:新建立的王朝必须证明它继承了前代王朝的主要主体性标志,即所控制的地域和所拥有的中央权力。正是在这种王朝正统观念的支配下,在夏商周时代被认为是正统的国家始终只有一个。所有与夏商周国家没有从属关系的部落或小国都被视为蛮夷戎狄,而绝不被承认是一个对等的国家,同这种正统观念是有关系的。尽管我们以后会看到,至少在周代以后,在这些人群中有些由于与周代国家的接触可能已进入国家阶段。商周以来形成的关于王朝正统的政治观念,在古代中国政治生活和政治史中的影响是极其深远的。从中国早期国家进程的角度来说,这种观念的两个特征都是值得注意的。那就是:王朝正统的地域标志意味着夏商周国家,尤其是商周国家,已肯定成为领土国家。而王朝

---

① 《殷虚卜辞综述》,第301页。

正统的权力标志则说明古代中国的国家进程始终是围绕国家中央权力的变化展开的;夏商周国家都是以拥有控制地方势力的中央权力为特征的国家。那种认为商周中央权力控制下的地方势力是一些独立的"国家"的看法,显然忽略了这一时期中王朝正统观念和王朝实体的存在。

二、中央王朝与地方的关系

我们已经多次提到商周国家的一个共同特点是它们都具有中央权力,并由中央权力控制众多的地方势力。王朝的存在是这两个国家在结构上的基本要素。这个问题之所以要在这里特别提出来加以指出,原因之一是目前在我国学术界对商周国家的结构是有不同看法的。其中一种看法是认为在商周时期并不存在真正的中央权力。对于商朝,有的学者把它看作是一个由许多"平等的"方国组成的联盟。①对于周朝,有的学者则认为所谓周朝只是"城邦联盟,不是国家"。②根据这些看法,传统史学中所说的商朝和周朝的存在就是很成问题的。应该看到,提出这些看法的学者在探讨商周时期地方组织的许多特征方面是有很大贡献的。他们在很大程度上纠正了传统史学中以后世封建王朝的模式来看待商周国家体制所产生的一些错误认识。但这不等于说这些看法的总的结论是可以成立的。在这方面,探讨商周时期中央王朝与地方的关系是最重要的一个环节。为此,首先要弄清的就是这种关系是否存在?其次还要提出的就是这种关系(如果存在的话)的具体内容有哪些?从中国早期国家研究的角度说,这两个问题也关系到对商周国家基本特征的认识。

商朝

商朝的中央权力就是商王的权力。而商王的存在从文献中看是没有什么疑问的。在《尚书》中就有许多篇提到了商王。比如在《盘庚》中,盘庚自称

---

① 林沄:《甲骨文中的商代方国联盟》,《古文字研究》第6辑,中华书局,1981年。
② 日知:《古代城邦的政治制度》,日知主编:《古代城邦史研究》,人民出版社,1989年,第25页。

为"我王"。他还多次提到了商朝的"先王"。从《盘庚》中看,王是凌驾于众人的。在他训示的对象中包括"邦伯、师长、百执事之人"。邦伯,在这里可能就是卜辞中的"侯伯"(详下),应该是泛指各类诸侯,即地方势力的首领。在《牧誓》中提到了"商王受"。《康诰》《酒诰》中都提到了"殷先哲王"。在商代,商王室成员是唯一能享有"王"的称号的人。这从卜辞中可以得到证明。卜辞中的王都是指商王,或者说只有商王才能称王,"不见有其他诸侯(方国)君长称王的例子"。[①]在文献中,除商王外,也只有反叛商朝的周人在商朝晚期称王的事例。这绝不是偶然的,而是反映了商王的地位不同于其他所有政治势力。他们具有一种特殊身份,而这个特殊身份正是由于其掌握着国家中央权力。商王是商代唯一称王的人物这个简单的事实,对于把商王室看作是与其他地方势力"平等"的一个方国的看法来说,是不容易解释的。

关于商朝国家的中央机构的情况,我放到下一节中去谈。在这里我们着重来看一下商朝中央权力与地方势力的关系。

从文献的有关记载和殷墟卜辞来看,商朝国家在国土结构上很明显地存在着中央地区与地方区域的划分。《尚书·酒诰》在追述商朝的制度时说:"越在外服,侯、甸、男、卫、邦伯;越在内服,百僚、庶尹、惟亚、惟服、宗工越百姓里居(君)。"这里的"内服"与"外服"就是对应于商朝国土上的中央与地方这两个不同地区来说的。因此,有的学者把内服与外服的存在看成是商代国家结构特征中最突出的特点。[②]在卜辞中,有"商"和"四土"的对立。如《粹》907:"乙巳,王卜,贞:(今)岁商受年?王占曰:吉。东土受年?南土受年?西土受年?北土受年?"东土、南土、西土、北土有时也合起来称为"四土"(《掇》2.405),可以看出是一个范畴。这里的"商",同四土相对,不难体会它是指商朝国家的中心地区,四土则是指中心地区以外的区域。卜辞表明商王对这两种区域的分别是十分清楚的。之所以会有这个区分,很显然同商王与这两个区域的关系不同有关,就是说,正如有些学者指出的,商朝国家的

---

① 杨升南:《卜辞中所见诸侯对商王室的臣属关系》,《甲骨文与殷商史》,上海古籍出版社,1983年,第129页。
② Kwang-chih Chang (张光直): "Shang Civilization", New Haven & London, Yale University Press, 1980.

中心地区是由商王直接治理的,相当于后世所说的王畿,而"四土"所指的地区则属于各类地方势力管辖。①

从卜辞中看,与商朝的中心地区有关的名称除了"商"以外,还有"大邑商"、"天邑商"、"中商"等称呼。有些学者(如杨升南)认为"大邑商"、"天邑商"、"中商"等与"商"是相近的概念,都是指商王直接治理的王畿地区。②但也有学者(如陈梦家)认为上述几个名称应是指商朝中心地区内的几个不同地点。其中,"商",是指商丘附近(这可能是成汤最初到达的地区);"中商",可能即指商朝晚期都城安阳;"天邑商",可能指在朝歌的商朝的别都;"大邑商",指在沁阳附近的商王狩猎区。③此外,"商"往往也用作概称,比如在"今岁商受年"的辞例中,"商"就不是指具体的地点,按陈梦家的说法,它是概指商王国。④但从上面所引《粹》907中可以看出,在这里"商"应还是指商王国的中心地区。目前关于上述几个名称的确切含义,还可以继续研究。但商朝国家的中心区域即王畿的存在则是可以肯定的。这个地区对于商王的重要性超过其他地区。在地理上,从对上述几个名称的地望的推测中可以看出,这个地区可能是位于自安阳至淇县(朝歌)一线,西南方延至沁阳。其最大范围可能包括河北南部和山东西部的一些地区。⑤商丘作为商朝王畿的地位可能是确实的,但在地理上它偏于东南方向,距安阳地区较远。这说明商王直接治理的地区在一定程度上是政治性的概念,在地理上则并不一定完全连成一片,与其他地区之间也不是以简单的边界线来划分的。

商朝被归于"四土"的地区,其范围比中心区域要大得多。《左传·昭公九年》在追述周朝的地域时曾提道:"及武王克商,蒲姑、商奄,吾东土也;巴、濮、楚、邓,吾南土也;肃慎、燕亳,吾北土也。"这个地域大体应与商朝晚期的地域相当。其中包括这两个国家的势力所影响的地域。从中可以看出,商朝国家控制的整个地域十分广阔。但是要具体确定商朝国家的疆域,目前还有

---

① 杨升南:《卜辞中所见诸侯对商王室的臣属关系》,《甲骨文与殷商史》,第139页。
② 同上,第140页。
③《殷虚卜辞综述》,第258页。
④ 同上,第257页。
⑤《殷代地理简论》,第95—96页。

一定的缺环。从考古学对商文化分布的研究来看,商朝国家控制的地区可能东至大海,西至陕西省西部,南跨长江达湖南省和江西省,北抵山西省中部,东北到辽宁省,西南至四川省。①这个地区也不完全是受商王控制的,其中有些区域可能存在与商朝国家没有从属关系的人群。这些人群可能是一些部落或部落联合体,或者是小国。从族体的角度看,它们中可能包括一些与商朝国家的主体民族不同的其他民族。它们的分布与商王朝处于犬牙交错的状态。但可以说,在这个广大的地区内部普遍分布有从属于商朝国家的地方势力。

商朝的地方势力,从文献中看,有侯、甸、男、卫、邦伯几种(《尚书·酒诰》)。②从卜辞中看,主要是侯、伯两种。据岛邦男的统计,在卜辞中所见的侯有三十五个,伯有三十九个。③在卜辞的记法中,侯、伯的名称常常在"侯"、"伯"之前加上他们所在的地方小国的名称,如"攸"、"冀"、"冝"、"先"、"宋"、"井"、"长"、"易"等等。④这同文献对于商周时期诸侯名称的记法是一致的。在卜辞中还有"侯田"这个称呼,如《续》3.13.1:"余其从侯田甾戋四邦方。"田,应即文献中的甸,但卜辞中的"侯田"似是一个名词,就是指侯。⑤除了侯、伯以外,卜辞中还有少数称"男"的辞例。如《龟》2.22.12中的"雀男",也可能是地方首领的名称。⑥卜辞中的"任",⑦应该是"男"的又作,可能是指同一种地方首领。关于卜辞中的"子"是不是一种地方首领的名称,学术界尚无一致看法。目前只有在极少数辞例中"子"可以被解释为指一种地方势力,⑧但这个问题尚需研究。

在卜辞中,还有一种表示与商朝国家关系比较疏远的地方势力的概念,即"多方"或"邦方"(与《酒诰》所说的"邦伯"不同)。⑨比如经常与商朝处

---

① 《卜辞中所见诸侯对商王室的臣属关系》,《甲骨文与殷商史》,第141页。
② 也有人认为邦伯是侯、甸、男、卫的通称。见周秉钧:《尚书易解》,岳麓书社,1984年,第186页。
③ 〔日〕岛邦男:《殷墟卜辞研究》,转引自《甲骨文与殷商史》,第129页。
④ 《殷虚卜辞综述》,第328—330页。
⑤ 同上,第328页。
⑥ 董作宾:《五等爵在殷商》,《历史语言研究所集刊》六本二分册。
⑦ 如《续》4.28.4:"田任。"《前》1.37.6:"戈任。"
⑧ 《卜辞中所见诸侯对商王室的臣属关系》,《甲骨文与殷商史》,第131页。
⑨ 《殷虚卜辞综述》,第325页。

于战争状态的"羌方"就是一个邦方。其他见于卜辞的邦方还有舌方、土方、邛方、鬼方、亘方、龙方、御方、马方、人方、黎方、基方、湔方、㞢方、弋方等。[①]邦方的首领常称为"某方伯"(如《粹》1316:"羌方白其酋于……")。这些方伯在卜辞中经常有被商王杀戮而用于祭祀的记载,[②]从这点来看,他们似乎同商朝国家处于敌对的关系中。此外,多方还如羌方一样常与商王处于战争状态;或者是多方侵入商朝国家地域,或者是商王对这些邦方进行征战。如《菁》3.1有:"土方征于我东鄙,戋二邑;舌方亦侵我西鄙田。"《乙》5408有:"我伐马方,帝受我又。"由此看出,邦方可能是指不受商朝国家控制的一些部落或小国。它们的分布,有的在商朝国家控制的整个地区的边缘,有的就在这一地区中,同商王朝地方势力成犬牙交错状。商朝国家对于这些邦方的关系,应属于对外关系。但这里也有一些复杂的情况,即可能有一些邦方在某个时期同商朝国家有一定的从属关系。如武丁晚期被商朝征伐过的龙方,在有的卜辞中又反映它接受商朝国家的控制。如《丙》114(反)有:"贞龙无囚。"而且有的邦方的首领也称为侯、伯,如犬方有犬侯(《京》4777),卢方有卢侯(《邺三》下36.9),羊方有羊伯(《后》下33.9),等。但从卜辞中看,大部分邦方,在大部分时间里,显然是作为不受商朝国家控制的势力存在的。卜辞对它们与商朝国家的关系的记载,以战争状态居多。这里还有一个问题,就是同商王朝作战的除了独立的邦方外,也包括许多受商朝国家控制的地方势力。如沚,在卜辞中就有关于征伐它的记载(《龟》1.4.5:"其征沚。"),但沚方的重要人物沚戝在整个武丁时期卜辞记载中表现为商朝的重臣,在武丁晚期抗击舌方、土方侵犯的战争中起过重要作用。仅就武丁晚期卜辞的记载来看,商王进行的许多战争所涉及的对象就都可能是商朝国家控制下的地方势力,这些战斗无疑是为了巩固商王对这些地方势力的控制而进行的。由于有这种复杂情况,要在卜辞所记载的被商王征伐的对象中区分出哪些是受商朝国家控制的地方势力,哪些是独立的部落或小国,是有一定困难的。陈梦

[①]《殷虚卜辞综述》,第270—291页。该书共列出武丁时期的邦方29个,以及武丁以后时期的邦方7个。
[②] 同上,第326页。

家曾列出武丁时代的晋南诸国十个,[①]它们同商朝国家的关系就可能并不相同。尽管这样,也应该看到,商王同自己控制下的地方势力之间的战斗和对不受商朝国家控制的力量的征战是属于两种不同性质的战争。我们所说的商朝国家的地方势力,严格地说,仅指那些受商朝国家控制、与商朝中央有从属关系的地方小国。

在商朝国家的地方势力中,侯、伯、子、男之间的关系现在还不十分清楚。它们之间是否有等级关系存在,这还有待于深入的研究。但侯与伯的区别在当时肯定是存在的。《甲》2416有:"比多田于多伯征盂方。"前面说过,多田也就是多侯。从这一条可以看出,侯与伯属于两种有区别的地方势力。这当然很可能与二者的等级不同有关,但现在还没有直接的材料说明这一点。陈梦家说侯伯等称号的不同"是由于殷王国和他们的关系和距离之差别而产生的"。[②]此说可供参考。目前有些学者把卜辞中的侯、伯、子、男等看作是表示爵位的名称,[③]这个看法还有待于证实。另外,在侯、伯等地方势力发生的问题上,历来有不少学者(如白川静等)把这些地方势力的形成看作是商王室分封的结果。[④]在这个问题上目前还没有足够的材料可资判断。从商朝王室成员有许多都有一定地域而成为一种地方势力的情况看,商王室对王室成员的分封可能是存在的,也是这部分地方势力形成的主要方式。但对于大多数地方势力来说,正如陈梦家指出的,它们"有自己的土地人民,似非殷王国所封赐,与后代的封土式的情形自有不同"。[⑤]也就是说,它们在发生上有自己的历史。周人在商朝时的情况可能就是这样。当然,这不妨碍这些地方势力接受商王的册封,以取得相应的名分,在这个意义上,它们可以说是商朝的诸侯。而这其中有一部分同商王朝对这些地方部落或小国的征服有关。总之,商朝大多数地方势力发生的情况同真正的分封制,亦即土地人民也来自王室

[①]《殷虚卜辞综述》,第291—298页。
[②] 同上,第332页。
[③] 见《卜辞中所见诸侯对商王室的臣属关系》,《甲骨文与殷商史》。
[④]〔日〕白川静:《胡厚宣氏的商史研究——〈甲骨学商史论丛〉》,《甲骨文与殷商史》第3辑,上海古籍出版社,1990年,第442页。
[⑤]《殷虚卜辞综述》,第332页。

分封的情况是有区别的。在商代，真正的分封制度，其实行的范围比起周代来恐怕要小得多。这反映了这两个朝代对地方势力控制的程度不同。

商朝的地方势力同商朝国家中央的关系首先表现为地方势力首领接受商王的指令。这种指令在卜辞中称作"令"。如《小屯南地》2273："王令冟侯以田。"《京》4777："令犬侯□叶王事。"《龟》2.5.6："令沚戬归。"都是商王"令"诸侯的例子。卜辞中还有一个表现商王对地方势力有控制能力的词是"呼"。如《龟》2.15.11："呼雀伐犹。"《合集》32969："其呼卢卸事。"就指明商王对诸侯的支配力而言，"令"和"呼"的意义是接近的。这两个词在卜辞中也常常被用于商朝中央的大臣和商王的妻妾子妇。①从这个事实可以看出，商王对待地方势力可以像对待其直属的大臣或家族成员一样，也就是有相当直接的控制力。而有些地方势力的首领，其本身同时也就是商朝中央的大臣。比如雀就既是地方诸侯，又是商朝中央的大臣，在卜辞中称为"亚雀"。②卜辞中还有记载商王对地方势力"取"的辞例。所谓"取"，在这里是指商王依据其权力从地方势力那里获取某些物资或人员、牲畜等。因此卜辞中的"取"也是反映商王对地方势力的控制关系的一个词。值得注意的是，在卜辞中，只有商王对地方势力或商王的臣下"令"、"呼"、"取"的辞例，而没有对商王"令"、"呼"、"取"的例子。③这就表明商王对地方势力的控制是单向性的，两者间不是"平等"的关系。

卜辞还从多方面反映了商王与地方势力之间的权利与义务关系。对此，杨升南有比较全面的总结，以下论述将较多地引用他的成果。

在商王对地方势力亦即诸侯拥有的权利方面，杨升南举出了以下几种情况。④一、商王拥有在诸侯国内进行生产活动，以及拓展自己耕地面积的权利。如《前》6.14.6："令受衷[田]于[先]侯，十二月。"《甲》3510："令众人□入羊方衷田。"羊方，又称为"羊伯"（《后》下33·9），属于商朝的侯伯。

---

① 《卜辞中所见诸侯对商王室的臣属关系》，《甲骨文与殷商史》，第135、137页。
② 同上，第135页。
③ 同上，第139页。
④ 同上，第142—147页。

"衺田",是指一种农业生产活动,具体地可能是指垦荒或施肥。①与商王在诸侯国内的生产活动相应的是商王在诸侯国内有经济利益。卜辞中有时反映商王在诸侯国内获得收成。如《合集》9934:"王于潒侯受潒年。"二、商王可在诸侯国内进行田猎。如《后》上13·1:"王其田,亡灾在杞。"杞在卜辞中称侯(《后》下37·5)。田猎除有狩猎的意义外,还有军事演习的功能,是古代国家的重要军事活动。三、商王可将诸侯国作为对外进行军事行动的起讫点。如《前》2.6:"在九月,征人方,在雇彝。"《南明》786:"在正月,王来征人方,在攸侯喜鄙永。"前一辞是说商王征人方前在雇国(雇称伯,见《外》141)举行彝祭。后一辞是说商王征伐人方后返回时在攸国的一个叫永的地方停留。这类卜辞可以看到很多。四、商王有权在诸侯国内巡游。如《金》544:"今日步于攸。今日王步于沚。"五、商王可在诸侯国内举行占卜和祭祀。如《粹》300:"在雇卜。"《后》下15.2:"其炊于周。"从上述情况可以看出,商朝的地方势力虽然也都可以被称为是一些小国,但由于它们与商朝国家之间有从属关系,因此它们所在的地域对商王来说是开放的。这无疑显示了商王对这些地区的控制。

在地方势力对商王承担的义务方面,杨升南谈了两方面的内容。一是在军事上,诸侯要为王室戍边。②实际上,地方势力对于商王军事行动的参与几乎是全面的。商王经常"呼"、"令"诸侯去征伐某个邦方。③而商王的许多军事行动都是有诸侯国参加的,甚至是以它们的军力作为主力的。在这里有一个问题需要稍加讨论。卜辞中有一词用来表示商王同诸侯在军事上的协同行动,就是"比"。如《后》上17·5:"王比沚戬伐土方。"这里使用"比"一词,有的学者认为是表明了商王同诸侯的"平等"关系。④这个字成为一些学者主张商王同地方势力的关系是一种结盟关系的主要依据。但是,我觉得对"比"的这种理解有不确定的成分。第一,卜辞中商王除了"比"某个诸侯去进行某项军事行动外,还有"呼"、"令"这些诸侯从事这些活动的记载,如

---

① 《卜辞中所见诸侯对商王室的臣属关系》,《甲骨文与殷商史》,第143页。
② 同上,第149页。
③ 同上,第150页。
④ 林沄:《甲骨文中的商代方国联盟》。

对沚,《合集》6623就有:"叀甾呼令沚壱畀方。"对使用"呼"、"令"的辞例是无法用"平等"关系来解释的。第二,"比"本身还有辅佐的意思(《周易·象传·比》:"比,辅也")。所以,把用"比"和用"呼"、"令"的辞例联系起来看,商王"比"某诸侯从事某项军事行动,不排除是指商王使该诸侯在军事上做他的辅佐的意思。就是说,"比"描写的虽然是商王与诸侯协同的行动,但商王仍然是居主导的地位的。值得注意的是,在卜辞中从未有过说诸侯"比"商王的辞例,说明"比"确是指一种单向的控制关系。

杨升南提出的地方势力对商王承担的另一项义务是诸侯要向商王室贡纳各种物品。[①]卜辞记载这类行动的词有"氏(致)"、"収(供)"、"入"、"来"等,都是以商王为接受者的,而提供物品的一方则包括各类诸侯。诸侯向商王提供的物品包括"奴隶、人牲、牛马及卜龟"。[②]除此而外,前面谈到的商王在诸侯国内获取收成的做法,也应理解为诸侯在经济上对商王承担的一种义务。杨升南认为这实际上是"诸侯将国中的部分土地划归王室以作为农产品的贡赋"。[③]卜辞中有商王命诸侯藉田的记载,如《合集》9511:"告攸侯藉。"这种藉田,可能就是为商王利益耕作的,但分布在诸侯国内。现在还不知道这种藉田的具体形式是怎样的,也还没有材料表明这种藉田的形式以及商王在诸侯国内获得收成的做法对各诸侯国来说是不是普遍存在的。但至少对一部分诸侯来说,特别对那些与商朝中心地区接近的诸侯国来说,上述情况应是存在的,并很可能成为商朝国家财政收入的主要来源之一。张光直将商朝的外服定义为"商王直接获取资源的领土单位"。[④]这在原则上,同杨升南的分析是吻合的。商朝诸侯对商王的经济义务的全部细节及其相应的制度的细节,现在已很难全部复原。但是可以看出商王同诸侯之间在经济上存在着某种联系,由于这种联系,诸侯国内有一部分经济利益要向商朝国家中央流动。

总之,就商朝中央与地方的关系来说,首先可以肯定的是有这样一种关系存在。商朝中央亦即商王室与地方势力的关系绝不是一般的国与国的关

[①]《卜辞中所见诸侯对商王室的臣属关系》,《甲骨文与殷商史》,第153页。
[②] 同上,第154页。
[③] 同上,第154页。
[④] Kwang-chih Chang: "*Shang Civilization*", P. 216.

系,而是一个国家内的中央与地方的关系。中央与地方处在不平等的地位上这一点是很明显的。同时中央还对地方势力实行控制。因此文献中每每把商朝地方势力称作商王的诸侯,也就是指出地方势力对商王是有臣属关系的,这在表明商朝国家结构的具体特征的意义上是可以接受的。当然应该看到,商朝国家内中央对地方的控制显然还不是非常严密的,地方势力在相当大的程度上享有自治权。各地方势力在政治、经济、军事等各方面自主发展的余地是很大的。这包括地方势力与其他地方势力之间的联合,以及一个或一些地方势力向另一个或一些地方势力发动战争等等。周人在商朝国家体制下的发展就是一个典型的例子。但尽管这样,商王对地方势力拥有的权力和地方势力向商王承担的义务,仍然表明地方势力并不是完全独立的单位。中央对地方的控制,加上地方享有的相对的自治权,这应该说就是商朝国家结构的基本特征。这个特征,可以看出,与酋邦政治的特征之间是有连续性的。区别是在于商朝国家的中央权力比酋邦时代更具形式化的特征,也更强化。这毫无疑问同夏朝以来王朝政治传统的形成与发展是有关系的。

周朝

周朝国家的中央权力同商朝国家一样是一种王权,这是毫无疑问的。在文献和金文中对此都有明确的反映。许多资料都表明周王(亦称"周天子")是周朝国家的最高权力者。如《尚书·洛诰》中有:"曰其自时中乂,万邦咸休,惟王有成绩。"这就是说,周王是治理万邦的。盠彝中有:"天子不叚不其万年保我万邦。"这也是说天子即周王有对万邦的控制权。再如,墙盘有:"曰古文王……匍有上下,迨受万邦。"意思也是说周王的控制权达到了万邦。万邦,在周代文献和金文中是对各类地方小国的概称。有时也称"多邦",如《尚书·大诰》:"王若曰:'猷!大诰尔多邦越尔御事。'"或"庶邦",如《尚书·酒诰》:"厥诰毖庶邦庶士越少正御事朝夕曰:'祀兹酒。'"多邦或万邦的总和是"天下"。故《左传·定公四年》说:"周公相王室以尹天下。"很显然,在周王与万邦的关系中,周王的地位要高于万邦。这反映出周王被看成是万邦的首领或统治者。有趣的是,既然在周王的立场上,他所控制的地域被说成是"天下",那么,这实际上意味着周王是把当时为其所知的整个世界作为他有权控制的范围的。也就是说,周朝国家不认为有任何与之对等的其他国家存在;在周朝国家所了解和有接触的地域内的所有政治实体和人群,在理论上都被认为是周朝国家的地方势力。当然,周王实际能够控制的只是其中的一部分。对于周王尚未能控制的各类政治实体和人群,周朝国家便把它们看作是"戎狄蛮夷"。这种称呼包含两重意思:一是它们表示有关的政治实体和人群是没有主权的;二是它们意味着这些政治实体和人群的政治的和文化的发展程度是较低的。此外(这一点是比较确实的),被称为"戎狄蛮夷"的政治实体和人群在族体上同周朝国家的主体民族往往是不相同的。周朝国家在国土结构上的这种观念应该说至少在商朝国家时已经形成。这成为古代中国王朝政治在主权问题上的一个非常特殊的特征。当然,随着古代中国各民族历史的发展,商、周国家在主权问题上的这种观念越来越带有某种虚妄的成分,因为在商、周国家时期,尤其是在周朝国家时期,事实上拥有在一片有限地域内的主权的、不受商、周国家控制的政治实体和人群始终是存在的。然而,从另一方面说,至少在商、周时期(截止到春秋以前),我们还看不到除商、周国家外,中国境内有其他政治实体独立地形成国家的证据。只是在春秋以后,在中原周边地区才开始出现了一些新的、相对独立的早期国家进程,如楚国(春秋前期)和越国(春秋后期)的发展,但是它们很快也纳入了周朝国家的总的发展进程中(参见第九章)。总之,周朝国家从商朝国家那里继承来的关于主权的上述观念,在一定意义上是周王对较大地域内的各类政治实体和人群拥有控制权的反映。

同商朝国家一样,周朝国家也有一个直属于周朝王室治理的区域,称为"周邦"。录伯䂮簋有:"恪于周邦,右辥四方。"大克鼎有:"丕显天子,天子其万年无疆,保乂周邦,畯尹四方。"四方,相当于万邦;[①]而周邦则是指天子即周王直接治理的区域。周邦有时也称周,师訇簋中有:"皇帝亡昊,临保我丮周与四方。"有时也称"有周",师询簋:"……临保我有周,于四方民,亡不康静。"这里把周和有周与四方对举,故可以看出它们是指周王直接治理的区域。由于"周邦"或"周"是周王直接治理的区域,因此它们有时被用来代

---

① 赵伯雄:《周代国家形态研究》,湖南教育出版社,1990年,第17页。

表周朝国家。如《诗经·大雅·文王》中说:"周虽旧邦,其命维新。"这里的"周"被称为"邦",但它并不是用来专指周王直接治理的地区的,而是泛指周朝国家。这从《文王》中所说的"陈锡哉周,侯文王孙子"一句中便可体会出来。"侯文王孙子",意即使文王的子孙为侯,而这些侯并不都是在周王直接治理的区域内的。比如鲁国和卫国,据《左传·僖公二十四年》,都是"文之昭也",也就是文王的后代,但它们都显然不是在周王直接治理的区域内。因此《文王》说的"周"指的应是一个较大的范围,即代表整个周朝国家。"王国",在文献中也是一个有双重意义的概念。有时它是指周王直接治理的地区,如《诗经·大雅·江汉》中说:"四方既平,王国庶定。"这里"王国"与"四方"对举,应以指周王直接治理的地区的可能性为大。但在《诗经·大雅·文王》中有"思皇多士,生此王国。王国克生,维周之桢"。这恐怕就是一般地指周朝国家而言了。因此有时,如在《江汉》中,王国的范围被说得很大,一直达于四方:"式辟四方,彻我疆土。匪疚匪棘,王国来极。于疆于理,至于南海。"师询簋有:"卿(向)女彶屯䣑周邦。"这个周邦也是一般地指周朝国家。从以上的这些材料中可以看出,在周朝的观念中,周王直接治理的地区不是一个与万邦处于对等地位的普通的邦,而是代表了整个国家的。

在后世的文献中,往往称由王直接治理的地区为"王畿"。而有时王畿便被用来代表整个国家。如《诗经·商颂·玄鸟》:"邦畿千里,维民所止。"这里的邦畿就是指整个商朝国家。这虽然说的是商朝情况,但周朝的情况也是相似的。

周朝的中央地区最初只是在今陕西省的西安地区。早在文王时,周人的政治中心就从岐山向位于西安地区的丰转移(或扩展)。《诗经·大雅·文王有声》:"文王受命,有此武功。既伐于崇,作邑于丰。"关于丰的地望,汉以来的文献都说在今西安市附近的沣水以西,汉长安城西南,唐长安城西,户县东三十里。[①]考古学界据对有关地区的周文化遗迹的考察,推定丰邑的位置是在沣河中游偏北,也就是今西安市的客省庄、马王村、张家坡、西王村一带。[②]至

---

① 《商周考古》,第147页。
② 同上,第147页。

武王时,周人又在镐京营建新都。《诗经·大雅·文王有声》:"考卜维王,宅是镐京,维龟正之,武王成之,武王烝哉。"镐京的地望,据《毛诗》郑笺,是在"丰水之东"。实际上与丰只一河之隔。据考古学界推定,其实际位置大约在今西安市的洛水村、上泉北村、普渡村、花园村、斗门镇一带。① 目前在马王村、洛水村等地发现有西周时期的夯土基址、陶质排水管、板瓦和白灰面墙皮等建筑遗存,"推测这类建筑应是王室、大贵族住的"。② 在张家坡、客省庄等地有大量墓葬(有些有二层台)和车马坑出土。此外,马王村、新旺村等地还发现整批窖藏铜器,包括一些重器。如新旺村出一件重82.2公斤的铜鼎,"应是王家使用的重器"。③ 同地出土的遹盂铭文记载周王内宫后妃遴选宫人、宫婢之事,与宫廷生活有关。因此虽然迄今尚未在这个地区发现西周宫殿基址,但从上述考古发现来看,周初的丰、镐即在这一地区是可以确认的。在整个西周时期,丰、镐两地实际上构成了周朝国家最重要的政治中心,是国家的都城所在。因此在文献和金文中,丰、镐亦被称作"宗周"。此处"宗"应是尊的意思。

　　在周文王迁都于丰之后,周人的发祥地和灭商以前的都城的所在地周原地区仍长时期作为周朝的重要政治中心。并且,很可能这个地区同周朝在西安地区的政治中心在一定形式上有某种密切的关系。1976年起,在周原地区的岐山县凤雏、董家、贺家、礼村和扶风县召陈、强家、云塘、齐家,庄白等地,陆续发现一批大型的夯土建筑基址、铜器窖藏和西周时期甲骨文等重要考古遗存。尤其是在凤雏和召陈发现的大型建筑基址,是迄今所发现的西周时期规模最大、布局最完整的建筑遗址。凤雏甲组建筑基址坐落在东西宽32.5米、南北长45.2米、高1.3米的夯土台基上,建筑物的布局以门道、前堂、过廊、后室为中轴,东西配置厢房各8间,并有回廊相连接,形成一个前后两进、东西对称的封闭性院落。④ 召陈建筑基址已发现的有15处。其中规模较大的F8的夯土台基东西长约22.5米、南北宽约10.4米,F3的夯土台基东西长

---

① 《商周考古》,第148页。
② 胡谦盈:《丰镐遗址》,《中国大百科全书·考古学》,第126页。
③ 同上,第127页。
④ 《新中国的考古发现和研究》,第249页。

24米、南北宽15米。①记载有商末周初重要史实的约1万7千多片甲骨(其中有字的190多片)就发现在凤雏甲组建筑基址的西厢房中。这些建筑可能是当时贵族的宅院,也很有可能就是宫殿或王室的宗庙②。在周原地区所发现的铜器窖藏数量之多、质量之精,给人留下非常深刻的印象。据不完全统计,近80多年来,在周原出土的铜器窖藏有近30起,出土铜器达千件,其中近百件有较长的铭文。③窖藏的分布几乎遍布整个周原地区。这些窖藏实际上反映出周原当初是周朝贵族聚居的一个地点。此外,在周原地区还发现了大批的墓地,以及制骨、制陶、冶铜和玉器作坊遗址。④其中在黄堆村发现很多大墓。根据对周原出土的铜器铭文的研究,可以确认居住在周原的贵族有许多是"王朝要臣"。⑤朱凤瀚说,"他们既为王官,其本人多数当服役于宗周(镐京)朝廷,只是将家族安置于此"。⑥此说当可同意。但周原的大型建筑遗址表明它在政治上也可能有重要功能。从出土陶器判断,周原建筑的使用一直延续到西周晚期。⑦这说明整个周原在这一时期都保持着它的地位。在文献中,《国语·晋语八》有:"昔成王盟诸侯于岐阳。"这同考古的发现是吻合的,证明周原在周朝国家建立后的确仍是它的一个政治中心。由于周原地区与西安地区十分逼近,因此在一定意义上似乎可以认为周朝国家在西安附近的中心区域是绵延分布到周原地区的。有人甚至推测,周人在克商前开始经营的岐下的"京"也是周朝的一个都城。⑧

周朝的另一个中心地区是在河南省洛阳地区。这个地区成为周朝国家的中心区域,是从周成王时周公和召公营建洛邑以后开始的。而在武王时,周朝国家在东部地区建立其政治中心的意图已经形成了。何尊:"唯武王既克大邑商,则廷告于天,曰:'余其宅兹中国,自之乂民。'""中国",指洛阳地

---

① 《新中国的考古发现和研究》,第250页。
② 张长寿:《周原遗址》,《中国大百科全书·考古学》,第728页。
③ 王世民:《周原铜器窖藏》,《中国大百科全书·考古学》,第726页。
④ 张长寿:《周原遗址》,《中国大百科全书·考古学》,第728页。
⑤ 朱凤瀚:《商周家族形态研究》,天津古籍出版社,1990年,第391页。
⑥ 同上,第391—392页。
⑦ 《新中国的考古发现和研究》,第250—251页。
⑧ 许倬云:《西周史》,第87页。

区，在地理上居于周朝国家控制的地域的中央部位，故名。①武王的这个考虑的目的很明显，是欲在战略上便于对东部地区的控制。营建洛邑的事迹在《尚书·洛诰》和《召诰》中有详细记载。洛邑建成后，成为周朝国家的东都。周平王东迁之后更成为周朝国家的唯一首都。由于洛邑是周朝国家的又一个都城，在此周围也应有周王直接治理的地区。根据传统说法和有些现代学者的意见，周朝中央直接治理的地区从宗周到洛邑是"连成一片的"，②故有"邦畿千里"之说。这个说法还有待于证实。

周朝国家在周王直接治理的地区内是如何管理的，现在还不十分清楚。但是从文献来看，有许多被称为"畿内诸侯"的贵族，其都邑是分布在周王直接治理的地区内的。在金义中，畿内诸侯被称为"邦君"，如五祀卫鼎有"邦君厉"。《尚书·大诰》、《酒诰》、《梓材》中提到的"邦君"，也是指畿内诸侯。③这些畿内诸侯由于其分布靠近王都，因此受到周王的控制比较严厉。这不仅表现在他们的都邑一般比较小（同畿外诸侯相比），而且同畿外诸侯的地位也不相同。从文献的记载中看，畿内"诸侯"更多是被看作为一些贵族家族，而不是像畿外诸侯那样成为具有较大自治权的诸侯国。我在一项研究中指出，周代的畿外诸侯都有为他们所特有的国氏，如鲁国的鲁氏、齐国的齐氏等。这些国氏只属于诸侯国国君及其未领有新氏的子、孙两代后裔所有。国君的其他亲属必须领有新的氏。这表现了诸侯国政权的公共性质。但对畿内"诸侯"而言，便没有这种情况。比如，刘氏是在周朝历史上非常活跃的一个畿内"诸侯"，在文献中我们可以看到，除相继继为刘氏大宗的刘康公、刘定公、刘献公、刘文公、刘桓公外，还有他们的远亲刘毅、刘世鸠、刘佗等，也都领有刘氏。再如尹氏，亦是周朝有名的畿内"诸侯"，文献中记载的属于尹氏大宗的远亲的，有尹言多、尹辛等人，亦皆冠以尹氏。这表明这些"诸侯"的地位比起畿外诸侯来要更多一点私人性质。④从这个意义上说，所谓畿内诸侯，更确切地应称为畿内贵族，从而更清晰地表示出他们在对有关社

---

① 唐兰：《西周青铜器铭文分代史徵》，中华书局，1986年，第76页。
② 杨宽：《西周中央政权机构剖析》，《历史研究》1984年第1期。
③ 同上。
④ 以上参见拙著：《周代家庭形态》，第168页。

区的关系上私人性质要重于公共性质,同畿外诸侯在政治组织的发展上所体现的较完整的公共性机制有较大的区别。然而,尽管如此,畿内贵族对周朝国家仍然是有突出的重要性的。他们很多都在周朝国家的中央机构内任重要职务。周初的两个重要的大臣周公和召公就都是畿内贵族。他们的都邑,据《史记·鲁周公世家》和《燕召公世家》索隐说,"皆在岐山之阳",亦即位于周原的周朝国家的中心区域内。1976年在扶风庄白村出土的微氏家族铜器,[1]属于一个自周初以来一直在西周中央机构中任史官职务的贵族家族,并且在其"乙祖"时,成为周王的"腹心"(墙盘),可见是周朝的重臣。而这个家族亦居于周(墙盘),实际上就是今周原地区,故亦属于畿内贵族。在文献中,反映畿内贵族担当周王指派的重任的记载屡见不鲜。《国语·周语中》说"定王使单襄公聘于宋",单氏即畿内贵族。《左传·昭公九年》记周景王"使詹桓伯辞于晋",詹氏亦是畿内贵族。这两条材料说的都是春秋晚期的事,说明畿内贵族任周朝中央职务,尤其是一部分重要职务的做法,在整个周朝国家时期都是存在的。可以说,周朝中央机构的各种职务中,至少有相当大一部分是由畿内贵族承当的。这样看来,畿内贵族主要是作为周王直接支配的臣属分布在周王直接治理的区域内的。因此整个周王直接治理的区域,也就是所谓王畿,实际上主要是为了担负周朝国家的中央政治职能而存在的。在管理上,由于畿内贵族的存在,周朝中央区域的基层社区单位可能与这些贵族的都邑的分布有一定关系,并且在这些都邑内,畿内贵族应有一定的管辖权。但根据对周原遗址的研究,可以看出周朝中央区域内贵族家族的居住址与其拥有的采邑,包括相应的土田,"在空间上"可能是"相分隔"的。[2]因此对于周朝中央区域内与畿内贵族都邑有关的社区单位的具体情形,还有一些细节目前尚不清楚。另一方面,周王对周朝中央区域内的某些社区应有更直接和完全的管辖权,即将这些社区作为王自己的采邑。作为王朝都城的丰镐和洛邑(包括王城与成周)自然是由周王完全控制的,并由专门的官署实施管理。这些都城是周朝国土结构中典型的城市化部分,它们除了容纳周王的宫

---

[1] 《陕西扶风庄白一号西周青铜器窖藏发掘简报》,《文物》1978年第3期。
[2] 朱凤瀚:《商周家族形态研究》,第393页。

殿和宗庙设施外，还应容纳属各官署的设施，同时还包括王室、贵族和各种官员们的居住区。根据对周原遗址和洛阳王城遗址的了解，都城内还应分布有平民居住区，以及各种手工业作坊等。①

周朝国家在周王直接治理的区域之外，就是《酒诰》所谓的外服。这也就是文献和金文中所说的周朝国家的"四方"。这个地区是十分广大的，前文曾引用《左传·昭公九年》周景王描述周朝国家疆域的一段话，指出了周朝国家势力范围在东、南、北三个方向上的边界。在这里还可补充周景王在我引用的这段话前面提到的周朝国家势力范围的西界："我自夏以后稷、魏、骀、芮、岐、毕，吾西土也。"总起来看，属于周朝国家四方范围的地域，可能在商朝国家地域的基础上还有较大的扩张。在这么广大的地区内，周朝国家势力的存在主要表现在从属于它的各类诸侯国的分布。令彝有："眔诸侯：侯甸男，舍四方令。"就说明了四方是由诸侯充斥的。这些诸侯国构成了周朝国家的地方势力。它们作为畿外诸侯国，是周朝国家的主要统治对象。

从文献和金文的记载看，周朝国家的地方势力中，分别具有公、侯、伯、子、男以及甸、采、卫等名分。在较早的文献，如《尚书》中，较多见到的是"侯、甸、男、邦、采、卫"（《康诰》）几种。其中的"邦"可能不是一种诸侯国的名分，而是一般地指"邦伯"（《酒诰》），也就是诸侯国。在金文中，有公、侯、伯、子几种，男极罕见。②有人认为金文中的公、伯等之间存在着等级关系。如认为公是比伯高一级的爵位。③也有人认为西周诸侯分为侯、田、男三级。④在《春秋》一书中，有将公、侯、伯、子、男整齐地排列成等级秩序的一套诸侯国爵称系列。《春秋》的这套记法，同较早的文献和金文的记载并不吻合，其真实性还有待于研究。在春秋时期，我们可以看到有些诸侯是称王的，如楚、徐等。另外，在金文中也发现了周朝的一些诸侯称王的例子。如矢、

---

① 陈全方：《早周都城岐邑初探》，《文物》1979年第10期；《洛阳涧滨东周城址发掘报告》，《考古学报》1959年第2期。
② 杨树达：《积微居小学述林》卷六。
③ 杨宽：《西周王朝公卿的官爵制度》，《西周史研究：人文杂志丛刊》第2辑，1989年，第95页。
④ 张亚初、刘雨：《西周金文官制研究》，中华书局，1986年，第104页。

录、茶、吕、丰、邵、豳等,都有称王的记录。①对这个现象现在还不易作出合理的解释。我想这种现象恐怕同各地方势力发展的具体历史有关,因此不带有普遍性。而这些诸侯所称的"王",其意义与周王的"王"也是不完全相同的。关于这一点下面还要谈到。总之,关于周朝国家地方势力的名分的全部细节问题还有待于研究。而不管怎么说,周朝国家的地方势力是分成几种不同名分的,这一点可以肯定。这个现象很可能是含有等级制的意义的,不过这种等级制的具体构成形式可能是比较复杂的,并不如《春秋》中记载的那么整齐划一,同时也许还含有别的意义②(这个问题也还有待于研究)。从另一方面说,周朝国家的地方势力中的一种与这些诸侯国的名义没有系统联系的等级的区分还是存在的,那就是所谓大国、次国和小国的区分。《左传·成公三年》:"(臧宣叔)对曰:'次国之上卿,当大国之中,中当其下,下当其上大夫;小国之上卿,当大国之下卿,中当其上大夫,下当其下大夫。上下如是,古之制也。'"这种分别,可能主要是根据各诸侯国的实力,包括其幅员来决定的。③

周朝国家的地方势力,从其来源说,有两种情况。一种是在周朝国家建立初期,由周王室分封其子弟、功臣,形成了一批地方势力。周初有过几次大规模的分封,主要是在成王和康王时完成的。④《左传·僖公二十四年》记载了一部分被分封的诸侯国(包括一部分畿内贵族)的名单:"昔周公吊二叔之不咸,故封建亲戚以蕃屏周。管、蔡、郕、霍、鲁、卫、毛、聃、郜、雍、曹、滕、毕、原、邦、郇,文之昭也;邘、晋、应、韩,武之穆也;凡、蒋、邢、茅、胙、祭,周公之胤也。"这些都是对周王室的亲属的分封。对商朝王室后裔宋国的分封,和对周朝功臣吕尚后裔齐国的分封也在这一时期。这种分封,带有明显的扩张周王室政治控制力的目的,因为这些由亲戚、功臣控制的诸侯国被认为将会是对王室忠诚的。但在另一方面,也是周王室无力直接治理整个国家广大幅员

---

① 王国维:《古诸侯称王说》,《观堂别集补遗》;又见赵伯雄:《周代国家形态研究》,第100页。
② 如赵伯雄认为这些名分可能指诸侯职事的分类,可备一说。见其著《周代国家形态研究》,第131页。
③ 同上,第128页。
④ 许倬云:《西周史》,第139页。

上各个地区的结果。它只能在这些地区内扶植起一批地方势力,通过它们来控制这整个疆域。周朝地方势力的另一种来源,是对商朝原有的地方势力通过册封为诸侯国的形式承认它们是周朝国家的地方单位。这类诸侯国的数量也不在少数。《荀子·儒效篇》说:"(周公)兼制天下,立七十一国,姬姓独居五十三人。"周朝实际所有的诸侯国的数目恐怕还不止这些。在武王举行盟津之会时,据说参与的有来自各地的原归属商朝的地方势力"八百诸侯"(《史记·周本纪》)。这个数字可能有夸大,但也反映了追随周朝国家建立的原商朝地方势力数量是很多的。周朝国家建立后,这些原商朝的地方势力中有相当一部分便纷纷转变为周朝的地方势力,成为大小不一的诸侯国。周朝国家使这些势力转化为自己的诸侯,其目的显然也是在于通过它们来控制较大的地域。当然,周朝国家为使这些地方势力服从自己的控制,应该是经过一个复杂的过程的。

由于周朝国家的地方势力在实质上或至少在形式上是通过周王的册封奠定其地位的,因此,在周朝中央与地方关系上的第一个突出的要素,就是地方势力对于王室的臣服。换言之,诸侯被看成是国王的臣属。《左传·襄公二十一年》记有晋国大夫栾盈的一段话:"天子陪臣盈,得罪于王之守臣,将逃罪。""王之守臣",指的就是晋平公。《国语·齐语》中还记载管仲指责齐桓公欲对周襄王不敬时的一段话:"当君不君,当臣不臣,乱之本也。"这也是把周王与诸侯的关系看成是君臣关系。以上两条材料虽出自春秋时期,但看来也是周朝的常制。故《礼记·玉藻》说:"诸侯之于天子曰某土之守臣某。"这里就是把诸侯对周王称臣的事实当作周朝制度来说的。

诸侯对周王的臣属关系一般要通过特定的册命仪式予以肯定。金文中宜侯夨簋记录了周王册封宜侯时的情形,包括所宣读的册命辞。在文献中,《左传·宣公四年》以及《尚书·康诰》等记载了周王册封晋、卫、鲁时的情景和部分册命辞。不仅诸侯国在最初分封时要经过王的册命,每一任新即位的诸侯也要由周王重新册命,以示承认。如伯晨鼎有:"王命䵼侯伯晨曰:'嗣乃祖考,侯于䵼。'""嗣乃祖考"就是继承父位的意思。这是周王对新即位的诸侯的册命。《左传》中有关于周王册命晋文公的记载(《左传·僖公二十八年》)。有时周王还把诸侯册命到新的地域。宜侯夨簋记录的就是周王将虞侯改封到宜的事情。至如麦方尊所载："王令辟邢侯出伱，侯于邢。"这是说周王命邢侯离开伱，就封于邢。周王对诸侯的册命典礼，是周朝国家的地方势力臣服于中央的关系在仪式上的一种反映。

就是对那些称王的诸侯来说，只要他们是接受周朝国家的控制的，便也对周王采取称臣的立场。《左传·昭公十二年》记载楚灵王的话说："昔我先王熊绎，与吕伋、王孙牟、燮父、禽父并事康王。……今吾使人于周，求鼎以为分，王其与我乎？"这表明了楚国（尽管它是称王的）对周朝采取称臣的态度。这段话中最后的一个"王"是指周景王，证明楚虽然自称为王，但也承认周王又是它的王。

作为周王的臣属，诸侯国有朝见周王的义务。如匽侯旨鼎有："匽侯旨初见事于宗周。"又如献簋："榶伯于遘王。"遘王，即觐见周王。看来觐见周王是诸侯必须遵守的制度。否则将引起周王的惩罚。如春秋初期郑国"不朝"，便引起周王的讨伐（《左传·桓公五年》）。很显然，诸侯对周王的觐见，含有肯定其臣服于周朝国家的意义，同时也表明周王对诸侯国还是有一定程度的控制的。

表现周朝地方势力与周朝国家之间臣属关系的又一个重要事实是有些诸侯国的国君在周朝中央机构内任职。《尚书·顾命》中提到周成王临终时召见了"太保奭、芮伯、彤伯、毕公、卫侯、毛公、师氏、虎臣、百尹、御事"，这些显然是周朝中央的重臣或王室事务的负责官员，而卫侯就是来自诸侯国的，他在中央的职务可能是司寇（《左传·定公四年》）。在金文中，禽鼎表明第一代鲁侯伯禽亦是周朝中央的大祝。利簋、豆闭簋、七年趞曹鼎中的井伯（邢伯）为周公子，是畿外诸侯，但世为王官。[①]春秋初年，郑国的国君郑庄公任王朝卿士，这是大家所熟知的。郑庄公甚至能指挥周王的军队（《左传·隐公元年》）。这也说明了诸侯在周朝中央的地位。诸侯在周朝中央机构内任职，不仅反映出周朝中央与地方的关系上的一种实质性内容，而且反映出周朝国家在一定程度上是具有政治上的整体性的。诸侯通过在中央任职也对国家事务拥有一定的控制权。

---

① 杨宽：《西周王朝公卿的官爵制度》。

正因为诸侯是周王的臣属,所以他们对周王负有一系列经济的、军事的和仪式上的义务。前面提到的诸侯对周王的朝觐,就是带有仪式性的一项制度。诸侯对周王所负的经济义务称为"贡"。《左传·昭公十三年》:"昔天子班贡,轻重以列。列尊贡重,周之制也。"这就是说,诸侯对天子的"贡"是依各诸侯国的等级而有分别的。贡的内容,现在很难完全了解。其中有些是仪式性的物品。如《左传·僖公四年》提到齐国对楚国的指责:"尔贡包茅不入,王祭不共,无以缩酒,寡人是征。"但也有经济性的供给。《国语·齐语》:"(齐桓公)遂南征伐楚,济汝,逾方城,望汶山,使贡丝于周而反。"甚至可能包括粮食作物。《左传·隐公六年》有:"冬,京师来告饥,公为之请籴于宋、卫、齐、郑,礼也。"这里的"籴",似乎并非购买的意思。《左传·僖公十三年》在说到晋国"使乞籴于秦"时,便提到"秦于是乎输粟于晋"。因此"请籴"的意思应是要求输送粮食。《左传·昭公二十五年》有:"赵简子令诸侯之大夫输王粟,具戍人。"这也说明诸侯对周王提供粮食是一种义务。上述两条材料所谈的还是在特殊情况下,即在有饥荒或兵乱时的事。而在平时诸侯向周王提供粮食恐怕也是常有的。尤其是上两条材料都说的是春秋时期的事,这时王权已衰落,诸侯对周王担负的义务可能会时常不被履行。而作为一种制度,则诸侯向周王提供粮食有可能是被规定的,所以《左传》说"礼也"。

诸侯在军事上对周王承担的义务,主要是率领本地的军队参与周王组织的征伐行动。这一点同商朝是相似的。在金文中,班簋提到,当周王派主帅毛公征伐东国时,吕伯、吴伯都以其本地军队参加了这一军事行动。明公簋亦有周王命明公(诸侯)[①]"遣三族伐东国"的记载。这类事例在文献中记载更多。如前面提到在春秋初期,周桓王罢免了郑庄公的王朝卿士职务,郑国因此而"不朝",这时周王便"以诸侯伐郑"(《左传·桓公五年》)。据《左传·桓公五年》记载,这次征伐,"王为中军,虢公林父将右军,蔡人、卫人属焉;周公黑肩将左军,陈人属焉"。可见诸侯是随时都可能参与周王的军事行动的。

---

① 马承源等认为明公是周公后裔茅国君主,明、茅古通。马承源主编:《商周青铜器铭文选》(三),文物出版社,1988年,第35页。

从文献的记载来看,周朝中央对地方势力是有一定程度的实际控制的。比如,诸侯国内的高层官员就须经过周王的册命。《左传·宣公十六年》有:"晋侯请于王,戊申,以黻冕命士会将中军,且为大傅。"这就是由周王册命诸侯国大臣的一个例子。《国语·晋语一》中记载晋武公对栾共子说:"苟无死,吾以子见天子,命子为上卿,制晋国之政。"从这段话中可以看出,诸侯国任命上卿是要经过天子册命的。在《礼记·王制》中有一段话记述周朝在这方面的制度:"大国三卿,皆命于天子。……次国三卿,二卿命于天子,一卿命于其君。"《王制》这个说法总体上还是符合周朝的实际情况的。除此之外,周王对诸侯国可能还有巡视的制度。在文献中,曾谈到周王有巡守的做法。如《礼记·王制》:"天子五年一巡守。"周朝的真实情况未必像《王制》说的那样整齐,但巡守的事是有的。《诗经·周颂·时迈》就描写了周王对诸侯国巡守的情景。郑笺对这首诗的解释是:"武王既定天下,时出行其邦国,谓巡守也。"金文中则有史颂簋:"王才宗周,令史颂省苏。"省一作巡视解。① 这是指周王派人巡视苏国。臣卿鼎有:"公违省自东,才新邑。"公,指周公。② 因此,这可能也是一次由周王指派的巡视,而巡视的范围是东方的诸侯国。在中方鼎、中甗中还都提到周王命中"省南国贯行",并为周王安排了住处。赵伯雄指出,周王的巡狩,有些实际上是对地方势力的征伐。③ 而大多数巡守的意义恐怕还是巡视,目的显然是对诸侯国加强控制。当然,在周王巡视时,同时也会显示周王的武力,以威慑地方势力。周朝国家对某些诸侯还实行监国制度。周初时,周朝以管、蔡、霍三国来监视被封在殷的商王室后裔武庚禄父,是大家所熟知的。管、蔡、霍因此被称为"三监"。④ 三监对武庚的钳制与监视,当然是为了防止商遗民反叛,但也反映了周朝王室为控制诸侯国所做的努力。1958年在江西余干发现的应监甗,证明周朝确实是存在着监国制度的。关于应监的身份,目前还有争议。郭沫若认为是周朝"中央派往应国的

---

① 参见《周代国家形态研究》,第141页。
② 《商周青铜器铭文选》(三),第88页。
③ 《周代国家形态研究》,第139页。
④ 郑玄:《诗谱》。

监国者"，① 也有学者则认为应监自己就是应国之君，他负有替国王监视其他诸侯国的责任。② 但从金文中看，一种不同于诸侯的监国人的身份是存在的。仲几父簋有："仲几父使几使于诸侯、诸监。"善鼎亦有："令汝左右彙侯，监燮（幽）师戍。"关于周朝监国制度的具体细节，看来还有待于研究。不过，从应监甗中已可以看出，周朝国家对诸侯的控制是有许多实质性的措施的。而周朝的诸侯国是在周朝国家中央的监控下存在的。

在关于周朝地方势力的问题上，有一个事实是应当特别提出来引起注意的。那就是作为周朝地方势力的诸侯国有许多都已发展为较大的规模，无论在幅员和所控制的人口上都是如此。因此，对周朝的地方势力（至少是大多数），绝不可看成如同大多数夏朝地方势力和有些商朝地方势力那样的部落。它们组成已远远超出了单纯的部落的范围。从这个意义上说，作为周朝地方势力的诸侯国已经不是周朝国家的基层社区单位。它们是介于周朝中央与社会基层社区单位之间的又一级权力结构。再加上我下面要提到的诸侯国之间的地位差别和相互控制关系，就更使得周朝国家的政治结构呈现多极化的局面。而从周朝国家的基层组织的情况来看，它们的性质也已经与夏朝时可能还存在的部落完全不同了。概括地说，每个诸侯国（周王直接治理的地区亦如此）内部都存在着许多邑，由不同等级的贵族和官员来治理。这些邑完全是地域性组织，邑中还有许多作为居民居住区的里，而里也同样是地域性的。周朝社会中同居的血缘单位（家户），其通常规模已不超过三个旁系；一般以含一个或两个旁系的同居为多。③ 这种同居形式实际上不过是一些家庭，在社会的重要性上同部落是不同的。从上述情况看，同夏朝相比，周朝地方势力的公共性质增强了。这个变化过程很可能是在夏商两代之间完成的。因此可以说，周朝国家的地方势力在其形态上已远较夏商时期复杂。

综上所述，我们可以看到，周朝国家的体制在中央与地方的关系方面，可以说与商朝有相似的特征。这个特征就是：一方面存在着一个对地方势力有

---

① 郭沫若：《释应监甗》，《考古学报》1960年第1期。
② 《周代国家形态研究》，第155页。
③ 参见拙著：《周代家庭形态》，第211—223页。

控制力的中央王朝;另一方面,在中央控制下存在着众多对地方实行直接治理的诸侯国。周朝的地方势力也像商朝一样,对中央王朝负有各种义务。反过来,周朝的中央对地方也有各种权利。与商朝不同的是,周朝对地方的控制可能更严厉一些(例如有监国制度、任命诸侯国官员等)。此外,周朝诸侯国与中央的联系也更明确和肯定,这从周朝许多重要的诸侯国产生的方式和周朝诸侯国对周王称臣的各种方式上可以看出。周朝诸侯国的名分比起商朝来也可能要更明确和系统化一些。这也反映了周朝中央与地方的关系有较高的形式化程度。但周朝的诸侯国,同商朝的地方小国一样,仍然是有较大自治权的地方势力。这一点也是必须看到的。赵伯雄认为,诸侯在诸侯国内"行使起权力来,颇有类于天子"。①这是完全正确的。在诸侯国外部,诸侯国与诸侯国之间的关系似乎也不完全受周王控制,史书记载诸侯国之间的征战颇多,与这种情况应有关系。这一点尤其在《春秋》中有大量反映。实际上诸侯国之间征战的事实应该不是自春秋时期才开始有的。《左传·僖公四年》记管仲说:"昔召康公命我先君大公曰:'五侯九伯,女实征之,以夹辅周室。'"这就是西周时诸侯国把对其他诸侯国的征伐作为一项国策(尽管是在"夹辅周室"的名义下)的例子。值得注意的是,这种国策并非出自周王的指令。召康公提到的这种征伐,根本上应该是出于诸侯国自身发展的需要,从中可以看出诸侯国发展上的相对独立性和自治性。周朝诸侯国之间关系的另一重要事实是它们相互间也有贡纳关系。《左传·襄公二十九年》:"鲁之于晋也,职贡不乏,玩好时至。"《左传·僖公十一年》:"黄人不归楚贡。冬,楚人伐黄。"这显然是所谓大国对小国的剥削制度,而且这在当时被看得很严重,不遵守者要受到讨伐。这至少反映了在周朝一部分大国是凌驾于小国之上的,成为次于周王的第二层权力者。当然这完全应该看作是同一部分大国的自治性发展有关的。但是,尽管周朝的诸侯国在某种意义上是有相当自治权的,它们也还不是独立的国家。这从我们列举的大量事实中已经看得很清楚了。用国家的观念衡量,它们只能算作是周朝国家的地方势力。把周朝国家说成是"城市国家的联盟",仅就周朝中央与地方的关系的事实来看,就是不准确的。在中国古代历

---

① 《周代国家形态研究》,第103页。

史上,自从夏朝国家建立以后,一种王朝正统就一直在政治生活中起作用。商朝和周朝存在这么多地方势力,而且它们有些在政治、经济、军事等方面有很高的发展程度,但它们都没有成为真正的、独立的国家,与这种王朝正统的存在不能说没有关系。这也许是理解古代中国政治特征的一个关键。

三、官僚机构的精致化

商周国家都有庞大的官僚机构。这是这两个国家在政治上具有相当成熟性的重要标志。作为国家机器的主要组成部分,官僚机构的存在无疑需要社会上有一部分人成为专职的管理人员,并从社会一般成员中分离出来。对早期国家来说,这是社会分层现象在充分发展之后可能达到的最具有政治意义的结果。社会成员的这种分离在酋邦时期应该就已经开始出现了。但在酋邦形态下管理人员的专业化还不是普遍的。有许多担当统治责任的人员本身还是与社会一般成员处于相同或相似的地位上。而国家的形成,则意味着这些人员已完全作为社会权力者实行统治的工具而存在了。他们与社会一般成员间的联系不再具有私人的性质,他们由于自己地位的变化也在社会上构成了一个特殊的阶层。这在相当程度上反映出所谓国家社会的特征。商朝国家和周朝国家在这方面的表现都是很典型的,而周朝国家比起商朝国家来,在官僚机构的构成上还要更成熟一些。

商朝

目前对商朝国家官僚机构的了解,主要是依靠对殷墟甲骨文的研究,同时文献与金文对商朝官僚机构亦有少量记载。根据这些资料,现在还不能完全清楚地对商朝国家官僚机构的整个结构作出描述。但从中可以看到商朝官僚机构的许多细节,从而对商朝中央官僚机构的基本面貌有所了解。

从文献和金文中看,商朝的中央官僚机构是十分庞大的。大盂鼎中提到过"殷正百辟"。这里所谓的"正",应是指各官署的主官。可见商朝中央官员的总数是很多的。《尚书·酒诰》中谈到商朝的内服亦即中央机构的组成有"百僚、庶尹、惟亚、惟服、宗工,越百姓里君(原文误作"居",今改正——

引者)"。这里可能包含了一些职官的名称,也有一些可能只是对某些类别的官员的通称,现在已很难具体分辨。但仅从这条记载已经可以看出,商朝中央官僚机构的组成是很复杂的。它包括了执掌不同职能的官署,并可能有等级的区分。从文献中看,商朝中央的官僚机构,在商王之下,可能有一个担任最高职位的官员。《尚书·君奭》中提道:"(周)公曰:'我闻在昔成汤既受命,时则有若伊尹,格于皇天。在太甲,时则有若保衡。在太戊,时则有若伊陟、臣扈,格于上帝;巫咸乂王家。在祖乙,时则有若巫贤。在武丁,时则有若甘盘。'"在这里,周公对成汤、太甲、祖乙、武丁各朝都提到一个主要大臣。对太戊朝,他虽提到了三个大臣,但其中巫咸的职位可能与伊陟、臣扈不同,故周公对他与伊陟、臣扈是分别述及的,而伊陟、臣扈二人则有可能是先后任职的。当然也可能太戊时同时有两个主要大臣。《诗经·商颂·长发》有:"实维阿衡,实左右商王。"这里把阿衡说成是"左右商王"的人物。阿衡可能就是商早期主要执政大臣的名称。在这里指的是伊尹。①此外保衡一名中的保,也可能是商朝主要执政大臣的名称,详下文。总之,在商朝,设置主要执政大臣的制度可能已经出现了,其人数是一个或两个。因此,在较晚的文献中有关于商朝国家设相的记载。如《墨子·尚贤中》说汤举伊挚(即伊尹)"以为己相"。《史记·殷本纪》则有武丁举傅说"以为相"。当然,作为确切的职官名称,相在商朝的存在还未得到卜辞的证明,但这些文献指出商朝有主要执政官员存在这一点恐怕还是有根据的。关于商朝中央机构的高层官吏的职官名称(或某些职官的通称),除了上面引到的《酒诰》所透露的一些以外,《尚书·君奭》中提到过"小臣"。小臣在卜辞中多见,我们放到下面来谈。《尚书·微子》中提到过"卿士"、"师师"、"父师"、"少师"。其中卿士、师师可能是对高级官员的通称。②《尚书·洪范》、《诗经·商颂·长发》

---

① 高亨《诗经今注》谓:"阿,借为掎,持也。衡,秤也。殷人称执掌政权的大官为阿衡。"上海古籍出版社,1980年,第532页。按高说据《诗经·商颂·长发》郑笺。但也有认为阿衡是伊尹的名字的,见《史记·殷本纪》。如此,《尚书·君奭》中的保衡也被认为是指伊尹。如周秉钧《尚书易解》即持此说(第245页)。保,被说成是官名。按,就《君奭》行文来看,既先后提到伊尹、保衡,则二者似不应是一人。但保为官名的说法在卜辞中可以有印证,详下。
② 关于卿士,《尚书》孔颖达疏谓:"止言卿士,以贵者尚尔。"师师,周秉钧《尚书易解》谓:"众长也。"说可从。该书第119页。

亦提到商朝有卿士之称,指高层官员。父师、少师则可能是具体的职官,但其性质不甚明了。《史记》以为是乐官,①恐未必。从微子在商朝灭亡前向他们征求意见来看,父师、少师的地位比较高。《尚书·盘庚》中提到商朝有"师长",顾颉刚、刘起釪认为是指"武官之长"。②师长同父师、少师可能不是一类的官职。文献中还有关于商朝设立"三公"的说法。如《战国策·赵策三》提到帝辛时以周文王、鬼侯、鄂侯为"三公"。《史记·殷本纪》说同(唯"鬼侯"作"九侯")。此外《墨子·尚贤下》亦以傅说为武丁时的"三公",《国语·楚语上》说略同,谓傅说在武丁时曾为"公"。但在卜辞中,"公"是指受商王祭祀的王室祖先或少数旧臣,不是一种职官。③因此商朝设立"三公"之说很可能有后人附会的成分。

同文献和金文的记载比较,殷墟卜辞中对商朝官僚制度的记录更多,但同时也比较零散,有许多记录的含义目前也还不是十分清楚。不过从卜辞中还是能够看出商朝官僚制度的许多细节。其中有些可以同文献和金文的记载相互印证。

关于商朝的高层官职,卜辞中有一些记载。首先是保。我们在前面提到过,从文献中看保可能是商朝早期的主要执政官的名称。在卜辞中,可以看到保受到商王祭祀的记录(如《乙》5695"屮于保")。这些保应该就是指商朝早期任保的一些重要大臣,比如保衡。此外,卜辞中还有生称的保或保某,④说明到商朝晚期保这个职官也还存在。只是商晚期的保是否同早期的保一样是主要执政官的名称,现在没有进一步的材料可以说明。其次是小臣。前面提到《尚书·君奭》中有对小臣的记载。春秋时期的《叔夷钟》在追述商早期情况时说"伊少(小)臣隹楠(辅)",是说伊尹为商王辅佐时的职位是小臣。文献中,《吕氏春秋·尊师篇》、《知度篇》、《楚辞·天问》、《墨子·尚贤下》都提到过伊尹是小臣。这些都说明在商早期小臣是地位很高的官职。在卜辞中关于小臣的记载很多,而且可以看出他们分别

---

① 《周本纪》:"太师疵、少师彊抱其乐器而奔周。"
② 顾颉刚、刘起釪:《〈盘庚〉三篇校释译论》,《历史学》创刊号,1979年。
③ 杨升南:《卜辞中所见诸侯对商王室的臣属关系》,《甲骨文与殷商史》,第129页。
④ 张亚初、刘雨:《西周金文官制研究》,第1页。

司理商朝王室的各项事务，显然是与不同的官职相联系的。寒峰在分析小臣的活动时指出，其中有的与管理农业生产有关，如《前》4.30.2："唯小臣令众黍？"有的与管理车马有关，如《菁》2.1："甲午王往逐豙，小臣叶车马硪□王车……"有的在商王指令下从事征伐，如《续存》下915（正）："（唯）小臣墙从伐，禽危美……"有的参与商王的祭祀，如《甲》624："丁巳卜，唯小臣口以匄于中室？"还有的负责贡纳、检视甲骨的职务，如《乙》2497"小臣入二"；《南·师》2.29"十𠂤，小臣从示"。① 这些分析同陈梦家关于小臣"受王之命，为其征伐，为其具车马，为其司卜事"的判断是完全一致的。② 从这些卜辞对小臣的记录来看，小臣的职务似乎比较广泛，很可能不是一种特定的职官的名称，而是某些职官的通称。但是在小臣中，有地位很高的人物。他们直接接受商王的指令，如《珠》327："壬子卜，王贞：惟小臣于至？"有的小臣受到商王的关心，如《前》4.27.3："辛巳卜，贞：王其宁小臣舌惟亡灾……"特别是卜辞中有的有私名或族名的小臣，其地位可能是很高的。陈梦家认为："小臣中或即祖庚卜人中。又康丁的小臣口可能是廪辛的卜人口；廪辛的小臣凡可能是祖甲的卜人凡。康丁的小臣墙也出现于乙辛卜辞，武丁的小臣𠂤和武乙的亚𠂤同名。"③ 陈氏提到的这些卜人和𠂤，在商朝都可以算作是高官，尤其是𠂤，是卜辞中十分显赫的一个高级将领。由此可以看出，小臣中的确是有一些职位很高的人。值得一提的是，在商代金文中，有几件小臣作的器，如小臣舌鼎、小臣𣄰卣、小臣邑斝、小臣艅尊等。这反映了一部分小臣是有较高地位和贵族身份的，唯其如此才有作器的资格。特别是小臣舌鼎记载了商王赏赐小臣舌征收㵒邑五年租税的情节，小臣邑斝记载了商王赏赐小臣邑"贝十朋"的情节，都说明了这些小臣是有相当地位的。总之，从卜辞中看，直到商代晚期，小臣仍然被用来作为某些高层官员的一种通称。当然，也有一些小臣看来是较低级别的官员，详下。在有些卜辞中，一些高级官员也称"臣某"，如"臣沚"、"臣𠂤"、"臣大"

---

① 以上参见寒峰：《商代"臣"的身份缕析》，《甲骨文与殷商史》，第43—46页。
② 《殷虚卜辞综述》，第507页。
③ 同上，第507页。

等。①研究者认为,"臣某"也就是"小臣某"的简称。②卜辞还有一种表示高级官员的名称,即多尹,也就是多君。多尹的地位非常显要,商王的重要决定要告于多尹,甚至当商王和多尹的意见不一致时,是不是按商王的意旨办,有时还需要卜问。③李学勤认为多尹(多君)就是"商的朝臣",与《尚书·洪范》所说的卿士的意思是接近的。④在卜辞中,多尹与农垦、营建、征伐等事务有关。⑤由于多尹是朝臣,卜辞中的尹也应该是指较高层的官员。《拾》291有"乎尹作……",就是命令尹从事营作,这同《戬》25.13中"其令多尹作王寝"指的是同一种职掌。这反映了尹和多尹有相同的身份。尹和多尹也许只是单数与复数的区别。卜辞中还有一个名称,即多子,也涉及对商朝高级官员的称呼。《尚书·洛诰》中有"予旦以多子越御事",《逸周书·商誓》中有"尔多子其人自敬,助天永休于我西土;尔百姓其亦有安处在彼"。从这些记载来看,多子是对大臣或诸侯一类人物的称呼。⑥但多子本身恐怕还不是职官名称,而可能只是对政治身份较高的人物的一种通称。以上是卜辞对商朝高层官职的记录的一些情况。

卜辞中记载的文职类的官职有史、作册等。史,应该就是史官。从卜辞的记载来看,他们的一个重要职责是主持祭祀。⑦在卜辞中,史类的职官还有大史(《甲》3536)、小史(《南明》2718)、御史(《珠》114)、卿史(《前》4.21.7)、东史(《合集》5635甲、乙)、北史(《乙》6400)、西史(《合集》5637正)等。这些不同的名称可能表示他们地位和所属的具体官署的不同。卜辞中有"朕御史"(《续》5.18.8)、"我御史"(《珠》114)等,这些史官可能是直属于商王的,说明史官中有的地位是很高的。作册,卜辞作"乍册",显然主要是一种文职的官员。他们经常受商王之命处理王室的一些事务。如《前》4.27.3记作册受王命赏小臣舌。《尚书·洛诰》的"作册逸",《逸周书·克殷

---

① 《商代"臣"的身份缕析》,《甲骨文与殷商史》,第43页。
② 同上,第43页。
③ 李学勤:《释多君、多子》,《甲骨文与殷商史》,第14页。
④ 同上,第15页。
⑤ 同上,第15页。
⑥ 同上,第16页。
⑦ 《殷虚卜辞综述》,第520页。

解》与《史记·殷本纪》作"尹佚",《左传》、《国语》和《汉书古今人表》则作"史佚",陈梦家因此推断,"乍册"、尹、史三种官名是同类的。①不过尹的职掌范围可能要超过作册和史,已如前述。但从文献的上述记载来看,至少作册的地位也是很高的,所以也可以称为尹。商朝的文职类官职中还有两种与宗教活动有关,就是卜和祝。卜是负责占卜的,祝是负责在祭祀时向鬼神致辞的。这两种职官在卜辞中也都有反映。卜辞中大量的贞人,应该就是所谓的"卜"。《佚》527有:"□午卜,卜宾贞。"就称贞人宾为卜。这些贞人在卜辞中大多冠以私名,说明是有重要身份的人。卜辞中记载祝的,如《粹》261:"叀祖丁祝用。"这里的"祝"可以看作是名词,即指祝官。

　　商朝的军事官职见于卜辞的,陈梦家列出了多马、马、多亚、亚、多箙、箙、多射、射、卫、犬、多犬、戍等。②其中,亚见于《尚书·酒诰》,已见前引。《牧誓》中有"亚旅",似乎表明与军事有关。从卜辞看,商朝的一些著名的将领,如雀、皋等,都称"亚",而且卜辞有关亚从事征伐的记录很多,③故亚是一种武官的名称的可能性是比较大的。马和多马,从名称看有可能是指负责饲养马匹的官员。卜辞中有马小臣,于省吾认为就是负责养马的官员。④但养马在古代本来就与军事有密切关系,加之卜辞中马与亚经常并提,并受命征伐,⑤故马、多马很可能也是属于军事系列的职官。箙,有可能就是《酒诰》说的"惟服"的服。但它是否属于军事性质,尚待考。射,与军事有关是一目了然的。卜辞中又有"贞:射伐羌"(《京》1275)的记载,因此射与多射都应是武职。卫的情况较复杂,在卜辞中卫常与射、亚等并称,可能与它们是属于同一种系列的职官。但陈梦家又说它可能指"侯甸男卫"之"卫",即小诸侯,⑥这样卫是否为武官名,还待研究。犬,胡厚宣认为是掌田猎的官员。⑦而从卜辞

---

① 《殷虚卜辞综述》,第518页。
② 同上,第508—516页。
③ 同上,第510页。
④ 《甲骨文字释林》,第310页。
⑤ 《殷虚卜辞综述》,第509页。
⑥ 同上,第512页。
⑦ 胡厚宣:《甲骨续存》序言。

中犬亦参与征伐（如《明续》617"犬征允伐勿方"）来看，犬也可能负有军事性质的职掌。戍，有时与马、射、卫并提，①故有可能是武职。但有些卜辞中的戍可能只是一个动词。②

在卜辞对普通官职的记录中，多臣是最值得注意的。但卜辞中"多臣"的含义比较复杂。陈梦家把它列为百官之一。③但寒峰认为它是指军队中由家内奴隶组成的一个部分。④只是寒峰也提到，从卜辞中看，多臣受到商王的重视，且"不亚于对其正规军队"，他们还占有羌族的奴隶，在战争中的作用可与史"相提并论"。⑤因此多臣是不是奴隶，其实是很难断定的。如果它是指职官而言，那么它就可能是对商朝一般官员的一种通称。

商朝的普通官员，有一些也被称为小臣，但冠以各种限定词。如小众人臣，即主管众人的小臣；小多马羌臣，即主管多马羌的小臣（多马羌，羌族的一种）；小藉臣，即主管耕藉的小臣；小丘臣，则是主管丘居的小臣，⑥等。这些小臣，当然不是主要执政官。而从这些名称来看，商朝对普通官员的职掌已经有较细微的分工。卜辞中还有一种表示职官的名称叫"工"。《续存》上1831有："帝工氒我。"于省吾谓："工亦读如字，指官吏言之。"⑦"帝工"是指上帝属下的官员，其实这是商朝官制的反映。故卜辞中有"王其令山司我工——工载王事"（《掇》431）之类的记录。卜辞中的工与《酒诰》中的"宗工"可能是一类的官职。工应该是负责管理手工业和工程建设的。⑧

总起来看，商朝官僚机构已经具备了相当的规模，这从文献和卜辞中透露的大量商朝职官名称中可以看出。高层官员或主要执政官员作为官僚机

---

① 《殷虚卜辞综述》，第515页。
② 孙淼认为以上提到的多射、多马不一定是指职官，可能就是指一般的射手、养马人。可备一说。见《夏商史稿》，第570页。
③ 《殷虚卜辞综述》，第507页。
④ 《商代"臣"的身份缕析》，《甲骨文与殷商史》，第40页。
⑤ 同上，第40页。
⑥ 于省吾：《甲骨文字释林》，第310页。
⑦ 同上，第73页。
⑧ 肖楠认为卜辞中的"工"是指从事手工业生产的劳动者。可备一说。见《试论卜辞中的"工"与"百工"》，《考古》1981年第3期。

构的核心已经出现。就文职和武职的分工而言,在高层官职中似乎还不十分明显,但在较低层的官阶中,这种分工已较为明确。与宗教活动有关的神职人员与政务人员亦有相当程度的分离。此外可注意的是官僚机构已伸展到基层社区,比如《酒诰》中的"百姓里君"就可能是管理都邑中居民事务的官员。现在不了解的是商朝中央官僚机构的详细结构。现在看到的商朝高层官职的名称几乎都带有通称的性质(如小臣、多君等)。当然这不等于说商朝高层官职中完全没有分工,因为很可能这种分工在卜辞和文献所披露的这些职官名称中没有被充分反映出来。比如关于史,文献中透露它可能是尹的一种,这就是高层官职的一种分工的表现,但在卜辞中对史与尹的关系至少从其名称上还看不出来。总的来说,商朝中央高层官职中的分工应该是存在的。而从另一方面说,从卜辞和文献的记法中又至少可以看出,高层职官中的分工在商朝时还没有达到十分形式化的程度,并且也许这种分工在商朝政治中的作用还不是非常突出。所以卜辞对高层职官使用通称较多,而对其具体的职官名称则较少提及。这在一定意义上反映了商代官僚制度还具有某种较原始的特征,即不够专业化和形式化。在这方面,我们在讨论周朝官僚制度时将会看到,周朝的中央官僚机构的高层分工就更趋于精致化了。这当然反映了从商朝到周朝,国家制度本身的一种进步。

周朝

周朝的官僚体系亦是十分庞大的。仅从金文来看,属于西周早期的职官就发现了50种,中期79种,晚期84种。[①]文献中对周朝的职官亦有大量记载。这些大大小小的职官,是周朝国家机器的主要组成部分。

从文献和金文的记载来看,西周初期中央官僚机构的首脑是太保和太师。[②]他们是辅佐周王治国理政的主要人物。太保,亦称保,可能同商朝的保有渊源关系。保最初可能是指担负对王室年轻成员进行保育和教养的职责的人员,后来发展成王室的监护官,担负处理国家大事的重要职责。[③]太师,

---

[①] 张亚初、刘雨:《西周金文官制研究》,第101—109页。
[②] 杨宽:《西周中央政权机构剖析》。
[③] 同上。

亦称师。师在西周是兼有军事和政治职责的一种职官（详下）。在许多级别上都有这种职官。在宫廷内，师可能是王室警卫队伍的首长，同时也兼有教导王室年轻成员的责任。① 太师一职的来源应该是同师的这些职掌有关的。周初最著名的太保和太师是召公奭和周公旦。《史记·周本纪》说："召公为保，周公为师，伐淮夷，残奄。"就是指这两位政治家。除周、召两公以外，在周初，吕尚，即太公望，亦担任过太师的职务，《诗经·大雅·大明》中称他为"师尚父"。杨宽认为《尚书·金縢》中周公提到的"二公"就是指召公和吕尚。② 此外，令彝中提到过"周公子明保"，并说他"尹事四方"。明保的"保"应当就是指太保。③ 故明保在令彝中又被称为"明公"，以示其地位之高。

在西周早期国家政治中起重要作用的另一个职位是太史，亦称大史。《尚书·顾命》提到在周康王即位时，由"太史秉书"，这在王室最高典礼中是很显赫的位置。这时周朝的太史，从《顾命》的记载来看，是毕公，因而他在上述典礼上同太保召公一起分率西方和东方的诸侯进入举行典礼的宗庙。④《史记·周本纪》中提到毕公为"作册"，作册实际上就是史官的一种，《周本纪》的说法显然同毕公本身是太史有关。太史的职位，无疑是从史官系列中发展出来的，只是现在对它在商朝时的地位还不太清楚，而到西周早期，它已经成为朝廷的重臣。这从周成王临终前召见的六个主要大臣中包括毕公这一事实中可以看出（《尚书·顾命》）。

周朝的中央官僚机构不仅已经具有太保、太师和太史这些职位很高的首脑和重要官员，而且还形成了具有很大权力的一些最高的官署。近年来研究者多注意到周朝中央官僚机构具有两大官署，即卿事寮和太史寮。如杨宽、张亚初和刘雨都在论西周官僚制度的著作中明确谈到这一点，其结论颇具有启发性。⑤ 卿事寮，在较早的铜器中见于成王时的令彝，谓："王令周公子明保，尹三事四方，受（授）卿事寮。……公令出同卿事寮。……明公朝（早）至于成

---

① 杨宽：《西周中央政权机构剖析》。
② 同上。
③ 同上。
④ 郭沫若：《周官质疑》，《金文丛考》。
⑤ 见杨宽：《西周中央政权机构剖析》；张亚初、刘雨：《西周金文官制研究》。

周,出令:舍三事令,眔卿事寮、眔诸尹、眔里君、百工;眔诸侯,侯、甸、男,舍四方令。"这里明确提到了明保主管的官署是卿事寮,它的职权是"尹三事四方"。三事,应即《诗经·小雅·雨无正》和小盂鼎中的"三事大夫"。有的学者认为三事和三事大夫指的就是金文中的"叁有司",即司土、司马、司工三行政官。① 但也有的学者认为三事大夫实际上是"王畿以内官员"的通称,② 或者说就是指周朝的"朝臣卿大夫",同卜辞中的多尹意义相近。③ 看来末一种解释更为合理一些。在《诗经·小雅·雨无正》中,"三事大夫"是同"邦君诸侯"对举的:"三事大夫,莫肯夙夜;邦君诸侯,莫肯朝夕。"胡承珙《毛诗后笺》因谓:"三事大夫疑为在内卿大夫之总称,对下邦君句为在外诸侯之统称。"这个解说应该是可以成立的。从令彝来看,在"舍三事令"以下一句中,紧接在"卿事寮"之后提到了"诸尹、里君、百工",这些实际上是泛指周朝中央官僚机构的多种高级官员;他们归述在卿事寮之后,是说明他们是受卿事寮管理的。因此,"舍三事令"其实就是指统辖中央官僚机构的各个官署的意思,而卿事寮是在所有这些官署之上的一个总理的官署。四方,显然是指受周朝国家直接控制的各个地方诸侯国,也就是《雨无正》中所说的"邦君诸侯"。由于"舍四方令"的指示也是由明保发出的,可以看出,管理这些诸侯也是卿事寮的一项职权。总起来说,卿事寮应该是一个权力很大的机构,它不仅总理中央官僚机构的整个运转,而且还对地方事务有管辖权,这一点很好地体现了周朝中央对地方的控制。同时卿事寮的职权显然是偏重在政治、军事和司法等领域的。④ 令彝中说的"尹三事四方"就是概括了卿事寮的这种职能。因此卿事寮可以说是在周王之下具有最高职权的一个政府机构。

太史寮,又称大史寮,见于西周中晚期的番生簋和毛公鼎。番生簋说:"王令辪䣀(司)公族、卿事、大史寮……"并列地提到了大史寮和卿事寮,表明大史寮是一个同卿事寮有相类似地位的政府机构。毛公鼎中亦以大史寮同卿事寮相提并论,说:"王曰:'父厝,已曰及兹卿事寮、大史寮于父即尹。命

---

① 张亚初、刘雨:《西周金文官制研究》,第102页。
② 杨宽:《西周中央政权机构剖析》。
③ 李学勤:《释多君、多子》,《甲骨文与殷商史》,第15页。
④ 杨宽:《西周中央政权机构剖析》。

女(汝)觏嗣(司)公族寽叁有嗣、小子、师氏、虎臣寽朕亵事,以乃族干(扞)吾王身。……'"在这里,周王首先提到了毛公所主持("尹")的两大官署,即卿事寮和太史寮,然后再提到毛公有权管理的其他职官,如公族、叁有司等等,说明卿事寮和太史寮都是地位高出于其他官署之上的政府机构。因此,根据金文的这些记载,把太史寮看作是与卿史寮并行的另一最高官署,是可以成立的。当然,目前在西周早期的铜器上还没有发现关于太史寮的记录,但从前面说到的西周早期太史就有很高地位这一点来看,当时已经有太史寮存在的可能性还是很大的。太史寮的职掌,应如杨宽所说,是"掌管册命、制禄、图籍、记录历史、祭祀、占卜、礼制、时令、天文、历法、耕作等等"。[1]以两寮相比较,卿事寮因为直接掌管政治、军事和司法等,显然是比太史寮更重要、更有权威的一个机构。但太史寮所掌管的工作在古代国家生活中亦有相当重要的作用,因此这个机构在周朝官僚制度中也享有崇高的地位。

关于卿事寮和太史寮这两大官署的首长是谁,目前史学界还有一些不同看法。杨宽认为,卿事寮的长官在西周初期是太师或太保,西周中期以后是太师。文献中提到的作为执政大臣的卿士,也是指卿事寮的长官。而太史寮的长官则是太史。[2]张亚初、刘雨则认为,在西周早期,卿事寮和太史寮的首长分别是周公和召公,而召公是太保。到晚期,两寮的总理集于一人之手,如毛公、番生等。这时毛公和番生的地位与《周礼》中的"冢宰"接近。[3]现在来看,西周中、晚期时卿事寮和太史寮的权力集于一人之手,在毛公鼎和番生簋的记载中可以得到反映。因为这两篇铭文分别提到了周王命毛公或番生主持卿事寮与太史寮的情况。但是这种一人执政的格局同文献中记载的周朝中央机构由左、右两个卿士主持日政的情况(详下)之间显有出入,需要作出解释。而就西周早期来说,以太保掌太史寮似嫌证据不足,不如以太史为太史寮长官来得通顺。但太史为太史寮首长之说目前在金文和文献中也还没有明确依据。总的来说,目前关于周朝中央的两大官署的首长的说法,都

---

[1] 杨宽:《西周中央政权机构剖析》。
[2] 同上。
[3] 张亚初、刘雨:《西周金文官制研究》,第102、109页。

带有某种推测性。这方面的问题还有待于进一步研究。

在周朝中央官僚机构中,除了卿事寮和太史寮这两大官署外,还有一些独立于这两大官署的重要职官或官署存在。比如,据张亚初和刘雨的研究,在西周早期,宰可能负责一个管理王室事务的部门。①在西周早期铜器中有宰簋和宰农簋。宰在古代往往是指家臣,《国语·晋语》韦昭注:"官宰,家臣也。"周朝中央的宰这个职务,可能是从周朝王室的家臣演变来的。作为周朝中央的一个职官,宰虽然主要管理王室内部事务,但在国事活动中也有重要作用,如传达周王的命令,在重要典礼中作为傧右或代周王赏赐臣下等。到西周中晚期,宰的地位还有上升的迹象。如《诗经·小雅·十月之交》提到过西周幽王时的"家伯维宰",并与"皇父卿士"等相提并论,可见权势很高。而师虘簋中的宰琱生,可能就是《诗经·大雅·江汉》中的召伯虎,是"一朝权臣"。②在西周中期,公族一职开始出现,这可能是个负责王族内部事务的职官,也独立于卿事寮和太史寮之外。这一点,从番生簋说周王命番生掌管公族这一官署的情节中可以看出。在毛公鼎中,也提到周王命毛公在卿事寮和太史寮之外还执掌公族等官署。公族在重大典礼中也时常担任傧右,见于牧簋、师西簋等。但是从以上论述中可以看出,宰、公族这些职务,往往是由掌管卿事寮和太史寮的长官来管理的,所以宰和公族虽然独立于两寮之外,但其地位可能比两寮要低一些。

叁有嗣,即三有司,是在毛公鼎中提到的一个官署。杨宽和张亚初、刘雨都认为三有司就是指司土(徒)、司马、司工(空)。从铜器铭文看,司土的职掌主要是管理土地、农业生产(包括藉田和农副业),有时也在典礼中充当傧右,或带兵出征。③司马的职掌是在军事方面。在铜器上,司马一职出现在西周中晚期资料中,但文献中反映司马在西周早期就有了(《尚书·牧誓》、《梓材》、《立政》)。司工,在铜器中亦见于西周中晚期资料,而文献中反映其出现亦较早(《牧誓》)。其职掌是在工程建筑方面,包括房屋和道路的营建等

---

① 张亚初、刘雨:《西周金文官制研究》,第41页。
② 同上,第40—41页。
③ 同上,第8—9页。

等。①杨宽和张亚初、刘雨都认为三有司是在卿事寮之下的一个机构，或一组官署。从《国语·周语上》说"司徒省民，太师监之"来看，这个说法是可以成立的。三有司在周朝中央官僚体系的地位是突出的，因此毛公鼎在提到毛公掌管两寮及公族一职之后，紧接着就提到他还掌管三有司。这三个部门很可能是卿事寮管理国政的主要执行部门。

在卿事寮之下，除了三有司外，很可能里君也掌管着一个重要官署。在令彝中里君与诸尹、百工并列，作为卿事寮的主要属官显示其有重要地位。这个里君应该就是《酒诰》中所说的百姓里君。从其名称看，可能是以管理周朝王室直接控制区域内居民区为其职掌的。②

从文献的记载中，可以看出太保、太师、太史是周朝国家在王之下的主要执政大臣。③在《左传》中，称周朝的执政大臣为卿士。《左传·隐公三年》："郑武公、庄公为平王卿士。"杜预注："卿士，王卿之执政者。"杜预的解释是可信的。《左传·襄公十年》："单靖公为卿士，以相王室。"可见卿士是周朝的主要执政大臣。《左传》中一共提到八次周朝的卿士，都是指王朝的主要执政大臣。④但在西周文献中，卿士有时也可能用来指一般的高层官员，如《尚书·洪范》有"谋及卿士、谋及庶人"，《顾命》有"卿士、邦君麻冕蚁裳，入即位"，似乎都不必专指最高执政大臣。《诗经·小雅·十月之交》有"皇父卿士，番维司徒"，《商颂·长发》有"降予卿士，实维阿衡"，这两处则又应指主要执政大臣。所以主要执政大臣称卿士，也许不完全是自东周开始的。因此，西周穆王时的执政大臣祭公谋父，韦昭《国语·周语上》注和《左传·昭公十二年》杜预注皆称之为周朝的卿士。周厉王时的虢公长父、荣夷终，《吕氏春秋·当染篇》高诱注亦称之为卿士。此外，幽王时的虢公鼓（虢石父）亦是卿士，《国语·郑语》记史伯说："夫虢石父，谗谄巧从之人也，而立以为卿士。"从《左传·隐公九年》说"郑伯（郑庄公）为王左卿士"来看，至少在春秋初期，周朝主要执政大臣不是一人，而是有左、右卿士两人。因此周厉王时

---

① 张亚初、刘雨：《西周金文官制研究》，第23页。
② 同上，第104页。
③ 杨宽：《西周王朝公卿的官爵制度》，第95页。
④ 杨伯峻：《春秋左传注》，第26页。

的虢公长父和荣夷终亦可能是左、右二卿。这同金文中反映的西周晚期中央官僚机构将两寮权力集中于一人之手的情况之间的关系，还可研究。此外，杨宽认为，周朝的执政大臣拥有"公"的爵称，其他朝廷大臣，"由四方诸侯进入为卿的称'侯'，由畿内诸侯进入为卿的称为'伯'"。[①]可资参考。

在西周时期文献中，对周朝中央高层官署和职官有许多零星的记录。其中有一部分可在金文中得到印证。也有一些不见于金文，同时其具体职掌和在整个官僚体系中的位置及相互关系也不甚清楚。《尚书·大诰》中有尹氏、庶士、卿事，《康诰》中有正人、小臣、外庶子、训人、外正，《酒诰》中有少正、太史、内史、宗工、圻父、农父，《梓材》中有师师、司徒、司马、司空、尹、旅，《立政》中有常伯、常任、准人、庶常吉士、大史、尹伯、亚旅、任人、准夫、牧、夷/微/庐烝、三亳/阪尹、趣马、小尹、大都小伯等，并且提到有司、表臣百司、百司庶府等官署，《顾命》中有太保、太宗、大史等。《诗经》中提到的周朝高层职官有公路、公行、公族（《魏风·汾沮洳》）、师尹、大师、尹氏（《小雅·节南山》）、卿士、司徒、宰、膳夫、内史、趣马、师氏、三有事（《小雅·十月之交》）、三事大夫（《小雅·雨无正》）、司空（《大雅·绵》）等。看来金文对周朝官僚机构也只反映了其中的一部分，而文献对此应有补充的价值。不过依据金文资料得出的关于周朝国家官僚制度，尤其是其高层官署及职官的认识，大体上还是可信的。

关于周朝国家官僚机构中较低级别的官署和职官的情况，在文献和金文中都有许多片段的记录。但是由于不是系统的记录，要一一辨明这些官署和职官与高级官署之间的关系，并从中整理出整个周朝国家官僚机器的真实结构，还是比较困难的。而在这方面，值得提一下《周礼》。就对于周朝国家官僚制度的记载来说，《周礼》的内容是最全面的和最系统的。它把周朝国家的所有职官分为六大系统，即所谓"六官"：天官、地官、春官、夏官、秋官、冬官（已佚）。天官掌"邦治"，指中央政府和宫廷的事务。其中包括对官员的管理、财政、宫廷事务等。地官掌"邦教"，实际上是实施对地方管理的机关。其中包括对国、野所有不同编制的地方行政单位的政教、财产、生产、祭祀、治安、供应等的管理。春官掌"邦礼"，是对中央和地方各种礼仪活动管理的机关，涉及

[①] 杨宽：《西周王朝公卿的官爵制度》，第98页。

祭祀、丧葬、吉庆、军事仪式、宾客,以及乐舞、卜祝、史历、天文、车服等方面的事务。夏官掌"邦政",主要是管理军事、治安、交通、疆域,旁及豢养马、兽、鸟等。秋官掌"邦禁",主要是实施司法权并对司法活动进行管理。包括狱讼、执刑、盟约、外交,旁及环境保护(辟除)。冬官据《天官·小宰》所说,为掌"邦事","以实邦国,以养万民,以生万物",似乎主要是对生产及工艺进行管理和组织实施。今被编入《周礼》以替代《冬官》的《考工记》主要是记载当时手工业的各种行当的。在体例上,《周礼》的各官都先叙其官名、爵等、员数,然后分叙各自的职掌。《周礼》一书的这些记载,就其内容来说,可以说是非常宝贵的。可是这部书的成书年代和作者问题始终是个悬案,迄未能有确定的结论。这影响到对该书资料的使用。此外,《周礼》中有些内容也显然同金文和较早文献中反映的情况不合或有出入,因此还不能把它看作是对周朝国家官僚制度的完全可靠的记录。但是,尽管如此,从文字和内容上分析,《周礼》一书可以肯定不是如何休所说的"六国阴谋之书"。①洪诚曾提出,《周礼》的"语法与《尚书》、《春秋经》同,故非战国时人之作"。②朱谦之也认为《周礼》成书不晚于东周惠王后(鲁僖公八年)。③经过近年来文献学界和古文字学界的艰苦研究,对于《周礼》的史料价值,已有越来越多的学者予以高度的重视。如张亚初、刘雨说:"今天,在我们整理西周金文职官资料的过程中,发现西周金文中的职官也有许多与《周礼》所记相合。"他们认为"其书虽有为战国人主观构拟的成分,然其绝非全部向壁虚造。由于作者去西周尚不算太远,故书中为我们保存了许多宝贵的西周职官制度的史料"。④这个看法应该说是比较客观的。因此,在一定程度上,《周礼》的记载仍可为我们了解周朝国家官僚制度提供依据。而从《周礼》中,我们可以得出的一个起码的结论是,周朝国家的官僚制度已经有了非常精致的体系,它几乎涉及古代国家政治、经济、社会、宗教、文化等各个领域的所有方面,说明其专业化程度是非常高的。同时,由于《周礼》是对周朝官制的非常全面的记录(尽管并非所有这些记录都是可靠

---

① 《周礼》贾公彦疏引。
② 洪诚:《周礼的主要思想》,《光明日报》1961年11月12日。
③ 朱谦之:《读〈周礼正义〉》,《孙诒让研究》。
④ 《西周金文官制研究》,第112页。

的),所以它关于周朝国家官僚机构中较低级别的官署和职官的情况所提供的资料是非常丰富的。其中有一些可以得到较可靠的文献和金文的印证。根据《周礼》的这种记载,我们可以看到周朝在中央高层官署之下,已建立起伸展到社会生活各个领域和最基层的社区单位的非常庞大、结构非常精密的完善的官僚体系。就这个结论而言,《周礼》给我们的信息应该说还是可信的。

就金文资料而言,它在周朝官僚制度中较低级别的官署和职官方面的记录同样给人们以深刻的印象。以下是张亚初、刘雨据有关金文资料拟定的一份西周中期官制系统表(表1),[①]从中可以看到周朝在中央官署下设置的各种较低级别的官署和职官的一些情况(其中有些细节尚可讨论)。

这个表中两寮的设置是根据西周早、晚期的资料拟定的。西周晚期的两寮设置有番生簋和毛公鼎的直接证明,卿事寮亦见于早期的令彝,因此早期

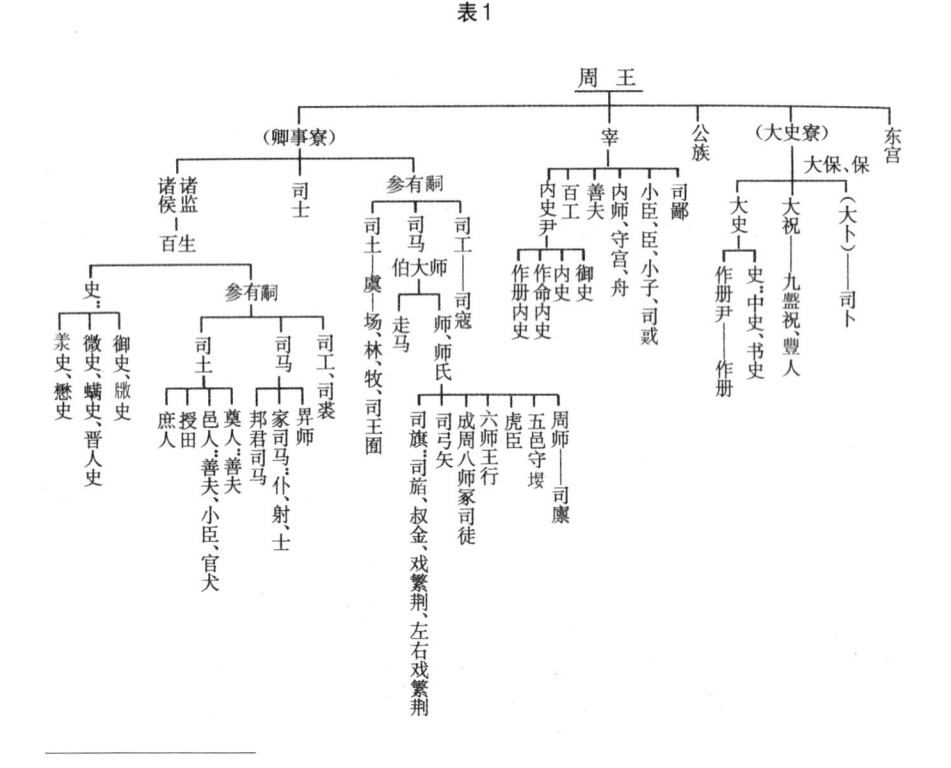

表1

[官制系统表图]

---

① 《西周金文官制研究》,第108页。

有两寮也基本可以推定。早、晚期情况如此，推断中期亦有两寮的设置应不会有太大的问题。张、刘二氏指出，①与早期相比，中期的职官数有了增加，分工加细，并且卿事寮的职能进一步加强。卿事寮属下的司马、司工可能是这一时期出现的，并组成三有司。司士也是这一时期出现的，可能是因为职官增多后需要有更专门的管理吏治的机构的缘故。宰的地位在这一期中比早期亦明显上升。而尤其值得注意的是，职官中出现邑人、奠人两官。这是两个偏重于管理国家基层社区的官职。邑与奠，相当于文献中说的"国"和"野"。②而国野制度正是周朝国家在王朝的都城以及各诸侯国的都城与这些都城以外的农村化地区中实行的两种社区制度。王朝和各诸侯国的国都中心的城市化部分称为国。在国的周围有一个范围不太大的依附于国的农村化地带，称为郊，郊亦称为乡。郊以外的所有国土称为野。野基本上是农村化地区，但野中亦分布有贵族领有和居住的采邑，称为都，是野中的城市化或准城市化部分。相对野而言，国与郊都可统称为国，其中的居民称为"国人"。这部分居民中首先当然包括贵族，他们大体上居住在国中的城市化部分。居住在国中农村化地带的居民则主要是从属于王室、公室和各个贵族家庭的有兵役义务的农民，也就是《国语·齐语》中所说的十五"士乡"（士，兵士之意，非作为爵位的士）和《周礼·地官·大司徒》所说的"六乡"中的居民。他们是国人中的底层。而居住在野中的、专门从事农业生产并隶属于贵族的底层居民则称为"野人"。国中和野中的这些底层居民又被称为"庶人"。③杨宽认为，金文中的邑人就是管理乡邑的长官，相当于《周礼》中的乡大夫，且兼具行政和军事职能（因为乡邑居民是军队的主要组成成分），而奠人（通甸人），则相当于《周礼》所说的遂人，是对野中的社区进行管理的。④因此邑人和奠人这两个职官，以及可能在它们属下的善夫、小臣、官犬等，为我们透露了周朝国家官僚体系伸展到基层社区中去的一些情形。晚期的周

---

① 以下关于西周早、中、晚三期官制系统的比较的部分事实，据《西周金文官制研究》，第101—109页。
② 《殷虚卜辞综述》，第324页。
③ 以上论述参见拙著：《周代家庭形态》，第272—275页。
④ 杨宽：《论西周金文"六㠯"、"八㠯"和乡遂制度的关系》，《考古》1964年第8期。

朝国家官僚制度比中期在职官数上又有增加，说明分工更细密，机构更庞大。根据张亚初、刘雨的分析，晚期的最重要的变化是官僚机构的最高权力明显地集中于一人之手，即卿事寮、太史寮、公族和宰这些官署都由一个类似于《周礼》中所说的"冢宰"的人总理。不过从文献中看，周朝中央政权机构中由左右二卿士为最高执政的做法直到春秋时代还是沿用的。[1]对此还需要进一步研究。在晚期，太保和保等职官消失，而宰的地位上升。而晚期中邑人、佃人、五邑佃人、里君、里人这些职官的存在同中期的邑人和奠人等一样是值得注意的。它们同样反映了周朝国家官僚机器在基层社区管理上的配置。这些较低级别的官署和职官非常生动地表现出周朝国家的官僚制度已具有近于完善的构造。而基层社区管理中的官僚化因素，也表明国家政治对整个社会生活的控制和改造。可以说，在周朝，由于官僚制度的完善，社会生活已空前地国家化了。这是以前的任何时期都不能相比的。

在官僚制度的精致化和完善化方面，作为地方势力的诸侯国同周朝中央政权一样有充分的发展。诸侯国的最高权力属于国君。他们根据在整个周朝国家的政治秩序中占有不同的等级身份，分别被称为公、侯、伯、子、男，也有个别的被称为王（如公元前740年以后的楚国国君）。诸侯国国君的身份等级可能是依据一定的制度确定的，在文献中这种制度被称为爵制，但其细节目前已不清楚。在国君之下，各诸侯国都有一些主要执政大臣。从春秋时期的情况来看，如鲁国，主要执政大臣为司徒、司马、司空，称为三卿。[2]鲁国的这三个主要执政职位曾长期为鲁桓公后裔中的三支家族季孙氏、孟孙氏、叔孙氏所占据，史称"三桓"。此外东门氏亦曾任过执政。从《左传》的记载来看，在三个执政大臣中，有时其中一人拥有更高的权力。如《左传·宣公十八年》记季文子逐东门氏，童书业认为这使得"季氏专国大柄"。[3]在鲁国，司寇是地位仅次于三卿的一个较高的职位。晋国，最高执政是由三军（《左传·僖公二十七年》）或六军（《左传·成公三年》）的将佐充任的，这些人

---

[1] 杨宽：《西周王朝公卿的官爵制度》。
[2] 顾栋高：《春秋大事表·列国官制》。
[3] 童书业：《春秋左传研究》，上海人民出版社，1980年，第332页。

也称为卿,而其中的中军将是执政中地位最高的。晋国历史上,赵、韩、魏、范、中行、知是占据执政地位的最重要的六个家族,史称晋六卿。齐国,有以左、右二相为最高执政的记录(《左传·襄公二十五年》)。在齐国,国、高二氏曾长期居执政地位,其间崔、庆、栾诸氏亦曾参与执政,春秋末期陈氏逐渐掌握执政大权。宋国,亦有六卿,如鲁文公七年时宋国的六卿是右师公子成、左师公孙友、司马乐豫、司徒鳞矔、司城公子荡、司寇华御事。童书业谓右师、左师"疑即右左二卿士若右左二相"。① 这六卿中有一人拥有更高的地位,为最高执政,如华元曾以右师为执政(《左传·成公十五年》),乐氏以司城为执政(《左传·襄公九年》、《左传·哀公二十六年》)。郑国官制中最高层的结构与宋国相仿,亦有六卿为最高执政官,而充任这六卿的具体官职,从《左传》的记载看,有"当国"、"为政"、司马、司空、司徒、少正(其中"当国"、"为政"可能不是职官名称)等。② 其中,称"当国"的可能是地位最高的人物,而称"为政"的则是实际主持国家事务的。郑国著名的政治家子产便是郑国的执政之一。楚国在春秋初年时,最高执政官称莫敖(《左传·桓公十一年》)。至鲁庄公时,令尹成为地位高于莫敖的最高执政(《左传·庄公四年》)。但有时莫敖与令尹或司马与令尹也有某种平行的关系,童书业称之为"二卿"。③ 此外,楚国还有左、右尹,左、右司马和大司马,都是属于最高层的官员。在上述各诸侯国的高层官僚制度之间,最大的不同是在于齐、晋、楚等国的司徒、司马、司空、司寇等职(除楚国的司马外)"比较不重要",而有另外一些形式的最高执政制度。④ 以上根据的虽然是春秋时期的史实,不过信如童书业所说:"其制盖承自西周,而至春秋时渐有变更也。"⑤ 从金文中看,司马、司土(徒)、司工(空)(属三有司)这些职官在诸侯国官僚制度中作为主要执政大臣的情形也有反映(见前引西周中期官制系统表)。诸侯国中较低级别的官员在文献中提到的很多。如鲁国的宗伯、傅、太史、祝史、卜士、卜人、工、

---

① 童书业:《春秋左传研究》,第172页。
② 同上,第172页。
③ 同上,第176页。
④ 同上,第177页。
⑤ 同上,第172页。

行人、御、校人、工正、巾车、府人、隧正、县人、虞人、饔人、司宫、寺人、左宰、周人、贾正、马正等；晋国的宗太师、太傅、太史、左史、祭史、卜人、筮史、师、工、行人、理仆大夫、仆人、御戎、校正、巾车、县大夫、侯正、侯奄、宰夫膳宰、医、巫、司宫、范伯、寺人、七舆大夫、九宗五正、执秩公族、馀子、公行、复陶、县师、甸人、兽人、小臣等。①这些职官从诸侯国的高层官署到宫廷和社区的基层官署各个层次都有，管理着社会、政治和经济生活的各个领域，体现了非常专业化的水平。这些职官中的有一些在金文和《周礼》中都有印证。如甸人、仆、小臣、膳夫等在出自西周时期诸侯国的金文中都可以看到。

综上所述，周朝的官僚机构比商朝的官僚机构不仅庞大得多，精致得多，而且专业化和形式化程度也大大提高了。无论在中央或地方（诸侯国）的层次上，高层主要执政官员的设置已经非常完善，而且在中央的层次上已经出现了卿事寮和太史寮这样的专门化的官署。高层执政官员中的分工比商朝也更为明确，而且以不同的职官和官署名称来予以标志。高层官僚机构针对国家在政治、经济、社会、宗教、文化等各个领域内的活动而划分出不同的职能部门的构思已十分清晰，表现出较高的合理性。宗教事务与政治和行政事务分离的概念在官僚体系的运作中体现得更为明显。国家对于基层社区的管理也更健全和深入。政治性的和地域性的社区组织已完全取代了部落，因此在周朝国家社会中，部落作为现实的政治组织已不存在（但是在受周朝国家控制的一些少数民族地区仍然还存在部落制度）。可以说，作为早期国家，周朝国家的官僚制度已达到了最为发达的形态。周朝国家的官僚制度相对于成熟的国家的早期性质，主要体现在它在官员产生的方式上还基本是贵族化。在中央官僚机构中，几乎所有高层官员都是贵族。在诸侯国官僚机构中，除个别例外，绝大多数高层官员也都是贵族。并且许多重要职位长期由少数贵族家族的成员占据。国家对官员支付俸禄的主要形式是禄田。这也是周朝官僚制度中属于比较初级的形式的内容。就周朝国家整个范围来说，在地方层次上，各诸侯国的官僚制度虽然同中央官僚机构有重要的联系，但

---

① 顾栋高：《春秋大事表·列国官制》。其中，晋国的"九宗五正"应不是职官名，但"五正"可能是一些职官的通称。

这些诸侯国的官僚制度的形式却各不统一。这反映出,周朝国家的整个官僚制度还没有完全摆脱夏、商、周早期国家在国土结构上存在的中央与地方关系中地方势力(诸侯国)具有一定程度的自治性这个特点的影响,因而在结构上没有做到真正的系统化。此外,在对基层社区的管理上,周朝贵族和一部分平民中的宗法组织起着重要的作用。所有这些,正好说明了周朝国家仍然属于早期国家的范畴。这种情形,直到进入东周以后,由于周朝国家在政治、经济、社会等各方面发生巨大的、深刻的变革,才逐步得到改变。包括官僚制度在内的周朝国家的早期形态开始向成熟的国家形态转型。

以上,我们从国土结构和官僚机构这两方面分析了商朝和周朝国家的主要特征。对于中国个案来说,这两方面的特征是决定商、周国家形态的最主要的政治和社会因素。当然,在国家意识形态方面,商、周国家也有十分值得注意的特征性的表现。在这方面,商、周国家的主要发展是使夏朝以来建立的关于王朝统治的合法性的理论更加精致化,并出现更多的阐发这种理论的文献。而国家意识形态对整个社会的精神生活的渗透和支配也更全面和深入。商、周国家的社会和经济生活已在很大程度上建立在阶级分化的基础上。阶级已确定地形成了。对商朝社会来说,现在可以分辨出的主要的阶级是贵族阶级、平民阶级和一部分奴隶。周朝社会的阶级结构基本亦是如此。而从文献中我们还可以了解周朝社会中体现这种阶级结构的一种等级制的构造,即所谓"公食贡,大夫食邑,士食田,庶人食力,工商食官,皂隶食职"(《国语·晋语四》)。在这些等级中,士以上的几个等级是属于贵族阶级的,他们掌握着国家权力。庶人相当于平民阶级。工商是一个特殊的阶层,它的社会地位就总体来说低于贵族,其中的某些手工业劳动者的地位甚至低于平民。皂隶无疑是指奴隶。周朝社会的平民阶级又分为国中的庶人和野中的庶人两个阶层。前者可以同居于国中的贵族一起被称为"国人",但他们的社会地位要低得多,实际上是负担兵役义务的农民。后者在来源上很可能与战俘和从外地迁入的居民有关。他们没有当兵的权利,是纯粹的农民。同时,国中庶人有擢升为低级官吏甚至贵族的机会,而野中庶人则没有这种机会。国中庶人作为乡邑的成员还有权参加由乡邑中的贵族主持的社区活动(如"乡饮酒"等)。国中庶人和野中庶人是国家财富的主要生产者(农业)。而工商阶层则是手工业生产和商业活动的主要承担者。奴隶在周朝社会生活中也有重要的作用。作为农民,庶人均依附于一定的贵族家族(包括王室和公室),并组织在某种形式的农村公社中,这些公社的贵族所有者通过类似于劳役地租("九一而助"[1])和类似于实物地租("什一使自赋"[2])的形式占有公社的剩余劳动。而随着周朝国家社会生活内容的不断变化,包括农村公社制度在内的周朝社会结构也逐渐发生了变革。在周朝国家向成熟国家转型的过程中,农村公社制度终于解体。农村公社成员逐渐演变成真正的封建依附农民、租佃农民或自耕农。在对基层社区的管理上,旧的宗法组织的作用逐渐消失,甚至这些旧宗法组织本身在国家转型的过程中也迅速消亡了。毫无疑问,尽管商朝和周朝国家所建立的各种重要制度在古代中国进入成熟的国家社会后都被不同程度地加以改造了,有些则消亡了,但这两个早期国家在古代中国国家制度的发展上仍占据着非常重要的地位。尤其是周朝国家的制度,在中国古代王朝历史的发展中产生的影响是极其深远的。

---

[1]《孟子·滕文公上》。
[2] 同上。

第八章

中国早期国家的转型期：春秋和战国

本章不准备对古代中国在春秋、战国时期所发生的政治、经济、社会和文化的巨大而深刻的变化作全面的论述。因为关于这些变化，在许多断代史和专题研究中都已经得到了非常深入的探讨，并有大量这方面的著述发表。从这些研究中，我们可以确定地知道，在周朝国家的后期，也就是东周或春秋、战国时期，中国社会发生了自夏朝国家产生以来最深刻的变化。这当然也包括国家制度的变化。从国家制度演变的角度来看，这一时期的变化的最终结果是使作为典型期的早期国家的周朝国家宣告结束，一个新型的、具有成熟的国家特征的秦朝国家取代了它。秦朝的建立（公元前221年）标志着中国早期国家进程的结束。

从一定意义上说，周朝国家的中央权力，也就是周王的权力，在进入战国时期以后，实际上已经名存实亡了。这是春秋时期各诸侯国势力增长的结果。战国时期，一些实力最强的诸侯国，一方面对弱小的诸侯国实行吞并，一方面相互间进行激烈的政治和军事的较量。所谓"七国争雄"的实质，从其最后结果来看，是为争取对整个原周朝国家地域的控制权，也就是企图取代周王室对全国的统治。但是这一过程与商朝和周朝国家当初对夏朝和商朝国家的取代有一个本质的不同，那就是它是在春秋以来出现的新的社会经济发展阶段上出现的。这导致战国时期围绕国家权力开展的政治和军事斗争具有了新的目标。这个目标就是在适应整个社会发生的深刻变化的基础上建立与传统的早期国家形态不同的更成熟的国家制度。因此，战国时期"七国争雄"的结果不再是周克商的历史的简单重演，它在国家制度的发展上造成了划时代的变革。

从大的尺度上说，春秋和战国时期都可以看作是中国早期国家的转型期。但是在春秋时期,周朝国家的基本制度还比较完整地存在着,虽然在许多方面都已开始遭到破坏。从这个意义上说,春秋时期也可以看作是周朝国家典型期的一个开始变动的阶段。正因为这样,春秋时期的资料有许多仍可以用来说明典型期的中国早期国家形态,正如前一章中某些论述所做的那样。而同时春秋时期的某些事实又必须看作是一种新因素的表现,它们是在早期国家历史的发展中出现的预示着新型国家制度产生的一些萌芽。这是春秋时期在中国古代国家制度演变中所具有的双重地位的反映。而战国时期,则可以认为是中国早期国家的真正的转型时期。在这一时期,传统的典型早期国家制度在所有主要方面遭到了根本性的动摇、破坏和改造。就战国时期中国国家形态而言,它已经同典型的周朝国家制度有了巨大的不同。但是战国时期也还没有产生真正成熟类型的国家制度,这种制度还在形成中。除了社会、经济和文化上的背景性的变化外,战国时期几个主要诸侯国,即秦、齐、楚、韩、赵、魏、燕之间政治与军事的较量是促成这一制度形成的最重要的历史原因。因此,就中国个案而言,早期国家向成熟国家的转化是非常历史性的过程,同时也是流血政治的结果。

本章将集中就与国家制度直接有关的几个主要方面简要地评述一下周朝国家后期由早期国家形态向成熟的国家转型的表现。同时,我也将从作为中国第一个成熟类型的国家的秦朝在统治方式上与早期国家的内在联系上,来讨论一下专制主义政治传统在促使中国类型的古代王朝国家的产生中的作用问题。在此之前,我还想对我们所讨论的这整个国家形态的转型过程所伴随的具体历史作一简单的阐述。

一、周朝国家的结束和秦王朝的建立

周朝国家的统治在西周晚期时遇到来自许多方面的麻烦。首先,在周王与诸侯之间,出现矛盾激化的现象。如《竹书纪年》记载周夷王曾"烹齐哀公于鼎"。①周厉王时,又发生"万民"将厉王流居于彘(今山西霍县东北)的事

---

① 《太平御览》卷八五皇王部引。

件，这在周朝国家历史上是前所未有的，对周王室的统治无疑是很大的震动。周幽王是一个更昏庸的统治者，《左传·昭公二十六年》说："至于幽王，天不吊周，王昏不若，用愆厥位。"其次，周朝国家与外族和受其控制的某些少数民族间的矛盾加剧。在周宣王时，周朝国家就已连年对异族用兵，而末年常遭致失败。到幽王时，已是"今也日蹙国百里"（《诗经·大雅·召旻》）。周幽王在位末年，因宠爱庶妾褒姒，废申后和太子宜臼，立褒姒为后，立其子伯服为太子。宜臼舅家的申国便联合缯国和西夷犬戎攻周，杀幽王于骊山下。申侯与诸侯共立宜臼为平王，随后迁都于东都洛阳，西周宣告结束。

在东周初年，也就是从周王室东迁（公元前771年）至鲁隐公元年（公元前722年）这50来年中，周工室对周朝国家仍有相当的控制权。[①]这时，受周朝国家控制的主要诸侯国有晋、宋、卫、齐、鲁、陈、蔡、郑等。但不久，在周朝国家政治生活中便出现了一种重要的发展趋势，那就是少数诸侯国开始凭借实力谋求对其他诸侯国的控制权，以及相对于周朝王室的更大的自治性。郑庄公时候的郑国是春秋时期第一个显露出这种霸权政治倾向的诸侯国。郑国甚至与周桓王的军队交战，而且使王室军队战败。但郑国由于国力有限和内乱，在郑庄公去世后，其国势便衰落了。

公元前685年，齐桓公即位。任用管仲为相，在内政上采取了一系列旨在增加国力的政策，包括对社区的重新划分，奖励农商、修整武备、改善财政等等。公元前681年，齐国邀集宋、陈、蔡、邾等国国君在北杏地方（今山东聊城东）会盟，平定宋国的内乱，并灭遂国，这是齐桓公谋求霸权的开始。次年，齐桓公又邀集陈、曹两国伐宋，并向周室请派王师，使宋国屈服。这是春秋霸业中惯用的"挟天子以令诸侯"做法的体现。公元前651年，齐桓公大会诸侯于葵丘（今河南兰考），周王派员参加，与盟的有鲁、宋、郑、卫等国。这次盟会，标志着齐桓公终于成为周朝国家各诸侯国的霸主。而作为霸主，齐国在相当程度上取得了原属王室所有的中央控制权。就周朝国家自身的发展而言，像齐桓公这样的霸主的出现，是周朝国家制度出现紊乱的标志。

在齐桓公之后陆续出现的占据霸主地位的主要诸侯国先后有晋文公时

[①] 童书业：《春秋史》，山东大学出版社，1987年，第112页。

的晋国、秦穆公时的秦国（但其霸权限于针对西戎）、楚庄王时的楚国。以后晋、楚两国长期为争夺霸权而进行政治、军事和外交上的较量。其间，晋悼公时曾使晋国重新取得霸权。公元前546年，晋、楚、齐、秦、宋、卫、郑、鲁等14国在宋都举行弭兵之会，实际上使各诸侯国同时承认晋、楚两国为霸主。这说明春秋时期的霸主政治虽然对周朝国家制度有深刻的影响，但它们本身并不代表一种新的国家制度。霸主不是国家制度中体制性的内容。

春秋晚期，地处长江下游的吴国开始强大起来。公元前506年，吴国在吴王阖闾率领下大败楚国，使楚国失去霸权。继而，在征服越国之后，吴师大举北上，先后战胜过鲁、齐等中原大国，于公元前482年，由吴王夫差与晋、鲁和周王室等会于黄池（今河南封丘），并取得霸主地位。但至公元前473年（此时已进入战国时期），吴国被越国攻灭。随后越国国君勾践亦北上会晋、齐等国于徐州（今山东滕县南），成为春秋霸权政治发展中最后一个有势力的霸主。

春秋时期霸权政治发展的最重要的后果，是使周朝王室统治权逐渐式微，终至于名存实亡。至春秋末年，周王室控制的地区只同于一个弱小的诸侯国，仅在名分上还保留着周朝国家最高权力者的地位。但同时，周朝国家的法统并没有废除。春秋时期国家制度演变中值得注意的另一动向是，在一些主要诸侯国内，如鲁、宋、郑、齐、晋等，诸侯本身的权力和地位也受到来自内部的贵族家族和高层官员的威胁。

按《史记》的编年方法，公元前475年是战国时期的开端。但作为战国与春秋时期之间真正有划时代意义的事件则是公元前453年晋国因内部贵族家族势力的增长而终于分裂为韩、赵、魏三国。此事在公元前403年得到了周威烈王的承认。

战国时期的重大历史事件中与国家制度的变革有最直接关系的首先是先后在魏、楚、齐、韩、秦等国实行的变法运动。这些变法运动的内容包括：魏文侯和武侯时由李悝实行的对法律的体现重刑主义的改革，以及名为"尽地力之教"的旨在增加国库收入和称为"平籴法"的保护小农的措施；楚国在悼王时由吴起实行的削弱旧贵族政治和经济特权、贯彻用人唯才方针的改革；齐威王时对助长贵族专权的旧吏治的改革；韩昭侯时由申不害实行的旨在控制官吏、提高官吏的行政效率的改革；以及秦国在秦孝公时任用战国时期著名政治家商鞅进行的先后两次重大的变法运动（公元前356年和公元前350年）。商鞅变法的主要内容是：加强对人民的带有重刑主义色彩的管理；促使小农为国家提供更多的租税和力役；对宗室贵族要求以军功来保持其固有身份，并依军功决定其地位和应得的利益；统一度量衡；废除农村公社制度，改变对土地的分配和使用方法；以新的县制取代旧的封邑制。商鞅变法对旧贵族的利益是一种损害，而有利于新兴的地主阶级和企望获得更多政治权利和利益的平民乃至更低层的少数奴隶。同时，商鞅变法明显地有利于加强国家对社会的控制，特别是加强诸侯国中央的权力。商鞅变法是使秦国在战国后期成为具有最强实力的诸侯国之一的最重要的历史原因。它对秦国国内国家制度的变革也起了决定性的作用，最终导致秦国统治者在统一中国后建立起新型的、真正成熟的国家制度。

其次，战国时期各诸侯间的兼并战争也是导致周朝国家制度向成熟国家形态转型的历史性事件。战国时期，各诸侯国之间的战争越来越以夺取别国的领土乃至吞并别国为最终目的，而不再仅仅是像春秋时期的争霸战争那样以取得对他国的控制权为满足。这首先表现为大国对小国的吞并，然后逐渐发展到大国之间。随之，战争的规模亦越来越大，动员的兵力往往有数十万人，死亡人数亦可达数万人乃至数十万人。

在战国初年，魏国由于魏文侯和武侯的治理成为最有实力的诸侯国。此时它攻灭了中山国。公元前344年，魏惠王称王。这是战国时期诸侯国国君第一个称王的事例，它标志着春秋时期在形式上尚被承认的周王室的最高权力者地位已不复存在，诸侯国实际上成为完全独立的国家。中国开始进入一个没有最高权力制约的分裂时期。以后，秦、齐、韩、赵、燕等均先后称王（楚在春秋时已称王）。

魏称王后的10年间，与齐、秦有过一系列战争。公元前334年，魏惠王与齐威王在徐州（今山东滕县）相会，两国暂时妥协。但自公元前333年起，秦国接连打击魏国，魏被迫割地求和。公元前318年开始，赵、韩、燕、楚实行针对秦国的"合纵"战略，但未阻止秦国对三晋领土的侵蚀。公元前312年秦军大败楚军，取得楚汉中地的一部分。公元前316年，秦灭蜀。

此时齐作为东方的强国，与燕展开反复争斗。齐宣王与愍王时并又攻击楚、秦。公元前288年，齐和秦一度互相称帝，成为当时各国中的二强。公元前284年和公元前279年，齐、燕又有过两次大战，齐一度丢失大片领土，包括都城临淄，后又收复。楚国在怀王时灭越，并与秦、齐不时有战争，但均失利。公元前280年至前278年，秦国占领楚国大片领土，楚顷襄王逃至陈（今河南淮阳），势力大减。在北方，赵武灵王实行"胡服骑射"，使赵国实力大增，从北方少数民族地区中占据大片领土。公元前270年，赵大败秦军。公元前260年，赵又在长平（今山西高平）与秦大战，遭惨败，实力锐减。

在战国时期的一连串兼并战争中，秦国是最大的获胜者。至秦昭王时（公元前306年—前251年在位），秦国对六国已具备了吞并的态势。这时，属于三晋的上郡、河东、上党、河内、南阳，以及巴蜀等地均已为秦所占领。秦庄襄王时，秦吞并由周王室控制的东周和西周两个小国，周朝的历史正式结束。公元前237年，秦王政执政，开始了大规模统一中国的进程。公元前230年，灭韩。公元前227年，破赵。次年，破燕。再次年，灭魏。公元前222年，灭楚，并使赵、燕最后灭亡。公元前221年，灭齐，最终宣告了统一的秦王朝的建立。

战国时期社会和政治变动的本质，是以周朝国家制度为代表的中国早期国家形态向成熟的国家制度的转化。战国时期的分裂局面是周朝国家制度崩溃的反映，从战国时期历史的整个进程和其结果来看，它绝不意味着这一时期的中国历史蕴含着使夏朝以来形成的中国王朝传统被永久分裂的各独立国家并存的局面所取代的趋势。从这个意义上说，秦的统一，是自春秋时期以来周朝王权衰落后必然要出现的结果。正因为这样，秦国国家，作为中国历史上第一个成熟的国家形态，应看作是周朝国家这种典型的早期国家形态的直接继承者。

二、早期国家转型期的主要政治发展

造成周朝早期国家最终被成熟的秦朝国家取代的原因无疑是多方面的。

首先，我们必须看到春秋时期以来中国社会经济的发展使传统的国家制度面临了新的问题。春秋以后，特别是战国时期，生产工具的进步导致生产力的急剧增长。这在政治上的直接影响，是使各地方势力即诸侯国的经济实力大幅度增长，从而助长了诸侯国对周朝中央统治的离心倾向。诸侯国成为更具有自治性的实体。在这种情况下，原有的中央与地方关系的模式逐渐减弱了其有效性。此外，生产力的增长也导致新的阶级关系的产生。农村公社组织开始不适应经济生活中的新的内容。新生的地主阶级开始出现。阶级关系的变动使得旧的等级关系为人们所厌恶。尤其是低等贵族（士）和平民对于政治权利和其他利益的要求开始高涨。这导致作为国家政治主要表现之一的旧的贵族化的官僚制度不得不作出变革。在社区组织上，农村公社的解体和贵族宗族组织的衰落也要求国家制度作出相应的反应。总之，春秋、战国时期中国社会经济生活的空前繁荣是使早期国家制度发生变化的最根本的原因之一。从这个意义上说，周朝国家制度自春秋以后发生的变化无疑是一种历史的进步的体现。

其次，就中国个案来说，以周朝国家制度为代表的早期国家制度，从根本上说是一种比较封闭的政治技术的产物。在国土结构上，由于国家实行分封制度，各诸侯国的存在使王朝政治的统一功能受到限制。实际上，就周朝国家来说，经济生活中的统一性是微乎其微的。在政治生活中，统一的活动也只在非常有限的范围和事务中存在。国家制度的封闭性的另一面是国家政治只对少数人即贵族开放，这种制度毫无疑问将非常容易造成政治的腐败，从而减低国家对社会管理的合理性和有效性。在社区问题上，虽然周朝国家已经建立了某种形式的管理，但实际上国家并没有真正有效地控制最基层的社区单位，这些社区单位仍然被作为贵族的依附物。所有这些，都意味着周朝国家制度只能适应比较封闭的、静止的、发展程度较低的社会生活方式。一旦社会生活的规模扩大，广泛地域内的人员的流动增加，这些传统的政治技术将不敷应付。中国在春秋、战国时期的发展，最主要的特征之一就是一种在广泛地域内流动的社会生活需求逐渐增长。而夏朝以来形成的王朝传统则使人们，主要是某些政治家们倾向于相信建立一种在整个周朝国家范围内的统一和有效的政治和社会形式是必须的。既然周朝国家制度已显露出它无力做到这一点,那么就只有对它进行变革。因此,春秋和战国时期的许多改革运动,实质上都可以说是古代中国在向成熟的国家转型过程中出现的又一轮政治技术上的发明。换言之,周朝国家制度在政治技术上的局限性和春秋、战国时期政治家们的杰出创造,是中国在公元前3世纪便产生出成熟的国家形态的历史性原因。

那么,最终促成周朝国家向成熟的国家形态转型的政治发展究竟是什么呢?我想至少有以下三点:

(1)中央和地方关系的改变。

在周朝国家制度中,中央对地方的控制主要是以王室对诸侯国的控制来实现的。由于诸侯国具有一定的自治性,而且自春秋以后,这种自治性在急剧增长,因此王室作为中央权力的代表的作用是不稳定的和有限的。从这个意义上说,周朝国家虽然在一般的国家定义上可以认为是中央集权化的(centralized)政治实体,但它却不是我国历史学中所说的中央集权制(central totalitarianist)国家。就是在诸侯国内,情况也是这样。诸侯国国君的权力在被各贵族控制的社区内也只得到有限的贯彻。在诸侯国本身膨胀以后,各种贵族控制的社区相当于一些同样具有很大自治性的小地方势力。在这个意义上,周朝国家的政治格局有点类似于欧洲中世纪时期的封建制度(但两者仍然是不同的制度)。

春秋时期开始的周朝王室权力的衰落暴露了这种有限的中央权力制度的弱点。这一时期的霸权政治充分证明了周朝王室统治作为国家的最高权力形式已不再适用。就春秋时期的霸权国而言,很难说它们具有一种谋求新型的中央与地方关系模式的意图,它们的活动的主要后果是使原有的中央与地方关系日益遭到破坏,终至事实上被瓦解。但是,对战国时期的一些大国而言,它们的兼并战争,尤其是它们自身纷纷称王,乃至称帝的行动,实质上包含着建立新的中央权力形式的目标。这一点从战国时期一些大国在其内部实行的改革措施中也可以看出。许多这类改革都具有在这些大国已经控制的地域内实行中央集权制的内容。如商鞅变法中对货币、度量衡的统一就属于这种性质的措施。而更值得一提的是,在战国变法中,一些大国在国土结构上郡县制开始代替了封邑制。县的建置在春秋初期已有出现,只是这时的县仍由世袭贵族来治理，与战国时期的郡县制性质不同。①但县与封邑毕竟不同，它们是由国君直接控制的。春秋后期，晋国出现郡的设置，并统辖县。这种郡县组织逐渐成为由国家权力直接支配的国土区划形式，成为加强各国中央集权制的重要步骤。在商鞅变法中就有实行县制的内容。在秦国，县令是一县之长，下设丞、尉。此外还有县啬夫、县司空、县司马、治狱、令史等。魏、韩等国在县令下有御史。韩还有司寇。②这些都是由国家管理的官吏。战国时期各国基层社区中乡、里、聚、连、闾、伍、什等设置依然存在，但这时已不再依附于贵族家族，而成为真正由国家控制的各级行政区划。战国时期各大国内部国土结构的这种变化，实际上是它们一旦控制全国地域后将要实行的体现中央集权制的国土结构的蓝本。而秦在统一中国的过程中和统一中国后，正是依据这种蓝本，将郡县制普遍推行到全国范围。周朝国家制度中原有的诸侯国和贵族封邑，作为体制性的地方势力从此消失了。这是中国国家制度自秦朝以后进入成熟阶段的最重要的标志之一。

（2）中央集权制（totalitarianist）的官僚制度的出现。

春秋至战国时期，各主要诸侯国的官僚制度都发生了深刻的变化。其中最主要的有三点。第一，周朝国家官僚制度中的世卿、世禄制度被逐步废除。杨宽说，在周朝国家的传统官僚制度中，"世袭的卿大夫按声望和资历来担任官职，并享受一定的采邑收入"。③这些官员的爵位、权力及其占有的土地、人民和财富，原则上都是世袭的，至少在家族内是世袭的。而所有的官职，尤其是高层官职均由贵族垄断。这种局面在春秋、战国时期有了转变。特别是到了战国时期，旧贵族垄断官职，包括高层官职的做法已从根本上被动摇。许多国家建立了从更广泛的范围内选拔官吏的制度和办法。其中包括臣下向国君推举、通过上书和游说自荐、根据军功擢举、由中央和地方长官在一定范围内任用下属官吏等。这些变革使官僚制度更牢靠地置于国君的控制下，实际上也加强了中央集权制。第二，对官员支付俸禄的形式由分封采邑向支付

---

① 杨宽：《战国史》，上海人民出版社，1983年，第209页。
② 同上，第213—214页。
③ 同上，第196页。

实物转变。这种实物主要是粮食,包括一定数量的田地的租税。这种做法显然限制了官吏作为地方势力的发展,并便于对官员的任用和罢免。①第三,完善对官员的考绩制度。对官员的考绩,在周朝国家制度中也是存在的。战国时期的发展在于使这种考绩更直接地由国君来控制,而且做法也更细密。这显然也加强了中央对整个官僚系统的驾驭。在官僚机构的设置上,战国以后,各主要诸侯国普遍加强和完善了中央官僚机构的组成。主要执政官员的地位和作用更为突出,也更形式化。战国时期一些大国实行以相、将分别为文武最高长官的制度。特别是相职的普遍出现和制度化,为秦朝国家中央官僚机构的设置提供了蓝本。杨宽说:"秦汉时代的中央政府组织,在皇帝之下设有三公,三公是左右丞相、太尉和御史大夫。不仅丞相的官制是沿袭战国时代的,就是太尉和御史大夫的官制也还是从战国时代的官制中发展而来的。"②不仅如此,战国时期各国的官僚制度为秦朝国家的整个政府组织也奠定了基础。秦朝是中国第一个被国内历史学界称为中央集权制的国家,这是它作为成熟国家的标志之一。而战国时期各国官僚制度上的深刻变革是在政治上促使秦朝成为成熟的国家的重要因素。

（3）对社区单位管理的国家化。

在周朝国家的后期,随着平民阶层中农村公社组织的解体,以及贵族中旧宗法组织的衰落,家户作为社区基本单位的重要性开始突出。在春秋时期还可以看到"书社"制度,即以农村公社共同体为单位来统计和处理全国的土地和农业人口问题。然而战国以后,尤其是战国后期,以家户为对象的户籍制度开始成为国家对社区单位管理的主要办法之一。在此基础上,各国普遍实行了按户征收的户籍税制度。此外,战国时一些国家（如秦国）变法中实行的连坐法,也表明国家对社区单位的管理深入到家户的层次。同时,户籍制度的精致化,对国家的财政是直接的支持,由于实行细密的户籍管理,国家对赋税和徭役的征发有了更有效的控制。这无疑加强了国家对整个社会生活和所有人口的控制,是国家制度对比较开放的、流动的、有较大规模的社会

---

① 杨宽:《战国史》,第198页。
② 同上,第206页。

生活的有效的反应。

克烈逊和斯卡尔尼克在概括早期国家转变阶段的特征时，就政治上的表现而言，他们提出了对官员的任命成为主要方式、领取报酬的官员占大多数、国家机构逐渐成为相对独立的政治力量、税收发展成确切规定的制度、并拥有保证其正常运转的复杂机构这几点（参见第一章）。所有这些，在春秋至战国时期古代中国国家政治的发展中都出现了。至于他们同时提到的法律和刑罚的法典化、贸易和市场的很大的重要性、土地私有制在贵族和平民中都越来越重要这些方面，在春秋至战国时期的社会与发展中也都可以明确地看到（对这些方面的发展我在此不准备过多地展开讨论，读者可参见有关断代史和专题论著）。这充分证明了春秋、战国时期，尤其是战国时期，是古代中国国家由早期国家形态向成熟的国家形态转型的时期。而就中国个案而言，对于克氏和斯氏的概括可以补充的一点就是，在中国早期国家的转型期中，一种不受地方势力的自治性干扰的完全的中央集权制的统一国家的政体形式开始出现。正是这一点，作为公元前5至前3世纪中国发生的最重要的政治发展之一，使中国在结束早期国家阶段之后出现的是古代世界最高水平的成熟的国家，即帝国（empire）。

三、专制主义：中国古代国家制度的稳定特征

这是一个十分专门的问题，近年来在我国学者中引起较大的争议。有一些学者从对某些史料的比较孤立的解释出发，努力发现古代中国国家，主要是商、周国家制度中的"民主"因素。他们把这些因素理解为古代中国国家从作为其前身的"部落联盟"制度中获得的某种遗产。我在这里想简要地表明一下我的看法。我认为，把古代中国国家制度理解为包含"民主"因素的制度，甚至认为，比如说春秋时期的国家制度是同古希腊、罗马一样的"民主"类型的城邦国家制度，这是对古代中国国家基本特征的莫大的误解。包括夏、商、周早期国家在内的古代中国国家制度的稳定的特征绝不是"民主"性质的，而始终是专制主义的。

我们已经知道，中国早期国家的前身不是"部落联盟"；有充分的证据表

明，中国早期国家是传说时期酋邦制度演变的产物。酋邦作为以个人性质的权力为最高权力的前国家政治组织，绝无可能为中国早期国家提供民主政治的任何传统。在整个夏、商、周国家时期，我们看不到在古代雅典和罗马国家中所有的那种对于高层官员的选举制度，相反，夏、商、周国家的最高权力者是世袭的国王，他们的权力被解释成是来自于天意或天命，而不是来自于人民，甚至不是来自于作为社会上唯一具有政治权利的贵族。国王对国家事务有最高决断权，虽然他可能事先须征求高层官员的意见，并有时只是形式地批转官员们的动议，但只要他愿意，他就可以依自己的意志做出决定。同所有专制国家的君主一样，夏、商、周国家的君主的权力在事实上并不是绝对不受限制的，这一点我已引用博登海默的话说明了。这里的关键是这种限制不是制度化的，它往往取决于君主本身的能力及其同有关人员（如王室成员和大臣）之间的关系。因此，在理论上，这些君主的权力恰恰是绝对的。在夏、商、周国家中，也绝对不存在如雅典和罗马的元老院和公民大会这样的机构。至于国王的产生就更是雅典和罗马共和制度中绝对不可能有的现象了。对于周朝国家的地方势力即诸侯国而言，情况也完全如此。诸侯国国家制度的本质同样是专制主义的。

春秋、战国时期的巨大政治变动，对周朝王室的统治权是一种威胁，并最终导致它被取代。但是，所有这些变动都没有触动传统的专制主义的国家制度原则。王权作为一种专制政治的象征和集中体现，其法理上的正当性并没有受到怀疑。在春秋霸权政治中，周王室的最高权力地位仍然在形式上被承认。同时，就争取霸权的诸侯国来说，它们的目标也不在改变国家制度中的专制因素，相反，它们各自国内的专制政治制度在加强。在有些诸侯国中，如鲁、郑、宋、晋、齐等，国君的地位不同程度和在不同时期中被削弱，高层官员和贵族控制诸侯国的最高权力。这种变动的性质，同周王室权力的衰落一样，是不同势力对诸侯国最高权力的争夺的反映，不涉及这种权力本身的专制性质的改变。事实上，晋国在分裂为魏、韩、赵三国，齐国在由原先的贵族田氏夺取最高权力后，仍然都继续实行传统的由国君掌握最高权力的专制的国家制度。战国时期的大国政治，完全继承了周朝国家制度的专制的原则，而且随着各国中央集权制的加强，其专制主义的国家制度比周朝国家制度更完善,专制的程度更为强化。战国时期大国中的专制政治不仅在巩固王权方面远胜于周朝,而且在统治人民方面也达到极为发达的程度。在战国政治变动中起过重要作用的法家理论,其最核心的内容就是加强王权和对人民实行重刑主义的控制。从某种意义上说,战国时期生活在专制主义大国中的人民的生活比在周朝国家制度下更压抑。尽管不同阶层间的流动比以前增加了,但是只要仍然处于较低的阶层中,人们依旧是没有任何政治权利的。政治依然完全是属于统治阶级的事。春秋、战国时期以来中国社会发生的变动是空前的,包括政治观念在内的各种新的观念层出不穷。但是,在所有先秦时期的文献中我们找不到任何关于呼吁民主政治的言论。在春秋和战国时期的某些思想家的议论中,关于人民在国家生活中的重要性的命题是可以看到的,然而这些命题的要旨只是希望专制君主对人民实行较为宽松和温和的政策,这与民主政治是完全不同性质的概念。总之,春秋、战国时期中国国家制度的变革,不但没有削弱或改变传统国家制度的专制主义性质,反而发展了中国早期国家形态中的专制主义因素。只有从这个观点来看问题,才能合理地解释为什么从早期国家中脱胎而来的秦朝国家是一个确切无误的高度专制主义的帝国。从这个意义上说,中国早期国家进程,从它最初由酋邦时期演变出夏朝国家起,一直到周朝国家的鼎盛时期,在国家制度上形成的稳固的、已经融为古代中国政治文化的核心内容之一的专制主义,在周朝国家衰落和消亡后,决定了整个社会的大动荡的最终结果必然是新的专制主义的国家的出现,当然是在比早期国家更高级的成熟的形态上。

第九章

中国中原周边地区的国家进程

自夏朝国家产生以后,在相当长的时间内,国家制度影响的地区主要是在中原。夏朝国家的中心地区是在豫西和晋南,同时,陕东、豫东和鲁西的一些地方可能也已被夏朝国家所控制(参见第六章)。除了这些地区以外,在整个夏朝国家时期,没有发现其他地区中有表明国家制度存在的任何可靠证据。这就是说,从约公元前20世纪开始,在四五百年时间内,在中国境内,除夏朝国家外,没有发生过别的国家进程。这使得夏朝国家所在的中国中原地区的一部分地方,在一个很长的时间内,在政治组织的发展上远远领先于中原周边地区。从二里头文化分布的情况来看,由于夏朝国家的建立而进入国家社会的整个地域大约在10万[①]平方公里左右。当然,在这约10万平方公里的区域内,各地进入国家社会的时间也是有先后的,同时在国家化的程度上也还可能有一些差异。

商朝时,国家制度影响的地域范围有了较大的扩张。商朝国家的中心地区是在豫北和冀南,而它所控制的整个地域,根据有些学者的意见,可能已达到了西至陕西西部、东至鲁中(甚至鲁东)、北至冀北(甚至辽西)、南至鄂中

[①] 这是我提出的一个参考性的数字。它的根据是:从二里头文化分布区的西端,陕东的华县,至其东端,豫东的永城,约为600公里;从二里头文化分布区的北端,晋南的临汾,至这一区域内二里头文化遗址分布最密集的地区的南端,豫西的临汝,垂直距离约为200公里;由此得到的二里头文化的主要分布区面积为12万平方公里;但还应从中扣除这一区域内二里头文化分布的空白点的面积。因此,最充分的估计,二里头文化集中分布的区域大约不超过10万平方公里。这可以作为我们推断夏朝国家控制地区面积的一个参考性依据。在豫南的淅川、信阳,鄂东的黄陂,亦发现有二里头文化遗址,但在它们同上述二里头文化集中分布区域之间,二里头文化的分布并不连续,同时豫南、鄂东的二里头文化遗址目前发现的数量很少,因此还不能肯定夏朝国家控制的地区已达到这些地区,它们同夏朝国家的关系还有待研究。参见《商周考古》,第15页图一。

(甚至赣中)、西南至川中的广大区域。① 此外,湘北、江苏北部、皖北的一些地方也已经受到商朝国家制度的影响(详下)。粗略地估计,上述各地组成的整个区域的面积大约有100万平方公里;但商朝国家制度在这个区域内的分布也并不是连续的,同时在这个区域内有些受商朝国家控制的地方,其国家化程度还很低,因此,商朝国家真正有效控制的地域面积也许在50万平方公里左右。这比起夏朝国家来,无疑是很大的发展。在这个发展中有两点是引人注目的:一是中原的大部分地区已基本上纳入了商朝国家控制的范围,只是在中原地区的边缘地带以及中原地区腹地的少数地方还存在着一些非国家化地区;二是中原周边地区的一些地方开始在商朝国家影响下实现国家化,其中有些成为受商朝国家控制的地区,有些则可能形成其自身的国家化进程。

周朝是中国历史上国家制度在地域上广泛扩布的第一个高峰期。在这个时期中,整个中原地区基本上实现了国家化;中原地区内非国家化地区的数量进一步减少。而中原周边地区的国家化进程明显地加快了。其中有些地区看来经历了比较独立的早期国家进程(如楚、中山、越等控制的地区),但最终被并入周朝国家的体制中。更多的地区在周朝国家的强大的殖民扩张过程中成为中原国家的组成部分。至春秋末期,虽然周朝王室对地方势力的控制力开始减弱,但名义上属于周朝国家控制的各诸侯国的总面积可能已达到了100万平方公里。这个广阔的区域,包括了晋、冀、鲁、豫、陕、鄂的全境或几乎全境,以及皖、苏的大部地区和川、湘、赣、浙的部分地区。

从严格的国家主权的角度看,在春秋末期以前,中国境内始终只存在一个国家,那就是先后由夏、商、周三朝王室统治的以中原为主体的华夏族国家。②

---

① 参见《夏商史稿》,第384页;《卜辞中所见诸侯对商王室的臣属关系》,《甲骨文与殷商史》,第141页。
② 华夏族,即汉族的前身。在先秦文献中,华夏族被称为"华"、"夏"、"诸华"、"诸夏"、"华夏"等。秦朝以后称"秦人"。东汉以后,逐渐通用"汉人"这个名称。唐朝以后,有时也称"唐人"。华夏族的形成可追溯到古代中国的酋邦时期。最早的华夏族应是以中原酋邦的成员为基础形成的。夏朝国家是由华夏族建立的第一个国家,同时也是华夏族形成中的重要阶段。华夏族的最初的名称即来自于夏朝国家名称。商朝和周朝国家不仅在国统上与夏朝国家一脉相承,而且其王室和主要居民的族体成分也同夏朝国家一样同属于华夏族。这一点可以从语言和文化特征上提供系统的证据。从民族识别的角度说,史学界有些学者习用的"夏族"、"商族"、"周族"等概念是不严密的。参见拙文:《华夏族形成问题初论》,《研究生论文选集(中国历史分册)》,江苏古籍出版社,1984年。

战国时期是中国历史上第一个有多个拥有主权的国家并立的时期。在这一时期，中原周边地区的国家化进程以空前的速度发展。而这种国家化几乎都是由中原地区国家的扩张造成的。秦朝的建立使战国时期并立的各国重新统一为一个帝国，并且其疆域差不多比周朝国家控制的区域扩大了两倍，达到约300万平方公里，首次使北方的辽、内蒙古、宁、甘，南方的闽、粤、桂、滇、黔的部分或全部地区纳入中原王朝的版图。同战国时期中原周边地区的国家化一样，秦帝国内的周边地区的国家化基本上也是秦朝统治者实行扩张政策的结果。在秦朝时，中国北方出现匈奴国家。这是中国历史上出现的第一个在法统上同夏朝国家建立以来形成的中原国家关于国家正统的概念没有继承关系的国家，同时它也是纯粹的非汉族国家。但是匈奴国家的发展对中原王朝的历史没有产生全局性的影响。汉朝继承了秦朝的疆域，而在西部，汉帝国控制的地区达到了新疆，东部则进入了朝鲜，南部伸入了越南。南北朝时期，在中国北方出现了发展程度更高、也更为汉化的少数民族国家。这些国家的发展对晋朝以后的历史产生重大影响，其中包括对隋、唐两个王朝的建立的影响。唐朝时，在中国西部，包括新疆和西藏，也发生了自动的国家进程，形成一些与中原王朝并立的国家。从公元10世纪初起，中国北方又相继出现几个重要的、比较自动的早期国家进程，导致了辽、金、元、清几个"征服王朝"的出现。元朝时，西藏和台湾进入中原王朝的版图。清朝前期，实现了对新疆和西南边疆的稳固控制。清朝的疆域成为现代中国疆域的基础。而从社会政治组织发展的角度看，中国境内的国家化进程可以说在元朝（13世纪下半叶至14世纪中叶）时已基本完成。但另一方面，直到中华人民共和国建立前，中国各地区国家化的程度仍然是有较大差异的。

在中国早期国家研究中，对中国中原周边地区的国家进程的研究，其主要意义在于：一、阐明在人类早期历史上国家制度在较大地域范围内扩布的具体方式，并从中分析出不同地区进入国家社会的不同模式；二、从中原周边地区中发生的某些比较自动的早期国家进程的个案中观察到"原生"类型的早期国家进程的某些特征，从而对分析较早的早期国家进程的机制提供比较性的依据；三、对中国境内各地区的国家化进程给出总的描述。其中第三个问题已进入对整个中国国家进程研究的范围，非本书的篇幅所能容纳。但是前两个问题,是一项较完整的中国早期国家研究必须涉及到的。本章将从三个方面主要围绕前两个问题作简要的分析。

一、先秦时期中原周边地区的国家进程

在整个先秦时期,中国国家进程主要是在中原地区内展开的。迄至夏朝结束,中国国家化的地区没有超出中原的范围。从商朝开始,国家化的地区逐渐伸展到中原以外的地区。但截至战国时期末,一些邻近中原的周边地区的国家进程也都是同中原国家的发展有关的。可以说,这些地区内的国家进程是中原国家制度的延伸。因此,先秦时期中国国家进程的主要内容就是自夏朝建立以来的中原王朝国家(它在战国时期有一个分裂时期)的发展。在这一时期中,在中原周边地区中没有发生真正独立的国家进程。

从各地区国家化进程中当地社会与中原王朝或中原国家的关系的角度,我们可以把先秦时期中原周边地区的国家进程分成三种不同的类型或模式。我这里姑且分别称之为殖民模式、土著自动模式和浅层控制模式。这三种模式涉及的地区在国家化的程度上是有差别的。一般说来,殖民模式涉及的地区,其国家化的程度是较高的,而浅层控制模式涉及的地区,其国家化程度则较低,土著自动模式涉及的地区的国家化程度居于二者之间。在这三种模式中,土著自动模式虽然还不能说是真正独立的国家进程,但是它在政治组织的演进上有许多特征同独立的早期国家进程是接近的,因此在对古代中国早期国家形成机制的研究中,这种模式可以提供有较好说明力的一些个案。

殖民模式

所谓殖民模式,是指中原王朝或中原国家(指战国时期,下同)在扩张其所控制的地域时,对新占领的、政治组织发展程度较低的地区,采取由中央王朝或中原国家的中央机构派出官员或贵族对之进行直接治理的方式来使这些地区进入国家化进程的做法。这种模式的特点是有关地区在被中原国家或王朝占领前还没有出现或完成它们自己的国家进程,而在被中原王朝或国家占领后则迅速作为中原王朝或中原国家的组成部分实现了较高程度的国

家化。在这种类型的国家化进程的动因中,土著的作用是不明显的。

由于资料的原因,我们对夏朝和商朝国家时期通过殖民模式而在中原王朝的作用下实现国家化的地区已很难一一分辨出来。但可以肯定,当夏朝国家建立后,在它所逐渐控制的各个地区中,有一些是在夏朝国家派出的官员或贵族的直接治理下迅速进入国家化进程的。夏初关于有扈氏覆灭的传说(见第六章),便可能意味着这个地区最终被夏朝国家所直接控制,而当地的制度也随之迅速国家化。商朝时,可能有更多的地区按照这种模式实现了国家化。周朝初期在中原和中原周边地区广泛实行的分封制度是众所周知的,而对许多由周朝国家实行了分封的中原周边地区来说,它们进入国家进程的方式可以说是殖民模式的典型例证。其中最重要的个案有对鲁、齐、燕的分封等。鲁地原有土著,文献中曾称之为"商奄之民"(《左传·定公四年》)。他们有可能是传说时期东夷集团的后裔。[1]当周成王将周公之子伯禽封为鲁侯时,使一部分原商朝都城殷地的居民迁居至曲阜(同上),这很可能是为了加快鲁地的国家化进程。因为这些居民很显然比当地土著更易于接受国家制度。周朝在分封鲁侯时,还使其带去了"祝、宗、卜、史、备物、典策、官司、彝器"(同上),这反映了鲁国在被分封初期将周朝国家制度向鲁地移植的情形。在周初,鲁地是距周朝国家中心地区较远的地带,鲁国分封前后,其周围均活跃着许多政治上同中原王朝关系疏远的人群,它们的政治组织发展的程度也比较低。事实上,鲁国的分封正是在周朝国家对包括商奄之民在内的许多东部人群进行征服后才得以实现的。[2]铜器中禽簋、剌卣尊等便记录了成王对奄的征伐。[3]鲁的分封使中原王朝的国家制度直接在这一地区建立起据点,对东部人群的国家化起了重要作用。齐国的封地临淄在齐国分封前为薄姑氏所居,更早则有爽鸠氏、季荝、逄伯陵等居之(《左传·昭公二十年》),这些大抵亦属于与奄相近的东部人群。薄姑氏在成王时被周朝剪灭,此事见于塱

---

[1] 鲁所在的曲阜为"少皞之墟"(《左传·定公四年》)。而少皞为传说时期东夷集团的主要成员(参见第五章)。

[2] 《逸周书·作雒解》提到周成王时对东部"熊盈族十有七国"的征伐,其中包括奄、徐、淮夷、丰、薄姑等。参见唐兰:《西周青铜器铭文分代史徵》,中华书局,1986年,第41—42页。

[3] 参见《西周青铜器铭文分代史徵》,第37—38、40页。

鼎。①齐国的分封是中原王朝的国家制度在东部地区开辟的又一个重要据点。燕所在的北京地区属于中原周边地区中更偏远的地带。燕被分封的时间据《史记·燕世家》的记法是在周武王时,在周朝分封的各诸侯国中是较早的,这一点已得到1986年在北京房山琉璃河出土的两件周初的铜器——太保罍和太保方盉的证实。②从这两篇铭文看,燕国的始封君就是周初在周朝中央政权机构中任太保的重臣召公奭,这一点也同《史记》的记法是吻合的。③所以燕的分封非常典型地体现了周朝国家对中原周边地区通过派出自己的大臣和贵族对之进行直接治理的方式来使这些地区迅速实现国家化的一种做法。上述两件铜器都提到了"祇、羌、马、叡、雩、驭、微、克、雷、匽入土眾厥罱",殷玮璋认为这是说祇等"九个国或族,连同燕国(即匽——引者)一起纳入周王国的版图,并由太保去治理和管辖"。④而祇、羌等等应该是燕分封前活动于北京地区的土著,燕分封后对它们的管辖和治理应该对促使它们迅速进入国家化进程(当然是在中原王朝的框架内)起了决定性的作用。

  吴也是周朝国家通过殖民模式使中原周边地区进入国家化进程的一个典型例子,但在细节上同鲁、齐、燕的分封有一些不同。据《史记》记载,早在周朝建立前,周太王的两个儿子太伯、仲雍便放弃继承父位的机会,"亡如荆蛮"(《周本纪》)。由于《左传》证实了吴与周的世系关系,这一记载有相当的可靠性。这很可能是商朝末年中原人口向长江下游地区的一次规模不详的移民的反映。《史记》这里所说的"荆蛮"实际上指的是苏南太湖地区。据《史记》张守节正义,太伯、仲雍所至的确切地点是无锡县梅里村。除了这次移民外,类似的移民以后应当还有多次。比如在记载吴地历史的宜侯夨簋中提到过周王赐宜侯"在宜王人"若干、"在宜庶人"若干,这意味着有"在宜"与"非宜"的人的区别,后者应指从中原迁来的移民。据《史记》,太伯至苏南后即在当地建立了某种政权,"自号句吴"(《吴太伯世家》)。《左传·哀公

---

① 《商周青铜器铭文选》(三),第17页。
② 张亚初:在《北京琉璃河出土西周有铭铜器座谈纪要》中的谈话,《考古》1989年第10期。
③ 司马贞《史记》索隐有燕国初封时召公"以元子就封"之说,现据太保盉和太保方罍知司马贞说乃属臆测。
④ 殷玮璋:《新出土的太保铜器及其相关问题》,《考古》1990年第1期。

七年》提到过这段历史,说"太伯端委,以治周礼"。这表明太伯进入吴地后,随之也带去了中原的文化和制度,包括国家意识形态,同时也在一定范围内按中原国家的模式行使了权力。从文献的记载看,吴国建立的初期,周、吴之间尚未建立制度性的紧密联系。但在武王克商后,周王朝开始寻求与这支早期移民重新建立联系。《史记》说,"周武王克殷,求太伯、仲雍之后,得周章。周章已君吴,因而封之"(《吴太伯世家》)。从太伯算起,周章已是吴国的第五位君主,为仲雍的曾孙,低武王一辈。周朝对吴周章的册封,显然是周王朝试图将吴国纳入其国家制度框架内的举动。它在承认吴国的同时,对吴国的发展也进行干预和控制。周康王时曾有过周王将在吴地的虞侯加封或改封为宜侯的事情(宜侯夨簋),便是周朝在吴国事务中有重要影响力的证明。[①]总之,吴国的建立虽然不是完全由周朝国家的分封直接造成的,但它本质上仍然是中原王朝政治力量作用的结果。就这一点来说,吴国历史的最初时期是中原周边地区国家进程的殖民模式的一个表现。当然,吴国历史与鲁、齐、燕等的历史的又一个不同,是它在随后的一个时期中有过一个相对土著化的发展阶段,[②]这使它在很长时期中与鲁、齐、燕等诸侯国在周王朝的政治结构中地位有所不同。因此可以说,吴国历史又具有某种与下面所说的土著自动模式所涉及的地区的历史比较接近的特征。

在西周时期以殖民模式实现国家化的个案中,秦国的建立构成了另一种典型。秦国公室的祖先传说在夏、商时与中原王朝有不确定的关系。[③]至非子时,秦人成为周王朝属下一个专司养马的人群,从此与周朝建立稳定的关系(《史记·秦本纪》)。此时秦人尚活动在甘肃天水周围(同上)。周孝王时(公元前9世纪初在位),[④]中潏"在西戎,保西垂",秦成为周朝西部边境的防御重镇,孝王遂以秦为"附庸"(同上)。周宣王时(公元前827至前782年在位)始以秦仲为"大夫"(同上),这标志着秦正式成为周朝的地方势力。公

---

① 参见拙作:《关于吴国建国的一些问题》,《铁道师院学报》(苏州)1992年第2期。
② 同上。
③ 《史记·秦本纪》:"……费昌,子孙或在中国,或在夷狄。"又谓:"(费昌)去夏归商,为汤御","自大戊以下,中衍之后,遂世有功,以佐殷国。"
④ 据李仲操:《西周年代》,文物出版社,1991年,第120页。

元前821年，秦称公（同上），试图成为由周朝承认的诸侯。秦国的国家化进程至此应已基本完成。秦国在襄公时帮助了周平王的东迁，这提高了秦国在周朝政治中的地位，同时秦国还获得了周王室东迁后留下的"岐以西之地"。而且，周平王还"封襄公为诸侯"（《史记·秦本纪》）。秦国从这时起成为与中原各诸侯国对等的地方政权。《史记·秦本纪》说："襄公于是始国，与诸侯通使聘享之礼。"秦国也迅速华夏化。在秦国的国家化中，中原王朝并未直接派遣官员或贵族参与治理，但中原王朝的政治控制和对秦人政治概念的改造是这一进程的决定性因素。因此秦的国家化根本上不是土著自发的发展。从这个意义上说，秦的国家化可归入殖民模式中。秦在春秋前期迁都于雍（陕西凤翔），战国时迁往咸阳。秦国在战国时期是影响古代中国历史的最重要的势力之一，而由于秦国历史上的特点，秦最终对中国的统一在法统上仍然是自夏朝国家以来中原王朝政治的继续，这一点在古代中国历史上的影响是极其深远的。

土著自动模式

在先秦时期，在有些中原周边地区出现过一些土著居民在其中起着十分重要的作用的、相对独立的国家进程。这些进程导致了相应地区的国家化。虽然从结果上看，在这些地区建立的国家制度仍然只是中原王朝政治结构的一部分，但它们所体现的国家化进程同殖民模式下的国家化进程有很大不同。我把这种类型的国家化进程称为土著自动模式。

就目前拥有的资料来看，在关于夏朝和商朝时期的史料中还辨认不出属于土著自动模式的中原周边地区中的国家进程。也许今后的研究能找出这方面的例证。目前能够比较确切地了解的属于土著自动模式的中原周边地区国家进程有楚、中山、越、徐、蜀巴等几个个案。其年代都在周朝国家建立以后。

楚国是在西周时期活动于湖北西部山区和江汉平原一带的一支居民中发展起来的。这一地区在传说时期曾经是三苗集团活动的地域，因此这支居民的成分中很可能包括了古三苗集团的某些后裔。大约从夏初开始，从中原向这一地区迁徙了某些原属华夏集团的居民。其中最重要的就是后来楚国王室的祖先。在传说中，楚国王室的血统可追溯到颛顼、祝融（《史记·楚世家》），而楚国王室所属的芈姓的始祖则是祝融的从子或孙季连。①季连的时代约当尧时，②而其居地很可能还在中原。③《史记·楚世家》说："季连生附沮，附沮生穴熊，其后中微，或在中国，或在蛮夷，弗能纪其世。"这是说穴熊后，芈姓家族开始向中原周边地区迁徙，并且与中原华夏族国家隔断了联系，以至"弗能纪其世"。《楚世家》所说的"蛮夷"，指的应即后来楚国的发祥地——湖北西部山区（荆山地区）和江汉地区。④在商朝前期，荆楚与商朝国家只有一种较松散的联系，即承认商朝国家的权威，但并未由商朝国家治理。⑤商朝后期，武丁曾讨伐荆楚。⑥至商朝末年，荆楚与周人发生关系，"鬻熊子事文王"（《史记·楚世家》）。⑦鬻熊是继穴熊之后首位被记录的芈姓家族首领，其距穴熊已约有一千年。荆楚在这样长时期地与中原国家隔绝和疏远之后，无疑地，已基本上土著化了。鬻熊事周文王，也许只是由于反商的共同需要而形成的一种同盟关系。《楚世家》记载鬻熊的曾孙熊绎在周成王时被"封以子男之田"。这反映出周朝国家对荆楚的进一步控制。但此时荆楚本身的发展似乎还没有达到真正的国家化。故《国语·晋语八》中说："昔成王盟诸侯于岐阳，楚为荆蛮，置茅蕝，设望表，与鲜卑守燎，故不与盟。"从这里可以看出：一、荆楚此时的文化与中原国家有较大差距，故被视为"荆蛮"，其中当然也包括政治文化上的差距；二、虽然熊绎被封为周朝的子男，

---

① 据《世本》，季连为陆终之子。陆终，《大戴礼记·帝系》以为祝融重黎之侄，吴回之子。而据《左传·昭公二十九年》、《山海经·大荒西经》，陆终也可能是重或黎之子。重、黎，《左传》、《国语·郑语》及《山海经》均视作二人，《帝系》则视为一人。《史记·司马迁自序》亦以重、黎为二人。
② 参见罗运环：《楚国八百年》，武汉大学出版社，1992年，第49页。
③ 《左传·昭公十二年》有："（楚灵）王曰：'昔我皇祖伯父昆吾，旧许是宅。'"冯作民以"皇祖"指季连。可备一说。详《楚国八百年》，第57—58页。
④ 穴熊时芈姓家族向荆山和江汉地区的迁徙可能在传说中禹对三苗的征服之后。参见《中国古史的传说时代》，第121页。
⑤ 《诗经·商颂·殷武》："维女荆楚，居国南乡。昔有成汤，自彼氐羌，莫敢不来享，莫敢不来王，曰商是常。"享、王是古代周边人群与中原王朝间最浅层的关系。
⑥ 《诗经·商颂·殷武》："挞彼殷武，奋伐荆楚。"殷墟甲骨文亦记载武丁对荆楚的讨伐。参见江鸿：《盘龙城与商朝的南土》，《文物》1976年第2期。
⑦ 〔日〕泷川资言：《史记会注考证》谓："《艺文类聚》引《史》无'子'字。"

但其地位仍不及一般的诸侯,而只能与同属中原周边地区的鲜卑为伍。但从芈姓家族对荆楚的控制来看,此时荆楚已形成了某种集中的权力,这表明荆楚社会已相当复杂化,我认为可以把它看作是一个受周朝国家控制的酋邦。据《世本》和《楚世家》,熊绎居丹阳。关于此丹阳的地望,历来众说不一,其中涉及湖北的秭归、枝江、荆山等地点。① 对此尚需进一步研究。但据《左传·昭公十二年》说"熊绎辟在荆山"来看,熊绎时荆楚活动的主要区域还是以在汉水上游的荆山一带可能性为大。周昭王时,荆楚与周朝国家发生重大冲突,昭王亲自渡汉水征伐荆楚,遭到惨败(《左传·僖公四年》)。

荆楚约从熊绎时起开始不断向外扩张。至熊渠(当周夷王)时已基本控制了江汉间的广大地区。熊渠又"兴兵伐庸、杨粤,至于鄂"(《史记·楚世家》),使其势力达到了鄂西北和鄂东南。② 这时荆楚在政治上有重大发展。《楚世家》载,熊渠宣称:"我蛮夷也,不与中国之号谥。"这意味着荆楚在摆脱周朝国家控制的条件下独立地发展出自己的政治制度。从《楚世家》记载熊渠随即封其三子为句亶王、鄂王、越章王来看,此时荆楚已进入国家化进程。但在周厉王时,慑于厉王的压力,熊渠又"去其王"(同上),这可能是表示楚国国家制度此时尚未定型。不过楚国国家制度的建设显然并未受到根本的影响。公元前791年,熊仪即位,称若敖。这是史书记载楚国第一个有正式名号的国君。这可以作为楚国基本完成其国家化进程的标志。以后楚国国君又先后称霄敖(熊坎)、蚡冒(熊眴)。公元前704年,熊通"自立为武王"(同上)。这是楚国政治史上的重大事件。它不仅表明楚国国家制度的最终确立,而且充分显示了楚国国家进程中土著自动因素的作用。熊通在称王时曾说:"王不加位,我自尊耳。"(同上)可见周朝王室在楚国王权的建立中几乎没有起什么作用。周朝国家对楚国的兴起长期不予承认。周桓王曾拒绝给熊通以正式封号(这促使了熊通的自立为王)。楚文王时,楚国开始干预中原政治。③ 楚成王元年(公元前671年),楚国再次做出愿意接受周王室权威的

---

① 此外涉及的地点还有河南的淅川,安徽的当涂等。详《楚国八百年》,第78—79页。
② 庸,据《史记·楚世家》正义引《括地志》,在湖北竹山县,处鄂西北。鄂,应指东鄂,湖北鄂州市,处武汉东南。杨粤,其地不详,一说指古杨水一带的越人,详《楚国八百年》第103—104页。
③《左传·庄公十年》:"楚败蔡师于莘。"杜预注:"楚辟陋在夷,于此始通上国。"

姿态,"使人献天子"(同上)。这次周王室没有拒绝楚国,"天子赐胙,曰:'镇尔南方夷越之乱,无侵中国。'"(同上)这标志着楚国正式被纳入周朝国家的政治秩序中。这一事件在历史上的意义是深远的,它使得正在蒸蒸日上的楚国终于没有成为与中原王朝并立的真正独立的国家。而楚国的发展,对于中南、华东乃至西南的部分地区的国家化起了重要作用。

周朝国家的建立及其前期(西周时期)的发展,使华北的大部分地区实现了国家化。但截至春秋初期,在华北的边缘地带,以及一些处于各华夏族诸侯国之间的空隙地带,仍活动有许多不受周朝国家控制、政治发展程度较低的人群。其中活动最频繁的是见于史书记载的北狄集团。北狄,据有些学者的分类,包括分布在晋东南和冀南的赤狄、分布在陕北和晋北的白狄,以及分布在豫鲁交界处的长狄等。[1]在北狄集团中,赤狄可能拥有较高的地位和对其他人群的某种控制权。[2]但北狄各部分之间似乎尚未形成真正统一的实体。而在赤狄、白狄、长狄这三个部分内部,它们各有君长,[3]显示了各自具有某种程度的集中的权力,因此它们可能是几个相互间有某种联系的酋邦。北狄集团同华夏族国家长期处于相互攻战中,但有时也与华夏族国家包括周王室有和平交往,甚至凭借其武力参与中原王朝内部的政治与军事冲突。公元前607年,长狄在齐、卫的攻击下灭亡(《左传·文公十一年》)。公元前594至前588年,赤狄亦被晋、卫所灭(《左传·宣公十五年》、《左传·宣公十六年》、《左传·成公三年》)。长狄和赤狄所在地区的国家化是在它们被攻灭后由中原国家通过殖民模式实现的。

公元前601年,白狄与晋国达成和平协议(《左传·宣公八年》)。在此之后,白狄向东迁徙。约半个世纪后,白狄出现在太行山以东地区,而以在河北省石家庄市周围一带最为集中,同时在石家庄至山西东部的盂县之间也有活动。[4]《春秋》甚至记载了白狄与鲁国的接触(襄公十八年)。而白狄的原居地——晋

---

[1] 参见段连勤:《北狄族与中山国》,河北人民出版社,1982年,第23—30页。
[2] 同上,第47页。
[3] 如赤狄有潞子婴儿(《左传·宣公十五年》),白狄有"白狄子"(《左传·僖公三十三年》),长狄有缘斯、侨如、荣如(《左传·文公十二年》)。
[4] 参见《北狄族与中山国》,第78页。

北和陕北的一些地区很可能在这个时期在晋国控制下实现了国家化。

白狄东迁后,其政治组织有重要的发展。东迁后的白狄包括鲜虞、肥、鼓、仇由等部。① 其中最大的一部是鲜虞。鲜虞在西周末年已同中原华夏族国家有接触(《国语·郑语》)。在东迁后的白狄各部中,鲜虞可能是地位较高的,而且对其他各部有一定的控制力。因此先秦文献中每以鲜虞代指白狄各部如肥、鼓等。② 这表明白狄东迁后,各部间仍保持着原有酋邦形态下的联系,从而在与中原华夏族的接触中被看成是一个整体。鲜虞部东迁后,较早的居处是在河北省正定县及周围地区。③ 公元前506年,鲜虞已迁至中山(《左传·定公四年》)。中山,作为地名,在今河北省唐县。④ 而鲜虞到达唐县则早在公元前529年以前。这一年晋国曾"侵鲜虞,及中人"(《左传·昭公十三年》)。中人,即中山的前称或别名。⑤ 可见鲜虞在此之前已控制了唐县。鲜虞称中山,很可能比《左传》记载的要早。而用来称呼鲜虞的中山,应当已不是地名,而俨然是一个国名了。因此有人认为公元前506年鲜虞在文献中被称为中山,表明中山国在这一年"正式建国"。⑥ 目前对中山国建立的确切时间尚无可考,但从《左传》的记载看,鲜虞在公元前6世纪初已发展为国家的可能性是存在的。在《左传》中,定公四年后,直至哀公六年(公元前489年),仍多次称中山为鲜虞,这表明中山国在其成立后的相当一段时期内未被中原华夏族国家承认为对等的国家。中山国第一位被文献记载的国君是公元前414年即位的中山武公(《史记·赵世家》)。而据1978年出土的中山王䰩方壶,在中山武公之前还有文公。⑦ 事实上中山国在文公以前也应当有国君,只是未被记录罢了。中山国在其成立后的初期,屡屡受到晋国

---

① 参见《北狄族与中山国》,第80—84页。
② 如《春秋·昭公十二年》:"晋伐鲜虞。"十五年:"伐鲜虞。"据《左传》,此二条分别指晋对肥、鼓的征伐。
③ 《左传·昭公十二年》杜预注:"鲜虞,白狄别种,在中山新市县。"按新市即今正定县。
④ 顾祖禹:《读史方舆纪要》"保定府唐县"条下:"中山城在县西北十三里峭岭上。"
⑤ 同上:"《括地志》:'中山故城,一名中人亭。'《春秋·昭公十三年》'晋荀吴帅师侵鲜虞,及中人'是也。"又,《后汉书·光武纪》唐李贤注引张曜《中山记》:"中人城,城中有山,故曰中山。"
⑥ 《北狄族与中山国》,第102—103页,注10。
⑦ 河北省文物管理处:《河北省平山县战国时期中山国墓葬发掘简报》,《文物》1979年第1期。

等中原华夏族国家的攻击。但同时华夏族国家也开始在其政治斗争中寻求中山国的支持。公元前494年,齐、鲁、卫诸国为救援晋国内乱中的一方范氏与中行氏而进攻晋国,中山国即参与了这次行动(《左传·哀公元年》)。两年后,齐、卫两国再次"求援于中山"(《左传·哀公三年》)。次年,范氏与中行氏战败,中山国一度接纳过他们(《左传·哀公四年》)。这说明中山国在中原政治中已迅速获得了重要的地位。公元前455年或前456年,中山国在赵襄子攻击下一度丢失都城中人(《国语·晋语九》)。中山武公即位后,都顾(《世本》)。公元前409年起,魏国对中山国大举进攻,三年后中山国覆灭(《史记·乐毅列传》)。但不久中山又复国,并遭致赵国的征伐(《史记·赵世家》)。[1]公元前323年中山国称王,成为中原政治中的一个强国。[2]公元前296年,中山国在赵、燕的攻击下灭亡。从中山国的整个历史来看,在它的形成中土著自动因素应该说起了相当重要的作用。中原王朝对中山国的建立没有发生直接的影响。但从另一方面说,中山国在其产生后,即自动纳入了中原政治的格局,同时中山国本身(尤其是在经过魏国对其的占领后)也迅速华夏化。因此,就中山国的主要历史活动的性质而言,它同春秋末期至战国时期的其他中原华夏族国家可以说没有根本的不同。它对中国早期国家进程的影响主要表现在由于它的发展,中国北方以石家庄为中心的一个地区内的国家化进程被推进了。

春秋和战国时期以土著自动模式形成国家的另一个比较明显的例子是越国的兴起和发展。越国的居民是古代被称为"百越"的诸多南方人群中的一支。[3]同中原地区相比,古代中国南方人群中政治组织的发展是较为迟缓的。成书于战国后期的《吕氏春秋》曾提道"杨汉之南,百越之际,敝凯诸、夫风、馀靡之地,缚娄、阳禺、驩兜之国,多无君"(《恃君》),说明这时百越人群中有许多还处在酋邦以前的阶段,更不用说发展出国家制度了。然而越国

---

[1] 《史记·赵世家》谓:"(敬侯)十一年(公元前376年)伐中山,又战于中人。"段连勤认为中山复国约在公元前381年。参见《北狄族与中山国》,第107—108页。
[2] 参见杨宽:《战国史》,第322页。
[3] 《汉书·地理志下》注引臣瓒曰:"自交趾至于会稽七八千里,百越杂居,各有种姓。"表明百越并非单一的人群。会稽,汉郡,辖境包括浙江全省,为越国发祥地。

却是一个例外。它是见诸文献记载的唯一一个在百越人群中以土著自动模式发展起来的国家。据《史记·越王勾践世家》的记载,越国王室的祖先是禹的后裔。《国语·吴语》韦昭注又提出越国王室是"祝融之后"。这些都无法得到证实。事实上,越国王室出自土著的可能性是存在的。文献中关于越的记载最早见于《左传·宣公八年》(公元前601年),谓楚"伐舒蓼……盟吴、越而还"。舒蓼在今安徽省舒城一带,距越国的发祥地杭州湾地区甚远。从《左传》的这则记载中还看不出越此时政治组织的情况。《左传》在昭公五年(公元前537年)又记载:楚伐吴,"越大夫常寿过帅师会楚子于琐(安徽省霍邱县东)"。这是文献第一次提到越的军队和它的官员。但在同年《春秋》中,越只被称为"越人"。这可能表明越在当时尚未成为与中原诸侯国对等的国家。公元前529年,"越大夫"在申地的盟会中受到楚王的凌辱(《左传·昭公十三年》)。公元前518年,"越大夫"胥犴对正在伐吴的楚王进行慰劳,"越公子仓"与"越大夫"寿梦并"帅师从王"(《左传·昭公二十四年》)。从这些记载中可以看出越在公元前6世纪下半叶可能已形成了国家制度。越国第一个称王的国君可能是允常。①在《左传》中,首次提到的越国国君是允常之子勾践,称为"越子",但同时也说到吴王夫差称勾践为"越王"(定公十四年)。这证明越国在公元前6世纪末和公元前5世纪初(越王勾践元年为公元前496年,允常死于前一年)确已称王。可以认为在允常和勾践时,越已完成了它的国家化进程。但是越国作为对等国家的地位被中原国家承认可能还要迟一些。在公元前494年吴王夫差"败越于夫椒(盖在今绍兴县北)"时,吴国仍视越国为"蛮夷"(《左传·哀公元年》)。公元前474年,越国在攻击吴国时,首次遣使与鲁国接触(《左传·哀公二十一年》)。这标志着越国的地位在中原国家中得到承认。两年后,越、鲁两国曾遣使互访(《左传·哀公二十三年》)。随后,公元前471年,鲁哀公访问越国,次年归(《左传·哀公二十四年》、《二十五年》)。在此期间,越国曾与鲁、宋联手干涉卫国的内乱,并且越国是在卫出公请求下采取这一行动的(《左传·哀公

---

① 《史记·越王勾践世家》正义引《舆地志》:"越侯传国三十余叶,历殷至周敬王时,有越侯夫谭,子曰允常,拓土始大,称王。"

二十五年》《二十六年》）。公元前468年，越国调停了鲁、邾两国的边界纠纷（《左传·哀公二十七年》）。可见，在战国初期，越国作为一个主权国家已完全为中原国家所接受，而且其地位已在许多中原小国之上。

同中山国一样，在越国形成的过程中，中原王朝和中原国家没有起直接的作用。《吴越春秋》中提到夏少康封其庶子无余于越，[1]《史记·越王勾践世家》亦说"夏后帝少康之庶子也，封于会稽"。此说实甚可疑。梁玉绳即指出"越非夏封明矣"。[2]《国语·越语下》记越国大夫范蠡说："昔吾先君固周室之不成子也。"韦昭注："言越本蛮夷小国，于周室爵列不能成子也。"实际上，范蠡的话也可以理解为越从未受过周朝的分封。从文献的记载看，越同周王室之间几乎没有正式的接触。唯在《逸周书·王会解》中提到过"于越纳"，但这显然只是周朝与中原周边人群的一种非常浅层的关系的体现。对于越国的形成，越与楚和吴的接触应当是比较重要的外部因素。这对导致越国形成后也同中山国一样迅速纳入中原政治的格局起了重要作用，因为楚国和吴国都是这样做的。越国在允常晚年和勾践初年的疆域基本上局限在浙江省北部，而以会稽（绍兴）为中心。公元前505年，越国曾攻入吴国境内，旋撤出（《左传·定公五年》）。公元前496年，吴王阖闾攻越，在檇李战败（《左传·定公十四年》）。两年后，吴王夫差在夫椒大败越军，并攻入越国，随后与越国讲和（《左传·哀公元年》）。公元前473年，越灭吴（《左传·哀公二十二年》）。战国初期，越国一度成为中原政治中的霸主和强国，其疆域亦一度向北扩张到山东的东南部，以及江苏东部和南部、皖南和赣东。[3]公元前306年，越国被楚国攻灭（《史记·越王勾践世家》）。越国的发展，无疑对华东地区，尤其浙北的国家化起了重要作用。

春秋时期，在华东地区还有一个值得注意的以土著自动模式形成的国家，即徐。徐在西周初期曾与淮夷等东方人群一起与鲁国发生冲突，被称为"徐戎"（《史记·鲁世家》）。周穆王时曾讨伐过徐。[4]这时的徐应该说尚未

---

[1] 《史记·越王勾践世家》正义引。
[2] 参见《史记会注考证·越王勾践世家》。
[3] 参见杨宽：《战国史》，第262页。
[4] 详《中国古史的传说时代》，第173页。

被中原王朝所控制,同时在政治组织的演进上可能还处在前国家时期。西周末期,周宣王曾省视徐土(《诗经·大雅·常武》),这表明周朝对徐活动地区的重视。这时徐已到达淮河流域,而以安徽泗县为其活动的中心。①公元前657年,徐控制了活跃在今安徽省境内淮河与长江之间以舒城为中心的一个地区内的群舒(《左传·僖公三年》)。可能在此期间,徐还一度控制了江、黄、道、柏、弦、六、蓼、英等,其中,六、英、蓼亦在上述群舒活动地区,江、黄、道、柏、弦在今河南与湖北接近安徽西境的地区。②这一时期的徐可能已形成了国家,而且有一个在战国以后的文献中传说非常广泛的君主——徐偃王。在《韩非子·五蠹》和《淮南子·人间训》中都提到徐偃王"服国"三十六或三十二的事迹,应即指徐国这一时期的情况。在齐桓公时,徐国曾与齐结盟,并因此遭到楚的攻击,鲁国等"诸侯之师"则出兵"救徐"(《左传·僖公十五年》)。由此看出徐国的地位在一定程度上被中原诸侯国所承认,同时徐国的活动也很快纳入中原政治的轨道。公元前601年,楚灭舒蓼,并先此已控制了群舒(《左传·宣公八年》)。徐国的势力锐减,并北移至江苏盱眙。③公元前512年,徐国被吴国所灭。徐国的发展是古代中国华东地区国家化进程的重要组成部分。

在西南和西北地区也可以找到在先秦时期以土著自动模式进入国家化进程的例子,如蜀、巴、义渠、大荔、滇、夜郎等。这几个个案的共同特点是它们所涉及的地区距中原都较远,同楚、中山、越、徐等相比,它们的发展在中原政治中所产生的影响比较小。但同时,正因为同中原王朝和国家距离较远,在它们的政治组织发展的过程中,土著自动的特征也更为突出。从国家化的观点来看,这几个个案所达到的程度各不相同。其中,蜀是国家化程度达到较高水平的一个个案。蜀位于四川省西部长江上游以北地区,并兼有陕西省西南部分地区。④它可能在文献所载的开明氏⑤统治时期开始形成国家。开明朝的第一

---

① 《左传·僖公三年》杜预注谓徐在"下邳僮县东南",按僮县故城在今安徽泗县东北。
② 详《中国古史的传说时代》,第182—183页。
③ 《水经注·济水》谓临淮郡徐县为"故徐国也"。按徐县在今江苏盱眙县西北。
④ 参见《战国史》,第266页。
⑤ 关于开明氏的事迹见《华阳国志·蜀志》。

个君主是据说来自荆楚的鳖令,①这时大约在公元前7世纪上半叶。②文献中记载了鳖令在控制蜀地后在礼乐制度上的建设。③这可能反映了蜀国国家制度的建立。在开明朝以前,蜀地为蒲卑氏统治,其著名的君主有号称望帝的杜宇,④而传说中杜宇是自动将权力禅让给鳖令(此前为杜宇的"相")的。⑤这可能意味着在蒲卑氏时期蜀在政治上还保留着一些较原始的特征,这时的蜀也许只是一个较为发展的酋邦。蜀国在开明氏统治下延续了约400年,公元前316年为秦国所灭。⑥巴的历史有许多细节目前已不清楚。从文献中看,巴在西周初年曾与中原王朝有浅层的关系,被视为周朝的"南土"(《左传·昭公九年》)。传说中,巴人的第一个君长务相被"共立之",称为廪君(《后汉书·南蛮西南夷列传》)。巴在春秋初年已有军队,并随楚国伐邓(《左传·桓公九年》)。这时巴可能形成国家。从春秋时期巴国与楚、邓的接触来看,这时的巴国应尚在湖北省境内,位于当时楚国的西北。⑦战国时期,巴国向四川东部发展,形成以重庆为中心的一个较大的国家。公元前316年,巴国继蜀之后亦为秦国所灭。此外,楚在战国时期亦兼并了巴国的一部分领土。⑧蜀和巴在国家化进程中,与楚的接触是其重要的外部因素。同时,自夏、商以来中原文化对蜀地的文化已有一定的影响,商朝以后,中原王朝对蜀地可能还有浅层的控制关系(详下)。因此,尽管蜀、巴国家化进程的土著自动特征是比较突出的,但同夏朝国家形成时的完全"原生型"的特征还是有重要不同的。同中国北方和华东地区的几个以土著自动模式形成国家的个案相比,蜀、巴的又一个特点是它们在形成国家后,对其控制地域内的众多人群内部的政治组织的发展影响较小,因此尽管蜀国和巴国在四川境内存在了数百年,在当地许多地区中,国家化的程度却仍处于较低的水平。这可以从秦汉以后中原王朝

---

① 关于鳖令的传说见《水经注·江水》引来敏《本蜀论》。
② 蒙默:《中国大百科全书·中国历史》"巴蜀"条以开明朝约始于公元前666年。
③ 见《华阳国志·蜀志》。
④ 同上。
⑤ 见《本蜀论》。
⑥ 说从杨宽:《战国史》,第325页。
⑦ 参见童书业:《古巴国辨》。
⑧ 参见唐嘉弘:《中国古代民族研究》,青海人民出版社,1987年,第312—313页。

对这一地区大量存在的部落或酋邦形态的人群的治理中清楚地看出来。相应地，先秦时期四川地区社会的华夏化也远不如华北和华东地区彻底。

在西北地区，在秦作为周朝的诸侯国实现国家化之后，有些人群也以土著自动模式进入国家化进程。其中，义渠和大荔是国家化程度达到较高水平的两支。义渠活动在陕西省北部、甘肃北部和宁夏一带。①大荔活动在陕西省大荔县及周围。②《后汉书·西羌传》说春秋时在西戎中"义渠、大荔最强，筑城数十，皆自称王"。在《史记·秦本纪》中也提到过"义渠王"。公元前461年，秦厉公灭大荔（同上）。不久，秦又伐义渠，俘其王（同上）。但义渠在随后百余年间亦曾数创秦国（《后汉书·西羌传》）。公元前327年，义渠对秦国称臣（《史记·秦本纪》）。公元前315年，秦攻占义渠二十五城（同上）。公元前272年，义渠亡于秦（《后汉书·西羌传》）。从文献对义渠和大荔的上述活动的记载来看，它们已形成国家的可能性是存在的。尤其是义渠，不仅控制数目众多的城池，而且已形成王权，似乎已具备了早期国家的主要特征。对义渠和大荔的国家化进程而言，与秦的接触无疑是推动这一进程的重要外部因素。但这两个国家的土著特征看来始终是比较突出的。它们似乎从未被中原国家承认过。在被秦兼并后，它们所在的地区加速了华夏化。

同上述已形成国家的个案相比，滇和夜郎是西南地区两个政治组织发展程度较高，但没有明确的证据表明其已形成了国家制度的人群。从汉代文献的记载看，在西南地区，这是两个规模最大的人群。《史记·西南夷列传》谓："西南夷君长以什数，夜郎最大。其西靡莫之属以什数，滇最大。"即指此。滇在今昆明及周围，"方三百里，旁平地肥饶数千里"（《汉书·西南夷两粤朝鲜传》）。据说楚威王（公元前339年至前329年在位）时楚将庄蹻率兵到达滇地，后因故滞留未归，"因以其众王滇，变服从其俗以长之"（《史记·西南夷列传》）。③楚的势力的介入无疑对滇地政治组织的发展有重要的刺激。但

---

① 《后汉书·西羌传》注："义渠县，属北地郡也。"按秦时义渠县在甘肃宁县。
② 《后汉书·西羌传》注："大荔，古戎国，秦获之，改曰临晋，今同州城是也。"按同州即今陕西大荔。
③ 荀悦《汉纪》以此事为楚庄王时，常璩《华阳国志》则以为楚顷襄王时，《后汉书》同。又《汉纪》谓庄蹻王靡漠，《华阳国志》则以王夜郎。详唐嘉弘：《中国古代民族研究》，第413—420页。

看来庄蹻对当地社会的固有制度的改变是有限的,所谓"变服从其俗"应不排除政治上的权变。因此,直到汉代,所谓滇国一般认为实际上指的还是一些部落的集合。①根据本书的概念,滇国也许只是一个较发达的酋邦。夜郎较早活动在今贵州省遵义及桐梓一带。②战国后期,楚曾征伐过夜郎(《后汉书·南蛮西南夷列传》)。据说夜郎的先祖中有一男儿,"及长,有才武,自立为夜郎侯"(同上)。这表明夜郎已有较集中的权力,似亦可视为形成了酋邦。至汉武帝时,夜郎、滇皆"受王印"(《汉书·西南夷两粤朝鲜传》),而在西南地区的其他人群中尚未有此种待遇。可见滇和夜郎在政治上的发展程度确是西南地区人群中最高的。但现代学者仍不能肯定夜郎在被汉朝治理前已形成真正的国家制度。③滇和夜郎作为西南地区最先进的政治实体,其发展显示了中国西南地区国家化进程的一般面貌。即虽然像滇和夜郎这样的人群以土著自动模式(在来自楚的外部因素的作用下)在国家化进程中有一定的发展,但大多数西南地区人群的政治进程是远远落后于中原民族的。西南地区的国家化进程主要是在秦汉以后以殖民模式逐步实现的,而且这一进程对当地土著社会内部的影响始终比较薄弱。直至20世纪50年代以前,西南地区仍是中国境内国家化程度最低的地区之一。

浅层控制模式

所谓浅层控制模式,我指的是在中原王朝或国家尚未能以殖民模式直接使之迅速国家化的许多中原周边地区,在基本不改变当地土著固有的前国家制度的情况下,使这些地区同中原王朝或国家之间建立起一种以周边地区或人群承认中原王朝或国家的权威为特征的松散的政治联系的做法。这种联系并不立即导致有关地区内部结构的国家化,但它不仅使有关地区在不同程度上处于中原王朝或国家的控制下,同时也必然使这些地区受到中原政治文化的影响。在这些地区中,有一些最终被中原王朝或国家在武力支持下以殖民模式加以兼并;有一些则以土著自动模式在不同程度上进入国家化进程,

---

① 〔英〕崔瑞德、鲁惟一编:《剑桥中国秦汉史》,中国社会科学出版社,1992年,第493页。
② 《汉书·西南夷两粤朝鲜传》注:"(夜郎)后为县,属牂牁郡。"按牂牁在今贵州遵义。
③ 《剑桥中国秦汉史》,第493页。

甚至形成国家制度;但也有许多长久停留在原有的政治组织发展程度较低的阶段上,只是在疆域政治概念中它们是中原王朝或国家的一部分。

浅层控制模式是古代中国王朝关于世界秩序的理论的产物。也许从夏朝国家形成时起,华夏族王朝(在当时夏朝是中国境内唯一的国家)的统治者就认为至少在理论上他们是人们所能了解的整个世界的君主。在整个先秦时期,中原王朝从未承认过在其统治范围之外还可能有与之对等的政治实体。至少从周朝开始,中原王朝已形成了与上述观念相应的疆域政治理论,即"五服"理论。《国语·周语上》记载了周穆王时祭公谋夫关于这个理论的要点的阐述:

> 夫先王之制:邦内甸服,邦外侯服,侯、卫宾服,蛮夷要服,戎狄荒服。甸服者祭,侯服者祀,宾服者享,要服者贡,荒服者王。……于是乎有刑不祭,伐不祀,征不享,让不贡,告不王。

在《尚书·禹贡》中"宾服"作"绥服"。在五服中,甸、侯、宾(绥)三服是针对王朝直接管辖区和与王朝中央距离不等的各诸侯国与王朝的关系而言的。一般地说,这些是中原王朝的主体部分,也是华夏化程度最高的地区。在这些地区中,中原王朝的国家制度得到最完整的体现。要服和荒服所针对的则是与中原王朝只有较浅层关系的地区,而且基本上是非华夏化的地区。要服所规定的关系的核心是有关地区须承认中原王朝的控制权;但这种控制权往往是很松散的,其主要标志是有关地区要向中原王朝贡纳地方的特产等,而这在很大程度上是礼仪性和象征性的。而荒服所涉及的地区实际上已在中原王朝的控制范围之外,根据"五服"理论,对这些地区的唯一要求是它们须承认中原王朝的统治者是世界的领袖,即所谓"王"。余英时认为,文献所记载的"五服"理论"基本上是以历史事实为依据的"。[1]而顾颉刚则认为,至少甸服、侯服和要服在先秦是存在的。[2]但是现在要对先秦时期的每一个地区确定其在"五服"制度中的地位却由于资料的原因非常不易。同时,

---

[1] 见《剑桥中国秦汉史》,第409页。
[2] 顾颉刚:《史林杂识》,中华书局,1963年,第1—19页。

各地区在这个制度中的地位还会随时代不同而有各种变化。尽管如此，我们可以看到，被归入要服的所谓"蛮夷"地区，由于它们同中原王朝和国家有浅层的控制关系，它们不仅在疆域政治概念中已经成为中原王朝和国家的组成部分，而且这种浅层控制关系在有些地区对其在较深的层次上进入国家化进程起了重要的作用。而对那些长久保留其较原始的社会政治结构的地区和人群而言，一旦被纳入中原王朝和国家对其的浅层控制中，它们就已经在最宽泛的意义上进入了古代中国的国家化进程的整个过程。从这个意义上说，就先秦时期而言，中国早期国家进程与古代中原王朝及其分裂后形成的中原国家的历史是相当的。这是中国早期国家进程同先秦以后古代中国国家进程的一个重要的区别。在下一节中我们将会看到，在秦汉以后，中原汉族国家的活动不再是中国国家进程的唯一主导的因素。

在上文提到的一些以殖民模式或土著自动模式进入国家社会的地区和人群中，有许多在其国家化进程的早期都曾处于与中原王朝间的浅层控制关系中。如秦、楚、越、中山、蜀、巴、义渠等都经历过这一阶段。而在先秦时期，在中原周边地区与中原王朝有浅层控制关系的地区和人群可以说不胜枚举，并且大多数均不见于记载。《左传·昭公九年》引周大夫詹桓伯的话说："我自夏以后稷、魏、骀、芮、岐、毕，吾西土也。及武王克商，蒲姑、商奄，吾东土也。巴、濮、楚、邓，吾南土也。肃慎、燕、亳，吾北土也。吾何迩封之有？"这里提到的蒲姑和商奄，是周初活动在山东境内的属于东夷集团的人群，武王时鲁、齐尚未封建，周朝视之为东土，实际上也只是对之有一种浅层的控制关系。巴、濮①、邓②、楚在当时也没有成为周朝的诸侯国，显然，周朝对之的控制也是浅层的。肃慎，活动在中国最北部的黑龙江地区，《国语·鲁语》说武王时"肃慎氏贡楛矢、石磐"，证明其地虽远，周朝对之亦已有浅层的控制。燕，指北京地区，其封建较早，但武王克商后短时期内仍为土著所居，詹桓伯所言

---

① 顾栋高：《春秋大事表·四裔表》谓濮地约"在楚之南境而迤西"。《尚书·牧誓》孔安国注亦以濮在"江汉之南"。以后濮向四川、云南等地移动，《左传·昭公九年》孔颖达疏谓"建宁郡南有濮夷地"，按建宁郡在今云南曲靖。
② 邓，在今河南邓县。邻近湖北。

表明在武王封燕之前对该地亦有浅层控制关系。亳地现不能确指,①大约也是华北地区中为土著所居的一个地点。《尚书·牧誓》记载武王克商时提到作为其盟军的濮等八个中原周边的人群,这可能是后来这些人群同周朝形成浅层控制关系的一个原因,可证《左传》所说不误。詹桓伯谓周朝"何迩封之有",不过是反映了周朝统治者对中原周边地区和人群的一种疆域政治概念,而实际上周朝在相当时期内对这些地区和人群的控制力是有限的。当然,尽管如此,中原王朝的这种疆域政治概念对中原周边地区和人群的政治组织发展的进程是有深远影响的。

中原王朝或国家对周边地区和人群的浅层控制关系在考古上亦有反映。有关的遗址多半在文献中没有直接的资料以供解释,因此学术界对其性质每有争论。我认为正确解释这些遗址的性质的一个关键还是在于对先秦时期中国国家进程的总的面貌有恰当的体认。

1986年在四川成都附近的广汉三星堆先后发掘出两处属于商代后期的大型祭祀坑。②在出土器物中最引人注意的是大量精美、独特的青铜器。尤其是二号坑所出的青铜大型立人像、人头像、面具、神树等,是商朝时中原地区未曾出现过的,发掘者认为"应是蜀地的产品"。③从祭祀坑的规模、所出青铜器的数量(二号坑共出约439件)及其特征来看,当地在商朝后期已形成较为复杂的社会。陈显丹认为,二号坑所出的大型青铜立人像"可能象征政教合一的首脑人物正在主持祭祀","既象征王,又象征着最大的巫觋"。④从文献的记载看,蜀地形成国家可能不会早到商朝后期,这一点已见前述。因此三星堆遗址可能是属于活动在成都周围的一个非常发达的土著酋邦的。这个酋邦有可能是后来形成的蜀国的前身。而另一方面,在祭祀坑的出土器物中,又可以明显地看到中原文化的影响。如所出的玉戈、玉瑗等玉石器"与

---

① 亳作为地名可指商朝时的一个都城,详本书第七章。顾祖禹《读史方舆纪要》提到亳夷在陕西北部。凡此皆与此处所说的亳不同。又,此处"燕亳"或连读,则燕亳者实指武王分封前之北京地区。
② 四川省文物管理委员会等:《广汉三星堆遗址一号祭祀坑发掘简报》,《文物》1987年第10期;同上:《广汉三星堆遗址二号祭祀坑发掘简报》,《文物》1989年第5期。
③《广汉三星堆遗址二号祭祀坑发掘简报》。
④ 陈显丹:《广汉三星堆一、二号坑两个问题的探讨》,《文物》1989年第5期。

殷墟妇好墓出土的同类器物相同",而铜尊、铜罍等亦"与中原殷文化地区所出接近"。①发掘者正确地认为这个事实"说明当时蜀和中原有一定的经济、文化交往"。②而实际上,在三星堆这样高规格的遗址中发现与中原王朝风格一致的礼器,应该意味着中原王朝对当地也有着政治上的联系,这种联系很可能相当于中原王朝的疆域政治概念中的要服所规定的那种关系,也就是一种浅层的政治控制关系。《尚书·牧誓》在述及周武王克商时的盟友时也提到了蜀,这个"蜀"可能与三星堆遗址的主人有关,而《牧誓》所说表明,在中原王朝更迭时,蜀地依然与中原王朝处于浅层控制关系中。

在江西中部,我们也发现这样的关系。70年代中期,在江西清江(今称樟树)吴城村发现属于商朝中晚期的一处遗址。③其内涵包括房址、陶窑、窖穴、墓葬等。所出的陶器兼有地方特点和中原风格。而在吴城附近的清江横塘发现的两件商晚期青铜鼎,"器形、纹饰和殷商晚期的(中原)同类器物完全相同"。④至1989年,在吴城遗址东约20公里的新干县大洋洲乡发现一座属于商朝后期的大型墓葬。⑤墓中共出土随葬品1 900余件,其中铜器480余件,玉器1 072件,陶器56件。吴城遗址中的所有青铜器,与此墓出土的风格"完全一样",⑥说明吴城遗址与大洋洲遗址可能是属于同一人群的。新干大墓所出的青铜器在数量、造型、制作上给人的印象是极其深刻的。发掘者认为它们表明"远在3 000多年前……这里已建立了奴隶主政权,它与中原商殷王朝并存,或者是商殷王朝的方国之一"。⑦应该说,这样的论断还是带有很大的推测性的。当然,可以认为,新干大墓至少能证明在商朝中、后期,江西中部地区土著人群中已出现十分复杂的政治实体。但要确定这一地区在商后期有一个"与中原商殷王朝并存"的国家,或有关人群的社会已完全国

---

① 《广汉三星堆二号祭祀坑发掘简报》。
② 同上。
③ 《江西清江吴城商代遗址调查与试掘》,《文物》1975年第7期。
④ 《新中国的考古发现和研究》,第243页。
⑤ 江西省文物考古研究所等:《江西新干大洋洲商墓发掘简报》,《文物》1991年第10期。
⑥ 同上。
⑦ 同上。

家化，由于文献中没有任何可供讨论的资料，因此仍是需要特别谨慎的。发掘者之一的彭适凡还提出吴城文化是属于古扬越人的，①这一点也尚缺乏确切的证据。楚在熊渠时曾攻伐过扬越（已见前述），这时的扬越可能在湖北境内。②在江西省，唯一明确见于文献记载的古代人群是《三国志·吴书》中提到的山越，但这实际上只是中原王朝对江南和岭南众多非汉族人群的统称，③而且距商朝在时代上也太远。我认为，根据赣中政治地理沿革的资料来看，新干、樟树一带在商朝中、后期就其土著人群自身的政治组织发展程度而言，可能还处在前国家时期，但已形成酋邦则是可以肯定的。新干大墓以及樟树所出的青铜器表明在当地社会中有非常集中的权力。但是在文献中从未有过关于这一地区在先秦时期存在独立国家的记载。就整个江西而言，文献中关于其进入国家化进程的较早的记载是《史记·吴太伯世家》提到的公元前504年吴国从楚国手中夺取番（今江西鄱阳县）的记录。泷川资言在《史记会注考证》中引顾栋高也指出了江西境内一些地区先由楚、后由吴控制的情况。而新干大墓的出土的一个重要意义就是在于证明了江西中部受到中原王朝的影响比文献记载的要早得多。正如李学勤指出的："分析大墓出土遗物，我们惊奇地发现中原商文化的影响是这样强烈。……很多器物与中原同时期遗物十分相似，表明这里与中原的文化交流是迅速而畅通的。"④在赣中与中原的这种强烈的文化联系的背后应该说还存在着政治上的联系。因此可以推测，在商朝中、后期，赣中也已经与中原王朝建立了我们所说的浅层控制关系。从这个意义上可以说，这一地区在公元前二千纪后半叶已进入了中国早期国家进程的总的轨道。但是很显然，这并不意味着赣中土著人群的社会内部结构也随之完全国家化了。这种情况很可能是这一地区的历史在很长时期内不见诸中原史籍的原因。新干大墓在人类早期政治组织演进问题上有许多引人深思之处，对此尚需作进一步的探讨。例如说，如果新干大墓并不意味着当地社会的完全国家化，那么，对于酋邦形态下社会生产力所能达到

---

① 彭适凡：《吴城青铜文化与古扬越》，《华夏文明》第2辑。
② 参见《楚国八百年》，第102—104页。
③ 江应樑主编：《中国民族史》，上册，第304页。
④ 李学勤：《新干大洋洲商墓的若干问题》，《文物》1991年第10期。

的水平将有新的估计,同时,对于同先在国家毗邻并有政治联系的前国家社会中的社会分层状况也会有不同于对一般酋邦社会的估计。

　　同新干和樟树商代遗址意义相近的另一处考古发现是1974年发掘的湖北黄陂盘龙城商代遗址。①其最重要的内涵是一座属于二里岗上层时期的古城。古城的规模较小,南北长约290米、东西宽约260米,为夯土建筑。城内东北部有大型建筑群,包括复原后应为四周有回廊、中央为四室的四阿重屋式高台宫殿建筑的一号宫殿基址。这个宫殿基址的规模为东西长39.8米、南北宽12.3米。在城址周围并发现有一般居民区和手工业区以及墓葬,包括随葬品丰富的大型墓葬。同吴城和大洋洲遗址相比,盘龙城遗址的中原商文化风格更为突出。因此考古学界倾向于将盘龙城遗址视为商朝在长江之滨建立的一个方国的遗迹。②如果这个推测能够成立,那么盘龙城地区可看作商朝以殖民模式在湖北东部推进当地国家化进程的实例。但同赣中的商代遗址一样,盘龙城遗址还不能证明其所在地区的土著社会已完全国家化了。因此,盘龙城遗址显示的中原王朝对鄂东的影响,同上文曾讨论过的周朝国家以殖民模式使周边地区实现国家化的情况可能还是有区别的。就是说,虽然盘龙城遗址可以表明商朝在政治上对这一地区已有一定的控制力,但它也可能并不直接治理当地的土著社会。从这个意义上说,盘龙城地区在商朝中期也许还不能简单地视为商朝的一个方国。盘龙城遗址的主人如果是商朝的贵族或官员,其使命应是代表商王对这一地区实行控制,而同时并未将中原王朝的国家制度完全移植到当地土著社会中。同殖民模式对土著社会的国家化改造相比,这显然还是一种较浅层的控制关系,但属于控制力较强的一种类型。江西中部的情况也可能与此相仿。当然,由于中原王朝政治势力的介入,鄂东以及赣中的土著社会的政治组织发展必然会受到重要的影响。从有关这两个地区在商周时期的历史的记载很少见到这一点来看,这种影响比较明显的后果可能是中断了当地土著社会原有的政治组织发展进程,而使当地的国家化成为中原王朝或国家疆域政治发展的一部分。这种情况在中原

---

① 《盘龙城一九七四年度田野考古纪要》,《文物》1976年第2期。
② 俞伟超:《盘龙城遗址》,《中国大百科全书·考古学》,第362页。

周边地区的国家化进程中是有相当的代表性的。

二、中国国家进程的多元化：少数民族国家的发展

秦朝的建立是先秦时期以中原王朝和国家为主体的中国早期国家进程的顶峰。就华夏族（汉以后称汉族）国家的发展而言，秦朝以后已属于成熟的国家的阶段。应该指出，虽然在先秦时期，中国早期国家进程的主要推动力是来自华夏族居民，但在这一进程中其他民族居民也作出了重要的贡献。其中，比如说，包括以不同模式进入中国最早的早期国家进程的许多中原周边地区的人群。事实上，随着这些人群进入中原王朝或国家的体制中，他们中的许多在先秦时期就已华夏化了。因此在一定意义上可以说，秦朝作为中国历史上第一个成熟的国家或帝国，是先秦时期许多民族共同创造的结晶。

同先秦时期的国家进程相比，秦统一中国后中国国家进程的主要特征表现在：一、国家制度越趋成熟化，秦朝建立的中央集权制的封建帝国体制成为中国历代王朝的典型体制；二、中原帝国或国家以殖民模式和浅层控制模式将国家制度扩布到更广泛的地区；三、出现独立的少数民族国家，其中大多数在一定时期内与中原汉族王朝或国家并存，但也有少数取代汉族王朝成为中国的统治王朝。少数民族国家的兴起，是中国国家进程中的重要组成部分，在中国历史的发展中有着重要的影响，同时，少数民族国家的发展也使中国古代历史同东亚和中亚的历史发生更紧密的联系。在各少数民族国家的形成过程中，汉族国家的存在往往是重要的外部因素，但另一方面，许多少数民族国家在形成时也经历了与先秦时期中原华夏族国家相似的过程。这使得对少数民族国家的研究在对人类早期国家的研究中具有重要的理论意义。从疆域政治的角度说，秦统一中国后少数民族国家的出现使中国国家进程在某些时期内呈现多元化的格局。这无疑使秦朝以后的中国疆域政治史出现比汉族国家自身的分裂更为复杂的因素。然而自先秦以来形成并在秦汉以后得到加强的关于中国统一王朝的观念，有效地在许多重要历史时期抵消了多元化的疆域政治格局所带来的影响，使这种多元化的格局在总的中国国家进程中成为一些过渡的阶段。这是古代中国历史不同于世界许多地区历史

的一个非常引人注目的特点。

古代中国出现的第一个独立的非汉族国家是在秦朝时形成于中国北方的匈奴国家。匈奴很可能是自夏、商和西周以来就与中原华夏族王朝有过频繁接触的被称为"荤粥"、"鬼方"或"猃狁"的北方人群的后裔中的一支。[①]战国中期活动于内蒙古阴山和河套地区,与中原燕、赵、秦三国接壤。一般认为,匈奴在公元前209年其首领头曼单于之子冒顿杀父即位后形成国家。[②]在冒顿以前,匈奴首领的职位是不世袭的;头曼单于就是由匈奴各部落公推的。冒顿的即位标志着单于成为世袭的君主。同时,"诸大臣皆世官"(《史记·匈奴列传》)。冒顿时匈奴已建立了一整套国家机构。匈奴控制地区的中央部分由单于直接治理,东、西部分别由左、右贤王管辖。在左、右贤王以下尚有左、右谷蠡王、左、右大将、左、右大都尉、左、右大当户、左、右骨都侯等。冒顿时匈奴对外部发动一系列征服战争,相继攻灭或击溃东胡、月氏、楼烦、白羊王、浑庾、屈射、丁零、鬲昆、薪犁等北方人群,控制范围达到南起阴山、北抵贝加尔湖、东尽辽河、西逾葱岭的广大地域。这种地域上的急剧扩张是促使匈奴政治制度迅速国家化的重要原因。应该指出,与同时期的秦帝国相比,匈奴国家还处在早期国家的初级阶段,它的国家机构是"比较简单"的。[③]同时,匈奴国家尽管与秦朝与汉朝都有大量的接触,但其自身的汉化程度始终比较低。公元前51年,呼韩邪单于归附西汉,结束了匈奴国家的完全独立的地位。公元48年,匈奴分裂为南北两部。公元89年至91年,北匈奴被东汉与南匈奴联合攻败,匈奴国家瓦解。十六国时期,内迁中原的匈奴人曾建立汉—前赵国家和北凉国家,以及与鲜卑族后裔共同建立夏国家。但这些国家都只有很短的历史。

汉朝时,中国北方政治组织发展程度较高的人群有夫余、乌桓、鲜卑等。它们大抵都达到了较发展的酋邦的阶段,但还没有形成正式的国家。在西域,乌孙、车师、楼兰(鄯善)、于阗、龟兹、焉耆、莎车、疏勒等亦大抵处在类似的政治组织发展阶段,但其中有些(如乌孙、楼兰等)已可能进入国家化进程,

---

[①] 参见林幹《匈奴通史》,人民出版社,1986年。
[②] 同上。
[③] 江应樑主编:《中国民族史》,上册,第125页。

或形成了早期国家。此外,属于羌人系统的一些人群在政治组织发展上亦处于类似的阶段。汉朝时羌人分布甚广,分枝繁多,在西北地区的有甘、青一带的"河湟诸羌"(又称西羌)和南疆的婼羌,西南地区有武都氐羌(氐为羌之别枝),[1]以及冉駹、筰都、邛都、昆明、滇、僰人等。这些人群除滇、邛都可能已形成酋邦外,社会政治组织发展程度大抵都较低。属于越语系统的夜郎、哀牢是西南地区另外两个政治组织发展程度较高的人群,但也还没有形成国家。在汉朝,分布在中南地区的被称为"蛮"的各个人群,包括武陵蛮、长沙蛮以及在川东、湘西、鄂西、黔东北一带的巴郡南郡蛮、板楯蛮等,和分布在东南和华南地区的被称为"越"的各个人群,除由先秦时越国的遗民与当地土著在浙江、福建建立过两个历史较短的国家瓯越和闽越外,其自身的社会政治组织几乎也都停留在前国家时期。因此,迄至汉朝,中国境内的国家化进程主要还是以中原汉族王朝的发展为内容。但在上述中原周边地区,汉族王朝已分别运用武力与谈判的方式通过浅层控制模式或在有些地区以殖民模式使之纳入了中原国家的进程的范围。

两晋时,由于中原王朝政权的削弱,在华北和西北地区(仅一例在西南地区)出现一系列少数民族国家。包括匈奴族的汉—前赵、夏、北凉;賨人[2]的成汉;羯族的后赵;鲜卑族的前燕、后燕、西燕、西秦、南凉、南燕、代;氐族的前秦、后凉;羌族的后秦(另有汉族的四个分裂国家:前凉、冉魏、西凉、北燕),史称"十六国"时期。[3]在这些少数民族国家中,除由鲜卑族建立的前燕、西秦、南凉、代等几国,在其形成过程中土著自动特征较突出外,其余少数民族国家在形成中与中原汉族王朝政治的关系较大。如建立汉—前赵国家的匈奴族贵族刘渊,原为西晋任命的五部都尉,后又为成都王司马颖的宁朔将军等;公元304年,刘渊自称汉王,308年称帝。建立后赵的石勒先在反晋活动中归附刘渊,曾任安东大将军,以后逐渐独立,公元319年称赵王,328年称帝。这些国家的出现总体上带有中原王朝政治分裂的性质,而不具有早期国家形成的典型

---

[1] 江应樑主编:《中国民族史》,上册,第227页。
[2] 賨人即汉朝时板楯蛮的又一称谓,分布于川东。见《中国民族史》,上册,第267页。
[3] "十六国"一般指上述十九国中除冉魏、西燕和代以外的各国。

特征。因此就这一时期中国国家进程的主要特征而言,可以归结为继东汉末年出现多个主权国家并立的局面后,中国再次出现这种局面,所不同的是这次的分裂局面主要是以中原周边地区的少数民族国家的涌现为其特点。十六国的历史大多十分短暂,只有代从公元315年至376年存在了半个世纪以上(由汉族执政的前凉存在59年)。其中对两晋时期历史影响较大的有刘汉(其于公元316年攻灭西晋)和前秦(其于公元357年苻坚即位后一度统一中国北方)。

前燕、西秦、南凉和代的形成都与鲜卑族早期的发展有关。鲜卑在起源上属古代东胡系统的人群之一,与乌桓关系较近,先秦时活动于大兴安岭北部和中部。[①]秦汉之际被匈奴控制。东汉时大规模南迁至北方五郡(上谷、渔阳、右北平、辽西、辽东)塞外。汉桓帝(公元147年至167年在位)时,檀石槐统一鲜卑各部,一度形成势力很大的酋邦。但不久因檀石槐死而分裂。前燕是鲜卑慕容氏建立的国家。初由慕容跋[②]在辽河流域建立势力,并归附魏、晋。晋武帝时,其曾孙慕容廆封鲜卑都督。永嘉初自称鲜卑大单于。公元337年,其子慕容皝称燕王,352年慕容儁称帝。从《晋书》的记载看,慕容廆时晋朝对之只有浅层的控制。当然汉族国家政治文化对前燕的建立也起了一定作用。公元370年前燕亡于前秦。

西秦为陇西鲜卑乞伏国仁所建。鲜卑乞伏氏在汉魏时由漠北大阴山迁往陇西。其间,与如弗斯、出连、叱卢等部形成酋邦,乞伏可汗为"统主"。以后势力日长。前秦苻坚时被前秦控制。淝水之战后,乞伏国仁自称大将军、大单于,公元388年乞伏乾归继位,称河南王,394年改称秦王。公元414年,乞伏炽磐灭南凉,败吐谷浑,势力达极盛。公元431年灭于夏。在西秦早期发展中土著自动因素起了主要作用。

南凉由河西鲜卑秃发氏所建。秃发乃拓跋之异写。汉魏之际秃发匹狐率拓跋鲜卑之一支迁至河西,历约两个世纪,形成一较大酋邦,辖地含甘肃、宁夏、青海及内蒙古部分地区。西晋初年秃发树机能反晋。秃发思复鞬时势力增强。公元399年,秃发乌孤自称大将军、大单于、西平王,次年改称武威

[①]《中国北方民族关系史》,中国社会科学出版社,1987年,第111页。
[②]《晋书·慕容廆载记》作"莫护跋",按"莫护"乃慕容之异写,说见《中国民族史》,上册,第351页。

王,401年秃发利鹿孤称河西王,翌年傉檀继位,称凉王。一度向后秦称臣。414年亡于西秦。同前燕、西秦一样,南凉在早期发展中土著自动特征比较明显。虽然与此同时,与汉族国家以及较汉化的少数民族国家(如前秦、后秦、夏等)的接触也是促使它们较快实现国家化的重要因素。同时,它们自身在实现国家化后汉化也比较明显。

在鲜卑族诸国中,代的形成最具有土著自动特征。其为鲜卑拓跋氏所建。拓跋氏在东汉初年到达内蒙古呼伦贝尔盟地区。三国时,拓跋力微夺取原由没鹿回部大人窦宾控制的鲜卑酋邦的权力,并用武力巩固和加强其作为酋邦首领的地位。力微死后,在其子拓跋悉鹿统治时期,酋邦一度面临瓦解的危险。但拓跋绰(悉鹿弟)即位后酋邦重又得到巩固。公元295年力微少子拓跋禄官即位,对拓跋鲜卑的疆域政治结构进行改革,"分国为三部"(《魏书·序纪》),分别由他本人、猗㐌(禄官侄)、猗卢(猗㐌弟)治理。公元307年,禄官、猗㐌相继死后,猗卢"总摄三部,以为一统"(同上)。永嘉年间,拓跋鲜卑名义上向西晋称臣,但实际上西晋无力控制拓跋鲜卑。公元310年,猗卢被封为代公,315年进为代王。此后拓跋鲜卑势力日趋强大,控制晋北、冀北及内蒙古中部一带及该地域内各种族居民。公元338年,什翼犍即代王位"始置百官,分掌众职"(同上),并制定法律,标志着拓跋鲜卑已完全国家化。公元376年,代国灭于前秦。386年,拓跋珪纠合旧部,重建代国,同年改国号魏,即在南北朝历史上起过重要作用的北魏。公元398年,拓跋珪称帝,定都山西大同。从早期国家研究的角度来看,代—魏的建立是比较典型的从酋邦形态中演化出早期国家的例子。晋作为中原汉族王朝对拓跋鲜卑国家的形成主要是起了示范的作用。这是自先秦以来许多中原周边地区人群的国家化进程的一个共同的特点。对中国历史的发展而言,这一特点的重要意义是有关的少数民族国家在国家制度和主权概念上不同程度地接受了汉族王朝的模式,并且许多少数民族国家在形成后都迅速汉化。因此,少数民族国家的兴起,对自先秦以来形成的华夏族—汉族文化传统没有构成威胁,反而丰富了它的内容和扩大了它影响的范围,并且逐步促成了为中国境内不同民族和人群认同的中华文化传统的形成。

北魏在太武帝(公元423年至452年在位)时完成对中国北方的统一,并使控制范围达到江淮地区,而其西境达到新疆东部。孝文帝(公元471年至499年在位)时北魏国家制度与统治技术达到成熟化。同时在孝文帝严厉推行下,北魏社会与文化迅速汉化。这使得北朝的历史从任何方面说都成为"正统"的中国历史的一部分。

公元534年,北魏分裂为东魏和西魏。550年,东魏政变,成立北齐。557年西魏亦政变,成立北周。577年,北周灭北齐,统一中国北方。581年政变,为隋所代。589年,隋灭南朝陈,统一全国。在这段历史中的北朝各国已不再具有与汉族传统对立的性质。从另一角度说,汉族的成分和文化在北朝存在的一个多世纪中已发生历史性的变化。

在这一历史时期中,中国北方还出现过另一些值得注意的少数民族和人群的国家化进程。其中包括5世纪初活动于阴山与贝加尔湖之间、东至大兴安岭、西至新疆西部的柔然(属东胡系统人群后裔)酋邦和早期国家,6世纪中始活动于阴山与贝加尔湖之间、东至辽海、西至里海的突厥酋邦和早期国家。这两个酋邦和早期国家的早期发展受中原王朝和国家影响较少,从疆域政治的角度说与东北亚和中亚历史关系密切,其汉化程度也极低。在早期国家研究中它们具有十分重要的典型意义。柔然于公元552年为突厥兼并。而突厥于582年分裂,7世纪中叶前相继为唐朝所灭。两晋南北朝时在中原周边地区存在的少数民族酋邦和国家还有鄯善、高昌、焉耆、龟兹、于阗、疏勒、乌孙等西域政权。它们大多与中原王朝或国家有程度不同的浅层控制关系。

隋唐时,在青海及甘、川部分地区存在过吐谷浑(鲜卑慕容氏后裔)国家,而其国家化进程可能在西晋时已开始。后为唐朝控制。公元663年为吐蕃攻灭,余部四散。公元744年,铁勒族形成回纥酋邦,活动于漠北地区,势力东西至兴安岭和阿尔泰山,最盛时达到中亚费尔干纳盆地。840年酋邦解体,余众分别进入中原、河西走廊、安西和葱岭以西地区,曾建立甘州回纥汗国、高昌回纥汗国、喀喇汗王朝等政体。在西藏,吐蕃族于隋朝时由酋邦形态向早期国家演化。唐初,松赞干布赞普统一青藏高原,建都拉萨,形成奴隶制中央集权国家。公元848年吐蕃政权被推翻。元朝初年中原王朝正式直接治理西藏。公元629年,铁勒族的一支薛延陀在东突厥覆灭后在其故地成立酋邦,646年灭于唐朝。在东部,靺鞨族(古肃慎、挹娄、勿吉后裔)于公元698年建立渤海国（初称震国），受唐朝控制，实行汉化，一度控制东北大部、朝鲜北部及今俄罗斯东部沿海地区，国家制度趋于成熟化。公元926年为辽所灭。在西南，乌蛮与白蛮在唐开元年间于云南大理形成南诏政体，并迅速国家化。唐朝在南诏形成中起了重要作用。公元902年政变，成立大长和，后又因政变成立大天兴（又名兴源）、大义宁。公元937年白蛮段姓贵族灭大义宁，成立大理国，一度控制云南全境、四川西境及贵州和缅甸、越南部分地区。国家制度较成熟。公元1253年灭于元朝。

五代十国时期，西突厥后裔之一的沙陀人曾建立后唐、后晋、后汉等割据国家，但这些国家的形成不具有土著自动特征，只是中原王朝政治变动的产物。

从以上简要回顾来看，在中国自秦汉至元以前的这段时期是少数民族国家产生最多的时期。从发生上看，这些国家中有一部分是在当地人群与中原汉族王朝发生浅层控制关系后形成的，但也有相当一部分至少在其国家进程的早期表现出比较突出的土著自动特征。另一方面也应看到，即使是那些以土著自动方式形成的国家，同夏朝国家的形成还是有一个重要的不同，那就是它们终究在不同程度上受到先在的汉族国家的影响，其中最基本的一点就是汉族国家制度作为一种与之相邻的先进的制度肯定对其政治组织演化的方向起了示范的作用。从这个意义上说，上面提到的大多数少数民族国家的形成还不能说是真正独立的国家进程（但主要在北方和西北的一些少数民族国家的形成也可以认为在一定意义上具有某种独立的性质）。从中国早期国家研究的角度说，以土著自动方式形成的少数民族国家个案的一个重要理论意义，是通过对这些个案的研究，可以为解释中国最早的早期国家进程提供参考。从史料提供的事实看，几乎所有上面提到的以土著自动方式形成的少数民族国家都表现出国家形成中的酋邦模式的某种或甚至是明显的特征。而相反的，即能够用部落联盟模式来予以圆满解释的个案，可以说几乎没有。这显然绝不是偶然的。忽视这个事实将使我们失去在中国早期国家研究中寻求合乎中国实际的结论的必要的敏感性。实际上，秦以后中国少数民族国家在形成方式上的总的情况，可以说突出地证明了现代人类学关于酋邦问题的理论对于解释人类早期政治组织演化的方式，是具有某种比较普遍的意义的。对这一点,当我们在下一节中讨论了辽、金、元、清这几个较大的少数民族王朝的情况后,还会有更深的认识。

三、多民族统一国家模式的成熟

北宋的建立在中国国家进程的总的发展中使中原汉族王朝在一个稍长的时期内重新获得主导的地位。但这时在疆域政治上,中原汉族王朝也面临着来自一些十分强大的少数民族国家的前所未有的挑战。从这时开始的一些重要的民族关系事件,在中国历史上首次导致了非汉族王朝对全中国的统治,而与此同时,由于某些少数民族的政治家客观上所表现出来的远见卓识,中国非汉族统一王朝的出现不仅没有割断以传统的中国文化为基础的中国历史,反而使中国最终形成了成熟的多民族统一国家的疆域政治模式。这是古代中国各族人民对中国历史和文化做出的最重要的贡献。从早期国家研究的角度说,宋以后出现的几个重要的少数民族国家形成的过程具有非常典型的土著自动的特征,而且由于有关史料比较早的同类个案丰富得多,因此对研究人类早期政治组织演进和早期国家的形成来说具有非常重要的价值。

在北宋时期疆域政治中首先值得一提的少数民族国家是由契丹族建立的辽朝。辽朝最初形成国家是在五代时期的公元916年,称契丹国,开国君主为耶律阿保机。契丹族在唐朝初年曾形成酋邦,由著名的契丹八部结合而成,受唐朝控制。后一度依附于突厥。公元734年契丹贵族涅里重建契丹酋邦,摆脱唐朝控制,但长期为回纥汗国所统治。9世纪下半叶,契丹势力得到扩张。公元901年,耶律阿保机任夷离堇(军事首长),907年自立为可汗(酋邦首领)。随即以武力统一契丹各部,于916年称帝。这标志着契丹国家的形成。在建立契丹国家制度时,阿保机吸取了中原汉族国家制度的主要框架。公元947年辽太宗灭后晋后改国号为大辽国。在不断的军事扩张中,辽国的疆域东北到日本海,南至华北天津、霸县、雁门关一线与北宋对峙,北至色楞格河、石勒喀河一带,东北到外兴安岭和鄂霍次克海,成为统治中国北部的一个王朝。北宋建立后在宋太祖时两度伐辽均失败。公元999年辽朝南下攻击宋朝,1001年再度南下,迫使宋朝订立澶渊之盟,使两国休战。辽朝的国家制度在长期发展中趋于成熟，但也保留较原始的内容。公元1125年为金所灭。1131年原辽宗室耶律大石自立为帝，控制新疆至中亚部分地区，史称西辽。1218年灭于蒙古。

公元1038年，党项族首领李元昊建立大夏国，史称西夏，元昊自称帝，一度控制宁夏、陕北、甘肃、青海及内蒙古部分地区，与北宋、辽、金对峙。1227年为蒙古所灭。

在辽朝兴起后约一个世纪，在东北地区出现由女真族（肃慎后裔）建立的金国。约在公元11世纪上半叶，女真族形成势力较大的酋邦，受辽朝控制。公元1095年后酋邦内展开争夺统治权的斗争，结果完颜部获胜。1113年完颜旻（阿骨打）使女真族形成统一的酋邦，始向外扩张。1115年，完颜旻仿汉族国家制度建立大金国，称帝。1125年金灭辽，次年灭北宋，先后都北京、开封，南部疆域达淮河、秦岭，西至甘肃，与南宋对峙。成为统治中国北方的王朝。1234年在蒙古和南宋联合攻击下灭亡。金朝国家制度已属成熟。

北宋以后中国国家进程中最重要的事件是元朝的建立。唐朝时，在大兴安岭北段的室韦人群中有一蒙兀室韦部，是后来蒙古族的祖先。唐朝后期，其一部迁至今蒙古肯特山和鄂嫩河中上游地区。公元11世纪末至12世纪，蒙古人群中已出现较发展的社会分层现象和初期的酋邦形态。12世纪末，经过蒙古人群中各集团间的反复征战和兼并，形成五个主要的蒙古人酋邦，即蒙古、塔塔儿、篾儿乞、克烈、乃蛮。在这五个酋邦间持续不断发生的相互征战中，蒙古部乞颜氏贵族铁木真势力逐渐增长。公元1204年，铁木真最终兼并所有蒙古人集团，完成蒙古高原的统一。1206年，铁木真被奉为大汗，尊号成吉思汗，标志着蒙古国家的形成。其统治疆域东起兴安岭，西至阿尔泰山，南达阴山，北至贝加尔湖。成吉思汗推行一系列政策促进蒙古国家制度的健全。同时，蒙古国家迅速向外进行大规模军事扩张。1218年灭西辽。1227年灭西夏。1234年灭金。1271年忽必烈在攻击南宋时宣布建立元朝，建都大都（北京）。1279年灭南宋。中国首次统一于由少数民族执政的王朝的治理下。忽必烈在《建国号诏》中把元朝解释为中国历代统一王朝的继续，这在中国国家进程中有极其重大的意义。从世界史的角度看，元朝无疑是由少数民族执政的中国王朝。1368年，元朝被人民起义推翻，由汉族执政的明朝取而代之。蒙古国家在元朝建立前基本上还属于早期国家，元朝时则已趋于成熟。

中国国家进程中的最后一个重要的少数民族王朝是继明朝而起的又一个统一王朝——清。清朝国家的形成亦经历了与蒙古国家类似的相当突出的土著自动过程。建立清朝国家的女真族与金朝统治民族有渊源关系。明朝时，由原居于黑龙江流域北岸的女真族中发展出建州女真，并逐渐南迁。此外，女真族尚有海西和野人（东海）两部。明万历时，建州女真贵族努尔哈赤开始统一女真各部。1619年基本完成女真族统一。同时与明朝保持浅层控制关系。就此时女真族内部社会政治制度而言，女真族已越过酋邦阶段，具有一定的国家社会的性质。由于明朝的控制，女真族社会被分割在明朝国家的地域区划体制中。这使得这时女真族社会具有较复杂的形态。但女真族社会在努尔哈赤治理下仍保持其自身的政治结构，包括八旗制度和议政王大臣会议制度等。1616年，努尔哈赤称汗，建国号"大金"，从而使女真族社会正式进入国家化阶段。皇太极（努尔哈赤之子）即位后改族名为满洲，完善国家机构，任用汉族官员、将领和知识分子，改革社会组织，使国家制度趋于成熟化。1636年称帝，改国号为清。1644年顺治帝时清军入关，占领北京，不久，明朝灭亡。清朝成为元朝后第二个由少数民族执政的中国统一王朝。清朝作为中国历史上最后一个封建王朝，无论在政治上、经济上、文化上都达到古代中国历代王朝的最高成就。而在这些成就中包含了中国境内各族人民的贡献。从中国国家进程的角度说，清朝政治家（包括满族皇室和贵族）的基本的民族政策对于中国多民族统一国家模式的成熟和确立起了历史性的作用。清朝国家的这种发展，对现代中国的历史产生积极的影响。从这个意义上说，中国国家进程的全部历史是世界各地区同类进程中为现代人类留下最宝贵遗产的个案之一。

从早期国家研究的角度说，辽、金、元、清各朝（以及上一节中提到的北魏）的早期历史无疑是最令人感兴趣的。正如我已经提到的，它们作为几个均发育于中国中原周边地区的少数民族国家，在其国家形成过程中，都具有突出的土著自动特征。因此，这些个案虽然本身是关于次生型早期国家的，但对于研究原生型的早期国家进程是很宝贵的资料，尤其对于探讨中国最早的早期国家进程是绝好的参照。这里最重要的是这些个案中有关人群的前国家政治组织的性质问题。而在这方面现在可以确认，关于酋邦的概念对于解释所有这些个案都有极好的适用性。

第九章 中国中原周边地区的国家进程

以拓跋鲜卑而言,据不完全可靠的记载,其早在嘎仙洞时期就有过一个叫做毛的酋长,且"统国三十六,大姓九十九,威振北方,莫不率服"(《魏书·序纪》)。这可能表明拓跋鲜卑很早就形成了并非建立在平等基础上的部落联合体。拓跋力微时,有"诸旧部民咸来归附"(同上)的记载,也反映了这个联合体在权力结构上的不平等的特征。而力微作为联合体的最高首领,是拥有专属于其个人的特殊权力的;当他在夺取联合体最高权力后举行祭典时,"诸部君长皆来助祭,唯白部大人观望不至,于是征而戮之,远近肃然,莫不震慑"(同上)。像这样一种具有明显个人性质的权力的前国家部落联合体无疑是属于酋邦类型的。

契丹,在北魏时就有关于其分为"八部"的记载(《魏书·契丹传》)。隋朝时契丹各人群间开始有松散的联合,唐朝时形成以大贺氏为首的联合体。而这种联合体的权力基础并不是完全和真正平等的。公元628年,窟哥任大酋长时,契丹归附唐朝,窟哥及各部酋长被唐命为都督和刺史,在这种外部因素的刺激下,联合体权力所固有的个人性质得到加强。至遥辇氏时期,契丹大酋长正式称"可汗",并实行世袭。①从阿保机任可汗后的情况来看,这一职位在权力上的个人性质是相当突出的。在公元911至913年之间,契丹曾发生三次"谋反"事件,其实质就是争夺酋邦最高权力。这同中国古代传说时期中原酋邦内的权力之争有相同的意义。915年,阿保机为确保其汗位,甚至用计将七部酋长杀尽,完全表现出酋邦向国家转化时的特征。

金朝是由女真族建立的第一个国家。约在辽兴宗时(11世纪前叶),女真族在完颜部首领乌古迺推动下形成较大的部落联合体,乌古迺由辽朝任命为生女真诸部节度使,实际上拥有了在这一联合体中的最高权力。自1074年乌古迺病死、其子劾里钵继位后,直至阿骨打登位前,联合体内几乎不断发生为争夺最高权力和对部落的控制权的斗争。盈哥(1094至1103年在位)时完颜部对联合体的控制已十分稳固,其权力结构上的不平等的特征已非常明显。从这些事实来看,早期女真族部落联合体的性质也可以确认是属于酋邦类型的。

建立了元朝的蒙古族的直系祖先,即室韦,早在6—7世纪时,就已出现

---

① 江应梁主编:《中国民族史》,中册,第311页。

了部落酋长世袭和被中原王朝命为都督、大都督等职的情况。[①]10—12世纪，蒙古高原各部落先后受辽、金王朝的统治，许多部落酋长获得由辽朝或金朝授与的权力。故无论在传统上或在政治环境上，作为蒙古族祖先的漠北各人群，其政治组织的演变都具有向酋邦方向发展的自然趋势。韩儒林等指出，11—12世纪时在漠北"部落酋长的世袭制早已存在"，而部落酋长已成为"统治者"[②]。12世纪时形成的塔塔儿、蒙古、克烈、篾儿乞和乃蛮这五个势力最强的部落联合体，就其内部权力结构而言，都在相当程度上表现出酋邦的特征，即不存在平等的权力基础，以及高层权力具有明显的个人性质。其最突出的表现就是在这些联合体内部发生的极其激烈的权力争斗，特别是围绕着联合体最高职位——汗的权力的争斗。蒙古部在辽末金初形成统一的联合体，合不勒称"汗"，以后此汗位一直为泰赤乌氏和乞颜氏家族垄断。汗的权力已在相当程度上接近于王权。汗和各部落酋长（那颜）都拥有扈从队，这不仅反映了汗和那颜对联合体或各部落一般成员的控制，同时也标志着联合体内不同权力者之间潜在的对立关系。在程序上，汗的产生是经过推举的；但在很大程度上推举越来越成为一种形式。而且汗一经产生，联合体所有成员对其有服从的义务。蒙古国家是在漠北各部落联合体统一的基础上建立的，而这种统一完全是征服的结果，这显然是因为漠北联合体从一开始就不具备平等的权力概念的基础。从现代早期国家研究的方法来看，蒙古国家的形成可说是国家形成的酋邦模式的一个典型例证。

  清朝的前身——后金国家是在明朝时分布在今辽、吉、黑三省的建州、海西、东海这几支女真人群统一的基础上形成的。明朝在永乐年后就已基本实现了对东北全境的管辖，使女真人在整个明代都处在中原王朝的浅层控制下。努尔哈赤的六世祖猛哥帖木儿就曾任明朝的建州卫都指挥使；而女真的各部大小首领亦多任明朝的都督、都指挥、指挥使、千户、百户、镇抚等职。这表明后金国家的形成受先在国家影响的因素较多。在女真人初与明朝建立关系时，其关于部落首领职位世袭的观念就已出现了。猛哥帖木儿之子董山

---

① 韩儒林主编：《元朝史》（上），第4页。
② 同上，第44页。

与其叔凡察为争夺对建州女真的统治权而发生的争斗即为明证。故至少从15世纪起,女真社会的政治权力概念已含有确切的个人性质。当各女真人群随部落的合并形成较大的社会单位时,政治权力的不平等原则也越趋明显。而在不断形成的各种部落联合体中,各部落间权力平等的概念从一开始就是不存在的,"大部落常常迫使小部落顺从自己"。① 同蒙古国家的形成一样,各部落和联合体之间的征战亦是后金国家建立的主要手段。1583年努尔哈赤开始以武力统一建州女真,至1619年征服海西女真的哈达、辉发、乌拉、叶赫四部,基本上统一了全女真。1616年后金国家建立,而这不过是女真社会从15世纪以来在酋邦模式下发展的一个结果。

现在较难分辨的是,在上述几个次生型的早期国家的形成过程中,先在汉族王朝的国家政治概念的影响,与各有关民族或人群在前国家时期中的政治传统的制约,究竟分别起了多大的作用。但至少可以说这两种因素在这些个案中所起的作用,其方向是一致的;先在汉族国家的影响主要是加速了这些周边民族或人群的政治组织演进的进程。所以,就在中国早期国家研究中的地位而言,北魏、辽、金、元、清各朝的早期历史不仅分别代表了中国国家制度在较广泛地区内扩布的一些重要阶段,而且更重要的是,它们在国家形成的方式上所表现出来的相似的特征,为从理论上探讨古代中国及中国周边地区国家进程的模式问题提供了依据。我认为在后一个问题上以下结论是合理的:在古代中国和中国周边地区所发生的早期国家进程基本上属于一种模式,即酋邦模式。事实上,这一结论从世界范围来看并不特别新鲜,因为正如我已提到过的,就历史的现实性而言,酋邦模式是一种远比部落联盟模式更具普遍性的人类早期政治组织演进的形式。中国个案真正最重要的特点也许是在于,中国较早形成了对本地区实行国家统治的一种总是趋于统一的关于国家权力的合法性的概念。虽然不排除在历史上的某些时期这一概念实际上是无效的;但是,就中国历史的全部事实来看,这一概念的历史的延续性却是非常顽强的,这在整个世界历史范围内倒是非常突出的。当然,关于古代中国国家进程的这一特征的全面研究已超出了中国早期国家研究的范围,因此本书对此也就不能更多地展开了。

---

① 滕绍箴:《努尔哈赤评传》,辽宁人民出版社,1985年,第9页。

参考书目

一、典籍

《尚书》
《诗经》
《周易》
《春秋》
《左传》
《周礼》
《礼记》
《大戴礼记》
《国语》
《战国策》
《逸周书》
《论语》
《孟子》
《墨子》
《庄子》
《韩非子》
《荀子》
《吕氏春秋》
《山海经》
《楚辞》
《世本》

《竹书纪年》
《淮南子》
《尚书大传》
《史记》
《汉书》
《后汉书》
《晋书》
《魏书》
《新五代史》
《辽史》
《金史》
《元史》
《路史》
《越绝书》
《吴越春秋》
《风俗通义》
《华阳国志》
《盐铁论》
《通志》
《太平御览》
《元和郡县志》

《括地志》　　　　　　　　阎若璩:《尚书古文疏证》
《北堂书钞》　　　　　　　顾炎武:《左传杜解补正》
《通鉴外纪》　　　　　　　胡承珙:《毛诗后笺》
《水经注》　　　　　　　　孙诒让:《墨子间诂》
《初学记》　　　　　　　　梁玉绳:《史记志疑》
《帝王世纪》　　　　　　　皮锡瑞:《今文尚书考证》
《郑诗谱》　　　　　　　　江永:《春秋地理考实》
《史通》　　　　　　　　　顾栋高:《春秋大事表》

二、考古与古文字学

中国社会科学院考古研究所编:《新中国的考古发现和研究》,文物出版社,1984年。
文物编辑委员会编:《文物考古工作三十年》,文物出版社,1979年。
《中国大百科全书·考古学》,中国大百科全书出版社,1986年。
河南省考古学会等编:《夏文化论文选集》,中州古籍出版社,1985年。
北京大学历史系考古教研室商周组:《商周考古》,文物出版社,1979年。
李学勤:《东周与秦代文明》,文物出版社,1984年。
邹衡:《夏商周考古学论文集》,文物出版社,1980年。
《华夏文明》第1集,北京大学出版社,1987年。
陈梦家:《殷虚卜辞综述》,中华书局,1988年。
于省吾:《甲骨文字释林》,中华书局,1979年。
李学勤:《殷代地理简论》,中华书局,1956年。
王宇信:《甲骨学通论》,中国社会科学出版社,1989年。
孟世凯:《甲骨学小辞典》,上海辞书出版社,1987年。
《甲骨文与殷商史》,上海古籍出版社,1983年;1986年(第2辑);1991年(第3辑)。
王宇信:《西周甲骨探论》,中国社会科学出版社,1984年。
马承源主编:《商周青铜器铭文选》,文物出版社,1990年。
唐兰:《西周青铜器铭文分代史徵》,中华书局,1986年。
张亚初、刘雨:《西周金文官制研究》,中华书局,1986年。

杨树达:《积微居小学述林》,中华书局,1983年。
李仲操:《西周年代》,文物出版社,1991年。

三、文献学

于省吾:《双剑誃尚书新证》。
陈梦家:《尚书通论》,中华书局,1985年。
曾运乾:《尚书正读》,中华书局,1964年。
王世舜:《尚书译注》,四川人民出版社,1982年。
周秉钧:《尚书易解》,岳麓书社,1984年。
刘起釪:《尚书学史》,中华书局,1989年。
陈奇猷:《吕氏春秋校释》,学林出版社,1984年。
〔日〕泷川资言:《史记会注考证》,上海古籍出版社,1985年。

四、中国史

王国维:《观堂集林》,中华书局,1961年。
张光直:《中国青铜时代》,三联书店,1983年;1990年(二集)。
徐旭生:《中国古史的传说时代》,文物出版社,1985年。
顾颉刚等编:《古史辨》,上海古籍出版社,1982年。
金景芳:《中国奴隶社会史》,上海人民出版社,1983年。
蒙文通:《古史甄微》,商务印书馆,1933年。
丁山:《商周史料考证》,中华书局,1988年。
田昌五:《古代社会断代新论》,人民出版社,1982年。
范文澜:《中国通史简编》(第一册),人民出版社,1953年。
中国先秦史学会编:《夏史论丛》,齐鲁书社,1985年。
孙淼:《夏商史稿》,文物出版社,1987年。
许倬云:《西周史》,(台北)联经出版事业公司,1984年。
童书业:《春秋史》,山东大学出版社,1987年。
童书业:《春秋左传研究》,上海人民出版社,1980年。
杨宽:《战国史》,上海人民出版社,1980年。

高光晶:《中国国家起源》,河南大学出版社,1989年。

赵伯雄:《周代国家形态研究》,湖南教育出版社,1990年。

郝铁川:《周代国家政权研究》,黄山书社,1989年。

张秉楠:《商周政体研究》,辽宁人民出版社,1987年。

谢维扬:《周代家庭形态》,中国社会科学出版社,1990年。

朱凤瀚:《商周家族形态研究》,天津古籍出版社,1990年。

罗运环:《楚国八百年》,武汉大学出版社,1992年。

杨善群:《越王勾践新传》,上海人民出版社,1988年。

吕思勉:《先秦史》,太平书局,1968年。

顾颉刚:《史林杂识》,中华书局,1963年。

〔英〕崔瑞德等编:《剑桥中国秦汉史》,中国社会科学出版社,1992年。

郭沫若:《中国古代社会研究》,人民出版社,1977年。

百越民族史研究会编:《百越民族史论集》,中国社会科学出版社,1982年。

马长寿:《氐与羌》,上海人民出版社,1984年。

段连勤:《北狄族与中山国》,河北人民出版社,1982年。

林幹:《匈奴通史》,人民出版社,1986年。

段连勤:《丁零、高车与铁勒》,上海人民出版社,1988年。

周伟洲:《敕勒与柔然》,上海人民出版社,1983年。

严耀中:《北魏前期政治制度》,吉林教育出版社,1990年。

陈述:《契丹政治史稿》,人民出版社,1986年。

王承礼主编:《辽金契丹女真史论文集》,吉林文史出版社,1990年。

韩儒林主编:《元朝史》,人民出版社,1986年。

唐嘉弘:《中国古代民族研究》,青海人民出版社,1987年。

黄烈:《中国古代民族史研究》,人民出版社,1990年。

江应樑主编:《中国民族史》,民族出版社,1990年。

《中国大百科全书·中国历史》,中国大百科全书出版社,1992年。

五、世界史

世界上古史编写组:《世界上古史》,人民出版社,1979年(上册);1981年

（下册）。

日知主编：《古代城邦史研究》，人民出版社，1989年。

《古代世界城邦问题译文集》，时事出版社，1985年。

〔日〕江上波夫：《骑马民族国家》，光明日报出版社，1988年。

沈炼之主编：《法国通史简编》，人民出版社，1990年。

〔苏〕威·巴托尔德：《中亚突厥史十二讲》，中国社会科学出版社，1984年。

〔法〕雷·格鲁塞：《蒙古帝国史》，商务印书馆，1989年。

〔古希腊〕修昔底德：《伯罗奔尼撒战争史》，商务印书馆，1960年。

〔古希腊〕亚里士多德：《雅典政制》，三联书店，1957年。

〔古罗马〕塔西佗：《阿古利可拉传·日耳曼尼亚志》，商务印书馆，1959年。

〔法兰克〕都尔教会主教：《法兰克人史》，商务印书馆，1983年。

〔上沃尔特〕J.基-泽博等编：《非洲通史》，中国对外翻译出版公司，1984年。

〔美〕I. S. 斯塔夫里阿诺斯：《全球通史》，上海社会科学院出版社，1988年。

〔美〕J.哈斯：《史前国家的演进》，求实出版社，1988年。

〔英〕梅因：《古代法》，商务印书馆，1984年。

《中国大百科全书·外国历史》，中国大百科全书出版社，1990年。

六、人类学、民族学及其他

〔美〕威·哈维兰：《当代人类学》，上海人民出版社，1987年。

〔美〕M. 哈里斯：《文化人类学》，东方出版社，1988年。

〔美〕基辛：《当代文化人类学》，（台北）巨流图书公司，1980年。

〔美〕M. 哈里斯：《文化的起源》，华夏出版社，1988年。

童恩正：《文化人类学》，上海人民出版社，1989年。

〔英〕M. 布洛克：《马克思主义与人类学》，华夏出版社，1988年。

〔美〕L. 摩尔根：《古代社会》，商务印书馆，1977年。

〔美〕罗维：《初民社会》，商务印书馆，1987年。

〔英〕W. 里佛斯：《社会的组织》，商务印书馆，1990年。

〔美〕G. 穆达克：《我们当代的原始民族》，四川省民族研究所，1980年。

〔美〕G. 伦斯基：《权力与特权：社会分层的理论》，浙江人民出版社，1988年。

〔美〕C.恩伯等:《文化的变异》,辽宁人民出版社,1988年。

林耀华主编:《原始社会史》,中华书局,1984年。

周自强:《凉山彝族奴隶制研究》,人民出版社,1983年。

《中国大百科全书·民族》,中国大百科全书出版社,1986年。

〔波〕托波尔斯基:《历史学方法论》,华夏出版社,1990年。

〔德〕黑格尔:《历史哲学》,三联书店,1956年。

〔美〕E.博登海默:《法理学、法哲学及其方法》,华夏出版社,1987年。

侯鸿勋:《论黑格尔的历史哲学》,上海人民出版社,1982年。

〔美〕A.库珀等编:《社会科学百科全书》,上海译文出版社,1989年。

七、马克思主义经典

恩格斯:《家庭、私有制和国家的起源》,人民出版社,1972年。

马克思:《摩尔根〈古代社会〉一书摘要》,人民出版社,1965年。

《马克思恩格斯选集》,人民出版社,第2卷,1972年。

《马克思恩格斯全集》,人民出版社,第21、32、46卷,1965、1975、1979年。

《列宁选集》,人民出版社,第3、4卷,1962、1972年。

八、甲骨文著录(前有简称)

合集　郭沫若主编:《甲骨文合集》

甲　董作宾:《殷虚文字甲编》

乙　董作宾:《殷虚文字乙编》

丙　董作宾:《殷虚文字丙编》

补　董作宾、严一萍:《殷虚文字补编》

粹　郭沫若:《殷契粹编》

菁　罗振玉:《殷虚书契菁华》

前　罗振玉:《殷虚书契》

后　罗振玉:《殷虚书契后编》

续　罗振玉:《殷虚书契续编》

龟　林泰辅:《龟甲兽骨文字》

京津　胡厚宣：《战后京津新获甲骨》

续存　胡厚宣：《甲骨续存》

南　胡厚宣：《战后南北所见甲骨》

铁　刘鹗：《铁云藏龟》

金　方法敛、白瑞华：《金璋所藏甲骨卜辞》

珠　金祖同：《殷契遗珠》

佚　商承祚：《殷契佚存》

邺三　黄濬：《邺中片羽三集》

拾　叶玉森：《铁云藏龟拾遗》

戬　姬佛陀：《戬寿堂所藏殷虚文字》

掇　曾毅公：《甲骨掇合编》

小屯南地　中国社会科学院考古研究所：《小屯南地甲骨》

九、外文著作

H. J. M. Claessen & P. Skalnik, ed., *The Early State*, Monton Publisher, Hague, 1978.

E. R. Service, *Profiles in Ethnology*, Harper & Row Publishers, New York, 1971.

John A. Hall & G. John Ikenberry, *The State*, University of Minnesota Press, 1989.

Robert J. Wenke, *Patterns in Prehistory: The Origins of Complex Societies*, Oxford U. P. New York, 1980.

Kwang-chih Chang, *Shang Civilization*, New Haven & London, Yale University Press, 1980.

后　　记

　　1990年,我获得国家教委哲学社会科学青年研究基金,着手中国早期国家课题的研究。而实际上我在这个课题上的工作开始得还要早一些。1987年我发表《中国国家形成过程中的酋邦》一文,是我在这个课题上发表的第一个成果。这篇文章虽然给出了我在中国早期国家问题上的某些重要的思考,但就这个课题本身的要求而言,这篇文章所作的研究是远远不够的。从那时起,我所做的工作主要是试图使这项研究更深入化、系统化。当然,由此涉及的资料方面的工作是大量的。我力求使有关的资料尽量在研究中被反映出来。但事实上由于种种条件的限制,真正做到这一点还是比较难的。就本书目前的状况而言,我感到尚可宽慰的是,对于说明中国最早的早期国家进程来说,本书所用的资料基本上是满足的。按照我最初为本课题设想的框架,在本书第七章至第九章的许多论题下,我应该作更多的展开,事实上我为此也做了较多的准备。但目前书中所写的还是属于比较简略的,这主要是由于某些技术上的原因而不能使全书的篇幅过于庞大的缘故。我希望能有机会补足这方面的缺憾。

　　在本书的写作上,我有意突出了关于理论和方法问题的讨论,其理由在书中已作了说明。而我在做这些工作的同时也想到了我国古史研究中研究者对于理论和方法的意识的意义问题。从专业角度说,以国外一些学者的工作为例,我们可以看到,处理像早期国家这样的问题,离开在理论和方法上的思考,似乎将很难有重要的推进。另一方面,早期国家问题事实上已经是国际性的课题,国外学者已经形成了一些重要的理论和方法的规范(尽管有些还有争议)。对于这些,国内学者似乎应该有所反应。我在这方面花了一定的篇幅,首先当然是因为不谈清这些整个研究将失去基础,同时也是想通过它们使国内的研究在理论和方法上消除同国际学术界的隔膜。我不认为在中国早期国家问题上国外学者已经做出了非常令人满意的工作，这一点我在书中已讲到过。但是国际学术界在这个问题上重视理论和方法问题的探讨，我感到还是一个优点。希望本书能在这方面使国内同行有某种体认。而从古史研究与大众的关系说，我也觉得研究者多提供一些思想性强的东西是使古史研究能更多吸引一般读者兴趣的一个重要方面。而在这方面，应该说一般读者对于历史学中一些过去讲得比较多的思想还是熟悉的，他们可能更倾向于要求古史学者能提供一些新的思想性的东西。所以我在本书中用了四章的篇幅来谈理论和方法的问题，同时在行文中尽可能对专业性的概念作必要的基本的说明，就是想使一般读者也会愿意读这本书。非专业读者也许对本书中的某些内容会感到比较难读，但对全书的主要思想我想是可以读懂的。如果这样，我感到本书的工作又多了一层意义。

我在早期国家课题上的工作受到国内许多同行的帮助和鼓励。有些问题我在同他们的讨论中获得启发（其中我特别要提到同好友、中国社会科学院历史所宋镇豪先生的讨论）。有些想法，由于朋友们及时地表示了肯定，我也增强了信心。许多师长、好友，如吉林大学赵锡元、黄中业，吉林省社科院张秉楠，南开大学朱凤瀚、赵伯雄，武汉大学罗运环，上海社科院历史所杨善群，华东政法学院郝铁川诸先生先后惠赐新作，它们都在我的工作中起了重要参考作用。尤其值得一提的是，上面提到的那篇我最初论中国早期国家问题的论文送赵光贤先生过目后，赵老亲笔赐函予以评论，并多有勉励，令我受益匪浅，而终生难忘。此外我还要特别指出，如果没有恩师金景芳先生多年的教导和培养，我是绝不可能做出这份工作的。金老于1992年度过九十华诞，我因故未能赴长春参加庆祝活动，实引为终生憾事。在此，谨以拙书的出版补作对恩师的献礼，祝老人家安康、长寿。我的老师、吉林大学林沄先生为我提供了部分重要参考资料，对我有很大帮助。本书的出版得到浙江人民出版社的大力支持。尤其是杨淑英女士为本书的作成付出了极为重要的劳动。对此，我深表感谢。本书还得到华东师范大学科研基金的支持，我亦表示感谢。本书写作过程中，简修炜教授作为我们研究室的老室主任在工作安排上予以全力支持。研究室同仁庄辉明副教授、我的研究生杨英同学曾帮助抄写、校对。图书馆韩茂永先生在附图复制上给予热心帮助。好友、上海博物馆李朝远副研究员在搜集有关考古资料上对我有重要帮助。同窗、吉林大学吕文郁教授亦帮助我复印了部分资料。在此一并表示诚挚的谢意。最后，我还要向对我的这项研究一直给予热情鼓励和支持的李学勤先生表示敬意，并对李先生为本书赐序深致谢忱。

谢维扬

一九九四年三月

识于上海华东师范大学抱一斋

The Early States in China
by Xie Weiyang
Contents

Introduction

    A. The early state study in history, anthropology and archeology

    B. Research in China: achievements and problems

    C. Research by scholars abroad

    D. Main tasks of the early state study

Chapter One   Theory

    A. Problems of definition: What is an early state?

    B. Origins of the early state and related factors

        1. Population growth and pressure

        2. Geographical conditions

        3. Progress of production

        4. Warfare

        5. Social stratification and class differentiation

        6. Political inventions

    C. Patterns of the early state process

        1. Clan pattern

        2. Chiefdom pattern

    D. Stages in the evolution of the early state

Chapter Two   Approaches

   A. How to approach accounts of legendary times in historical records?

   B. Identification of historical facts with archeological findings

   C. Applying anthropological and ethnological data

   D. Vertical comparison of early states in various historical periods

Chapter Three   Discussion on the tribe confederacy pattern

   A. Major characteristics of the tribe confederacy

   B. Is the phenomenon of tribe confederacy universal?

   C. Links between the tribe confederacy and the formation of the early state

      1. Social organizations

      2. Political institutions

      3. Main measures leading to the formation of the state

      4. Major characteristics of political activities

Chapter Four   The chiefdom

   A. Different types of development of individual power in the pre-state times

   B. Social stratification under the chiefdom system

   C. The tribe union as a result of conquest

   D. The chiefdom and the origins of absolutism

   E. Transition from the chiefdom to the state: occurrence and non-occurrence

Chapter Five   Chiefdoms in ancient China

   A. Chiefdoms in ancient China in historical records: the Huangdi-Yandi period

      1. The distribution of ancient peoples in the Huangdi-Yandi period

      2. The nature of the tribe unions in the Huangdi-Yandi period

   B. Chiefdoms in ancient China in historical records: the Yao-Shun-Yu period

      1. Yao, Shun and Yu and their tribe unions

2. The nature of the Yao, Shun and Yu tribe unions

C. Ancient chiefdoms in China in archeological findings

   1. The Liangzhu Culture

      a. The Fanshan hill grave site

      b. The Fuquanshan hill grave site

      c. The Yaoshan hill sacrificial altar site

   2. The Hongshan Culture

      a. The sites of temple of Goddess and stone tombs at Niuheliang

      b. The Dongshanzui architecture ruins

   3. The Longshan Culture of the Taosi type

Chapter Six   The occurrence of early state in Central China: the Xia Dynasty

A. The transformation of the Central China Chiefdom into a state

B. Archeological evidences of the Xia State

   1. The relations of the Erlitou Culture to Xia history

   2. The ruins of settlements of the Xia State

   3. Evidences of state institutions of the Xia Dynasty

C. Characteristics of statecraft of the Xia Dynasty

   1. Territorial arrangements

   2. Bureaucracy

   3. Armed forces

   4. Ideology

Chapter Seven   The typical phase of early state in China: the Shang and Zhou Dynasties

A. The establishments of the Shang and Zhou Dynasties

B. Relationships between imperial center and local authorities

C. The elaboration of bureaucracy

Chapter Eight　The transitional phase of early state in China: the Spring and Autumn Period and Warring State Period

　A. The end of the Zhou Dynasty and the establishment of the Qin Empire

　B. Main development of statecraft in the transitional phase of the early state

　C. Absolutism: a constant feature of the ancient Chinese state system

Chapter Nine　The state process in periphery areas of China

　A. The state process in periphery areas of pre-Qin China

　　1. The colonizing model

　　2. The aboriginal initiative model

　　3. The loose control model

　B. The pluralistic feature of the state process in China: development of states of non-Han ethnic groups

　C. The maturing of the unified multi-ethnic state

附录一

中国国家起源研究中的几个问题

中国国家起源问题研究的进展在很大程度上依赖于有关的理论问题研究取得突破,这是从事这项研究的许多学者共同认识到的。笔者在15年前出版的《中国早期国家》一书用很大篇幅讨论与中国国家起源和早期国家问题有关的一些理论问题,曾引起关注。但这方面所要解决的问题还非常多,对于已经讨论过的问题,尤其是对于如何理解中国个案对人类学中某些理论模型的适用性问题,学者的意见还很不一致。其中比较受关注的问题之一,就是对酋邦模式的意义应怎样看待。在这方面,我们也注意到,近年来有少数研究围绕这个问题提出一些依据不足的分析和结论性意见,对于准确认识酋邦概念和有关理论的意义似乎并没有帮助,也没有准确把握整个研究所应针对的问题的实质,甚至在某些问题中形成认识上的某种混乱。笔者认为在当前对中国国家起源和早期国家研究的理论问题的探讨中,准确了解学术史上有关的理论研究的真实情况,以及有关的概念或理论的真实内容,还是非常重要的。只有在这样的基础上,才可能探讨对于推进中国个案的研究而言,真正需要深入研究的理论问题是什么。本文拟就此问题,结合近年来看到的一些研究情况谈一些意见,以供讨论。

一、国际学术界关于酋邦分布问题研究的情况及这一问题的学术意义

酋邦概念和相关理论为解释人类在前国家时期政治组织发展状况的问题提供了有用的工具,近年来在中国国家起源研究中已被很多研究所运用。拙著曾就酋邦分布的问题指出:"在现代人类学视野中,酋邦类型的原始社会

在世界各地区的分布十分广泛,因此这一类型有很大的普遍性。"①这一表述实际上与大多数人类学著作中对同样问题的表述应该说几乎没有什么不同。但是近年来有学者却提出另一种估计。如不久前沈长云、张渭莲在《中国古代国家起源与形成研究》一书中认为"所有已知的历史上的原始国家和原始文明都是由酋邦社会发展而来的",他们把这种认识说成是"当代主流文化人类学者"的"基本理论"。②实际上,对国际学术界在酋邦问题上的研究态势作这样的概括并不准确。

自20世纪90年代以来,国际学术界对于世界许多地区早期历史研究的新进展确实为深入研究人类政治组织演进提出许多新问题。尤其是部分对人类学方法感兴趣的学者提出关于许多地区早期历史进程的某些新的解释性意见很值得重视和研究,其中有些涉及酋邦概念的运用。如在剑桥大学出版社1991年出版的美国人类学教授T. 厄尔主编的《酋邦:权力、经济和意识形态》一书,即有不同学者分别讨论欧洲许多地区历史上出现过的酋邦形态问题。③该书也是在20世纪90年代以后着力研究酋邦问题的一部有代表性的作品。

但应该看到,20世纪90年代以前人类学在早期政治组织演进方面所提出的诸多理论与方法,包括酋邦理论在内,其主要论据是来自作为人类学传统方法的、对可观察对象所作田野工作的结果。而90年代以后发表的许多对欧洲等地区较早历史年代中酋邦个案的研究,实际上使用的主要已不是典型和完整的人类学方法,因为所讨论的对象已无观察之可能,所以其更多的是依靠历史学、考古学、文献学乃至政治学的方法等等。如在《酋邦:权力、经济和意识形态》一书中撰文论述古希腊酋邦问题的是作为"政治科学家"的Y. H. 弗格森,④而当K. 克里斯汀森提出公元前1500年前后酋邦曾分布于"从迈锡尼地区和小亚细亚直至中欧与斯堪的纳维亚"的广大区域时,她是在

---

① 谢维扬:《中国早期国家》,浙江人民出版社,1995年,第74页。
② 沈长云、张渭莲:《中国古代国家起源与形成研究》,人民出版社,2009年,第88页。
③ T. Earle ed., *Chiefdoms: Power, Economy, and Ideology*, Cambridge University Press, 1991.
④ Y. H. Ferguson, "Chiefdom to City-state: the Greek Experience", in T. Earle ed., *Chiefdoms: Power, Economy, and Ideology*, PP. 169-192.

《考古学个案的研究·铜器时代》这个标题下论及的。① 至于该书中论述英国历史上的酋邦问题的文章题目就是《英国史前史上的变化模式》，论者在讲述有关学术史时特别提道："是（考古学家）科林·伦弗鲁将酋邦概念引入了英国考古学。"② 从中可以很清楚地看出，有关这些地区酋邦问题的新论点主要不是来自人类学本身调查与研究的新成果，其本质是在针对各相关地区历史课题的方向上，利用考古学、政治学等学科的概念和方法与人类学理论或"模型"相结合，并使之相互印证和合理应用。这同中国学者在中国个案上运用人类学成果开展同类研究的情况是相仿的。厄尔在《酋邦：权力、经济和意识形态》一书"序言"中说，为该书所做的学术组织工作的"目的是将世界各地对酋邦作考古学、历史学和民族志（按：指人类学中专注田野调查的分支）研究的学者聚集在一起"。③ 他还对弗格森关于古希腊酋邦的研究评论说："弗格森，一位政治学家，不仅提供了对希腊和意大利的历史学的分析，还提供了来自人类学领域之外的有价值的观察角度。"④ 都完全反映了这种情况。

因此，20世纪90年代以后国外一些学者对于世界更多地区酋邦个案的研究并不完全或主要是来自人类学本身的变化。所以并不能像有些学者简单地归结的那样，把国际学术界对酋邦研究的某些新情况不加分析地夸大为"当代主流文化人类学者"的"基本理论"，甚至更扩大范围说"塞维斯等当代主流文化人类学者视酋邦为人类社会普遍经历的组织形式"，⑤ 这都是很不准确的。事实上，不仅塞维斯等都并未这样表述过酋邦在分布上具有绝对普遍性的意见（详下文），而且近年来国际学术界有关研究的内容本身也并不只是指向证明酋邦模式的绝对普遍性。

比如上文提到的K. 克里斯汀森就在研究中提到恩格斯在《家庭、私有制

---

① K. Kristiansen, "Chiefdoms, States, and Systems of Social Evolution", P. 27.
② R. Bradley, "The Pattern of Change in British Prehistory", in T. Earle ed., *Chiefdoms: Power, Economy, and Ideology*, P. 46.
③ T. Earle ed., *Chiefdoms: Power, Economy, and Ideology*, P. xi.
④ 同上，P. xii.
⑤ 易建平：《部落联盟与酋邦——民主·专制·国家：起源问题比较研究》，社会科学文献出版社，2004年，第88页。

和国家的起源》中论述过的"军事民主制"或"日耳曼生产方式"问题,并认为这是由恩格斯"揭示出来"的她所提出的"分散的分层社会"类型的"一个历史性的个案"。①而我们都知道恩格斯所说的"军事民主制"概念来自摩尔根,其特征明显不同于酋邦。这表明克里斯汀森并未主张酋邦模式具有所谓"绝对普遍性"。

值得一提的是,有些学者实际上了解克氏对于恩格斯"军事民主制"研究的观点"正与谢维扬以及其他大多数中国学者所持有的观点相同",但也许是为坚持其关于酋邦分布的"绝对普遍性"的认识,表示"(克氏)这种观点是否一定正确,看来还大有需要讨论之处",②但并没有给出进一步讨论的细节。此外,对于"军事民主制"问题的存在,主张酋邦分布的绝对普遍性的学者依其逻辑是应该不予承认的。但有些学者虽然严厉批评主要根据恩格斯、摩尔根的研究讨论过欧洲早期历史上的"军事民主制"问题的拙著是"缺乏对当今古典学研究新进展的了解",却又在书中其他部分以很大篇幅正面论述古希腊、罗马历史上的"军事民主制"。③这种前后矛盾的写法令人费解。总之,所谓酋邦分布的绝对普遍性问题实际上并不是当代国际学术界的公论,明确这点对于我们准确把握酋邦概念和理论的本来意义有积极价值。

二、古希腊、罗马国家形成问题与中国国家起源研究的关系

在近年来的一些研究中,一些学者强调古希腊、罗马国家形成问题在中国国家起源理论研究中的重要性。例如2004年出版的易建平著《部落联盟与酋邦——民主·专制·国家:起源问题比较研究》一书试图论证"现在一般古典学者都认为,我们现在所讨论的希腊国家产生前一阶段的希腊社会,是一种等级制的贵族占据优势的酋邦社会",而且在此基础上批评拙著,表示"当代古典学家的观点……不仅根本性地对谢维扬的酋邦模式有着摧

---

① T. Earle ed., *Chiefdoms: Power, Economy, and Ideology*, P. 19. 引文中"历史性的(原文: historica)"意指"真实的",详下文。
② 易建平:《部落联盟与酋邦——民主·专制·国家:起源问题比较研究》,第296页。
③ 沈长云、张渭莲:《中国古代国家起源与形成研究》,第111页。

毁作用,也较为彻底地否定了谢维扬的部落联盟模式"。①这等于说拙著的全部理论工作都被"摧毁"和"否定"了。而这主要是因为拙著在阐述酋邦理论时还根据当时能参考到的世界古代史研究成果,提到以古希腊、罗马国家的形成为实例的所谓"部落联盟模式"的存在。易著的逻辑是:因为(据易认定)古希腊的情况并不属于这种模式,甚至这种模式根本就不存在,所以拙著在中国国家起源问题上所引入的关于酋邦问题的整个理论也是错误的。

但这显然是不太讲得通的。易著对问题的理解夸大了对古希腊(以及古罗马)国家形成问题的研究同中国国家起源问题研究的关系。笔者在下文会较详细讨论古希腊前国家社会是否可认定为酋邦的问题;在这里想指出的是,对于古希腊、罗马国家形成问题的研究,在结论上同对中国个案所涉及的学术问题的讨论没有直接的关系。更明确地说就是:通过对古希腊等个案的分析而开展的关于酋邦形态在欧洲和世界更多地区分布情况的进一步研究,并不会改变关于中国个案适用酋邦模式的基本认识,也不会对中国国家起源的研究产生新的重大难题。这一点非常清楚。就拙著工作的内容而言,国际学术界在酋邦分布问题上研究的新情况虽然值得关注,但这些情况对拙著关于中国个案的分析不具有根本性的影响,也并没有提出真正严重的问题。其实,依正常逻辑,即使在古希腊的所谓"酋邦"问题上的新认识能够成立,其对于拙著在说明国家形成问题上提出的"酋邦模式"也只会进一步加强其说明力,扩大其适用范围,使之变得更为重要和有理,怎么会是将其"摧毁"呢?

易著的这种讨论方式应引起的思考,是如何探讨中国国家起源和早期国家研究方面的理论问题。而像易著这样的研究,恐怕没有完全看准中国国家起源研究所应着力讨论的问题。笔者这样说并没有不欢迎对拙著批评的意思,而是认为对于推进当前国内的研究而言,准确认识古希腊、罗马国家形成问题与中国个案的关系还是很重要的,因为这将有利于人们准确地认识与中国个案有关的问题。

---

① 易建平:《部落联盟与酋邦——民主·专制·国家:起源问题比较研究》,第346页。

三、古希腊、罗马国家形成问题研究的现状

前文提到,近年来在讨论与中国国家起源研究有关的理论问题时,有些研究提出"当代古典学"已将古希腊、罗马国家产生前的社会状态论定为酋邦。虽然我们说过,对古希腊、罗马早期历史的研究与中国个案的具体问题并不直接相关,但由于有关学者很强调将这个问题同中国国家起源研究的理论依据问题联系起来谈,因此似有必要对这一问题的真实情况作一些了解。我认为可以说,对于国际和国内学术界关于古希腊、罗马早期历史研究的整个现状,这些学者所做概括是不确当、不全面的。在此仅以对雅典国家形成的研究为例做些说明。

首先,许多重要的研究和讨论雅典国家形成问题的较新成果,并没有运用酋邦概念来解释这一进程,有些完全没有涉及酋邦理论。例如,1995年出版的黄洋《古代希腊土地制度研究》一书是国内学者在20世纪90年代以后较早吸收国外最新古典学研究成果,该书对希腊古风时代和早期古典时代阿提卡等地社会制度和相关情况有深入的研究,而这一时段及这一地域正与雅典城邦国家形成前后古希腊社会所处时空相当,但无一字述及酋邦。[1]2005年黄洋、赵立行、金寿福著《世界古代中世纪史》一书出版,该书在对希腊城邦国家制度确立前的"荷马社会"和城邦制度确立的整个论述中,也均未涉及酋邦概念。[2]黄洋等对荷马社会的基本看法是:这"是一个典型的贵族社会"。[3]2006年晏绍祥《荷马社会研究》出版,该书是近十年内国内学者对于古希腊史研究的重要成果之一,在世界古代史学界有重要影响,但也未将雅典城邦形成前的古希腊社会看做酋邦社会,而是认为此时希腊社会已经是"早期阶级社会",甚至认为此时已形成"早期国家"。[4]当然,在国内学者中,也有通过自己的研究认为荷马社会就是酋邦社会的,如郭长刚在《试论荷马

---

[1] 参见黄洋:《古代希腊土地制度研究》,复旦大学出版社,1995年。
[2] 参见黄洋、赵立行、金寿福:《世界古代中世纪史》,复旦大学出版社,2005年。
[3] 黄洋:《试论荷马社会的性质与早期希腊国家的形成》,《世界历史》1997年第4期。
[4] 晏绍祥:《荷马社会研究》,上海三联书店,2006年,第76页。

社会的性质》一文中便持这样的观点。①这属于很正常的学术探讨,其研究也应有其价值,但这类研究在目前世界古代史专业的研究中总体上还属较少数,而且也有其他学者对其结论提出过不同意见并有讨论。②因此,酋邦说很明显并不是世界古代史学界的定论,也不是多数学者的意见。

在国际上,不采用酋邦概念讨论和解释古希腊国家进程的研究成果比比皆是。例如2008年由国内学者翻译出版的、英国学者奥·默里(有人称"仍然健在的最著名的希腊史专家之一")著《早期希腊》一书,对黑暗时代结束后的"早期希腊社会"的特征的概括是:"总体上看,早期希腊是一个自由农民的国度,贵族和人民(德莫斯)之间的区别是出生和生活方式的问题,没有复杂社会结构造成的负担。"③默里的这个表述对荷马时代希腊社会复杂程度的估计,较之上述黄洋、晏绍祥的意见似乎涉及更低水平的社会发展阶段,但他也认为荷马史诗中的所谓"巴塞勒斯""含意上非常接近贵族,即一个贵族阶级",④这同黄、晏的认识都很接近,然而他同样没有在任何地方提到酋邦概念。像这样不以人类学中的酋邦概念和理论说明古希腊国家进程的现代西方希腊史著作还可以举出不少。因此可以说,上文曾提到厄尔、弗格森、克里斯汀森以及吉尔曼等一些在古代欧洲国家化进程研究中运用人类学中酋邦概念与相应方法的学者和著作,只能说是所谓"当代古典学"研究中的一部分,而且可能还不是最具影响力的部分。我们固然不应忽视其在学术上的意义,但也完全没有理由将其作为"当代古典学"的代表。

其次,尽管有学者对拙著曾援引的国内世界古代史界在20世纪80年代以前以摩尔根和恩格斯关于部落联盟的概念来解释古希腊国家进程的做法完全否定,但是这个问题在国内世界古代史界的视野中并未被取消。如2009年出版的周启迪主编《世界上古史》一书,对于古希腊史问题便有如下阐述:"希腊城邦……其形成的途径大体上可分作如下三类:1.氏族部落经过自发的、长期的解体过程,国家从氏族部落内部发展起来的阶级和等级的对立中

---

① 郭长刚:《试论荷马社会的性质》,《史林》1999年第2期。
② 参见晏绍祥:《荷马社会研究》,第73—74页。
③ 奥·默里:《早期希腊》,晏绍祥译,上海人民出版社,2008年,第40页。
④ 同上,第31—32页。

直接产生出来……雅典所在的阿提卡走的便是这条城邦形成的道路。"[①]这同20世纪80年代以前国内世界古代史界的看法几乎没有区别,表明对雅典国家形成过程中原有氏族部落制度作用的研究仍然受到重视和关注。晏绍祥在2006年曾指出"中国的学者一般把荷马社会作为氏族社会末期对待",并说:"在国内和国际学术界,仍有不少人认为,荷马时代尚处在军事民主制时期,氏族制度很有活力。"[②]前文提到丹麦学者克里斯汀森将恩格斯的"军事民主制"概念与她所论及的"分散的分层社会"相联系,则反映了国际学术界对摩尔根和恩格斯早期理论价值的某种承认。

再次,应该看到,在对古希腊前国家时期社会性质认定的问题上,对有关史料的准确解读是关键。而在如何确立对古希腊史史料问题的基本认识方面,从近代到当代,在古典学者中间看法是有某种变化的。20世纪70年代,英国考古学家斯诺德格拉斯在《一个真实的荷马社会?》一文中对作为古希腊史最重要史料的荷马史诗的真实性问题提出严重质疑,影响极为深远。[③]黄洋曾概括说,斯氏的结论是认为荷马史诗乃是迈锡尼传统、荷马时代社会状况以及荷马自己的想象和虚构等等各种内容的混合物。[④]晏绍祥也提到在斯诺德格拉斯看来,"所谓的荷马时代和荷马社会都是历史学家的虚构,根本没有历史实际的支持"。[⑤]此外,在荷马史诗所反映的是古希腊史哪个时代的问题上,在20世纪70年代以后,国际古典学界也陆续提出一些重要的不同看法。[⑥]这些都是古希腊史史料学在20世纪所发生的最重要事件,其意义固然不可忽视。但有一点值得注意,即古希腊史史料学上的这些变化虽然导致许多新的结论出现,但对古希腊史的许多旧有认识似乎并未因此而被全面改写。如苏联学者安得列耶夫在总体上是肯定斯氏关于荷马史诗的看法的,表

[①] 周启迪主编:《世界上古史》,北京师范大学出版社,2009年,第180页。
[②] 晏绍祥:《荷马社会研究》,第79、180页。
[③] A. M. Snodgrass, "An Historical Homeric Society?" in A. M. Snodgrass, *Archeology and the Emergence of Greece*, Edinburgh: Edinburgh University Press, 2006, PP. 173-193.
[④] 黄洋:《古代希腊土地制度研究》,第22—23页。
[⑤] 晏绍祥:《荷马社会研究》,第27页。
[⑥] 参见晏绍祥:《荷马社会研究》第2章"关于荷马史诗所反映的时代问题",第23—27页;黄洋:《古代希腊土地制度研究》,第23页。

示:"不管这位英国学者的观点多么令人难堪……斯诺德格拉斯的观点中仍然有许多正确的东西。"①但他仍然是吸收摩尔根和恩格斯学说来解释古希腊国家进程的重要学者。②同时古希腊史研究中的关键史料学问题也并未因此而根本解决。如在中国,黄洋和晏绍祥对于斯氏对荷马史诗性质问题的论点都有不同程度的肯定。③但他们却与安氏不同,都是以较新理论解释古希腊历史进程的代表性学者。这说明即使在斯氏等研究的基础上,判定早期希腊史料适用性的空间仍很大。晏绍祥说,"学者们……都承认荷马史诗是一个混合物,其中包含着不同时代的内容。只是由于学者们所注意的侧重点不同……(还是)难以取得一致意见"。④就指出这一点。

而在对荷马史诗内容的解读和对有关考古发掘资料意义的解释上,即使经过古希腊史料学上的长期研究,需要切磋、可商榷的问题也还非常多。对此晏绍祥曾说:"今天的学者在对荷马史诗的资料进行分析时,人言言殊,甚至同一条资料,不同学者可以作出相反的解释。有限的考古资料,因为学者们主观看法的差异,在解释上也存在许多疑难。"⑤晏先生甚至指出:"可以说,在有关荷马社会的研究中,几乎没有一个问题没有争议。"⑥这对我们了解和解读荷马史诗等资料中可能存在的问题是很好的提醒。例如在解读荷马史诗中"巴塞勒斯"这个名称的确切含义时,我们遇到的可能就是这种情况。当摩尔根在100多年前将荷马史诗中的"巴塞勒斯"理解为氏族制度下的军事首长和祭司等时,他对原来将"巴塞勒斯"看做"国王"的旧式理解是有突破的。而现代学者则作出一些更新的解读。如在国内学者中,黄洋先生和晏

---

① 转引自晏绍祥:《荷马社会研究》,第27页。
② 晏绍祥曾评论说:"原苏联学者安得列耶夫虽然批判了摩尔根把军事民主制当做彻底的民主制度的观点……但他同时却承认了氏族制度在荷马时代的重要性……实际上接受了摩尔根的观点。"参见晏绍祥:《荷马社会研究》,第50页。
③ 晏绍祥通过转引安氏的说法表示斯氏论断中"有正确的东西",黄洋则在指出荷马史诗中确有"诗人的想象和虚构"的同时,认为"就社会生活及财产所有制而言,诗人的描述更多地来源于现实生活"。分别参见晏绍祥:《荷马社会研究》,第27页;黄洋:《古代希腊土地制度研究》,第23页。
④ 晏绍祥:《荷马社会研究》,第27页。
⑤ 同上,"序",第2页。
⑥ 同上,第2页。

绍祥先生都认为荷马时代的"巴塞勒斯"是指一些"贵族首领"或"各个共同体的首领"以及"地位相近的贵族阶层成员"或"一般的贵族"。① 但应该注意的是,他们也都指出,这些巴塞勒斯的"权利也不是绝对的",或说其"也没有绝对权威",并且都着重提到"在荷马社会,贵族长老会议(boule)和民众大会(agora)成为集体讨论公共事务的主要机构","当时存在的人民大会和贵族议事会,对巴塞勒斯的权利无疑有很大的限制",而且两者"在当时都不是可有可无的东西"。② 黄洋先生等还进一步认为:"在后来希腊的城邦文明中,贵族长老会议和公民大会是城邦政治生活的主要组织形式……因此可以说,在荷马时代,城邦文明业已萌芽。"③ 从这些论述中可以看出:第一,在对荷马史诗内容的解读中,现代学者的认识同摩尔根时代的认识并非毫无交集之处,例如上述黄、晏二先生对于巴塞勒斯有限权力和对此项权力起到限制作用的人民大会与贵族议事会制度的论述就同摩尔根所阐述的古希腊氏族制度的一些重要特征很接近。对其中有关的问题是可以再进一步深入研究的。很显然,在上述现代学者对荷马史诗内容的解读中,我们当然也完全看不出与酋邦概念有什么联系。总之,从古希腊史史料学研究的现状中应该可以知道,有些学者宣称的所谓"当代古典学"一致以古希腊前国家社会为酋邦社会的这种情况是不太可能出现的。而对于摩尔根以对氏族制度的研究为基础展开的、对于古希腊、罗马国家化进程研究的得失还可以在更深入研究的基础上更全面、客观地进行,以获得对当代研究的有益帮助。

四、怎样准确理解和概括国外人类学成果的真实意义

在对中国国家起源问题的理论研究中,对国外学者成果的借鉴无疑非常重要。而这需要研究者对有关国外资料做切实深入的了解,从而准确理解和概括有关成果的真实意义。目前国内有些研究虽然提出对于国外研究成果

---

① 黄洋、赵立行、金寿福:《世界古代中世纪史》,第129、123、125页。
② 同上,第129、126—127页。
③ 同上,第130页。

的某种概括,但实际上并没有经过对有关原始资料本身的认真研究,所谓的概括性意见是不准确的。这是在当前研究中需要注意的一个问题。

例如在沈长云、张渭莲《中国古代国家起源与形成研究》一书中就可以看到这样的例子。该书为证明美国人类学家塞维斯表述过酋邦在分布上是具有绝对普遍性的意见,转引塞氏在《国家与文明的起源》一书中的一段话"历史上所知道的原始国家和六个原生的早期文明,都是从酋邦社会中发展出来的",并说明塞氏所说的"这六个原始国家或原生的文明指的是:古埃及、古代两河流域、古印度、古代中国,以及中美洲和秘鲁两个新大陆文明",然后评论道:"言下之意,是所有已知的历史上的原始国家和原始文明都是由酋邦社会发展出来的,这无异是在宣称,酋邦是人类历史上普遍经历的一种社会组织。"①但是该书对塞氏论述的这种解读方法并不准确。该书所引原话中所谓"历史上所知道的原始国家",意思是"那些被真实地或作为历史真实而了解到的'原始国家'"(原文"the historically known 'primitive states'",可译为"那些被历史地了解到的'原始国家'"),指的是塞氏书中作为案例讨论到的祖鲁、安科莱、刚果、阿散蒂、努佩、夏威夷、塔西提、汤加、切罗基等几个已经人类学者调查和研究过的个案,并不是指历史上所有的原始国家。②沈、张声明其所引塞氏这段话系转引自上文曾提到的易著,因而是易著首先

---

① 沈长云、张渭莲:《中国古代国家起源与形成研究》,第86页。
② 这只需看后文中塞氏又说道,"三个在波利尼西亚的被历史地了解到的国家形成的突出例子是夏威夷、塔西提和汤加"(原文: The three salient instances of historically known state formations in Polynesia are Hawaii, Tahiti, and Tonga),就很清楚了。(参见 E. R. Service, *Origins of the State and Civilization*, W. W. Norton & Company, 1975, P. xv)沈、张著把塞氏所说的"那些被历史地了解到的'原始国家'和六个原生的古代文明"(被该书转述为"历史上所知道的原始国家和六个原生的早期文明")笼统地归纳为指"六个原始国家或原生的文明",即古埃及、古代两河流域、古印度、古代中国、古代中美洲和秘鲁(参见沈长云、张渭莲:《中国古代国家起源与形成研究》,第86页),这也不符合塞氏原意。塞氏原文在"the historically known 'primitive states'"与"the six primary archaic civilizations"(意即"六个原生的古代文明"或译"六个最初的古老文明")之前有副词both(意为"两者都"),说明这两者为并列关系(参见 E. R. Service, *Origins of the State and Civilization*, P. xii)。在塞氏写有上述原话的"Origins of the State and Civilization"(《国家与文明的起源》)一书序言之后所附的一幅示意图中,以"六个最早的(或译"原生的")文明"和"历史地了解的原始国家"两种标记分别标出两类不同个案所在的地理位置,亦证明这点。塞氏所说的"六个原生的古代文明"既然不包括在"历史上所知道的原始国家"中,则"历史上所知道的原始国家"这几个字就绝不可能读为"所有已知的历史上的原始国家和原始文明"的意思。

将塞氏的"the historically known 'primitive states'"这组词译作"历史上所知道的原始国家"。①应该说这不是十分精准的翻译,本来已很容易引起误读;而沈、张在评论时所用的"所有已知的历史上的"这几个字就完全是凭己意发挥了,由此产生的所谓"证据"当然也是失真的。其所引的塞氏这段话并不能说明塞氏表述过酋邦在分布上具有绝对普遍性的意见。

在《部落联盟与酋邦——民主·专制·国家:起源问题比较研究》一书中,可以看到另一个对国外研究成果概括不准确的例子。我们知道,塞维斯和弗里德都曾提出过关于人类早期政治组织演进阶段的理论模型,而且他们各自提出的模型相互间有一些相似之处。拙著对此曾有介绍,并在说明两者关系时指出塞维斯所说的"酋邦"与弗里德所提的"分层社会"在发展阶段上是相当的。②然而易著对这个问题的认识却与此有很大不同,其以弗里德术语中与塞维斯的"酋邦"相当的是"阶段社会"(亦译"等级社会"),并概括说"弗里德的分层社会与塞维斯的酋邦社会并非一回事,这在文化人类学中是一种常识",进而批评拙著"把这两个人的理论整个地对错位了一个阶段"。③然而在这个问题上,易著的这些说法是不太成立的。要说明这一点并不难。就在易著第10章的一个段落中,作者介绍了美国学者厄尔关于人类学中几种人类社会演进理论的一个示意表,在其中我们很清楚地看到,弗里德的"分层社会"正是被完全划在对应于塞维斯的"酋邦"的位置上。对此作者自己也承认厄尔"将弗里德的分层社会大致等同于了塞维斯的酋邦的后一段"。④这应该可以说明,拙著的介绍是与一些重要学者的认识一致的。在出版于2003年的M.哈里斯与O.约翰逊的《文化人类学》第6版中,我们也读道:"酋邦是建立在分层的基础上的,其拥有一个在地域的和社区水平上的官员等级制。"⑤哈里斯的意见非常清楚,他也是认为酋邦具有分层社会的特征。在国内,我们可以2007年发表的陈淳先生著《文明与早期国家探源》一书为例,该书恰好

---

① 易建平:《部落联盟与酋邦——民主·专制·国家:起源问题比较研究》,第340页。
② 谢维扬:《中国早期国家》,第172页。
③ 易建平:《部落联盟与酋邦——民主·专制·国家:起源问题比较研究》,第210—211、118页。
④ 同上,第263—264页。
⑤ M. Harris & O. Johnson, *Cultural Anthropology*, Pearson Education, Inc., 2003, P. 174.

也专门制作了一个"弗里德和塞维斯政治社会类型的比较"表,表中弗里德的"阶层社会"(即"分层社会"之另译)也完全覆盖在塞维斯的"酋邦"的范围内,只是塞维斯"酋邦"范围的前端比"阶层社会"略长出少许。而且在这个表中,弗里德的"等级社会"(即"阶等社会")整体上正相当于塞维斯的"部落"。①(易著也批评了拙著以弗里德的"阶等社会"相当于塞维斯的"部落"是"最严重的错误"。②但现在看来这也只是学者们的共识)以上这些情况应该可以表明拙著的有关介绍并非出于杜撰,而易著所说也不就是"常识"。

关于为什么可以将弗里德的"分层社会"对应于塞维斯的"酋邦",我想最重要的一点是因为塞维斯的酋邦是具有分层特征的。塞维斯在《民族学概论》一书中阐述酋邦特征时明确说:"它们显示出社会分层和等级,但还没有真正的社会经济阶级。"③就说明这一点。既然酋邦在人员的社会关系方面是具有分层的特征的,则将酋邦与所谓分层社会相联系就是很自然的。④这两个类型都是关于人类进入国家社会之前、最接近于国家社会的社会类型的概念,⑤

---

① 陈淳:《文明与早期国家探源》,上海书店出版社,2007年,第102页。
② 易建平:《部落联盟与酋邦——民主·专制·国家:起源问题比较研究》,第209页。
③ E. R. Service, *Profiles in Ethnology*, Harper & Row Publishers, 1971, P. 498.
④ 易著曾引用塞维斯本人的一段话来表明塞维斯自己的观点是将弗里德的"阶等社会"等同于"酋邦"的:"弗里德把政治结构演化的诸阶段划分为平等社会(我使用的术语是"游团和部落"社会[塞维斯,1962])、阶等社会("酋邦"[塞维斯,1962])、分层社会和国家。"(参见易建平:《部落联盟与酋邦——民主·专制·国家:起源问题比较研究》,第264页)但对塞维斯这个表示的真实含义应有分析。塞维斯在上引这段话的下文中指出:"虽然弗里德将分层看做是更晚的一个发展阶段,但等级社会(亦译"阶等社会")也同时可以是分层的。"(E. R. Service, *Origins of the State and Civilization*, P. 44)这表明在塞维斯的认识上,酋邦是具有分层特征的,与本文说明的相符。因此塞氏在上引这段话中以弗里德的"阶等社会"相当于酋邦,我理解主要是反映出他认为"阶等社会"也是分层的。而这应该也是学者们将其酋邦理解为与弗里德"分层社会"相当的重要理由。
⑤ 关于分层社会是指人类进入国家社会之前、最接近于国家社会的社会类型这一点,易著也是承认的,并说明这也是"弗里德自己的意见"(易建平:《部落联盟与酋邦——民主·专制·国家:起源问题比较研究》,第226—227页)。而对酋邦同样也是指人类进入国家社会之前、最接近于国家社会的社会类型这一点,几乎是学者们的共识,如 C. P. 柯达克的《人类学》写道:"当一个酋邦设法征服其邻居,使其成为更大政治单位的组成部分时,原始国家就从酋邦的竞争中产生。"(C. P. Kottak, *Anthropology*, McGraw-Hill Companies, 2002, P. 244)M. 哈里斯与 O. 约翰逊《文化人类学》第6版在介绍作为酋邦案例的夏威夷酋邦时用了"夏威夷——在国家的门槛上"这样的标题(M. Harris & O. Johnson, *Cultural Anthropology*, P. 179),也很形象地说明了这一点。

这应该也是许多中外学者对"分层社会"与"酋邦"这两个概念间关系有相同理解的一个原因。拙著的有关理解其实是比较通俗的。易著的批评反而说明其对于人类学有关成果的概括不准确和不全面。当然更重要的是,易著的做法正是我们所说的对国际学术界成果参考时缺乏严谨性的一种表现。该书说:"今天的人类学家实际上把'阶等社会'当作了'酋邦'的同义词。"①但从上面已举的一些证据看,这种说法至少是片面的。甚至易著自己也承认厄尔就"不是这样看的"。②既然如此,所谓"今天的人类学家"云云的说法就很不慎重了。这是我们在对国外研究成果的真实意义概述时必须努力避免的,只有这样才可能对中国国家起源研究的理论问题开展真正严肃和有益的探讨。

五、为推进中国国家起源研究需重点探讨的理论问题

本文以上对当前国家起源研究中有关理论问题探讨的一些情况的分析和评论,其用意是想指出,要推进中国国家起源和早期国家研究中理论问题的探讨,就需要找准处理中国个案所应关注的问题点、重点,这是使这项研究能得到实质性推进的大局。对此,笔者简要地提几点看法,供诸同行参考。

(一) 从国内研究的实践来看,我认为对国家定义问题和关于早期国家存在的证据认定理论的研究仍然是目前最需要有重要突破的。我在发表《中国早期国家》时曾引用《早期国家》一书主编克烈逊和斯卡尔尼克的话说,"根本不存在为整个学术界所公认的国家定义"是早期国家研究所遇到的一个障碍。③现在这个状况应该说并没有根本改变。当然,很多学者都在对这一问题作新的研究,提出一些新方案。对此拙著也曾提出过关于早期国家结构性特征的一些意见。④王震中先生在1998年也提出关于国家定义的一个重要意见。⑤这方面的研究需要继续深入下去,因为已做过的一些研究实际上

---

① 易建平:《部落联盟与酋邦——民主・专制・国家:起源问题比较研究》,第209—210页。
② 同上,第216页。
③ 谢维扬:《中国早期国家》,第36页。
④ 同上,第44—50页。
⑤ 王震中:《中国古代文明的探索》,云南人民出版社,2005年,第157页。

还是比较单薄的。此外，对与国家定义有关的一些与国内研究关系较大的问题也应加强，如：能否和如何提出在中国个案中反映国家结构性特征的可观察的事项，以及如何澄清学者在多年研究中陆续提出的用来描述中国早期政治结构形式的"古国"、"方国"、"邦国"等概念的确切理论含义及其关系等。王震中先生曾表示："在文明起源的研究中，一般是以金属器、文字、城市、礼仪性建筑作为文明时代的具体标志。但包括笔者在内，陆续有学者对此提出了质疑。"[1] 在对国家形成标志的认定上也有类似情况。对此问题究竟应怎么看，还需通过认真研究和讨论加以解决。关于如何在考古工作中加强对早期国家存在证据意义认定的理论的研究，笔者曾比较完整地提出过意见。[2] 这方面问题的探讨，对处理中国个案问题有重要关系。在国内研究中长期以来受到高度关注的夏朝国家存在的认定问题，陶寺和良渚等遗址意义的认定问题等都与此有关。对此需要考古学和历史学人员协同起来取得合理的新认识。

（二）对于陶寺和良渚遗址是否表明当地在遗址存在时期已形成国家的问题，笔者认为除资料方面的工作外，目前仍需在理论准备方面再作更深入研究，不宜匆忙下结论。这样说的原因是，尽管近年来在两地考古发掘和研究中有重要收获，对突破中国国家起源研究意义重大，但有一点仍未根本改变，即在目前的考古学证据意义认定理论的水平上，我们还无法确定某些种类的人类早期生活物质遗存与当时存在的社会政治制度之间有怎样的关系。比如被许多学者看重的大型公共建筑（包括祭坛、城墙等等）、金属器具、文字（或原始刻画符号）等遗存，能否作为国家存在的绝对证据，还需要通盘研究。因为现代的人类早期政治组织演进理论告诉我们，人类在国家出现以前在物质能力方面所达到的高度往往是超出人们原先的估计和认识的。国家作为一种政治关系，能够直接标示其存在的、有确定效力的物质证据或许只能是诸如反映官署存在的官印及官署文件、文书等等。这些当然目前在陶寺、良渚遗址中都未能发现。因此国家关系存在的直接证据是缺乏的，而两地在

---

[1] 王震中：《中国古代文明的探索》，第188页。
[2] 参见谢维扬：《中国早期国家起源研究中考古学证据的认定问题》，《社会科学战线》2002年第6期。

当时实际存在的是某种较发达的前国家复杂社会和政治形态的可能性目前还不能完全排除。笔者认为最终结论将取决于资料和理论两方面工作的新进展。

（三）对酋邦概念及相关理论的含义及其对于中国个案的适用性，应作更深入的研究和更全面的阐释。国内研究在援用酋邦概念解释中国国家起源问题方面是有重要成果的。但学者们对这一概念和理论在中国个案研究中作用的认识尚不尽一致。其中有很多是同目前因有关研究不够而导致的误解有关。酋邦概念尽管是由人类学提出的，其本身的学术史背景又较为复杂，而且其对于特定历史学个案的适用性也是有条件的，但它毕竟正确揭示了人类早期政治组织演进中的一些现象，至少补充或修正了以往某些理论模型的缺失，对于说明中国国家起源研究中的许多敏感问题有很好的说明力。其中最重要的是它帮助我们正确认识到中国前国家时期政治和社会发展可能达到的真实高度和局限性，以及看到古代人群的具体政治行为与国家制度形成之间的关系等。我认为对这个概念和相关理论还是要充分重视。迄今国内对酋邦理论的研究其实还在很低的水平上，而如果有关研究得以加强，相信对其作用的认识会进一步加深。

在中国国家起源问题的理论研究中，还有一些问题，如中国最早国家形成的历史性条件、中国各区域国家化进程的关系与比较、中国前国家时期社会成员构成特点、中国古代国家专制主义特征的起源等等，都需作深入研究。根据中国国家起源研究自身的要求确定研究的突破口，是研究中国国家起源理论的正确策略。经过对以往研究得失的冷静反思，中国国家起源研究应该会推进到取得更重要成果的新阶段。

（本文原刊于《历史研究》2010年第6期，第18—27页）

附录二

中国早期国家研究中一些概念意义的理解问题

一、早期国家

"早期国家"概念是随着对从前国家时期开始的人类早期政治组织演进和发展过程研究的不断深入而提出的。20世纪70年代克烈逊(H. J. M. Claessen)与斯卡尔尼克(P. Skalnik)主编的《早期国家》一书是运用这一概念开拓人类政治组织演进研究新的水平的代表性成果,对于这项研究无疑有重要的推动作用,而"早期国家"这一概念也随之被广泛运用和得到更多研究。但是,与对"国家"概念定义的复杂情形类似,不同学者对"早期国家"概念意义的认定和定义始终不能说是完全相同和一致的。因此,迄今对国内外有关"早期国家"概念与定义问题的讨论进行全面的梳理、确当地评述和深入地分析仍然是早期国家研究中的基础性工作。

然而,即使这样,在"早期国家"概念使用的问题上,有一个大的界限我想还是可以明确的。那就是,"早期国家"应该是关于国家的概念,而不应是其他。目前有些研究所涉及的"早期国家",按研究者的定义,还并不是"真正意义上的"国家,实际上指的应该还是前国家组织。这反映许多研究者已经看到前国家政治组织可以达到很复杂的程度。但它们的形成与真正的国家的形成还是应该区分开来。在将早期国家作为国家的一些早期类型来理解的研究中,虽然对于如何合理区别"早期国家"与"成熟国家"还未能有确定和完整的结论,但这种区分应该是在属于国家的早期政治制度类型范围内,也就是说即使是"早期国家"也应该是属于国家的类型,而不宜指前国家组织。明确这一点,早期国家研究的主要概念的体系才能获得稳定的基础,同时，对于在正确的布局上展开早期国家研究并对其核心课题开展有效的讨论还是十分重要的。

二、"成熟国家"

上面提到的研究对中国早期国家最初出现时期的认定甚早（早于文献记载的夏代），并且认为中国的夏、商、周时期已"处于成熟国家阶段"。但这一点，并不像有关学者表示的那样是代表了"西方学者关于早期国家的概念"。如美国学者哈斯在《史前国家的演进》中将中国的商代（指二里头至殷墟）称为"早期原始国家"，①看得出是将商朝认定在国家演进的较早阶段。另外如果从法律和刑罚的法典化这一特征看，中国夏商时期无疑还只能是在其演进阶段中的"初始期"（即"尚未出现法律和刑罚的法典化"），周代自春秋时起始具备"典型期"特征（即"开始出现法律和刑罚的法典化"），甚至不能说已进入"转型期"。②因此总的说来也并不支持夏商周已进入"成熟国家"阶段的判断。对夏商周国家在整个古代中国国家制度演进中的成熟程度估计过高，或者过于忽视其仍有表现的某些具"原始性"或早期性的特征（尤其是对夏、商），可能为进一步研究三代之后的中国国家制度带来需要解释的其他问题。

在构成"成熟国家"的各种条件中，就中国个案而言，应该可以考虑具有完整的疆域概念和疆域制度这个条件。因为在这个指标上，三代的国家制度都不同程度地存在不完整、不确定等各种早期性特征。战国是向具有确定和完整疆域概念和疆域制度急剧演变的时期，而秦汉以后具有明确和完整的疆域概念和疆域制度的国家形态才真正定型。这个过程也反映了早期国家对于针对特定地域表明控制和统治权力的"主权"意识是从模糊的、原始的状态逐渐向明确和完整的状态演变的。因此，在一定意义上也可以把对于"主权"的明确和完整的意识作为"成熟"国家的一种表现。

---

① 〔美〕乔纳森·哈斯著，罗林平等译：《史前国家的演进》，求实出版社，1988年，第76页。
② H. J. M. Claessen & P. Skalnic, ed., "*The Early State*", Monton Publisher, 1978, PP. 640-641.

三、前国家复杂政治制度与"酋邦"

对于上述一些研究中所说的实际上还不是"真正意义上的"国家的所谓"早期国家",从其作为人类早期政治制度类型所具有的特征的角度,也可以称之为"前国家复杂政治制度"。这个提法一方面表明这些早期制度具前国家性,另一方面也显示其在政治组织发展上有超出普通氏族部落社会的高度和复杂性(在这个意义上,"前国家复杂政治制度"也是一种"准国家复杂政治制度"或"类国家复杂政治制度")。当我们援用人类学中"酋邦"这一概念时,就政治组织发展的表现而言,所指的实际上也就是这里所说的"前国家复杂政治制度"。"酋邦"作为来自英语文献的一个术语,其在学术上的重要意义是帮助我们注意到在国家制度形成和早期国家发展过程中"前国家复杂政治制度"的存在及其重要作用,由于在中文文献中原来并没有与之相当的词,所以是有其使用的合理性的。尽管在确定合适的译名上仍然可以继续讨论,但这应不是问题的实质。

然而在另一方面,人类学研究提出"酋邦"概念后,在不同的人类学者中,对这一概念的理解和认识并非完全一致,在人类学本身发展过程中,对于这一概念也有很多讨论甚至争议,在不同的人类学方法影响下,不断有新的研究对这一概念提出新的理解和解释,赋予这一概念以不同的内涵。因此在很大程度上研究者对这一概念的运用并不能以学术界完全一致的认识为依据;而概念本身实际上也并没有公认和唯一的定义。这会为使用这一概念带来一些问题。例如在有些讨论中会依据部分人类学研究对于酋邦概念的理解和解释来批评另一些人类学研究对这一概念的理解和解释,同时又缺乏对有关问题的完整阐述和比较,这往往难以使相关研究取得真正进展。在历史学有关研究利用酋邦概念和人类学相关理论时,对这种情况尤其需要有清楚的认识。为此,首先需要注意的是在对中国早期国家问题的研究中,应尽可能做到在对概念的定义问题有深入说明和对有关学术史背景有完整介绍的基础上来使用酋邦概念和相关人类学理论。这对研究者无疑是很高的要求,但只有这样才能准确地利用人类学有关成果,对于中国早期国家研究真正有推动作用。其次,由于人类学研究在酋邦问题上事实上仍然存在对于概念和理论的许多不同认识和理解，因此在有关讨论中要求研究者必须以某一部分人类学研究的意见为参照是不适宜的，需要鼓励的是对于有关不同意见所涉及的实质性的学术问题的更深入的探讨，以推进在这些问题上获得更合理的认识。

由此便可以提到另一个相关的问题，就是：中国早期国家研究作为一项历史学研究的课题，尽管在理论和方法上需要借鉴诸如人类学这样一些学科的相关成果，但整个研究本身毕竟还是要以贯彻来自历史学方法的各种要求为基础。例如，对于人类学理论和田野资料的援引和运用，在历史学研究中应该以做到怎样的程度和在怎样的方式上才是合理的，对此还非常需要在研究的实践中探讨和取得恰当的认识。而当前有许多研究总体上还没有对这一问题引起重视和认真思考，因而造成研究中的某些缺陷。例如对于中国早期国家形成和演进过程，当我们援用来自人类学的某些概念作出某些解释时，本来同时还应当将这一过程看作一个属于特定地区和特定时期的特定历史进程，并以这个视角来揭示其某些独有的、非常个性化的特征和表现，同时从相关理论的高度对其作必要的解释和分析。目前国内的研究在理论性阐释的建构上有时还显得比较简单化，往往在解释和说明中国个案的特征性方面缺乏有足够深度和完整性的理论内容。因此有时表现出对于一些来自人类学的概念和理论的运用和阐释，与对中国个案中特征性事实的意义的分析及论述结合得还不是十分紧密；有些研究则更多致力于对所研究个案的特别表现的挖掘，但对这些表现与其他同类历史现象间的关系及其意义的理论性的分析和阐释则有较大欠缺。这些情况都对中国早期国家研究达到更高水平有一定影响。因此，深入认识历史学与人类学等学科各自方法的特点及相互间关系，在研究中做到历史学与人类学等相关学科方法的结合，对于推进中国早期国家研究向更高水平发展仍然非常重要。

由上述情况，我们实际上还可以认识到这样一点，即像"酋邦"这样的对于中国个案有明确适用性的概念，由中国个案研究提出的某些特别问题，反过来也应当和可能对更完整、准确地定义这一概念的内涵及意义有重要价值。也就是说，对于"酋邦"概念和相关理论的完整的讨论应当包括参考中国早期发展的有关资料。当然这需要研究者在各相关学科方向上均掌握很严谨的方法。但这无疑也会促进历史学对人类学理论的丰富。事实上，如果"酋邦"最终被证明是对中国个案有解释价值的概念，它就自然会吸取中国个案研究所给出的某些认识，从而更完整地显示出运用这一概念对推进中国早期国家研究的意义，无论其最终被采用的具体名称是什么，其本身将成为解释中国早期国家进程的一个有机的概念，并促使相关理论的形成。

四、在特定地域内建立合法统治的传统

由于国家的本质是针对特定地域内所有人群管理的权力，因此国家制度的出现应该意味着在特定区域内形成了在理论上任何人只要具备条件便可以获得对该地域实施合法统治的权力的传统。换言之，国家权力是对特定地域内众多人群开放的，如果他们有能力获取这种权力的话。国家的合法性统治的权力在同一地区、同一时期内是排他的。正如塞维斯所说："一个国家是合法地构成自己的，它使它使用强力的方式和条件明确化，并使所有其他像它在对个人和人群间的争执予以干涉时那样使用强力的做法成为非法。"① 而国家一经产生，权力竞争的胜利者将获得这个权力就如同一种新的游戏规则一样，在特定地域内成为被普遍接受的、或者说是"合法的"传统。对于一个地区的发展来说，谁最先获得这种权力还不是最重要的结果，问题的核心就是这个传统的形成，即这一地区从此将总是承认特定人群对整个地域建立起来的"合法"的统治。这就是国家制度形成的意义深远的历史性作用。这使得国家制度具有强大持续发展的动力，并成为真正区域性的制度。中国古代文献所记述的三代中后朝统治者对前代和再前代国家合法性的承认，便清楚说明了这一点。而这个情形目前在更早时期的史实中还是观察不到的。这应该是古代中国国家制度形成和演进过程本身造成的结果，在一定意义上反映出古代中国在特定地域内建立合法

---

① E. R. Service, "Profiles in Ethnology", Harper & Row Publishers, 1971, P. 498.

统治的传统最初形成的最可能的时期。对这方面问题的研究，可能会对于探讨中国早期国家进程较早阶段的特点有帮助，甚至可能具有重要的指标意义。

五、国家制度发展的历史性影响

国家制度形成后对周边区域发展的巨大和长期影响是有目共睹的。其中非常重要的一点是，在相邻区域中，先进国家会对后进文化人群发展的路向有改变的作用。这一点尤其在中国早期国家发生和发育的过程中表现得十分明显。古代中国中原王朝发生、发展的历史完全表明了这一点。但是至今可以完整地从周边人群文化和历史的发展中观察到某个古代国家制度存在与发展的事实的案例，在中国早期，还只有中原王朝（夏、商、周）一例，这是非常值得引起我们全面思考的。近年来受到高度关注的一些有很高物质发展水平、同时也可以观察到较复杂政治和社会发展状况的史前文化，可以说在许多方面已非常接近具有国家制度存在的某些特征。在对这些史前文化意义的讨论中，除了有关证据方面的问题外，对于这些史前文化与其相邻及周边文化的关系及相互影响，以及由此形成的相关历史过程，也应该有完整和深入的研究。而目前来看，似乎还没有真正完整的资料能从这个方面（即从这些史前文化与同时期中原文化相互影响和作用的内容中）反映这些史前文化已表现出因国家制度的形成而对周边文化有特别和长期影响的明显迹象。这只要同中原王朝发展中出现的对周边地区文化和人群有巨大、深刻和长期性影响的情况相比较，就会有强烈感受。这或许并不是偶然的。如果主张中原周边区域早于中原王朝形成国家制度，那么对于导致已确认的中原王朝政治出现的种种条件，包括相邻区域文化和政治制度发展情况对于中原政治发展的作用和影响等等，如何作出真正合理的解释，就可能存在很大困难；对与上述结论相呼应的一些条件性的假设也有可能是比较难以证明的。总之，由于在一些史前文化对于周边文化的关系和影响，以及由此形成的相关历史过程方面，目前所了解的还十分不清晰，因此需要更深入研究的问题还有很多。这表明在对中国早期广袤区域内国家化进程的研究中，需要有更全面的思路。其中除了要对大量相关考古资料作更完整和深入地分析外,恰当地分析国家制度形成后对周边区域发展可能产生的巨大历史性影响的具体情况,应该也具有重要意义。

(本文原刊于《中原文化研究》2013年第4期,第5—8页)

附录三

国家起源研究中历史性事实对考古学证据意义形成的影响

近年来,中国考古学界对于中国新石器时代晚期一些可能反映远古人类社会与政治组织发展状况的重要遗址的调查、发掘和研究有许多值得注意的进展,其中一些进展与探讨中国国家起源问题有重要关系,许多考古学、历史学学者对其在解释中国国家起源问题上所具有的意义发表了重要意见,对当前的中国国家起源研究有重要的意义。但是,由于对这类遗迹的研究大多缺乏相应的文字和文献资料依据,其文化和历史的意义都需要研究者通过合理分析加以判断,因此对研究方法有很高的要求,进而很可能由于对方法问题理解的不当而产生某种误读,导致对有关遗存意义的解释不准确甚至出现错误。多年前,笔者曾就中国国家起源研究中考古学证据意义的认定和相关理论问题写过一篇小文,谈过一些粗浅的意见。[①] 鉴于当前的中国国家起源研究中,认定有关考古学资料意义的问题仍然十分重要,对一些关键问题的解释甚至有举足轻重的意义,笔者想针对当前国内外研究的有关情况再谈几点不成熟的意见,望各方家指正。

一、模式与个案:历史性事实的作用

在对世界各地区人类的早期政治组织演进和国家起源情况的研究中,人类学对有关问题的研究和讨论历来是为研究者高度重视的。尤其是由人类

[①] 谢维扬:《中国早期国家研究中考古学证据的认定和相关理论问题》,《社会科学战线》2003年第1期。

学研究提出的描绘人类早期政治组织演进过程的一些重要概念和理论模型或模式,所有有关国家起源问题的个案研究都不可避免地会涉及并运用到。但是近年来,有越来越多的研究者(包括考古学学者)认识到,在具体研究中作为个案研究对象的特定地区内特定人群的特定表现是多种多样的,往往无法仅凭人类学已有的概念或模式形成完善和合理的解释。换句话说,虽然在国家起源问题的研究中援用人类学概念和模式来进行分析是必要的,但这些分析在个案研究中能起的作用仍然有一定的局限性。

上述局限性的表现之一就是,这些概念和理论用于个案分析时并不能完全针对个案研究的所有需要,尤其在分析一些重要环节时会显得精细度不够或概括不全,无法帮助研究者得出所需要的确定的结论。国际考古学界的一些学者在反思有关证据形成问题时便着重提到这个情况。如2008年美国学者马库斯(J. Marcus)在其《社会进化的考古学证据》一文中,曾提到考古学在分析与国家起源问题有关的资料时所遇到的问题:"正如难以区分获取来的身份地位与世袭的身份地位一样,也很难区分最高等的(或"最大的")酋邦与最早的国家各自所达到的成就。单线的证据是远远不够的。"[1]这个说法很清楚地表明,虽然人类学对于人类早期发展中的身份地位和酋邦等问题有大量重要和深入的研究,但在区分"获取来的身份地位与世袭的身份地位"和"最高等的(或"最大的")酋邦与最早的国家"这些在考古学个案研究中非常需要回答的问题上,确实还未能进一步提供真正明确、完整和有针对性的依据。我们对马库斯指出的这种情况显然并不陌生,实际上当前国内考古学在国家起源研究的解释性工作中也经常会遇到,而这更清晰地表明了人类学现有的概念和理论模式对于一些个案研究的重要课题的解释功用确实是有局限性的。

事实上,在人类学自身研究的范围内,在其所提出的概念和模式基础上对个案意义所作的解释在不少情况下也是很不确定的。陈淳曾介绍说:"美国人类学界对于夏威夷群岛的统一政体究竟属于酋邦还是国家仍然还有争

---

[1] Joyce Marcus, "The Archaeological Evidence for Social Evolution", *Annual Review of Anthropology*, vol. 37, 2008, P. 262.

议,科迪认为采用新进化论有关酋邦和国家的定义也难以解决这个问题。"①正是因为存在这种情况,近年来国外有些学者针对国家起源研究的总的方法问题,提出了重视个案的特殊表现意义的意见。以色列学者谢拉赫(G. Shelach)与美国学者加菲(Y. Jaffe)在讨论中国国家起源问题的一篇文章中指出:"现今许多考古学家,包括那些更注重程序的学者,都倾向于避免使用那些包罗万象的关于文化变化的社会和生态模式,而代之以更多地将重点置于各个个别的个案或特定制度的研究上。"②这段话反映了国际学术界相关研究发展的这一趋势。值得注意的是,对于简单利用人类学概念和模式方法的这种改变和在研究中对个案表现意义的重视,从这两位学者提到的情况来看,比较突出地表现在调整研究基础和研究方法的两种倾向上:一是要求对个案作长时段研究,也就是强调研究国家起源的个案时,对这个国家形成前后相当长时段内的特征及表现进行完整的研究;二是重视对国家形成后的各方面(包括政治、经济、社会、意识形态等)的表现进行完整的研究,以及重视对国家在特定环境下存在和发生历史性作用的事实的研究。两位学者还提到,有些学者认为上述的变化"是对于国家起源模式的兴趣向国家动力学模式的转变",也有的学者表示希望做的"不是去理解国家的起源,而是了解它们在长时段中生存和延续下去的能力"。③这些都是要将国家起源研究的要点从国家形成之前一直延伸到国家形成后长时段中各方面的表现上,包括对其在长时段历史条件下生存情况的关注,实质就是要使国家起源研究的解释性工作的基础超出简单利用人类学已有概念和理论模式的范围。以上这些有关改进国家起源研究方法的意见呈现一个总的趋向,那就是如果确认需要改

---

① 陈淳:《文明与早期国家探源》,上海书店出版社,2007年,第338页。

② Gideon Shelach & Yitzhak Jaffe, "The Earliest States in China: A Long-term Trajectory Approach", *Journal of Archaeological Research*. Dec. 2014, Vol. 22, Iss. 4, PP. 327-364. http://link.springer.com/article/10.1007/s10814-014-9074-8.

③ Stein, G. J. (2001), "Understanding Ancient State Societies in the Old World", In Feinmam, G. M. & Price, D. T. (eds), *Archaeology at the Millennium*; Bains, J., & Yoff. N. (1998). Order, "Legitimacy and Wealth in Ancient Egypt and Mesopotamia", In Feinmam, G. M. & Marcus, J. (eds), *Archaic States*.转引自 Gideon Shelach & Yitzhak Jaffe, "The Earliest States in China: A Long-term Trajectory Approach"。

进以往简单利用人类学概念和模式的方法，最明确的方向是重视作为个案的完整研究，尤其是对个案中国家形成和生存情况的长时段的历史性事实的关注。所谓"国家动力学"以及有关国家"在长时段中生存和延续下去"的情况等问题，只要放在充分展开的研究中，都会是更具"历史性"的话题，也就是和了解、研究个案国家的历史性事实有更多关联。这些都很值得我们在当前的中国国家起源研究中思考。

二、物化证据标准衡量：不确定的原因

从某种意义上说，当前国内的研究需要重视历史性事实作用的第一个明显的理由是，在对中国国家起源研究中一些重要考古学证据意义的分析里，运用简单的以物化证据标准衡量的方法并不足以得出完全确定和真正准确的结论。原因也很简单，就是这个方法自身还远没有形成严密的逻辑基础，还不具备真正的科学性。

对此，近年来已有越来越多的学者进行反思乃至质疑。如国内刚刚出版的日本学者宫本一夫的《从神话到历史》一书认为，当前中国"各地（新石器时代晚期）开始出现大规模的建筑物"，"反映出近乎古代国家的强有力王权的首领权的提高，也反映出物质文化的发达"，但"虽然有的学者把这个阶段称之为初期国家，但我并不认为可以把这个阶段称之为古代国家"，因为"通过与世界的其他地区进行相互比较，根据社会进化上的要素是否具备来定义东亚的初期国家并无太大意义"。[①] 再如在较早出版的刘莉的《中国新石器时代——迈向早期国家之路》一书中也可以看到其对于这一做法也并不认可："现在全世界的考古学家都知道，没有这样一套放之四海而皆准的用来定义国家的文明因素。"[②] 上述专家所说的"社会进化上的要素"或"文明因素"，实际上也就是本文从考古证据学概念角度说的"物化证据标准"。国

---

① 〔日〕宫本一夫著，吴菲译：《从神话到历史：神话时代·夏王朝》，广西师范大学出版社，2014年，第381—382页。
② 〔澳〕刘莉著，陈星灿等译：《中国新石器时代——迈向早期国家之路》，文物出版社，2007年，第206页。

际学术界对这一问题提出类似意见的学者,包括考古学学者,可说屡见不鲜。正是由于对证据意义认定方法的理解不同,当这些学者论及中国个案时,他们对于一些近年来引起广泛关注的、可能与中国国家起源有关的古代遗址的性质的认识与国内的某些结论性意见往往也不相同。

从学者的各种质疑来看,以简单的物化证据标准衡量的方法来认定考古学资料可能具有的表明国家存在的意义的主要问题(或者说缺陷),应该至少有如下几点。

一是有些被当作物化证据标准的事项在大范围检验中存在反证。比如文字的出现虽然很长时期以来在大量研究中都被当作是文明和国家出现的标志,但实际上早就有不同学者陆续提到这个问题存在反证,上引刘莉书中也指出了"许多早期文明和国家就没有文字"。[1]其他被当作标志物的一些事项,如冶金术、城墙等也存在类似的问题。在中国新石器时期遗址意义的分析上,刘莉指出的关于所谓证据标准问题的一个情况也很值得注意,即"上述(被当作证据标准的因素,引者注)文明因素没有在龙山时代的任何一个遗址同时出现过"。[2]这等于说对于以往研究所提出的作为国家形成的物化证据标准的各个事项,我们实际上还无法确定其中的哪一项或哪几项是作为国家制度存在的遗迹所不可阙如的。因此,所谓国家起源的物化证据标准在不同个案中的表现很可能是非常复杂的,它们并不能被当作如马库斯所说的那种有简明关系的所谓"单线的证据"来看待,所有这些显然会使所谓的物化证据标准削弱,甚至使其失去作为"标准"的证明力。

二是目前学术界对于物化证据标准与国家制度出现之间的实质性的关系并没有做透彻的研究,因而关于这种联系的必然性或合理性至今仍缺乏完整的论证。比如学者们在提到诸如冶金术、文字和古城墙等所谓文明因素所存在的问题时,会指出这是"因为它们所赖以产生的社会背景不清楚"。[3]这实际上就是说,对于所谓证据标准意义成立的理由,考古学或其他学科都从

---

[1] 〔澳〕刘莉著,陈星灿等译:《中国新石器时代——迈向早期国家之路》,第206页。
[2] 同上,第206页。
[3] 同上,第206页。

未给出过必要的、完整的论证。这种情况在针对国家起源问题的考古学证据处理方面是很具代表性的。也正因如此,现代考古学才感觉到了马库斯所说的"很难区分最高等的(或"最大的")酋邦与最早的国家"的困难。人类早期活动的各种遗迹,如古城墙和大型房屋基址等,是否能确定地反映国家的存在?如果能,其表现应该是在怎样的形态上?为什么是这样的形态?实际上包括考古学在内的所有相关学科的研究都还非常不全面、不系统,还远未能对上述问题给出确定的结论性意见,更没有形成完整的基础性理论。所以尽管考古学对于这类遗迹有大量的发现,但在进入分析资料意义的步骤后,研究者还是会遇到马库斯所说的这种困难。

三是目前考古学所高度关注的早期文化遗址中出现的大型公共建筑基址(包括古城墙),虽然能反映早期社会个体中所存在的最大权力的程度,但不能直接表明其行使的方式和手段。对此,美国学者乔纳森·哈斯(Jonathan Haas)的著作《史前国家的演进》中的阐述应该是可以成立的。①这说明我们虽然能够通过一些以巨大工程量建成的古代建筑遗存,认定有关社会个体中存在巨大的权力,但还不能由此看出这种权力运行的方式,也很难进一步看出这些权力是否已经建立在国家制度的架构内。如果我们由于对方法要求的放松而忽略判断上的这些微小却重要的差别,那么我们对早期社会发展进程的描述是会有形成误读的可能的。

四是在国家制度形成前后的一定时段内,文化发展在物质层面的变化与政治组织演进的过程并不是简单同步的。文化的变迁无疑有较为漫长的过程,其与政治、社会组织的发展和变化是属于速率不同的运动,同有关人群中权力关系的变化也并没有直接的相关性。与此同时,国家制度的形成本身也并不只是一个短时的事件,应是社会和政治关系长时期演进的结果。而在这一过程中,物质文化层面的发展仍然是有连续性的,但却不一定与政治、社会

---

① 参见〔美〕乔纳森·哈斯著,罗林平等译:《史前国家的演进》,求实出版社,1988年,第147—148页。书中哈斯说,"在考古资料中,权力程度会比权力基础及手段更清楚地得到反映",而"由于权力程度在考古资料中已得到证实,它就能用来说明在史前掌权者是否实际使用了潜在的权力基础和手段"。从中可以看出,哈斯是认为在对考古资料意义的分析上,对于权力的行使方式的了解是通过对直接表明权力程度的资料"说明"后形成的一种意见。

关系的变化有相同的节律。所有这些都使得我们对于国家形成前后社会和文化发展的状况不能做出截然而简明的区分，尤其是对某些社会与政治发展程度在前国家时期就已很接近于国家水平的个案。因此，虽然考古学证据作为早期人类社会与文化发展的物质性的遗存，对于某个早期复杂的社会个体在社会规模、社会权力结构特征、社会控制力水平、社会分化程度、工艺和生产力水平以及文化统一性程度等方面的表现有一定的说明意义，但是它对于国家制度形成前后、社会和政治发展状况相当接近的、不同性质的古代社会个体在物质文化层面上的区别，并不一定能够观察出来。在这种情况下，即使获得了非常接近于表明国家社会存在的资料，也不等于能对国家形成与否的问题做出连带的判断，因为某些前国家社会类型也可能在同样的物质文化层面上具有与国家社会相似甚至相同的表现。这应该是从对证据自身特性把握的角度上，对物化证据标准方法不能简单适用于判断国家形成问题的更深层面上的认识。

实际上上述问题在人类学自身解释某些文化和社会个体发展的意义时也是存在的。比如在分析早期夏威夷群岛政治发展程度时，一些学者试图"以是否存在武力垄断或一种政府管理体制来作为定义国家诞生的标准，但是这些特点和标准实际上很难用存在或缺失来予以分辨和定义，因为它们的形成看来是一种连续的过程"。[①]这很清楚地表明，对于在一个渐进过程中出现的早期政治组织发展的各个不同阶段或形态，单纯并简单地依靠所谓物化证据标准衡量的方法是很难做到准确辨认的。总之在国家形成问题上，我们不能仅仅依据有关社会个体的复杂程度或工艺、经济活动总量的规模来下结论。如果我们期望单靠考古学证据来做出判断，那么，最理想的情况是，考古遗存要能直接反映出国家制度运转的事实，包括表明国家制度存在的正规和正式的国家机构存在的事实。而要达到这些目标，如何在考古学证据方面确认一些基本的关系，还需要做大量更全面的研究。

鉴于上述缺陷或者说弊病，笔者认为最明确的改进路径是重视国家起源研究中历史性事实对于考古学证据意义形成的作用。因为只有同可能存

---

① 陈淳：《文明与早期国家探源》，第338页。

在的表明国家制度存在和国家机构运转的历史性事实相联系,物化证据的意义才可能被真正确定下来。我们现在从考古学界对一些重要的早期考古遗址如某些龙山文化遗址意义的讨论中可以看到,对主要以物化证据标准方法得出的某些结论性意见,质疑方所提出的问题中有些就并不能单单通过考古资料来说明。比如有学者在质疑某些被认为是国家水平的龙山文化遗址的意义时提出,"这些政体缺乏存在内部专业统治阶层的证据"。[1]如果这一质疑是合理的,很显然对这一问题的讨论将在很大程度上超出单纯考古资料分析的范围,而会涉及到对有关历史性事实的整理和辨析。这也许只是一个例子,但却显示了当前考古学研究中改进证据意义获得水平的自然趋势。所以,重视历史性事实的作用对于去除简单运用物化证据衡量方法的弊病,提高考古学证据意义认定的合理性是很需要的。

三、具关键作用的历史性事实:完整结论的支点

就中国国家起源研究而言,由于中国个案在资料基础上的特性,考古学证据意义的获得要重视历史性事实的作用就显得更为突出和重要,对于当前研究中一些重要问题的讨论有更直接和关键的影响,同时在做到这一点时也具有更好的条件。

上述资料基础的特性中最关键的一点无疑就是:中国国家起源研究除了拥有大量内容极为重要、作用无可替代的非文字类的考古学资料外,它还拥有相当数量的、具有很高史料价值的古代文献和文字类资料以及新出土的文献资料。这一点是众所周知的,也是中国个案与世界其他地区个案很大的不同点。所以传世文献、新出土文献以及经文献学研究确认有史料价值的其他文字类资料,只要其内容是与古代国家形成及其后一定时段中的发展状况有关的,便应在分析相关考古资料意义时参照研究,以形成完整而确切的认识。

这一资料基础的特性对研究本身无疑是件好事,对在考古学证据意义认定上重视历史性事实的作用也是有利的条件。应该承认,古代文献和新出土

---

[1] 〔日〕宫本一夫著,吴菲译:《从神话到历史:神话时代·夏王朝》,第206—207页。

附录三　国家起源研究中历史性事实对考古学证据意义形成的影响

文献及各种文字类资料中对国家形成及其后一定时段中的发展情况的大量历史性事实都有极其宝贵的记录。在经过科学的鉴别之后,这些历史性事实是整个课题研究的认识支点,将帮助我们进一步获得对更多事实的准确和完整的认识。因此在中国国家起源研究中,根据对可靠文献资料的研究与整理所得出的关于中国早期历史的重要的基本认识,在对相关的考古学资料证据意义的认定上是有深层次的支持作用的,国家起源研究在对个案内容的最终阐释中必须体现不同来源、不同形式的资料的意义间的内在一致性。认识这一点在当前国内的研究中特别重要,尤其是在对近年来受到学术界高度关注的新石器时代晚期遗址性质的解释中,在对一些关键的考古学证据意义的认定上,重视历史性事实的作用具有非常重要的意义。

当然,如何在重要考古资料意义的认定中体现重视历史性事实的作用,并不是轻易就能有正确的看法,而是需要有各方向学者深入的讨论。不过我们还是可以针对最突出的一些问题点提出一些想法,为这方面的进一步思考提供参考。比如在对当前广泛关注的一些重要的新石器时代晚期遗址意义的认定上,笔者认为以下一些在中国早期历史发展中具有重要意义的历史性事实的作用是非常值得研究者重视的。

首先,重视那些能直接表现国家制度运作的历史性事实。从理论上说,如果需要认定有关社会个体是国家水平的,或者认定某个古代政治实体已经是国家,那么应该有直接表现这些社会或政治实体中确有国家制度在运作的材料。世界考古学对直接表明国家制度运作的事实是给予了必要的关注和重视的。比如在谈到古典时期玛雅文明国家的表现时,有学者便提到这一时期的玛雅"国家联盟采用了短期朝贡体系"。[1]朝贡的本质是国家制度下的税收的一种形式,是属于国家制度运作的直接表现,因此这一事项的确认对于古典时期玛雅国家性质的认定是有支持作用的。在中国古代的相关问题上,文献对于最早期国家之一的夏朝的官僚制度有许多记载,在可信度上并没有明显问题。如《尚书·甘誓》中有关于夏朝最高职官"六卿"(一说应从《墨子·明鬼下》作"左右六人",亦即《甘誓》所说"六事之人")的记载;

---

[1] 〔加〕B.G.崔格尔著,徐坚译:《理解早期文明——比较研究》,北京大学出版社,2014年,第74页。

《左传·定公元年》提到薛国先祖奚仲曾任夏朝"车正";《国语·周语上》的"冥勤其官而水死"是说商先祖冥曾任夏朝负责水利事务的职官,还说到周先祖后稷也曾是夏朝的农业主管官员。这些记载因为表现了夏代官僚制度和机构存在的事实,因此直接反映了国家制度的存在和运作,对认定夏是国家社会无疑是有力的证据。这类事实如何在考古学资料意义的解释上体现其作用,在当前研究中很值得重视,因为这是在研究中获得确定性解释的一个明确的路径。这一点甚至对最终确定和完整认识诸如二里头遗址之类的遗址的意义也可能有同样的作用。如有的学者看到某些新石器时代晚期遗址中尚缺乏"容纳各种行政功能的宫殿区的存在",①便不很赞同其所代表的社会已具有国家水平。"行政功能"的实质是国家制度的运作,而实际上即使是研究二里头遗址宫殿区的意义,对于其如何"容纳各种行政功能"也还需要做更多研究,同样需要寻求更多相应的历史性事实的支持。总之,认定那些新石器时代晚期遗址的考古学资料的意义,根据确实的证据来判定是否确有国家制度的运作,还需要做大量深入的研究和探讨,而通过全面考察来了解有否相关历史性事实的支持就有重要的意义。

其次,关注国家制度作为合法政治传统存在和发展的事实可能是对当前研究有重要意义的又一方面。国家的本质是针对特定地域内所有人群管理的权力,因此国家制度的形成便意味着在特定区域内形成了人们将接受特定的个人及其家族对该地域实施统治的"合法的"传统。国家统治在特定地域和时间范围内必须是排他的,这使得合法统治传统的形成对于国家制度的确立和发展至关重要。正如塞维斯(E. R. Service)所说:"一个国家是合法地构成自己的,它使它使用强力的方式和条件明确化,并使所有其他像它在对个人和团体间的争执予以干涉时那样使用强力的做法成为非法。"②因此也可以说国家统治的传统的形成与国家制度本身的形成是相辅相成的,这就是国家制度形成的一项意义深远的历史性作用。由此,国家制度具有强大的持续发展的动力,直至在有些个案中成为真正区域性的制度。中国古代文献所记述的夏

---

① 〔日〕宫本一夫著,吴菲译:《从神话到历史:神话时代·夏王朝》,第207页。
② E. R. Service, *Profiles in Ethnology*, Harper & Row Publishers, 1971, P. 498.

商周三代王朝政治更替的方式，以及在政权更替过程中后朝统治者对前代和再前代国家合法性的承认，就很生动地体现了这一点。这是真正的国家制度存在和发展所应有的政治性影响和后果。应当注意的是，至少在现有资料中观察不到这种情形存在于更早或同时期的其他类似进程中。这是古代中国国家制度发生过程中一个值得注意的现象，可以帮助我们辨识出古代中国最初在特定地域内形成合法统治传统的最可能的时期。这方面问题的研究，可能会对探讨中国早期国家进程中较早阶段的特点和准确认识上文提到的某些重要的早期文化遗址的性质有所帮助，甚至可能具有重要的指标性的意义。

最后，充分估计国家制度发展的长期性后果。国家制度形成后对周边发展的巨大影响是有目共睹的，其中非常重要的一点是，在相邻区域中，先在国家会改变后进文化人群发展的轨道，这在中国早期国家发生和发育的过程中尤其明显。古代中原王朝发生、发展的历史完全显示出这一点。至今在中国早期还只有中原王朝（夏商周）一例，可以完整地从周边人群文化和历史的发展中观察到其作为国家制度存在并对周边发展产生巨大影响，进而产生长期性后果的情形。这是非常值得我们思考的。近年来受到高度关注的一些物质发展水平很高、政治和社会发展状况也较复杂的史前文化，虽然在一些方面已经表现出非常接近于国家制度存在的特征，但它们对于周边文化和人群政治发展的关系和影响的意义以及相关的历史过程都还不很清晰。目前似乎还没有真正完整的资料能从这个角度，尤其是从早期文化与同时期中原文化相互影响和作用的内容中，反映出这些古代文化和政治组织因形成国家制度而对包括中原文化的周边的政治发展轨道产生重大影响。这只要同中原王朝发展中出现的同类情况相比较，就会非常强烈地感觉到。这或许并不是偶然的。因此，中国早期国家化进程的研究，除了需要对大量相关的考古资料做更完整、更深入的分析外，还需要认真考察国家制度形成后对周边发展可能产生的巨大的历史性影响。而这方面的历史性事实，连同上面所说的两点，应该是我们形成关于中国国家起源问题的完整结论所无法绕过的认识支点。

（本文原刊于《东南文化》2014年第5期，第24—29页）

附录四

中原王朝政治的形成对中国早期历史进程的影响

近年来中原周边地区一些发达史前文化遗迹中许多新的重要发现,促使人们考虑这些地区较早进入文明时期和形成国家的可能性,而且有不少学者已明确提出最早的国家出现在这些文化中的意见。这些研究无疑具有重要意义,但其中还有一些方法上的问题需要更全面和深入地思考。如以单纯物化证据标准衡量的方法认定考古学资料可能具有表明国家存在的意义,就至少有如下几点必须注意。

首先是有些被当作物化证据标准的事项,在大范围检验中存在反证。如文字的出现,虽然长期以来在大量研究中都被当作文明和国家出现的标志,但很早就有学者陆续提到在这个问题上存在反证;其他如冶金术、城墙等,也存在类似问题。有学者指出,在对中国龙山时期新石器文化遗址分析时,被当作证据标准的各项文明因素从没有在这一时期任何一个遗址内同时出现过。这等于说对于被当作国家形成物化证据标准的事项,并不能确定其中哪一项或哪几项是作为国家制度存在的证据而必须具备的。所以物化证据标准方法在不同个案中的运用并没有确定的规范,并不能简单作为"单线的证据"看待。

其次是学术界迄今对物化证据与国家制度出现之间的实质性关系并未做过完整研究,因而关于这种联系的必然性或合理性缺乏系统论证。对于所谓证据标准意义成立的理由,考古学或其他学科也都从未给出过必要的、完整的论证。因此现代考古学家往往感觉到"很难区分最高等的(或"最大的")酋邦与最早的国家"。[1]许宏曾介绍伦福儒对考古学如何反映中国国家

---

[1] Joyce Marcus, "The Archaeological Evidence for Social Evolution", *Annual Review of Anthropology*, vol. 37, 2008, P. 262.

形成问题时表示：在做中南美考古的学者眼里龙山时期的那些共同体就应该是国家了，但对于做埃及或两河流域考古的学者来说会觉得只有像殷墟那样的社会才是国家，至少也应是二里头那样。①这很明显反映了有关考古证据意义认定理论的不成熟和不确定性。

在目前考古学所高度关注的早期文化遗址中出现大型公共建筑基址（如古城墙等）的证据意义的问题上，单纯的物化证据标准方法的根本局限性在于，大型公共建筑遗址虽能反映某些早期社会个体中所存在的最大权力的程度，但不能直接表明其行使的方式和手段（正如哈斯曾经指出过的），②也就无法断定其性质，当然也就很难进一步确定这些权力是否已建立在国家制度之上。总之，对于多地发现的发达史前文化遗迹，能否确认最早的国家制度是在这些地方首先出现的，还需做更进一步和更完整的研究。

但与此同时，我们对古代中原王朝（夏、商、周）在中国早期历史进程中产生过特别重要的作用这一点却是完全可以确定的。而由于这一点在说明中国早期历史进程中具有突出的确定性，对于探讨中国早期历史进程特点就特别有价值，理应得到研究者特别重视。

一、中原王朝国家制度形成的巨大历史性影响

对于中原王朝在中国早期历史发展中的重要作用，首先应指出的是中原王朝是迄今可确认的中国古代最早发生长期和广袤区域性影响并形成重要历史性后果的早期国家案例。

对于中原王朝的这个作用和地位，可以指出两个主要方面。一是它作为早期国家制度，在特定地域内明确地建立起国家权力合法统治的传统。国家的本质是针对地域内所有人群管理的权力，因此国家制度的出现便意味着在特定区域内形成权力的合法施行的传统。也就是国家一经产生，对于它作为公认的权力的承认将在特定地域内成为被普遍接受的、或者说是"合法

---

① 许宏：《何以中国》，三联书店，2014年，第96页。
② 参见乔纳森·哈斯著，罗林平等译：《史前国家的演进》，求实出版社，1988年，第147—148页。

的"传统。所以塞维斯说:"一个国家是合法地构成自己的,它使它使用强力的方式和条件明确化,并使所有其他像它在对个人和人群间的争执予以干涉时那样使用强力的做法成为非法。"① 这就是国家制度形成的意义深远的历史性作用。这使得国家制度具有强大的持续发展的动力,并成为真正区域性的制度。而中原王朝历史中后朝统治者对前代和再前代国家合法性的承认,恰好反映了这一点。而这种情形目前在更早时期的史实中是观察不到的。这应该是古代中国国家制度形成和演进过程本身造成的结果,在一定意义上反映出古代中国在特定地域内建立合法统治的传统最初形成的最可能的时期。对这方面问题的研究,可能对探讨中国早期国家进程较早阶段的特点有帮助,甚至可能具有重要指标意义。

二是从中原王朝历史中,可以完整地看到国家制度发展的历史性影响。国家制度形成后对周边区域的发展产生巨大和长期的影响,这是在已知早期人类国家化进程案例中有目共睹的现象。其中最值得注意的一点是在相邻区域中,先在国家会对后进文化人群发展的路向有改变作用。这在中原王朝形成和演化过程中表现得尤其明显,中原王朝的整个历史可以说完全表现了这点。而至今可以完整地从周边人群文化和历史的发展中观察到某个古代国家制度存在与发展的事实的案例,应该只有中原王朝(夏、商、周)一例。而近年来被高度关注的中原周边地区一些有很高物质发展水平、同时也可以观察到较复杂政治和社会发展状况的史前文化,虽然在许多方面已表现出具有非常接近国家制度存在的某些特征,但明显缺乏能从它们与相邻文化的互动中表现出作为先在国家对周边文化影响的任何明确和完整资料。这只要同中原王朝发展中出现的对周边地区文化和人群的巨大、深刻和长期性影响的情况相比较,就会有明确感受。如果中原周边区域早于中原王朝形成国家制度,那么对于导致已确认的中原王朝政治出现的种种条件,包括相邻区域文化和政治制度发展情况对于中原政治发展的作用和影响等,就需要做出完整和有理的解释,而由于实际上并没有相应资料,至少目前要做到这一点是十分困难的。这表明对于中国早期广袤区域内国家化进程的研究,中原王朝国

---

① E. R. Service, *Profiles in Ethnology*, Harper & Row Publishers, 1971, P. 498.

家制度形成后对周边区域发展产生的巨大历史性影响还是一项具有标志性意义的事实。

在此还可以提到,在研究方法上,辨认和重视文献记载有关内容的合理内核,对于探讨中原王朝在中国早期历史进程中所起作用问题具有特别重要的意义。应该注意到,在中国早期国家研究中,早期文献记载实际上具有双重的作用。一方面它们为我们了解早期历史的诸多细节从正面提供了大量极其宝贵的资讯,另一方面所有这些文献资料总合在一起,实际上构成某些关键性内容的内核,也可以说为我们讲述古代国家历史给出了一些不支持随意通过的"底线";当我们的研究可能超出这些"底线"时,在方法上应该有更严格的要求。在古代国家问题上,传统文献总体上并不支持在中原王朝国家进程以外在周边地区有其他独立国家进程的认识,同时也没有理由说已知文献总体有一个系统隐匿的问题,这就成为古代文献内容的一个很重要的"内核"。如果周边地区早于中原形成国家,那不仅将提出文献有否失记的问题,更重要的是文献所反映的(同时也由大量科学考古资料所支持的)整个中国早期包括中原地区的历史进程都将完全改观,由此提出的一系列问题也无疑是十分严峻的。

二、中原王朝国家国土结构的大地域控制特征

追求大地域控制是中原王朝国家在国土结构上的明确特征,而且在三代王朝的经营中是一贯的,因此可以说是中原王朝国家制度的基础和中国古代国家概念的要素之一。有些研究曾提出所谓"周代城邦"这样的概念,其实是很不确切的,因为欧洲早期历史上的城邦是完全各自独立的,而周代的诸侯国和其他性质的王朝属地,尽管有相当突出和重要的自治性,但绝对不是真正独立的政体。这方面有大量材料证明。

就中原三代王朝国土结构演进的总趋势而言,直至春秋时期,一种较弱和不甚完全的中央权力即王权还是存在的,只是中央对地方的控制已越来越被削弱和变得不完整,在整个历史进程中也不再起最重要作用。地方势力(诸侯)拥有的霸权在很多方面超过中央即周王室的作用,成为左右历史走向

的最大力量。因此国家制度上松散性特征的发展是春秋时期国家制度演变的主线，而原有的周朝中央与地方关系的基本框架则处于颓势和守势。但在西周时期，国家制度中中央对地方控制的一面则应该说还是主要和首要的特征。在这一时期可以更完整地看到，周王朝对地方势力的控制是维持整个国家制度框架存在的基本要素。由于还没有出现春秋时期那种严重的地方反制倾向的干扰，西周王权在这方面的表现更为明确。

周朝国家制度的这种特征，同商朝国家概念之间是有连续性的。对于商朝国家结构中存在对地方势力拥有某种控制和支配权的中央权力（王权），无论在传世文献的记载或对卜辞资料的研究中，都可以看到有证据效力的材料。如《诗经·商颂·殷武》"昔有成汤，自彼氐羌，莫敢不来享，莫敢不来王，曰商是常"，《玄鸟》"古帝命武汤，正域彼四方，方命厥后，奄有九有。……肇域彼四海，四海来假"，都表现了商王对于"四方"、"九有"各类地方力量或人群的统摄地位，表现了商王作为一个对地方有控制权的中央权力的形象。在卜辞方面，如20世纪70年代出土的周原甲骨中记录了为商王帝辛的一次隆重典礼而进行的几次占卜，而整个占卜活动则是由周人进行的，卜辞乃周人所为，并且表现出商代晚期周作为一个地方势力明确称商王为"王"。因此，商朝国家中央与地方势力间并不只是"联盟"关系可以认定的。

但中原王朝国土结构上追求大地域控制模式应该还可以追溯到更早，在夏史中就已可以看出这个方向或路线。笔者曾在讨论禹会涂山传说故事的意义时提出，这些传说反映了禹和夏朝君主在极其广袤地域内有显示其控制力的活动，不排除在一定程度上和以某种形式有对广袤地域治理的关系。[①]这非常生动地体现了中国早期国家形成过程中国家制度构建的一个突出趋势和目标，那就是实现大地域控制。也就是说，中国早期国家制度的出现和形成同早期超强政治实体对大地域控制的追求是有重要关系的。

禹会涂山传说所反映的中国早期国家形成过程中的这一特点，在后来的中国早期国家制度的发展和演化上得到体现，那就是商周时期国家制度的总

[①] 参见谢维扬：《禹会涂山之意义——中国早期国家形成过程的特点》，中国社会科学院古代文明研究中心等编著：《禹会村遗址研究——禹会村遗址与淮河流域文明研讨会论文集》，科学出版社，2014年，第240—245页。

体架构都呈现出大地域控制的样式,成为中原王朝连续发展的特征。当然,这不排除在三代国家制度性质的问题上存在不同程度的早期性特征,尤其是国家结构上明显松散的特点,包括地方势力拥有一定程度甚至较大的自治性,乃至对中央权力的离心倾向。但是王权对地方势力的控制,仍然是维持整个国家制度框架存在的基本要素。由此可以看出,大地域控制模式是中国早期国家化进程中达到某种结果的一个平衡点。也就是说,中国早期国家制度在出现时,其结构就是为满足大地域控制目标的。而在此之前,所有有关政治和社会变动的结果还是不确定的,国家作为一个真实和完整起作用的制度总体并没有真正出现。从世界历史范围看,早期国家形成案例中的大地域控制模式并非只是在中国出现,但从中国早期国家形成过程中大地域控制模式对古代政治有巨大规定作用的事实看,这应该是中国早期历史发展上最为重要的特点之一。

三、中原王朝对周边地区国家化进程的影响

中国早期历史发展的又一特征,是中原王朝对周边地区的国家化进程有决定性影响。笔者曾提出中国中原周边地区的国家化进程有三种不同形式或类型,即殖民模式、土著自动模式和浅层控制模式,[①]而这三种模式的进程中都有中原王朝的作用,在先秦历史上完全与中原王朝活动无关的真正独立发生的国家化案例至少在已掌握的文献及考古发现资料中还未确认。

所谓殖民模式,是指中原王朝对新控制的、政治组织发展程度较低地区采取由中央王朝派出官员或贵族直接治理的方式使之进入国家化进程的做法。例如周朝对鲁、齐、燕的分封都具有这种性质。甚至吴和秦进入周朝诸侯行列也主要不是当地土著自发发展的结果,而主要是由于所在地区被中央王朝控制并接受了中原王朝国家对其政治理念的改造。因此这部分极为广袤区域的国家化进程,与中原王朝的决定性作用是分不开的。

至于土著自动模式,则是指先秦时期在有些周边地区中由土著居民起

---

① 参见谢维扬:《中国早期国家》,浙江人民出版社,1995年,第475—506页。

主要作用、相对独立并有很突出自发性质的国家进程,例如楚、越、徐、巴、蜀、中山等进入国家化均有这种特征。但是我们现在能确认的这类以土著自动模式进入国家进程的案例都发生在中原王朝形成之后很长时期,这实际上可以说明这些区域的国家化虽不是中原王朝直接控制和干预的结果,但中原王朝作为先在国家制度的引领和影响应该是促使它们最终实现国家化的重要因素和条件。中原王朝对这些政治发展后进人群是持有最终将其纳入王朝体系和秩序的目标的,而中原王朝政治对后进人群也具有吸引力。像《国语·晋语》所说周成王"盟诸侯于岐阳,楚……与鲜卑守燎",就表现了中原王朝对这些地区人群的政治性接触,虽然还没有直接将其纳入周朝国家体制内,但实际上是以周的国家制度概念在影响它们。所以即使是以土著自动模式进入国家化进程的案例,也毫无例外是中原王朝政治影响的结果。

在对周边区域政治制度发展趋势所发生的影响这点上,我们可以清楚地看出近年来被高度关注的一些中原周边地区发达史前文化与中原王朝的差别。中原王朝作为确定的国家制度的影响力以及所导致的结果,是在其他早期发达文化表现中看不到的。这对我们完整理解中国早期政治制度发展过程是有重要启示的。

四、中国古代文献传统对中原王朝国家制度发展的作用

中原王朝在中国早期历史发展上之所以有特别重要和不可替代的作用,还与中国早期有非常发达的文献活动分不开,这些活动对正在形成中的中原王朝政治及其发展有重要支撑作用,其所达到的成就是独特的。笔者曾将这一现象称为中国古代的文献传统,而在对中国早期历史发展特点的研究中对中国古代这一传统的重要意义应充分注意到。

所谓中国古代文献传统,亦即在古代中原王朝政治框架内开展的中国早期的文献活动,其主要内容包括:(1)在形成国家制度条件下中国很早就形成和具备了完善的关于国家和私人活动的原始记录系统,其中包括史官制度;(2)有很高水平的资料整理系统(促使古代成系统的实用文献和古书的出现);(3)形成具有专业水平的资料著录系统和检索方法(目录学的雏形和

对古书引用的传统);(4)出现古代水平上的批评系统(史官职业准则的形成和非官属著作活动的出现);(5)文献作为国家政治活动一部分的严肃的地位(这点尤其是中国早期文献活动特有的素质)。①中国早期这种极为发达的与国家活动紧密相关的文献传统的形成与发展,就其整个表现来看,在与世界其他古代文明和早期国家案例的比较中是具有独特性的。

不难看出,早期中国文献活动或者说古代文献传统的重心是为国家目的服务。在古代强大文献传统支配下发生的包括"史学"在内的古代智力活动最核心和重要的解释性目标,都与国家意志有关。在早期文献中可以看到最具全局性的命题,就都是诠释国家政治的合理性和对国民或属地人群的要求的,如(1)关于国土结构与政体合法性的"五服"的概念;(2)关于说明合理政治行为标准来源的"道"的概念;(3)关于作为政治与社会发展理念最明确范本的上古历史传说的概念;(4)关于包括政治的和社会的行为与意愿在内的所有"人事"的神秘理由的概念;等等。所以可以说中国早期文献活动的发展和最终达到的独特成就,对于促成中原王朝国家制度形成和不断发展是有重要支撑作用的。当然,中国早期之所以有这样的文献活动或古代文献传统,无疑是在中国早期文字和文字记录传统发明的基础上实现的。虽然对中国古代文字发生最早一段的认识目前还有诸多空白,需要有更进一步的研究,但古代文献传统的所有主要表现明显与中原王朝历史有关是无可否认的。而这在与中国早期其他地区某些发达史前文化的对比中也是极为明显的,其在相关历史进程中的意义应该不会被忽略。

(本文原刊于《历史研究》2017年第5期,第16—20页)

---

① 参见谢维扬:《上博馆藏战国楚竹书研究·序》,上海大学古代文明研究中心、清华大学思想文化研究所编:《上博馆藏战国楚竹书研究》,上海书店出版社,2002年,第2页。

附录五

酋邦与国家接近的程度及对国家起源研究的影响

在中国国家起源研究中对于人类学的某些理论和概念予以参考和运用，这在许多相关研究实践中都已经可以看到。其中，"酋邦"及有关理论可以说是近些年来研究者涉及最多，同时也是争议较多的来自人类学的一个概念和相应的理论。现在有许多国内学者认为中国前国家时期政治组织演进和形成特定权力关系的典型方式，同人类学的酋邦理论所揭示的前国家复杂政治组织的特征是较为吻合的，其最主要的特点就是在这个过程中个人性质的权力显示出主要作用。这是酋邦理论所带来的对前国家社会特征的新的认识，但它的基本内容是合乎中国个案实际的。因此不管人们倾向于对有关概念如何称呼，笔者认为在中国国家起源研究中对酋邦理论整体的正面意义是应该予以肯定和正视的，因为这实际上是使国内对国家起源问题获得更准确和深入认识的一个起点。

但是随着中国国家起源研究的深入展开，在人们对涉及前国家时期社会与政治关系乃至物质文化发展水平等情况的讨论中，我们可以感到许多研究者对于酋邦作为前国家政治组织和社会形态所能有的表现并不具有真正准确和完整的了解。因此在有的研究中，对于有些实际上还只是前国家组织的早期人群组合的政治、社会关系和物质文化状况，由于其表现出具有很高的发展水平，包括具有相当复杂的政治与社会关系，以及在国家社会案例中可以看到的其他表现，便往往倾向于认为这些人群组合已进入国家社会，但实际上还并没有真正完整的证据。这是在当前中国国家起源研究中需要引起研究者特别关注的一点。换言之，在对前国家复杂政治组织的认识中，研究者需要清醒认识的一个问题就是：酋邦一类的前国家复杂政治组织在社会、政治以及物质文化发展水平方面可以达到与国家非常接近的地步,因此在对一些具有非常突出的社会发展水平的史前文化遗址案例是否已进入国家社会进行分析时,就需要对两者之间的真实区别有真正准确的把握,而这并不十分容易。为此,本文根据人类学中最能够被接受的一些方法和相关概念,以及中国个案研究的实际,对酋邦与国家究竟会接近到什么程度这个问题谈一些粗浅看法,希望对进一步探讨这方面问题并推进对中国国家起源问题的研究有参考的意义,尚希方家指正。

一、酋邦是最接近国家的前国家组织还需怀疑吗?

在对国家起源问题的研究中运用酋邦概念及相关理论,最重要的理由毫无疑问就是根据自20世纪60年代以来在人类学中产生重要影响的以塞维斯等人为代表的所谓"新进化论"派的关于人类早期政治组织演进的理论,酋邦是最接近国家的一种早期政治组织形式或类型。这几乎可以说已经是一个常识,许多研究者并不会否认这一点。但是为了向更多研究者确认这一点以更方便讨论本文以下的一些问题,我们还是想引用一些必要的资料来证明和回顾一下这一点。

我们可以举出的较新的一个例证是刘恒武和刘莉近年在介绍"西方新进化论之酋邦概念"的一篇文章中所说的:"在塞维斯提出的社会进化图式中,酋邦无疑被视作前国家阶段最为复杂的社会组织形式,故而与国家起源问题的探索密切关联。"[①]这里很清楚地说明了在新进化论图式中酋邦是"前国家阶段"最复杂的社会形式,也就是处于国家前的最后一个形式,因此也是与国家最接近的形式,因而与国家起源问题有关。这个认识在国际人类学界也非常明确、清楚。比如自20世纪80年代以后在酋邦问题研究上影响较大的美国学者厄尔(T. Earle)在其主编的《酋邦:权力、经济和意识形态》(1991年)一书中所撰的综述《酋邦的进化》中在说到美国学者德瑞安(R. Drennan)"令人信服地"指出有一些"史前序列"间的差异未得到充分解释的情况时,紧接着

---

① 刘恒武、刘莉:《论西方新进化论之酋邦概念及其理论困境》,《社会科学战线》2010年第7期。

就说:"如此则对于任何国家形成的解释必须从根本上考虑之前酋邦的动力学表现。"① 这里很明显地将酋邦说成是国家形成前的一个类型或形态。与此相应地,厄尔还说对酋邦研究的问题中包括"如何能够了解……这些酋邦的发展与循环,以及最终至于崩溃、停滞或形成为国家的过程"。② 这也非常清楚地提到了酋邦可能"形成为国家的过程",而之所以这样说当然也是基于认定酋邦与国家是相邻的两个形态。因此人类学将酋邦看作是最接近国家的前国家组织应该是对酋邦概念意义最基本的了解,是毫无疑义的。

但是应该指出,对于酋邦是最接近国家的前国家政治组织形式这一点,在国内研究中还是可以看到并不完全相同的意见。例如在有些对国际人类学相关成果有很好的系统介绍和评述的成果中,却不知出于何种原因有部分论述在这一点上表达出很不相同的认识。在此我想或许可以提到,陈淳曾对谢维扬在20世纪90年代所写的论中国早期国家问题的书中关于酋邦理论的介绍和阐述提出激烈批评,说谢维扬"为了要将酋邦看成是国家的'候选人',便刻意提升酋邦的地位,把许多进步的特点堆砌到酋邦头上",而他认为"在这种'准国家'形态的渲染之下,我们看不出酋邦是原始平等社会向国家过渡的桥梁"。③ 按陈淳批评的逻辑,很显然将酋邦看成是最接近国家的前国家组织是不可接受的。但在这一点上我们觉得陈淳确实是完全弄错了,似有必要稍做一些澄清。

陈淳实际上是了解包括塞维斯在内的人类学者所提出的酋邦概念在其政治组织演进图式中的位置的,这在他的《文明与早期国家探源》一书的整个论述中是可以看得出的。比如他引述塞维斯的话说,"酋邦正好处于分散的平等社会和强制性国家之间";又引述哈里斯的类似意见说:"尽管发达酋邦和早期国家之间仅一线相隔……"④ 这些无疑均表达了酋邦与国家非常接近的情况。而谢维扬在90年代的书中所说的有关的最关键的原话则是:"许多人类学家都表示酋邦是与国家非常接近的一种形态。只要有某种条件,酋

---

① T. Earle ed., *Chiefdoms: Power, Economy and Ideology*, Cambridge University, 1997, P. 14.
② 同上,P. 1.
③ 陈淳:《文明与早期国家探源》,上海书店出版社,2007年,第159页。
④ 同上,第98、101页。

邦就会向国家过渡。"以及："对酋邦社会来说,最终发生向国家转化的只是其中的一部分……而许多酋邦社会并不发生这种变化。"笔者并且将酋邦与国家的这种关系称之为"酋邦向国家社会的过渡性与非过渡性特征",[①]表明对酋邦向国家演变的关系笔者甚至并没有说成是必然和单线性的。谢维扬的这些阐述至今我们仍认为是恰当的,它们同塞维斯、哈里斯等人类学者所说的相关意见也很清楚是吻合的。这些阐述整体上其实并没有超出塞维斯等人的原意。陈淳说他从笔者对酋邦的阐述中"看不出酋邦是原始平等社会向国家过渡的桥梁",然而塞维斯正好曾经说过:"(酋邦)是否在一定意义上是介于社会性的社会与政治性的社会之间的过渡呢?"[②]塞维斯这里所说的"政治性的社会(civitas)"是借用摩尔根的术语来指国家社会,并与用来指原始平等社会的"社会性社会(societas)"这个概念相对,这只要看塞维斯这段话的上文就知道了。所以塞维斯恰恰是以反问的口气表示酋邦是原始平等社会与国家之间的过渡,这不正好是陈淳表示从笔者的阐述中"看不出"的问题吗?笔者认为这本来并不是非常难以理解的一个关系。因此对陈淳的本意笔者确实感到有些费解,但是如果他的批评是出自其对酋邦概念意义的真实理解,那正好表明对于酋邦是与国家非常接近的这个问题确实还是需要多加阐明的,以让更多人理解这一问题的意义。

确认酋邦是人类早期政治组织演进序列中最接近国家的一个形式、类型或阶段,这是人类学半个多世纪来的一项有非常重大价值的成果,对中国国家起源研究当然也极为重要,虽然对于这方面的许多问题至今也还在继续研究当中。而认识这一点的最主要意义乃在于,由于在演进序列上酋邦与国家之间存在上述关系,当然酋邦本身也就非常自然地具有与国家非常接近的特征。这在当前我们对中国个案的研究中是非常有决断力的认识。正因为这样,笔者认为可以提出对酋邦与国家之间的这种非常接近的关系显然已完全无需怀疑,亦无可怀疑。这并不是笔者要"刻意"拔高酋邦,而是如果我们现在还不知前国家社会发展复杂程度可能达到的极限,便可能反过来在个案分

[①] 谢维扬:《中国早期国家》,浙江人民出版社,1995年,第227、228、223页。
[②] E. R. Service, *Profiles in Ethnology*, Harper & Row Publishers, 1971, P. 498.

析中拔高所看到的史前事实，却忽略了人类学已经揭示在国家门槛前人类已经形成了有复杂内容的社会形式即酋邦。

二、"分层社会"与酋邦的关系所透露的两者与国家接近的程度

在酋邦与国家之间有非常接近的关系这个问题上，在国内的某些研究中，由于对人类学中相关的一些论述理解上的偏差，也形成一些误读，最终影响对这一问题的准确理解，而在国际人类学著作中也可以看到类似的一些可能引起误解的阐述，也需要注意准确理解。

我们知道，酋邦概念最初是由美国人类学家奥伯格（K. Oberg）于20世纪50年代首次提出的，塞维斯（E. R. Service）则自60年代起开始形成他关于人类政治组织演进理论的整个框架和图式，并且在政治组织演进特定阶段的意义上运用了酋邦概念，其余的三个主要阶段则分别称为群队（一译游团）、部落和国家。在塞维斯的图式中，酋邦很清楚是紧靠国家的最后一个前国家阶段或类型概念。而同样在60年代，另一位重要的美国人类学家弗里德（M. H. Fried）也提出了他的人类早期政治组织演进阶段的理论模型，并且也由四个主要概念构成，即：平等社会、等级社会、分层社会和国家社会。对于这两份演进图式各自含义的关系，学者们总的认识是它们在很多方面是有相似的含义的，只是各自所用的术语及其所指事项的范围等有各自的特点，因此长久以来许多学者实际上都试图阐述过这两份图式内容间相互对应的关系，显然认为这样做是有意义的。其中可以提到的是厄尔曾对自20世纪30年代以来蔡尔德（V. G. Childe）、塞维斯、萨林斯（M. D. Sahlins）、弗里德、约翰逊（A. W. Johnson）以及厄尔自己等考古学与人类学者先后提出的几种重要的人类社会演进模式，依据他的理解对其含义列出一个相互对照示意表，[①]从中我们

[①] 蒂莫西·厄尔：《政治控制与社会演进》（Timothy Earle, "Political Domination and Social Evolution"），提姆·英戈尔德主编：《人类学百科指南：人、文化与社会生活》（Tim Ingold, ed., *Companion Encyclopedia of Anthropology: Humanity, Culture and Social Life*），劳特利奇（Routledge）出版社，1994年，第941页。

可以很清楚地看到,弗里德的"分层社会"正是被完全划在对应于塞维斯的"酋邦"位置的范围内(更准确地说,正如有学者已指出的,是"将弗里德的分层社会大致等同于了塞维斯的酋邦的后一段")。①这份对比对酋邦是紧靠国家的最后的前国家社会组织形式这一点没有任何改动。厄尔的这一理解很有代表性,而且显然不是对塞维斯和弗里德研究原意的误读。

但是在近年来国内有的研究中,却对这种很正常的理解提出质疑,理由则同对弗里德与塞维斯两份理论模型间关系的理解有关。其中影响较大的一种意见就是认为塞维斯的酋邦概念在整个早期社会演进序列里不应该是在最靠近国家的地位上的,而是认为它只相当于弗里德概念中的阶等社会。研究者就此非常高调地说"今天的人类学家实际上把'阶等社会'当作了'酋邦'的同义词";同时提出分层社会是"指介于阶等社会也即塞维斯的酋邦与国家之间的一种社会"。②我们知道,弗里德是把阶等社会、分层社会和国家作为人类社会"政治结构演进阶段"中的几个主要阶段的,③因此,如果像上述研究者所说的那样酋邦只相当于弗里德的阶等社会,同时分层社会又是横亘于酋邦(亦即阶等社会)与国家之间的一个阶段,那么将塞维斯的酋邦作为最接近国家的前国家组织的所有研究的基础就都不成立了。但这些质疑本身在笔者看来恰恰是有错误的。

首先我们应该注意到塞维斯对于弗里德分层社会的理解有时是有一定偶然性偏差的,在很少数的情况下这使得他对分层社会地位的提法并不非常严谨。正如有研究者指出的,塞维斯自己确实曾经有一次在行文中表示过弗里德的"等级社会(一译"阶等社会")"概念等同于他的酋邦。④但首先,塞维斯的这个表述看来并不代表他对分层社会地位的完整的理解。就在他说过上述这句话之后,他很快却又说道:"虽然弗里德将分层看作是更晚的一个

---

① 易建平:《约翰逊和厄尔的人类社会演进学说》,《世界历史》2003年第2期。
② 同上。
③ 如塞维斯就称弗里德提出的平等社会、阶等分层社会和国家是弗里德所拟定的"政治结构演进的诸阶段"。E. R. Service, *Origins of the State and Civilization*, Norton & Company, 1975, P. 44.
④ E. R. Service, *Origins of the State and Civilization*, Norton & Company, 1975, P. 44.

发展阶段,但等级社会也同时是可以是分层的。"①所以在塞维斯看来,酋邦即使是与等级社会相当的阶段,它仍然是可以有分层的特征的。这其实也是学者们将塞维斯的酋邦理解为与分层社会对应的重要理由。其次,从全部情况来看,塞维斯的这个表述在某种意义上也是因他对弗里德"分层社会"的含义有一定的误读所引起的。因为我们可以注意到,塞维斯在上引那段话之后紧接着还说道:"在弗里德看来,分层几乎就是国家的同义词:'(弗里德说)分层现象一旦存在,就意味着国家制度成为目标,而实际的国家形成过程也开始了。'"②塞维斯在这里显然夸大了弗里德关于分层意义的认识。因为弗里德原话的本意,可以很清楚地看出它并没有也不等于把分层社会与国家看成是完全同一的,而只是强调了分层与国家形成之间的重要联系。我想正因为这样,在大多数人类学家理解中都还是把分层社会与国家看作是弗里德理论模式中的两个概念或演进阶段。但是塞维斯却过度理解了弗里德对分层社会在国家形成中的作用的含义,认为弗里德是将两者看成是完全同一的事项。既然在塞维斯看来弗里德的分层社会几乎就是国家的同义词,那么酋邦作为前国家社会当然就不可能与分层社会相提并论,在同弗里德概念的关系上便只能在整个演进序列中再向前比照,这也许就是塞维斯出人意料地表示弗里德的阶等社会就相当于他的酋邦的原因,但这显然是不够严谨的,并且对塞维斯和弗里德两人想法关系的概括也是不够确切的。

但也应该指出,实际上塞维斯在很多情况下还是对弗里德分层社会的含义有恰当理解的。因为事实上弗里德本人并未说过分层社会就是国家,而是把分层社会的出现看成是"国家形成中的一个阶段"。③这同将两者看成是"同义词"当然是不一样的。我认为总体上塞维斯是了解这一点的,因此我们还是可以看到塞维斯将分层社会与国家作为两个各自有特定含义的概念来对待地表述。例如就在前面已曾引过的书内塞维斯在评论弗里德关于分层的理论时说:"我们必须赞成弗里德的一个说法,即'与其说战争和军事统治

---

① E. R. Service, *Origins of the State and Civilization*, Norton & Company, 1975, P. 44.
② 同上,PP. 44—45.
③ 陈淳:《文明与早期国家探源》,第85页。

是分层的来源,似乎不如说分层才是激起战争和增强军事地位的因素'(他在此使用"分层"一词如同"国家"的同义词)。"① 在此塞维斯特意在括号里补充说明的话特别值得引起注意,因为它表明塞维斯知道弗里德理论中"分层"与"国家"本来就是两个概念,但是他认为弗里德把它们用作了"同义词"。所以从总体上说,塞维斯的个别提法对包括厄尔等人在内的多数研究者对于塞维斯与弗里德理论模型关系的整体理解并不产生严重影响,同时也很清楚后者实际上是比塞维斯本人的个别说法还要更为恰当的。

对于弗里德分层社会与塞维斯酋邦之间关系讨论的重要意义之一,是要明确酋邦也是具有分层特征的,并通过确认这一点排除对酋邦在整个演进序列中紧靠国家地位的怀疑。实际上要说明这一点并不非常困难。因为塞维斯在写于20世纪70年代的《民族学概论》一书的结论中,在对酋邦特征概括时已非常明确地说:"它们(指酋邦)显示出社会分层和等级,但还没有真正的社会经济阶级。"② 此处所说"分层"的英文原文就是"stratification",同弗里德所用的"分层"是完全同一个词。因此可以看出,"社会分层"这一概念本身在塞维斯对于酋邦特征的认识中就并非是被排斥的,而是本来就包含在其酋邦理论的整个内容中。而之后的许多重要人类学家都同意这样来理解酋邦与分层的关系。如20世纪80年代时,科迪(R. H. Cordy)在根据塞维斯等新进化论学者的论述对酋邦和国家的特征进行概括时,就指出"社会分层"是酋邦的"五个特征"之一。③ 而在2003年第6版的M.哈里斯与O.约翰逊的《文化人类学》中也明确说:"酋邦是建立在分层的基础上的,其拥有一个在地域的和社区水平上的官员等级制。"④ 对于酋邦与分层之间共生的关系说得是非常清楚的。在国内,刘莉等的有关介绍中也很明确说道:"在有关酋邦社会结构的论述中……塞维斯也将社会分层视为酋邦的社会特征之一。"⑤

---

① E. R. Service, *Origins of the State and Civilization*, P. 271.
② E. R. Service, *Profiles in Ethnology*, P. 498.
③ 参见刘恒武、刘莉:《论西方新进化论之酋邦概念及其理论困境》,所引科迪所著书: *A Study of Prehistoric Social Change: The Development of Complex Societies in Hawaiian Island*, Academic Press, 1981.
④ M. Harris & O. Johnson, *Cultural Anthropology*, Pearson Education Inc., 2003, P. 174.
⑤ 刘恒武、刘莉:《论西方新进化论之酋邦概念及其理论困境》。

而陈淳在其著述中制作"弗里德和塞维斯政治社会类型的比较表"时,对于塞维斯酋邦与弗里德的分层社会所划定的位置也几乎是相对等的,只是酋邦的前段比分层社会略长出少许,表示其前期有与弗里德等级社会相对等的特征。①很显然这对于酋邦本身而言也是认为其具有分层特征的。

因此,尽管对于弗里德分层社会与酋邦之间的关系有过一些不同意见,但这并不影响大多数学者认为酋邦也应该是具有分层的特征,所以在整个政治组织演进序列中将酋邦与分层社会理解为有相同或相近的地位就是很自然的。也就是这两个早期社会形态都是关于人类进入国家社会之前、最接近于国家社会的前国家社会类型的概念。这应该是如今学者们对分层社会与酋邦这两个概念间关系最具共通性的一个理解。

但还有一个与此有关的问题,即在对弗里德与塞维斯两组概念关系的理解上,有学者认为应该把酋邦看作是与等级社会(一译"阶等社会")相当的阶段,但这是很不确切的,也非常有必要予以澄清和作一些说明。首先,说"今天的人类学家实际上把'阶等社会'当作了'酋邦'的同义词",这应该不是事实。这从上文对厄尔等学者有关研究的介绍中已经可以看得很清楚。当然,许多人类学家也并非将弗里德的分层社会与塞维斯的酋邦看成是完全对等的概念,比如上文已指出过,厄尔就认为弗里德分层社会大致是相当于酋邦的后一阶段的。但这毕竟同把酋邦与阶等社会看作是完全相同的概念(所谓"同义词")有着巨大差别,而且其意义完全不同。

刘恒武、刘莉在介绍弗里德与塞维斯这些概念关系时指出过:"其中,阶等社会和分层社会与塞维斯理论的酋邦社会均有交集。"②笔者认为这是在这个问题上对大多数学者意见的比较客观的描述。而在这方面笔者想提出的是,有些学者之所以形成这个意见,在一定意义上同他们将弗里德与塞维斯的这些概念理解为是分别表现早期社会演进过程不同侧面特征的两组不同性质的概念有关。最明显的例子就是在科达克(C. P. Kottak)的《人类学》中,他以图表形式介绍了弗里德与塞维斯这两组概念各自的含义及其相互关

---

① 陈淳:《文明与早期国家探源》,第102页。
② 刘恒武、刘莉:《论西方新进化论之酋邦概念及其理论困境》。

系，而在这份示意图中来自弗里德的"平等的"、"等级的"和"分层的"这三个概念是作为"身份等级区分类型(kind of status distinction)"的三个类型单独列为一栏的，而塞维斯的"游团与部落"、"酋邦与有些部落"和"国家"则作为"社会组织一般形式"的三个阶段列为另一栏；其中值得注意的是在涉及弗里德概念的"身份等级区分类型"一栏的"分层社会"之后并没有再出现"国家"，因此"分层社会"作为这一栏最后的概念，其在所属栏内的位置顺序同塞维斯表现"社会组织一般形式"的最后的概念"国家"正好是相当的。①这显然是试图表达分层现象只是在国家阶段才出现的，但前面我们已经分析过这个认识无论从弗里德或是塞维斯的全部论述来看都不是十分准确的，而且也不是人类学家一致的看法。而这里要特别指出的问题是在科达克这份表中，既然酋邦作为"社会组织一般形式"的一个阶段是在国家之前的，那么根据这份示意图的规则，酋邦在"身份等级区分类型"这个特征的位置上就不能与只有"国家"才有的"分层"的水平并列，而只能被安放在与"分层社会"之前的"阶等社会"相当的位置上。因此这份示意图似乎是确定地表明了酋邦就是与阶等社会相对等的阶段。然而不仅必须指出科达克对所有这些概念意义的理解和他设计这份示意图的手法同弗里德和塞维斯两人的本意都是有一些出入的，而且实际上科达克在书中有关论述的整个内容也并非如这份图表所表达的这样简单，他还是指出了另一些重要事实。例如在论述阶等社会问题时，他明确说："并非所有阶等社会都是酋邦。"还引述卡内罗(R. L. Carneiro)和弗兰纳利(K. V. Flannery)的意见谈到对什么样的阶等社会可以称之为酋邦的问题。②这很清楚说明他实际上也并没有简单地将酋邦看作是阶等社会的"同义词"。此外，科达克也非常明确地阐述了国家是由酋邦形成的，并根据弗兰纳利的意见指出："当一个酋邦设法征服其邻邦并使它们成为一个更大的政治单位的组成部分时，原始的国家就从酋邦之间的竞争中出现了。"③可见尽管在示意图上酋邦与阶等社会似乎在图标的

---

① C. P. Kottak, *Anthropology The Exploration of Human Diversity*, 9th ed., The McGraw Hill Companies, 2002, P. 243.
② C. P. Kottak, *Anthropology The Exploration of Human Diversity*, 9th ed., P. 244.
③ 同上，P. 244.

位置上看上去有并列的关系，但他没有否认国家从酋邦中演进而来的这个重要认识，从这一点来说酋邦与阶等社会就根本不可能是对等的。

至于有研究说弗里德的分层社会是"指介于阶等社会也即塞维斯的酋邦与国家之间的一种社会"这一点，我们已经看到在科达克的示意图和相关阐述中更是没有任何相应的表达，并且同科达克的整个理解也不相同。首先对于阶等社会与酋邦的关系，我们已经提到虽然示意图将阶等社会与酋邦画在同一水平位置上，但既然科达克已经说"并非所有阶等社会都是酋邦"，那就显然不能认为示意图是简单表明阶等社会与酋邦是对等的。其次，我们也已提到科达克是明确说到国家是由酋邦形成的，示意图实际上也将酋邦作为同一序列的概念置于国家之前阶段的位置上，而在分层社会这一序列概念里面则并没有提国家，说明它并没有将国家作为分层社会之后的一个阶段来看待。所以科达克的有关阐述和示意图都表明将分层社会说成是横亘于酋邦（并以其与阶等社会为同等概念）与国家之间的一个阶段是对已有人类社会演进模式含义并不准确的理解之一。

总之，虽然对弗里德和塞维斯两人关于早期社会演进理论之间关系的准确理解还完全可以做进一步研究和讨论，但无论这些研究和讨论会牵涉怎样复杂的情况，认定酋邦是最靠近国家的阶段应该无错，以分层社会在前国家时期包括酋邦阶段已经出现也无错，将酋邦等同于阶等社会则离弗、塞二人的原意均甚远。所有这些根据弗、塞理论含义之间关系得出的基本认识应该是可以确定的，对中国学者来说，现在应该做的则是在此基础上确认对中国个案作出必要分析的正确要求。

三、夏威夷个案的启示：对酋邦与国家特征观察的不确定性

自新进化论关于社会演进模式理论和酋邦等概念被运用于不同地区早期人类政治组织演进个案的研究中后，随着对不同个案所表现出来的不同特征有更多了解，研究者逐渐感觉到新进化论的这些理论对于满足个案研究的实际需要还是存在着某些局限性的，也就是个案研究所涉及的许多具体事实和问题并不总是能根据已有的理论给出令人满意的分析和解释。因此一些

学者对新进化论理论包括酋邦概念所存在的不足和缺陷开始提出批评和改进的意见。自20世纪70年代起厄尔、赫尔姆斯(M. W. Helms)、卡内罗等在这方面都有重要意见和研究发表。而科迪在他对夏威夷早期社会演进的研究中对新进化论和酋邦概念的缺陷的批评也因其对有关问题有较系统的分析而显得比较突出而非常值得注意。刘恒武、刘莉在其《论西方新进化论之酋邦概念及其理论困境》一文中对这方面情况有很好的说明和讨论，陈淳也在其著作中对科迪"对新进化论的批评"有较详细的介绍，说明了解人类学理论和酋邦等概念的局限性乃至某些缺陷问题也已经为国内学者所注意。①

然而实际上问题应该还有另一面，那就是：在了解对新进化论理论和酋邦概念局限性和缺陷的这些批评和检讨意见后，如果我们换一个思考的方向，则也可以由此对所涉及的个案本身特征表现上的问题做更深入的思考，这样我们通过分析这些批评和检讨意见，对酋邦与国家各自特征之间的真实关系这个尚未得到完整说明的高难度问题可能会得出某些重要认识。

从这个角度来看问题，在酋邦与国家之间关系的问题上，我们认为科迪在对新进化论缺陷的批评中提出的塞维斯理论中对酋邦与国家之间缺乏明确界限(或者说酋邦与国家之间的区别较难分辨)这一点意义非常重要，应引起研究者高度注意。科迪提出这一点的依据是他对夏威夷土著社会的研究，而其之所以提出这样的批评，则是因为夏威夷土著社会中有一些同时表现出在已有理论中分别与酋邦或国家相联系的特征。正如刘恒武、刘莉所归纳的："类如夏威夷这样的土著社会一方面拥有酋邦阶段的不少特征，另一方面又表现出人口规模庞大、国王执政等等国家阶段的特征，故而难以在塞维斯进化图式中对其定位。"②陈淳对此有类似的介绍，说："夏威夷就是这样的例子(指较难区分是酋邦还是国家——引者)，它有一些国家的特点比如大量的人口和国王，但是也存在酋邦的特点比如缺乏垄断的武力，以至于有些人称之为国家，而有些人称它为酋邦。"③这当然反映出早期新进化论理论在酋邦和国家形成

---

① 刘恒武、刘莉:《论西方新进化论之酋邦概念及其理论困境》；陈淳:《文明与早期国家探源》，第103—104页。
② 刘恒武、刘莉:《论西方新进化论之酋邦概念及其理论困境》。
③ 陈淳:《文明与早期国家探源》，第103页。

问题上确实存在重要缺陷。但正如上文所说的，夏威夷个案的情况在很大程度上有可能非常突出地表明，在早期实际存在的状态上，酋邦和早期国家这两者的特征本来就可能是极为相近的，甚至到非常难以简单区分的程度。正因为这样，所以虽然自20世纪70年代以来就陆续有学者如厄尔、华翰维（H. T. Wright）等在对新进化论所存在问题反思的基础上，对酋邦概念和有关理论都做了新的研究，包括重新界定了酋邦概念的定义，以及针对酋邦所有的不同表现提出了多种对于酋邦分类的方案等，但这些成果，尤其是关于酋邦和国家等概念的重新定义等，实际上却不能说是真正有效和成功的。[①]因此从学者们对夏威夷个案性质的不同看法中，我们仍然可以意识到在实际存在状态中，酋邦与国家在一定阶段上的表现和某些特征是非常接近的。

例如在夏威夷问题上，我们知道，与塞维斯将夏威夷卡美哈梅哈（Kamehameha）统一政体作为原始国家案例不同，厄尔是认为由卡美哈梅哈酋长通过征服战争建立的统一的夏威夷政体仍然是属于酋邦阶段的。而从塞维斯和厄尔各自对夏威夷社会性质判断所依据的理由来看，我们可以注意到在厄尔对整个酋邦问题的阐述中对酋邦特征的概括，当然也包括对夏威夷统一"超级酋邦"形成之前的夏威夷酋邦特征的描述，有一些内容是与塞维斯对原始国家特征的描述相近乃至相同的。例如厄尔在对酋邦下定义时说："酋邦是一个具有制度化的统治和通过某些社会分层对数千至数万人口加以组织的地区性政体。"同时表示这也是卡内罗的意见。[②]厄尔在这里说到"制度化的统治"这个意义时用的原文是 institutional governance，而 governance 与在汉语里可译作"政府"、同时也可译作"统治"的 government 是同根词，也就是有相同意义的同义词。而在塞维斯对酋邦特征进行概括时恰恰说道："酋邦……具有集中的方向（central direction）和权威（authority），但没有真正的政府（government）。"[③]虽然两人在这里分别使用了表示"统治"意义的两个同

[①] 如刘恒武、刘莉即指出："厄尔等人对新进化论体系的修正绝非尽善尽美……仍然存在着不少悬而未决甚至无从化解的问题。"参见刘恒武、刘莉：《论西方新进化论之酋邦概念及其理论困境》。

[②] T. Earle, *How Chiefs Come to Power: The Political Economy in Prehistory*, Stanford University Press, 1997, P. 14.

[③] E. R. Service, *Profiles in Ethnology*, P. 498.

根词而不是同一个词,但我们完全可以认为这两个同根词在这里表达的是同一个事实或现象。可见在厄尔对统一前夏威夷社会的观察里已包含了可以认为是"统治"现象的事实,而在塞维斯的考察记录中显然在这个阶段里能称为"统治"的现象还没有出现。这说明,就厄尔和塞维斯在各自对酋邦特征的描述中所提到的"统治"这个事项而言,统一前夏威夷社会的有关实际表现在不同观察者眼里看来是不完全一样、或很不一样的。这使得对于同一个观察对象,厄尔和塞维斯却得出完全不同的印象,从而对有关社会性质的判断产生影响。形成这一差异的关键原因,显然是在于早期社会中"统治"现象出现前后的有关表现本身是极为相近和相似的,如果像塞维斯那样把"统治"现象的出现视为酋邦与国家之间的一个区别,那么这也就突出表明了在某些阶段和条件下,酋邦与国家各自的特征表现确实是可以非常接近的。

再比如,塞维斯在阐述其新进化论框架时非常明确地提到过"武力的垄断"对于区分酋邦和国家的意义,说:"一个原始国家与一个酋邦相区别最突出的是因为它是由包括对武力的垄断在内的一种特别机制集合成一个整体的。"① 而厄尔在谈到夏威夷早期社会特征时却指出:"史前夏威夷社会里的战争是政治权力集中化的关键性的手段。处于至高无上地位的酋长们力图通过征服来扩大其政治版图。"② 这也很显然反映了,除去在对概念意义认定上的差异外,厄尔和塞维斯各自对夏威夷早期社会状况观察结果也存在重要差异,因为塞维斯的提法应该表明他对统一前夏威夷社会里面对武力的垄断性的运用感觉是较为淡薄的,而厄尔的观察中这一现象就非常突出了。这同样说明在统一前尚为酋邦的夏威夷社会中是可以观察到塞维斯认为是国家的重要特征的对武力使用的某些现象的,而这使得厄尔酋邦特征的认定与塞维斯出现很大不同。夏威夷个案在这里又一次告诉人们在特定证据条件下酋邦与国家非常接近的情况。

实际上夏威夷个案的这种情况在人类学研究中并非只是孤例。在塞维斯研究中被看作是酋邦的位于菲律宾的卡林加(the Kalinga)社会,在另一些研究者看来也被认为已经出现了"初始的国家或国家社会"。③ 这可能也在

---

① E. R. Service, *Profiles in Ethnology*, P. 498.
② T. Earle, *How Chiefs Come to Power: The Political Economy in Prehistory*, P. 131.
③ 同上,P. 281.

一定程度上同不能很确定地从实际观察到的资料中区分酋邦与国家有关。

对夏威夷统一政体究竟属于酋邦还是国家这一点人类学界至今还是有争议的,说明问题本身还应做进一步研究,我们在此也并无意对厄尔与塞维斯在夏威夷社会性质和酋邦定义等问题上的正误、优劣深入讨论,而主要是想说明,夏威夷个案的情况应该对研究者是一种提醒,即在国家起源个案研究中对资料表现意义判读时,应注意到酋邦和国家在特定的证据条件下会有非常接近的表现这个事实。

笔者认为夏威夷个案的这种情况对我们处理中国个案类似的问题应有启发。从所谓难解的夏威夷社会性质判断问题中可以看出,我们希望辨明的酋邦与国家之间区别的问题,在真实个案中可能有较为复杂的表现,因而可能造成研究者观察中的不确定性,研究者应该了解这一点。夏威夷难题至今仍是难题,这也许最好不过地说明了对于涉及酋邦和国家问题的国家起源研究在理论与证据处理上的高要求。而研究者所得到启发就是,就一个单一的国家起源研究个案而言,即使已发现有可能同国家出现相关的证据资料,但只要所获取的资料对于说明特定国家形成过程的存在还无法构成真正确定和完整的证据链,应该不必急于做出最终的结论。

四、塞维斯理论的正当性:国家与酋邦区分的关键在于看"政府"?

从上文中就夏威夷个案涉及的问题的介绍中,曾提到厄尔和塞维斯分别对于所谓"制度化的统治"或"政府"对于认定早期社会政治组织性质的重要意义。从厄尔、塞维斯有关论述的内容来看,我们可以体会到,他们分别使用"制度化的统治"或"政府"这些概念在其整个理论框架中所表达的实际意思,同他们对于酋邦或国家在社会治理和控制上的能力和方式的极限认定的不同有关。换句话说,实际上他们可能都意识到,对于判定早期社会政治组织性质这一问题而言,对可能存在的政治权力,亦即特定人群甚或个人对社会控制和治理权力的存在予以认定固然是必要的,而且是整个论证的第一步,但这还远远不够,真正关键、也是最难以得出准确判断的是对特定早期社会个案中的权力点也就是酋长们所拥有权力的程度及其行使形式极限的认定,对这一点很明显无论厄尔也好,塞维斯也好,实际上都不仅无法得出完全一致的观察结果,而且对于国家形成前后权力者所拥有权力可能达到的程度及其行使形式极限的看法也是不一致的(在塞维斯看来"政府"的存在是超出酋邦权力程度及行使方式极限的,但厄尔则认为即使是"制度化的统治"正是酋邦制度本身的特征),而这些实际上正是塞维斯、厄尔在夏威夷个案上存在异见的最主要和根本的缘由。

从这个意义上说,笔者觉得我们也许需要重新承认塞维斯当年对国家与酋邦区别的主要政治标志的提法是正当和有理的。笔者指的就是塞维斯所说的:"酋邦……具有集中的方向(central direction)和权威(authority),但没有真正的政府(government)。"[①]因为塞维斯在这里突出了以国家机构的存在和运作当作国家本身存在的反映,他所用的government这个词不仅是指"统治"的行为和关系,同时也用来指实施统治行为的作为实体的机构(在这个意义上与厄尔所说的institutional governance基本是同义的),因此是指明了获取辨明国家存在的最直接证据的方向。用较易懂的话来说,那就是,根据塞维斯的理解,在早期社会演进过程中辨认国家出现的最有效的证据就是能表明有国家机构存在和运行的资料。由于酋邦与国家在特定情况下可以有非常接近的表现,国家机构本身存在和运作的遗迹和可靠记录就成为最可信赖和最具说明力的关键证据资料。

但问题的真正难点是在于:"政府"存在的证据是什么呢?这当然本身就是一个有很高难度的与理论和证据学方法认识都相关的课题,需要有全面的研究。在此我只想着重提出一点,即笔者认为如果要对研究有实质性的推进,最重要的是必须坚持获取反映国家机构存在和运作的直接证据,这在当前中国国家起源研究中有非常关键的意义,当然也是在证据学角度对中国个案的很高要求。

在此可以附带提出在国家起源研究中历史性事实对考古学证据意义形成的影响的问题。在这方面首先应提到考古界有些研究中表现出的利用所谓物化证据标准来判断的方法是有其局限性的。事实上,对于在文明与国家

---

① E. R. Service, *Profiles in Ethnology*, P. 498.

起源研究的证据分析中以物化证据标准衡量能否作为一种合理、可靠的方法，近年来已有越来越多的学者在进行反思乃至表示质疑。例如有人针对当前中国"各地（新石器时代晚期）开始出现大规模的建筑物"的情况表示"并不认为可以把这个阶段称之为古代国家"，理由之一是："通过与世界的其他地区进行相互比较，根据社会进化上的要素是否具备来定义东亚的初期国家并无太大意义。"[①] 也有学者就这一问题正面指出："现在全世界的考古学家都知道，没有这样一套放之四海而皆准的用来定义国家的文明因素。"[②] 笔者认为这方面可能引起的问题是需要研究者注意的，尤其对于中国国家起源研究而言，有大量可能与早期国家形成过程相关的考古发现，是学术界所高度关注的重要资料，而如何以正确方法来对有关资料加以解释就非常关键。简单的物化证据标准判断方法应该是一种不完整的证据处理方法，其说明力因而也是有限的。事实上，迄今学术界包括考古学界对于物化证据与国家制度出现之间的实质性的关系并没有做过真正完整的研究，对于所谓证据标准意义成立的理由，考古学或其他学科都还从未给出过必要的、完整的论证。因此如美国考古学家马库斯所说现代考古学便遇到"很难区分最高等的（或"最大的"）酋邦与最早的国家"这样的困难。[③] 对于证据意义认定方法上的这个问题我认为尤其应当在中国国家起源研究中也引起研究者们的注意。

如果认识到所谓物化证据标准衡量方法是有缺陷或弊病的，笔者认为改进研究方法最明确的路径之一应该包括重视了解和分析国家起源研究中历史性事实对于相关考古学证据意义形成的作用。因为只有同表明国家制度存在和有真正的国家机构运转的历史性事实相联系，物化证据的意义才可能被真正确定下来。

实际上像塞维斯这样的人类学家是意识到对古代国家起源研究时证据解释上的特殊要求的。原因就是在以考古学资料对有关国家形成的问题进

---

① 宫本一夫著，吴菲译：《从神话到历史：神话时代·夏王朝》，广西师范大学出版社，2014年，第381—382页。
② 刘莉著，陈星灿等译：《中国新石器时代——迈向早期国家之路》，文物出版社，2007年，第206页。
③ Joyce Marcus, "The Archaeological Evidence for Social Evolution", *Annual Review of Anthropology*, vol. 37, 2008, P. 262.

行分析时,实际上还有一个考古资料与人类学根据近代资料所提出的有关概念和理论模式之间关系的问题。塞维斯曾说:"有可能关于比如说(古代——引者)中国北部的军事行动的证据资料是一个国家机构存在的证据。但是我们不能将对于现代原始国家能够得出的结论也对于一个古代文明在这一点上得出同样的最终结论。……如果没有更好的证据,我们不能以为古代文明经历过与现代国家同样的阶段。"[①]这表明在塞维斯看来,对通过考古学资料对古代国家形成个案进行研究时,需要了解这同人类学在个案研究中对证据使用的要求是不同的。而很显然塞维斯强调的是古代文明案例可能带有人类学个案中还显示不出的特征和关系等,尤其是与特定历史性事实有关的内容。从这个角度我们应该体会到在对中国国家起源研究这类在塞维斯看来是对古典文明的研究中,注意个案本身的特殊内容和重视有关历史性事实的作用是恰当的。

从这个意义上,笔者认为可以提出在中国国家起源研究中应注意对国家制度发展的长期性后果需充分估计的问题。国家制度形成后对周边发展的巨大影响是有目共睹的。其中非常重要的一点是,在相邻区域中,先在国家会对后进文化人群发展的轨道有改变的作用。这一点尤其在中国早期国家发生和发育的过程中可以看得十分明显。古代中原王朝(夏商周)自夏朝形成开始在漫长历史年代中所展现的整个历史进程可说很充分地显示出这一点。而至今可以完整地从周边人群文化和历史的发展中观察到某个古代国家制度存在和对周边发展产生巨大影响并产生长期性后果的案例,在中国早期还只有中原王朝(夏商周)一例。这是非常值得引起我们思考的。近年来受到高度关注的一些有很高物质发展水平、同时也有较复杂政治和社会发展状况的史前文化,虽然在一些方面已经表现出非常接近于国家制度存在的特征,但有一个问题还是很值得思考的,那就是它们对于周边文化和人群的政治发展的关系和影响的意义,以及相关历史过程,都还不是很清晰的。目前似乎总体上还没有真正完整的资料能从这个角度,尤其是从这些早期文化与同时期中原文化相互影响和作用的内容中,反映出这些古代文化和政治组织

---

① E. R. Service, *Origins of the State and Civilization*, P. 304.

因形成国家制度而对周边包括中原文化的政治发展轨道有重大影响的迹象。这只要同中原王朝发展中出现的同类情况相比较,就会非常清楚和强烈地感觉到。这或许并不是偶然的。因此在对中国早期广袤区域内国家化进程的研究中,除了需要对大量相关考古资料做更完整和深入的分析外,认真考察在国家制度形成后对周边发展可能产生的巨大历史性影响的问题,仍然是具有非常重要意义的。这些方面的历史性事实,应该是我们形成关于中国国家起源问题完整结论所无法绕过的认识支点。而在缺乏对长期性后果资料做完整研究的情况下为个案匆忙定性并不能帮助人们对地区历史发展的真实路线做出合理而有价值的说明,当然,也包括不能更好地帮助人们看到对国家起源研究真正有重大证据意义的、确定显示国家制度存在的古代最早期的"政府"。①

(本文原刊于《学术月刊》2018年第8期,第149—158页)

---

① 对上述问题更完整的论述可参见谢维扬:《国家起源研究中历史性事实对考古学证据意义形成的影响》,《东南文化》2014年第5期,本段论述中有部分文字援用该文。

编 后 记

吾师谢维扬先生的《中国早期国家》,自1995年12月初版至今,已近30年。值此新版即将出版之际,作为谢先生弟子和参与新版编辑过程中有关工作的一员,我有幸谨对《中国早期国家》的相关情况做一些介绍和说明,是为"编后记"。

(一)《中国早期国家》的内容、影响和学界反映与评价

《中国早期国家》是一部以探讨人类早期国家的一般理论和早期国家研究的方法问题、中国早期国家的形成和发展情况作为主要研究目标的学术专著。《中国早期国家》合理应用中国与世界其他地方的神话传说与近数十年来的考古成果,综合并有依据地使用传世文献与出土文献,合理运用历史学、考古学、人类学等有关学科的重要方法与积极成果,建构起中国早期国家形成与发展的全部过程,包括提出相关年代学的有关结论及其精确的年代断层扫描。

《中国早期国家》的两个主要目标是:对关于人类早期国家的一般理论和早期国家研究的方法问题进行深入的讨论,就中国国家形成及其早期发展情况进行深入和全面的分析。在本书的这两个主要目标上,读者也许都会从本书的工作中对有关的问题获取有益和深刻的认识。

诚如李学勤先生在该书的序言中所说:"这部书无论在理论研究还是在具体研究方面,都有很多创新,理所当然会得到学术界的广泛注意和欢迎。"

在迄今发表的大多数对于中国国家起源问题研究的学术史回顾中,《中国早期国家》被认为是对国内这项研究有重要推动作用的成果,作者也被普遍认为是20世纪80年代末以来国内从事此项研究的主要学者和重要学者。

《中国早期国家》出版之后，在学术界和读书界均引起了很大反响，并长久在国内这项研究中受到广泛和高度的重视。《中国早期国家》所提出的一些重要观点和方法，对从事此项研究的学者产生了较大影响，不仅在讨论中国国家起源问题的各类论著中被广泛引用，而且也被许多研究者所认真吸收和参考。

1999年，王和先生撰写长篇专论与书评《走出部落联盟——读谢维扬著〈中国早期国家〉》(《历史研究》1999年第1期)，对《中国早期国家》在研究方法上的特点以及所提出的新观点对于推进国内有关研究的意义予以高度评价。王和说："《中国早期国家》借鉴和运用了国际学术界近几十年来与历史学有关的相邻学科特别是文化人类学方面的大量研究成果，对中国早期国家阶段之前的社会政治组织提出了新的阐释，并由此去探讨解决有关中国国家的起源及发展道路的特性问题；对于解决较长时期以来我国史学界面临的如何将新的史学观念和方法具体运用于实际的课题研究这一问题，具有明显的示范作用。"

北京大学唐晓峰教授说："读谢维扬著《中国早期国家》一书，其中令人感悟之处颇多。夏商一段历史，事关中国国家起源的问题，史学价值很高。诚如李学勤先生在该书序言中所说，国家与文明的起源和形成，在世界上早就是热门的研究课题，在我国，自20年代末以来，有关争论和探讨，几十年来持续不断。不过，有关这类问题的研究，无论是在理论阐述上，还是在史料释别上，难度都相当大。就某一方面的问题能做一篇严肃的论文，已然不易，而谢维扬在这样一部对早期国家进程进行整体考察的专著中，能做到'剥笋抽茧般的细密'，其严谨的精神，言之有物的态度，与一班由陈词、轻言、空言所撑起来的'理论'著作，大为不同。"(唐晓峰：《中国早期国家地域的形成问题》，《九州》第2辑，商务印书馆，1999年)

华东师范大学庄辉明教授说："《中国早期国家》一书的意义和特点，可以用四个'首次'来加以概括，即：首次对国内以往在中国国家起源问题上的研究的得失作了系统而独到的总结；首次对国际学术界关于早期国家的理论作了较全面而深入的介绍和分析；首次提出了在专门化的基础上推进研究的方向性的问题，体现了以历史学、人类学和考古学相结合的方法研究这一课题的特点；在国内学术界首次提出了关于中国早期国家进程的较完整的、建立在较严谨和明确的概念体系基础上的解释模型，并以此模型系统地描述了中国国家进程，是国内首次在国家进程的概念上对中国古代历史所作的一项完整的解释。"（庄辉明：《早期文明研究的新成果——读〈中国早期国家〉》，《学术月刊》1997年第7期）

《中国文明起源研究要览》专门对《中国早期国家》做了详细介绍，"本书深入介绍了国际早期国家研究的主要成果，就现代早期国家的理论与方法问题做了探讨，并以此为基础，分析了中国前国家时期政治组织的形式问题，提出并论证了早期国家进程的中国模式问题，详细论述了中国最早期的早期国家形成的过程，及其在初始期、典型期和转型期中的主要特征与发展。此外，还论述了中国自先秦以来国家进程中由中原向周边地区扩布的过程"。（中国社会科学院考古研究所、中国社会科学院古代文明研究中心编：《中国文明起源研究要览》，文物出版社，2003年）

1998年，《中国早期国家》在教育部第二届人文社会科学优秀成果与上海市人文社会科学优秀成果评选中均获奖。

（二）《中国早期国家》的出版、编辑和外译情况

1995年12月，《中国早期国家》首次由浙江人民出版社出版。该版首次印刷1 500册，1996年再次印刷4 000册。两次印刷共计5 500册，均很快销售一空。

2001年，（台北）惠明文化事业有限公司出版了繁体版《中国早期国家》。对于大陆读者而言，该版是不容易获得的。

2021年3月，我与上海古籍出版社社长高克勤联系，上海古籍出版社迅即决定再版《中国早期国家》，并于当年4月与谢老师签订了出版合同。惟因一些具体原因，《中国早期国家》的再版工作未能迅速推进。

2023年8月，我与上海古籍出版社副总编辑胡文波联系，再次商讨尽快推进《中国早期国家》再版问题。同年10月，胡文波副总编辑指定编辑乔颖丛具体负责有关接洽、编辑、出版事宜。

2024年6月，胡文波副总编辑告知我，书稿已经校对完毕。7月，经乔编

辑与谢老师商议,决定由我参与书稿清样的校对工作。

相对于初版而言,新版《中国早期国家》未对原版内容及文字作改动。但为使读者了解中国早期国家研究在初版《中国早期国家》问世后的数十年间的新的进展,包括所探讨的新的重要问题和重要资料以及谢老师在此期间所做的重要工作,新版《中国早期国家》在正文后附录了谢老师的五篇论文。所附录的这五篇论文,充分反映了谢老师对中国早期国家这一课题的新思考、新研究,附录与正文可谓相得益彰。顺便提及的是,新版《中国早期国家》所附录的谢老师的五篇论文,是在谢老师要求下,我帮助谢老师选定的,并得到谢老师的认可。

最后要提到的是,由于《中国早期国家》的重要和突出的成就,该书出版后即受到国际学术界的重视。

2000年,日本学者高岛敏夫将《中国早期国家》的《绪论》翻译为日文,在《西伯》杂志发表。

2023年12月,《中国早期国家》列入2023年度国家社科基金中华学术外译项目推荐书目。2024年6月,2023—2024年度国家社科基金中华学术外译项目立项名单公示,《中国早期国家》获得立项。该项目主持人是湖南人文科技学院谢科峰副教授,翻译文版是英文。也就是说,《中国早期国家》未来将以英文版的形式在海外出版,与中文新版可谓相辅相成。

《中国早期国家》新版即将面世,在此谨向上海古籍出版社的领导和编辑(高克勤、胡文波、乔颖丛等)致以诚挚谢意,向关心、支持《中国早期国家》的广大师友、读者、报刊表示感谢。

愚弟子彭华执笔

2024年7月3日,草拟于四川成都

7月19日,修改于四川成都